Zu diesem Buch

Längst füllt die wissenschaftliche Literatur zum Nationalsozialismus ganze Bibliotheken, und selbst dem Fachhistoriker fällt es schwer, einen Überblick zu wahren. Diese unübersichtliche Situation stellt sich dank der Arbeit des britischen Sozialhistorikers Ian Kershaw verändert dar: sein Buch, das nun in einer erweiterten und überarbeiteten Fassung vorliegt, ist ein Wegweiser durch das Bücherdickicht zum Ursprung und Wesen des Nationalsozialismus. Der Autor informiert über die unterschiedlichen Erklärungsmodelle, kommentiert einsichtig die großen Kontroversen und Debatten, die sie begleiten, und zeigt dabei den aktuellen Forschungsstand.
«Der Verfasser stellt die verschiedenen Positionen der Forschung gerecht argumentierend und zugleich pointiert vor. Ein anregendes und außergewöhnliches Bild der deutschen Gesellschaftsgeschichte in den dreißiger und vierziger Jahren.» *Detlev J. Peukert*

Ian Kershaw

DER NS-STAAT

Geschichtsinterpretationen und Kontroversen im Überblick

Aus dem Englischen
von Jürgen Peter Krause

Die Originalausgabe erschien 1985 unter dem Titel
«The Nazi Dictatorship: Problems and Perspectives
of Interpretation» bei Edward Arnold (Publishers) Ltd.,
London.
Die vorliegende deutsche Textfassung folgt der 1993
in London erschienenen 3. englischen Auflage.
Die deutsche Erstausgabe erschien 1988 im Rowohlt Verlag,
Reinbek bei Hamburg.

Vollständig überarbeitete und erweiterte Neuausgabe.
Veröffentlicht im Rowohlt Taschenbuch Verlag GmbH,
Reinbek bei Hamburg, Februar 1994
Copyright © 1994 by Rowohlt Taschenbuch Verlag GmbH,
Reinbek bei Hamburg
«The Nazi Dictatorship» Copyright © 1985, 1989, 1993
by Ian Kershaw
Copyright © 1988 by Rowohlt Verlag, Reinbek bei Hamburg
Umschlaggestaltung Büro Hamburg (Foto: Keystone)
Satz Sabon (Linotronic 500)
Gesamtherstellung Clausen & Bosse, Leck
Printed in Germany
1690-ISBN 3 499 19506 2

Inhalt

Vorwort 7
Abkürzungen 11

1 Die Historiker und das Problem,
den Nationalsozialismus zu erklären 13
Die geschichtsphilosophische Dimension 19
Die politisch-ideologische Dimension 29
Die moralische Dimension 36

2 Das Wesen des Nationalsozialismus:
Faschismus, Totalitarismus oder
einzigartiges Phänomen? 41
Totalitarismus 45
Faschismus 51
Marxistische Theorien 52
Nichtmarxistische Interpretationen 56
Allgemeine Überlegungen zum «Totalitarismus»-
und zum «Faschismus»-Begriff 62
Nationalsozialismus als Totalitarismus? 65
Nationalsozialismus als Faschismus oder
als einzigartiges Phänomen? 71

3 Politik und Wirtschaft im NS-Staat 82
Interpretationen 84
Auswertung 95

4 Hitler: «Herr und Meister im Dritten Reich»
oder «schwacher Diktator»? 114
Persönlichkeit, Struktur und der «Faktor Hitler» 116
Hitlers Macht: eine Auswertung 130

5 Hitler und der Holocaust   149
  Interpretationen   151
  Auswertung   163

6 Die nationalsozialistische Außenpolitik:
  Hitlers «Programm» oder «Expansion ohne Ziel»?   195
  Interpretationen   197
  Auswertung   208

7 Das Dritte Reich: «Soziale Reaktion» oder
  «soziale Revolution»?   234
  Interpretationen   239
  Auswertung   250

8 «Widerstand ohne das Volk»?   267
  Interpretationen   269
  Zusammenfassung   287

9 «Normalität» und Genozid:
  Das Problem der «Historisierung»   316
  Der «historisierende» Ansatz   317
  Kritik der «Historisierung»   322
  Auswertung   328

10 Perspektivverschiebung:
   Historiographische Entwicklungstendenzen
   im Gefolge der deutschen Vereinigung   343
   Nationalsozialismus und nationale Identität   346
   Nationalsozialismus und Modernisierung   351
   Nationalsozialismus und Stalinismus   359
   Überlegungen   363

Weiterführende Literaturhinweise   377
Namenregister   380

Vorwort

Die wissenschaftliche Erforschung des Nationalsozialismus hat eine solche Literaturfülle hervorgebracht, daß es selbst für Fachleute schwierig ist, den Überblick zu behalten, und sie hat außerdem eine Reihe komplexer theoretischer Interpretationsfragen aufgeworfen. Insofern überrascht es nicht, wenn Studenten, die sich auf neueste deutsche Geschichte spezialisieren, häufig Schwierigkeiten haben, sich im Labyrinth der Interpretationen und Gegeninterpretationen zurechtzufinden. Als Hilfestellung in dieser Situation wurde vor nunmehr rund zehn Jahren dieses Buch konzipiert. Es unternimmt den Versuch, die im Hinblick auf die NS-Diktatur wesentlichsten Interpretationsprobleme herauszugreifen und prägnant aufzuzeigen, worin das jeweilige Problem besteht und wie es von Historikern unterschiedlicher Richtungen bisher angegangen worden ist. Anschließend soll anhand neuester Forschungsergebnisse versucht werden, die verschiedenen Positionen klar und eindeutig gegeneinander abzuwägen und zu beurteilen. Die ausgewählten «Problembereiche» beschränken sich auf die Zeit der Diktatur selbst. Das heißt, daß Themen, die mit der Geschichte des Nationalsozialismus vor 1933 zu tun haben, im vorliegenden Band nicht behandelt werden, so wünschenswert das vielleicht auch gewesen wäre. Wichtige Streitfragen, die die Ursprünge und den Aufstieg des Nationalsozialismus betreffen – etwa, ob das Dritte Reich aus einem deutschen «Sonderweg» in der geschichtlichen Entwicklung hervorgegangen ist, welche Verbindungen vor 1933 zwischen «Großkapital» und Nationalsozialismus bestanden haben und welche soziale Zusammensetzung die NS-Bewegung hatte –, erfordern eine eigene eingehende Analyse und werden im Rahmen der hier behandelten Probleme nur als Hintergrundinformation angesprochen.

Seit dem ersten Erscheinen (die englische Ausgabe 1985, die deutsche 1988) ist dieser Band auf erfreulich positive Resonanz gestoßen. Doch die Geschichtsschreibung bleibt genausowenig wie die Geschichte selbst stehen. Ganz gleich mit welcher Epoche man sich in der Geschichtswissenschaft auch befaßt, liegt es in der Natur der Sache, daß nach einem gewissen Zeitraum neue Forschungsthemen in den Mittelpunkt des Interesses rücken, innovative Methoden neue Zugänge eröffnen und Interpretationen durch wichtige Neuerscheinungen nachhaltig beeinflußt werden. Im Falle des Dritten Reiches vollzieht sich der Wandel in der Geschichtsschreibung – auch fast ein halbes Jahrhundert nach Hitlers Tod – eher noch schneller und prononcierter als bei der Behandlung anderer, zeitlich weiter zurückliegender Geschichtsepochen. Zu diesem beschleunigten Wandel in der Historiographie des Nationalsozialismus trugen verschiedene Faktoren bei: der Generationswechsel (die Erforschung des Dritten Reiches wird inzwischen vor allem von Historikern durchgeführt, die die NS-Zeit selbst nicht erlebten), die Reihe von bedeutenden Jahrestagen wie etwa des Kriegsendes oder der «Reichskristallnacht» (in den späten achtziger Jahren entzündeten sich an diesen Anlässen teils heftige und moralisch aufgeladene Kontroversen und Debatten, nicht zuletzt der «Historikerstreit»); vor allem die «sanfte Revolution» 1989/90, die den Untergang des sowjetischen Systems und der Tradition des Marxismus-Leninismus auch im östlichen Teil Deutschlands bedeutete. Nachdem nun rund zehn Jahre seit der Konzipierung dieses Buches vergangen sind, muß ich des öfteren an den klassischen Rat jenes Iren denken, der einem Reisenden, der sich nach dem Weg erkundigte, zur Antwort gab: «An Ihrer Stelle würde ich nicht von hier aus losgehen!» Die Entscheidung für einen anderen Ausgangspunkt hätte aber praktisch bedeutet, das Buch völlig umzuschreiben. Insofern mußte sich die vorliegende Ausgabe auf viele kleinere und einige größere Änderungen am Text beschränken. Soweit möglich, sind Literaturhinweise auf die wichtigsten Neuerscheinungen eingefügt worden. Einige dieser Publikationen haben einen solchen Stellenwert, daß sie sicherlich eine ausführlichere Behandlung verdient und in manchen Punkten zu einer anderen Darstellungsweise geführt hätten, wenn der vorliegende Text erst heute geschrieben worden wäre. Dazu zählen insbesondere Peter Hayes' Studie über die I. G. Farben [1], mit der die Debatte über den «Primat der Ideologie» auf eine neue Ebene gehoben wird, und Dieter Rebentischs Analyse über den NS-Staat im

---

[1] Peter Hayes, *Industry and Ideology. IG Farben in the Nazi Era*, Cambridge 1987.

Krieg², die eine revidierte Darstellung der Rolle Hitlers im Entscheidungsprozeß des Dritten Reiches erforderlich macht. Aufgrund der neuen Erkenntnisse, die Philippe Burrin über den zeitlichen Ablauf des Genozids an den Juden und die dabei maßgeblichen Entscheidungsprozesse gewonnen hat, erschien es beim Kapitel «Hitler und der Holocaust» tatsächlich unumgänglich, manche Abschnitte völlig umzuformulieren.³ Außerdem ist ein eigenes Kapitel über den deutschen Widerstand hinzugekommen. Der Gedanke daran war zwar schon bei der Arbeit an der ersten Auflage aufgetaucht, dann aber – wie mir aus heutiger Sicht scheint, zu Unrecht – verworfen worden. Bei diesem Thema bestehen nach wie vor beträchtliche Interpretationsprobleme, die meines Erachtens immer noch eine eingehende Untersuchung und Evaluierung verdienen; dazu zählt nicht zuletzt die Frage nach einer befriedigenden Widerstandsdefinition.

Ein Thema, das sich durch den gesamten Band zieht, ist der Einfluß der – im ersten Kapitel skizzierten – «geschichtsphilosophischen», «politisch-ideologischen» und nicht zuletzt «moralischen» Dimensionen auf die Geschichtsschreibung zum Dritten Reich. Die Historiographie über Deutschland im Nationalsozialismus ist eine praktische Veranschaulichung des Croce-Satzes «Alle Geschichte ist zeitgenössische Geschichte». Da die Geschichtsschreibung zwangsläufig ständig von Gedankenmustern beeinflußt und umgestaltet wird, die sich mit den äußeren Umständen ändern, schreibt jede Generation die Geschichte neu. Insofern ist auch die Historiographie über das Dritte Reich nach wie vor einem raschen Wandel und ungewöhnlichen Turbulenzen unterworfen. Um dies besonders augenfällig zu illustrieren: Als der vorliegende Band 1989 in der zweiten englischen Auflage erschien, existierte die DDR noch, und wer die verschiedenen Konfliktthemen behandeln wollte, mußte die marxistisch-leninistische Geschichtsinterpretation der DDR berücksichtigen. Doch wenige Monate später war die Deutsche Demokratische Republik auf einmal selbst nur noch eine «geschichtliche Episode», und damit gehörte auch ihre historiographische Tradition effektiv der Vergangenheit an.

In der (alten) Bundesrepublik kam es in der Folge des 40. Jahresta-

---

2 Dieter Rebentisch, *Führerstaat und Verwaltung im Zweiten Weltkrieg*, Stuttgart 1989.
3 Philippe Burrin, *Hitler et les Juifs. Genèse d'un génocide*, Paris 1989 (dt.: *Hitler und die Juden. Die Entscheidung für den Völkermord*. Frankfurt/M. 1993).

ges von Kriegsende und Zusammenbruch des Dritten Reiches zu größeren Debatten über die Stellung des Nationalsozialismus in der deutschen Geschichte. Diese Diskussionen wurden in zwei neuen Kapiteln der zweiten englischen (und ersten deutschen) Auflage beschrieben und analysiert. Eines dieser Kapitel, und zwar das über den «Historikerstreit», ist im vorliegenden Band nicht mehr enthalten. Inzwischen steht zu diesem Thema eine Menge an Literatur zur Verfügung. Im übrigen hat dieser hitzig geführte, kurzlebige Disput kaum neue Erkenntnisse gebracht. Ein mit dem Historikerstreit zusammenhängender Punkt, die Frage der «Historisierung» des Nationalsozialismus, erschien mir jedoch schon damals von größerer und wohl auch dauerhafterer intellektueller Bedeutung als die Polemik des eigentlichen Historikerstreits. Diese Einschätzung hat sich inzwischen bestätigt, und deshalb wird dieses Thema in nur leicht veränderter Form auch in der vorliegenden Auflage in dem Kapitel über «‹Normalität› und Genozid» behandelt. Der Text ist um ein neues Schlußkapitel erweitert worden, das den etwas spekulativen Versuch unternimmt, zu diskutieren, inwieweit im Gefolge der «deutschen Vereinigung» die Stellung des Dritten Reiches innerhalb der deutschen Geschichte unter neuen Blickwinkeln gesehen wird.

Ich möchte mich nochmals bei allen Freunden und Kollegen bedanken, die direkt oder indirekt zur Entstehung dieses Buches und seiner Neuauflage beigetragen haben. Besonderen Dank für viele fruchtbare Anregungen schulde ich meinen beiden wichtigsten Mentoren, dem inzwischen leider verstorbenen Martin Broszat und Hans Mommsen. Im Hinblick auf die neue Ausgabe möchte ich Saul Friedländer danken, der meine Darstellung im Schlußkapitel wesentlich beeinflußt hat, und vor allem auch meinem Sheffielder Kollegen Stephen Salter, der mir bei der Arbeit an den neuen Kapiteln mit seiner konstruktiven Kritik eine unschätzbare Hilfe war. Zu Dank bin ich nach wie vor auch der *Leverhulme Foundation*, der *British Academy* und der *Alexander-von-Humboldt-Stiftung* verpflichtet, die mich bei der ursprünglichen Forschungsarbeit für diesen Band und zum Teil auch bei späterer Gelegenheit finanziell gefördert haben.

Ian Kershaw
Sheffield, im Sommer 1993

Abkürzungen

AfS	Archiv für Sozialgeschichte
AHR	American Historical Review
APZ	Aus Politik und Zeitgeschichte (Beilage zur Wochenzeitung «Das Parlament»)
BAK	Bundesarchiv, Koblenz
CEH	Central European History
GG	Geschichte und Gesellschaft
GWU	Geschichte in Wissenschaft und Unterricht
HWJ	History Workshop Journal
HZ	Historische Zeitschrift
IMT	International Military Tribunal [*Der Prozeß gegen die Hauptkriegstreiber vor dem Internationalen Militärgerichtshof* (Nürnberg 1947–1949), 42 Bde.]
JCH	Journal of Contemporary History
MGM	Militärgeschichtliche Mitteilungen
NPL	Neue Politische Literatur
PVS	Politische Vierteljahresschrift
VfZ	Vierteljahrshefte für Zeitgeschichte

1 Die Historiker und das Problem, den Nationalsozialismus zu erklären

Auch fünf Jahrzehnte nach der Zerstörung des Dritten Reiches haben führende Historiker bei einigen der grundlegendsten Erklärungs- und Interpretationsprobleme keine Einigung erzielen können. Natürlich sind in der Geschichtsschreibung seit der unmittelbaren Nachkriegszeit große Fortschritte gemacht worden. Die Historiker versuchten sich damals an einer Aufzeichnung der «Zeitgeschichte», noch bevor sich der Sturm der Entrüstung über die von Hitlers Armeen in Europa angerichtete Zerstörung etwas gelegt hatte; sie schrieben in einem politischen Klima, das von den entsetzlichen Enthüllungen der Nürnberger Prozesse und der Einsicht in das Ausmaß der Grausamkeit des Regimes geprägt war. Insofern kann es kaum überraschen, daß damals bei der Beschreibung der jüngsten Vergangenheit Anschuldigungen von seiten der Alliierten und Rechtfertigungen von seiten der Deutschen eine große Rolle spielten. Mit größerem zeitlichem Abstand haben zahlreiche, von einer neuen Historikergeneration veröffentlichte Forschungsarbeiten dazu beigetragen, unser Wissen über den Nationalsozialismus wesentlich zu erweitern – vor allem seitdem in den sechziger Jahren die von den Alliierten erbeuteten und inzwischen an die Deutschen zurückgegebenen Dokumente zugänglich gemacht worden waren. Doch sobald man versucht, an die detaillierten Monographien mit übergreifenden Fragestellungen heranzugehen, stößt man, was die Übereinstimmung bei der Interpretation des Nationalsozialismus betrifft, schnell auf Grenzen. Eine Synthese der gegensätzlichen Interpretationen, nach der so oft verlangt wird, ist nirgendwo in Sicht. Die Debatte hält unvermindert an und wird mit großem Nachdruck und häufig sogar mit einer Erbitterung geführt, die über eine herkömmliche Kontroverse zwischen Historikern weit hinausgeht. Lebhaft deutlich wurde dies an den Gefühlsausbrüchen, von denen 1986 der «Historikerstreit» begleitet war – eine öffentliche Kontroverse zwischen führenden deutschen Historikern über den historischen Ort des Dritten Reichs in der deutschen Geschichte.

Natürlich sind gerade Debatten und Kontroversen ein wesentlicher Bestandteil historischer Arbeit und eine Voraussetzung dafür, daß es bei der Geschichtsforschung überhaupt zu Fortschritten kommt. Der Nationalsozialismus wirft jedoch historische Interpretationsfragen auf, die eine eigene Brisanz haben oder ein bezeichnendes Licht auf weiterreichende historische Erklärungsprobleme werfen. Die besonderen Merkmale der grundlegenden Meinungsverschiedenheit der Historiker bei der Interpretation des Nationalsozialismus lassen sich meines Erachtens durch drei zwangsläufig eng miteinander verflochtene Bereiche umreißen: einen geschichtsphilosophischen, einen politisch-ideologischen und einen moralischen. Diese Bereiche sind untrennbar verbunden mit dem Forschungsgegenstand des Historikers und mit dem Verständnis, das er seiner heutigen Rolle und Aufgabe bei der Erforschung und Beschreibung des Nationalsozialismus entgegenbringt. Diese besonderen Merkmale, so möchte ich weiter behaupten, spiegeln ein zentrales Element im politischen Bewußtsein beider deutscher Nachkriegsstaaten: Die Rede ist von der lernbereiten Auseinandersetzung mit Deutschlands jüngster Vergangenheit.

Da die Historiker in Ost- und Westdeutschland grundverschieden an die Nazivergangenheit herangegangen sind, sind ihre schriftlichen Äußerungen über den Nationalsozialismus in bestimmter Weise gefärbt. In der Bundesrepublik ist man mit dem Problem allerdings auf eine weniger eingleisige Weise umgegangen als in der Deutschen Demokratischen Republik, und so sind die Kontroversen über die Interpretation des Nationalsozialismus vor allem westdeutsche Kontroversen. Damit soll natürlich keineswegs der bedeutende, oftmals wegweisende Beitrag unterschätzt werden, den nichtdeutsche Historiker bei der Erforschung der deutschen Geschichte geleistet haben. Häufig hat gerade der Umstand, daß ausländische Historiker frei von der Last der «Vergangenheitsbewältigung» und unabhängig von den intellektuellen Strömungen der westdeutschen Gesellschaft sind, zu frischen Impulsen und neuen Methoden geführt. Aus den folgenden Kapiteln geht hervor, wie sehr die internationale Wissenschaft diesem Bereich der Forschung ihren Stempel aufgedrückt hat. Dennoch wird im Buch im wesentlichen davon ausgegangen, daß die Konturen der Debatte im allgemeinen von deutschen Historikern herausgearbeitet wurden und in großem Maße davon geprägt sind, was westdeutsche Historiker als ihre Aufgabe bei der Bildung des «politischen Bewußtseins» und der Überwindung der Vergangenheit ansahen.

Von der Bundesrepublik heißt es, sie sei mehr noch als Israel oder Südvietnam «ein Staat der Zeitgeschichte, aus der Katastrophe hervorgegangen und zur Überwindung der Katastrophe errichtet».[1] In einer solchen Gesellschaft kommt dem Historiker, der sich mit der jüngsten Vergangenheit beschäftigt, eine viel offenkundiger *politische* Rolle zu als beispielsweise in Großbritannien. Man kann durchaus sagen, daß der Historiker aufgrund seiner Interpretation der jüngsten Vergangenheit in gewisser Weise als Hüter oder Kritiker der Gegenwart gesehen wird und sich auch selbst so sieht. Dadurch, daß die geschichtliche Erforschung des Nationalsozialismus und die «politische Bildung» untrennbar miteinander verbunden sind, verstärkt sich bei manchen Historikern teilweise das unterschwellige Gefühl, daß vor allem dort, wo es um das Erfassen des Wesens des NS-Systems geht, Klarheit herrschen *sollte*. Dieses Gefühl wurde 1978 vom damaligen Bundeskanzler, Helmut Schmidt, zum Ausdruck gebracht, als er in seiner Rede auf dem deutschen Historikertag beklagte, ein Übermaß an Theorie habe dazu geführt, daß viele heutige Deutsche ein Bild vom Nationalsozialismus hätten, dem es noch immer an einer «klaren Kontur» fehle.[2] Dasselbe Argument ist für die Stimmung – eine Mischung aus Wut und Trauer – mancher Historiker kennzeichnend, deren Interpretationen in den fünfziger und sechziger Jahren tonangebend gewesen sind und die sich jetzt einer «revisionistischen» Herausforderung gegenübersehen, die so weit geht, «grundlegende Erkenntnisse, die man für völlig gesichert, ja unbestritten gehalten hat, radikal in Frage» zu stellen.[3]

Sowohl «Traditionalisten» als auch «Revisionisten» gehen ausdrücklich davon aus, daß zwischen dem Perspektivwandel in der Geschichtsforschung und der aktuellen politischen Bewußtseinsbildung ein Zusammenhang besteht.[4] Durch den «Historikerstreit» ist wieder einmal deutlich geworden, daß gegensätzliche Interpretationen des Nationalsozialismus Teil der fortlaufenden Neueinschätzung der politischen Identität und politischen Zukunft der Bundesrepublik sind.

---

1 Ernst Nolte, *Marxismus, Faschismus, Kalter Krieg* (Stuttgart 1977), S. 217.
2 Zitiert in Walther Hofer, «50 Jahre danach. Über den wissenschaftlichen Umgang mit dem Dritten Reich», *GWU* 34 (1983), S. 2.
3 Ebenda.
4 «Revisionismus» ist ein schwammiger, verwirrender, noch dazu als Schimpfwort gebrauchter Begriff. Einige der Autoren, die in den siebziger Jahren sogenannte Revisionisten kritisiert haben, sind beim «Historikerstreit» selbst als «Revisionisten» bezeichnet worden.

Heutzutage sind der Historiker und sein Werk öffentliches Eigentum. Damit ist der grundlegende Rahmen abgesteckt und angedeutet, wie sehr die Geschichtskontroverse, die wir im folgenden beurteilen wollen, politisch gefärbt ist.

Zum Nationalsozialismus gibt es eine solche Fülle von Literatur, daß es selbst Fachleuten schwerfällt, den Überblick zu behalten. Und es ist nicht zu übersehen, daß Studentinnen und Studenten, die sich auf die neueste deutsche Geschichte spezialisieren, häufig nicht in der Lage sind, sich die komplexe Literatur zum Nationalsozialismus anzueignen und Interpretationskontroversen zu folgen, die sich zum größten Teil auf den Seiten deutscher wissenschaftlicher Zeitschriften oder in wissenschaftlichen Monographien abspielen. Darum habe ich dieses Buch geschrieben. Es enthält keine Beschreibung der Entwicklung der Geschichtsschreibung – oder, anders ausgedrückt, keine Geschichte der Geschichte des Nationalsozialismus.[5] Es versucht vielmehr, das Wesen einiger zentraler Interpretationsprobleme zu untersuchen, die sich speziell auf den Zeitraum der Diktatur selbst beziehen und mit denen der heutige Historiker konfrontiert ist, sobald er sich mit ihr befaßt.[6]

Die Struktur des Buches ist großteils durch die – ineinandergreifenden und zusammenhängenden – Themen vorgegeben, die den Kontroversen zugrunde liegen. Im nächsten Kapitel sollen die weitreichenden und stark gegensätzlichen Interpretationen des Wesens des Nationalsozialismus analysiert werden: ob er am einleuchtendsten als eine Form des Faschismus, eine Art Totalitarismus oder als ein politisches Phänomen «eigener Art» anzusehen ist. Mit der Faschismusdebatte unmittelbar verbunden ist die hitzige Kontroverse über den Zusammenhang von Nationalsozialismus und Kapitalismus, vor allem über die Rolle der deutschen Industrie; diese Kontroverse bildet das Thema des übernächsten Kapitels. Als Schlüsselthema hat sich in den letzten

---

5 Einen guten, wenngleich oftmals recht agnostischen historiographischen Überblick bietet Pierre Ayçoberry, *The Nazi Question* (London 1981).
6 Besprechungen der Literatur und des Standes der Forschung zum Nationalsozialismus finden sich in Klaus Hildebrand, *Das Dritte Reich* (München/Wien 1979); Andreas Hillgruber, *Endlich genug über den Nationalsozialismus und Zweiten Weltkrieg? Forschungsstand und Literatur* (Düsseldorf 1982); John Hiden und John Farquharson, *Explaining Hitler's Germany. Historians and the Third Reich* (London 1983). Gerhard Schreiber bietet in seinem Buch *Hitler. Interpretationen 1923–1983* (Darmstadt 1984) den besten historiographischen Überblick über Arbeiten, die sich mit Hitler befassen.

Jahren die Frage nach der Interpretation der Stellung, Rolle und Bedeutung Hitlers innerhalb des nationalsozialistischen Herrschaftssystems herauskristallisiert – ein komplexes Problem, das im folgenden in drei verschiedenen Kapiteln zur Machtstruktur des Dritten Reiches und zur Entwicklung der antijüdischen Politik und der Außenpolitik untersucht wird. Nachdem wir uns mit der Regierung des Dritten Reiches beschäftigt haben, gilt unser Augenmerk der Gesellschaft unter der Naziherrschaft: Es soll untersucht werden, in welchem Maße der Nationalsozialismus die deutsche Gesellschaft verändert oder sogar revolutioniert hat, und versucht werden, die komplexe Frage des deutschen Widerstands gegen Hitler zu behandeln. Darauf folgt eine Analyse der wichtigen Debatte um die «Historisierung» des Dritten Reichs – also der Frage, ob die NS-Zeit überhaupt so wie andere vergangene Epochen als «Geschichte» behandelt werden kann. Schließlich wird der Versuch unternommen, neue historiographische Entwicklungstendenzen im Gefolge der deutschen Vereinigung zu untersuchen.

In jedem der genannten Kapitel versuche ich, die unterschiedlichen Interpretationen und den derzeitigen Forschungsstand angemessen zusammenzufassen und anschließend eine Einschätzung anzubieten. Ich habe es nicht als meine Aufgabe angesehen, mich bei der Betrachtung der Kontroversen um eine neutrale Haltung zu bemühen – das wäre auch gar nicht möglich. Ich hoffe, daß ich die Ansichten, die ich hier zusammenfasse, so fair wie möglich darstelle, aber ich möchte mich auch an der Debatte beteiligen – nicht ihr unparteiischer «Schiedsrichter» sein – und in jedem einzelnen Fall meine eigene Position vortragen.

So verschieden die in diesem Buch referierten Interpretationsansätze die Geschichte des Dritten Reiches auch angehen – ein Ziel ist ihnen gemeinsam: Sie wollen eine angemessene *Erklärung* des Nationalsozialismus bieten. Grundsätzlich stehen alle Historikerinnen und Historiker vor der Aufgabe, die Vergangenheit zu erklären, doch wie beängstigend und komplex diese Aufgabe im Fall des Nationalsozialismus ist, wird auf den folgenden Seiten ersichtlich werden. Eine *angemessene* Erklärung des Nationalsozialismus dürfte in der Tat intellektuell wohl nicht zu leisten sein. Im Nationalsozialismus haben wir ein Phänomen, das sich anscheinend kaum einer rationalen Analyse unterziehen läßt. Unter der Leitung eines Führers, der in apokalyptischen Tönen von Weltmacht oder Zerstörung redete, und eines Regimes, das sich auf eine äußerst widerwärtige Ideologie des Rassenhasses gründete, plante und entfesselte eines der kulturell und wirtschaftlich am weitesten fortgeschrittenen Länder Europas einen Weltkrieg, dem rund 50 Millionen Menschen zum Opfer fielen, und es verübte Greueltaten, die in dem mechanisierten Massenmord an Juden, Zwangsarbeitern, Kriegsgefangenen und anderen gipfelten und von ihrer Art und ihrem Ausmaß her jede Vorstellungskraft übersteigen. Angesichts von Auschwitz erscheint die Erklärungsfähigkeit des Historikers in der Tat kläglich. Wie kann er hoffen, angemessen und «objektiv» über ein Regierungssystem zu schreiben, das in einem solch riesigen Ausmaß Schrecken und Entsetzen verbreitet hat? Wie soll er mit seiner Aufgabe beginnen? Er kann sich kaum – um ein Wort Rankes zu benutzen – darauf beschränken, anhand der Quellen zu zeigen, «wie es eigentlich gewesen». Und kann er hoffen, ein derart kriminelles Regime und dessen unmenschlichen Führer in historistischer Tradition zu «verstehen»? Oder besteht seine Aufgabe darin, das Übel des Nationalsozialismus bloßzustellen – der Gegenwart zum Zeugnis und der Zukunft zur Warnung? Wenn ja, wie hat das zu geschehen? Kann oder sollte der Historiker danach trachten, «Abstand» zu seinem Forschungsgegenstand zu wahren? (Eine solche innere Distanz gilt ja allgemein als für eine «objektive» Geschichtsschreibung unabdingbar.) Allein schon diese Fragen deuten einige der Gründe dafür an, warum keine Erklärung des Nationalsozialismus intellektuell ganz zufriedenstellend sein kann. Letztlich muß jedoch das Verdienst jedes Interpretationsansatzes daran gemessen werden, inwieweit er einen *Beitrag* zu einer genaueren Erklärung des Nationalsozialismus leistet. Dieses Buch hat seinen Zweck erfüllt, wenn sich aus der hier gegebenen Einschätzung verschiedener Interpretationen der Nazidiktatur entnehmen läßt, welche Ansätze sich besser dazu eignen (oder, anders ausgedrückt, weniger unzureichend sind als andere), eine Erklärung für den dynamischen Radikalisierungsprozeß im Dritten Reich zu liefern, der zu einem Krieg und Völkermord von beispiellosem Ausmaß geführt hat.

Bevor wir die geschichtsphilosophischen, die politisch-ideologischen und die moralischen Dimensionen betrachten, die den von uns zu untersuchenden Kontroversen zugrunde liegen, muß ein letzter einleitender Punkt klargestellt werden. Gemeint ist die Unzulänglichkeit des Quellenmaterials. Denn trotz der gewaltigen Menge an archivalischen Materialien, die aus der Zeit des Dritten Reiches erhalten geblieben sind, ist die Dokumentation extrem lückenhaft, und ernste Interpretationsprobleme hängen teilweise mit grundlegenden, in der Natur der Quellen begründeten Mängeln zusammen. Viele äußerst wichtige Dokumente sind natürlich von den Nazis gegen Kriegsende vernichtet worden, viele sind auch den Bombenangriffen zum Opfer gefallen. Aber das Problem geht über den rein materiellen Verlust des Aktenmaterials hinaus und umfaßt auch die riesigen Lücken, die sich bei den Dokumentarquellen an äußerst kritischen und sensiblen Punkten auftun und ein unvermeidliches Produkt der Funktionsweise des nationalsozialistischen Regierungssystems sind. Nirgendwo sind diese Lücken offensichtlicher und frustrierender als dort, wo es um Hitler selbst und seine Rolle in der Regierung des Dritten Reiches geht. Wenn wir uns etwa den Bereich der zentralen Entscheidungsfindung ansehen, dann hat das zunehmende Versagen der formalisierten zentralen Regierungsmaschinerie im Dritten Reich und Hitlers außerordentlich unbürokratischer Herrschaftsstil, bei dem Entscheidungen selten formell registriert wurden, zu einer riesigen Dokumentationslücke geführt. Die immensen bürokratischen Überreste des Dritten Reiches sagen daher kaum etwas über Hitler aus. Es läßt sich schwer sagen, welche von der Regierung kommenden Akten Hitler überhaupt zu Gesicht bekam – ganz zu schweigen davon, ob er sie dann auch las und wie er auf sie reagierte. Als Diktator von Deutschland bleibt Hitler für den Historiker größtenteils in unerreichbarer Ferne, da die Quellen schweigen. Und aus ebendiesem Grund lassen sich zentrale, Hitlers Stellung im nationalsozialistischen Herrschaftssystem betreffende Interpretationskonflikte weder vermeiden noch auf der Grundlage des verfügbaren Quellenmaterials überzeugend lösen.

Bei der Interpretation des Nationalsozialismus machen die Unzulänglichkeiten der Quellen jedoch nur einen relativ unbedeutenden Teil des Problems aus. Eine für die Art der Kontroverse über die Nazidiktatur entscheidendere Rolle spielen die divergierenden, miteinander häufig nicht recht zu vereinbarenden Konzeptionen und Methoden der Historiker, die in diesem Fall zur Untersuchung des Nationalsozialismus angewandt werden.

Die geschichtsphilosophische Dimension

Zu Beginn sollen zwei Punkte betont werden. Zum einen treten die Unterschiede in der fachlichen Herangehensweise, Methode und Philosophie keineswegs nur bei der Untersuchung des Nationalsozialismus auf, wenn auch die mit der Interpretation des Nationalsozialismus verbundenen Probleme die Fragestellungen der Geschichtsphilosophie auf besonders eindringliche Weise deutlich werden lassen. Zum anderen rührt die Heftigkeit und Rigorosität, mit der die Debatte über die Geschichtsmethoden ausgetragen wird, daher, daß die spezifisch deutsche Tradition der Geschichtsschreibung (hier auf das Dritte Reich angewandt) unter Beschuß geraten ist. Obwohl nichtdeutsche Historiker häufig bedeutende Beiträge geliefert haben, ist die methodologische Auseinandersetzung größtenteils und bezeichnenderweise eine westdeutsche Angelegenheit. Im folgenden müssen wir deshalb unser Augenmerk auf die Vorgehensweise und das Wesen der deutschen Geschichtsschreibung richten und auf die radikal gegensätzlichen Ansichten, die von derzeit führenden bundesdeutschen Historikern in bezug auf Form und Zweck der Geschichtsschreibung vorgetragen werden.

Die Konturen der deutschen Geschichtsschreibung sind in der Nachkriegszeit durch eine Anzahl spezifischer Faktoren geprägt worden, durch die sich Deutschland von der historiographischen Entwicklung anderer Länder unterscheidet. Dem ganzen Prozeß liegt das Bedürfnis zugrunde, die Nazivergangenheit zu «bewältigen». Dies hat maßgeblich dazu beigetragen, daß in der deutschen Geschichtswissenschaft der Nachkriegszeit Interpretationsprobleme, die sich auf den Verlauf und das Wesen der jüngeren deutschen Geschichte beziehen, besonders eng mit weitreichenden, die Methode und Einstellung des Historikers betreffenden Fragen verknüpft wurden. Ganz allgemein gesprochen läßt sich die Entwicklung, die die Geschichtsforschung in Westdeutschland – die DDR muß hier ausgenommen werden – seit dem Krieg genommen hat, in drei Phasen einteilen: den Zeitraum bis Anfang der sechziger Jahre, in dem der Historismus fortgesetzt und teilweise noch einmal aufpoliert wurde; eine Übergangsphase der Veränderung, die sich bis in die Mitte der siebziger Jahre erstreckte; und eine Phase, die trotz harter Angriffe und gewisser regressiver Tendenzen bis heute andauert und in der sich neue Formen einer strukturell begründeten «Sozialgeschichte» durchgesetzt haben, die sich an den Sozialwissenschaften ausrichten und eng mit parallelen internationalen wissenschaftlichen Entwicklungen verknüpft sind.[7] Die historistische Tradition hat in

---

[7] Diese Phaseneinteilung findet sich bei Jörn Rüsen, «Theory of History in the Development of West German Historical Studies: A Reconstruction and Outlook», *German Studies Review* 7 (1984), S. 14–18. Ich bin Prof. Rüsen für seine Kommen-

Deutschland seit der Zeit Rankes auf die Geschichtsphilosophie und die Geschichtsschreibung einen maßgeblichen Einfluß ausgeübt, der ungleich größer war als sonst der Einfluß irgendeiner Geschichtsauffassung in irgendeinem anderen Land.[8]

Diese Tradition beruhte auf einer – im philosophischen Sinne – idealistischen Vorstellung von Geschichte als einer kulturellen, von menschlichen «Ideen» geformten Entwicklung. Die Ideen, so die Grundüberlegung, kämen in den Handlungen der Menschen zum Ausdruck, und von diesen lasse sich wiederum auf ihre Absichten, Beweggründe und Überlegungen schließen. Die Geschichtsschreibung sah insofern ihre Aufgabe im wesentlichen darin, Handlungen mit Hilfe eines intuitiven «Verständnisses» der dahinterliegenden Absichten zu erklären zu suchen. In der Praxis führte das dazu, daß die Einzigartigkeit geschichtlicher Ereignisse und Persönlichkeiten herausgestellt und die große Bedeutung unterstrichen wurde, die des Menschen Wille und Absicht für den Lauf der Geschichte hätten. Außerdem wurde die Macht des Staates als Ziel an sich betont (und dementsprechend auch die Erhabenheit des preußisch-deutschen Nationalstaats).

Für eine Historikerschaft, die sich stark auf das Wesen und die Rolle des Staates als «positiver» Faktor in der Geschichte konzentriert hatte, bedeutete es nach 1945 einen starken Schock, nicht nur mit einem «Staats*zerbrechen*» zu tun zu haben, sondern mit einem «Staatszerbrechen beladen mit Staats*verbrechen* in unvorstellbarem Ausmaße».[9] Dennoch führte der Zusammenbruch des Dritten Reiches nicht zu einem grundlegenden Wandel innerhalb der historistischen Tradition und deren Dominanz in der Geschichtsschreibung. Genau wie 1918 und 1933 war die (west-)deutsche Historiographie auch jetzt im wesentlichen durch Kontinuität gekennzeichnet. Die zwei führenden Historiker der Nachkriegszeit, Friedrich Meinecke und Gerhard Ritter, waren beide in der historistischen Tradition aufgewachsen, hatten dieser Tradition entsprechend geschrieben, und ihre Ideen waren tief in

---

tare und Anregungen zu diesem Buchabschnitt zu Dank verpflichtet. Außerdem habe ich Nutzen aus einem ausgezeichneten Artikel von Bernd Faulenbach gezogen: «Deutsche Geschichtswissenschaft nach 1945», *Tijdschrift voor Geschiednis* 94 (1981), S. 29–57. Siehe auch Georg G. Iggers, *Deutsche Geschichtswissenschaft* (München 1971), Kapitel 8, und Wolfgang J. Mommsen, «Gegenwärtige Tendenzen in der Geschichtsschreibung der Bundesrepublik», *GG* 7 (1981), S. 149–188.
8 Iggers, S. 11.
9 Manfred Schlenke zitiert in Iggers, S. 356–357.

der deutschen idealistischen Tradition des geschichtlichen und politischen Denkens verwurzelt. Keiner von beiden war Nazi gewesen. Vielmehr waren beide bei den Nazis angeeckt: Meinecke war 1935 von seinem Posten als Herausgeber der *Historischen Zeitschrift* entfernt worden, und Ritter wurde nach dem Attentat auf Hitler 1944 als «Komplize» Carl Goerdelers ins Gefängnis gesteckt. Meineckes einflußreiches Buch *Die deutsche Katastrophe*, das 1946 erschien, und Ritters stärker apologetisches *Europa und die deutsche Frage*, das 1948 veröffentlicht wurde, stellten im wesentlichen den Versuch dar, den deutschen Idealismus und die nationalpolitische Tradition zu rechtfertigen. Ihrer Ansicht zufolge war der Nationalsozialismus aus einer Art untergründigem parasitärem Wachstum hervorgegangen, das sich bis zu den negativen Kräften zurückverfolgen lasse, die zum erstenmal in der Französischen Revolution ins Blickfeld geraten seien und parallel zu der im allgemeinen gesunden und positiven Entwicklung des deutschen Staats existiert hätten. Obwohl es im ausgehenden neunzehnten Jahrhundert schon bedrohliche Anzeichen gegeben habe, sei es doch vor allem eine durch den Ersten Weltkrieg ausgelöste katastrophale Serie von Ereignissen gewesen, die in ganz Europa und nicht nur in Deutschland zu einem Zusammenbruch moralischer und religiöser Werte, zur Vorherrschaft des Materialismus, zum Anwachsen der Barbarei und zur Korrumpierung der Politik hin zu Machiavellismus und Demagogie geführt haben. Wenn wir einer solchen Interpretation folgen, dann ist der Nationalsozialismus das schreckliche Resultat einer europäischen – und nicht spezifisch deutschen – Entwicklungstendenz; er kennzeichnet dann einen entscheidenden Bruch mit der «gesunden» deutschen Vergangenheit, statt als ihr Produkt angesehen zu werden. Meinecke sprach von der «Geschichte der Entartung deutschen Menschentums».[10] Ritter empfand den Gedanken «fast unerträglich», daß «der Wille eines Einzelnen, eines Wahnwitzigen» Deutschland in den Zweiten Weltkrieg getrieben habe.[11] Der Nationalsozialismus sei insofern mehr oder weniger ein Unfall in einer ansonsten lobenswerten Entwicklung. Und die Katastrophe, die über Deutschland hereingebro-

---

10 Friedrich Meinecke, *Die deutsche Katastrophe* (Wiesbaden 1946), S. 28.
11 Gerhard Ritter, *Das deutsche Problem. Grundfragen deutschen Staatslebens gestern und heute* (München 1962), S. 198. Dieses Buch ist eine überarbeitete und erweiterte Neuauflage von Ritters *Europa und die deutsche Frage. Betrachtungen über die geschichtliche Eigenart des deutschen Staatsdenkens* (München 1948).

chen sei, lasse sich in nicht geringem Maße auf den «Dämon» Hitler zurückführen. (Solche defensiven Versuche, den Nationalsozialismus als Teil einer europäischen Krankheit zu interpretieren, entstanden natürlich als direkte Antwort auf die nach dem Krieg von anglo-amerikanischen Autoren geäußerte grobschlächtige Interpretation, der Nationalsozialismus könne nur als Höhepunkt einer jahrhundertelangen deutschen kulturellen und politischen Fehlentwicklung angesehen werden, die bis Luther und noch weiter zurückreiche.)[12]

Die «Fischerkontroverse» leitete Anfang der sechziger Jahre eine Entwicklung ein, die dazu führte, daß der Historismus rasch an Einfluß verlor und sich das Geschichtsdenken wandelte. Mit Hilfe völlig traditioneller Forschungsmethoden zeigte Fritz Fischer in seinem 1961 veröffentlichten Buch *Griff nach der Weltmacht* die aggressiven, expansionistischen Kriegsziele von Deutschlands Eliten im Ersten Weltkrieg auf und widerlegte dadurch gründlich das Argument, eine bis dahin im Grunde genommen gesunde Entwicklung sei *nach* dem Krieg irgendwie «entgleist». Unbeabsichtigt hatte Fischer damit außerdem der Geschichtsforschung neue Interessengebiete erschlossen – erwähnt sei hier insbesondere die Rolle der «traditionellen» Eliten und die Kontinuität, die die Kaiser- mit der Nazizeit verband und die sich in den Gesellschaftsstrukturen und in der Innen- ebenso wie in der Außenpolitik feststellen ließ. In dem Aufsehen, das Fischers Arbeit erregte, spiegelt sich deutlich das Ausmaß des Kulturschocks, den die ältere, etablierte Historikergeneration erlebte.[13] Der Wandlungsprozeß, der teilweise durch die «Fischerkontroverse» ausgelöst worden war, wurde stark dadurch gefördert, daß erstens alte, starre Strukturen durch den Ausbau des Universitätssystems aufgeweicht wurden, daß zweitens die Historikerzunft sich durch die von den Sozialwissenschaften erzielten Fortschritte herausgefordert sah und daß sich drittens mit dem Ende einer langen Periode konservativer Herrschaft und dem Ein-

---

12 Klassiker dieses Genres sind Rohan O'Butler, *The Roots of National Socialism* (London 1941) und William Montgomery McGovern, *From Luther to Hitler. The History of Nazi-Fascist Philosophy* (London 1946). Derartige antideutschen Tatsachenverzerrungen wurden mit William Shirers Bestseller *Aufstieg und Fall des Dritten Reiches* (Köln/Berlin 1961) massiv unters Volk gebracht.
13 Fritz Fischer, *Griff nach der Weltmacht* (Düsseldorf 1961). Zur «Fischerkontroverse» siehe die Aufsatzsammlung in Hans W. Koch (Hg.), *The Origins of the First World War* (London 1972) sowie, in jüngerer Zeit, vor allem Volker Berghahn, «Die Fischerkontroverse – 15 Jahre danach», *GG* 6 (1980), S. 403–419.

setzen der «Studentenbewegung» Ende der sechziger Jahre das politische und intellektuelle Klima veränderte.[14]

Nun war die deutsche Geschichtswissenschaft ihrer historischen Isolation ledig und unternahm angesichts eines politischen Umfelds, in dem enge kulturelle Beziehungen mit anderen europäischen Ländern und den USA aktiv und intensiv gefördert wurden, einen Schritt nach außen. Strukturelle Geschichtskonzepte, die vor allem aus der französischen *Annales*-Schule stammten, und der Einfluß der nordamerikanischen Politik- und Sozialwissenschaften begannen in Westdeutschland für eine Veränderung der Geschichtsmethoden zu sorgen.

Neue, in stärkerem Maße theoretische geschichtswissenschaftliche Ansätze, die sich stark an nordamerikanische Entwicklungen in den Sozial- und Politikwissenschaften anlehnten, rangen darum, sich zum ersten Mal an deutschen Universitäten zu etablieren. Durch den «neuen sozialgeschichtlichen» oder «geschichtlich-sozialwissenschaftlichen» Ansatz, der sich dafür aussprach, daß eine theoretisch begründete, integrative Disziplin eine strukturelle Analyse der «Gesellschaftsgeschichte» erstellen solle, wurde der traditionelle Schwerpunkt in der deutschen Geschichtswissenschaft umgedreht: Jetzt hieß es, das Konzept der «Politik» müsse dem Konzept der «Gesellschaft» untergeordnet werden, und die «politische Geschichte» – so wichtig sie auch sei – könne für sich allein nicht den Schlüssel zum Geschichtsverständnis liefern, sondern müsse in einen weiteren (und theoretischen) Kontext gestellt werden.[15] In der 1975 und 1976 erfolgten Gründung zweier neuer Zeitschriften – *Geschichte und Gesellschaft* beziehungsweise *Geschichtsdidaktik* –, die die Methodik dieser neuen Ansätze darstellten und deren Forschungsergebnisse veröffentlichten, spiegelte sich, so könnte man sagen, der Umstand, daß sich die «Geschichte als Gesellschaftswissenschaft», die Mitte der sechziger Jahre noch innovativ gewesen war, ein Jahrzehnt später etabliert und institutionalisiert hatte.

---

14 Rüsen, «Theory of History», S. 16; siehe auch Hans-Ulrich Wehler, «Geschichtswissenschaft heute», in Jürgen Habermas (Hg.), *Stichworte zur ‹Geistigen Situation der Zeit›* (2 Bände, Frankfurt a. M. 1979), Bd. 2, S. 739–742.
15 Siehe zum Beispiel Hans-Ulrich Wehler, «Anwendung von Theorien in der Geschichtswissenschaft», in Jürgen Kocka und Thomas Nipperdey (Hg.), *Theorie der Geschichte. Beiträge zur Historik* (München 1979), Bd. 3, S. 17-39; Jürgen Kocka, «Theorien in der Sozial- und Gesellschaftsgeschichte» *GG* 1 (1975), S. 9–42; sowie den (unbetitelten) kritischen Rezensionsartikel von K. G. Faber, in *History and Theory* 16 (1977), S. 51–66.

Diese Weiterentwicklung verlief natürlich nicht unangefochten. Führende Historiker, die sich zwar vom klassischen Historismus gelöst hatten, aber noch an konventionellen Geschichtsmethoden und Interessenbereichen festhielten, nahmen die von den Verfechtern des «neuen gesellschaftsgeschichtlichen» Ansatzes an sie ergangene Herausforderung an. Vertreter der beiden – scheinbar unversöhnlichen – Seiten debattierten zuweilen recht hitzig über geschichtsmethodische Fragen. Und diese Debatten sind für die Art und Weise, in der über den Nationalsozialismus gestritten wird und wurde, von unmittelbarer Relevanz.

Der führende Protagonist des «gesellschaftsgeschichtlichen» Ansatzes, Hans-Ulrich Wehler, gilt im allgemeinen nicht als Spezialist in Sachen Nationalsozialismus, auch wenn er in seinen Untersuchungen zum Kaiserreich ausdrücklich der Frage nach einer Kontinuität in den Strukturen der deutschen Gesellschaft zwischen 1870 und 1945 nachgeht.[16] Zu den führenden Gegnern der «neuen Gesellschaftsgeschichte» und Verteidigern der Verdienste der herkömmlichen politischen Geschichte gehören der verstorbene Andreas Hillgruber und Klaus Hildebrand, die beide als namhafte Experten der nationalsozialistischen Außenpolitik gelten.[17] Mit Nachdruck betonen sie die Wichtigkeit außenpolitischer und diplomatischer Zusammenhänge, die Bedeutung des einzelnen Menschen, seines Willens und seiner Absichten – im Gegensatz zu strukturellen Determinanten – und den Wert der traditionellen empirischen Methode in der Geschichtsforschung.

In einem programmatischen Artikel sprach Hillgruber sich 1973 dafür aus, daß der modernen politischen Geschichte wieder eine zentralere Bedeutung zukommen müsse.[18] Scharfe Kritik übte er an den in seinen Augen übertriebenen und modischen Ansprüchen der «Sozialgeschichte», in der konkrete Belege durch Modelle ersetzt würden. Er

---

16 Die bekannteste seiner Veröffentlichungen ist: Hans-Ulrich Wehler, *Das Kaiserreich 1871–1918* (Göttingen 1973). Siehe dazu auch die scharfsinnige Kritik von Thomas Nipperdey, «Wehlers Kaiserreich», *GG* 1 (1975).

17 Besonders erwähnenswert sind von ihren zahlreichen Veröffentlichungen: Andreas Hillgruber, *Hitlers Strategie, Politik und Kriegführung 1940–1941* (Frankfurt am Main 1965) sowie derselbe, *Deutsche Großmacht und Weltpolitik im 19. und 20. Jahrhundert* (Düsseldorf 1977); Klaus Hildebrand, *Vom Reich zum Weltreich. Hitler, NSDAP und koloniale Frage 1919–1945* (München 1969); und derselbe, *Deutsche Außenpolitik 1933–1945. Kalkül oder Dogma?* (Stuttgart u. a. ⁴1980).

18 Andreas Hillgruber, «Politische Geschichte in moderner Sicht», *HZ* 216 (1973), S. 529–552.

hielt die neuen gesellschaftsgeschichtlichen Ansätze für ungeeignet, Licht auf das internationale System und den für die internationalen Beziehungen immer noch entscheidenden Faktor des «Gleichgewichts der Kräfte» zu werfen. Er lehnte die seines Erachtens übertrieben vereinfachende Darstellungsweise der «Imperialismus-» und «Faschismustheorien» ab, widersprach gegen Ende seines Artikels heftig der Ansicht, daß es eine «wertfreie Wissenschaft» nicht gebe, und brachte noch einmal seine Überzeugung zum Ausdruck, daß in der Arbeit des Wissenschaftlers nicht sein politisches Engagement zum Ausdruck kommen dürfe. Hildebrand argumentierte ähnlich, drückte sich dabei aber noch unverblümter aus.[19] Er wandte sich gegen die Anwendung von Theorien [«die im Gefolge der ‹wahren Theorie› von Karl Marx allgemeine Gültigkeit beanspruchen möchten» – d. Übers.], da politisches Handeln aus den Quellen und einer Kritik der Quellen, aus der Bewertung der «jeweiligen besonderen Situation, [...] einzelmenschlichen Wunschvorstellungen und Entscheidungen» sowie «überraschenden, ‹zufälligen› Ereignissen» verstanden werden müsse. Er bestritt, daß sich die «Internationalen Beziehungen» aus gesellschaftlichen Entwicklungen ableiten ließen, und argumentierte, daß – verglichen mit dem «Prinzip der Hegemonie» und der «Vorstellung vom Gleichgewicht» der Kräfte – die Konzepte der «neuen Gesellschaftsgeschichte» nur von begrenztem Wert seien. Der Historiker könne bei seiner Arbeit legitimerweise nur vom Besonderen zum Allgemeinen vorgehen, nicht umgekehrt. Die Anwendung von Theorien fand Hildebrand methodisch höchst bedenklich, da dabei unter Umständen ein Großteil der vielfältigen Realität außer acht gelassen werde, und er schloß seinen Artikel mit der Feststellung, die Vergangenheit sei etwas Eigenständiges und nicht dazu da, die Mitwelt zu informieren oder zu belehren.

Wehler erwiderte darauf, auch Hillgrubers Ansatz bedürfe einer theoretischen und begrifflichen Untermauerung. Da Hillgruber sich bei seiner Bewertung auf Zielvorstellungen von Führungsgruppen und auf politische Ideen und Absichten stütze, steuere er fast zwangsläufig auf eine politische Ideengeschichte zu, die keine neuen Perspektiven eröffne. Wehler unterstrich, daß eine ausschließliche Konzentration

---

19 Klaus Hildebrand, «Geschichte oder ‹Gesellschaftsgeschichte›? Die Notwendigkeiten einer politischen Geschichtsschreibung von den internationalen Beziehungen», *HZ* 223 (1976), S. 328–357.

auf Archivquellen nur beschränkte Möglichkeiten für die Analyse außenpolitischer Entscheidungen biete.[20] Seine Reaktion auf Hildebrand war schroffer formuliert.[21] Ihm warf er rhetorische Übertreibungen und Scheingefechte vor und deutete an einer Stelle sogar an, Hildebrand habe absichtlich falsch zitiert. Daß Hildebrand darauf beharrte, vom Besonderen zum Allgemeinen vorzugehen, hielt Wehler selbst in bezug auf Hildebrands eigene Nationalsozialismusforschung für unzulänglich. In einem späteren Beitrag bezeichnete er die Art, in der Leute wie Hildebrand sich mit der Geschichte des Nationalsozialismus befaßten, als «schmächtigen, ja verstümmelten Historismus».[22] Hildebrand stellte seinerseits die Behauptung auf, Wehlers Kommentare zeigten deutlich, wie die Zusammenhänge zwischen Gesellschaft und Hitler, Struktur und Persönlichkeit im Dritten Reich «aufgrund von Voreingenommenheit und mangelhafter Sachkenntnis verzerrt und simplifiziert beschrieben werden können», und meinte, Wehlers Artikel bewege sich nicht mehr im Argumentationsrahmen seriöser Wissenschaft, reihe nur politische Meinungsäußerungen und persönliche Verunglimpfungen aneinander und sei für den Zusammenhang ernsthafter wissenschaftlicher Diskussion unbrauchbar.[23]

Dieser kompromißlos ausgetragene Disput um theoretische Ansätze und methodische Fragen steht exemplarisch für die Art, in der um einige Schlüsselfragen zum Nationalsozialismus gestritten wird. An diesem Wortwechsel läßt sich ablesen, wie schwierig es vom Theoreti-

---

20 Hans-Ulrich Wehler, «Moderne Politikgeschichte oder ‹Große Politik der Kabinette›?», *GG* 1 (1975), S. 344–369.
21 Hans-Ulrich Wehler, «Kritik und kritische Antikritik», *HZ* 225 (1977), S. 347–384.
22 Wehler, «Geschichtswissenschaft heute», S. 745.
23 Klaus Hildebrand, «Monokratie oder Polykratie? Hitlers Herrschaft und das Dritte Reich», in Gerhard Hirschfeld und Lothar Kettenacker (Hg.), *Der ‹Führerstaat›: Mythos und Realität* (Veröffentlichungen des Deutschen Historischen Instituts 8, Stuttgart 1981), S. 95 Anmerkung 74. Eine Zusammenfassung dieser polemischen Debatte findet sich in. W. J. Mommsen, «Gegenwärtige Tendenzen», S. 165–168. Ein weiterer Angriff auf Wehlers «kritischen geschichtswissenschaftlichen» Ansatz, der mit der Andeutung endet, die «Suche nach der nationalen Identität» könne ein legitimes neues Thema sein, das zu einem «Paradigmawechsel» in der deutschen Geschichtswissenschaft beitragen könnte, erfolgte schon in: Irmeline Veit-Brause, «Zur Kritik an der ‹Kritischen Geschichtswissenschaft›: Tendenzwende oder Paradigmawechsel?», *GWU* 35 (1984), S. 1–24.

schen her ist, bei der Erforschung des Nationalsozialismus einen
«strukturellen» Ansatz mit einem personalistischen zu versöhnen –
und gerade das ist bei der Interpretation der Rolle und der Stellung
Hitlers im NS-Regierungssystem ein Schlüsselproblem. Zweitens weist
der Streit auf einige der Schwierigkeiten hin, denen sich der Historiker
im Zusammenhang mit seinen Quellen gegenübersieht: Wie soll er an
sie herangehen, wie sie lesen? Drittens wirft der Streit die komplexe
Frage nach der politischen Einstellung des Historikers auf: Wie steht er
zu den politischen Verhältnissen, in denen er lebt und arbeitet, und
welche Beziehung besteht zwischen theoretisch-methodischen und politisch-ideologischen Positionen?

Beim ersten Punkt führt Wehlers theoretischer, konzeptioneller Ansatz
zu einer methodischen Vorliebe und Sympathie für die Arbeit von sogenannten «revisionistischen» Historikern des Nationalsozialismus wie
zum Beispiel Hans Mommsen, dem verstorbenen Martin Broszat und
Wolfgang Schieder. Diese Historiker sind mit komplexen Problemen –
wie etwa der Wechselbeziehung von Innen- und Außenpolitik im
NS-Staat, der Struktur der Staatsmaschinerie und des Entscheidungsprozesses und nicht zuletzt der Stellung und Funktion Hitlers im
NS-System – auf eine, grob gesagt, «strukturell-funktionalistische»
Weise umgegangen. Entsprechend wird mit Nachdruck darauf hingewiesen, wie begrenzt Erklärungsmodelle sind, die sich stark auf Hitlers
bewußte Absichten und seine persönliche Rolle bei der Gestaltung der
NS-Politik stützen.[24]

In bezug auf den zweiten Punkt, die Quellen, hat der Disput um die
geschichtswissenschaftlichen Methoden erhellt, wie der Historiker
seine Erklärungen von den Quellen her entwickelt. Ganz abgesehen
von den bereits erwähnten Unzulänglichkeiten des Quellenmaterials
über den Nationalsozialismus lassen Quellen sich häufig (wie der verstorbene Tim Mason unter ausdrücklicher Bezugnahme auf Hitlers
Absichten und Ziele gezeigt hat) «auf sehr verschiedene Art und Weise
lesen, und zwar abhängig davon, mit welchen unterschiedlichen sonsti-
gen Geschichtskenntnissen man an diese Texte herangeht»; und sie
sollten nicht unbedingt nur wörtlich und so, wie es vom «gesunden
Menschenverstand» her einleuchtend erscheint, verstanden werden.[25]

---

24 Wehler, «Geschichtswissenschaft heute», S. 731–732.
25 Tim Mason, «Intention and Explanation: A Current Controversy about the

Insofern spielen sich manche der Kontroversen (vor allem solche, bei denen es um Hitler geht) zwischen Historikern ab, die genau dieselben dokumentarischen Quellen benutzen, dabei aber – nicht nur in bezug auf das Dritte Reich, sondern auch in bezug auf die Aufgaben der Geschichtsschreibung an sich – von unterschiedlichen Prämissen und Vorstellungen ausgehen und die Quellen auf völlig unterschiedliche Weise lesen.

Der dritte Punkt – welchen Einfluß politisch-ideologische Überlegungen auf die Geschichtsschreibung zum Nationalsozialismus haben – wirft ein gesondertes, wichtiges Problem auf, dem ich mich im folgenden zuwenden möchte.

Die politisch-ideologische Dimension

Zwei eigenständige Bereiche, die allerdings miteinander zusammenhängen, bedürfen einer näheren Betrachtung: Erstens, wie hat sich die Teilung Deutschlands auf die politisch-ideologischen Prämissen, unter denen man auf beiden Seiten der Mauer den Nationalsozialismus interpretierte, ausgewirkt, und zweitens, wie haben politisch-ideologische Differenzen die Geschichtsschreibung zum Nationalsozialismus innerhalb der Bundesrepublik selbst beeinflußt und verändert?

In der Deutschen Demokratischen Republik bildete der fest in marxistisch-leninistischen Grundsätzen verankerte Antifaschismus von Anfang an einen unentbehrlichen Eckpfeiler der Ideologie und Existenzberechtigung des Staates. Geschichtswissenschaftliche Arbeiten über den «Hitlerfaschismus» hatten deshalb eine direkte politische Relevanz. Da der Faschismus als immanentes Produkt des Kapitalismus begriffen wurde und der benachbarte westdeutsche Staat auf der Grundlage der kapitalistischen Grundsätze der westlichen Alliierten gegründet wurde, hatte die Faschismusforschung die Aufgabe, die ostdeutsche Bevölkerung nicht nur darüber zu unterrichten, welche entsetzlichen und schlimmen Dinge in der Vergangenheit geschehen sind, sondern ihr auch zu vermitteln, welche drohenden Gefahren in der Gegenwart und Zukunft lauern – Gefahren, die den potentiellen

Interpretation of National Socialism», in Hirschfeld und Kettenacker, S. 23–42, hier S. 31.

Faschismus betreffen, der dem kapitalistischen Imperialismus der westlichen Länder, vor allem der Bundesrepublik, zu eigen sei.

In der Deutschen Demokratischen Republik beruhte die Interpretation des Nationalsozialismus auf der langen Tradition der in der Kommunistischen Internationale in den zwanziger und dreißiger Jahren geführten Auseinandersetzung mit dem Faschismusproblem, die in Georgi Dimitroffs berühmter Formulierung gipfelte, Faschismus sei «die offene terroristische Diktatur der reaktionärsten, am meisten chauvinistischen, am meisten imperialistischen Elemente des Finanzkapitals».[26] Die «unbewältigte Vergangenheit» des westdeutschen Staates – nicht zuletzt der Umstand, daß sich in der Wirtschaft und im politischen Leben Personen an herausragender Stelle halten konnten, die gerade erst eine mehr als zweifelhafte Vergangenheit im Dritten Reich hinter sich hatten – unterstrich für ostdeutsche Wissenschaftler nur die Relevanz und den politischen Zweck der eigenen Geschichtswissenschaft. In der Einleitung zu einer Aufsatzsammlung, die die Ergebnisse der DDR-Geschichtsforschung zusammenfaßt, heißt es kategorisch: «Dem Anspruch und Anliegen des Bandes ist Genüge getan, wenn er als ein erster Schritt auf dem Wege zu einer umfassenden Erforschung der historischen und aktuell-politischen Probleme des Faschismus wissenschaftliches Material liefert für den heutigen Kampf gegen Faschismus und Imperialismus».[27] Und ein Autor desselben Bandes hebt weiter hervor, der Umstand, daß Kapitalisten versuchten, ihre Macht mit neuen – eben faschistischen – Methoden zu festigen, sei eine Wahrheit, die «die marxistischen Historiker [beherzigen], die mit der Erforschung der Geschichte des Faschismus einen Beitrag zur Niederringung der immer wieder in neuem Gewande auftretenden Reaktion leisten wollen und aufgrund der historischen Erfahrungen davon ausgehen, daß der antifaschistische Kampf nur durch die völlige Entmachtung und Überwindung des Monopolkapitals zum Siege geführt werden kann».[28] Einer der führenden DDR-Historiker brachte das Ganze

---

26 Georgi Dimitroff, *Gegen Faschismus und Krieg. Ausgewählte Reden und Schriften* (Leipzig: Reclam 1982), S. 50. Diese Definition wurde auf dem 13. Plenum des Exekutivkomitees der Komintern im Dezember 1933 formuliert und endgültig auf dem Siebten Kongreß der Komintern 1935 festgelegt.
27 Dietrich Eichholtz und Kurt Gossweiler (Hg.), *Faschismusforschung. Positionen, Probleme, Polemik* (Berlin/DDR 1980), S. 18.
28 Wolfgang Ruge, «Monopolbourgeoisie, faschistische Massenbasis und NS-Programmatik», in Eichholtz und Gossweiler, S. 125–155, hier S. 155.

auf folgenden Nenner: «Für uns [bedeutet] die Faschismusforschung Teilnahme am gegenwärtig geführten Klassenkampf.»[29]

Der ideologische Rahmen, in dem sich die Geschichtsforschung in Westdeutschland abspielte und zum Teil immer noch abspielt, wurde weniger offen benannt, war aber deshalb nicht weniger offensichtlich. Bei der Formulierung der westdeutschen Verfassung (dem «Grundgesetz») war das Hauptziel, die Schaffung eines «totalitären» Systems unmöglich zu machen, und zwar nicht nur eines solchen Systems, wie es im Dritten Reich existiert hatte, sondern auch eines solchen, wie es nach wie vor in der Sowjetunion und nun auch in der damaligen Sowjetzone in Deutschland bestand. Die Verfassung bekam absichtlich eine sowohl antifaschistische als auch antikommunistische Ausrichtung. Und so ist bereits darauf hingewiesen worden, daß «die Totalitarismustheorie, die den Faschismus mit dem Kommunismus vergleicht und beide sogar gleichsetzt, [...] daher als der das Grundgesetz prägende beherrschende Gedanke und sogar gewissermaßen als die offizielle Ideologie der Bundesrepublik angesehen werden [kann]».[30] Die Totalitarismusprämisse war also in Westdeutschland in weiten Kreisen (sogar unter Sozialdemokraten) schon stillschweigend akzeptiert, noch bevor durch wissenschaftliche Veröffentlichungen von deutschen Emigranten in den USA – vor allem von Hannah Arendt und Carl Friedrich – der Totalitarismus als zentrales Konzept bei der Interpretation des Nationalsozialismus eingeführt wurde.[31] Dieser «Totalitarismus»-Ansatz beherrschte in den fünfziger und sechziger Jahren die «Zeitgeschichtsforschung» in der Bundesrepublik. Die ertragreichen Arbeiten von Karl Dietrich Bracher über das Ende der Weimarer Republik und über die «Machtergreifung» der Nazis zählen zu den bekanntesten Beispielen.[32] Auch die zentrale Zeitschrift zur «Zeitgeschichte», die seit

---

29 Kurt Gossweiler, «Stand und Probleme der Faschismusforschung in der DDR», *Bulletin des Arbeitskreises ‹Zweiter Weltkrieg›* 1 (1976), S. 13.
30 Wolfgang Wippermann, «The Post-War German Left and Fascism», *JCH* 11 (1976), S. 192.
31 Hannah Arendt, *Elemente und Ursprünge totaler Herrschaft* (Frankfurt am Main 1962 u.ö.); Carl Joachim Friedrich unter Mitarbeit von Zbigniew Brzezinski, *Totalitäre Diktatur* (Stuttgart 1957).
32 Karl Dietrich Bracher, *Die Auflösung der Weimarer Republik* (Stuttgart 1955); Karl Dietrich Bracher, Wolfgang Sauer und Gerhard Schulz, *Die nationalsozialistische Machtergreifung. Studien zur Errichtung des totalitären Herrschaftssystems in Deutschland 1933–1934* (Köln/Opladen 1960).

1953 bestehenden *Vierteljahrshefte für Zeitgeschichte*, sah ihre Aufgabe nicht allein in der Erforschung des Nationalsozialismus, sondern auch in der Untersuchung totalitärer Bewegungen im allgemeinen, natürlich einschließlich des Kommunismus.[33]

Auf zwei Ebenen wurden in den sechziger Jahren in Westdeutschland die herrschende Totalitarismustheorie in Frage gestellt und die Faschismustheorien wieder aufgegriffen, nämlich auf der der akademischen Wissenschaft und auf der der ideologisch-politischen Polemik. Wie immer waren die beiden Ebenen jedoch immanent miteinander verbunden und ließen sich nicht völlig voneinander trennen. Die akademische Faschismusdiskussion und die wissenschaftliche Rehabilitierung der in den Jahren zwischen den Kriegen entwickelten Faschismustheorien paßte zu den Zeitumständen Mitte bis Ende der sechziger Jahre, die davon geprägt waren, daß zum erstenmal in größerem Maße die herrschenden Werte des christdemokratisch regierten konservativen Staats in Frage gestellt wurden und sich in den westdeutschen Universitäten eine Krise anbahnte, die 1968 offen ausbrach. Im Nu wurde diese akademische Diskussion von Teilen der Linken in politische Slogans umgemünzt, während die schockierte liberale und konservative Rechte durch ihre Überreaktion dafür sorgte, daß die Faschismus/Totalitarismus-Debatte einen festen Platz in der tagespolitischen Auseinandersetzung erhielt. Den Theorien und ihrer Kritik werden wir uns im nächsten Kapitel zuwenden. Hier soll es nur darum gehen, anschaulich darzulegen, welche deutlichen politischen Untertöne in den akademischen Kontroversen mitschwingen. Im übrigen hat sich nicht nur der politische Aufruhr des Jahres 1968, sondern auch die nun viel offenere Politisierung ganzer Fakultäten an westdeutschen Universitäten auf den Debattenverlauf ausgewirkt. Und während in den sechziger und frühen siebziger Jahren der Ausbau der Universitäten im großen und ganzen dafür sorgte, daß orthodoxe und etablierte Positionen in Frage gestellt wurden, trugen die anschließenden Wachstumsbeschränkungen im Bereich der höheren Bildung sowie die Berufsverbote zu einem Klimawechsel bei.[34] Die – durch sehr produktive und äußerst einfluß-

---

33 Siehe Iggers, S. 357.
34 Siehe Wehler, «Geschichtswissenschaft heute», S. 745 ff. Veit-Brause (S. 1–3) argumentiert, die politische Klimaveränderung in konservativer Richtung mache nur einen kleinen Teil der Paradigmenrevision in der westdeutschen Geschichtsschreibung aus; diese hänge in weit stärkerem Maße mit neuen intellektuellen Ein-

reiche Publikationen gestützte – Vorherrschaft des konservativ-liberalen Establishments innerhalb der Historikerschaft wurde von neuem bekräftigt. Der Ton, in dem der Konflikt ausgetragen wurde, läßt sich gut an den Kommentaren zweier führender «liberal-konservativer» Historiker ablesen: Karl Dietrich Bracher und Andreas Hillgruber.

In einem Mitte der siebziger Jahre erschienenen, knappgefaßten und viel gelesenen Lehrbuch zur deutschen Nachkriegsgeschichte[35] spricht Andreas Hillgruber davon, daß die von den Studenten geäußerte radikale Gesellschaftskritik in zunehmende Abhängigkeit von den «Kräften des doktrinären Marxismus-Leninismus» geraten sei, die sich am Vorbild der Deutschen Demokratischen Republik orientierten. Und er meint, in der «Neuen Linken» breite sich eine Sucht nach Ideologie und Indoktrination aus (die er als «Theoriebedürfnis» etikettiert und dadurch implizit mit der «progressiven» Seite der innerhalb der geschichtswissenschaftlichen Disziplin geführten theoretisch-methodischen Debatten in Zusammenhang bringt). Er war der Ansicht, die Hypothese vom «Primat der Innenpolitik» – die Wehler und andere aus dem Werk von Eckart Kehr abgeleitet und hauptsächlich als heuristisches Instrument eingesetzt hatten – liefere der «Neuen Linken» eine «wissenschaftliche Scheinlegitimation» für ihre (angebliche) Überzeugung, daß ein radikaler sozialer Wandel bis hin zu einer Revolution das einzige Anliegen der Gegenwart sei.

Unter den westdeutschen Historikern, die sich mit dem Dritten Reich befassen, hat Karl Dietrich Bracher als einer ihrer angesehensten ebenfalls unmißverständlich klargestellt, was er über den Wandel in der wissenschaftlichen Behandlung der «Zeitgeschichte» denkt.[36] Die erregten Diskussionen der sechziger Jahre, so schreibt er, seien von der Politisierung und den institutionellen Umwälzungen im deutschen Bildungs- und Hochschulwesen «stimuliert, aber auch überschattet und oft bedenklich verzerrt worden». Dabei hätten Forschungstendenzen mitgewirkt, die auf interdisziplinäre und komparatistische Ansätze abzielten: vor allem die Erweiterung der geschichtswissenschaftlichen

---

sichten zusammen, die den Ansatz der «kritischen Geschichtswissenschaft» in Frage stellten.
35 Andreas Hillgruber, *Deutsche Geschichte 1945–1972* (Berlin 1974), S. 162–164. Siehe Wehlers Kommentar in «Geschichtswissenschaft heute», S. 747–748, und in «Moderne Politikgeschichte», S. 355.
36 Karl Dietrich Bracher, «Zeitgeschichte im Wandel der Interpretationen», *HZ* 225 (1977), S. 635–655, hier besonders S. 635–638, 648–651 und 654–655.

Methode und die Forderung nach einer sozialwissenschaftlichen Fundierung der Geschichtsschreibung. Eine «Marxismus-Renaissance» der «Neuen Linken» habe die Komplizierung und Verwirrung der Begriffe noch gesteigert und sich vor allem in «vehement vorgetragenen Theorieforderungen» und einer «radikalen Anfechtung der bisherigen Interpretationsmuster» niedergeschlagen, die «wesentlich aus dem Bemühen um eine Bewältigung der Vergangenheit nach den Katastrophen von 1933 und 1945 hervorgegangen» seien. In dem Maße, in dem die von der Erfahrung des Dritten Reiches geprägten Ansätze verblaßten, seien sie durch gesellschaftskritische Ansätze und Konzepte ersetzt worden, die die bis dahin vorherrschenden Interpretationen, häufig «mit grobem Geschütz», unter Beschuß genommen hätten. Bis dahin erzielte Forschungsleistungen seien übergangen oder verzerrt worden und man habe sein Heil in politischer Agitation gesucht, wobei «der ideologische Kampf auf dem Rücken und im Namen der Wissenschaft ausgetragen» worden sei. Bei der Forderung nach Theorie und Revision seien bislang gültige wissenschaftliche Maßstäbe ebenfalls verzerrt worden. Am offensichtlichsten habe sich die Kampfansage an liberaldemokratische Wertmaßstäbe in den erbitterten Angriffen auf den Totalitarismusbegriff und in der uferlosen Ausweitung der allgemeinen Faschismustheorie artikuliert, die rasch von neuen wissenschaftlichen Ansätzen (wie denen von Ernst Nolte) zu marxistisch-kommunistischen Agitationsformeln verkommen seien, wie es sie in den zwanziger und dreißiger Jahren schon einmal in ähnlicher Form gegeben habe. Dabei sei der westliche Demokratiebegriff als «spätbürgerlich» und «spätkapitalistisch» und der westdeutsche liberaldemokratisch-parlamentarische Staat als schlicht «restaurativ» attackiert worden. Ideologische monokausale Erklärungen seien an die Stelle der früheren Offenheit der Geschichts- und Politikwissenschaft getreten. Auch nichtmarxistische Autoren hätten unter dem Impetus sozioökonomischer Methoden und der «Soziologisierung der Zeitgeschichte» ihren Teil zu einem Wandel der Sprache und des Stils zeitgeschichtlicher Interpretationen beigetragen. Alles in allem sei durch die Erschließung neuer Quellen und die Intensivierung empirischer Untersuchungen allerdings auch eine erweiterte Basis für eine solide Spezialforschung geschaffen worden. Dies stehe jedoch «in bezeichnender Spannung zu der Tendenz, durch theoretisierende und ideologisierende Verfremdung der Personen- und Ereignisgeschichte die Kapitalismus- und Demokratiekritik der Gegenwart als beherrschendes Leitthema für die gesamte Zeitgeschichte zu erweisen und durchzusetzen».

Die Kontroversen, die wir im folgenden untersuchen wollen, sind in diesem Klima entstanden und von politischen und ideologischen Erwägungen geprägt. Da es in der alten Bundesrepublik keine dominierende marxistische geschichtswissenschaftliche Schule gab, sind die meisten der Debatten, die wir näher betrachten werden, Auseinandersetzungen zwischen Historikern mit unterschiedlichen liberaldemokratischen Ansichten. Die Politisierung der Debatte ist hier eher latent als offen vorhanden. Soweit sie sich überhaupt direkt zeigt, spiegelt sie sich dunkel in philosophischen Disputen darüber, welche Relevanz heutige soziale und politische Wertmaßstäbe für die Geschichtsschreibung hätten und ob sie im Interesse einer «wertfreien» und «objektiven» Geschichtswissenschaft nicht besser aus der Diskussion zu verbannen seien.[37] Es besteht allgemein Übereinstimmung darüber, daß es die Aufgabe des Historikers sei, über den Wert der Vernunft, der Freiheit und der «Emanzipation» «aufzuklären». Doch diese sehr vage Verpflichtung gegenüber dem Guten läßt natürlich Raum für eine Vielzahl von oft nur halbverdeckten ideologischen Positionen. Und wie die oben wiedergegebenen Kommentare zeigen, ist dadurch nicht verhindert, daß die wissenschaftliche Kontroverse von Beleidigungen und Verunglimpfungen begleitet wird. Erst kürzlich hat sich das wieder an der Behauptung gezeigt, verschiedene Historiker würden bei ihrem Versuch, anerkannte Interpretationen des Nationalsozialismus einer «Revision» zu unterziehen, die bösartige Natur des Naziregimes «verharmlosen». Daran läßt sich eindrucksvoll die auffällige Rolle ablesen, die in diesem Zusammenhang gerade die moralische Dimension spielt. Um sie kommt man, wenn man über den Nationalsozialismus schreibt, nicht herum.

---

37 Siehe beispielsweise Thomas Nipperdey, «Geschichte als Aufklärung», in M. Zöller (Hg.), *Aufklärung heute. Bedingungen unserer Freiheit* (Zürich 1980), S. 50–62; Jürgen Kocka, «Legende, Aufklärung und Objektivität in der Geschichtswissenschaft», GG 6 (1980), S. 449–455; Jörn Rüsen, «Geschichte als Aufklärung?», GG 7 (1981), S. 189–218.

Die moralische Dimension

In den ersten Nachkriegsjahren wurde in den Publikationen über den Nationalsozialismus deutlich moralisch argumentiert. Historiker der Siegermächte waren eifrig darum bemüht aufzuzeigen, daß der Nationalsozialismus die schlimmsten Charakterzüge bestätige, die bei Deutschen durch die Jahrhunderte hindurch zu finden seien. Von der offensichtlich massenhaften Anhängerschaft Hitlers in den dreißiger Jahren schlossen sie auf eine eigentümlich «deutsche Krankheit», und es fiel ihnen nicht schwer, Deutsche mit Nazis gleichzusetzen. Wir haben schon darauf hingewiesen, daß Meinecke und Ritter sich gegen diese grobschlächtige Behauptung mit moralischem Unterton zu Wehr setzten; in ihren Veröffentlichungen spiegelt sich der verständlicherweise apologetische Charakter der deutschen Geschichtsschreibung der Nachkriegszeit. Auch an der Hervorhebung des «anderen Deutschlands» und des 20. Juli 1944 – etwa in Gerhard Ritters Goerdeler-Biographie – läßt sich ablesen, daß in deutschen Publikationen zum Dritten Reich, die in den ersten Nachkriegsjahren verfaßt wurden, die moralische Dimension dominierte.[38]

Obwohl Historiker in letzter Zeit keineswegs mehr mit der für die Nachkriegszeit charakteristischen Entrüstung, Abneigung, Verurteilung und Rechtfertigung ans Werk gehen, bleibt unterschwellig doch ein starkes moralisches Element vorhanden. Alle seriösen Wissenschaftler (deutsche ganz besonders) zeigen schon allein durch ihren Sprachgebrauch – etwa durch die häufige Verwendung von Ausdrük-

---

[38] Siehe Gerhard Ritter, *Carl Goerdeler und die deutsche Widerstandsbewegung* (München 1955), und Hans Rothfels, *Die Deutsche Opposition gegen Hitler* (Krefeld 1949, Frankfurt 1958 u.ö.). Siehe auch Iggers, S. 344–347. Einen Überblick über neuere Trends in der Historiographie des «Widerstands» bieten Hildebrand, *Das Dritte Reich*, S. 181–186, und Reinhard Mann, «Widerstand gegen den Nationalsozialismus», *Neue politische Literatur* 22 (1977), S. 425–442. Eine Zusammenfassung des gegenwärtigen Forschungsstandes liegt nun in dem von Jürgen Schmädecke und Peter Steinbach herausgegebenen Band *Der Widerstand gegen den Nationalsozialismus* (München 1986) vor, der die Ergebnisse einer vor kurzem abgehaltenen internationalen Konferenz über «Die deutsche Gesellschaft und der Widerstand gegen Hitler» wiedergibt. Die Interpretation des «Widerstands» gegen Hitler wird immer ein heikles Problem bleiben, und das nicht zuletzt wegen der normativen politischen und moralischen Konnotationen des Widerstandsbegriffs, der zudem noch als wissenschaftlich-analytischer Begriff verwendet wird. Diese Probleme werden ausführlich in Kapitel 8 diskutiert.

ken wie «verbrecherisch» oder «Barbarei» in Verbindung mit dem Naziregime –, daß sie den Nationalsozialismus moralisch verabscheuen. Das bringt uns auf einen Punkt, der schon in zahlreichen Kommentaren als Schwierigkeit bei der Interpretation des Nationalsozialismus vermerkt worden ist. Während Historiker traditionellerweise – wenn auch mit unterschiedlichem Erfolg – versuchen, ihren Forschungsgegenstand zwar einfühlsam zu «verstehen», dabei aber kein moralisches Urteil abzugeben, ist das im Fall des Nationalsozialismus und Hitlers eindeutig unmöglich. Wolfgang Sauer hat das Dilemma in die Worte gefaßt: «Beim Nationalsozialismus sieht der Historiker sich einem Phänomen gegenüber, das er nur ablehnen kann, was immer auch seine individuelle Position sein mag. Es gibt buchstäblich keine bedenkenswerte Stellungnahme, die in diesem Punkt eine andere Meinung verträte. [...] Deutet eine so grundsätzliche Ablehnung nicht auf ein grundlegend mangelndes Verstehen hin? Und wenn wir nicht verstehen, wie können wir dann Geschichtsschreibung betreiben? Der Begriff ‹Verstehen› hat zweifellos eine ambivalente Bedeutung: Wir können etwas ablehnen und dennoch ‹verstehen›. Und doch stoßen unsere intellektuellen und psychischen Fähigkeiten im Fall des Nationalsozialismus an eine Grenze, die für Wilhelm Dilthey unvorstellbar gewesen wäre. Wir können erklärende Theorien erarbeiten, doch wenn wir uns direkt den Fakten stellen, erweisen sich alle Erklärungen als schwach.»[39] Es mag sein, daß das Problem in der Praxis weniger ernst ist, als es Sauer erscheint. Schließlich ergibt sich auch für viele Historiker, die sich mit anderen politischen Regimen und ihren Führern befassen, selten genug die Möglichkeit, ein «einfühlsames Verständnis» für ihren Forschungsgegenstand zu zeigen.

Dennoch läßt sich das Problem nirgendwo klarer als am Fall Hitler-Deutschlands aufzeigen, wenn es auch angesichts der allgemeinen moralischen Verurteilung des Nationalsozialismus um so überraschender ist, daß in neueren geschichtswissenschaftlichen Veröffentlichungen die Frage nach einer impliziten moralischen Verharmlosung des Nationalsozialismus überhaupt aufgeworfen wurde. Sie scheint von Karl Dietrich Bracher ausgegangen zu sein, und an seinen Äußerungen zeigt sich, daß dieser Vorwurf durchaus auch mit der Frage nach der ge-

---

39 Wolfgang Sauer, «National Socialism: Totalitarianism or Fascism?», *AHR* 73 (1967–1968), S. 408. Siehe auch Klaus Hildebrand, «Der ‹Fall› Hitler», *NLP* 14 (1969), S. 379.

schichtswissenschaftlichen Methode und den politisch-ideologischen Untertönen zusammenhängt, die wir bereits erörtert haben. Bracher behauptet, manche neueren Ansätze der marxistischen und «Neuen Linken» – aber auch die einiger wohletablierter «bürgerlich»-liberaler (oder, wie er sagt, «relativistischer») Historiker – liefen auf eine krasse Unterschätzung der nationalsozialistischen Realität hinaus. Entsprechend schrumpfe «die ideologische und totalitäre Dimension des Nationalsozialismus so zusammen, daß die Barbarei von 1933–45 als moralisches Phänomen verschwindet». «Es könnte [daher] fast scheinen, als bahne sich eine neue Welle der Verharmlosung oder gar Apologetik an.»[40] In ähnlicher Weise kritisiert Klaus Hildebrand diejenigen, die, «theoretisch fixiert, [...] sich vergeblich darum [bemühen], das Eigenmächtige in der Geschichte funktional zu erklären, und [...] dadurch nicht selten dazu bei[tragen], es zu verharmlosen».[41] Im Rahmen der Nationalsozialismusdebatte hat Tim Mason derartige Behauptungen am offensten zurückgewiesen: «Die Debatte wird nun mit einer solchen Heftigkeit geführt, daß manche Historiker inzwischen andere Historiker beschuldigen, sie würden in ihren Publikationen den Nationalsozialismus ‹verharmlosen› und dem Naziregime stillschweigend und unbewußt eine Rechtfertigung liefern. Dies ist vielleicht die ernsteste Anschuldigung, die gegen seriöse Historiker dieses Fachgebiets erhoben werden kann»; sie werfe «grundlegende Fragen nach der moralischen und politischen Verantwortung des Historikers» auf.[42]

Die Interpretationen, die zum Vorwurf der Verharmlosung geführt haben, werden uns im Buch an späterer Stelle beschäftigen. An dieser Stelle ist diese Anschuldigung zitiert worden, um zu veranschaulichen, mit welchen moralischen Untertönen jede Diskussion – vor allem unter deutschen Historikern – zwangsläufig verbunden ist. Zwar hatte Bracher, geht es um die banaleren Produkte der «Neuen Linken», die keinen wesentlichen Unterschied zwischen dem Faschismus und anderen Formen «bürgerlicher Herrschaft» sahen, einigen Grund für seinen Vorwurf, doch wenn er ihn auch auf Historiker bezog, die sich ernsthaft mit dem Nationalsozialismus auseinandersetzten, erscheint

---

40 Karl Dietrich Bracher, *Zeitgeschichtliche Kontroversen. Um Faschismus, Totalitarismus, Demokratie* (München 1976), S. 62–63.
41 Hildebrand, «Geschichte oder ‹Gesellschaftsgeschichte›?», S. 355.
42 Mason, «Intention and Explanation», S. 23.

mir diese Anschuldigung als völlig unnötige und ungerechtfertigte Verunglimpfung.

Allerdings wirft der Vorwurf der «Verharmlosung» in zugespitzter Form die Frage auf, ob der Historiker einen moralischen Zweck verfolgt, wenn er über den Nationalsozialismus schreibt. Tut er es mit dem Ziel, das Übel des Nationalsozialismus «verstehen» zu lernen? Geht es ihm darum, ein Regime und seine Taten zu verurteilen, das sich aufgrund seiner Einzigartigkeit niemals wiederholen kann und ein für allemal vorbei ist? Soll dabei aus den Schrecken der Vergangenheit die Lehre gezogen werden, daß die heutige Demokratie labil ist und man ständig auf der Hut vor Angriffen auf die liberale Demokratie von links und rechts sein muß? Sollen auf diese Weise Strategien entwickelt werden, um erneut auftretende faschistische Verhältnisse erkennen und verhindern zu können? Geht es darum, durch Haß und Wut hindurch zu erinnern und zu warnen? Letzteres war offenbar die Position der inzwischen verstorbenen Lucy Dawidowicz – zumindest in einem ihrer Bücher, das ausschließlich von der moralischen Seite der Geschichtsschreibung über den Holocaust handelt.[43] Sie spricht dort vom Nationalsozialismus als «dem Bösen schlechthin, dem in der Gesellschaft wütenden Dämon, Kain in kollektiver Gestalt». Sie ist der Meinung, daß «nur eine ganz klare Kenntnis der entsetzlichen Dinge, die geschehen sind, helfen kann, derartiges in Zukunft zu vermeiden». Und sie stimmt Karl Jaspers zu, der gesagt hat: «Was geschah, ist eine Warnung. Sie zu vergessen, ist Schuld. Man soll ständig an sie erinnern. Es war möglich, daß dies geschah, und es bleibt jederzeit möglich. Nur im Wissen kann es verhindert werden.»[44] Gleichzeitig wirft jedoch ihr Widerwille gegen die von marxistischen und strukturalistischen Historikern angewandten Methoden (wieder einmal wird ihnen vorgeworfen, sie setzten sich über ihre berufliche Verantwortung hinweg) sowie ihre Vorliebe für Personengeschichte – für die Vorstellung, daß «für das Auftreten historischer Ereignisse» die Menschen verantwortlich seien, «die diese Ereignisse herbeigeführt haben»[45] – erneut in bemerkenswerter Weise das Problem auf, wie die von ihr bevorzugte geschichts-

---

43 Lucy Dawidowicz, *The Holocaust and the Historians* (Cambridge, Mass., 1981). Vergleiche die äußerst kritischen Besprechungen von Richard Bessel, *Times Higher Education Supplement*, 19. März 1982, S. 14, und Geoff Eley, «Holocaust History», *London Review of Books*, 3. – 17. März 1982, S. 6.
44 Karl Jaspers, *Vom Ursprung und Ziel der Geschichte* (München 1950), S. 190.
45 Dawidowicz, *Holocaust*, S. 146.

wissenschaftliche Methode zu den von ihr gewünschten Resultaten führen soll.

Damit sind wir wieder bei der Wechselbeziehung zwischen der Methode des Historikers, der moralischen Seite seiner beruflichen Pflicht und dem politisch-ideologischen Rahmen, in dem er dieser Pflicht nachkommt.

2 Das Wesen des Nationalsozialismus: Faschismus, Totalitarismus oder einzigartiges Phänomen?

Über Art und Charakter beziehungsweise über das Wesen des Nationalsozialismus wird seit den zwanziger Jahren debattiert: Wie läßt er sich in den Kontext der auffallend neuen politischen Bewegungen einordnen, die im Anschluß an die russische Revolution von 1917 und an Mussolinis fünf Jahre später erfolgenden «Marsch auf Rom» die Ordnung in Europa veränderten? Während Theoretiker der Kommunistischen Internationale bereits in den zwanziger Jahren den Nationalsozialismus als eine Form des Faschismus betrachteten, die durch den krisengeschüttelten Kapitalismus erzeugt worden sei, begannen bürgerliche Autoren nur wenig später, in der Rechten und der Linken die gemeinsamen totalitären Feinde der Demokratie zu sehen. In den Jahren der Naziherrschaft weiteten sich die Debatten dann natürlich wesentlich aus und stützten sich dabei einerseits auf die 1935 endgültig festgelegte Faschismusdefinition der Komintern sowie die Faschismusanalysen linksgerichteter Theoretiker, die in den Westen emigriert waren, und andererseits auf die in den westlichen Demokratien und den USA verbreitete wachsende Bereitschaft, im Nationalsozialismus und im Sowjetkommunismus zwei Seiten derselben totalitären Medaille zu sehen – eine Sichtweise, die durch den nationalsozialistisch-sowjetischen Nichtangriffspakt von 1939 scheinbar bestätigt wurde. Ab 1941 wurde diese Argumentationslinie zwar verständlicherweise heruntergespielt, um dann aber mit Beginn des Kalten Krieges Ende der vierziger Jahre um so stärker wiederaufzutauchen. In der Zeit des Kalten Krieges verloren linksgerichtete Interpretationen, die im Nationalsozialismus eine Form des Faschismus sahen, an Einfluß. Totalitarismustheorien erlebten damals hingegen eine Blütezeit und gerieten erst Ende der sechziger Jahre unter Beschuß – und unter dem Gewicht der von der Forschung angehäuften detaillierten Fakten dann auch ins Wanken –, als eine neue Phase einsetzte, die von einer stärkeren Entspannung, einer zunehmenden Innenschau und einer wachsenden Kritik an der westlichen Gesellschaft und an westlichen Regierungen, von Unruhen an den Universitäten und von neuen intellektuellen Strömungen geprägt war. Das wiedererwachte Interesse am Faschismus als Gattungsproblem spiegelte sich in einer Fülle von Untersuchungen, die nicht nur von linken, sondern auch von liberalen Autoren veröffentlicht wurden. Die «Totalitarismus»-Theoretiker wurden dadurch in die Defensive gedrängt, auch wenn man dann in den siebziger Jahren einige Einschränkungen machen mußte, als manche Schwächen des vergleichenden Faschismusansatzes zunehmend sichtbar wurden. Noch ist die Debatte darüber, ob der Nationalsozialismus am besten als ein Typ des Faschismus betrachtet werden kann oder ob man in ihm eine auffällige Form totalitärer Herrschaft sehen sollte, nicht abgeflaut – am allerwenigsten in der westdeutschen Geschichtsschreibung.

Die Debatte über das Faschismus/Totalitarismus-Problem wird außerdem auch durch einen dritten Interpretationsstrang in Gang gehalten, der sich in den letzten Jahren als äußerst einflußreich erwiesen hat und besagt, der Nationalsozialismus lasse sich nur als Produkt der besonderen preußisch-deutschen Entwicklung in den vorangegangenen hundert Jahren erklären. Diese Interpretation wird jedoch in zwei recht unterschiedlichen und gegensätzlichen Formen vorgetragen.

Sozialhistoriker, die sich auf die *Ursachen* des Nationalsozialismus konzentrieren, betonen, Deutschland habe einen speziellen Weg der Modernisierung eingeschlagen, bei dem – in weit größerem Maße als in anderen westlichen Gesellschaften – vorindustrielle, vorkapitalistische und vorbürgerliche autoritäre und feudale Traditionen überdauert hätten, und das in einer Gesellschaft, die niemals wirklich bürgerlich gewesen sei. Zwischen diesen Traditionen und der modernen, dynamischen kapitalistischen Wirtschaft habe ein Spannungsverhältnis bestanden, das letztlich zum Ausbruch gewalttätiger Proteste geführt habe, als diese Wirtschaft in der Krise zusammengebrochen sei. Daß die Nazis 1933 einen Sieg davontragen konnten, habe weniger am Wesen des deutschen Kapitalismus als an der Stärke der prämodernen Kräfte in der deutschen Gesellschaft gelegen. Obgleich die Vertreter dieser Interpretationsrichtung die Besonderheiten der deutschen Entwicklung hervorheben, weisen sie doch auf offensichtliche Parallelen zu anderen Gesellschaften (zum Beispiel Italien) hin und betrachten trotz aller Sondermerkmale den Nationalsozialismus von seinen sozioökonomischen Ursprüngen und seiner Entwicklung her als eine Form des Faschismus. Allerdings können diese Historiker in bezug auf bestimmte Herrschaftselemente auch keine zwingende Unvereinbarkeit ihrer Ansichten mit bestimmten Teilen der Totalitarismustheorie erkennen.[1]

Die Historiker, die von einem deutschen «Sonderweg» ausgehen und bei ihrer Erklärung die Betonung auf die «gescheiterte bürgerliche Revolution» und das Dominieren vorindustrieller, neofeudaler Strukturen legen, sind allerdings heftig angegriffen worden.[2] Im Unterschied zu ihnen wird von der Gegenposition der *bürgerliche* Charakter der deutschen Gesellschaft und Politik im ausgehenden 19. Jahrhundert hervorgehoben und – allerdings eher implizit als explizit – gesagt, der Nationalsozialismus dürfe nicht mit «deutschen Besonderheiten», sondern müsse mit der besonderen Instabilität der in Deutschland bestehenden Form des Kapitalismus und kapitalistischen Staates erklärt werden. Diese Argumentationslinie mag zwar ihre Vorzüge haben, aber es drängt sich in diesem Fall doch der Gedanke auf, daß sie einen nicht viel weitergebracht hat. Nach wie vor steht man – wenn auch mit einem leicht veränderten Fragenkomplex – vor dem offensichtlichen

---

[1] Stellvertretend für diese Argumentationslinie sei hier Jürgen Kocka, «Ursachen des Nationalsozialismus», APZ (21. Juni 1980), S. 3–15, genannt.
[2] Siehe David Blackbourn und Geoff Eley, *Mythen deutscher Geschichtsschreibung* (Frankfurt am Main/Berlin/Wien 1980). Dieses Buch hat eine hitzige und polemische Debatte ausgelöst. Siehe zum Beispiel die Besprechungen von Hans-Ulrich Wehler, «‹Deutscher Sonderweg› oder allgemeine Probleme des westlichen Kapitalismus?», *Merkur* 5 (1981), S. 478–487; Hans-Jürgen Puhle, «Deutscher Sonderweg. Kontroverse um eine vermeintliche Legende», *Journal für Geschichte*, Heft 4 (1981), S. 44–45; Wolfgang J. Mommsen, in *Bulletin of the German Historical Institute*, London 4 (1980), S. 19–26, außerdem das Diskussionsforum *Deutscher Sonderweg – Mythos oder Realität* (Kolloquien des Instituts für Zeitgeschichte, München/Wien 1982). Geoff Eley setzt dies direkt zu den Ursachen des Faschismus in Beziehung und geht dabei zum Teil auch auf Kockas Artikel (siehe Anmerkung 1) ein in: «What produces Fascism: Preindustrial Traditions or a Crisis of the Capitalist State?», *Politics and Society* 12 (1983), S. 53–82. Jürgen Kockas Aufsatz «German History before Hitler: The Debate about the German *Sonderweg*», *JCH* 23 (1988), S. 3–16, bietet eine hervorragende Kritik der Pro-und-Kontra-Positionen des «Sonderweg»-Arguments. Er beschließt seinen Aufsatz mit der Feststellung, daß, obwohl der Begriff «Sonderweg» an sich irreführend und entbehrlich ist, die Vorstellung der Divergenz, die sich von den Entwicklungsmustern anderer «fortgeschrittener» westlicher Länder ableiten läßt, durchaus zur Erklärung dafür beiträgt, warum Deutschland der faschistischen Herausforderung so wenig entgegenstellte.

Problem, daß von den hochentwickelten kapitalistischen Industriestaaten allein Deutschland eine regelrechte «faschistische» Diktatur hervorgebracht hat. (Italien machte vor dem Krieg bei der Industrialisierung zwar große Fortschritte, kann aber nicht zu den damals bedeutenden Industrieländern gezählt werden.) Bei der jüngsten hitzigen (wenn auch etwas künstlichen) Auseinandersetzung über den «Sonderweg» der deutschen Entwicklung geht es mehr um eine Interpretation der Kaiserzeit als der des Dritten Reiches. Doch obgleich diese Debatte für das Verständnis der Ursprünge des Nationalsozialismus offensichtlich von Bedeutung ist, braucht sie uns hier nicht weiter zu beschäftigen – nicht zuletzt deshalb, weil Historiker beider Seiten voll und ganz akzeptieren, daß der Nationalsozialismus trotz aller Sondermerkmale zu einer größeren Kategorie von politischen Bewegungen gehört, die wir «faschistisch» nennen. Die deutschen «Besonderheiten», um die es bei dieser Kontroverse geht, sind Wesenszüge, durch die sich Deutschland von den westlichen parlamentarischen Demokratien abhebt und nicht von Italien oder anderen Erscheinungsformen des Faschismus.

Bei einigen der führenden deutschen Historiker, die den Nationalsozialismus als Produkt der jüngsten preußisch-deutschen Geschichte analysieren, fällt die Betonung der Einzigartigkeit des Nationalsozialismus anders und ausschließlicher aus. Ihrer Interpretation zufolge ist der Nationalsozialismus – *sui generis* – ein ganz und gar einzigartiges Phänomen, das aus dem eigenartigen Erbe des autoritären preußisch-deutschen Staates und der ideologischen Entwicklung in Deutschland hervorging, dabei aber seine Einzigartigkeit vor allem der Person Hitlers verdankte. Und dieser Faktor sei in der Geschichte des Nationalsozialismus von überragender Bedeutung und lasse sich nicht ignorieren, herunterspielen oder austauschen. Hitler habe zur Ausprägung und Richtung der Nazibewegung und des NS-Staates einen derart einzigartigen ideologischen und politischen Beitrag geleistet, daß jeder Versuch, den Nationalsozialismus als «Faschismus» zu klassifizieren und ihn auf diese Weise mit anderen «ähnlichen» Bewegungen vergleichen zu wollen, sinnlos sei und darüber hinaus auf eine «Verharmlosung» Hitlers und des Nationalsozialismus hinauslaufe. Vielmehr sei der Nationalsozialismus so vollständig mit dem Aufstieg und Fall, den politischen Zielen und der zerstörerischen Ideologie dieser einzigartigen Persönlichkeit verknüpft, daß man vom Nationalsozialismus berechtigterweise als «Hitlerismus» sprechen könne. Zwar widersprechen Vertreter dieser Interpretationsrichtung heftig, wenn der «Hitlerismus» als Typ des Faschismus angesprochen wird – eine solche Möglichkeit halten sie für ausgeschlossen; doch *ein* wichtiger Vergleich ist bei ihnen trotzdem damit verknüpft: Sie argumentieren, Form und Wesen der Naziherrschaft machten es erforderlich, den Nationalsozialismus als eine Erscheinungsform des Totalitarismus zu betrachten; eine andere sei der Sowjetkommunismus (insbesondere der Stalinismus).³

In diesem Kapitel werde ich zuerst kurz zusammenfassen, wie sich innerhalb des «Totalitarismus»- und des «Faschismus»-Ansatzes die Interpretation entwickelt und welche Hauptvarianten sie ausgebildet hat. Mittlerweile gibt es eine umfangreiche Literatur, die diese Ansätze im einzelnen untersucht und beschreibt, so daß ich hier zu Orientierungszwecken nur einen möglichst kurzen Abriß zu geben brauche. Zweitens werde ich versuchen, die Stärken und Schwächen zu beurteilen, die bei der Anwendung der verschiedenen Konzepte auf den Nationalsozialismus zutage treten. Mit den bei der Diskussion des Totalitarismus und des Faschismus gewonnenen Erkenntnissen werde ich als letztes schließlich zum Argument der Einzigartigkeit des Nationalsozialismus zurückkehren und es im Kontext der «Besonderheit» der deutschen Entwicklung einer näheren Betrachtung unterziehen.

Totalitarismus

Es ist falsch, im Totalitarismusbegriff einfach ein Produkt des Kalten Krieges zu sehen, auch wenn er in der Tat in dieser Zeit seine Blüte hatte. In Wirklichkeit ist dieser Begriff schon beinah so lang in Gebrauch wie der des Faschismus; er läßt sich bis in die späten zwanziger Jahre zurückverfolgen. Und obwohl der Totalitarismusansatz erst etwas später publik wurde als verschiedene Faschismustheoreme, wurde ihm doch früher eine allgemeine Anerkennung als «etablierte»

---

3 Siehe Karl Dietrich Brachers Aufsätze im ersten Teil seines Buches *Zeitgeschichtliche Kontroversen. Um Faschismus, Totalitarismus, Demokratie* (München 1976) und in «The Role of Hitler: Perspectives of Interpretation», in Walter Laqueur (Hg.), *Fascism. A Reader's Guide* (Harmondsworth 1979), S. 193–212; Hildebrand, *Das Dritte Reich*, S. 132ff, 187ff; und Hillgruber, *Endlich genug?*, S. 38–42.

und «Establishment»-Theorie zuteil, ehe er dann in den sechziger Jahren nachhaltig in Frage gestellt wurde. Ich werde mich hier deshalb zuerst mit dem Totalitarismus befassen.

Der Totalitarismusbegriff wurde in Italien bereits im Mai 1923 geprägt und ursprünglich als antifaschistisches Schlagwort gebraucht. Um seine Gegner zu schwächen, usurpierte Mussolini den Begriff, als er 1925 von dem fanatischen «totalitären Willen» seiner Bewegung sprach. Danach wurde der Totalitarismusbegriff von Mussolini und anderen italienischen Faschisten, später auch von den deutschen Legalisten und den Nazis zur positiven Selbstdarstellung verwendet. Auch Gentile, der Chefideologe des italienischen Faschismus, verwendete den Begriff bei zahlreichen Gelegenheiten, allerdings in einem mehr etatistischen Sinne. Bei ihm war damit ein alles umfassender Staat gemeint, der die in schwachen pluralistischen Demokratien vorhandene Kluft zwischen Staat und Gesellschaft überwinden würde. Diese zwei Vorstellungen, die etatistische und Mussolinis Anschauung über den dynamischen revolutionären Willen der Bewegung, bestanden nebeneinander. Die Deutschen gebrauchten den Begriff in einer etwas anderen, aber verwandten Bedeutung und auf ebenso zweigleisige Art. Ernst Jünger war einer von mehreren Schriftstellern, die die Vorstellung vom «totalen Krieg» und von der «totalen Mobilmachung» bereits in den zwanziger Jahren prägten – ein Begriff, bei dem eine dynamische, revolutionäre Bedeutung mitschwingt. Zu etwa der gleichen Zeit entwickelte Carl Schmitt, damals Deutschlands führender Staatsrechtstheoretiker, sein auf einem Freund-Feind-Verhältnis basierendes Konzept der Machtpolitik, in das er als historische Antithese zur liberalen Pluralisierung des Staates den «totalen Staat» einfügte, bei dem eine «Identität von Staat und Gesellschaft» herrsche. Beide Formen, sowohl die «aktionistische» als auch die «etatistische», existierten daher schon, bevor die Nazis an die Macht kamen, und wurden von diesen nur übernommen. (Allerdings wurde das Wort «totalitär» von der Naziführung nur selten benutzt.)[4]

---

[4] Zur Entwicklung der Verwendung des «Totalitarismus»-Begriffs siehe Walter Schlangen, *Die Totalitarismus-Theorie. Entwicklung und Probleme* (Stuttgart/Berlin/Köln/Mainz 1976), Kapitel 1–3. Für Informationen zur frühen italienischen Verwendung des Begriffs danke ich Professor Meir Michaelis (Hebrew University of Jerusalem). Siehe sein informatives Papier «Anmerkungen zum italienischen Totalitarismusbegriff. Zur Kritik der Thesen Hannah Arendts und Renzo DeFelices», *Quellen und Forschungen aus italienischen Archiven und Bibliotheken* (veröffent-

Als Ausdruck, durch den faschistische und kommunistische Staaten miteinander in Verbindung gebracht werden, scheint der Totalitarismusbegriff zum erstenmal 1929 in England benutzt worden zu sein, auch wenn einige Jahre zuvor Nitti, Italiens ehemaliger Ministerpräsident, zu jenen gehörte, die Strukturvergleiche zwischen dem italienischen Faschismus und dem Bolschewismus anstellten. In den dreißiger und vierziger Jahren wurde der Begriff auch von bedeutenden linken Faschismusanalytikern wie Borkenau, Löwenthal, Hilferding und Franz Neumann verwendet, die ihn jedoch nicht vergleichend auf den Sowjetkommunismus ausdehnten, sondern allein dazu benutzten, das zu charakterisieren, was sie als das Neue und Spezifische im Faschismus (oder Nationalsozialismus) erkannten. Franz Neumann zum Beispiel verwendete in seinem meisterhaft verfaßten Buch *Behemoth* den Begriff in Anlehnung an die zeitgenössische Selbststilisierung der Faschisten und ahnte bereits, daß Schmitts «totaler Staat» durch die «totalitäre» Offensive der Nazibewegung ins Chaos gestürzt werden würde.[5] Bedingt durch die Publikationen deutscher Emigranten, den stalinistischen Terror und den Hitler-Stalin-Pakt, fand gleichzeitig das Adjektiv «totalitarian» (im Sinne eines Vergleichs von Faschismus und Nationalsozialismus mit dem Kommunismus) in angelsächsischen Ländern bereits in den dreißiger Jahren eine immer stärkere Verbreitung. Auf diese Weise wurde dem vollentwickelten Totalitarismusmodell der frühen Nachkriegszeit der Weg bereitet, das vor allem durch Hannah Arendt und Carl Friedrich allgemein bekannt wurde.

Hannah Arendts Buch *Elemente und Ursprünge totaler Herrschaft* ist eine leidenschaftliche und bewegende Anprangerung und Verurteilung von Unmenschlichkeit und Terror – depersonalisiert und rationalisiert als Erfüllung objektiver Gesetze der Geschichte. Die Betonung der radikalisierenden, dynamischen und strukturzerstörenden Eigenschaften, die nach Arendts Ansicht dem Nationalsozialismus imma-

---

licht vom Deutschen Historischen Institut in Rom) 26 (1982), S. 270–302, bes. S. 292–297.
5 Franz Neumann, *Behemoth* (Köln/Frankfurt am Main 1977). Diese deutschsprachige Ausgabe basiert auf der erweiterten englischen Ausgabe von 1944 (erste englische Ausgabe: 1942) und enthält zusätzlich ein nützliches Nachwort des Herausgebers Gert Schäfer. Vergleiche auch Richard Saage, «Das sozio-politische Herrschaftssystem des Nationalsozialismus. Reflexionen zu Franz Neumanns ‹Behemoth›», *Jahrbuch des Instituts für Deutsche Geschichte, Tel Aviv* 10 (1981), S. 342–362.

nent sind, ist durch spätere Untersuchungen in starkem Maße bestätigt worden. In bezug auf den Stalinismus ist das Ergebnis des Buches jedoch weniger befriedigend als in bezug auf Nazideutschland. Außerdem bietet das Buch weder eine klare Theorie noch ein befriedigendes Konzept totalitärer Systeme. Und Arendts Hauptargument, mit dem sie das Anwachsen des Totalitarismus erklärt – Klassen würden durch Massen ersetzt und es entstehe eine «Massengesellschaft» –, ist eindeutig fehlerhaft.[6]

Carl Friedrichs Publikationen, die von einem verfassungstheoretischen Standpunkt aus geschrieben sind, waren sogar noch einflußreicher als die von Hannah Arendt. Seither muß sich jeder Autor, der sich mit Totalitarismus befaßt, mit Friedrichs Werk auseinandersetzen – vor allem mit seinem berühmten «Sechs-Punkte-Syndrom», in dem er die seines Erachtens zentralen Wesenszüge totalitärer Systeme zusammenfaßte (eine offizielle Ideologie, eine einzelne Massenpartei, terroristische Polizeimaßnahmen, ein Medien- und ein Waffenmonopol sowie eine zentralgelenkte Wirtschaft). Auf die Hauptschwachstellen in Friedrichs Modell ist wiederholt hingewiesen worden. Es ist vor allem ein statisches Modell, das wenig Raum für eine Veränderung und Entwicklung der inneren Dynamik eines Systems läßt, und es beruht auf der übertriebenen Annahme, «totalitäre Regime» seien von ihrer Art her im wesentlichen monolithisch. Sein Modell wird daher inzwischen selbst von Wissenschaftlern, die nach wie vor mit einem Totalitarismusansatz arbeiten, weitgehend abgelehnt.[7]

Nachdem sich die Verhältnisse in der UdSSR in der nachstalinschen Ära stabilisiert hatten, konzentrierten Totalitarismustheoretiker ihre Aufmerksamkeit meist weit stärker auf heutige Ostblockregimes als auf das tote NS-System. Dabei spalteten sie sich in zwei Flügel: in einen, der den Totalitarismusbegriff so erweiterte, daß alle Erschei-

---

6 Arendt, *Elemente* (siehe oben Kapitel 1, Anmerkung 31). Vergleiche die Bemerkungen von Klaus Hildebrand, «Stufen der Totalitarismus-Forschung», *PSV* 9 (1968), S. 406–408; Martin Kitchen, *Fascism* (London 1976), S. 30–31; und Ayçoberry, S. 130–133.
7 Friedrich stellte sein Modell zum erstenmal 1954 vor, und zwar in seinem Artikel «The Unique Character of Totalitarian Society» in dem von ihm herausgegebenen Band *Totalitarianism* (Cambridge, Mass., 1954) und erweiterte es dann in Friedrich und Brzezinski, *Totalitäre Diktatur* (Stuttgart 1957). Zur Kritik aus der Sicht eines Autors, der gleichfalls einen Totalitarismusansatz vertritt und ein revidiertes Modell vorstellt, siehe Leonard Schapiro, *Totalitarianism* (London 1973).

nungsformen kommunistischer Herrschaft darunter fallen, und in einen zweiten, der den Begriff in erster Linie auf den Stalinismus eingrenzte. In beiden Fällen behielt man jedoch den Vergleich mit faschistischen Systemen zumindest implizit bei.[8]

Inzwischen war der Totalitarismusbegriff in den fünfziger Jahren zum grundlegenden Bestandteil maßgebender wissenschaftlicher Nationalsozialismusinterpretationen geworden, wie etwa an den klassischen Pionierarbeiten von Karl Dietrich Bracher zu sehen ist. Bracher, der von Hause aus Politikwissenschaftler ist, hat darauf hingewiesen, wie sehr man sich bei der Entwicklung einer allgemeinen Totalitarismustheorie vorsehen muß, vor allem wenn man dazu konstitutionelle und soziologische Kategorien bemüht, die sich auf eine allzu dürftige empirische Grundlage stützen. Seiner Ansicht nach sei unbedingt empirische Forschung notwendig, um die vielen unterschiedlichen Formen totalitärer Herrschaft aufzudecken; dabei werde sich jedoch bestätigen, daß die Herrschaftsmethoden des bolschewistischen/kommunistischen und des nationalsozialistischen/faschistischen Systems einander im wesentlichen ähnlich seien. Bracher wollte sich nicht an die statischen, konstitutiven und unzureichend differenzierten Wesenszüge des Friedrichschen Modells binden, die kaum der «revolutionären Dynamik» gerecht werden konnten, in der er ein «Kernprinzip» sah, durch das sich totalitäre von anderen Formen autoritärer Herrschaft unterscheiden. Der entscheidende Charakter des Totalitarismus beruht für ihn auf dem totalen Herrschaftsanspruch, dem Führerprinzip, der reinen Ideologie und der Fiktion einer Identität von Herrschern und Beherrschten und macht in seinen Augen einen wesentlichen Unterschied zwischen einem «offenen» und einem «geschlossenen» Politikverständnis aus.[9] Der grundlegende Wert des Totalitarismusbegriffs bestehe folglich darin, daß er den Hauptunterschied zwischen Demokratie und Diktatur erkennbar mache. Obgleich Bracher sieht, daß Totalitarismustheorien – wie alle politischen und gesellschaftlichen Theorien, die über eine bloße Beschreibung hinausgehen – ihre Schwächen haben, behauptet er: «Aber ebenso gewiß gibt es nach

---

8 Siehe Schlangen, Kapitel 4.
9 Bracher, *Zeitgeschichtliche Kontroversen*, Kap. 2. Seine Totalitarismusposition hat er kurz und bündig dargelegt in *Totalitarismus und Faschismus. Eine wissenschaftliche und politische Begriffskontroverse* (München/Wien 1980), S. 10–17, 69–71.

wie vor, auch nach Hitler und Stalin, das Phänomen totalitärer Herrschaftsansprüche und die Neigung zum Totalitären, [...] die totalitäre Versuchung» (die Bracher im folgenden mit der «Neuen Linken» unter den deutschen Intellektuellen und auch mit dem in den siebziger Jahren in der Bundesrepublik zu bemerkenden Anwachsen des Terrorismus von links und rechts in Verbindung bringt).[10]

Seiner Ansicht nach kommt man um die Hauptfrage nach dem totalitären Charakter politischer Systeme nicht herum, weder im Interesse wissenschaftlicher Klarheit und Objektivität, noch im Hinblick auf die politischen und menschlichen Folgen solcher Diktaturen und die totalitären Tendenzen in der heutigen Gesellschaft.

Obwohl auch andere angesehene Wissenschaftler den Totalitarismusbegriff benutzt haben und weiterhin benutzen, um zu charakterisieren, was ihnen am NS-System als das Wesentliche erscheint, genügt es hier zusammenzufassen, wie Bracher diesen Begriff verwendet. Bracher war nicht nur seit den fünfziger Jahren maßgeblich an der wissenschaftlichen Erforschung des Nationalsozialismus beteiligt, sondern hat sich auch konsequent dafür eingesetzt, daß zum besseren Verständnis verschiedener politischer Herrschaftsmodelle das Totalitarismuskonzept herangezogen wurde, und er hat mehr als jeder andere Historiker dazu beigetragen, daß der Totalitarismusbegriff weiterhin und in letzter Zeit sogar in verstärktem Maße auf den Nationalsozialismus Anwendung findet. Doch müssen hier Zweifel an dem Konzept angemeldet werden, denn erstens verwendet Bracher als Hauptordnungsprinzip seiner Totalitarismusdefinition eine ziemlich undifferenzierte Einteilung in ein «offenes» und ein «geschlossenes» Politikverständnis, zweitens fehlt bei ihm eine klare Unterscheidung zwischen Totalitarismus als Tendenz und als Herrschaftssystem, drittens ist der Begriff der «revolutionären Dynamik» von bestreitbarem Wert, wenn man ihn auf einzelne Gesellschaften anwendet, die Bracher als «totalitär» ansehen würde, und viertens (und das ist ein ganz grundlegender Einwand) schreibt er unterschiedlichen Regimen relativ oberflächliche gemeinsame Wesenszüge zu, während bei näherem Hinsehen viele bedeutsame Unterschiede in der Organisation und Zielsetzung zu erkennen sind.

Wir wollen uns nun einen kurzen Abriß gegensätzlicher Interpreta-

10 Karl Dietrich Bracher, *Schlüsselwörter in der Geschichte* (Düsseldorf 1978), S. 109–110, 121–123.

tionen zuwenden, die den Nationalsozialismus zu den zwischen den
Kriegen in Europa entstandenen Faschismusformen rechnen und
gleichzeitig den im Totalitarismusansatz enthaltenen Vergleich mit
dem Sowjetkommunismus zurückweisen.

Faschismus

In den sechziger Jahren ist ein neues Interesse an der Auseinandersetzung mit dem Faschismus entstanden – mit einem Phänomen also, das in der Zeit zwischen den Kriegen in den meisten europäischen Ländern aufgetreten war. Zu diesem neuerwachten Interesse hat in nicht geringem Maße Ernst Noltes höchst einflußreiches, 1963 erschienenes Buch *Der Faschismus in seiner Epoche* beigetragen.[11] Innerhalb der folgenden fünf Jahre fanden mehrere große internationale Konferenzen statt; außerdem erschienen zahlreiche Anthologien, die Untersuchungen über Wesen und Erscheinungsbild faschistischer Bewegungen in ganz Europa enthielten, und es entstand eine beachtliche wissenschaftliche Literatur.[12] Als gegen Ende der sechziger Jahre die «Neue Linke» die Werte der damaligen bürgerlich-liberalen Gesellschaft in Frage stellte,

---

11 Ernst Nolte, *Der Faschismus in seiner Epoche* (München 1963).
12 Beispielsweise Eugene Weber, *Varieties of Fascism* (New York 1964); «International Fascism, 1920–1945», *JCH* 1 (1) (1966); Ernst Nolte, *Die faschistischen Bewegungen* (München 1966); Francis L. Carsten, *The Rise of Fascism* (London 1967 [dt.: *Der Aufstieg des Faschismus in Europa*, Frankfurt am Main 1968]); Stuart J. Woolf (Hg.), *European Fascism* (London 1968) sowie *The Nature of Fascism* (London 1968); Wolfgang Schieder, «Faschismus», in C. D. Kernig (Hg.), *Sowjetsystem und demokratische Gesellschaft. Eine vergleichende Enzyklopädie* (7 Bände, Freiburg/Basel/Wien 1966–1972), Bd. 2 (1968), Spalte 438–477; Renzo DeFelice, *Interpretations of Fascism* (Cambridge, Mass., 1977, erste italienische Ausgabe 1969). Einen Literaturüberblick und Hinweise auf nützliche spätere Anthologien finden sich in Wolfgang Wippermann, *Faschismustheorien* (Darmstadt 1972); Wolfgang Schieder (Hg.), *Faschismus als soziale Bewegung* (Hamburg 1976); Hans-Ulrich Thamer und Wolfgang Wippermann, *Faschistische und neofaschistische Bewegungen* (Darmstadt 1977); Walter Laqueur (Hg.), *Fascism. A Reader's Guide* (Harmondsworth 1979); Stanley Payne, *Fascism: Comparison and Definition* (Madison, Wisconsin, 1980); Stein Ugelvik Larsen u. a., *Who were the Fascists? Social Roots of European Fascism* (Bergen 1980); Wolfgang Wippermann, *Europäischer Faschismus im Vergleich, 1922–1982* (Frankfurt am Main 1983); und Detlef Mühlberger (Hg.) *The Social Basis of European Fascist Movements*

verband sich das wissenschaftliche Interesse an einer vergleichenden Faschismusforschung mit einem politischen Interesse auf seiten der Linken (und wurde teilweise von ihr instrumentalisiert). Die politischen Verhältnisse der sechziger Jahre bewirkten somit ein Wiederaufleben marxistischer Faschismustheorien; daran waren Veröffentlichungen zeitgenössischer marxistischer Analytiker des Faschismusphänomens ebenso beteiligt wie eine wachsende Anzahl nichtmarxistischer Faschismusinterpretationen.[13]

Über die marxistischen als auch über die nichtmarxistischen Interpretationen kann man allgemein sagen, daß sich die meisten Stränge der Debatte – genau wie beim Totalitarismusbegriff – praktisch bis zum ersten Auftreten des Faschismusphänomens selbst zurückverfolgen lassen.

Marxistische Theorien

Den ersten ernsthaften Versuch einer theoretischen Erklärung des Faschismus unternahm in den zwanziger Jahren die Komintern. Sie ging dabei anfangs vom italienischen Faschismus aus, und ihre Sichtweise gründet sich auf den Gedanken, daß zwischen Kapitalismus und Faschismus eine enge Wechselbeziehung bestehe. Die von Lenins Imperialismustheorie abgeleitete Theorie besagte, der nahende und nicht mehr aufzuhaltende Zusammenbruch des Kapitalismus lasse es für die reaktionärsten und mächtigsten Gruppen innerhalb des inzwischen hochkonzentrierten Finanzkapitals immer notwendiger erscheinen, ihre imperialistischen Ziele durch die Manipulation einer Massenbe-

---

(London/Sydney 1987). Die hervorragendste Studie neueren Datums ist die von Roger Griffin, *The Nature of Fascism* (London 1991).
13 Zum Beispiel Ernst Nolte (Hg.), *Theorien über den Faschismus* (Köln 1967); Wolfgang Abendroth (Hg.), *Faschismus und Kapitalismus. Theorien über die sozialen Ursprünge und die Funktion des Faschismus* (Frankfurt am Main/Wien 1967); Reinhard Kühnl (Hg.), *Texte zur Faschismusdiskussion 1. Positionen und Kontroversen* (Reinbek 1974); Reinhard Kühnl, *Formen bürgerlicher Herrschaft* (Reinbek 1971); Manfred Clemenz, *Gesellschaftliche Ursprünge des Faschismus* (Frankfurt am Main 1972). Ein Querschnitt der Arbeiten der «Neuen Linken» in den sechziger Jahren findet sich in *Das Argument* 1–6 (1964–1970). Scharfe Kritik übt Heinrich August Winkler, *Revolution, Staat, Faschismus* (Göttingen 1978), Kapitel 3.

wegung zu sichern – einer Massenbewegung, die in der Lage sei, die revolutionäre Arbeiterklasse zu zerstören und insofern kurzzeitig kapitalistische Interessen und Profite zu schützen, die sich durch Expansion und Krieg erzielen ließen. Der Faschismus galt deshalb als notwendige Form und Endstadium der bürgerlich-kapitalistischen Herrschaft. Dieser Interpretation zufolge galt daher, daß die Politik eine direkte Funktion der Ökonomie und ihr ganz und gar untergeordnet sei; daß die faschistischen Massenbewegungen das Produkt einer kapitalistischen Manipulation seien; daß die faschistische Herrschaft dazu diene, den Profit zu vergrößern und die faschistischen Führer daher «Agenten» der kapitalistischen herrschenden Klasse seien. Die Schlüsselfrage, die es zu stellen gelte, sei: Wem nützt das System? Und die Antwort der Komintern ließ keinen Zweifel daran, daß zwischen den faschistischen Lakaien und den kapitalistischen Herrschern eine immanente Verbindung bestünde. Zwar kann hier eine kurze Zusammenfassung den innerhalb der Komintern geführten Debatten und den von verschiedenen Seiten (am weitsichtigsten und nuanciertesten von Clara Zetkin) geäußerten Kommentaren und Interpretationen kaum gerecht werden, aber man kann sagen, daß die gerade beschriebene Sichtweise vom Exekutivkomitee der Kommunistischen Internationale auf seiner dreizehnten Plenarsitzung im Dezember 1933 im wesentlichen so angenommen wurde und in der im ersten Kapitel bereits erwähnten Definition von Dimitroff 1935 ihre endgültige Form fand. Bis zu den jüngsten politischen Umwälzungen in Osteuropa bildete sie die Grundlage sowjetischer und ostdeutscher Veröffentlichungen zum Nationalsozialismus.[14]

Da damals die «orthodoxe» Meinung der Komintern dominierte, fanden «nonkonformistische» marxistische Interpretationen häufig nicht die Beachtung, die sie zu jener Zeit verdient hätten. Den scharfsinnigen Interpretationen etwa eines August Thalheimer (der 1928 als «Renegat» aus der KPD ausgeschlossen worden war) oder eines Otto Bauer (ein bekannter österreichischer Theoretiker) wurde erst in der Zeit eines wiedererwachten Interesses an der Faschismusforschung in den sechziger und siebziger Jahren die gebührende Anerkennung zuteil; dabei haben sie auf neuere westliche marxistische Faschismus-

---

14 Ihre Forschungsergebnisse faßten führende DDR-Historiker in dem von Eichholtz und Gossweiler herausgegebenen Band *Faschismusforschung* (siehe Kapitel 1 Anmerkung 27) zusammen.

interpretationen jedoch allgemein einen stärkeren Einfluß ausgeübt als der Standpunkt der Komintern.

Sowohl Thalheimer (in einer Artikelserie, die 1930 erschien, aber erst Ende der sechziger Jahre volle Anerkennung fand) als auch Bauer (in einem Aufsatz, den er 1924 veröffentlichte und 1936 zu einem Buchkapitel erweiterte) bauten in ihrem Faschismusverständnis auf Marxsche Texte zum Bonapartismus auf, besonders auf seinen *Achtzehnten Brumaire des Louis Bonaparte*, den er unmittelbar nach dem französischen Staatsstreich vom 2. Dezember 1851 verfaßt hatte. Wenngleich keiner der Autoren den Bonapartismus mit dem (zur Zeit der ursprünglichen Veröffentlichung der Texte hauptsächlich italienisch geprägten) Faschismus gleichsetzte, sahen doch beide in der Marxschen Interpretation des französischen Coup d'état einen bedeutenden Fingerzeig, der wesentlich zu einem Verständnis des Verhältnisses von Faschisten und kapitalistischer herrschender Klasse beitragen könne. Marx war in seinem Werk von der Annahme ausgegangen, die sozialen Klassen hätten sich bei ihrem Kampf um die Macht in Frankreich gegenseitig neutralisiert und es dadurch Louis Bonaparte ermöglicht, mit Unterstützung des sogenannten Lumpenproletariats und der Masse der unpolitischen Kleinbauern die staatliche Exekutive zu einer relativ unabhängigen Kraft zu formen. Durch die Anwendung der Marxschen Analyse auf den Faschismus wurde es Thalheimer und Bauer möglich:
– zwischen der gesellschaftlichen und der politischen Dominanz der kapitalistischen herrschenden Klasse zu unterscheiden,
– der faschistischen Massenunterstützung eine wichtige eigenständige Bedeutung beizumessen,
– im Faschismus nur einen von mehreren möglichen Auswegen aus der Krise des Kapitalismus – und keineswegs das Endstadium des Kapitalismus auf dem Wege zum Sozialismus – zu sehen und schließlich die relative Autonomie einer einmal an die Macht gelangten faschistischen Exekutive hervorzuheben.

Mit dieser Interpretation gerieten die beiden Autoren mit der «orthodoxen» leninistischen Linie in einen direkten Konflikt (auch wenn Bauer dann 1938 in seinen letzten Schriften den Bonapartismus herunterspielte und einer leninistischen Imperialismusanalyse sehr viel näher kam). Der entscheidende Punkt war hier die dialektische Beziehung zwischen der ökonomischen Herrschaft des «Großbürgertums» und der politischen Vormachtstellung der faschistischen «Herrschaftskaste», die zwar von Kapitalisten finanziell unterstützt werde, aber von ihnen nicht geschaffen worden sei. Obwohl sich die faschistische Partei aus Kleinbürgern zusammensetze, müsse sie doch, wenn sie erst einmal an der Macht sei, zu einem Instrument der wirtschaftlich herrschenden Klasse und hier vor allem ihrer eher kriegerischen Elemente werden. Dabei könnten die innerhalb des Systems bestehenden inneren Widersprüche, die bald zu Interessenkonflikten zwischen der faschistischen Kaste und der kapitalistischen herrschenden Klasse führen würden, nur durch einen Krieg aufgelöst werden.[15]

Während in der DDR, wie schon erwähnt, die Kominterntheorie bis zu den politischen Umwälzungen von 1989 den Schlüssel zum Verständnis des Faschismus bildete, sind die theoretischen Abhandlungen westlicher Marxisten seit den sechziger Jahren stark von Varianten des bonapartistischen Ansatzes beeinflußt worden (wie er etwa auch in Trotzkis scharfsinnigen Schriften über den Faschismus zum Ausdruck kommt).[16] In den letzten Jahren sind linke Veröffentlichungen zum Faschismus jedoch in bemerkenswertem Maße durch einen dritten Hauptstrang marxistischer Faschismusinterpretationen geprägt worden. Dieser leitet sich aus Gramscis Werk (insbesondere seiner Vorstellung von der «bürgerlichen Hegemonie») her und ist von Nicos Poulantzas näher dargestellt worden, dessen Interpretation wir uns in Kapitel 3 genauer ansehen werden.[17] Der neogramscistische Ansatz betont in weit stärkerem Maße als andere marxistische Interpreta-

---

15 Zu Thalheimer, Bauer und dem «Bonapartismus» siehe vor allem Gerhard Botz, «Austro-Marxist Interpretations of Fascism», in «Theories of Fascism», *JCH* 11 (4) (1976), S. 129–156, besonders S. 131–147; Jost Dülffer, «Bonapartism, Fascism, and National Socialism», in *JCH* 11 (1976), S. 109–128; und Hans-Gerd Jaschke, *Soziale Basis und soziale Funktion des Nationalsozialismus. Studien zur Bonapartismustheorie* (Opladen 1982). Siehe auch Kitchen, Kapitel 7; Ayçoberry, S. 57–64; und Hildebrand, *Das Dritte Reich*, S. 125–126. Eine Kritik findet sich bei Winkler, *Revolution*, Kapitel 2 und S. 83 ff. Eine hervorragende Zusammenstellung von marxistischen Analysen der Zwischenkriegszeit – «orthodoxen» und «abtrünnigen» – enthält David Beetham (Hg.), *Marxism in Face of Fascism*, (Manchester 1983).
16 Leo Trotzki, *Schriften über Deutschland*, Band 1 (Hg. Helmut Dahmer, Frankfurt am Main 1971). Trotzki betrachtete die Präsidialkabinette Brünings, von Papens und Schleichers als «Bonapartismus» und nicht den Faschismus selbst. Siehe Robert S. Wistrich, «Leon Trotsky's Theory of Fascism», *JCH* 11 (1976), S. 170–171.
17 Nicos Poulantzas, *Faschismus und Diktatur. Die Kommunistische Internationale und der Faschismus* (München 1970).

tionen die Bedingungen der *politischen* Krise, die entstehen, wenn der Staat nicht länger die politische Einheit der dominierenden Klasse organisieren kann und in den Augen des Volkes seine Berechtigung verloren hat, und die den Faschismus als attraktive, radikale, volksnahe Lösung für das Problem der Wiederherstellung der «Hegemonie» der dominierenden Klasse erscheinen lassen. Mit den hier kurz beschriebenen marxistischen Faschismusinterpretationen werden wir uns im nächsten Kapitel befassen, wenn wir uns dem Verhältnis von Politik und Wirtschaft im NS-Herrschaftssystem zuwenden.

Nichtmarxistische Interpretationen

Während, wie ich gezeigt habe, die meisten der neueren marxistischen Faschismusinterpretationen Theorien aus den zwanziger und dreißiger Jahren übernommen oder als Ausgangspunkt aufgegriffen haben, sind die frühen «bürgerlichen» oder nichtmarxistischen Interpretationen – von denen, wenn überhaupt, nur ganz wenige tatsächlich einer Faschismus*theorie* gleichkommen – von der späteren wissenschaftlichen Forschung allgemein für äußerst unzulänglich befunden worden. So hat zum Beispiel die von Benedetto Croce, Friedrich Meinecke, Gerhard Ritter und später auch von Golo Mann gehegte Ansicht von einer «moralischen Krise der europäischen Gesellschaft» nur eine sehr mittelbare Wirkung auf spätere nichtmarxistische Faschismusinterpretationen gehabt. Auch Wilhelm Reichs Versuch, Marxismus und Freudianismus miteinander zu verbinden und den Faschismus als eine Folge sexueller Unterdrückung zu deuten, sowie Erich Fromms kollektivpsychologischer Ansatz einer «Furcht vor der Freiheit», die zu einer Flucht in die Unterwürfigkeit führe, haben der aktuellen Faschismusanalyse kaum methodische Anstöße gegeben. Allein vom Ansatz Talcott Parsons', der von einer «Anomie» moderner Gesellschaftstrukturen und einer konfliktträchtigen Koexistenz traditioneller, archaischer Wertsysteme und moderner sozialer Prozesse ausgeht, läßt sich sagen, er habe späteren nichtmarxistischen, mit Modernisierungstheorien verbundenen Faschismusanalysen «einen unauslöschlichen Stempel» aufgedrückt.[18]

18 Siehe Talcott Parsons, «Democracy and Social Structure in Pre-Nazi Germany» und «Some Sociological Aspects of the Fascist Movements», in seinen *Essays in*

Seit die nichtmarxistische vergleichende Faschismusforschung in den sechziger Jahren zu neuem Leben erwachte, ist sie hauptsächlich von drei verschiedenen Richtungen vorangetrieben worden: von dem «phänomenologischen» ideengeschichtlichen Ansatz im Sinne Ernst Noltes, von verschiedenen, die «strukturelle Modernisierung» berücksichtigenden Ansätzen sowie von «soziologischen» Interpretationen der sozialen Zusammensetzung und Klassenbasis faschistischer Bewegungen und Wähler.

Noltes selbstproklamierte «phänomenologische Methode» scheint in der Praxis auf kaum mehr hinauszulaufen als darauf, daß Phänomene – in diesem Fall die Schriften faschistischer Führer – für das genommen werden, als was sie sich selbst darstellen. In bissigen Kommentaren haben Kritiker die Ansicht vertreten, bei Noltes Konzept handele es sich «im wesentlichen um Diltheys gute alte Methode der Empathie» oder um «kaum mehr als einen verkappten Historismus».[19] Nolte schenkt den sozialen Grundlagen des Faschismus kaum ernsthafte Beachtung, da er sozioökonomische Faschismuserklärungen für unzulänglich hält. Statt dessen führt ihn seine Analyse der Entwicklung faschistischer Ideen zu einem – wie er recht bombastisch sagt – «metapolitischen» Begriff des Faschismus als einer generischen und autonomen Kraft. In einer etwas mystischen und mystifizierenden Schlußfolgerung sieht er im Faschismus einen praktischen und gewaltsamen «Widerstand gegen die Transzendenz». Unter «Transzendenz» versteht er einen zweifachen Prozeß: einerseits das Streben der Menschheit nach Emanzipation und Fortschritt (das er «praktische Transzendenz» nennt) und andererseits die über diese Welt hinausreichende Heilssuche des Menschen, sein geistiges Streben hinaus «über alles Gegebene und Gebbare in Richtung eines absoluten Ganzen» – mit anderen Worten den Glauben an Gott und ein Leben nach dem Tode (was Nolte als «theoretische Transzendenz» bezeichnet). Doch indem Nolte den Gedanken des gewaltsamen «Widerstands gegen die Transzendenz» so betont, unterscheidet er den Faschismus von bloßer «Reaktion» und sieht in ihm eine sowohl antitraditional als auch anti-

---

Sociological Theory (London und Toronto 1949; Parsons' Aufsatz «Demokratie und Sozialstruktur in Deutschland vor der Zeit des Nationalsozialismus» ist enthalten in ders., *Beiträge zur soziologischen Theorie* [Neuwied 1964], S. 256–281.) Das Zitat stammt aus Geoff Eley, «The Wilhelmine Right: How it Changed», in Richard J. Evans (Hg.), *Society and Politics in Wilhelmine Germany* (London 1978), S. 115.
19 Sauer, S. 414 (Kapitel 1 Anmerkung 39); Kitchen, S. 40.

modern ausgerichtete europäische Bewegung, die sich an erster Stelle und in erster Linie gegen ihr Spiegelbild, den Kommunismus, wandte, dabei aber gleichzeitig die Existenz der bürgerlichen Gesellschaft bedrohte. Und schließlich behauptet Nolte, indem er den «Faschismus in seiner Epoche» hervorhebt, der Faschismus sei historisch an eine bestimmte Zeit gebunden gewesen, und «‹derselben› soziologischen Struktur wäre es in einer anderen Epoche und unter anderen Weltbedingungen unmöglich, ein historisch relevantes Phänomen zu erzeugen, das als Faschismus gelten kann, zumindest nicht [...] in der Form des europäischen Nationalfaschismus».[20]

Noltes Buch stellte eine wichtige Veröffentlichung dar und weckte, wie bereits erwähnt, stärker als jedes andere einzelne Werk der sechziger Jahre Interesse an dem Problem des generischen Faschismusbegriffs. Es läßt sich jedoch nicht gerade sagen, daß dieses Buch in bezug auf seine Methode oder seine Schlußfolgerungen eine breite Anhängerschaft gewonnen habe. Andere Autoren, die sich mit vergleichender Faschismusforschung befassen und dabei ebenfalls vom Selbstbild der Faschisten ausgehen, vertreten den Standpunkt, der Faschismus sei eher revolutionär als rückwärtsgerichtet und «sehe stark wie der Jakobinismus unserer Zeit aus».[21] Zweitens muß für Noltes Werk eine starke Einschränkung gemacht werden, da er es unterläßt, das Wesen und die Dynamik der sozioökonomischen Grundlagen faschistischer Bewegungen im einzelnen zu analysieren. Und schließlich ist aus einer anderen Sicht die Frage aufgeworfen worden, ob Nolte mehr getan habe, als nur ähnliche Erscheinungsformen eines von ihm als «Faschismus» bezeichneten politischen Systemtyps zu beschreiben, die jedoch in ganz Europa einen äußerst unterschiedlichen Intensitätsgrad gezeigt hätten; ob Nolte also mit anderen Worten nicht in Wirklichkeit übersehen habe, daß nicht die Ähnlichkeiten, sondern die Unterschiede überwogen hätten – ein Argument, das die Existenz des Phänomens als solche in Frage stellt.[22]

Die zweite größere *Gruppe* nichtmarxistischer Ansätze («Gruppe» deshalb, weil diese Ansätze viele verschiedene Nuancen und unter-

---

20 Nolte, *Der Faschismus in seiner Epoche*, S. 515–521. Das Zitat stammt aus Ernst Nolte, «The Problem of Fascism in Recent Scholarship», in Henry A. Turner (Hg.), *Reappraisals of Fascism* (New York 1975), S. 30
21 Weber, *Varieties*, S. 139
22 Hildebrand, *Das Dritte Reich*, S. 136.

schiedliche Gewichtungen enthalten) hängt mit Modernisierungstheorien zusammen, bei denen der Faschismus als eine von mehreren verschiedenen Möglichkeiten auf dem Weg zur modernen Gesellschaft begriffen wird. Bei einer Variante des Modernisierungsansatzes, die Klaus Hildebrand als «strukturell-funktionale Theorie» bezeichnet, gilt der Faschismus als «eine besondere Form der Herrschaft in Gesellschaften, die sich in einer kritischen Phase des gesellschaftlichen Transformationsprozesses zur Industriegesellschaft befinden und zugleich objektiv oder in den Augen der herrschenden Schichten von der Möglichkeit eines kommunistischen Umsturzes bedroht sind».[23] Dieser Sicht zufolge gewinnt der Faschismus seine Hauptstoßkraft aus dem Widerstand residualer Eliten gegen die egalitären Tendenzen der Industriegesellschaft. Andere Ansätze sehen im Faschismus eine Form einer sich entwickelnden Diktatur (Gregor) oder in erster Linie ein Phänomen, das bei Agrargesellschaften in einer bestimmten Übergangsphase zur Modernisierung anzutreffen sei (Organski), oder auch ein Produkt des Modernisierungsweges einer Agrargesellschaft, die nur eine «Revolution von oben» erfahren habe, was dann zu revolutionären, die Modernisierung vorübergehend vorantreibenden Unruhen einer zutiefst reaktionären und zum Aussterben verurteilten Klasse (der Bauernschaft) geführt habe (Barrington Moore).[24]

Das Hauptproblem des «strukturell-funktionalen» Ansatzes scheint darin zu bestehen, daß er den veränderungsfeindlichen Widerstand der herrschenden Eliten überbetont und dabei die eigenständige Dynamik der faschistischen Massenbewegungen unterbewertet. Hinzu kommt, daß es schwierig ist festzustellen, welche der damals vom Faschismus erfaßten Staaten sich genau in diesem Übergangsprozeß zur pluralistischen Industriegesellschaft befanden. Bestenfalls scheint das auf Italien und Deutschland zuzutreffen, obgleich der Grad des Übergangs bei den zwei Ländern so verschieden war, daß der Wert des «Modells» bezwei-

---

23 Wolfgang Mommsen, «Gesellschaftliche Bedingtheit und gesellschaftliche Relevanz historischer Aussagen», in Eberhard Jäckel und Ernst Weymar (Hg.), *Die Funktion der Geschichte in unserer Zeit* (Stuttgart 1975), S. 219–220; Hildebrand, *Das Dritte Reich*, S. 136.
24 A. J. Gregor, *The Ideology of Fascism* (New York 1969); A. F. K. Organski, «Fascism and Modernization», in Woolf (Hg.), *The Nature of Fascism*, S. 19–41; Barrington Moore Jr., *Social Origins of Dictatorship and Democracy* (London 1967).

felt werden kann.[25] Bei jenen Modernisierungstheorien, die den Faschismus hauptsächlich in einen agrargesellschaftlichen Zusammenhang stellen, besteht die Hauptschwierigkeit darin, daß sie kaum auf den deutschen Fall zuzutreffen scheinen, wo der Nationalsozialismus sich in einer hochindustrialisierten Gesellschaft entwickelte. Bezeichnenderweise geht Organski – einer der bekanntesten Vertreter dieses Ansatzes – bei seinem Modell nicht auf Deutschland ein, während Barrington Moore bei seiner anregenden und weitreichenden Analyse der verschiedenen Modernisierungswege – deren Entwicklung er in der unterschiedlich vorhandenen Machtbasis der großgrundbesitzenden Eliten begründet sieht – die Bedeutung feudaler Traditionen für den Erfolg des Faschismus stark überbetont und dementsprechend den Anteil, den eine vollentwickelte kapitalistische Wirtschaft und die bürgerliche Gesellschaft an der Dynamik haben, deutlich unterbewertet. Bei jenen Modernisierungstheorien, die sich speziell auf Deutschland konzentrieren (zum Beispiel die Arbeiten von Dahrendorf und Schoenbaum)[26], geht es nicht um eine Faschismustheorie, sondern um die (wenn auch weitgehend unbeabsichtigte) modernisierende Wirkung des Nationalsozialismus selbst. Diese Interpretationen werden im 7. Kapitel behandelt.

Ein dritter einflußreicher nichtmarxistischer Ansatz ist Seymour Lipsets «soziologische» Interpretation des Faschismus als Radikalismus der unteren Mittelschicht – er spricht auch vom «Extremismus der Mitte».[27] Dieser Sichtweise zufolge entstand der Faschismus, als mittelständische Schichten, die zuvor Parteien der liberalen Mitte unterstützt hatten, durch die wachsende wirtschaftliche Not und eine – in ihren Augen sowohl vom Großkapital als auch von der organisierten Arbeiterschaft ausgehende – Bedrohung dazu veranlaßt wurden, sich der extremen Rechten zuzuwenden. Diese Interpretationssicht ist in den letzten Jahren aus verschiedenen Richtungen unter Beschuß geraten. Erstens ist gezeigt worden, daß in Deutschland – und Lipsets Argumentation stützt sich stark auf den deutschen Fall – die Wahlstimmen der unteren Mittelschicht vor dem Aufstieg des Nationalsozialismus an Parteien gingen, die keineswegs als «liberale» oder gemäßigte Parteien der

---

25 Darauf verweist Hildebrand, *Das Dritte Reich*, S. 137–138.
26 Ralf Dahrendorf, *Gesellschaft und Demokratie in Deutschland* (München 1963); David Schoenbaum, *Die braune Revolution. Eine Sozialgeschichte des Dritten Reiches* (Köln u. a. 1968).
27 Seymour Martin Lipset, *Soziologie der Demokratie* (Neuwied 1962; übersetzt von Otto Kimminich), Kapitel 5.

Mitte gelten konnten, sondern ausgesprochen rechtsgerichtet (autoritär, nationalistisch und häufig rassistisch) waren. Die Wahl einer faschistischen Partei stand in Wirklichkeit am Ende eines langen, schrittweise rechtsgerichteten Veränderungsprozesses im Wählerverhalten.[28] Zweitens erzielte die Nazipartei – wie vor kurzem gezeigt wurde – in den Großstädten einen Hauptteil ihrer Wählerstimmen in wohlhabenden Bezirken, die das etablierte höhere Bürgertum und nicht die verunsicherten oder im Niedergang begriffenen unteren Mittelschichtsgruppen der klassischen Lipsetschen Theorie repräsentierten; und am anderen Ende der sozialen Skala erhielten die Nazis ein größeres Maß an Unterstützung von seiten der Arbeiterklasse (auch wenn es ihnen nicht gelang, ernstliche Einbrüche in die «organisierte» Arbeiterschaft zu erzielen), als man bislang angenommen hatte.[29] Drittens und letztens ist der Einwand gemacht worden, daß bei einer ausschließlichen Konzentration auf das politische Verhalten der unteren Mittelschicht völlig außer acht gelassen werde, inwieweit die Eliten dem Faschismus an die Macht verholfen hätten, und daß während der Regimephase des Faschismus die Interessen der unteren Mittelschicht denen des Großkapitals untergeordnet gewesen seien.[30]

---

28 Siehe Heinrich August Winkler, «Extremismus der Mitte? Sozialgeschichtliche Aspekte der nationalsozialistischen Machtergreifung», *VfZ* 20 (1972), S. 175–191, und auch Thomas Childers, *The Nazi Voter. The Social Foundations of Fascism in Germany 1919–1933* (Chapel Hill/London 1983). Zum pronationalsozialistischen Wählerverhalten siehe jetzt auch die komplexe Studie von Jürgen Falter, *Hitlers Wähler* (München 1991).
29 Zum Wahlverhalten in den Großstädten siehe Richard F. Hamilton, *Who voted for Hitler?* (Princeton 1982). Das breite soziale Spektrum der Nazianhängerschaft unterstreichen Childers, Jürgen W. Falter, «Wer verhalf der NSDAP zum Sieg?», *APZ* (14. Juli 1979), S. 3–21, und Heinrich August Winkler, «Mittelstandsbewegung oder Volkspartei? Zur sozialen Basis der NSDAP», in Schieder (Hg.), *Faschismus als soziale Bewegung*, S. 97–118. Zur Sozialstruktur der Parteimitglieder siehe Michael Kater, *The Nazi Party. A Social Profile of Members and Leaders 1919–1945* (Oxford 1983). Eine gute Übersicht über die Literatur zur sozialen Zusammensetzung der Nazianhängerschaft und hier vor allem zu der vieldiskutierten Frage, auf welche Weise und in welchem Maße die Nazis durch die Arbeiterklasse unterstützt worden seien und ob die SA einen eher «mittelständischen» oder eher «proletarischen» Charakter gehabt habe, findet sich jetzt bei Mathilde Jamin, *Zwischen den Klassen. Zur Sozialstruktur der SA-Führerschaft* (Wuppertal 1984), S. 11–45. Neue Quellen und Informationen zur Struktur der NSDAP-Mitglieder bietet Detlef Mühlberger, *Hitler's Followers. Studies in the Sociology of the Nazi Movement* (London 1991).
30 Bernd Hagtvet und Reinhard Kühnl, «Contemporary Approaches to Fascism: A

Es lag nicht in meiner Absicht, hier eine vollständige Kritik der äußerst unterschiedlichen Faschismusinterpretationen anzustreben; vielmehr wollte ich veranschaulichen, daß – obwohl beachtliche Fortschritte erzielt und komplexe Typologien faschistischer Bewegungen entwickelt worden sind – keine Aussicht auf irgendeine Faschismustheorie besteht, die allgemeine Anerkennung finden könnte. Wie gezeigt worden ist, kann keine einzige marxistische Theorie den Anspruch erheben, auch nur unter marxistischen Wissenschaftlern allgemein akzeptiert zu sein; und auf der anderen Seite sind hier auch die Schwach- und Kritikpunkte «bürgerlicher» Interpretationen teilweise thematisiert worden. Außerdem stellen, wie schon gesagt, einige führende Wissenschaftler – ob mit «Totalitarismus»-Ansatz oder ohne – die gesamte Grundlage der vergleichenden Faschismusforschung in Frage und vertreten den Standpunkt, zwischen den «faschistischen» Bewegungen bestünden derart grundlegende Unterschiede, daß jeder generische Faschismusbegriff sinnlos sei.

Nach dieser kurzen Darstellung der Entwicklungsphasen des Totalitarismus- und Faschismusbegriffs können wir uns nun kritisch der Frage zuwenden, ob von einem der beiden Modelle das Phänomen des Nationalsozialismus zufriedenstellend erfaßt wird.

Allgemeine Überlegungen zum «Totalitarismus»- und zum «Faschismus»-Begriff

«Totalitarismus» und «Faschismus» sind keine «sauberen» wissenschaftlichen Begriffe. Beide haben von Beginn ihres Gebrauchs an eine Doppelfunktion: einerseits als ideologisches Mittel für eine negative politische Kategorisierung, wobei sie im allgemeinen Sprachgebrauch eher pejorativ verwandt werden, und andererseits als heuristisches wissenschaftliches Instrument, das dazu dienen soll, politische Systeme einzuteilen und zu klassifizieren. Diese Begriffe als «neutrale», von politischen Konnotationen losgelöste wissenschaftliche Analysewerk-

---

Survey of Paradigms», in Larsen u.a., S. 26–51, hier S. 31. Dies ist eine aufschlußreiche Analyse der Probleme der vergleichenden Faschismusforschung. Eine andere Sichtweise bietet Ivan J. Linz, «Some Notes towards a Comparative Study of Fascism in Sociological Historical Perspective», in Laqueur, S. 13–78.

zeuge zu behandeln ist so gut wie unmöglich. Die wissenschaftliche Debatte über die Verwendung dieser Begriffe zeigt vor allem, wie eng Geschichte, Politik und Sprache miteinander verflochten sind.[31] Dies spiegelt sich auch in dem Umstand, daß in bezug auf den Gebrauch der Begriffe oder deren genaue Definition keine Übereinstimmung besteht.

Außerdem ist häufig auch die Verbindung von Begriff und Theorie alles andere als klar. Wenn man unter «Theorie» ein System von zusammenhängenden, allgemein erklärenden Aussagen versteht, die voneinander abgeleitet sind und aufeinander beruhen, und unter «Begriff» eine abstrakte sprachliche Abkürzung, die keine Eigenständigkeit besitzt und keine systematische Erklärung bietet, dann könnte man argumentieren, Friedrich habe in bezug auf den Totalitarismus eine begriffliche Definition produziert, die aber keine echte Totalitarismustheorie abgebe. In bezug auf den Faschismus sind die meisten nichtmarxistischen Ansätze, wie bereits gesagt, im wesentlichen deskriptiv und beruhen auf keinen klar definierten theoretischen Prämissen, während marxistische Ansätze aus theoretischen Positionen abgeleitet sind, die angewandte Theorie aber nicht immer auf einer klaren, sondern manchmal sogar auf einer an Tautologie grenzenden Begriffsdefinition basiert.[32]

Obwohl sowohl hinter dem «Faschismus»- als auch hinter dem «Totalitarismus»-Ansatz das Bestreben steckt, eine Typologie politischer Systeme zu liefern, ist diese doch in beiden Fällen von recht unterschiedlicher Art. Bei den Faschismus-«Theorien» liegt die Betonung auf faschistischen *Bewegungen* – auf den Wachstumsbedingungen, den Zielen und der Funktion dieser Bewegungen im Unterschied zu allen anderen Formen politischer Organisation. (Dies trifft zwar auch auf die Kominterntheorie und ihre spätere Anwendung zu, doch liegt hier die Betonung im allgemeinen viel stärker auf dem Wesen der faschistischen Diktatur als auf dem «Bewegungs»-Stadium.) Bei den Totalitarismusmodellen besteht andererseits, praktisch definitionsbedingt, kaum Interesse an der Phase vor der Machtübernahme oder nur inso-

---

31 Siehe Karl Dietrich Bracher, «Betrachtung: Terrorismus und Totalitarismus», in ders., *Schlüsselwörter*, S. 103–123 (ein Vortrag, den er 1977 auf einer CDU-Tagung über die Ursachen des Terrorismus hielt), sowie die Kommentare von Bracher und Martin Broszat, in *Totalitarismus und Faschismus*, S. 10–11, 32–33.
32 Uwe Dietrich Adam, «Anmerkungen zu methodischen Fragen in den Sozialwissenschaften: Das Beispiel Faschismus und Totalitarismus», PVS 16 (1975), S. 55–88, hier besonders S. 75–76.

fern, als sich in ihr «totalitäre» Ambitionen erkennen lassen. Die Aufmerksamkeit konzentriert sich hier vielmehr auf *Systeme* und *Herrschaftstechniken*. Für den Totalitarismustheoretiker haben daher viele Fragen nur eine geringe Bedeutung, die für den Analytiker faschistischer Bewegungen von größter Wichtigkeit sind – etwa Fragen nach den sozioökonomischen «Ursachen» des Faschismus, der sozialen Zusammensetzung faschistischer Parteien und dem Verhältnis der faschistischen Bewegungen zur jeweiligen «herrschenden Klasse». Auf der anderen Seite werden Punkte, die beim Totalitarismusansatz von großer Bedeutung sind – wie etwa das Vorhandensein einer einzigen Partei mit Monopolstellung, einer plebiszitären Legitimation der Herrschaft oder einer offiziellen Ideologie –, von Faschismusanalytikern meist als zweitrangig angesehen; letztere heben statt dessen hervor, daß es zwischen faschistischen und kommunistischen Regimen in bezug auf die Ziele, die soziale Basis und die ökonomischen Strukturen große Unterschiede gebe.

«Faschismus» und «Totalitarismus» sind Begriffe, die als «Gattungstypen» über einzelne Herrschaftssysteme hinausgehen. Als solche erfordern sie beide eine strenge vergleichende Methode. In der Praxis mangelt es jedoch – vor allem beim Totalitarismusmodell – häufig an einer gründlichen vergleichenden Analyse, und beide Ansätze sind von der Art her, in der sie sich auf den Fall Nazideutschlands stützen, traditionell kopflastig.[33] In den letzten Jahren sind wertvolle systematische vergleichende Untersuchungen zur Struktur faschistischer Bewegungen erstellt worden,[34] aber zum Wesen des an der Macht befindlichen Faschismus und seiner Institutionen bleibt noch viel vergleichende Arbeit zu tun. Was die Totalitarismusperspektive betrifft, so ist die Erforschung der stalinistischen Regierungs- und Gesellschaftsform längst nicht so tiefgründig betrieben worden, wie das beim Naziregime der Fall ist, und die dort gezogenen Vergleiche sind in der Praxis oft höchst oberflächlicher Natur.

Trotz der Tatsache, daß sich die Begriffe politisch nicht miteinander versöhnen lassen – Vertreter eines allgemeinen Faschismusbegriffs ste-

---

33 Zum Faschismus siehe beispielsweise Clemenz (Anmerkung 13), Richard Saage, *Faschismustheorien* (München 1971), und Niels Kadritzke, *Faschismus und Krise* (Frankfurt am Main und New York 1976), und zum Totalitarismus Hans Buchheim, *Totalitäre Herrschaft. Wesen und Merkmale* (München 1962).
34 Eine ausgezeichnete Zusammenfassung neuester Erkenntnisse findet sich in Larson u. a. (Anmerkung 12).

hen auf dem Standpunkt, Rechtsdiktaturen *unterschieden sich grundlegend* von Linksdiktaturen, während die Vertreter eines Totalitarismusansatzes von der Prämisse ausgehen, faschistische und kommunistische Diktaturen seien *grundsätzlich ähnlich* –, haben bekannte deutsche Wissenschaftler kürzlich erklärt, beide Begriffe seien bei der Analyse moderner politischer Strukturen unentbehrlich, und es sei durchaus möglich, bei der Erforschung des Nationalsozialismus beide Ansätze auf verschiedene Art und Weise anzuwenden.[35] Wie mir scheint, birgt das jedoch die Schwierigkeit in sich, daß man hier *vergleichende* Begriffe auf ein Einzelphänomen anwendet, während gleichzeitig ungelöst bleibt, ob der jeweilige vergleichende Begriff selbst stichhaltig ist. Dennoch kann man beiden Begriffen allein aufgrund ihrer nicht zu leugnenden politischen Untertöne noch nicht jeglichen wissenschaftlichen Wert und jede intellektuelle Gültigkeit absprechen. Folglich bleibt die Notwendigkeit bestehen, jeden dieser Begriffe darauf zu untersuchen, welchen Erklärungswert er in bezug auf das Wesen des Nationalsozialismus und seine Beurteilung besitzt.

Nationalsozialismus als Totalitarismus?

Es gibt zwei Kategorien von Kritikern des Totalitarismusbegriffs: *(a)* diejenigen, die jedwede Anwendung eines Totalitarismusbegriffs oder einer Totalitarismustheorie kategorisch ablehnen, und *(b)* diejenigen, die bereit sind, einem solchen Begriff einige theoretische Bedeutung zuzugestehen, ihn dabei aber als Analyseinstrument in der Praxis nur für begrenzt anwendbar halten. Die zugunsten der zweiten Position geäußerten Argumente scheinen mir überzeugender zu sein.

(a) Kategorisch als völlig wertlos abgelehnt wird der Totalitarismusbegriff meist aus folgenden Gründen:[36]

(i) «Totalitarismus», so heißt es, sei nichts weiter als eine Ideologie des Kalten Krieges, die in den vierziger und fünfziger Jahren von westlichen kapitalistischen Staaten aufgebracht und als antikommunistisches politisches Integrationsinstrument eingesetzt worden sei und in

---

35 Vergleiche Kocka, «Ursachen», S. 14–15, und die Kommentare von Kocka, Broszat, Schieder und Nolte in *Totalitarismus und Faschismus*, S. 32–53.
36 Kitchen, Kapitel 2, kommt dieser Position nahe.

diesem Sinne bis auf den heutigen Tag Verwendung finde. Abgesehen von der Tatsache, daß der Begriff, wie wir gesehen haben, bereits lange vor dem Kalten Krieg existierte und benutzt wurde, verliert das Totalitarismuskonzept dadurch, daß es in der Zeit des Kalten Krieges unbestritten auf meist primitive Art politisch verwandt wurde, genausowenig seinen potentiellen Wert als wissenschaftliches Analysewerkzeug, wie auf der anderen Seite die Faschismustheorien durch die häufig genauso krude politische Ausbeutung des Begriffs «Faschismus» ihrer Gültigkeit beraubt werden können.

(ii) Beim Totalitarismuskonzept werde die Form – die äußere Gestalt der Herrschaftssysteme – als Inhalt, als ihr Wesen behandelt. Das führe dazu, daß die völlig verschiedenen Ziele und Intentionen des Nationalsozialismus und des Bolschewismus ganz außer acht gelassen würden – Ziele, die im ersten Fall ganz und gar unmenschlich und negativ und im zweiten Fall letzten Endes menschlich und positiv gewesen seien. Dieser Einwand überzeugt nicht ganz. Wie Adam gezeigt hat,[37] basiert dieses Argument darauf, daß von der (weder nachprüfbaren noch widerlegbaren) Zukunft auf die Gegenwart geschlossen wird – ein Verfahren, das streng logisch betrachtet unzulässig ist. Außerdem beruht dieses Argument auf der Annahme, Form und Inhalt könnten so losgelöst voneinander sein, daß eine Bemerkung über die Form noch nichts über den Inhalt aussagt – ein Punkt, der selbst von materialistischen Dialektikern verworfen wird. Darüber hinaus wird, wenn bei der Gegenüberstellung die vom Bolschewismus letztlich angestrebte Menschlichkeit gegenüber der Unmenschlichkeit des Nationalsozialismus betont wird, die angenommene idealistische Absicht des einen Systems mit der bekannten Realität des anderen verglichen. Dabei weicht man der Frage aus, ob in bezug auf die Herrschaftstechniken nicht möglicherweise tatsächlich Ähnlichkeiten zwischen den Regimen Stalins und Hitlers bestehen. Der rein funktionale Punkt, daß der kommunistische Terror «positiv» sei, weil er auf einen «vollständigen und radikalen Wandel in der Gesellschaft» hinziele, während der faschistische Naziterror «seinen Höhepunkt mit der Vernichtung der Juden erreichte» und «gar nicht versuchte, das menschliche Verhalten zu verändern oder eine wirklich neue Gesellschaft aufzubauen»,[38] ist – ganz abgesehen von der im letzten Satz aufgestellten fraglichen Behauptung

---

37 Adam, «Anmerkungen», S. 64–67.
38 Kitchen, S. 31.

– ein zynisches Werturteil über die Schrecken des stalinistischen Terrors.

(b) Von denen, die das Totalitarismusmodell nicht von vorherein ablehnen, sondern seine Anwendungsmöglichkeit als sehr begrenzt ansehen, werden vier wesentliche Kritikpunkte vorgebracht:

(i) Der Totalitarismusbegriff könne – egal, wie er definiert werde – nur unzureichend die Eigenheiten der Systeme erfassen, die er zu klassifizieren suche. In seiner meisterhaften Analyse *Der Staat Hitlers* weist Broszat zum Beispiel einleitend darauf hin, wie schwer es ist, die amorphe Strukturlosigkeit des NS-Systems in eine Typologie der Herrschaft einzuordnen.[39] In der Tat läßt sich mit Hilfe des Totalitarismusbegriffs nur in verallgemeinernder und beschränkter Weise von Ähnlichkeiten der Systeme reden, die doch bei näherer Betrachtung so verschieden strukturiert sind, daß Vergleiche zwangsläufig höchst oberflächlich bleiben müssen. Hans Mommsen hat zum Beispiel aufgezeigt, wie sehr sich die Nazipartei und die sowjetkommunistische Partei in ihrer Struktur und Funktion unterscheiden und wie wenig es deshalb besagt, wenn man sowohl Nazideutschland als auch Sowjetrußland (selbst bei einer Beschränkung auf die stalinistische Ära) einfach als «Ein-Parteien-Staaten» bezeichnet.[40] Ebenso bedeutsam sind die größeren Unterschiede im Wesen der Führung beider Staaten, und die Rollen, die Hitler und Stalin eingenommen haben, lassen sich deshalb nur schwer als Rollen «totalitärer Diktatoren» bezeichnen. Die Wirtschaftslenkung, die bei den Nazis und den Sowjets grundlegend unterschiedlicher Natur war, ist ein noch bemerkenswerteres Beispiel für die äußerst irreführenden Verallgemeinerungen, die vom Totalitarismusansatz ausgehen – in diesem Fall in bezug auf die zentralisierte «totalitäre» Wirtschaft.

(ii) Das Totalitarismuskonzept sei nicht in der Lage, angemessen auf Veränderungen innerhalb des kommunistischen Systems einzugehen. Wenn der Begriff auf die UdSSR nach Stalin und auf andere Ostblockstaaten ausgedehnt wird, ist man gezwungen, das, was den Totalitarismus ausmacht, anderswo und eben nicht mehr in den speziellen Merkmalen des Stalinismus zu sehen, die gewöhnlich als mit dem Nationalsozialismus vergleichbar gelten (beispielsweise Terror, Führerkult und so weiter). Derartige Versuche, die eine implizite (wenn nicht sogar

---

39 Martin Broszat, *Der Staat Hitlers* (München 1969), S. 9.
40 Hans Mommsen, in *Totalitarismus und Faschismus*, S. 18–27.

explizite) Verbindungslinie zum Nationalsozialismus und anderen rechten Diktaturen ziehen, gleiten oft rasch ins völlig Absurde ab.

(iii) Der entscheidende Nachteil des Totalitarismuskonzepts sei, daß es nichts über die sozioökonomischen Bedingungen, Funktionen und poltischen Ziele eines Systems sage, sondern sich damit zufriedengebe, nur die Techniken und ins Auge springenden Formen der Herrschaft herauszustellen (Ausschließlichkeit der Ideologie, Tendenz zur umfassenden Mobilisierung und so weiter).[41] Da einer der offensichtlichsten und bemerkenswertesten Unterschiede zwischen dem Nazi- und dem Sowjetsystem im sozioökonomischen Bereich liegt, ist in der Literatur darauf hingewiesen worden, daß «der Wert einer Analyse, die die Produktionsverhältnisse und die sich daraus ergebenden Sozialstrukturen der zwei Systeme außer acht läßt, stark begrenzt» ist.[42]

(iv) Das Totalitarismuskonzept finde seine Berechtigung darin, die Werte der westlichen «liberalen Demokratien» hochzuhalten und zwischen «offenen» und «geschlossenen» Regierungsformen beziehungsweise zwischen «Gewaltenteilung» und «Gewaltmonopol» zu unterscheiden. Im Totalitarismuskonzept sei jedoch eine Ambivalenz angelegt – die Ambivalenz zwischen der Beschreibung historisch tatsächlich existierender Herrschaftssysteme (Nationalsozialismus, «Stalinismus») und der Ausdehnung des Begriffs auf eine «Tendenz», die sich auf so viele moderne Diktaturen und sogar auf Teile der Gesellschaft innerhalb westlicher Demokratien erstrecke, daß der Begriff viel von seinem analytischen Wert verliere.[43]

Diese Kritikpunkte werden im allgemeinen von Wissenschaftlern vorgebracht, die den Begriff des Totalitarismus dennoch nicht völlig verwerfen wollen. Sie machen geltend – und ich stimme darin mit ihnen überein –, daß es ein absolut legitimes Unterfangen sei, die Herrschaftsformen und -techniken, die in Deutschland unter Hitler und in der Sowjetunion unter Stalin existierten, miteinander zu vergleichen, auch wenn wesentliche Unterschiede in bezug auf die Ideologie und die sozioökonomischen Strukturen bestanden haben; und daß sich ein neuer Grad und ein neues Konzept der Machtentfaltung in Regierungssystemen zu Recht bei beiden Systemen feststellen lasse. Bei beiden finde sich das Streben nach umfassender Kontrolle und Manipulierung, bei

---

41 Jürgen Kocka, in *Totalitarismus und Faschismus*, S. 39–44.
42 Kitchen, S. 31.
43 Vergleiche Martin Broszat, in *Totalitarismus und Faschismus*, S. 36–38.

beiden gebe es auf moderner Technologie basierende Methoden der dynamischen plebiszitären Mobilisierung, die bewirken sollten, daß die Bevölkerung sich hinter ihren Herrscher stellte, und außerdem finde sich eine radikale Unduldsamkeit gegenüber jeglicher Konzentration auf gleichzeitig bestehende andere Loyalitäten beziehungsweise gegenüber jeglicher Form von institutionellem «Lebensraum» außer zu den Bedingungen des Regimes, so daß bei beiden Systemen die Entwicklung auf eine *versuchte* Politisierung aller Aspekte des sozialen Erlebens hinauslaufe. Das bis zum «Widerstand» reichende Dissensspektrum in Nazideutschland (und – wenn auch bislang wenig analysiert – parallel dazu in Stalin-Rußland) läßt sich eigentlich nur mit Blick auf die Anforderungen verstehen, die das Regime an seine Untertanen stellte: Es erhob einen «totalen Anspruch» auf konformes Verhalten und rief dadurch ein nonkonformistisches und oppositionelles Verhalten hervor, das selbst in anderen autoritären Systemen nicht politisiert und somit in einen politischen Dissens verwandelt worden wäre.[44] Man kann wohl auch ohne die wortreich wiederholten Theorien von der «atomisierten Massengesellschaft» auskommen, und statt eines voll entwickelten, politisch belasteten Totalitarismuskonzepts könnte sich dann bei einer vergleichenden Analyse von (konformen und oppositionellen) Verhaltensmustern in recht verschieden strukturierten Gesellschaften und politischen Systemen doch immerhin – auf der sozialen eher als auf der institutionellen Ebene – die gemäßigtere Vorstellung vom «totalen Anspruch» eines Regimes an seine Untertanen als heuristisch nützlich erweisen.[45] Selbst das Erheben eines extremen «totalen Anspruchs» ließe sich dann vielleicht als symptomatisch für das von Regimen in unsicheren Übergangsperioden praktizierte «Krisenmanagement» ansehen und weniger als dauerndes Herrschaftsmerkmal.

Im übrigen sollte man es meines Erachtens am besten vermeiden, den Nationalsozialismus als «totalitäres System» zu beschreiben, und zwar nicht nur wegen der unvermeidlichen politischen Färbung, die mit dem Etikett «Totalitarismus» verbunden ist, sondern wegen der oben ange-

---

44 Siehe Ian Kershaw, *Popular Opinion and Political Dissent in the Third Reich. Bavaria 1933–1945* (Oxford 1983), besonders S. 374 ff.
45 Die Auswirkung des Nationalsozialismus auf die deutsche Gesellschaft hat der verstorbene Detlev Peukert in seinem Buch *Volksgenossen und Gemeinschaftsfremde* (Köln 1982) scharfsinnig beleuchtet.

führten schwerwiegenden begrifflichen Probleme, die dieser Terminus aufwirft. Als letztes bleibt die Möglichkeit, den Begriff in einem nichtkomparativen Sinne zu verwenden, das heißt seinen Gebrauch ausschließlich auf das NS-System beziehungsweise faschistische Systeme zu beschränken und nach verschiedenen Einfluß- und Entwicklungsphasen dynamischer Massenbewegungen mit «totalitären» Ansprüchen an die legislativen und exekutiven Strukturen des Staates zu unterscheiden, wie das bereits früher Franz Neumann und andere in ihren Werken getan haben. Broszat benutzt bei seiner Analyse des NS-Staats zum Beispiel das Adjektiv «totalitär» ohne vergleichende Bezugnahme auf die UdSSR, um die radikalere Phase der Naziherrschaft nach 1937/38 von der davorliegenden, lediglich «autoritären» Phase zu unterscheiden.[46] Ganz abgesehen davon, ob es richtig ist, die Zeit des Dritten Reiches vor und nach 1937/38 mit unterschiedlichen Etiketten zu versehen und den Totalitarismusbegriff seiner üblichen, auf die UdSSR bezogenen Vergleichskomponente zu entledigen, mag ernsthaft bezweifelt werden, ob man, wenn man sich ausschließlich mit dem NS-Staat befaßt, das Adjektiv «totalitär» als bloßes Synonym für eine zunehmend radikaler werdende Dynamik überhaupt braucht. Andere Autoren, die derselben Interpretationslinie folgen, halten den Begriff für völlig überflüssig.[47]

Alles in allem scheint der Wert des Totalitarismusbegriffs äußerst begrenzt zu sein, und bei dem Versuch, das Wesen des Nationalsozialismus mit Hilfe dieses Begriffs zu charakterisieren, überwiegen die Nachteile die möglichen Vorteile bei weitem.

---

46 Broszat, *Der Staat Hitlers*, S. 423 ff, besonders S. 424 und 430–434. In späteren Veröffentlichungen ging Franz Neumann dazu über, den «Totalitarismus»-Begriff in dem vom Kalten Krieg beeinflußten herkömmlichen Sinne zu gebrauchen. Siehe von ihm *Demokratischer und autoritärer Staat* (Frankfurt am Main und Wien 1967).
47 So zum Beispiel Hans Mommsen, in *Totalitarismus und Faschismus*, S. 65, wenn er sagt: «Die Totalitarismus-Theorie ist der Mythos, der jeder *wirklichen* sozialgeschichtlichen Erklärung [des Nationalsozialismus] im Wege steht», und zwar vor allem wegen der dabei vorhandenen teleologischen Tendenz, das Endergebnis des in Frage stehenden Komplexes bereits vorauszusetzen, noch bevor die Bedingungen der Herausbildung desselben untersucht worden seien.

Nationalsozialismus als Faschismus oder als einzigartiges Phänomen?

Gegner der Verwendung eines generischen Faschismusbegriffs erheben zwei prinzipielle und ernsthafte Einwände gegen die Kategorisierung des Nationalsozialismus als Faschismus: erstens – und diesen Einwand halte ich für gerechtfertigt – werde der Begriff häufig in inflationärer Weise auf eine große Zahl von Bewegungen und Regimen von völlig unterschiedlicher Art und Bedeutung ausgedehnt, und zweitens – doch dies finde ich weniger überzeugend – sei der Begriff nicht imstande, die einzigartigen Merkmale des Nationalsozialismus befriedigend zu erfassen, und die Unterschiede zwischen dem italienischen Faschismus und dem deutschen Nationalsozialismus wögen bedeutend stärker als irgendwelche oberflächliche Ähnlichkeiten, die die beiden vielleicht zu besitzen scheinen.

(a) Der erste Kritikpunkt bezieht sich vor allem, wenn auch nicht allein, auf marxistische Faschismusinterpretationen. Die marxistisch-leninistische Faschismustheorie geht von einer immanenten Beziehung zwischen Faschismus und Kapitalismus aus und dehnt dadurch zum Beispiel die Vorstellung von einer «faschistischen Diktatur» so weit aus, daß sie sich auf viele Arten von unterdrückerischen Regimen erstreckt und im Hinblick auf das Wesen der Herrschaft keinen grundlegenden Unterschied zwischen Militärdiktaturen und Massenparteidiktaturen macht. Da dieser Sichtweise zufolge die Massenbasis einer faschistischen Partei ohne irgendeine autonome Kraft und nur ein manipuliertes Produkt der herrschenden kapitalistischen Klasse ist, tritt hier die Bedeutung der Massenbewegung (die die meisten nichtmarxistischen Analytiker als einen bedeutenden Unterschied zwischen autoritären Militärregimen und faschistischen Regimen bezeichnen würden) in den Hintergrund. Insofern klassifizierten DDR-Wissenschaftler so unterschiedliche Regime wie die in Polen, Bulgarien und Ungarn in der Zeit zwischen den Kriegen, in Portugal unter Salazar und Caetano, in Spanien unter Franco, in Griechenland unter den Obristen, in Argentinien unter den Generälen, in Chile unter Pinochet und in anderen diktatorisch regierten südamerikanischen Ländern als «faschistisch» und stellten sie dadurch mit dem «Hitlerfaschismus» auf eine Stufe.[48]

---

48 Zum Beispiel Manfred Weißbecker, «Der Faschismus in der Gegenwart», in Eichholtz und Gossweiler, S. 217 ff; Kurz Gossweiler, *Faschismus und antifaschisti-*

Entscheidend war für DDR-Historiker nicht die äußere Form der Diktatur, sondern ihr Wesen als Waffe der aggressivsten Elemente des Finanzkapitals. Dennoch unterschieden schließlich auch DDR-Studien sehr deutlich zwischen zwei Grundtypen der faschistischen Diktatur, nämlich einer «Normalform» – in der Regel eine Militärdiktatur – in Ländern mit einer noch relativ wenig entwickelten kapitalistischen Wirtschaft und einer *Ausnahme*form – dem Massenparteifaschismus –, von der es bislang nur die zwei Fälle in Italien und Deutschland gegeben habe, die beide unter höchst ungewöhnlichen Umständen im Rahmen einer vollständigen nationalen Krise aufgetreten seien.[49] Mit dem Verhältnis von Kapitalismus und Nationalsozialismus, auf dem diese Theorie beruht, werden wir uns im folgenden Kapitel näher beschäftigen. Hier mag es genügen festzustellen, daß – wie wenig überzeugend die zugrundeliegenden Prinzipien auch sein mögen – die DDR-Interpretationen beim Vergleich mit den Veröffentlichungen eines Teils der «Neuen Linken» in der Bundesrepublik sehr gut abschneiden, denn bei letzteren erstreckt sich der Faschismusbegriff auf jede «repressive» Regierungsform, die dazu dient, die Vorherrschaft der wirtschaftlichen Machtgruppen aufrechtzuerhalten, und ermöglicht so, westliche kapitalistische Systeme – und hier speziell die Bundesrepublik – als «faschistisch» oder zumindest «faschistoid» oder als «protofaschistisch» zu bezeichnen.[50] In derartigen Fällen, in denen der Faschismusbegriff in hoffnungslos nebulöser Weise erweitert wird, erscheint es völlig angebracht, von einer Verharmlosung der Schrecken des Nationalsozialismus zu reden.

(b) Der zweite, damit zusammenhängende Kritikpunkt besagt, keine Theorie und kein generischer Faschismusbegriff könne den Besonderheiten und einzigartigen Merkmalen des Nationalsozialismus gerecht werden. Zwar existierten in der Zeit zwischen den Kriegen in den meisten europäischen Ländern außerhalb der Sowjetunion Bewegungen, die sich selbst faschistisch oder nationalsozialistisch nannten, doch ist allgemein anerkannt, daß eine vollentwickelte, selbständige faschistische Diktatur, die ihre Kraft aus einer Massenpartei bezog, nur in Ita-

---

scher Kampf (Antifaschistische Arbeitshefte, Röderberg Verlag, Frankfurt am Main 1978), S. 18–23.
49 Vergleiche dazu die gutdurchdachte Darstellung in Kurt Gossweiler, *Kapital, Reichswehr und NSDAP 1919–1924* (Berlin/DDR 1982), Kapitel 1.
50 Siehe dazu Adams theoretische «Anmerkungen», S. 70–76, und Winklers *Revolution*, S. 108 ff.

lien und Deutschland ihre Macht festigen konnte (wenn wir einmal von den Marionetten- oder Quislingregierungen der Kriegsjahre absehen). Dementsprechend läßt sich der Faschismus in all seinen Stadien nur in bezug auf die Systeme in diesen zwei Ländern vergleichen.[51] Einige führende Autoritäten auf diesem Gebiet halten die Unterschiede zwischen den beiden Regimen jedoch für so grundlegend, daß sie meinen, das Wort «Faschismus» sollte nur für das italienische System unter Mussolini verwendet werden, während man im Falle Deutschlands von «Nationalsozialismus» sprechen und diesen als Einzelphänomen betrachten soll (das allerdings in bezug auf die Herrschaftstechnik interessanterweise zur Kategorie der «totalitären Systeme» gezählt wird). Da der generische Faschismusbegriff nicht einmal auf die zwei führenden Vertreter der Gattung zutreffe, sollte man ihn dieser Ansicht nach besser ganz beiseite lassen. Bei dieser Argumentation werden folgende Punkte als Hauptunterschiede hervorgehoben: die dynamische Natur der nationalsozialistischen Rassenideologie, zu der es beim italienischen Faschismus keine genaue Parallele gegeben habe; die dem Staat übergeordnete Stellung des Volkes bei den Nazis im Gegensatz zum faschistischen Etatismus der Italiener; die antimodernen, archaischen Ziele und entsprechende Ideologie des Nationalsozialismus im Vergleich zu den Modernisierungstendenzen des italienischen Faschismus; die völlige Eroberung von Staat und Gesellschaft durch die Nazis im Gegensatz zu der von den italienischen Faschisten nur in weit begrenzterem Maße erreichten Durchdringung der etablierten Ordnung; und nicht zuletzt der Gegensatz zwischen einer relativ «traditionellen» imperialistischen Politik auf seiten Italiens und dem qualitativ anderen Drang des Naziregimes nach rassischer Vorherrschaft und letztlich nach Weltherrschaft. Und da solchen Interpretationen zufolge dieser letzte und entscheidendste Unterschied unmittelbar Hitler selbst zuzuschreiben ist, heißt es, «der Fall Hitler» sei einzigartig und lasse sich nicht mit den Verallgemeinerungen eines vergleichenden Faschismusbegriffs erfassen – nicht einmal dann, wenn der Vergleich auf Italien und Deutschland beschränkt bliebe.[52]

51 Vergleiche dazu die Bemerkungen von Schieder in *Totalitarismus und Faschismus*, S. 45–49. Ein interessanter vergleichender Beitrag über das Mussolini- und das Hitlerregime ist der erst vor kurzem von MacGregor Knox veröffentlichte Artikel «Conquest, Foreign and Domestic, in Fascist Italy and Nazi Germany», *JMH* 56 (1984), S. 1–57.
52 Hildebrand, *Das Dritte Reich*, S. 139–142; Hillgruber, *Endlich genug?*, S. 17,

Über diese Kritikpunkte kann man nicht so einfach hinweggehen. Und in der Tat ist die Untersuchung der zwei Hauptpunkte – das Verhältnis von Kapitalismus und Nationalsozialismus und die persönliche Rolle Hitlers im Nazisystem – unmittelbarer Gegenstand späterer Kapitel. An dieser Stelle ist nur Platz für ein paar allgemeine Bemerkungen zur Kritik am generischen Faschismusansatz, die mit der alternativen Möglichkeit einer Betonung der Einzigartigkeit des Nationalsozialismus zusammenhängen.

Über eine Reihe von angeblich bedeutenden Unterschieden, die zwischen dem Nationalsozialismus und dem italienischen Faschismus bestehen sollen, kann man streiten. Dies trifft etwa auf die betonte Unterscheidung zwischen dem «rückwärtsgerichteten» Wesen des Nationalsozialismus und dem «Modernisierungsdruck» des italienischen Faschismus zu. Einige Untersuchungen stellen eine derartige Unterscheidung in Frage, wie noch zu zeigen sein wird.[53] Ganz abgesehen von einer solchen Einschränkung würde die Einzigartigkeit der spezifischen Merkmale des Nationalsozialismus selbst noch nicht gegen eine Einordnung des Nationalsozialismus in eine größere Gattung politischer Systeme sprechen. Man kann durchaus behaupten, der Nationalsozialismus und der italienische Faschismus seien verschiedene Arten innerhalb derselben Gattung, ohne damit implizit auszudrücken, daß die beiden Arten dann nahezu identisch sein müßten. Ernst Nolte hat erklärt, seines Erachtens ließen sich die Unterschiede leicht miteinander vereinbaren, wenn man den Nationalsozialismus zum Beispiel als «Radikalfaschismus» bezeich-

---

38, 42; Bracher, *Zeitgeschichtliche Kontroversen*, Kapitel 1–4, und in *Totalitarismus und Faschismus*, S. 14–17; Henry A. Turner, «Fascism and Modernization», in Turner, *Reappraisals*, S. 132–133; siehe auch DeFelice, S. ix (einleitende Bemerkungen von Charles F. Delzell) und S. 10–12, 180.

53 Auf moderne Züge im Nationalsozialismus verweisen zum Beispiel Peukert, S. 42–47; Tim W. Mason, «Zur Entstehung des Gesetzes der Ordnung der nationalen Arbeit vom 20. Januar 1934: Ein Versuch über das Verhältnis ‹archaischer› und ‹moderner› Momente in der neuesten deutschen Geschichte», in Hans Mommsen u. a. (Hg.), *Industrielles System und politische Entwicklung in der Weimarer Republik* (Düsseldorf 1974), S. 322–351; Horst Matzerath und Heinrich Volkmann, «Modernisierungstheorie und Nationalsozialismus», in Jürgen Kocka (Hg.), *Theorien in der Praxis des Historikers* (Göttingen 1977), S. 95–97; Hans-Dieter Schäfer, *Das gespaltene Bewußtsein. Deutsche Kultur und Lebenswirklichkeit 1933–1945* (München und Wien 1981), S. 114–162; Martin Broszat, «Zur Struktur der NS-Massenbewegung», *VfZ* 31 (1983), S. 52–76.

nete.⁵⁴ Heinrich August Winkler hat geäußert, für ihn sei der Nationalsozialismus «*auch,* aber *nicht nur* ‹deutscher Faschismus›»,⁵⁵ während Ivan Linz im Nationalsozialismus einen «unverwechselbaren, auf den faschistischen Baum aufgepfropften Zweig» sieht.⁵⁶ Auch Jürgen Kocka hält es in einem kürzlich erschienenen scharfsinnigen Beitrag über die Ursachen des Nationalsozialismus nicht für einsichtig, daß die einzigartigen Merkmale des Nationalsozialismus in Deutschland mit dessen Einordnung in eine größere Gattung «Faschismus» unvereinbar sein sollten; eine solche Einordnung sei unbedingt erforderlich, um das Phänomen des Nationalsozialismus in einen breiteren Zusammenhang als den rein nationalen stellen und um den sozialen und politischen Kontext verstehen zu können, in dem eine solche Bewegung sich entwickeln und an die Macht gelangen konnte.⁵⁷ Solche Ansätze stellen zu Recht die bedeutenden Ähnlichkeiten heraus, die der Nationalsozialismus und die vielen Bewegungen (vor allem die italienische) miteinander haben, die sich selbst als faschistisch bezeichnen. Zu diesen Ähnlichkeiten gehören: ein extremer chauvinistischer Nationalsozialismus mit ausgesprochen imperialistischen, expansionistischen Tendenzen; eine antisozialistische, antimarxistische Stoßrichtung, die auf die Zerstörung der Organisationen der Arbeiterklasse und deren marxistische politische Philosophie abzielt; als Basis eine Massenpartei, die Menschen aus allen Teilen der Gesellschaft anzieht, aber besonders deutlich von der Mittelschicht unterstützt wird und sich auch für die Bauernschaft und verschiedene entwurzelte oder äußerst labile Teile der Bevölkerung als attraktiv erweist; die Fixierung auf einen charismatischen, vom Volk legitimierten Führer; eine extreme Intoleranz gegenüber allen oppositionellen und mutmaßlich oppositionellen Gruppen, die sich in brutalem Terror, offener Gewalt und schonungsloser Unterdrückung äußert; die Verherrlichung von Militarismus und Krieg, die durch die Reaktion auf die aus dem Ersten Weltkrieg hervorgegangene, umfassende soziopolitische Krise in Europa noch verstärkt wird; die Abhängigkeit von einem «Bündnis» mit den vorhandenen (industriellen, agrarischen, militärischen und bürokratischen) Eliten, um einen politischen Durchbruch zu erzielen; und – trotz einer

---

54 Nolte, in *Totalitarismus und Faschismus*, S. 77.
55 Winkler, *Revolution*, S. 66.
56 Linz (Anmerkung 30), S. 24.
57 Kocka, «Ursachen», besonders S. 15.

populistisch-revolutionären, gegen das Establishment gerichteten Rhetorik – zumindest am Anfang eine stabilisierende oder restaurative Funktion in bezug auf die Gesellschaftsordnung und kapitalistische Strukturen.[58]

Durch eine Festlegung grundlegender Gattungsmerkmale, die den Nationalsozialismus zu Bewegungen in anderen Teilen Europas in Beziehung setzen, wird es möglich, auf einer vergleichenden Basis weitere Überlegungen darüber anzustellen, warum derartige Bewegungen in Italien und Deutschland eine echte politische Gefahr werden und an die Macht kommen konnten, während sie in anderen europäischen Ländern im wesentlichen eine unangenehme, aber vorübergehende Erscheinung blieben. Unter anderem müßte man zweifellos solche Merkmale hervorheben, die – wenn auch unterschiedlich stark – sowohl in Italien als auch in Deutschland schon vor dem Ersten Weltkrieg deutlich sichtbar waren und durch die traumatischen Kriegsfolgen enorm verstärkt wurden. Bei beiden Ländern gab es erstens starke imperialistisch-expansionistische Züge, die bei den herrschenden Eliten deutlich zum Ausdruck kamen und durch den weitverbreiteten extremen Chauvinismus der bürgerlichen Klassen dieser neuen Staaten – die sich selbst als «Habenichtsnationen» empfanden – gefördert wurden; zweitens ein Aufeinanderprallen hochmoderner Entwicklungsstränge und starker Überreste von archaischen Sozialstrukturen und Wertesystemen in einer Gesellschaft, die gleichzeitig einen nationalen Integrationsprozeß, den Übergang zu einem bürgerlichen Verfassungsstaat und einen raschen Industrialisierungsprozeß durchmachte;[59] und schließlich nicht zuletzt ein tief gespaltenes politisches System, dessen parlamentarische Splitterstrukturen tiefe soziale und politische Brüche

---

58 Siehe Kocka, «Ursachen», S. 15, und in *Totalitarismus und Faschismus*, S. 39, 44. Siehe auch Winkler, *Revolution*, S. 66. Bei ihren jüngsten Analysen bereitet es den britischen Wissenschaftlern Roger Griffin und Roger Eatwell keine Schwierigkeiten, den Nationalsozialismus in ihre – allerdings von unterschiedlichen Definitionen ausgehenden – vergleichenden Faschismusstudien als integralen Bestandteil einzubeziehen. Siehe Roger Griffin, *The Nature of Fascism* (London 1991) und Roger Eatwell, «Towards a New Model auf Generic Fascism», *Journal of Theoretical Politics* 4 (1992), S. 161–194. Vor allem Griffin schließt mit seiner Betonung des – auf nationale Wiedergeburt und die Ausrottung der angeblichen nationalen Dekadenz konzentrierten – Ultranationalismus als Kern der faschistischen Ideologie den Nationalsozialismus offensichtlich mit ein.

59 Die Bedeutung dieses gleichzeitig verlaufenden dreifachen Übergangsprozesses betont Schieder in *Totalitarismus und Faschismus*, S. 45–49.

widerspiegelten, die das Gefühl förderten, es sei eine starke, aber «volksnahe» Führung nötig, um Einheit «von oben» durchzusetzen – zunächst einmal dadurch, daß diejenigen aus dem Weg geräumt würden, die eine Einheit behinderten, also in erster Linie «die marxistische Linke». Das unterschiedliche Ausmaß der sozialen und politischen Konfliktbereiche in Italien und Deutschland kann erklären helfen, warum es in den zwei Ländern zu einem unterschiedlichen Radikalisierungsgrad kam, als sie von einer – in den zwei Fällen zwar unterschiedlichen, aber doch miteinander zusammenhängenden – umfassenden Krise des politischen Systems betroffen wurden – einer Krise, die im Falle Italiens direkt durch den Ersten Weltkrieg ausgelöst wurde und sich im Falle Deutschlands erst nach einer langen Phase politischer Instabilität während der Weltwirtschaftskrise entfaltete.

Allein im Rahmen dieser Perspektive – und nicht dadurch von ihr losgelöst, daß der Nationalsozialismus als ein ganz und gar einzigartiges Phänomen dargestellt wird – lassen sich durch eine Analyse der spezifischen Merkmale der deutschen politischen Kultur und ihrer Beziehung zu den sozioökonomischen Strukturen die Besonderheiten der radikalen deutschen Faschismusvariante herausarbeiten. Es muß deshalb kein Widerspruch sein, wenn man den Nationalsozialismus als (extremste Erscheinungsform des) Faschismus akzeptiert und gleichzeitig die ihm eigenen einzigartigen Merkmale innerhalb dieser Kategorie anerkennt, die sich nur im Rahmen der deutschen nationalen Entwicklung richtig verstehen lassen.

Eine solche Argumentation würde allerdings Bracher, Hildebrand, Hillgruber und andere nicht zufriedenstellen, die ihrerseits anführen würden, der Nationalsozialismus sei nicht nur der Form, sondern auch dem Wesen nach ein einzig und allein deutsches Phänomen und dieses Wesen beziehungsweise diese Einzigartigkeit sei in der Person und Ideologie Adolf Hitlers begründet. Diese Personalisierung des Wesens des Nationalsozialismus steht in der Tat im Mittelpunkt der Debatte über den historischen Ort und die Charakterisierung des Nationalsozialismus. Und die Gegensätze, die sie kennzeichnet, werden nicht von der Frage bestimmt, wie sich die Ursprünge des Nationalsozialismus und die Umstände der nationalsozialistischen Machtübernahme erklären lassen. Bracher tendiert dazu, die spezifischen Charakteristika der deutsch-österreichischen ideologischen Entwicklung hervorzuheben, um so die rassisch-völkische Dimension der Naziideologie zu betonen; Hillgruber und Hildebrand unterstreichen die besondere Konstellation der deutschen Machtpolitik und die in vielen Bereichen des preußisch-deutschen Staats überaus stark vorhandene Kontinuität in den Jahren zwischen 1871 und 1933 (die erst anschließend unterbrochen worden sei).⁶⁰ Dies sind wichtige Stränge einer allgemeinen Erklärung des Nationalsozialismus, die sich – trotz mancher Unterschiede in der Betonung – im allgemeinen mit jenen Arbeiten (etwa von Wehler, Kocka, Puhle und Winkler)⁶¹ vereinbaren lassen, deren Erklärungen sich eher auf Deutschlands spezifische sozioökonomische Strukturen konzentrieren. Die letztgenannte Gruppe akzeptiert den Nationalsozialismus jedoch trotz seiner Besonderheiten ohne weiteres als eine Form des Faschismus, während die erstgenannte diese Einordnung ablehnt und darauf beharrt, daß er *einzigartig* sei.

Der «Scheidepunkt» ist eindeutig «der Fall Hitler» – also die Frage, ob sich der Nationalsozialismus vom Faschismus in Italien und anderswo trennen läßt, weil er *seinem Wesen nach* ein «Hitlerismus» war. Entscheidend sind letzterem Ansatz zufolge nicht die für den Aufstieg des Nationalsozialismus verantwortlichen Ursachen, sondern die Art der Diktatur selbst. Und hier bestünden grundlegende Unterschiede zwischen dem italienischen Faschismus und dem Nationalsozialismus, dessen Herrschaft auf der Ausführung der Ideen und der Politik des monokratischen Diktators, Hitler, beruht hätten.⁶²

Dieser «Hitlerzentrismus» selbst ist eine verständliche Überreaktion auf einige krude linke Interpretationen, die Hitler auf ein bloßes Rädchen im Getriebe reduzierten. Doch so unersetzbar Hitler in der Nazi-

---

60 Siehe Karl Dietrich Bracher, *Zeitgeschichtliche Kontroversen*, Kapitel 4, voll entwickelt in derselbe, *Die deutsche Diktatur. Entstehung, Struktur, Folgen des Nationalsozialismus* (Köln und Berlin ²1969), besonders Kapitel 1; Andreas Hillgruber, «Kontinuität und Diskontinuität in der deutschen Außenpolitik von Bismarck bis Hitler», in derselbe, *Großmachtpolitik und Militarismus im 20. Jahrhundert* (Düsseldorf 1974), S. 11–36, und *Endlich genug?*, S. 48 ff; Klaus Hildebrand, «Hitlers Ort in der Geschichte des preußisch-deutschen Nationalstaates», *HZ* 217 (1973), S. 584–632, und derselbe, *Deutsche Außenpolitik* (siehe Kapitel 1 Anmerkung 17), vor allem Einleitung und Schluß.
61 Zum Beispiel Wehler, *Kaiserreich* (siehe Kapitel 1 Anmerkung 16); Jürgen Kocka, *Angestellte zwischen Faschismus und Demokratie* (Göttingen 1977); Hans-Jürgen Puhle, *Von der Agrarkrise zum Präfaschismus* (Wiesbaden 1972); Heinrich August Winkler, *Mittelstand, Demokratie und Nationalsozialismus* (Köln 1972).
62 Siehe Bracher, *Zeitgenössische Kontroversen*, S. 30, 88–89, 99; Hillgruber, *Endlich genug?*, S. 40–42; und Klaus Hildebrand «Nationalsozialismus oder Hitlerismus?» in Michael Bosch (Hg.), *Persönlichkeit und Struktur in der Geschichte* (Düsseldorf 1977), S. 55–61, hier vor allem S. 56–57.

bewegung zweifellos war, verengt die Gleichsetzung von Nationalsozialismus und Hitlerismus doch unnötigerweise den Blickwinkel. Eine derartige Gleichsetzung führt zu einer unscharfen Erklärung der Ursprünge des Nationalsozialismus, lenkt von einer Berücksichtigung der in anderen europäischen Ländern vorhandenen politischen Erscheinungsformen ab, die in wichtigen Punkten und Merkmalen mit dem Nationalsozialismus verwandt waren (und sind), und bietet letztlich – wie ich in späteren Kapiteln darlegen werde – in sich eine ziemlich unbefriedigende Erklärung für die dynamische Radikalisierung der Politik im Dritten Reich selbst.

Unter dem Blickwinkel der angeblichen Einzigartigkeit des Nationalsozialismus legt die vorstehende Betrachtung des Totalitarismus- und des Faschismusbegriffs folgende Schlußfolgerungen nahe:

(1) Mit Hilfe des Faschismusbegriffs lassen sich der Charakter des Nationalsozialismus, die Umstände seines Anwachsens, die Art seiner Herrschaft und seine Einordnung in den europäischen Kontext der Zwischenkriegszeit befriedigender und zutreffender erklären als mit Hilfe des Totalitarismusbegriffs. Es bestehen nicht nur periphere, sondern tiefgehende Ähnlichkeiten mit anderen Arten des Faschismus. Aufgrund seiner Merkmale steht der Nationalsozialismus unmittelbar im europaweiten Kontext radikaler, antisozialistischer, national-integrationistischer Bewegungen, die zudem die Formen – wenn auch nicht den ökonomischen Kern – der bürgerlichen Gesellschaft ablehnen; sie entstanden in der Zeit des offenen imperialistischen Konflikts und wurden in der Öffentlichkeit dann bei den Unruhen bekannt, die auf den Ersten Weltkrieg folgten.

(2) Dies widerspricht keineswegs einer gleichzeitigen Beibehaltung des Totalitarismusbegriffs, auch wenn dieser Begriff weit weniger brauchbar und nur von sehr begrenztem Wert ist. Zweifellos besaß der Nationalsozialismus einen «totalen» (oder «totalitären») Anspruch, der sowohl für seine Herrschaftsmechanismen als auch für das – konforme und oppositionelle – Verhalten seiner Bürger Folgen hatte. Die Folgen für die Herrschaftsmechanismen spiegelten sich vor allem in neuen Formen plebiszitärer Massenmobilisierung mittels neuer Herrschaftstechniken in Verbindung mit einer exklusiven dynamischen Ideologie und monopolistischen Forderungen an die Gesellschaft. Auf der Grundlage dieser Charakteristika ist es legitim, die Herrschaftsformen in Deutschland unter Hitler und in der Sowjetunion unter Stalin

miteinander zu vergleichen, selbst wenn dieser Vergleich – aus den vorgenannten Gründen – von Anfang an dazu verurteilt ist, oberflächlich und unbefriedigend zu bleiben. Darüber hinaus dürfte der Terminus «Totalitarismus» – wenn er denn überhaupt verwendet werden soll – unserer Analyse zufolge nur auf vorübergehende Phasen extremer Instabilität, die sich in einem paranoiden Unsicherheitsgefühl der Regime spiegeln, Anwendung finden und sollte nicht als Kennzeichen einer dauerhaften Herrschaftsstruktur angesehen werden. Aus einer Langzeitperspektive betrachtet könnte man sagen, daß die gesamte Zeit des Dritten Reiches und der größte Teil der Herrschaft Stalins in eine solche Kategorie fallen. Dies wäre ein zusätzlicher Grund, den vergleichenden Totalitarismusbegriff nicht auf das nachstalinsche kommunistische System anzuwenden, denn dort würde er rasch sinnlos, wenn nicht sogar regelrecht absurd wirken.

(3) Die besonderen Merkmale, die den Nationalsozialismus von anderen bedeutenden Erscheinungsformen des Faschismus unterscheiden, lassen sich nur dann ganz verstehen, wenn sie im Rahmen der Strukturen und Bedingungen der deutschen sozioökonomischen und ideologisch-politischen Entwicklung in der bürgerlich-industriellen Epoche gesehen werden. Die Person, die Ideologie und die Funktion Hitlers müssen in diese Strukturen eingeordnet und zu ihnen in Beziehung gesetzt werden. Ohne Frage hat Hitler persönlich einen entscheidenden Anteil sowohl am Aufstieg des Nationalsozialismus als auch am Wesen der Naziherrschaft gehabt. Doch kann die Bedeutung seiner Rolle nur beurteilt werden, wenn man den von ihm geleisteten Beitrag zu den Umständen in Beziehung setzt, die ihn selbst geprägt und gefördert haben und die er nicht einmal auf der Höhe seiner Macht selbständig kontrollieren konnte. Der Nationalsozialismus war in vielerlei Hinsicht tatsächlich ein einzigartiges Phänomen.[63] Doch läßt sich diese Eigenschaft – außer in einem sehr oberflächlichen Sinne – nicht allein der Einzigartigkeit seines Führers zuschreiben.

63 In Ihrem Band *The Racial State. Germany 1933–1945* (Cambridge 1991) heben Michael Burleigh und Wolfgang Wippermann den «spezifischen und singulären Charakter» des Nationalsozialismus hervor (S. 306). Ich teile ihre Ansicht, daß das Dritte Reich ein «singuläres Regime ohne vergleichbaren Präzedenzfall» war. Zur Aufrechterhaltung dieser These ist allerdings ein systematischer Vergleich des NS-Regimes mit anderen modernen Staatswesen erforderlich und nicht nur eine – wenn auch noch so überzeugende – Beschreibung der nationalsozialistischen Rassenpolitik. Daher geht meines Erachtens die Behauptung fehl, Totalitarismus- oder globale Faschismustheorien würden sich als heuristische Instrumente schlecht zu einer Erklärung des Nationalsozialismus eignen (S. 307). Daß Burleigh und Wippermann das Streben nach «Rassenreinheit» als Kern des Nationalsozialismus besonders hervorheben, halte ich für richtig. Damit sind jedoch andere berechtigte Perspektiven und Fragestellungen zur Vergleichbarkeit des Nationalsozialismus mit anderen Faschismus- und/oder Totalitarismusformen noch nicht so eindeutig ausgeschlossen, wie das die beiden Autoren offenbar annehmen. (Mit ihrer Kritik an der Anwendung von Modernisierungstheorien auf den Nationalsozialismus befaßt sich auch Anm. 61 in Kap. 7.)

3 Politik und Wirtschaft im NS-Staat

Die Frage nach der Beziehung zwischen dem Nationalsozialismus und den in Deutschland dominierenden Wirtschaftskräften ist seit den Theoriediskussionen der Komintern in den zwanziger und dreißiger Jahren eines der am durchgängigsten behandelten Themen der wissenschaftlichen Debatte geblieben. In dieser Debatte treten vorgefaßte theoretische (und ideologische) Positionen oft sehr deutlich zutage. Dadurch, daß in den sechziger Jahren wichtiges Archivmaterial zugänglich gemacht wurde und die marxistische Wissenschaft im Westen zu neuem Leben erwachte, begannen erstmals auch nichtmarxistische Historiker, sich ernsthaft mit den Debatten zu befassen. Seitdem ist der empirische Wissensstand über die NS-Wirtschaft enorm verbessert worden, während parallel dazu die Interpretationen immer komplexer geworden sind; doch die Hauptinteressensgebiete und die zentralen interpretativen Konfliktpunkte haben sich unterdessen relativ wenig verändert.

Eines der Hauptprobleme geht um die Frage, inwieweit sich der Machterwerb der Nazis aus dem Charakter des deutschen Kapitalismus und den Machenschaften und politischen Zielen der Führungskräfte der deutschen Industrie herleiten läßt. Da sich diese Frage auf die Zeit vor der Diktatur bezieht, soll sie uns hier nicht weiter beschäftigen. Es mag der Hinweis genügen, daß in letzter Zeit eine wachsende Gruppe von Wissenschaftlern – trotz aller auch weiterhin bestehenden unterschiedlichen Ansichten – sich dagegen verwahrt, in primitivem Instrumentalismus den Nationalsozialismus als eine von Anfang an von Kapitalinteressen geförderte und kontrollierte Bewegung anzusehen; und gleichzeitig tritt sie dem ebenso krassen Gegenargument entgegen, zwischen dem Kapitalismus und dem Aufstieg des Nationalsozialismus hätten keinerlei strukturelle Verbindungen bestanden. Diese Gruppe sowohl marxistischer als auch nichtmarxistischer Wissenschaftler geht im großen und ganzen davon aus, daß es in zweierlei

Hinsicht strukturelle Zusammenhänge zwischen dem Kapitalismus und dem Aufstieg des Nationalsozialismus gab. Erstens ist klar, daß bei einflußreichen Teilen der industriellen Elite schon lange vor dem politischen Durchbruch der Nazis eine zunehmende Bereitschaft bestand, die Weimarer Republik zugunsten einer attraktiveren autoritären Lösung fallenzulassen, die dann als erstes durch die Unterdrückung der Arbeiterschaft die Profitabilität wiederherstellen würde. Zweitens nahm im industriellen Sektor, der durch die Wirtschaftskrise der frühen dreißiger Jahre in vielerlei Hinsicht gespalten und orientierungslos war, im Zeichen einer sich verschärfenden Rezession selbst bei den Teilen der Industrie, die den Nazis nicht besonders wohlgesonnen waren, die Bereitschaft zu, zumindest eine Regierungsbeteiligung der Nazis zu akzeptieren, um auf diese Weise einen politischen Rahmen zu erhalten, in dem sich das kapitalistische System wieder erholen könnte.[1] Im Zusammenhang mit dem Thema dieses Kapitels ist für uns gerade der Umstand wichtig, daß auf der Suche nach einer Staatsform, die die Kapitalinteressen wahren würde, für einen Großteil der Industrie die Nazis sozusagen eher die letzte Hoffnung als die Lösung ihrer Wahl darstellten. Dadurch und durch die innerhalb der wirtschaftlichen Eliten fortgesetzt und tiefgreifend bestehenden Meinungsverschiedenheiten über Strategien zur Erholung der kapitalistischen Wirtschaft wurden offensichtliche Alternativen ausgeschlossen. Auf diese Weise band sich die industrielle Führungsschicht – wenn anfangs auch nur auf ne-

---

[1] Einen ausgezeichneten kommentierten Überblick über die Literatur zum Verhältnis von Kapitalismus und Nationalsozialismus vor 1933 bietet Dick Geary, «The Industrial Elite and the Nazis in the Weimar Republic», in Peter D. Stachura (Hg.), *The Nazi Machtergreifung* (London 1983), S. 85–100. David Abraham hat mit seinem Band *The Collapse of the Weimar Republic. Political Economy and Crisis* (Princeton 1981) einen Sturm der Entrüstung über seinen Umgang mit den Fakten ausgelöst, siehe *CEH* 17 (1984), S. 159–293. Leider hat auch die «gesäuberte» zweite Auflage (New York 1986) nach wie vor Anlaß zu größerer Kritik gegeben, siehe Peter Hayes, «History in an Off Key: David Abraham's Second Collapse», *Business History Review* 61 (1987), S. 472–492. Henry A. Turner hingegen liefert mit seinem Band *Die Großunternehmer und der Aufstieg Hitlers* (Berlin 1985) eine sorgsam recherchierte empirische Untersuchung der Beziehungen zwischen Wirtschaftsführern und Nationalsozialisten. Zur Rolle der Großindustrie unmittelbar im Vorfeld der Hitlerschen «Machtergreifung» siehe Reinhard Neebes äußerst nützliche Studie *Großindustrie, Staat und NSDAP* (Göttingen 1981). Und eine meisterhafte Analyse der gesamten Wirtschaftskrise und ihrer Bedeutung für die nationalsozialistische Wirtschaftspolitik nach 1933 bietet Harold James, *Deutschland in der Weltwirtschaftskrise 1924–1936* (Stuttgart 1988).

gative Weise – an den NS-Staat, und die neuen Naziführer erhielten dadurch die Möglichkeit und einen gewissen Spielraum für politische Initiativen.

Dieses Thema hängt eng mit dem zweiten wichtigen Punkt zusammen, mit dem sich Wissenschaftler, die die Zusammenhänge zwischen Kapitalismus und Nationalsozialismus untersuchen, schon längere Zeit beschäftigen: Inwieweit wurde die Politik des Naziregimes zwischen 1933 und 1945 von wirtschaftlichen Überlegungen – vor allem den Interessen der deutschen Industrie – geprägt und entscheidend beeinflußt? Oder etwas anders und zugespitzter gefragt: Wie weit war das Regime in der Lage, einen Grad an politischer Autonomie zu erlangen, der praktisch auf einen Primat der ideologischen und politischen Ziele über die ökonomischen Planziele und Interessen hinauslief? Diese Frage wird uns im vorliegenden Kapitel beschäftigen.

Interpretationen

Obwohl in der DDR bei der Analyse des «Hitlerfaschismus» ökonomische Zusammenhänge natürlich von Anfang an von zentraler Bedeutung gewesen sind, wurde auch dort erst ab den sechziger Jahren detailliertere Archivforschung betrieben, die dann die Grundlage für tiefschürfende und differenziertere Veröffentlichungen bildete, darunter als hervorragendes Beispiel die von Dietrich Eichholtz 1969 publizierte Untersuchung über die deutsche Kriegswirtschaft.[2] Diese Studie arbeitete weit stärker, als das bis dahin der Fall gewesen war, die Widersprüche und Konflikte innerhalb der verschiedenen monopolkapitalistischen «Gruppierungen» heraus und deckte sich in manchen Ergebnissen mit neuen westlichen Forschungsarbeiten zur NS-Wirtschaft. Die nach und nach im Westen – hauptsächlich von Nichtmarxisten – veröffentlichten Untersuchungen tendierten allgemein dazu, eine weit engere strukturelle Beziehung zwischen der deutschen Industrie

---

2 Dietrich Eichholtz, *Geschichte der deutschen Kriegswirtschaft 1933–1945* (Berlin/DDR 1969). Der zweite Band erschien 1984. Einen Überblick über die DDR-Geschichtsschreibung bietet Andreas Dorpalen, *German History in Marxist Perspective. The East German Approach* (Detroit 1985). Kapitel 8 befaßt sich mit der NS-Zeit.

und der Politik der Naziführung zu sehen, als man bislang anerkannt hatte, und gleichzeitig den ziemlich primitiven Vorstellungen von einer hochzentralisierten staatlichen «Kommandowirtschaft» entgegenzutreten, die bis dahin einen festen Bestandteil des Totalitarismusmodells gebildet hatten. Der amerikanische Wissenschaftler Arthur Schweitzer betonte zum Beispiel, bis 1936 habe zwischen der Naziführung und den Wirtschaftseliten in einer Phase des «partiellen Faschismus» eine «Koalition» bestanden; die Phase des «vollen Faschismus» ab 1936 sah er dann jedoch – in einer (allerdings aus einer anderen theoretischen Position heraus erfolgenden) teilweisen Vorwegnahme der bald darauf stattfindenden Debatte über den «Primat der Politik» – als eine Zeit an, in der die Wirtschaft in eine zunehmende Abhängigkeit von den politischen und ideologischen Zielen der Naziführung geraten sei.[3] Dietmar Petzina zeigte mit seiner Analyse des Vierjahresplans auf, wie weit dieser von einer echten «Planwirtschaft» entfernt war und wie eng sich die politisch-ideologischen Interessen der Naziführung mit den ökonomischen Interessen jenes Teils der Wirtschaft deckten, der sich bald zum stärksten Sektor des deutschen Großkapitals entwickeln sollte: des großen Chemiekonzerns der IG Farben.[4] Und Alan Milward deckte die grundlegenden Schwächen einer Kriegswirtschaft auf, die den «Blitzkrieg» zur notgedrungen einzig möglichen Strategie hatte werden lassen und erst ab 1942, unter Speers Kontrolle, zentralisiert und rational geführt worden war.[5]

1966 veröffentlichte der marxistische britische Historiker Tim Mason einen Aufsatz über den «Primat der Politik» im Dritten Reich und gab dadurch der wissenschaftlichen Debatte über den Charakter der NS-Wirtschaft einen starken Impuls.[6] In seinem Artikel kritisierte Mason sowohl den derzeitigen orthodoxen Marxismus-Leninismus als auch die Hauptstoßrichtung «bürgerlich-liberaler» NS-Interpretationen. Während ersterer den politisch-ideologischen Bereich als Teil des Überbaus des sozioökonomischen Systems darstelle und somit die Existenz eines autonomen politischen Bereichs verneine, tendierten

---

3 Arthur Schweitzer, *Die Nazifizierung des Mittelstandes* (Stuttgart 1970).
4 Dietmar Petzina, *Autarkiepolitik im Dritten Reich. Der nationalsozialistische Vierjahresplan* (Stuttgart 1968).
5 Alan S. Milward, *The German Economy at War* (London 1965).
6 Tim Mason, «Der Primat der Politik – Politik und Wirtschaft im Nationalsozialismus», *Das Argument* 8 (1966), S. 473–494.

letztere bislang dazu, die Wirtschaft als einen Bereich unter vielen anderen anzusehen, die alle mehr oder weniger der – nicht weiter in Frage gestellten – politischen Prioritätensetzung und Autonomie einer hemmungslosen, ideologisch motivierten Diktatur unterlegen hätten. Aus einer Analyse der Wirtschaftsverhältnisse im Dritten Reich folgerte Mason, «daß die Innen- und Außenpolitik der nationalsozialistischen Staatsführung ab 1936 in zunehmendem Maße von der Bestimmung durch die ökonomisch herrschenden Klassen unabhängig wurde, ihren Interessen sogar in wesentlichen Punkten zuwiderlief». Er ging sogar soweit anzuerkennen, daß «schwerwiegende Strukturveränderungen in Wirtschaft und Gesellschaft [...] die Verselbständigung des nationalsozialistischen Staatsapparats, den ‹Primat der Politik›», ermöglicht hätten. Diese – von einem marxistischen Standpunkt – erstaunliche Schlußfolgerung schränkte Mason nur insofern ein, als er meinte, dieser im Dritten Reich anzutreffende Tatbestand entspreche nicht der Norm in kapitalistischen Staaten, sondern sei «einmalig in der ganzen Geschichte der bürgerlichen Gesellschaft und ihrer Regierungen seit der industriellen Revolution».[7]

Zur Unterstützung seiner These verwies Mason auf eine Reihe verschiedener Aspekte der wirtschaftlichen Entwicklung in Nazideutschland: die weitgehende Ausschaltung von Vertretern der Industrie aus den direkten Entscheidungsprozessen; das außerordentlich rapide Wachsen der wirtschaftlichen Rolle des Staates als Auftraggeber, Absatzmöglichkeit und damit als bestimmender Faktor für die Produktion; die Verlagerung der kapitalistischen Konkurrenz vom Kampf um Märkte auf den Kampf um Rohstoffe und Arbeitskräfte innerhalb einer von der Rüstung beherrschten Wirtschaft – was dann zur Gefährdung ganzer Industriebereiche und zu umfangreichen staatlichen Eingriffen und Regelungen führte; der schwindende Einfluß von wirtschaftlichen Interessenverbänden auf die staatliche Politik; und das Unvermögen der Wehrwirtschaftsführer, vor 1942 (mit entsprechend negativen Auswirkungen auf den Lebensstandard) die Umverteilung des Sozialprodukts durchzusetzen, die sie seit Anfang des Dritten Reiches gefordert hatten. Masons Ansicht nach traten diese Merkmale der NS-Wirtschaftspolitik 1936/37 entweder erstmalig oder verstärkt auf, so daß man ab dieser Zeit von «schwerwiegenden Strukturveränderungen in Wirtschaft und Gesellschaft» und folglich

---

7 Mason, «Primat», S. 473–474.

von einer bedeutenden Zunahme der Selbständigkeit des Staates sprechen könne.⁸

Der klassische marxistisch-leninistische Gegenstoß ließ nicht lange auf sich warten. Er kam von zwei führenden DDR-Wissenschaftlern, Dietrich Eichholtz und Kurt Gossweiler, nachdem Mason ohne allzu große Schwierigkeiten den Angriff eines anderen DDR-Historikers, Eberhard Czichon, pariert hatte, dessen Artikel empirische Schwächen enthielt, theoretisch unbeholfen war und auf einer Reihe von grundlegenden Mißverständnissen der Masonschen Argumentation beruhte.⁹ Eichholtz und Gossweiler vertreten in ihrem Aufsatz den Standpunkt, Masons Interpretation entziehe den Faschismus dem Bereich des historisch Erklärbaren und reduziere ihn auf die Ebene eines «Betriebsunfalls» der Geschichte, und sie fügen hinzu, wenn Mason recht hätte, liefe das auf eine «komplette Widerlegung der marxistischen Gesellschaftsanalyse» hinaus – eine übertrieben dramatisierende Behauptung, die auf einer Fehlinterpretation von Marx und Engels zu beruhen scheint. In ihren eigenen Darlegungen suchen die beiden Historiker zu Beginn die Faschismusdefinition der Komintern zu rechtfertigen (gestehen dabei allerdings ein, daß eine stärkere Präzisierung und Verfeinerung erforderlich sei). Daran schließen sie eine anerkennende Zusammenfassung der Leninschen Imperialismustheorie und ihres Bezugs zum Faschismus an und umreißen noch einmal die marxistisch-leninistische Theorie des staatsmonopolistischen Kapitalismus. Auf diese lange theoretische Darlegung folgt dann ein relativ kurzer «empirischer» Teil, der sich auf die Veränderungen des Jahres 1936 konzentriert und zeigen möchte, daß Änderungen im politischen Kurs des Dritten Reiches immanent mit Entwicklungen bei den herrschenden Gruppen des staatsmonopolistischen Kapitalismus verbunden waren. Es reiche nicht, so ist ihre Argumentation, im Finanzkapital nur den Nutznießer und nicht auch den «Inspirator und Initiator» faschisti-

---

8 Tim Mason, «Primat der Industrie? – Eine Erwiderung», *Das Argument* 10 (1968), S. 199. Trotz ihrer marxistischen Anklänge hat Masons These, wie deutlich zu erkennen ist, viel mit dem Ansatz der «bürgerlich-liberalen» Historiker gemeinsam, die es natürlich begrüßten, daß hier ein marxistischer Autor für den Primat der Politik über die Wirtschaft eintrat.

9 Eberhard Czichon, «Der Primat der Industrie im Kartell der nationalsozialistischen Macht», *Das Argument* 10 (1968), S. 168–192; Dietrich Eichholtz und Kurt Gossweiler, «Noch einmal: Politik und Wissenschaft 1933-1945», *Das Argument* 10 (1968), S. 210–227.

scher Politik zu sehen; vielmehr widerlege die Analyse des Strukturwandels des staatsmonopolistischen Kapitalismus Masons These und zeige, daß das Kapital auch nach 1936 weit davon entfernt war, seine Macht an den Staat abzutreten. Statt dessen habe der NS-Staat den Boden für einen intensivierten Kampf innerhalb des Monopolkapitalismus bereitet – einen Kampf, der seinen Höhepunkt im Krieg erreicht habe, welcher seinerseits das unmittelbare Produkt der Ziele und Wünsche der reaktionärsten und am meisten chauvinistischen und imperialistischen Teile des Finanzkapitals gewesen sei.[10]

Ist nun das Naziregime mit seiner Politik, die in Krieg und Völkermord gipfelte, den Interessen des «Großkapitals» gefolgt oder war es «sein eigener Herr»? Die – hier polarisierend an der Debatte zwischen Mason und seinen Gegenspielern aus der damaligen DDR dargestellte – Diskussion «Primat der Politik» oder «Primat der Wirtschaft» im Dritten Reich macht bei der Interpretation der Nazidiktatur auch weiterhin einen der zentralen kontroversen Bereiche aus. Die wissenschaftlichen Interpretationen gehen noch immer stark auseinander – aus politisch-ideologischen ebenso wie aus geschichtsphilosophischen Gründen.

In der dominierenden «bürgerlich-liberalen» Geschichtsschreibung wird die Art des Verhältnisses von Politik und Wirtschaft kaum hinterfragt. Wirtschaftsthemen nehmen zum Beispiel in Karl Dietrich Brachers *Die deutsche Diktatur* nicht viel Raum ein, und die Frage des «Primats der Politik» wird in einem einzigen Abschnitt abgehandelt:

«Gerade die Tatsache, daß eine kapitalistische Wirtschaft auf so antiökonomische Weise in den Krieg hinein dirigiert werden konnte und erst im Krieg selbst (seit 1941/42) voll mobilisiert wurde, beweist den absoluten Primat der politischen Zielsetzungen. Hitler war auch hier alles andere als ein Instrument der Kapitalisten; die Zusammenarbeit folgte derselben Taktik wie in der Staats- und Kulturpolitik, die kooperierenden Fachleute und Wirtschaftler waren Instrumente und Objekte, nicht Subjekte dieser Politik. Ökonomische Effizienz und Primat der Politik, nicht kapitalistische, mittelständische oder sozialistische Doktrinen bestimmten den Kurs.»[11]

10 Eichholtz und Gossweiler, «Noch einmal», S. 211, 220–227.
11 Bracher, *Die deutsche Diktatur* (siehe Kapitel 2 Anmerkung 60), S. 364.

In ähnlichem Sinne meint Ernst Nolte, die Industriellen seien «als wichtiger politischer Faktor völlig ausgeschaltet worden»[12], und Klaus Hildebrand schreibt von der «Wirtschaft im Dienst der Politik»[13], während Andreas Hillgruber in einer kurzen Zusammenfassung verschiedener Herangehensweisen an die Geschichte des Nationalsozialismus die Wirtschaft nicht einmal zu den von ihm ausgewählten Diskussionsgebieten zählt.[14] Etwas vorsichtiger äußert sich Karl Dietrich Erdmann in einem vielgelesenen Handbuch: «Die Forschung ist sich – wenn man von der sowjetisch-marxistischen Geschichtsschreibung absieht – darin einig, daß sich ein bestimmender industrieller Einfluß auf die außen- und kriegspolitischen Entscheidungen Hitlers aufgrund der Quellen nicht nachweisen läßt.»[15] Eine äußerst kompromißlose Stellungnahme findet sich schließlich noch in einer kürzlich von dem englischen Historiker Richard Overy veröffentlichten Übersicht, die sich mit dem Aufbau der NS-Wirtschaft befaßt. Er schreibt: «Über allen internen Trennungslinien innerhalb der Industrie standen die Autorität und die Interessen der Nazibewegung. Die Industrie war den Bedürfnissen der Partei untergeordnet. Mit der politischen Krise von 1936–37 und der Festlegung des Vierjahresplanes ging die Kontrolle über die gesamte Wirtschaft in die Hände des Staates über.»[16]

Man könnte einwenden, daß Argumentationen, die mit einer solchen Bestimmtheit den «Primat der Politik» vertreten, eine viel deutlichere Trennung zwischen den Bereichen der Politik und der Wirtschaft postulieren, als sie in Wirklichkeit vorhanden ist. Solche Argumentationen gehen des weiteren implizit davon aus, daß Zweck und Absichten eindeutig klar gewesen seien und daß Hitler und die Naziführung eine entscheidende Befehlsrolle innegehabt hätten – auch dazu

---

12 Ernst Nolte, «Big Business and German Politics: A Comment», *AHR* 75 (1969–70), S. 76.
13 Hildebrand, *Das Dritte Reich*, S. 160–161.
14 Hillgruber, *Endlich genug?*, S. 28–32, liefert nur eine vierseitige ablehnende Zusammenfassung marxistischer/bonapartistischer Interpretationen der «sozialgeschichtlichen und wirtschaftsgeschichtlichen Aspekte des ‹Dritten Reiches›».
15 Karl Dietrich Erdmann, «Deutschland unter der Herrschaft des Nationalsozialismus 1933–1939», in *Gebhardt Handbuch der Geschichte* Band 4,2 (Stuttgart 1967), S. 409.
16 Richard J. Overy, *The Nazi Economic Recovery 1932–1938* (Studies in Economic and Social History, London 1982), S. 58.

ließe sich wiederum Einschränkendes sagen. Und schließlich greifen sie eine auf den «Primat der Wirtschaft» bezogene instrumentalistische Argumentationsweise an, die heutzutage nur noch ganz wenige marxistische Historiker außerhalb der offiziellen Geschichtsschreibung in Osteuropa verteidigen würden.

Auch wenn sie im einzelnen vielleicht eine unterschiedliche Gewichtung vornehmen, haben sich die meisten westlichen Marxisten bei ihrer Interpretation des Verhältnisses von Wirtschaft und Politik im Dritten Reich in der Regel entweder eine «bonapartistische» Sichtweise zu eigen gemacht, wie sie ursprünglich zum Beispiel von August Thalheimer vertreten wurde, oder sie haben Gramscis Sicht des Staates als einer Form bürgerlicher «Hegemonie» übernommen.

Masons ursprünglicher Artikel vom «Primat der Politik» hängt – wenn auch nicht explizit – selbst eng mit bonapartistischen Vorstellungen von einer wachsenden Eigenständigkeit der Exekutive gegenüber der wirtschaftlich herrschenden Klasse zusammen, und eine Reihe führender marxistischer Faschismusexperten hat Masons Position übernommen oder sich Varianten davon zu eigen gemacht. Reinhard Kühnl gesteht zum Beispiel zu, daß «der faschistische Staat [...] gegenüber den ökonomischen Machtgruppen eine gewisse Selbständigkeit und Entscheidungsfreiheit besitzen [mußte]. Er konnte weder das Vollzugsorgan der herrschenden ökonomischen Machtgruppen im ganzen sein, denn diese hatten keinen gemeinsamen Willen, den der Staat hätte vollziehen können; er durfte aber auch nicht das Instrument einer einzelnen ökonomischen Fraktion sein, weil sonst eine Stabilisierung des Gesamtsystems nicht möglich gewesen wäre.» Insofern existiere eine «partielle Verselbständigung der politischen Macht» gegenüber den herrschenden ökonomischen Interessen. Und er schließt: «Daß die Entscheidungsfreiheit dieser Exekutive durch die Prinzipien der kapitalistischen Gesellschaftsordnung begrenzt ist, bleibt dabei unbestritten. Immerhin erscheint es legitim, mindestens von einer partiellen Verselbständigung der faschistischen Exekutive gegenüber dem Bundesgenossen, d. h. dem sozial herrschenden Großbürgertum zu sprechen.»[17] Ein anderer bekannter westdeutscher marxistischer Historiker, Eike Hennig, nimmt damals einen ähnlichen Standpunkt ein. Er spricht von einer «‹Arbeitsteilung› von politischer Macht und ökonomischer Herr-

---

17 Kühnl, *Formen* (siehe Kapitel 2 Anmerkung 13), S. 123, 141. Was Kühnl hier feststellt, ließe sich natürlich von jedem kapitalistischen Staat sagen.

schaft» unter dem Nationalsozialismus und äußert sich positiv über Masons These und über «bonapartistische» Interpretationen.[18] Alfred Sohn-Rethel, der sich in den Anfangsjahren des Dritten Reiches in der einzigartigen Position eines marxistischen «Insiders» im Zentrum deutscher industrieller Interessenvertretung befand [er war «wissenschaftlicher Hilfsarbeiter» im Berliner Büro des «Mitteleuropäischen Wirtschaftstags e. V.» – Anm. d. Übers.], schreibt von der «Subsumtion» industrieller Interessen unter «die faschistische Staatsdiktatur der Partei» und von der «politische[n] Gefangenschaft der Bourgeoisie in ihrer faschistischen Diktatur».[19] In seiner Analyse der NS-Wirtschaft, die erst Jahrzehnte nach ihrer ursprünglichen [im Exil verfaßten – Anm. d. Übers.] Formulierung veröffentlicht wurde, stellt er klar, daß damit keine Abhängigkeit der kapitalistischen Klasse oder des «Großkapitals» in dem Sinne gemeint sei, wie es der «Totalitarismus»-Ansatz gerne glauben machen würde. Vielmehr waren die NS-Exekutive und die kapitalistische Klasse durch die Gesetze des Kapitals unerbittlich aneinandergekettet: durch die Notwendigkeit einer außerordentlichen Form der Ausbeutung, um den Kapitalismus von neuem zu beleben und ihn von seiner großen Krise zu befreien. Das Machtmonopol der NS-Exekutive leitete sich von ihrer Fähigkeit her, die objektiven Interessen der Bourgeoisie dadurch zu wahren, daß sie deren Profite unter den Bedingungen einer extremen Kapitalismuskrise maximierte. Man wandte sich damals nämlich von der internationalen Marktwirtschaft ab und einer eher «absoluten» Form kapitalistischer Akkumulation zu, die unmittelbar auf der Macht des Staates basierte: völlige Unterdrückung, «Ausplünderung» und schließlich Krieg. Als man diesen Weg erst einmal eingeschlagen hatte, gab es kein Zurück mehr. Der Prozeß ließ sich nicht mehr rückgängig machen, und die wirtschaftlichen Eliten waren an ihn gebunden: Sie saßen «alle in einem Boot», wie Schacht es formulierte. Die politische Herrschaft der Nazis war daher in der Krisenstellung der kapitalistischen Bourgeoisie verankert. Gleichzeitig blieb diese politische Herrschaft jedoch von der Dynamik der einmal entfesselten «absoluten» Form kapitalistischer Ausbeutung

---

18 Eike Hennig, *Thesen zur deutschen Sozial- und Wirtschaftsgeschichte 1933 bis 1938* (Frankfurt am Main 1973), S. 126–128, 248–249.
19 Alfred Sohn-Rethel, *Ökonomie und Klassenstruktur des deutschen Faschismus* (Frankfurt am Main 1973), S. 110–111.

abhängig und damit von der fortgesetzten wirtschaftlichen Dominanz des Großkapitals.[20]

Nicos Poulantzas nähert sich dem Verhältnis von Kapitalismus und NS-Staat aus einer ganz anderen marxistischen Sicht und verdankt dabei Gramsci mehr als jedem anderen marxistischen Denker.[21] In seiner theoretischen Abhandlung zieht er zur Veranschaulichung Beispiele aus der geschichtlichen Realität des Faschismus in Italien und Deutschland heran. Ein zentraler Punkt der Poulantzasschen Interpretation ist die Sicht des Faschismus als der extremsten Form eines «kapitalistischen Ausnahmestaats» – andere Formen seien die Militärdiktatur und bonapartistische Regime. Daß der Faschismus als Typ des «kapitalistischen Ausnahmestaats» in Erscheinung trete, liege an der spezifischen Art des Klassenkampfes, den Produktionsverhältnissen und der besonderen Form der politischen Krise. Als unbefriedigende Faschismustheorie lehnt Poulantzas nicht nur die Kominternversion ab, die im Faschismus den direkten Agenten des Monopolkapitals sieht, sowie die (in seinen Augen «sozialdemokratischen Kreisen» zuzurechnende) Interpretation des Faschismus als der «politische[n] Diktatur des Kleinbürgertums», sondern er spricht sich auch gegen Bonapartismuskonzeptionen aus, die von einem Gleichgewicht der Klassen ausgehen. Poulantzas zufolge beruhen Ansichten, die vom Schema des Bonapartismus ausgehen, auf einer Fehlinterpretation der Marxschen Formulierung vom «Gegensatz von Staat und Gesellschaft» und von der «Unabhängigkeit» des Staates gegenüber der zivilen Gesellschaft. Solche Ansichten hätten bei marxistischen Theoretikern dazu geführt, «daß man dem faschistischen Staat eine relative Autonomie in einer *Art und Weise* und von solchem *Umfang* zugestand, wie er sie in Wirklichkeit nicht besaß – und letztlich zu einer Unfähigkeit, das Verhältnis zwischen Faschismus und Großkapital korrekt zu bestimmen. [...] Diese relative Autonomie würde letztlich sogar ein Zerbrechen der Verbindungen zwischen Staat und hegemonialer Fraktion bedeuten: Daher rühren die völlig falschen Beschreibungen eines Faschismus, der, explizit und auf lange Sicht, über die Kriegswirtschaft in erklärtem Gegensatz zum Großkapital gegen dessen Interessen handeln würde» –

---

20 Sohn-Rethel, S. 90 ff, 173 ff. Das Schacht-Zitat steht auf S. 174.
21 Poulantzas (siehe Kapitel 2 Anmerkung 17). Dazu findet sich eine ausgezeichnete und scharfsinnige Kritik bei Jane Caplan, «Theories of Fascism: Nicos Poulantzas as Historian», *HWJ* 3 (1977), S. 83–100.

eine Fehlinterpretation, die er Mason zuschreibt und die er in die Nähe der «elitistischen» Theorien von Schweitzer und Neumann rückt.[22]

Obgleich Poulantzas die Vorstellung von einer «relativen Autonomie» in Zusammenhang mit Bonapartismusansätzen ablehnt, ist sie doch ein zentraler Punkt seiner eigenen Interpretation. Seiner Ansicht nach besitzt der Faschismus – das heißt die faschistische Partei und der faschistische Staat – eine «relative Autonomie» sowohl gegenüber dem labilen Machtblock der politisch herrschenden Klassen als auch gegenüber der «Fraktion des monopolistischen Großkapitals», deren Dominanz innerhalb des Machtblocks der Faschismus (wieder)hergestellt habe. Die relative Autonomie des Faschismus leite sich einerseits aus den internen Widersprüchen innerhalb des an der Macht befindlichen Bündnisses her und andererseits aus den Widersprüchen zwischen den herrschenden und den beherrschten Klassen. Das «vielschichtige Verhältnis» des Faschismus zu den «beherrschten Klassen» habe «aus dem Faschismus gerade den notwendigen Vermittler der Restabilisierung der politischen Herrschaft und der Hegemonie» gemacht. Mit anderen Worten: während bei der Bonapartismustheorie der Staat im Rahmen eines Gleichgewichts zwischen den beiden gesellschaftlichen Hauptkräften einen weitgehenden Handlungsspielraum erlangt, besitzt der faschistische Staat laut Poulantzas einen weit geringeren «Manöverspielraum» und dient der objektiven Funktion, die Dominanz der herrschenden Fraktion des Monopolkapitals wiederherzustellen – und nicht, seine Unabhängigkeit gegenüber dem Kapitel zu vergrößern und einen Primat der Politik über die Wirtschaft zu schaffen. In Poulantzas' Schriften (und nicht nur in denen zum Faschismus) hat der politische Bereich – die Staatsmacht – immer eine relative Autonomie gegenüber dem ökonomischen Bereich – dem Kapital. Unter dem Faschismus werde diese relative Autonomie in einem außergewöhnlichen Maße erweitert, bestehe in diesem erweiterten Maße aber nur kurze Zeit, ehe dann die Vorherrschaft des monopolistischen Großkapitals wiederhergestellt werde.[23]

Allen hier zusammengefaßten marxistischen Theorievarianten ist gemeinsam, daß sie von einem gewissen Autonomiegrad des NS-Staates gegenüber der Macht selbst der dominantesten kapitalistischen Kräfte ausgehen. Der postulierte Grad an Autonomie ist bei Masons

---

22 Poulantzas, S. 84–87 und Anmerkung 17.
23 Poulantzas, S. 87–88; siehe außerdem Caplan, S. 86–88.

Ansatz am größten, denn dort läuft er auf einen *Primat* der Politik über die Ökonomie hinaus; am kleinsten ist er in Poulantzas' Interpretation, der zufolge diese Autonomie nur sehr kurze Zeit bestehe, um die Vormachtstellung des Monopolkapitals von neuem geltend zu machen. Diese verschiedenen marxistischen Sichtweisen stimmen deshalb zumindest darin überein, daß es simplistisch und falsch wäre, zwischen Nationalsozialismus und Kapitalismus eine *Identität* anzunehmen, bei der der NS-Staatsapparat als ausführendes Instrument der herrschenden Klasse der extremsten Teile des Monopolkapitals fungierte. In der Tat wurde selbst in der DDR die vormals strenge instrumentalistische Linie etwas aufgeweicht, auch wenn die dortigen Historiker keineswegs von der Vorstellung Abstand nahmen, daß «letzten Endes» die ökonomische Basis – die Interessen der Monopolbourgeoisie – den politischen Handlungsverlauf bestimme.

Bei jeder dieser marxistischen Interpretationen stellt sich daher die Frage: Welches Gewicht läßt sich dem Konzept der «relativen Autonomie» als erklärendem Faktor beimessen, wenn es um das Verständnis der Entwicklung der NS-Politik und des Verhältnisses von Nationalsozialismus und Kapitalismus geht? Darin sind eine Reihe weiterer Probleme enthalten, die von marxistischen Analysen aufgeworfen werden und von denen einige mehr empirischer Natur sind. Gestehen marxistische Interpretationen zum Beispiel den ideologischen Zielen der Nazis genügend Bedeutung zu? Laufen sie, selbst wenn sie von einer «relativen Autonomie» des Staates ausgehen, nicht Gefahr, den «Faktor Hitler» stark zu unterschätzen – nicht nur Hitlers (wie auch immer definierte) eigentliche Exekutivrolle, sondern auch seine funktionale Stellung als integrierendes Element und als charismatischer Brennpunkt der von den Volksmassen ausgehenden Unterstützung? Neigen im letzteren Falle marxistische Analysen nicht dazu, die unbestrittene Bedeutung des großkapitalistischen Blocks übermäßig stark herauszustellen und andere Machtblöcke entsprechend unterzubewerten – insbesondere die Heeresleitung, die Partei mit ihrer Massenbasis und das sich rasch entwickelnde Machtzentrum im SS/Gestapoapparat? Schenken sie den im Laufe der Zeit eintretenden Veränderungen in den Beziehungen zwischen Nationalsozialismus und der industriellen Elite sowie der Vielschichtigkeit des Willensbildungs- und Entscheidungsprozesses im Dritten Reich genügend Aufmerksamkeit? (Poulantzas' geschichtliche Behandlung der Zeit der Diktatur in Deutschland enthält zum Beispiel einige ernste empirische Mängel, die seine Periodisierung entwerten und seine theoretischen Schlußfolgerungen stark gefährden.)[24] Und trennen marxistische Analysen in bezug auf Willensbildungs- und Entscheidungsprozesse deutlich zwischen Richtung, Einfluß und Ausführung – eine wichtige Unterscheidung, nicht zuletzt bei wirtschaftspolitischen Entscheidungen – oder neigen sie dazu, eine teilweise Übereinstimmung der Ziele schon mit Einfluß gleichzusetzen? Und als letzter Punkt: Unterschätzen oder ignorieren marxistische Theorien – selbst wenn sie davon ausgehen, daß außergewöhnliche Formen des Kapitalismus (Sohn-Rethel) unter einer außergewöhnlichen kapitalistischen Staatsform (Poulantzas) bestanden –, in welchem Maße der Nationalsozialismus für eine zunehmende Organisation der Wirtschaft sorgte – ein Umstand, der wenig mit klassischem Kapitalismus zu tun hat und in den Augen mancher Experten[25] in Richtung einer nachkapitalistischen Wirtschaft weist?

Die folgende Einschätzung und Interpretation versucht, einige dieser kritischen Fragen zu berücksichtigen und daneben die Probleme in Betracht zu ziehen, die von «liberalen» Theorieansätzen zum «Primat der Politik» aufgeworden werden.

Auswertung

Ein Ausgangspunkt der Analyse ist die Frage, ob die Polarisierung in «Primat der Politik» auf der einen und «Primat der Wirtschaft» auf der anderen Seite nicht einer stark übertriebenen Vereinfachung einer komplexen strukturellen Wechselbeziehung zwischen der Politik des NS-Staates und den Interessen des deutschen Kapitals gleichkommt. Die Reduzierung der Alternativen auf «Politik» und «Wirtschaft» engt den Begriff der «Politik» in unzulässiger Weise ein und geht von einer kruden und irreführenden Dichotomie zwischen «Staat» und «Gesellschaft» aus. Neuere Forschungsarbeiten zur NS-Wirtschaft lassen hin-

---

24 Siehe Caplan, S. 87 ff.
25 Zum Beispiel Winkler, *Revolution* (siehe Kapitel 2 Anmerkung 13), S. 100, 154 Anmerkung 90; Saage, *Faschismustheorien* (siehe Kapitel 2 Anmerkung 33), S. 72–73; Gert Schäfer, «Ökonomische Bedingungen des Faschismus», *Blätter für deutsche und internationale Politik* 15 (1970), S. 1260 ff; Alan S. Milward, «Fascism and the Economy», in Laqueur (siehe Kapitel 2 Anmerkung 12), S. 435, 443–444.

gegen tendenziell darauf schließen, daß die eng miteinander verknüpften Ziele und Interessen der Naziführung und des deutschen Kapitals sich aufeinander auswirkten und gegenseitig beeinflußten, so daß es schwerfällt, einen spezifisch «politischen» und einen spezifisch «ökonomischen» Bereich herauszulösen, und man deshalb auch kaum von einem «Primat» reden kann. Mit William Carrs Worten ausgedrückt, sind «in der Außenpolitik eines Landes ideologische, strategische und ökonomische Faktoren zu eng miteinander verflochten, als daß man sie fein säuberlich voneinander trennen könnte»[26], während Hans-Erich Volkmann die Frage nach dem «Primat» offen als inzwischen überflüssig zurückweist.[27] Volkmann spricht statt dessen lieber von einer «weitgehende[n] Interessenkongruenz» von Staat und Großindustrie, von einer (partiellen) «Interessenidentität von Wirtschaft und Nationalsozialismus», von einer so engen Aneinanderkettung von Politik und Wirtschaft im NS-Staat, daß sie als «Zwangsidentität» bezeichnet werden könne. Des weiteren redet er von einer «Verflechtung» der politisch-ökonomischen Substruktur und von einer «wechselseitigen Abhängigkeit von politischer Führung und Industrie» auch während des Krieges. Ebensowenig entwickelte sich seiner Ansicht nach aus dem Umstand, daß die deutschen Wirtschaftseliten mit den Nazis seit der Jahreswende 1932/33 «gemeinsame Sache» machten, nach 1936 ein «Primat der Politik».[28] Vielmehr hätten sich der Staat und die führenden Industriesektoren noch enger als vorher zusammengeschlossen, so daß vor dem und besonders im Krieg die Initiative, Verantwortung und Verwaltungsaufsicht über das Funktionieren der Wirtschaft an die Privatindustrie übergegangen sei – und damit auch ein umfangreicher Einfluß auf politische und militärische Entscheidungen, die untrennbar mit der Wirtschaft verbunden waren. Dieser Interpretation zufolge verwischten sich daher in zunehmendem Maße die Grenzen zwischen der staatlichen Wirtschaftsverwaltung und dem Bereich der Privatwirtschaft. Im Unterschied zum Standpunkt der DDR-Historiker ist Volkmann der Auffassung, daß das Naziregime nicht vom deutschen Kapital eingesetzt worden sei, um

---

26 William Carr, *Arms, Autarky, and Aggression* (London ²1979), S. 65.
27 Hans-Erich Volkmann, «Politik, Wirtschaft und Aufrüstung unter dem Nationalsozialismus», in Manfred Funke (Hg.), *Hitler, Deutschland und die Mächte* (Düsseldorf 1978), S. 279, 289.
28 Volkmann, «Politik, Wirtschaft und Aufrüstung», S. 273, 279–280, 289.

Deutschlands Wirtschaft durch territoriale Expansion auf Befehl der deutschen Industrie auszuweiten. Dennoch hätten es die Nazis, als sie erst einmal an der Macht waren, nicht nötig gehabt, auch die Wirtschaft ihren politischen Forderungen zu unterwerfen. Vielmehr stellten sich «die führenden deutschen Wirtschaftskreise in den Dienst der machtpolitischen Intentionen der deutschen faschistischen Regierung [...], um dieserart zu einem geschlossenen, von weltwirtschaftlichen Wechselfällen weitgehend unabhängigen Wirtschaftsraum Europa zu gelangen, in dem ein hohes Maß an Autarkie zu realisieren war».[29]

Eine solche Argumentation ist einleuchtend und überzeugend. Doch wie Volkmanns Hinweis, die Wirtschaft habe «im Dienst» der politischen Intentionen des Regimes funktioniert, stillschweigend zuzugestehen scheint, hat man, wenn man von einer wechselseitigen Abhängigkeit und Interessenverwandtschaft ausgeht, immer noch keine Erklärung für die eigenartige Stoßkraft, Dynamik und Art der NS-Politik. Zweifellos bestand das durch das Aufrüstungs- und Expansionsprogramm zementierte Bündnis zwischen der Naziführung und dem militärisch-industriellen Komplex bis in die Endphase des Dritten Reiches hinein, und beide Seiten sahen sich dabei immer stärker an die Logik der von ihnen in Gang gesetzten Entwicklung gebunden. Dennoch könnte man sagen, daß sich das Gewicht innerhalb dieses «Bündnisses» langsam, aber unaufhaltsam zugunsten der Naziführung verschob, so daß schließlich an den entscheidenden Schnittpunkten der Entwicklung im Dritten Reich die politischen und ideologischen Forderungen der Naziführer bei politischen Entscheidungen eine zunehmend dominierende Rolle spielten. In der Tat scheint die letzten Endes selbstzerstörerische irrationale Eigendynamik des Naziregimes nur auf der Grundlage folgender Prämisse erklärbar zu sein: Je rascher das Regime außer Kontrolle geriet und dem Abgrund zustrebte, desto mehr wurden politisch-ideologische Initiativen möglich, die mit dem Potential des sozioökonomischen Systems, sich zu reproduzieren, nicht in Einklang standen und es letztlich direkt zerstörten.

Um diesen Prozeß zu verstehen, muß man die Stellung und Rolle der

---

29 Volkmann, «Politik, Wirtschaft und Aufrüstung», S. 290–291; Hans-Erich Volkmann, «Zum Verhältnis von Großwirtschaft und NS-Regime im Zweiten Weltkrieg», in Karl Dietrich Bracher u. a. (Hg.), *Nationalsozialistische Diktatur 1933–1945. Eine Bilanz* (Bonn 1983), S. 480–508.

«Großwirtschaft»* im Rahmen der komplexen und sich verändernden multidimensionalen («polykratischen») Machtstrukturen im Dritten Reich bestimmen. Dazu ist es unbedingt erforderlich, sich von zwei Modellvorstellungen zu lösen: vom «Totalitarismus»-Modell, bei dem von einer zentralisierten Kommandowirtschaft und einem monolithischen Staat in den Händen Hitlers und einer Clique von Naziführern ausgegangen wird, und von jenem anderen, beinah ebenso monolithischen Modell, das den NS-Staat als unmittelbaren Repräsentanten und aggressivste Form der Herrschaft des Finanzkapitals betrachtet. Weit erhellender ist als interpretatives Konzept ein Gedanke, der zuerst von Franz Neumann formuliert und in neuerer Zeit von Peter Hüttenberger erweitert und weiterentwickelt worden ist: Er sieht im Naziregime einen ungeschriebenen «Pakt» (beziehungsweise eine «Allianz») zwischen verschiedenen, aber wechselseitig abhängigen Blöcken in einem «Machtkartell».[30] Dieses Kartell war anfangs ein Dreieck, bestehend aus dem Naziblock (der die verschiedenen Teile der Nazibewegung umfaßt), der «Großwirtschaft» (einschließlich der Großgrundbesitzer) und der Reichswehr. Ab etwa 1936 kam, so könnte man sagen, eine vierte Gruppierung hinzu, da der Naziblock selbst in zwei Teile zerfiel: in die eigentliche Parteiorganisation und in den immer mächtiger werdenden SS/SD/Gestapo-Komplex.[31] Wenn die Blöcke innerhalb des «Machtkartells» auch bis zum Ende des Dritten Reiches intakt blieben und ihre wechselseitige Abhängigkeit fortdauerte, so änderte sich doch im Laufe der Diktatur ihr gegenseitiges Verhältnis und ihr Gewicht innerhalb des «Kartells». Grob gesagt ging die Veränderung in Richtung einer Erweiterung der Macht des Naziblocks, insbesondere des SS/SD/Gestapo-Komplexes, und einer entsprechenden – wenn auch niemals auf Bedeutungslosigkeit oder völlige Unterwerfung hinauslaufenden – Schwächung der relativen Position der «Großwirtschaft» und der Wehrmachtsführung innerhalb des «Kartells».

Der «Pakt» von 1933 basierte auf den gemeinsamen Interessen –

---

30 Neumann (siehe Kapitel 2 Anmerkung 5); Peter Hüttenberger, «Nationalsozialistische Polykratie» GG 2 (1976), S. 417–442.
31 Hüttenberger, S. 423 ff, 432 ff.
* Unter «Großwirtschaft» faßt Volkmann die großen Unternehmen, Interessenverbände und Organisationen der Industrie zusammen, nicht jedoch die Großbanken und Großagrarier. – Anm. d. Übers.

aber nicht auf völliger Übereinstimmung – von Naziblock, «Großwirtschaft» und Reichswehr [die 1935 in «Wehrmacht» umbenannt wurde – Anm. d. Übers.]. Das Bündnis zwischen Nationalsozialismus und Reichswehr gab den neuen Naziherrschern freie Hand bei der radikalen Umorganisierung der innenpolitischen Ordnung in Deutschland, und im Gegenzug wurde die Reichswehr/Wehrmacht als «die wichtigste Institution im Staate» anerkannt und erhielt ein umfassendes Aufrüstungsprogramm zugesichert, das Zielen entsprach, die die Reichswehr schon zu Weimarer Zeiten sehnlichst angestrebt hatte.[32] Die massive Aufrüstung wurde zum Hauptkatalysator, der die dynamische Verschmelzung der Interessen der Wehrmacht, Industrie und Naziführung sicherstellte.[33] Anfangs war das deutsche Großkapital, das in sich gespalten war und zum Teil widersprüchliche wirtschaftliche Zielvorstellungen hatte, alles andere als völlig – oder einstimmig – begeistert darüber, daß der Aufrüstung absolute Priorität gegeben werden sollte.[34] Doch entstand dann dadurch, daß die Linke zerschlagen wurde, die Industrie freie Hand bekam, die industriellen Beziehungen neu geordnet wurden und sich ganz allgemein ein neues politisches Klima entwickelte, die Grundlage für eine positive Beziehung zwischen der Naziregierung und dem «Großkapital» (beziehungsweise der «Großwirtschaft»). Und diese Beziehung festigte sich durch den Auftrieb, den die Wirtschaft durch das Arbeitsbeschaffungsprogramm bekam, und dann in zunehmendem Maße auch durch die enormen Profite, die der Rüstungsboom abwarf.

Obwohl der Naziblock das dynamische Element innerhalb des «Machtkartells» bildete, war er in den Anfangsjahren der Diktatur in einer relativ schwachen Position, da er weder über die wirtschaftliche Produktion noch über die militärische Macht eine direkte Kontrolle besaß. Die Stärke der «Partner» des Nationalsozialismus spiegelte sich in dem Druck, der im Juni 1934 dazu führte, daß die Bedrohung, die von der SA auf die etablierte Ordnung ausging, beseitigt wurde. Zudem

---

32 Siehe Wilhelm Deist, *The Wehrmacht and German Rearmament* (London 1981), S. 21 ff.
33 Siehe Dieter Petzina, «Hauptprobleme der deutschen Wirtschaftspolitik», VfZ 15 (1967), S. 50, und in neuerer Zeit Hans-Erich Volkmanns Beitrag in Wilhelm Deist u. a., *Das Deutsche Reich und der Zweite Weltkrieg*, Band 2 (Stuttgart 1979), S. 208 ff.
34 Siehe Michael Geyer, «Etudes in Political History: Reichswehr, NSDAP, and the Seizure of Power», in Stachura (siehe Anmerkung 1), S. 114.

bedeuteten die ernsten wirtschaftlichen Schwierigkeiten, denen sich das Regime Mitte 1934 gegenübersah und die durch die wirtschaftlichen Reaktionen des Auslandes auf die antijüdischen Maßnahmen noch verschärft wurden, daß zu dieser Zeit der Spielraum des Regimes sowohl von wirtschaftlichen als auch von streng politischen Faktoren her eng begrenzt war.

Unter diesen Umständen stand fest, daß die «Großwirtschaft» innerhalb des «Machtkartells» eine relativ starke «Verhandlungsposition» besaß. Diese spiegelte sich in der Stellung von Reichsbankpräsident Hjalmar Schacht, der ab 1934 als Wirtschaftsminister einer der mächtigsten Männer im NS-Staat war. Doch die Schlüsselposition, die Schacht mit der Kontrolle des Außen- und Devisenhandels – und damit des für die Rüstungsindustrie so wichtigen Rohstoffimports – innehatte, war eine offensichtliche und potentiell ernste Konfliktquelle, da damit Eingriffe in einen Bereich – Rüstungspolitik – verbunden waren, der nicht nur bei Hitler und der Naziführung im Mittelpunkt des Interesses stand, sondern auch bei der Wehrmacht und bei bedeutenden und einflußreichen Teilen der Industrie (vor allem der elektrochemischen Lobby um die IG Farben).[35] So kam es, daß Schacht nach und nach nur noch einen – und, wie sich herausstellte, nicht den stärksten – Flügel der Industrie repräsentierte, dem es darauf ankam, Deutschlands internationale Handelsposition zu verbessern, während er gleichzeitig die Unterstützung jener immer mächtiger werdenden industriellen Gruppierung verlor, die sich für eine Autarkiepolitik einsetzte und von einer solchen Politik auch den meisten Gewinn zu erwarten hatte. Unmerklich zuerst, aber doch unaufhaltsam, schwand Schachts Macht. Und als dann die in der NS-Wirtschaft immanent vorhandenen Spannungen zwischen den Erfordernissen der Aufrüstung und denen des Konsums im Frühling und Sommer 1936 zu einer vollen Krise aufbrachen, hatten sich daher die Machtbeziehungen innerhalb des ursprünglichen «Kartells» bereits zu verändern begonnen. Der innerhalb der «Großwirtschaft» bestehende Konflikt zwischen denen, die Schachts Ansicht unterstützten, und jenen, die – mit offenkundigen Folgen für die Innen- und vor allem die Außenpolitik – auf eine beschleunigte Autarkiepolitik drängten, hatte, so kann man sagen, die Stellung der Industrie als

---

35 Siehe Hüttenberger, S. 433. Zur IG Farben siehe die maßgebende Untersuchung von Peter Hayes, *Industry and Ideology: IG Farben in the Nazi Era* (Cambridge 1987).

ganzer (zumindest vorübergehend) geschwächt. Mittlerweile besaß die Naziführung – und besonders Hitler – eine sehr viel stärkere Position als 1933, und durch eine erfolgreiche Meisterung der Krise sollte der Naziblock innerhalb der gesamten Machtkonstellation im Dritten Reich noch weiter gestärkt werden.[36]

Die Lösung der unmittelbaren Krise bestand – auch wenn sich daraus für die Zukunft massive Wirtschaftsprobleme für das Regime ergeben sollten – in der Einführung des Vierjahresplanes, der auf dem Parteitag im September 1936 bekanntgegeben wurde und Deutschland auf eine beschleunigte Aufrüstungs- und Autarkiepolitik festlegte, die zur Vorbereitung des Krieges diente. Es war eine Entscheidung, bei der Politik und Wirtschaft, Ideologie und materielle Interessen untrennbar miteinander verknüpft waren.

Hitlers geheime Denkschrift, die den Vierjahresplan rechtfertigte – und bezeichnenderweise nur Göring, Blomberg und (viel später) Speer, aber nicht Schacht überreicht wurde –, liest sich wie ein klarer Beweis für den «Primat der Politik»: Es wird darin betont, daß «das Volk [...] nicht für die Wirtschaft» lebe, sondern daß «die Wirtschaft, die Wirtschaftsführer und alle Theorien [...] ausschließlich diesem Selbstbehauptungskampf unseres Volkes zu dienen» hätten.[37] Doch ist zu Recht darauf hingewiesen worden, Hitlers Eingreifen sei «nicht in erster Linie als launenhafte Einmischung eines ruhelosen Diktators in wirtschaftliche Angelegenheiten» zu sehen.[38] Vielmehr stand Hitlers Memorandum am Ende eines Prozesses, in dessen Verlauf es dem Chemiegiganten IG Farben, der durch die Schlüsselfigur Göring insbesondere mit dem Luftwaffenministerium und der Partei eine Achse gebildet hatte, gelungen war, in der Wirtschaft die beherrschende Stellung einzunehmen. Die IG Farben hatte die technischen Details für den Vierjahresplan geliefert, und ihre obersten Führungskräfte waren an der Durchführung des Planes genauso eng beteiligt wie Staatsbeamte. Es wäre auch falsch zu glauben, die Industrie sei als Folge der Einführung des Planes unwiderruflich gespalten gewesen. Die Schwerindustrie erlitt nicht eine dauerhafte Niederlage, wie Mason meint[39], sondern

---

36 Hüttenberger, S. 433–435.
37 «Denkschrift Hitlers über die Aufgaben eines Vierjahresplans», VfZ 3 (1955), S. 204–210, hier S. 206.
38 Carr, Arms, Autarky, and Aggression, S. VI.
39 Mason, «Primat», S. 483. Hüttenberger (S. 434) weist zu Recht darauf hin, daß

einen vorübergehenden Rückschlag. Der 1937 gegen den erbitterten Widerstand der deutschen Stahlbarone erfolgte Aufbau des staatseigenen Stahlkonzerns «Reichswerke Hermann Göring» wird manchmal zu stark als Bedrohung interpretiert. Die hohen Produktionskosten des Stahlkonzerns hielten aber in Wirklichkeit die Stahlpreise oben. Und der Aufbau des Konzerns läutete keineswegs einen Angriff auf das Privateigentum ein, sondern fiel zeitlich mit einer größeren «Reprivatisierungswelle» zusammen, zu der auch die Rückgabe der riesigen Vereinigten Stahlwerke in private Hände gehörte. Schließlich wurde auch der Engpaß in der Eisenproduktion, der durch den Aufbau der «Reichswerke» umgangen werden sollte, beseitigt, noch ehe diese die Produktion aufgenommen hatten.[40]

Die Forschung hat daher viel zu einer Relativierung der Vorstellung beigetragen, der Vierjahresplan habe hinsichtlich des Einflusses der Industrie einen scharfen Einschnitt und den Durchbruch zu einem entschiedenen «Primat der Politik» dargestellt. Gleichwohl ist auch bemerkenswert, daß die wirtschaftliche Neuorientierung 1936 zuerst gegen den Wunsch von wichtigen Teilen der einst mächtigen Stahlindustrie durchgeführt wurde. Denn als Folge des Vierjahresplanes und der Auswechslung Schachts – an dessen Stelle Hermann Göring als die in der Wirtschaft dominierende Persönlichkeit trat – verringerten sich die Beschränkungen, die der Naziführung vom früheren «wirtschaftlichen Establishment» auferlegt worden waren, stark. Im übrigen brachte 1937 die Gründung der Hermann-Göring-Werke – auch wenn diese, langfristig gesehen, für die Privatindustrie keine Bedrohung darstellten – doch immerhin, wie Petzina aufgezeigt hat, zum Ausdruck, «daß sich privatindustrielle Interessen nicht automatisch mit den Interessen des Regimes deckten und im Konfliktfall das Regime sich nicht scheute, seine Ziele auch gegen den Widerstand von Teilen der Schwerindustrie zu verwirklichen»[41]. Milward meint dazu, «nichts könnte deutlicher

---

der Autarkiekonflikt nicht zu einer Spaltung der politischen Position der «Großwirtschaft» führte.
40 George W. F. Hallgarten und Joachim Radkau, *Deutsche Industrie und Politik von Bismarck bis in die Gegenwart* (Reinbek 1981), S. 255–258; siehe auch Petzina, *Autarkiepolitik*, S. 104 ff.
41 Petzina, *Autarkiepolitik*, S. 105. Zur wirtschaftlichen Entwicklung der «Reichswerke Hermann Göring» siehe Richard J. Overy, «Göring's ‹Multi-national Empire›», in Alice Teichova und P. L. Cottrell (Hg.) *International Business and Central Europe, 1918–1939* (Leicester 1983), S. 269–298. Und zu den Umständen ihrer

zeigen, daß die Naziregierung – so wohlgesonnen sie auch der Geschäftswelt gegenüber war und so abhängig sie auch von ihr war – ihre eigenen Interessen hatte und auch bereit war, ihnen nachzugehen»[42].

Die erfolgreiche Bewältigung der Krise von 1936 verschaffte der Naziführung innerhalb des «Machtkartells» eine stärkere Position, die es ihr bei der Formulierung der Politik ermöglichte, ideologischen Überlegungen einen stärkeren Vorrang und mehr Raum zu geben. Dies war vor allem der Fall im Bereich der Außenpolitik, in dem das Auswärtige Amt einen Teil seiner traditionellen Autorität eingebüßt hatte, und im Bereich der strategisch-militärischen Planung, in dem die Wehrmacht genauso an Einfluß verloren hatte. Anfang 1938 war der Block aus SS, SD und Gestapo dann sogar stark genug, um die Stellung der Wehrmacht noch weiter zu schwächen: Indem er die Blomberg-Fritsch-Affäre anzettelte, die für die Wehrmacht zum symbolischen Wendepunkt wurde auf ihrem Weg von einer politisch-gesellschaftlichen Macht zu einer rein funktionellen Elite.[43] Sicherlich ist der Einfluß, den führende Wirtschaftskreise gegen Ende der dreißiger Jahre und auch schon früher auf die deutsche Außenpolitik hatten, häufig unterschätzt worden.[44] Und es ist auch klar, daß die deutsche Expansion nach Österreich und in die Tschechoslowakei hinein sowohl wirtschaftlich als auch strategisch gesehen ein logischer und notwendiger Schritt war. Deutsche Firmen zogen aus dieser Expansion einen enormen Nutzen, genauso wie einige größere Konzerne 1938 sehr stark von der «Arisierung» der Wirtschaft profitierten. Ideologische, strategische und wirtschaftliche Interessen gingen immer noch Hand in Hand. Doch gewann dann eine risikoreiche Politik zunehmend an Auftrieb, bei der die unaufhaltbare Eigendynamik des Rüstungswettlaufs, der an den ideologischen Expansionismus der Naziführung gekoppelt war, den Rahmen prägte, in dem wirtschaftliche Interessen zum Zuge kamen.

Im Gefolge der ab 1936 mit großen Anstrengungen betriebenen Aufrüstungspolitik häuften sich Deutschlands Wirtschaftsprobleme in alarmierender Weise: Es kam zu chronischem Mangel an Devisen, Rohstoffen und Arbeitskräften, zu Überlastungen, Engpässen, Zah-

---

Gründung siehe Richard J. Overy, «Heavy Industry and the State in Nazi Germany: The Reichswerke Crisis», *European History Quarterly* 15 (1985), S. 313–340.
42 Milward, «Fascism and the Economy», S. 434.
43 Siehe Hüttenberger, S. 435, sowie Klaus-Jürgen Müller, *Armee, Politik und Gesellschaft in Deutschland 1933–1945* (Paderborn 1979), S. 39–47.
44 Siehe Hallgarten und Radkau, Teil II, Kapitel 3–4.

lungsbilanzproblemen und inflationären Tendenzen. Expansion als einzige Lösung für Deutschlands sonst düstere wirtschaftliche Aussichten war ein Hauptthema der Rede, die Hitler im November 1937 vor der Wehrmachtsführung hielt.[45] Hitler wiederholte seine Bemerkungen über die bedrohliche wirtschaftliche Lage in einer Ansprache an die Oberbefehlshaber der Wehrmacht im August 1939, als er, wenige Tage vor dem Angriff auf Polen, erklärte: «Wir haben nichts zu verlieren, nur zu gewinnen. Unsere wirtschaftliche Lage ist infolge unserer Einschränkungen so, daß wir nur noch wenige Jahre durchhalten können. [...] Uns bleibt nichts anderes übrig, wir müssen handeln.»[46] Die vernichtenden Prognosen über Deutschlands wirtschaftliche Zukunft ohne Expansion waren Hitler von Göring zugetragen worden. Sie kamen aber von allen Seiten der Industrie, der Agrarwirtschaft und den Wehrwirtschaftsinspektionen. Aber wenn sich auch starke Anhaltspunkte für diese wachsende Wirtschaftskrise finden, so lassen sich doch nur schwache Hinweise dafür entdecken, daß wirtschaftliche Zwänge eine für den Zeitpunkt oder die Ursachen des Kriegsausbruches entscheidende Rolle gespielt hätten. Strategische Überlegungen kamen an erster Stelle, während die zunehmend kritischere wirtschaftliche Lage, die selbst in nicht geringem Maße durch die politisch-ideologischen Prämissen des Regimes bedingt war, anscheinend hauptsächlich insofern eine Rolle spielte, als sie Hitler in seiner Ansicht bestärkte, daß seine ursprüngliche Diagnose über die Notlage Deutschlands richtig gewesen sei und man keine Zeit mehr zu verlieren habe.[47] Das ag-

45 *Der Prozeß gegen die Hauptkriegsverbrecher vor dem Internationalen Militärgerichtshof [Internationales Militärtribunal (IMT)]* (Nürnberg 1947–1949), Band 25, Dokument 386 – PS, S. 402–413. Zum «Hoßbach-Memorandum» siehe auch Jonathan Wright and Paul Stanford, «Hitler, Britain and the Hoßbach Memorandum», *MGM* 42 (1987), S. 77–123. Eine gekürzte Fassung des Artikels findet sich in *History Today* (März 1988), S. 11–17.
46 *IMT*, Band 26, Dokument 798 – PS, S. 338 ff, hier S. 340.
47 Carr, *Arms, Autarky, and Aggression*, S. 65. Eine Zusammenfassung der Belege für die Wirtschaftskrise liefert Timothy W. Mason, «Innere Krise und Angriffskrieg 1938/1939», in F. Forstmeier und H.-E. Volkmann (Hg.), *Wirtschaft und Rüstung am Vorabend des Zweiten Weltkrieges* (Düsseldorf 1975), S. 158–188. Er betont darin, daß der entscheidende Faktor für den Zeitpunkt des Kriegsausbruches die innere Krise gewesen sei. Zur Kritik dieser Auffassung und modifizierenden Bemerkungen siehe Ludolf Herbst, «Die Krise des nationalsozialistischen Regimes am Vorabend des Zweiten Weltkrieges und die forcierte Aufrüstung. Eine Kritik», *VfZ* 26 (1978), S. 347–392; Heinrich August Winkler, «Vom Mythos der Volksgemeinschaft», *AfS* 17 (1977), S. 488–489; Jost Dülffer, «Der Beginn des Krieges

gressivste, auf eine Expansion drängende Geschrei ging zu dieser Zeit zweifellos von Kreisen des «Großkapitals» aus – darunter (und keineswegs als Einzelfall) die imperialistischen Forderungen des IG-Farben-Chefs Carl Krauch. Gemessen an Österreich und der Tschechoslowakei hatte der Angriff auf Polen, wie Radkau bemerkt, «mit den Hauptlinien der Konzerninteressen allerdings vergleichsweise wenig zu tun», und allgemein kann man sagen, «daß der Osten für das Kapital weit weniger reizvoll war als etwa der Südosten».[48] Das hinderte deutsche Firmen natürlich nicht im geringsten daran, von der rücksichtslosen Ausbeutung des eroberten Polens enorm zu profitieren.

Auch während des Krieges griffen wirtschaftliche, ideologische und militärstrategische Faktoren weiterhin untrennbar ineinander und prägten zusammen die Art und Weise der deutschen Aggression. Da die Verfügbarkeit und Verteilung von Rohstoffen und Arbeitskräften ein ständiges Problem bildeten, ließ sich bei der politischen Willensbildung die Stimme der Führer der wichtigsten Kriegsindustrien nicht ignorieren. Angesichts der speziellen Entwicklung des deutschen Kapitalismus gerade seit 1936 war der imperialistische Ausplünderungskrieg eine logische Notwendigkeit und wurde immer mehr zur einzig verfügbaren Möglichkeit.[49] So war die deutsche Industrie strukturell in jene politischen Entscheidungen verwickelt, die in einer Zerstörung und Unmenschlichkeit gipfelten, die es in diesem Ausmaß in Europa noch nie gegeben hatte.

Man muß allerdings zwischen der Wirtschaft als strukturellem, den Verlauf und Charakter der Aggression entscheidend mitprägendem Faktor einerseits und den speziellen Bedürfnissen und erkannten Interessen bestimmter Gruppen innerhalb der Wirtschaft andererseits un-

---

1939: Hitler, die innere Krise und das Mächtesystem», GG 2 (1976), S. 443–470; Milward, «Fascism and the Economy», S. 437; und Richard J. Overy, «Hitler's War and the German Economy: A Reinterpretation», EcHR 35 (1982), S. 272–291, sowie seinen neueren Artikel «Germany, ‹Domestic Crisis› and War in 1939», Past and Present 116 (1987), S. 138–168, auf den Tim Mason mit einer heftigen Replik antwortete. Dieser und weitere Beiträge von Richard Overy und David Kaiser zur «Debatte» finden sich in Past and Present 122 (1989), S. 200–240.
48 Hallgarten und Radkau, S. 302–303, 366–368.
49 Daß der Blitzkrieg die einzig mögliche Strategie war, die Deutschland zur Verfügung stand, betont Alan S. Milward, «Der Einfluß ökonomischer und nicht-ökonomischer Faktoren auf die Strategie des Blitzkriegs», in Forstmeier und Volkmann, S. 189–201, hier besonders S. 200–201. Overy («Hitler's War») verwirft Vorstellungen von einer «Blitzkriegwirtschaft» völlig (in: VFZ 36 (1988, S. 379–435).

terscheiden. Die Betonung des «Primats der Politik» konzentriert sich, in vielen Fällen ziemlich vereinfachend und irreführend, allein auf die Frage, ob Entscheidungen im Dritten Reich unmittelbar im Interesse deutscher Kapitalisten gefällt worden seien. Diese Argumentationsweise ist im wesentlichen kaum mehr als ein oberflächlicher Angriff auf naive Versionen der instrumentalistischen «Agententheorie», die in den Naziführern Marionetten des «Großkapitals» sieht. Die Wirklichkeit war etwas komplexer, wie etwa der Beschluß, in die Sowjetunion einzumarschieren, veranschaulicht.

Auch bei diesem Beschluß läßt sich die ideologische Motivation kaum als autonomer Faktor von Fragen militärstrategischer und wirtschaftlicher Erfordernisse trennen. Man macht es sich zu einfach, wenn man bei der Erklärung der Gründe für den 1941 erfolgten Einmarsch in die Sowjetunion nicht weiter als bis zu Hitlers ideologischen Zwangsvorstellungen sieht – so wichtig diese auch gewesen sein mögen. Fraglos war die entsetzliche Brutalität des «Vernichtungskrieges» im Osten eine Folge des ideologischen Hasses auf den «jüdischen Bolschewismus», mit dem die Deutschen unter dem Naziregime jahrelang indoktriniert worden waren. Doch – und auf diesen Punkt werden wir in einem späteren Kapitel zurückkommen – strategische Überlegungen, die sich um den noch nicht beendeten Krieg im Westen und dabei vor allem um die Aussichten eines Kampfes gegen die USA drehten, spielten bei dem, was Hitler, die NS- und die militärische Führung 1940/41 über die Sowjetunion dachten, gleichfalls eine entscheidende Rolle. Und nicht zuletzt gab es noch die wirtschaftliche Dimension. Da Deutschland von Rohstoffen aus der Sowjetunion abhängig war und da die auf den nationalsozialistisch-sowjetischen Pakt von 1939 folgende sowjetische Expansion in Ost- und Südosteuropa die Getreide- und vor allem Öllieferungen ernsthaft bedrohte, waren die gesamten deutschen Kriegsanstrengungen gefährdet, wenn die Sowjetunion unerobert blieb. Der Gedanke, die sowjetische Luftwaffe könne die lebenswichtigen rumänischen Ölfelder, die mehr als die Hälfte des deutschen Nachschubs lieferten, zerstören, gab den Ausschlag. So erklärte Hitler seinen Generälen im Januar 1941: «Im Zeitalter der Luftwaffe aber kann von Rußland [...] aus das rumänische Ölgebiet in ein rauchendes Trümmerfeld verwandelt werden, und dieses Ölgebiet ist für die Achse lebenswichtig.»[50]

50 *IMT*, Band 34, S. 469; siehe ebenso Hallgarten und Radkau, S. 309.

Die wirtschaftliche Dimension spielt also bei der Entscheidung über militärstrategische Fragen offensichtlich eine wichtige Rolle, doch stimmt sie deshalb noch nicht unbedingt mit den anerkannten Bedürfnissen der deutschen Industriellen überein. Joachim Radkau, ein linksgerichteter westdeutscher Historiker, erklärt aufgrund einer detaillierten Untersuchung zugänglicher Quellen, daß anders, als man es erwarten sollte, es kaum Belege dafür gebe, daß bei der Vorbereitung des Angriffs auf die Sowjetunion die Interessen der Nazis und des «Großkapitals» völlig identisch gewesen seien: «Ungeachtet des ideologischen Antikommunismus läßt sich in den praktischen Wünschen und Empfehlungen der Wirtschaft im allgemeinen durchaus keine Feindseligkeit gegen Sowjetrußland erkennen, häufig sogar ein Bestreben nach Verbesserung der Beziehungen. Bei der Vorbereitung des Stalin-Hitler-Paktes spielte die Wirtschaft viel deutlicher eine vorwärtstreibende Rolle als bei der Vorbereitung des Angriffes auf die Sowjetunion.» In den zwanziger und frühen dreißiger Jahren war – nicht zuletzt für die Schwerindustrie – der Handel mit Rußland wichtig gewesen, und die von Radkau zusammengetragenen Belege deuten – wenn auch nicht unisono – darauf hin, daß einige herausragende Teile der Industrie eher auf eine Wiederbelebung der wirtschaftlichen Beziehungen als auf die ideologisch motivierte Zerschlagung der Sowjetunion hofften und daß viele Industrielle von den Investitionsrisiken und den Gewinnen, die voraussichtlich aus dem neueroberten «Lebensraum» zu ziehen sein würden, nicht gerade angetan waren.[51] Doch schränkten derartige Ansichten wiederum in keiner Weise die Bereitschaft der Industrie ein, sowohl die menschlichen als auch die materiellen Ressourcen der besetzten Gebiete auf die barbarischste Weise auszubeuten. Außerdem hinkten solche Ansichten hinter der unaufhaltbaren – wirtschaftlichen wie militärischen – Dynamik des Nazikrieges her. Die in Deutschland dominierenden Wirtschaftskräfte stimmten mit diesen Kriegsanstrengungen vollständig überein. Die Mitarbeit der übrigen war dadurch sichergestellt, daß es aus dem Gang der Ereignisse, den sie selbst initiiert und gefördert hatten, kein Entrinnen gab: Sie waren darauf festgelegt, mit dem Naziregime zusammen zu gedeihen oder unterzugehen.

Als schlagendes Argument haben diejenigen, die einen «Primat-der-

---

51 Hallgarten und Radkau, S. 383 ff. Siehe auch Winkler, *Revolution*, S. 99, 153–154, Anmerkung 89.

Politik»-Ansatz vertreten, bislang immer die Vernichtung der Juden ins Feld geführt, denn diese spricht auf den ersten Blick ganz offensichtlich gegen die Annahme, daß hinter der Nazipolitik die Interessen des «Großkapitals» steckten. Tatsächlich erklärte das Reichsministerium für die besetzten Ostgebiete schon im Herbst 1941 ausdrücklich: «Wirtschaftliche Belange sollen bei der Regelung des [Juden-]Problems grundsätzlich unberücksichtigt bleiben.»[52] Und Mason weist in seinem Aufsatz über den «Primat der Politik» darauf hin, daß sich «unter den ersten polnischen Juden, die in den Vernichtungslagern vergast wurden, [...] Tausende von gelernten Metallarbeitern aus polnischen Rüstungsbetrieben» befanden.[53]

Es war kaum mit «rationalen» Wirtschaftsinteressen zu vereinbaren, daß knappe Transportmittel dazu eingesetzt wurden, menschliche «Fracht» zur sofortigen Vernichtung quer durch Europa zu transportieren – und das zu einer Zeit, als die deutsche Industrie dringend Arbeitskräfte benötigte. (Einige jüdische Arbeiter fanden allerdings fast bis zum Ende des Krieges Verwendung.) Wie wir in einem späteren Kapitel ausführlicher zeigen werden, würde es jedoch zu einer verzerrten Darstellung führen, wenn man die «Endlösung» aus dem materiellen und ideologischen Zusammenhang der komplexen Entwicklung, die nach Auschwitz führte, herauslösen wollte. Das «Großkapital» stand frühen antijüdischen Maßnahmen im NS-Staat gleichgültig gegenüber – außer in den Fällen, in denen der deutsche Außenhandel negative Reaktionen des Auslandes zu spüren bekam. Aus wirtschaftlichen Gründen kritisierte etwa Reichswirtschaftsminister Schacht 1935 die antijüdische «Boykottbewegung» und die wilden Terroraktionen gegen Juden.[54] Unter dem wachsenden Druck der Rüstungswirtschaft hatte das «Großkapital» dann jedoch ein unmittelbares Interesse an der Aneignung jüdischen Kapitals und setzte sich Ende 1937 und 1938 stark für die «Arisierung» jüdischer Konzerne ein.[55] Darüber hinaus folgte aus der – innerhalb der gesamten Machtstruktur des Re-

---

52 Zitiert nach Helmut Krausnick, «Judenverfolgung», in Hans Buchheim u. a. (Hg.), *Anatomie des SS-Staates*, Band 2 (Olten und Freiburg 1965), S. 377.
53 Mason, «Primat», S. 492.
54 Uwe Dietrich Adam, *Judenpolitik im Dritten Reich* (Düsseldorf 1972), S. 123–124; Karl A. Schleunes, *The Twisted Road to Auschwitz. Nazi Policy toward German Jews, 1933–1939* (Urbana, Chicago und London 1970), S. 153 ff.
55 Schleunes, S. 159 ff; Helmut Genschel, *Die Verdrängung der Juden aus der Wirtschaft im Dritten Reich* (Göttingen 1966), S. 222 ff.

gimes – zunehmenden Macht und Autonomie des SS/SD/Gestapo-Komplexes, der spätestens Ende 1938 die Kontrolle über die Durchführung der antijüdischen Politik erlangt hatte, daß antijüdische Maßnahmen nun eine rasch wachsende Eigendynamik bekamen. Angesichts der massiven Ausweitung der «jüdischen Frage» auf die besetzten Gebiete und angesichts der verwaltungsmäßig nicht zu lösenden Art des «Problems» ließ sich die innere Dynamik einer Entwicklung, die inzwischen folgerichtig nur noch mit der physischen Vernichtung enden konnte, nicht mehr kontrollieren. Doch auch noch in dieser Phase bestand jedenfalls kein Widerspruch zwischen der relativen Autonomie des SS-Apparates innerhalb des Regimes und den Interessen des deutschen Kapitals. In Deutschlands größeren Industriekonzernen war man mehr als bereit, aus der Konzentrierung jüdischer Arbeitskräfte in den polnischen Gettos Nutzen zu ziehen, denn hier hatte man freie Hand für eine völlige Ausbeutung bei absolut minimalen Kosten. Ein eventueller «Materialverlust» war leicht zu verschmerzen in dieser Zeit der Expansion, in der eine reichliche Versorgung mit Sklaven zur Deckung des Bedarfs der gesamten deutschen Wirtschaft unmittelbar bevorzustehen schien.[56] Als dann der Kriegsverlauf – und mit ihm die Aussichten und Interessen der deutschen Industrie – eine dramatische Wendung genommen hatte, war die massenhafte physische Vernichtung der Juden bereits in vollem Gange und nicht mehr aufzuhalten – eine Vernichtung, die sich nach und nach als «Lösung» für den administrativen Alptraum herauskristallisiert hatte, zu dem es aufgrund des von den Naziherrschern selbstgeschaffenen «Problems» gekommen war.

Die Vernichtung der Juden war daher *letztlich* eine «Politik», die wirtschaftlicher Vernunft widersprach. Aber sie trat erst als Endphase eines Prozesses auf, der längere Zeit dem deutschen Kapital nicht zuwiderlief, und zwar selbst dort, wo er nicht direkt in dessen Interesse war. Die «Endlösung» wurde erst durch die Umstände des Krieges und brutale Eroberung möglich. Die besessene Beschäftigung mit der «jüdischen Frage» war im wesentlichen eine Angelegenheit des Naziblocks innerhalb des «Machtkartells» des Dritten Reiches. Die anderen

---

56 Kurt Pätzold, «Von der Vertreibung zum Genozid. Zu den Ursachen, Triebkräften und Bedingungen der antijüdischen Politik des faschistischen deutschen Imperialismus», in Eichholtz und Gossweiler, *Faschismusforschung* (siehe Kapitel 1 Anmerkung 27), S. 181–208, hier S. 206–208.

Machteliten zeigten allerdings keinerlei Bedenken, antijüdische Maßnahmen mit durchführen zu helfen und aus ideologischen Zwangsvorstellungen politische Entscheidungen werden zu lassen. Schließlich sorgten *alle* Teile des «Machtkartells» dafür, daß es zu dem brutalen Eroberungskrieg kam, der aus dem Genozid statt einer Wahnvorstellung eine erreichbare Realität machte.

Bis zum Schluß war die deutsche Industrie in die Ausplünderung, Ausbeutung und Zerstörung, die von den Nazis in den besetzten Gebieten betrieben wurde, verwickelt und ebenso daran beteiligt wie am dortigen Massenmord. Während bestimmte Gruppen innerhalb der Wehrmacht und der alten Aristokratie eine Entwicklung durchmachten, die von anfänglicher Reserviertheit hin zu offener Antipathie gegenüber dem NS-Regime ging und die schließlich am 20. Juli 1944 im Anschlag auf Hitler gipfelte, waren industrielle Führungskräfte in Widerstandskreisen bezeichnenderweise nicht zu finden. Im letzten Kriegsjahr wurde es dann allerdings auch dem «Großkapital» immer klarer, daß die sich abzeichnende völlige Zerstörung im Widerspruch zu jeglicher «rationaler» Wirtschaftspolitik stand. Dennoch war die Trennung zwischen dem radikalen Nihilismus des Naziblocks und den materiellen Interessen der deutschen Industrie erst in der letzten Phase des Krieges voll vorhanden, als das Regime in seinem Todeskampf wild um sich schlug. Zu einem symbolisch entscheidenden Moment kam es, wie Alan Milward bemerkt, im Januar 1944, «als der Führer Sauckels * unmögliche Pläne unterstützte, in jenem Jahr eine weitere Million Arbeiter aus Frankreich zu deportieren, und sich damit der Meinung Albert Speers und des Ministeriums für Rüstungs- und Kriegsproduktion verschloß, die dazu geraten hatten, die Kriegsproduktion verstärkt in den besetzten Gebieten zu organisieren. Von diesem Augenblick an wurde die Position des Ministeriums für Rüstungs- und Kriegsproduktion und der Geschäftsleute, die es führten, zunehmend schwächer als diejenige der stärker radikalfaschistischen Teile der Verwaltung. Die Wirtschaftskreise, die 1933 danach getrachtet hatten, die Bewegung zu kontrollieren, sahen nun ihre schlimmsten Ängste bestätigt:

---

* Ab März 1942 war Fritz Sauckel Generalbevollmächtigter für den Arbeitseinsatz und als solcher dafür verantwortlich, daß man Millionen von Menschen in den besetzten osteuropäischen Gebieten aus ihrer Heimat verschleppte und zu Zwangsarbeitern in deutschen Rüstungsbetrieben machte und daß Zehntausende von polnisch-jüdischen Arbeitern ermordet wurden. – Anm. d. Übers.

Sie waren selbst zum Spielball einer politischen Revolution geworden.»[57]

Bis in die letzten Phasen des Krieges zogen all jene Teile des Industrie- und Finanzsektors, die mit der Waffenproduktion zu tun hatten, aus dem Dritten Reich einen ungeheuren Nutzen. Die unverteilten Gewinne von Kapitalgesellschaften waren 1939 viermal höher als 1928.[58] Die Monopolkonzerne waren die größten Einzelgewinner – an herausragender Stelle der Chemiegigant IG Farben, dessen jährlicher Reingewinn, der zwischen 1933 und 1935 stagniert hatte, sich 1936 von 70 auf 140 Millionen Reichsmark verdoppelte, dann bis 1940 auf 300 Millionen Reichsmark hochschnellte und anschließend zweifellos weitere gewaltige Höhen erklomm (die allerdings nicht dokumentiert sind).[59] Die Riesengewinne der größeren Konzerne waren kein zufälliges Nebenprodukt des Nationalsozialismus, denn es paßte zu dessen Anschauungen, daß der Privatindustrie freie Hand gewährt und der unternehmerische Geist in den höchsten Tönen gelobt wurde.[60] Die Privatindustrie war bei den Aufrüstungsbemühungen unentbehrlich, und das gab deren Vertretern eine sehr beachtliche Verhandlungsmacht, die sie das ganze Dritte Reich über ohne Zögern zu ihrem Vorteil nutzten. Es ist jedoch wichtig, sich den Unterschied zwischen dem Anstoß für eine bestimmte Politik, deren Ausführung und deren Ausnutzung in Erinnerung zu rufen. Ich habe hier gezeigt, daß die größeren kapitalistischen Unternehmen zwar ihre Gewinne durch die Nazipolitik enorm steigern konnten, daß aber gleichzeitig die Kontrolle über die Ausführung der Politik unverkennbar immer mehr auf den spezifisch nationalsozialistischen «Block» innerhalb des «Machtkartells» überging. Und in gleichem Maße, wie die Gruppen des «Naziblocks» bei der Ausführung der Politik die Oberhand gewannen, entglitt in entscheidenden, sich unmittelbar auf die Wirtschaft auswirkenden Bereichen dem «Großkapital» unaufhaltsam die politische Initiative, auch wenn sie erst in einem späten Stadium in

---

57 Milward, «Fascism and the Economy», S. 434–435. Der größer werdende Interessenkonflikt zwischen dem Regime und den wesentlichen Teilen der Industrie (zum Beispiel der Kohleförderung) wird von John R. Gillingham, *Industry and Politics in the Third Reich* (London 1985) gut dargestellt.
58 Dietma Petzina, *Die deutsche Wirtschaft in der Zwischenkriegszeit* (Wiesbaden 1977), S. 141; Milward, «Fascism and the Economy», S. 435.
59 Hallgarten und Radkau, S. 262.
60 Siehe Hallgarten und Radkau, S. 227 ff, 269 ff.

einen diametralen Gegensatz zu den auf die eigene Reproduktion bedachten kapitalistischen Hauptinteressen geriet. Die starken staatlichen Eingriffe in den Arbeits- und Kapitalmarkt und der autarkische Ausschluß des neuen deutschen Imperiums von den Weltmärkten begünstigten zu dieser Zeit zweifellos einen Kapitalismus, der ganz anders strukturiert war als der, den Marx analysiert hatte.[61] Spekulationen darüber, welche Rolle der Kapitalismus in einer siegreichen nationalsozialistischen «neuen Ordnung» gespielt haben würde, sagen allerdings nichts aus. Letzten Endes war die immer weiter eskalierende nihilistische Dynamik des Nationalsozialismus unvereinbar mit dem Aufbau und der dauerhaften Reproduktion einer jeglichen wirtschaftlichen Ordnung.

In der vorstehenden Analyse habe ich versucht, mich von zwei alternativen Interpretationen – «Primat der Politik» auf der einen, «Primat der Wirtschaft» auf der anderen Seite – zu lösen, die in meinen Augen das komplexe Verhältnis von Nationalsozialismus und «Großkapital» im Dritten Reich zu vereinfacht sehen. Die Behauptung, «letztlich» seien wirtschaftliche Faktoren bestimmend, scheint – um es milde zu sagen – in der Tat eine recht unzulängliche Erklärung dafür zu liefern, warum der radikale Nihilismus des Nationalsozialismus gegenüber «rationalen» Wirtschaftsinteressen ein immer stärkeres Übergewicht gewinnen konnte. Gleichzeitig kann die klassische «liberale» Interpretation vom «Primat der Politik» kaum mehr überzeugen, denn sie geht implizit oder explizit von der Vorstellung aus, eine «im Dienst» einer zielstrebigen Diktatur stehende Wirtschaft sei «totalitär» kontrolliert worden. Sie vereinfacht also die Machtstruktur des Dritten Reiches und neigt immanent zu einer Überbetonung der Persönlichkeit und Ideologie Hitlers. Diese Sichtweise und die hier dargelegte, dazu im Gegensatz stehende Interpretation, die von einem «polykratischen»

---

61 Milward geht so weit, zu behaupten, faschistische Regime hätten nicht zur Erhaltung des Kapitalismus beigetragen, sondern «die Spielregeln so verändert, daß ein neues System entstanden» sei («Fascism and the Economy», S. 435). Aber in einer wichtigen Studie über die Entwicklung der Wirtschaftsplanung im NS-Staat (vor allem im Wirtschafts- und Rüstungsministerium) unter dem Einfluß des «totalen Krieges» zeigt Ludolf Herbst, wie Ideale einer – von der lähmenden Hand der Bürokratie befreiten – technokratischen Effizienz als Modelle für eine Nachkriegsordnung entwickelt wurden, die auf Deutschlands industrieller Stärke ruhen sollte. Siehe Ludolf Herbst, *Der Totale Krieg und die Ordnung der Wirtschaft* (Stuttgart 1982).

Charakter des «Machtkartells» in Nazideutschland ausgeht, werfen allerdings eine Reihe neuer Fragen auf, bei denen es um Hitlers Stellung und Funktion in der nationalsozialistischen deutschen Regierung geht. Die nächsten Kapitel werden sich auf dieses zentrale Interpretationsproblem konzentrieren.

4 Hitler: «Herr und Meister im Dritten Reich» oder «schwacher Diktator»?

Hitlers Rolle und Funktion innerhalb des NS-Herrschaftssystems ist nicht so einfach zu fassen, wie es auf den ersten Blick scheinen mag. Daraus ist ein zentrales, von führenden Historikern heiß debattiertes Interpretationsproblem geworden. Von ihrer Komplexität her ist diese Debatte schon mit den theologischen Auseinandersetzungen des Mittelalters verglichen worden,[1] und sie wird zum Teil mit einer Erbitterung geführt, die den Rahmen einer herkömmlichen Meinungsverschiedenheit zwischen Historikern übersteigt. In dem ungewöhnlich hitzigen und zuweilen verbitterten Ton der Debatte[2] spiegeln sich in mancher Hinsicht die drei Dimensionen der (insbesondere in Westdeutschland) zum Nationalsozialismus veröffentlichten Schriften: die

---

[1] John Fox, «Adolf Hitler: The Continuing Debate», *International Affairs* 55 (1979), S. 261.
[2] Siehe den heftigen Schlagabtausch in Klaus Hildebrand, «Nationalsozialismus ohne Hitler?», *GWU* 31 (1980), S. 289–305; ‹Externus›, «Hildebrands Lied – oder: Wie die GWU ihre Leser informiert», *Geschichtsdidaktik* 5 (1980), S. 325–327; K. D. Erdmann, «Antwort an einen Dunkelmann: Wie informiert GWU ihre Leser?», *GWU* 32 (1981), S. 197–198; Klaus Hildebrand, «Noch einmal: Zur Interpretation des Nationalsozialismus», *GWU* 32 (1981), S. 199–204; ‹Externus›, «Die GWU und ihr Frontberichterstatter: Fortsetzung eines ‹Gedankenaustausches›», *Geschichtsdidaktik* 6 (1981), S. 233–238; Wolfgang J. Mommsen, «Die ‹reine Wahrheit› über das nationalsozialistische Herrschaftssystem?», *GWU* 32 (1981), S. 738–741; Klaus Hildebrand, «Die verfolgende Unschuld», *GWU* 32 (1981), S. 742. Dieser Ton findet sich auch in Hofers späterem Aufsatz (siehe Kapitel 1 Anmerkung 2). Hildebrands ursprünglicher Beitrag war ein einseitiger Bericht über eine Tagung, die vom Deutschen Historischen Institut London 1979 in Windsor veranstaltet worden war und ein Schlaglicht auf die riesige Kluft geworfen hatte, die es vor allem zwischen westdeutschen Historikern bei der Interpretation des Dritten Reiches gibt. Die in Hirschfeld und Kettenacker (siehe Kapitel 1 Anmerkung 23) in zum Teil stark überarbeiteter Fassung veröffentlichten Tagungsbeiträge vermitteln kaum, mit welcher Erbitterung einzelne der Referate während der Konferenz diskutiert wurden.

geschichtsphilosophische, die politisch-ideologische und die moralische Dimension, die ich im ersten Kapitel bereits umrissen habe. Dem Konflikt liegt vor allem die moralische Problematik zugrunde, die auch den Charakter der Debatte bestimmt und sich in der Ansicht äußert, manche Historiker bagatellisierten die Bösartigkeit der Hauptfigur des Dritten Reiches; von seinen Zeitgenossen sei Hitler unterschätzt worden, und nun werde er von einigen Historikern verharmlost. Die moralische Problematik ist nicht von Fragen zu trennen, die mit der Geschichtsmethode und -philosophie zu tun haben – wie also die Geschichte des Nationalsozialismus zu schreiben sei – und ihrerseits wieder untrennbar mit politischen und ideologischen Werturteilen zusammenhängen, die auch einen Bezug zur heutigen Gesellschaft haben.

Das Schlüsselproblem besteht in geschichtsphilosophischer Hinsicht in der Frage, inwiefern das Individuum den Gang der historischen Entwicklung prägt und ob nicht doch die Handlungsfreiheit des einzelnen durch unpersönliche «strukturelle Faktoren» begrenzt ist. Im vorliegenden Fall läuft das auf die Frage hinaus, ob die schrecklichen Ereignisse des Dritten Reiches in erster Linie mit Hilfe von Hitlers Persönlichkeit, Ideologie und Willen zu erklären sind oder ob der Diktator selbst nicht zumindest teilweise ein (williger) «Gefangener» von Kräften war, die er nicht geschaffen hatte, sondern deren Instrument er war und deren Eigendynamik ihn mitriß. Die Pole der historiographischen Positionen werden plastisch deutlich in der oft zitierten Bemerkung des amerikanischen Historikers Norman Rich, man könne nicht genug betonen, daß «Hitler [...] der Herr und Meister im Dritten Reich» gewesen sei,[3] und der diametral entgegengesetzten Interpretation Hans Mommsens, der in Hitler einen «entscheidungsunwilligen, häufig unsicheren, ausschließlich auf Wahrung seines Prestiges und seiner persönlichen Autorität bedachten, aufs stärkste von der jeweiligen Umgebung beeinflußten, in mancher Hinsicht schwachen Diktator» sieht.[4] Bevor hier versucht werden soll, diese Interpretation auszuwerten, ist es je-

---

3 Norman Rich, *Hitler's War Aims* (2 Bde, London 1973–74), Band 1, S. 11.
4 Hans Mommsen, «Nationalsozialismus», in *Sowjetsystem und demokratische Gesellschaft* (Kapitel 2 Anmerkung 12) Band 4 (Freiburg 1971), Spalte 702. Mommsen scheint diese heuristische Feststellung zum erstenmal in seinem Buch *Beamtentum im Dritten Reich* (Stuttgart 1966), S. 98 Anmerkung 26, getroffen zu haben, wo er erklärt, Hitler sei «in allen Fragen, die einer grundsätzlichen und definitiven Stellungnahme bedurften, ein schwacher Diktator» gewesen.

doch erforderlich, die Konturen der Debatte im Lichte der in letzter Zeit über Hitler und die Struktur des Nazistaates veröffentlichten historiographischen Schriften zu umreißen.[5]

Persönlichkeit, Struktur und der «Faktor Hitler»

Untersuchungen, die davon ausgehen, daß Hitlers Persönlichkeit, Ideen und Willensstärke im Mittelpunkt einer jeden Erklärung des Nationalsozialismus zu stehen haben, gründen auf der Prämisse, der Nationalsozialismus könne «tatsächlich [als] Hitlerismus» bezeichnet werden,[6] da das Dritte Reich mit Hitler aufstieg und mit ihm fiel und von ihm die ganze Zeit über dominiert wurde. Hinter einer derartigen Interpretation steckt im allgemeinen eine Sicht, die die «Intentionalität» der Hauptakteure des historischen Dramas hervorhebt und außerdem der Handlungsfreiheit des Individuums und der Einzigartigkeit seiner jeweiligen Handlung besonderes Gewicht einräumt. Diese Art des Denkens kennzeichnet natürlich Hitlerbiographien ebenso wie die in jüngerer Zeit aufgekommenen «psychohistorischen» Studien. Sie ist allerdings auch bei einigen wichtigen nichtbiographischen Untersuchungen zum Nationalsozialismus zu finden.

In den siebziger Jahren erschien eine Reihe von Hitler-Biographien – inmitten einer Flut von im wesentlichen wertlosen Produkten der sogenannten «Hitler-Welle», die darauf hindeutete, daß viele Menschen von der bizarren Persönlichkeit des Naziführers auf makabre Weise fasziniert waren.[7] Manche Ergebnisse der neuen Biographien schienen kaum mehr als antiquarische Detailergänzungen zu dem zu sein, was

---

[5] Einen historiographischen Überblick bieten Wolf-Rüdiger Hartmann, «Adolf Hitler: Möglichkeiten seiner Deutung», *AfS* 15 (1975), S. 521–535; Andreas Hillgruber, «Tendenzen, Ergebnisse und Perspektiven der gegenwärtigen Hitler-Forschung», *HZ* 226 (1978), S. 600–621; Wolfgang Michalka, «Wege der Hitler-Forschung», *Quaderni di storia* 8 (1978), S. 157–190, und 10 (1979), S. 123–151; William Carr, «Historians and the Hitler Phenomenon», *German Life and Letters* 34 (1981), S. 260–272; und umfassend Schreiber (siehe Kapitel 1 Anmerkung 6).
[6] Bracher, *Zeitgeschichtliche Kontroversen* (siehe Kapitel 2 Anmerkung 3), S. 85.
[7] Eine vernichtende Kritik dieser «Hitler-Welle»-Publikationen liefert Eberhard Jäckel, «Rückblick auf die sog. Hitler-Welle», *GWU* 28 (1977), S. 695–710.

man über Hitler bereits wußte, wenn auch die hervorragendste dieser Biographien – bezeichnenderweise die erste große von einem Deutschen (Joachim Fest) verfaßte Hitler-Biographie – auf dem besten Wege war, Allan Bullocks in vielem überholten Klassiker aus den fünfziger Jahren zu ersetzen.[8] Dennoch zeigen sich in Fests stilistischer Studie, wie aufmerksame Kritiker neben all den Lobeshymnen hervorgehoben haben, manche der immanenten Schwächen des biographischen Ansatzes – vor allem, da der Gegenstand der Untersuchung eine derartige «Unperson» wie Hitler ist.[9] Fest behandelt in seinem Werk verschiedene Themen unausgewogen, widmet zum Beispiel Hitlers jungen Jahren eine übertriebene Aufmerksamkeit; er sieht über sozioökonomische Probleme hinweg oder spielt ihre Bedeutung herunter; er befaßt sich allzuviel mit der historisch nutzlosen Frage, ob man Hitler Eigenschaften einer «negativen Größe» zuschreiben könne; und dort, wo er Hitler zur breiteren Entwicklung der deutschen Gesellschaft und Politik in Bezug setzt, zeigt er allgemein eine weit weniger sichere Hand als dort, wo er sich mit dessen Persönlichkeit befaßt. Der biographische Ansatz kann eine extreme Personalisierung komplexer Probleme nicht vermeiden und reduziert solche Probleme auf Fragen zu Hitlers Persönlichkeit und Ideologie. Dieses Unvermögen kennzeichnet auch die vielgelesene, äußerst einflußreiche und qualitätsvolle journalistische Arbeit von Sebastian Haffner, die den Nationalsozialismus allein im Hinblick auf Hitlers «Leistungen», «Erfolge», «Irrtümer» und so weiter behandelt.[10]

---

8 Joachim C. Fest, *Hitler. Eine Biographie* (Berlin 1973); Allan Bullock, *Hitler. A Study in Tyranny* (1. Auflage London 1952, überarbeitete Fassung Harmondsworth 1962); dt.: *Hitler: eine Studie über Tyrannei* (Düsseldorf ¹1953, überarbeitete Fassung Düsseldorf 1971).
9 Siehe Hermann Graml, «Probleme einer Hitler-Biographie. Kritische Bemerkungen zu Joachim C. Fest», *VfZ* 22 (1974), S. 76–92. Bracher bringt seine Zweifel am biographischen Ansatz in seinem Artikel «The Role of Hitler», S. 194–197, zum Ausdruck (vergleiche Kapitel 4, in derselbe, *Zeitgeschichtliche Kontroversen*). Gramls Kritik trifft teilweise wohl auf die vor kurzem erschienene Biographie von Marlis Steinert, *Hitler* (Paris 1991), zu, die zwar fundiert, informativ, zuverlässig und auf der Höhe der neuesten Literatur ist, aber insgesamt doch nicht ganz das gesteckte Ziel erreicht, eine Gesellschafts-, Ideologie- und Kulturanalyse zu einer biographischen Studie zu verbinden. Allan Bullocks zweites Werk über den deutschen Diktator, *Hitler and Stalin. Parallel Lives* (London 1991, dt.: *Hitler und Stalin. Parallele Leben*. Berlin 1991) erreicht nicht ganz die Brillanz seiner ersten, bahnbrechenden Arbeit.
10 Sebastian Haffner, *Anmerkungen zu Hitler* (München 1978).

Der Höhepunkt des «Hitler-Zentrismus» wurde mit dem psychohistorischen Ansatz erreicht, der eine Reihe neuer Untersuchungen in den siebziger Jahren kennzeichnete und fast darauf hinauslief, den Krieg und die Vernichtung der Juden mit Hilfe von Hitlers Ödipuskomplex, Monorchismus [Einhodigkeit], neurotischer Psychopathie, gestörter Pubertät und psychischen Traumata zu erklären (die angeblich zur kollektiven Psyche des deutschen Volkes paßten).[11] Selbst wenn die Ergebnisse weniger von Vermutungen und Spekulationen abhängen würden, läßt sich nur schwer ausmachen, wie dieser Ansatz wesentlich helfen könnte zu erklären, wie eine solche Person zum Herrscher über Deutschland werden konnte und wie seine ideologische Paranoia von Menschen, die nicht paranoid und keine Psychopathen waren, in einem hochentwickelten, modernen bürokratischen System als Regierungspolitik umgesetzt werden konnte. Wehler ist einer der wenigen Historiker, die ernsthaft untersucht haben, ob sich die Psychoanalyse im Rahmen einer geschichtswissenschaftlichen Methodik anwenden läßt,* und sein Sarkasmus scheint nicht fehl am Platze zu sein: «Hängt unser Verständnis nationalsozialistischer Politik wirklich davon ab, ob Hitler nur einen Hoden besaß? ...Vielleicht, wer weiß, waren es drei, die dem ‹Führer› zu schaffen machten. Und selbst wenn Hitler unumstößlich als Sadomasochist gelten könnte, welches Erkenntnisinteresse würde dadurch gefördert? ...Wird dadurch die ‹Endlösung der Judenfrage› verständlicher als bisher; der gewundene Weg nach Auschwitz zur Einbahnstraße eines Psychopathen an der Macht?»[12]

Die wichtigsten Studien, die Hitlers Person und Ideologie in den Mittelpunkt ihrer Interpretation stellen, sind qualitativ ungleich höherstehender und keineswegs biographisch orientiert. Anders als die meisten Biographien (Bullock und Fest ausgenommen) hat die breite Palette der Arbeiten von Bracher, Hillgruber, Hildebrand und Jäckel – um nur die

---

11 Zu den führenden Veröffentlichungen zählen Robert Waite, *Adolf Hitler. The Psychopathic God* (New York 1977), und Rudolf Binion, «... *daß ihr mich gefunden habt*». *Hitler unter den Deutschen: eine Psychohistorie* (Stuttgart 1978).
12 Hans-Ulrich Wehler, «Geschichtswissenschaft und Psychohistorie», *Innsbrucker Historische Studien* 1 (1978), S. 201–203, hier S. 209–210.
* Siehe zum Beispiel seinen bereits 1971 verfaßten Beitrag «Zum Verhältnis von Geschichtswissenschaft und Psychoanalyse», in Hans-Ulrich Wehler (Hg.), *Geschichte und Psychoanalyse* (Köln 1974), S. 7–26. – Anm. d. Übers.

führenden zu nennen – Wesentliches zum Verständnis des Nationalsozialismus beigetragen. Was ihre individuell unterschiedlichen Ansätze miteinander verbindet, ist die Ansicht, Hitler habe ein «Programm» (wenn auch keinen kruden handlungsbezogenen Plan) gehabt, an das er sich von Beginn der zwanziger Jahre an bis zu seinem Selbstmord 1945 im Berliner Bunker in allen wesentlichen Punkten konsequent gehalten habe. In seinen Handlungen habe er sich von seinen ideologischen Zwangsvorstellungen leiten lassen und habe seinerseits das Dritte Reich geleitet, deshalb sei die Ideologie des Führers als Regierungspolitik umgesetzt worden. Das ist, grob zusammengefaßt, die Basis des «programmatischen» Interpretationstyps.

Erst in den sechziger Jahren wurde die Ansicht, Hitler sei kaum mehr als ein machtsüchtiger, skrupelloser Opportunist gewesen, durch die Vorstellung ersetzt, er habe festgelegte Ziele fanatisch und erbarmungslos konsequent (wenn auch taktisch flexibel) verfolgt. Dadurch entstand in anspruchsvollen Werken, wie denen von Andreas Hillgruber, das Bild eines «programmatischen» Hitlers, der die deutsche Außenpolitik seinem entschlossenen Willen gemäß zurechtgebogen habe, um langfristige, aber klar definierte ideologische Ziele zu verwirklichen.[13] Dieses Bild hing wiederum von einer entsprechenden Einschätzung der Rolle Hitlers in der Innenpolitik ab: Man sah in ihm den perfekten machiavellistischen Führer, der – mit taktischen Finessen – nach einem vorherbestimmten Konzept vorging und mit einer bösartig logischen und in sich rationalen Reihe von Schritten nach totaler Macht strebte, um seine ideologischen Zielvorstellungen als Regierungspraxis durchzusetzen. Diese Hitler-Interpretation verdankte in ihrer Entwicklung das meiste dem Werk Karl Dietrich Brachers.

Für den Politikwissenschaftler Bracher stellte sich die Schlüsselfrage so: Wie war es dazu gekommen, daß die liberale Demokratie zerfallen und der «totalitären» Diktatur Platz machen konnte?[14] In einer Fülle wichtiger Untersuchungen deckte er von Mitte der fünfziger Jahre an die Funktionsweise der «totalitären» deutschen Diktatur auf. Dabei schrieb er Hitler eine zentrale Rolle zu und hob die motivierende Kraft

---

13 Siehe besonders Hillgruber, *Hitlers Strategie* (vergleiche Kapitel 1 Anmerkung 17).
14 Das ist das Hauptproblem, das Bracher in *Auflösung* (siehe oben Kapitel 1 Anmerkung 32) behandelt.

der Hitlerschen Ideologie hervor.¹⁵ In einem interessanten Brückenschlag zur späteren «strukturalistischen» Betonung der «institutionellen Anarchie» des Dritten Reiches schrieb Bracher bereits 1956: «Der Antagonismus der Machtfunktion ist einzig in der omnipotenten Schlüsselstellung des Führers aufgehoben», die «gerade in dem unübersichtlichen Nebeneinander und Gegeneinander der Machtgruppen und persönlichen Bindungen begründet [ist].»¹⁶ In der Betonung der tatsächlichen Allmacht des Führers unterscheidet sich Brachers Standpunkt jedoch deutlich von dem der späteren «Strukturalisten». Darüber hinaus spiegelt schon der Aufsatztitel «Stufen totalitärer Machtergreifung», daß Bracher von einer im wesentlichen geplanten, geregelten und «rationalen» Entwicklung auf vorgefaßte Ziele hin ausgeht – eine These, die er in seinen Hauptwerken immer wieder formuliert. So gelangt er auf einem anderen Wege zu einer Hitler-Interpretation, die klar zu dem außenpolitikbezogenen «programmatischen» Ansatz und dem Hitler-Zentrismus der besten Biographien paßt.

Mitte der siebziger Jahre bekräftigte Bracher seinen Standpunkt in einem interpretierenden Aufsatz, der sich mit dem «Ort des Individuums im historisch-politischen Prozeß» befaßt.¹⁷ Mit Nachdruck erklärt er dort, Hitler sei zu seiner Zeit fatal unterschätzt worden und neue Forschungsrichtungen, die den «Totalitarismus»-Begriff ablehnten und im Nationalsozialismus statt dessen eine deutsche Faschismusvariante sähen, liefen Gefahr, Hitler von neuem zu unterschätzen. Seines Erachtens sei Hitler ein einzig und allein deutsches Phänomen: Er stellte die radikalste Verkörperung der Ideen eines extremen deutschen Nationalismus dar und sei ein echter Revolutionär, auch wenn die Veränderungen, die er letzten Endes herbeiführte, seine Absichten in ihr Gegenteil verkehrt hätten. Der Nationalsozialismus lasse sich daher nicht von der Person Hitlers trennen, und insofern könne man gerechtfertigterweise von «Hitlerismus» sprechen: «Letztlich gab Hitlers sehr eigene ‹Weltanschauung› und nichts anderes den Ausschlag: das beweisen vor allem die furchtbaren Konsequenzen seines rassistischen

---

15 Vollständig entwickelt finden sich seine Thesen in den beiden Hauptmonographien *Machtergreifung* (siehe oben Kapitel 1 Anmerkung 32) und *Die deutsche Diktatur* (Kapitel 2 Anmerkung 60).
16 Karl Dietrich Bracher, «Stufen totalitärer Machtergreifung», *VfZ* 4 (1956), S. 30–42, hier S. 42.
17 Bracher, *Zeitgeschichtliche Kontroversen*, Kapital 4, «Probleme und Perspektiven der Hitler-Interpretation», hier S. 83.

Antisemitismus im geplanten und (bezeichnendes Bürokratenwort) ‹durchgeführten› Massenmord.»[18]

Am kompromißlosesten wird diese Interpretationssicht in den Arbeiten von Eberhard Jäckel und Klaus Hildebrand vertreten. Jäckel ist der Meinung, das Naziregime könne als «Alleinherrschaft» bezeichnet werden, da «die wesentlichen politischen Entscheidungen von einem einzelnen, in diesem Falle von Hitler, getroffen wurden».[19] Und implizit steht dahinter die Vorstellung, daß sich diese Entscheidungen logisch aus Hitlers Weltanschauung ergeben hätten, die Jäckel in einer detaillierten Studie mit dem Untertitel «Entwurf einer Herrschaft» analysiert hat.[20] Hildebrand akzeptiert zwar, daß sich der Nationalsozialismus nicht allein auf die Persönlichkeit des Führers reduzieren läßt, aber auch er beharrt darauf, der «Faktor Hitler» sei für den Verlauf der Entwicklung des Dritten Reiches – vor allem im Bereich der Außen- und Rassenpolitik – von absolut zentraler Bedeutung gewesen, und er vertritt energisch den Standpunkt, die Naziherrschaft sei nicht polykratischer, sondern *monokratischer* Natur gewesen. Auch für Hildebrand ist der Nationalsozialismus letztlich ein Hitlerismus.[21]

Im Gegensatz dazu bietet der verschiedentlich als «strukturalistisch», «funktionalistisch» oder (abschätziger) als «revisionistisch» bezeichnete Ansatz eine grundlegend andere Deutung des Dritten Reiches. Dieser Ansatz konzentriert sich, wie die attributiven Adjektive andeuten, stärker auf die «Strukturen» der Naziherrschaft und die «funktionale» Natur der politischen Entscheidungen, und er will die – in der «orthodoxen» Geschichtsschreibung zu findende und für ungerechtfertigt erachtete – Überbetonung der persönlichen Rolle Hitlers «revidieren».

Alle «strukturalistischen» Interpretationen gehen im wesentlichen auf die in den vierziger Jahren erschienenen meisterhaften Analysen

---

18 Bracher, *Zeitgeschichtliche Kontroversen*, S. 88–89.
19 Eberhard Jäckel, «Wie kam Hitler an die Macht?», in Karl Dietrich Erdmann und Hagen Schulze (Hg.), *Weimar. Selbstpreisgabe oder Demokratie. Eine Bilanz heute* (Düsseldorf 1980), S. 305 und Jäckel, *Hitler in History* (Hannover/London 1987), S. 28–30.
20 Eberhard Jäckel, *Hitlers Weltanschauung. Entwurf einer Herrschaft* (Tübingen 1969).
21 Unter seinen zahlreichen Artikeln siehe vor allem Klaus Hildebrands «Nationalsozialismus oder Hitlerismus?» (siehe Kapitel 2 Anmerkung 62) und «Monokratie oder Polykratie?» (Kapitel 1 Anmerkung 23).

von Ernst Fraenkel und Franz Neumann zurück.²² Doch erst im Laufe der sechziger Jahre war den Veröffentlichungen über das Dritte Reich langsam anzumerken, daß Vorstellungen von einem «monolithischen», «totalitären» Staat in Frage gestellt wurden und daß der theoretische Einfluß der gerade aufkommenden «Strukturgeschichte» und der aus der Politikwissenschaft abgeleiteten Systemanalyse zur Geltung kam.

Bis Ende der sechziger Jahre hatte dann eine Reihe wichtiger Untersuchungen das nazideutsche «Führungschaos» offengelegt und die Grundlage für die nun aufkommende Vorstellung von einer «polykratischen» Herrschaft geschaffen – einer multidimensionalen Machtstruktur, bei der Hitlers eigene Autorität nur ein Element war (wenn auch ein sehr wichtiges).²³ Wichtige Arbeiten, die sich zum Beispiel mit dem Beamtentum, dem Verhältnis von Partei und Staat, den Gauleitern und ihren Machtenklaven in der Provinz, dem Amt Rosenberg, der Wirtschaft und (in einer Studie mit dem vielsagenden Titel *The Limits of Hitler's Power* [Die Grenzen der Macht Hitlers]) mit der Umsetzung der Politik auf regionaler und lokaler Ebene befaßten, trugen zu einem revidierten Verständnis der Naziherrschaft und ihrer praktischen Funktionsweise bei.²⁴

Als damals überragende allgemeine Analyse der inneren Struktur des NS-Regimes muß man ohne Frage Martin Broszats 1969 erschienenes Buch *Der Staat Hitlers* ansprechen.²⁵ Strenggenommen ist das Buch

---

22 Ernst Fraenkel, *The Dual State* (New York 1941), deutsch: *Der Doppelstaat* (Frankfurt 1974); Neumann, *Behemoth* (siehe Kapitel 2 Anmerkung 5). Theoretische Anmerkungen zu «strukturalistischen» Ansätzen bietet Jürgen Kocka, «Struktur und Persönlichkeit als methodologisches Problem der Geschichtswissenschaft», in Bosch (siehe Kapitel 2 Anmerkung 62), S. 152–169.
23 Siehe insbesondere Hüttenberger, «Polykratie» (siehe Kapitel 3 Anmerkung 30). Der Begriff scheint von Carl Schmitt, einem der führenden Rechtstheoretiker des Dritten Reiches, aufgebracht worden zu sein und wurde offenbar 1960 zum erstenmal in einer größeren Analyse der NS-Regierungsstruktur verwandt, und zwar von Gerhard Schulz in Bracher u. a., *Machtergreifung* – alldings im Rahmen einer «Totalitarismus»-Interpretation.
24 Hans Mommsen, *Beamtentum*; Peter Diehl-Thiele, *Partei und Staat im Dritten Reich* (München 1969); Peter Hüttenberger, *Die Gauleiter* (Stuttgart 1969); Reinhard Bollmus, *Das Amt Rosenberg und seine Gegner. Studien zum Machtkampf im nationalsozialistischen Herrschaftssystem* (Stuttgart 1970); Petzina, *Autarkiepolitik* (siehe Kapitel 3 Anmerkung 4); Edward N. Peterson, *The Limits of Hitler's Power* (Princeton 1969).
25 Martin Broszat, *Der Staat Hitlers* (München 1969).

fehlbetitelt, da Broszat sich darin von einer persönlichkeitsbezogenen, hitlerzentrierten Behandlung des Nationalsozialismus löst und die kausalen Zusammenhänge zwischen der Entwicklung der inneren Machtstruktur und der zunehmenden Radikalisierung des Naziregimes erforscht – eine Radikalisierung, die schließlich in einer europaweiten beispiellosen Zerstörung und im Genozid gipfelte. In einem anderen Sinne paßt der Titel allerdings. Er spiegelt die Antagonismen einer Form absoluter Führung, die mit einer normalen Regierungspraxis und -organisation nicht in Einklang zu bringen war. Broszats Ansicht nach – und hier unterscheidet er sich von Bracher und anderen, für die die chaotische Regierungsstruktur des Dritten Reiches eine Folge der von Hitler geschickt angewandten «Teile-und-herrsche!»-Taktik ist – war das administrative Chaos nicht bewußt geplant, war aber auch nicht rein zufällig zustande gekommen, sondern hatte sich unvermeidlich aus der von Hitler praktizierten Autoritätsform ergeben sowie aus seiner fehlenden Bereitschaft beziehungsweise seinem Unvermögen, das Verhältnis von Partei und Staat systematisch zu regeln und ein geordnetes autoritäres Regierungssystem zu schaffen. In den Anfangsjahren der Diktatur – in denen die nun an der Macht befindlichen Nazis in der Tat danach trachteten, so viele Bereiche wie möglich an sich zu reißen, im übrigen aber keine klare Vorstellung davon hatten, was sie mit ihrer Macht anfangen sollten (außer, Juden, Linke und andere «Staatsfeinde» und Minderheiten zu attackieren, die nicht in die «Volksgemeinschaft» paßten) – teilten sich laut Broszats Analyse die konservativen «autoritären» Kräfte in Staat und Gesellschaft und die größtenteils negativen «totalitären» Kräfte der Massenbewegung der Nazis die Macht, wenn auch mit Unbehagen. Dadurch konnte Hitlers Autorität sich sowohl von der Partei als auch vom Staat lösen und eine breitgefächerte Autonomie entwickeln – die allerdings nur auf eine willkürliche, wenig systematische und widersprüchliche Weise zum Ausdruck kam. Das Ende der kollegialen, zentralisierten Regierungsform (das Kabinett trat nach 1938 nie wieder zusammen) förderte den Zerfall der Regierung in eine wachsende Zahl von Ressorts, wobei die Ministerien größtenteils unabhängig voneinander arbeiteten. Neben den Ministerien und Parteiämtern bestanden an den Schnittstellen von Partei und Staat wichtige Machtbasen, deren Autorität sich allein aus einem Auftrag des Führers herleitete. Zu den wichtigsten zählten die Vierjahresplan-Behörde und vor allem das Reich der SS und Gestapo. Die gesamte Regierungsstruktur wurde dadurch auf ein heilloses Durcheinander von sich ständig verlagernden Machtbasen und sich bekriegenden Gruppen reduziert – ein Durcheinander allerdings, das enorme Energien entfesselte und eine destruktive Eigendynamik in sich trug. Broszats Interpretation zufolge führten der systemimmanente darwinistische Konkurrenzkampf und die schlecht koordinierten Versuche der aufgesplitterten Regierungsmaschinerie, den Willen des Führers zu «deuten» – also charismatische Autorität zu bürokratisieren und aus unklaren ideologischen Befehlen kodifizierte Gesetze und Verhaltenspraktiken zu machen –, unaufhaltsam zu einem immer schnelleren Niedergang, der in Aggression, Gesetzlosigkeit und kriminelle Brutalität mündete.

Hitlers ideologische Zwangsvorstellungen werden bei dieser Analyse keineswegs ignoriert. Aber die Betonung hat sich auf den funktionalen Druck verlagert, der innerhalb der verschiedenen – und konkurrierenden – Komponenten des Regierungs«systems» bestand und auf chiliastische, aber im wesentlichen notwendigerweise destruktive Ziele ausgerichtet war, deren Verwirklichung möglich wurde, weil eine zusammenhängende, «rationale» Regierungskontrolle und Politikplanung immer mehr verfiel und schließlich zusammenbrach. Durch diese Analyse werden Vorstellungen hinterfragt, die von einer planmäßigen, einheitlichen und systematischen Verfolgung klar gesteckter Ziele ausgehen – Vorstellungen, wie sie «Totalitarismus»-Theorien und «Hitlerismus»-Ansätzen zugrunde liegen.[26] Broszat sieht in Hitler jemanden, der dazu neigte, Druck, der von verschiedenen Kräften innerhalb des Regimes ausging, eher zu *sanktionieren*, als selbst schöpferisch politisch tätig zu sein: Die symbolische Führerautorität sei wichtiger gewesen als der direkte Regierungswille der Person Hitler, und die Fixpunkte seiner persönlichen Weltanschauung hätten daher größtenteils eine funktionale Rolle erfüllt.[27] Sie hätten so wenig mit irgendwelchen Uneinigkeiten stiftenden, alltäglichen sozialen und politischen Problemen zu tun gehabt, daß man sich ihrer als «Aktionsrichtungen» bedienen und sie als langfristige Endziele anstreben konnte. Außerdem «war Hitler um so mehr gezwungen, auf sie immer wieder zurückzukommen und die Bewegung in Gang zu halten, je mehr sich andere Neuord-

---

26 Siehe Broszat, *Der Staat Hitlers*, S. 9.
27 Die These findet sich, ausführlich dargelegt, in Martin Broszat, «Soziale Motivation und Führer-Bindung des Nationalsozialismus», *VfZ* 18 (1970), S. 392–409, hier besonders S. 403–408.

nungsvorstellungen der Partei als illusorisch erwiesen». In diesem Sinne ließe sich von Hitlers Fixierung auf Antisemitismus, Antibolschewismus und Lebensraum sagen, sie habe zumindest in den Anfangsjahren des Dritten Reiches eine größtenteils symbolische Funktion gehabt und, mit Broszats Worten, hauptsächlich als «ideologische Metapher» gedient. Bei dieser recht komplexen Argumentation wird Hitler zweifellos eine maßgebliche Rolle bei der Gestaltung des Dritten Reiches zugesprochen, aber nicht auf eine so einfache und direkte Weise, wie es die ideologischen «Intentionalisten» gerne hätten.

Am kompromißlosesten hat Hans Mommsen in einer ganzen Reihe von wichtigen Aufsätzen von Mitte der sechziger Jahre bis heute beständig dargelegt, welche Implikationen der «strukturalistische» Ansatz für eine Neueinschätzung der Stellung Hitlers innerhalb der Machtkonstellation des Dritten Reiches besitzt.[28] Mommsens Interpretation, die der Broszatschen in vielem ähnelt, dabei aber im allgemeinen kräftigere und kämpferischere Worte gebraucht, hat sich zum dialektischen Kontrapunkt der «monokratischen», hitlerbezogenen Argumentationslinie Hildebrands entwickelt.[29] In einer direkten Konfrontation mit Hildebrand sprach sich Mommsen 1976 gegen «personalistische» Interpretationen des Nationalsozialismus aus, da sie mehr Fragen aufwürfen, als sie beantworteten, und Hitlers «Politik» im nachhinein überrationalisierten.[30] Statt auf der Basis konkreter politischer Berechnungen und Kompromisse zu handeln – die das Wesen «normaler» Politik ausmachen –, hatte Hitler Mommsens Ansicht nach eine begrenzte Zahl von zwar fanatisch vertretenen, aber unklaren ideologischen Fixierungen, die keine Plattform für eine rationale

---

28 Siehe zum Beispiel Hans Mommsen, *Beamtentum*, besonders S. 13–19; «Nationalsozialismus» (siehe oben Anmerkung 4), Spalte 695–702; «Ausnahmezustand als Herrschaftstechnik des NS-Regimes», in Funke (siehe Kapitel 3 Anmerkung 27), S. 30–45; «Nationalsozialismus oder Hitlerismus?», in Bosch (siehe Kapitel 2 Anmerkung 62), S. 62–67; «National Socialism: Continuity and Change», in Laqueur (siehe Kapitel 2 Anmerkung 12), S. 151–192; «Hitlers Stellung im nationalsozialistischen Herrschaftssystem», in Hirschfeld und Kettenacker (siehe Kapitel 1 Anmerkung 23), S. 43–72; und, in neuerer Zeit, den kurzen, von ihm für das Deutsche Institut für Fernstudien an der Universität Tübingen verfaßten Text *Adolf Hitler als ‹Führer› der Nation* (Tübingen 1984). Einige seiner wichtigsten und einflußreichsten Aufsätze sind nun auch in englischer Übersetzung zugänglich, in Hans Mommsen, *From Weimar to Auschwitz* (Oxford 1991).
29 Vergleiche ihre Beiträge in Hirschfeld und Kettenacker.
30 In Bosch, S. 62–71, im Anschluß an Hildebrands Beitrag auf den Seiten 55–61.

Entscheidungsfindung bieten konnten. Hitler sei in erster Linie ein Propagandist geblieben mit einem Blick für die *Präsentation* eines bestimmten öffentlichkeitswirksamen Bildes («Image») und für die Ausnützung des geeigneten Augenblicks. Seine ideologischen Äußerungen solle man daher eher als Propaganda denn als «feste Absichtserklärungen» ansehen. Die Innenpolitik lasse sich unmöglich von Hitlers ideologischen Prämissen herleiten. Eine solche Herleitung wäre auch im Bereich der Rassenpolitik gewagt, da sich die «Endlösung» nicht einfach auf eine Ausführung der Absichten Hitlers reduzieren lasse und als Produkt der komplexen Struktur des Entscheidungsprozesses und der wachsenden Radikalisierung des Dritten Reiches angesehen werden müsse. Selbst in der Außenpolitik (die Mommsen an anderer Stelle in seinem Modell berücksichtigt hat)[31] lasse sich nur wenig oder gar keine einheitliche Planung erkennen. Statt auf einer rationalen Berechnung zu beruhen, sei die Außenpolitik größtenteils eine nach außen gerichtete Projektion der Innenpolitik gewesen – eine spiralartige Radikalisierung, bei der das Regime von einer Krise zur anderen schlitterte, auf wiederkehrende Notlagen immer wieder nur ad hoc reagierte und dabei die Brücken hinter sich verbrannte und schließlich bei der Verfolgung übertriebener Ziele immer weniger Sinn für die Realität an den Tag legte.

Zwei Probleme beschäftigten Mommsen ganz besonders: das Fehlen einer von Hitler kommenden klaren Planung und einheitlichen Leitung sowie die mit der Nazipolitik einhergehende Komplizenschaft der deutschen Eliten. Beide Probleme hängen direkt damit zusammen, daß an die Stelle einer geordneten Regierung selbstzerstörerische, sich fortpflanzende, zerfallbringende Impulse getreten waren. In einer kürzlich erschienenen, besonders klaren Darlegung seiner Sichtweise erklärt Mommsen zusammenfassend: «Man wird Hitlers antreibende Rolle nicht unterschätzen, die mit gleichsam innerer Notwendigkeit zur Selbstvernichtung hintrieb, wird aber andererseits erkennen müssen, daß der Diktator nur extremer Exponent einer durch den Wegfall aller institutionellen, rechtlichen und moralischen Barrieren freigesetzten

---

31 Siehe Hans Mommsen, «Hitlers Stellung», S. 57–61, 69–70; «Ausnahmezustand», S. 45; «National Socialism: Continuity and Change», S. 177–179; seine Besprechung von Hans-Adolf Jacobsens *Nationalsozialistische Außenpolitik* (Frankfurt am Main und Berlin 1968), in *MGM* (1970), Heft 1, S. 180–185; und sein Werk *Adolf Hitler*, S. 91–109.

antihumanitären Impulskette war, die, einmal in Gang gebracht, sich potenzierend fortzeugte.» Da Hitler außerdem keineswegs immer die jeweils radikalste Lösung vertreten habe – etwa in der Kirchen- oder Wirtschaftspolitik, wo Unruhen drohten – mache man es sich viel zu einfach, «wenn als Endursache für die verbrecherischen Zuspitzungen und terroristische Hybris der nationalsozialistischen Politik der bestimmende Einfluß Hitlers herausgestellt wird». Und wenn sich die entsetzlichen Verbrechen nicht allein oder auch nur großteils mit Hinweis auf Hitlers Persönlichkeit, Ideologie und Willen erklären ließen, dann müsse man der Rolle und Komplizenschaft der herrschenden Eliten besondere Aufmerksamkeit schenken, die Hitler an die Macht halfen und ihn, als er dieses Ziel erreicht hatte, unterstützten – und die sich darüber hinaus an der von den Nazis betriebenen «Wiederherstellung der sozialen Ordnung» beteiligten und daraus reichlich Nutzen zogen. Die historische Beurteilung lasse sich deshalb nicht auf die Einzigartigkeit des «Hitler-Phänomens» reduzieren, vielmehr müsse man dabei das schwierigere, aber noch immer relevante Problem der Bedingungen und Strukturen nachgehen, durch die eine solche Barbarei in einer zivilisierten und hochentwickelten Industriegesellschaft aufkommen und sich ausbreiten konnte.[32] Was das für weitergehende Interpretationen, die mit ihnen zusammenhängenden Geschichtsphilosophien und die diesen zugrundeliegenden politischen Standpunkte bedeutet, ist klar.

Das, was heutzutage als «intentionalistischer» Ansatz bezeichnet wird – also die Herleitung der Entwicklung des Dritten Reiches aus Hitlers ideologischen Intentionen oder Absichten –, hat etwas unmittelbar und offensichtlich Reizvolles an sich. Selten hat ein Politiker mit einer derart fanatischen Konsequenz an einer ideologischen Fixierung festgehalten, wie es Hitler anscheinend von seinem Eintritt in die Politik bis zu seinem Selbstmord im Bunker getan hat. Daß das Streben nach «Lebensraum» und die Vernichtung der Juden nicht einfach nur wilde Phantasien eines im Bierzelt tobenden extremistischen Volksverhetzers blieben, sondern durch ein von Hitler geführtes Regime als Regierungspolitik zu schrecklicher Realität wurden, scheint eindeutig für die Gültigkeit der «intentionalistischen» Argumentation zu sprechen. Doch bei aller oberflächlichen Attraktivität finden sich bei dieser Argumentationsrichtung eine Reihe potentiell ernsthafter Schwachpunkte,

---

32 Hans Mommsen, «Hitlers Stellung», S. 66–67, 71.

wie Tim Mason aufgezeigt hat. Methodisch gesehen, meint Mason, weiche man bei der Konzentrierung auf die Person allen grundlegenden Fragen nach dem Charakter der sozialen, wirtschaftlichen und politischen Einflüsse auf den historischen Prozeß aus. Diesem Ansatz liege die zweifelhafte Annahme zugrunde, daß sich die historische Entwicklung mit Hilfe eines intuitiven Verständnisses der Motive und Absichten der führenden Akteure des Dramas erklären lasse. Nachfolgende Ereignisse würden dann auf notwendig teleologische Weise rationalisiert, indem man sie zu diesen Absichten in Beziehung setze, die folglich sowohl als Ursache als auch als ausreichende Erklärung herhalten müßten. Außerdem stoße man bei dem Versuch, die Gründe, die Hitler zu bestimmten Entscheidungen bewogen, und die Vorgänge, die zu den einzelnen Entscheidungen führten, zu rekonstruieren, hinsichtlich der Qualität der Quellen auf größere Probleme – soweit Quellen überhaupt vorhanden seien. Das Material sei nicht immer klar und eindeutig und lasse sich verschieden deuten. Wenn man vom «Fall Hitler» ausgehe, dürfe man nicht nur Behauptungen aufstellen, sondern müsse Beweise erbringen. Selbst die moralischen Implikationen seien in diesem Fall nicht ganz eindeutig. Da Hitler als einzigartig und einmalig definiert werde und seine Handlungen und Absichten sowohl Voraussetzung als auch Folgerung seien, lasse sich hier aus der Untersuchung des Nationalsozialismus, wenn überhaupt, nur eine begrenzt anwendbare moralische Warnung ziehen.[33]

Die «strukturalistische» These läßt sich anscheinend naturgemäß viel schwieriger in Worte fassen – so könnte man zumindest aus der gewundenen Sprache schließen, die bisweilen von Vertretern dieser Argumentationslinie verwandt wird. Ansichten – wie: Hitler sei schwach und unentschlossen gewesen, Antisemitismus und «Lebensraum» seien als «ideologische Metapher» zu begreifen, der Nationalsozialismus habe die Sozialordnung eher aufrechterhalten als revolutionieren wollen, und die Außenpolitik sei ein Instrument der Innenpolitik gewesen – überzeugen nicht auf Anhieb. Es scheint einiges für die These zu sprechen, daß die «Strukturalisten» zwar vielleicht für den innenpolitischen Bereich, in dem Hitler wenig aktives Interesse zeigte, recht haben könnten, daß aber bei der antijüdischen und Außenpolitik die Dinge ganz anders lagen. Auch der Umstand, daß Nazideutschland nicht un-

---

33 Mason, «Intention and Explanation» (siehe Kapitel 1 Anmerkung 25), S. 29–35.

ter dem Gewicht seiner eigenen inneren Widersprüche, seines Verwaltungschaos und seiner selbstzerstörerischen Dynamik zusammenbrach, sondern erst von der vereinten Macht der Alliierten geschlagen wurde, scheint gegen die «strukturalistische» These zu sprechen. Und schließlich scheint die (über die Tatsachen sich hinwegsetzende) rhetorische Frage, welchen Kurs die deutsche Regierung wohl ohne Hitler an ihrer Spitze eingeschlagen hätte, eher geeignet, Hitlers Bedeutung erst recht hervorzuheben und sie gerade nicht weniger wichtig zu nehmen.

Die Bedeutung Hitlers wird von den «Strukturalisten» jedoch keineswegs ignoriert oder heruntergespielt. Sie versuchen vielmehr nur, diese Bedeutung im Rahmen des von zahlreichen anderen Stellen zusätzlich ausgehenden systemimmanenten Drucks zu sehen. Die «Strukturalisten» gehen von der Prämisse aus, die verschiedenen Prozesse, die im Dritten Reich zu einer zunehmenden und fortschreitenden Radikalisierung führten, seien in sich so komplex gewesen, daß man sie nicht erklären könne, ohne dabei Betrachtungen anzustellen, die über Hitlers Persönlichkeit und Ideologie hinausgehen, und ohne dabei weniger die Persönlichkeit des Führers als vielmehr dessen funktionale Rolle innerhalb eines multidimensionalen (polykratischen) Herrschaftssystems zu berücksichtigen. Die strukturalistische These läßt sich nicht so leicht verwerfen, wie die «Intentionalisten» häufig behaupten. Eine vollständige Beurteilung dieser gegensätzlichen Interpretationen muß sich allerdings über drei – miteinander zusammenhängende, aber eigene – Bereiche erstrecken: den Charakter der Hitlerschen Herrschaft und der inneren Machtstruktur des NS-Staates; die Durchführung der antijüdischen Politik, insbesondere den Entscheidungsprozeß, der den Anstoß zur «Endlösung» gab; und schließlich die Außenpolitik und die expansionistischen Ambitionen des Regimes. Von zentraler Bedeutung ist bei allen drei Bereichen die Frage, wie man im Dritten Reich zu Entscheidungen gelangte. Die beiden letzten Bereiche, die zum Kern der Hitlerschen Weltanschauung gehören, werden in nachfolgenden Kapiteln behandelt. Der erste Bereich ist Gegenstand der folgenden Auswertung.

Hitlers Macht: eine Auswertung

Wenn wir Hitlers Macht daraufhin untersuchen wollen, ob er als «Herr und Meister im Dritten Reich» oder als «schwacher Diktator» anzusehen ist, müssen wir zuerst eine Vorstellung davon haben, worin potentiell seine «Stärke» und seine «Schwäche» innerhalb der gesamten Machtkonstellation im Dritten Reich bestanden haben könnte. Wie es scheint, lassen sich mindestens drei Kategorien einer möglichen Schwäche unterscheiden:

(i) Man könnte den Standpunkt vertreten, Hitler sei insofern «schwach» gewesen, als er sich regelmäßig davor drückte, Entscheidungen zu treffen, und zu einem solchen Verhalten auch gezwungen war, um sein «Image» und Prestige zu schützen, die davon abhingen, daß der «Führer» sich aus jeglichem Parteihader heraushielt und nicht mit fehlerhaften oder unpopulären Entscheidungen in Verbindung gebracht wurde. Das würde bedeuten, daß die chaotischen zentrifugalen Tendenzen im Dritten Reich «strukturell» bedingt waren und nicht einfach oder in erster Linie eine Folge ideologischer oder persönlicher Vorlieben Hitlers beziehungsweise einer machiavellistischen «Teile-und-herrsche!»-Taktik.

(ii) Hitler könnte als «schwach» gelten, wenn sich zeigen ließe, daß seine Entscheidungen von seinen Untergebenen mißachtet, verwässert oder sonstwie unkorrekt ausgeführt wurden.

(iii) Man könnte behaupten, Hitler sei insofern «schwach» gewesen, als sein Handlungsspielraum und seine Manövrierfähigkeit durch Faktoren vorherbestimmt und begrenzt waren, die außerhalb seiner Kontrolle lagen, aber «systemimmanent» waren – wie zum Beispiel wirtschaftliche Erfordernisse oder Angst vor sozialen Unruhen.

Die folgende Analyse ist ein Versuch, Hitlers Herrschaft und die innere Machtstruktur des Dritten Reiches zu beurteilen und die genannten drei Kategorien dazu in Beziehung zu setzen.

Unter Historikern herrscht im wesentlichen Übereinstimmung darüber, daß die nationalsozialistische Regierung chaotisch strukturiert war. Es fällt natürlich nicht schwer, die «Rationalität» und «Ordnung» irgendeines modernen Regierungssystems zu übertreiben. Doch scheint festzustehen, daß die innere Verwaltung des Dritten Reiches in einem solchen Maße aufgesplittert war und derart mangelhaft koordiniert wurde, daß man die einander überschneidenden, gegenseitig konfliktträchtigen und manchmal zueinander regelrecht im Widerspruch stehenden Autoritäts- oder Zuständigkeitsbereiche zutreffend als «chaotisch» bezeichnen kann. Die Frage ist, welche Bedeutung man diesem «Chaos» beimessen sollte.

Beim «intentionalistischen» Ansatz geht man davon aus, daß sich in den verworrenen Zuständigkeitsbereichen im Dritten Reich eine kalkulierte Politik nach dem Motto «Teile und herrsche!» spiegelt, und es heißt, das zeuge dafür, daß Hitler eine zentrale Rolle gespielt, wahre Macht besessen und die Übernahme, Festigung und Ausübung totaler Macht schon vorher geplant habe, um seine langfristigen Ziele zu verwirklichen.[34] Im Gegensatz dazu wird bei der «strukturalistischen» Interpretation die aufgesplitterte Regierungsmaschinerie eher als zwangsläufiges Produkt von Hitlers «charismatischer» Form der Führung gesehen. Dieser Führungsstil bedingte demnach von vornherein eine Ablehnung der institutionellen und bürokratischen Normen, die für die «rationale» Regierungsform eines modernen Staates erforderlich sind, und machte statt dessen persönliche Loyalität zur Grundlage der Autorität. Auf diese Weise wurde also das Ethos aus der Frühzeit der Nazipartei auf die Aufgabe, eine hochentwickelte moderne Regierungsmaschinerie zu leiten, übertragen.[35] Durch die «charismatische» Führung bedingt, stand dann auch von vornherein fest, daß man sich mit im wesentlichen propagandistischen Mitteln darum bemühen mußte, das Prestige und öffentlichkeitswirksame Bild des Führers vor Schaden zu bewahren, und deshalb durfte der Führer nicht in interne Konflikte eingreifen und mußte sich aus den alltäglichen Entscheidungsprozessen heraushalten und darauf achten, nicht mit möglicherweise unpopulären politischen Beschlüssen in Verbindung gebracht zu werden.[36]

---

34 Siehe zum Beispiel Bracher, «Stufen», und Diehl-Thiele, S. ix (wo er von einer «permanente[n] Improvisation im Rahmen einer prinzipiellen divide-et-impera-Taktik» spricht).
35 Wie sich Hitlers «charismatischer» Führungsstil auf die NSDAP auswirkte, verdeutlichen Joseph Nyomarkay, *Charisma and Factionalism within the Nazi Party* (Minneapolis 1967), und Wolfgang Horn, *Führerideologie und Parteiorganisation in der NSDAP (1919–1933)* (Düsseldorf 1972).
36 Die Entstehung und Wirkung von Hitlers populärem «Image» versuche ich in zwei Veröffentlichungen anzugehen: *Der Hitler-Mythos. Volksmeinung und Propaganda im Dritten Reich* (Schriftenreihe der Vierteljahrshefte für Zeitgeschichte, Stuttgart 1980) und «The Führer Image and Political Integration: The Popular Conception of Hitler in Bavaria during the Third Reich», in Hirschfeld und Kettenacker, S. 133–163.

Im Gegensatz zu Vorstellungen von einer «monokratischen» Diktatur, die unerbittlich, mit erbarmungslosem Eifer und voller Energie ihre gesteckten Ziele verfolgte, werden bei dieser Interpretation der Mangel an Effizienz, die Aufsplitterung des Entscheidungsprozesses, das Fehlen einer klaren, rationalen «mittelfristigen» Politik und der schwindende Sinn für die Realität hervorgehoben, die alle die immanente Labilität des politischen Systems, die zwangsläufige Auswahl negativer Ziele und eine zunehmende Radikalisierung förderten.[37] Hitlers persönlicher Handlungsspielraum war darüber hinaus durch das weitere Bestehen anderer, realer – wenn auch fluktuierender – Machtzentren eingeschränkt.[38]

Als Beleg für eine machiavellistische «Teile-und-herrsche!»-Taktik – deren Existenz Hitlers ehemaliger Pressechef Otto Dietrich in seinen nach dem Krieg verfaßten Memoiren behauptete[39] – gelten normalerweise die bewußt verschwommen gehaltene Befehlshierarchie und die Verdoppelung oder Verdreifachung einzelner Ämter. Ein Beispiel dafür ist die Art und Weise, in der Hitler die von Gregor Strasser geschaffene einheitliche Kontrolle über die Parteiorganisation aufsplitterte. Nach Strassers Rücktritt im Dezember 1932 übernahm Hitler selbst die formale Leitung der «Politischen Organisation» der Partei, stärkte die Stellung der Gauleiter auf Kosten der Reichsleitung und teilte im Zentrum die Macht zwischen Robert Ley (der schließlich Strassers alten Titel «Reichsorganisationsleiter» übernahm, dabei aber weniger Macht besaß) und Rudolf Heß auf (der im April 1933 den Titel «Stellvertreter des Führers» erhielt und das Recht bekam, in Hitlers Namen alle Fragen zu entscheiden, die die Parteiführung betrafen).[40]

Ein anderes Beispiel ist Hitlers Weigerung, Reichsinnenminister Wilhelm Frick bei seinen Versuchen zu unterstützen, mit Hilfe weitreichender Pläne für eine «Reichsreform» ein rationales zentralisiertes staatliches Kontrollsystem einzuführen. In den Anfangsjahren des

---

37 Siehe Hans Mommsen, «National Socialism: Continuity and Change», S. 176–178; Broszat, «Soziale Motivation»; und den nützlichen Aufsatz von Jane Caplan, «Bureaucracy, Politics, and the National Socialist State», in Peter D. Stachura (Hg.), *The Shaping of the Nazi State* (London 1978), S. 234–256.
38 Zu Verschiebungen innerhalb der «Machtkonstellation» des Dritten Reiches siehe Hüttenberger, «Polykratie», und oben Kapitel 3.
39 Otto Dietrich, *Zwölf Jahre mit Hitler* (Köln und München 1955), S. 129 ff.
40 Diehl-Thiele, S. 204–206.

Dritten Reiches war Frick eifrig bemüht, Weisungsbefugnis gegenüber den Reichsstatthaltern zu erlangen, von denen die meisten gleichzeitig Gauleiter der Partei waren. Die Reichsstatthalter waren im April 1933 in den Ländern als Beauftragte des Reichs eingesetzt worden und hatten den weitgefaßten Auftrag sicherzustellen, daß die Länderregierungen die Politik des Reichskanzlers ausführten.[41] Im Januar 1934 sah es dann so aus, als wäre Frick mit seinen Bemühungen Erfolg beschieden. Das von Hitler unterzeichnete «Gesetz über den Neuaufbau des Reiches» unterstellte die Reichsstatthalter der Dienstaufsicht des Reichsinnenministers. (Da durch dieses Gesetz die Souveränität der Länder beseitigt wurde, bestand technisch gesehen eigentlich kein Grund für die Beibehaltung der Institution des Reichsstatthalters, doch typischerweise existierte sie weiter.) Nachdem die Reichsstatthalter massiv protestiert und das Recht eingefordert hatten, sich mit Einsprüchen direkt an Hitler wenden zu dürfen, mußte Frick sich mit einer Erläuterung Hitlers zufriedengeben, die Fricks Autorität praktisch vollständig untergrub. Nun hieß es, zwar seien die Reichsstatthalter Frick im allgemeinen untergeordnet, doch müsse «eine Ausnahme [...] nach Auffassung des Herrn Reichskanzler für die Fälle gelten, in denen es sich um Fragen von besonderer politischer Bedeutung handelt. Eine derartige Regelung entspricht nach der Auffassung des Reichskanzlers seiner Führerstellung».[42] Fricks mit viel Geduld entworfenen Reichsreformplänen – die darauf abzielten, ein zentralisiertes und rationales Autoritätssystem einzuführen, das nicht mehr auf dem Ermächtigungsgesetz, sondern auf einer Reichsverfassung basieren sollte – erging es ähnlich. Sie wurden im Krieg schließlich ganz aufgegeben – genauso wie die geplante Errichtung eines Senats, der dem Führer zur Seite stehen und seinen Nachfolger bestimmen sollte.[43]

Man kann darüber streiten, ob sich aus diesen und anderen Beispielen eine systematische Taktik nach dem Motto «Teile und herrsche!» herauslesen läßt. Hitler förderte durchaus den Aufbau einiger großer Machtbasen. In dem obenerwähnten Beispiel erhielt Robert Ley zusätzlich zu seiner Entscheidungsbefugnis in Fragen der Parteiorganisa-

---

41 «Zweites Gesetz zur Gleichschaltung der Länder mit dem Reich» vom 7. April 1933, *Reichsgesetzblatt* 1933/I, S. 173. Siehe auch Diehl-Thiele, S. 37–60.
42 Martin Broszat, *Der Staat Hitlers* (München 1969), S. 153. Siehe Diehl-Thiele, S. 61–73.
43 Siehe Peterson, S. 102–125; Broszat, *Der Staat Hitlers*, S. 360–362; und Hans Mommsen, «National Socialism: Continuity and Change», S. 169.

tion die Kontrolle über die riesige «Arbeitsfront». Doch selbst dieses kleine Imperium war recht unbedeutend im Vergleich zu dem massiven Machtzuwachs, den Göring und Himmler mit Hitlers aktiver Unterstützung erfuhren. Genausowenig zeigte Hitler sich besonders beunruhigt über Martin Bormanns Machtakkumulation in den Kriegsjahren. Und die für Hitler größte Bedrohung in der Frühphase der Diktatur – Ernst Röhm und die SA-Führung – wurde erst beseitigt, als Hitler dem starken Druck des Heeres nachgab und nachdem er auch von Göring und Himmler massiv dazu gedrängt worden war.

Festzustehen scheint immerhin, daß Hitler äußerst empfindlich auf jeden Versuch reagierte, seine Autorität institutionell oder rechtlich auch nur im geringsten zu beschränken; sie hatte völlig ungehindert und theoretisch absolut zu sein und ganz in seiner Person zu liegen. «Das Staatsrecht des Dritten Reiches», erklärte Hans Frank, der Reichsführer des NS-Juristenbundes, 1938, «ist die rechtliche Formulierung des geschichtlichen Wollens des Führers, nicht aber ist das geschichtliche Wollen des Führers die Erfüllung einer staatsrechtlichen Vorbedingtheit seines Wirkens.»[44] Hitler war entsprechend mißtrauisch gegenüber allen Formen institutioneller Loyalität und Autorität – von Wehrmachtsoffizieren, Beamten, Anwälten und Richtern, von Kirchenführern und von Kabinettsministern (von denen er nicht wollte, daß sie sich zwischen den immer seltener stattfindenden Kabinettssitzungen auch nur inoffiziell träfen).[45]

Die logische Folge aus Hitlers extremem Mißtrauen gegenüber institutionellen Bindungen war, daß er sich als Regierungs- und Verwaltungsprinzip auf persönliche Loyalität verließ. Er scheint kein besonderes Mißtrauen gegenüber Machtbasen gehabt zu haben, die sich aus seiner eigenen Führerautorität herleiteten und mit seinen eigenen ausgesuchten Paladinen besetzt waren – daher war er am Ende im Bunker auch so verzweifelt, als Himmler, sein «treuer Heinrich», ihm in den

---

44 Hans Frank, *Im Angesicht des Galgens* (München ¹1953), S. 466–467 («Die geistesgeschichtliche Lage der deutschen Rechtswissenschaft», Rede, gehalten vor der Akademie für deutsches Recht am 18. Juni 1938).
45 Lothar Gruchmann, «Die ‹Reichsregierung› im Führerstaat. Stellung und Funktion des Kabinetts im nationalsozialistischen Herrschaftssystem», in G. Doecker und W. Steffani, *Klassenjustiz und Pluralismus. Festschrift für Ernst Fraenkel zum 75. Geburtstag* (Hannover 1973), S. 202. Zu Hitlers Haltung gegenüber den Eliten des «Establishments» siehe Michael Kater, «Hitler in a Social Context», *CEH* 14 (1981), S. 251 ff.

Rücken fiel.⁴⁶ Der Appell an die persönliche Treue war für Hitler – vor allem in Krisenmomenten – seit den Anfangsjahren der Partei kennzeichnend gewesen.⁴⁷ Das Loyalitätsprinzip, das bereits vor 1933 ein Merkmal der Parteiführung gewesen war und dazu diente, sowohl die Führungskräfte als auch die einfachen Parteimitglieder an die Person des Führers zu binden, wurde ab 1933 auch in die Regierungspraxis des Reiches übernommen. Insofern hat es, als Analogie betrachtet, etwas für sich, wenn Robert Koehl im Dritten Reich weniger einen totalitären Staat als ein neofeudales Imperium sieht.⁴⁸ In Wirklichkeit ersetzten die auf persönlicher Treue beruhenden Bindungen – die ein reines Element «charismatischer» Herrschaft sind – jedoch die komplexen bürokratischen Strukturen nicht, sondern überlagerten sie. Das führte weniger zu ihrer völligen Zerstörung als zu einer parasitären Zersetzung. Da institutionelle Beschränkungen verpönt waren und den Machtambitionen treuer Paladine freie Hand gelassen wurde, war es eindeutig möglich, daß sich dynamische, aber unkanalisierte Energien entfalten konnten – Energien, die sich darüber hinaus zwangsläufig destruktiv auf jede rationale Regierungsordnung auswirken mußten.

Wie zahlreiche Untersuchungen zeigen, wurde durch die auf Gefolgschaftstreue beruhende Bindung der Gauleiter an Hitler jeder Anschein einer geordneten Regierung in den Provinzen zunichte gemacht.⁴⁹ Bei allen Auseinandersetzungen mit zentralen Behörden oder Ministerien stellte sich Hitler ausnahmslos auf die Seite seiner Gauleiter (oder, besser, des stärksten Gauleiters) und schützte ihre Interessen und sicherte sich damit gleichzeitig die Unterstützung einer mächtigen Gruppe, die nur ihm und niemand sonst treu ergeben war. Rauschning zufolge hat Hitler «sich nie in einen Gegensatz zu seinen Gauleitern gebracht». Jeder einzelne dieser Männer sei «in seiner Hand» gewesen. «Alle zu-

---

46 H. R. Trevor-Roper, *The Last Days of Hitler* (London 1972, «Pan Books»-Ausgabe), S. 202 (dt.: *Hitlers letzte Tage* [Berlin 1973]).
47 Siehe Nyomarkay, Horn (siehe oben Anmerkung 35) und Dietrich Orlow, *The History of the Nazi Party. Vol 1: 1919–1933* (Newton Abbot 1971).
48 Robert Koehl, «Feudal Aspects of National Socialism», in Turner, *Nazism and the Third Reich* (siehe Kapitel 3 Anmerkung 6), S. 151–174.
49 Zum Beispiel Diehl-Thiele; Hüttenberger, *Gauleiter*; Peterson; Jochen Klenner, *Verhältnis von Partei und Staat 1933–1945. Dargestellt am Beispiel Bayerns* (München 1974); und Jeremy Noakes, «Oberbürgermeister and Gauleiter. City Government between Party and State», in Hirschfeld und Kettenacker, S. 194–227, besonders S. 207 ff.

sammen aber [hatten] ihn in der Hand. [...] Sie wehrten mit einer robusten Einmütigkeit alle Versuche ab, die Rechte ihrer Souveränität einschränken zu lassen. Hitler blieb von ihnen abhängig. Und er war nicht bloß von ihnen abhängig.»[50] Wie wir gesehen haben, scheiterte Fricks Versuch, Macht über die Reichsstatthalter zu erlangen, daran, daß Hitler die Einwände der Gauleiter akzeptierte. Der mächtige Himmler sah sich in bezug auf die Gauleiter mit demselben Problem konfrontiert, als er 1943 Reichsinnenminister geworden war.[51]

Gegen eine Festlegung rationaler politischer Prioritäten sprach auch auf zentraler Regierungsebene deutlich der Umstand, daß Hitler ideologisch bedingt dazu neigte, Rivalen ihre Meinungsverschiedenheiten ausfechten zu lassen, um sich dann – in einer instinktiven Anwendung sozialdarwinistischer Prinzipien – auf die Seite des Gewinners zu stellen, und daß er im Falle einer Krise rasch seine Zuflucht dazu nahm, bestehende Institutionen zu umgehen oder zu zerschneiden und neue Einrichtungen zu schaffen, die ihre Vollmachten direkt von ihm als Führer erhielten und allein von seiner Autorität abhängig waren. Das führte zwangsläufig dazu, daß sich die Zentralregierung langsam auflöste – was sich in immer seltener stattfindenden Kabinettssitzungen und deren völliger Einstellung Anfang 1938 spiegelte – und schließlich in eine Vielzahl konkurrierender und nicht koordinierter Ministerien, Parteistellen und halbstaatlicher Stellen zerfiel, die alle für sich beanspruchten, den Willen des Führers richtig zu deuten. Hand in Hand mit dieser Entwicklung erlangte die Führerautorität selbst eine immer größere Autonomie; sie löste und isolierte sich immer stärker von jeglichem kollegialen Regierungsrahmen und war dementsprechend einem zunehmenden Größenwahn und einem schwindenden Realitätssinn ausgesetzt.[52]

Durch seinen unbürokratischen und eigentümlichen Herrschaftsstil verstärkte Hitler merklich die chaotische Art der Regierung im Dritten Reich. Er hatte exzentrische «Arbeits»zeiten, eine Abneigung dagegen,

---

50 Hermann Rauschning, *Gespräche mit Hitler* (Wien 1973 [zuerst 1940 in Zürich erschienen]), S. 203–204. Siehe auch Peterson, S. 7, 14–15, 18–19. Rauschning übertreibt allerdings, wenn er gleichzeitig behauptet (S. 204), das Geheimnis der Hitlerschen Führung «war, vorher zu wissen, wie sich die Mehrheit seiner Gauleiter entscheiden würde, und sich für diese Entscheidung schon vorher festzulegen, bevor die Gauleiter zur Sprache kamen».
51 Diehl-Thiele, S. 197–200 (und Anmerkung 70).
52 Siehe Broszat, *Der Staat Hitlers*, Kapitel 8–9.

irgend etwas schriftlich festzuhalten, war immer wieder längere Zeit nicht in Berlin und selbst für wichtige Minister unerreichbar, hatte für kompliziertere Probleme keine Geduld und neigte dazu, impulsiv und wahllos einzelne Informationen oder unausgegorene Einschätzungen von alten Freunden und Günstlingen aufzugreifen – und all das bedeutete, daß eine im herkömmlichen Sinne geordnete Regierung ganz und gar unmöglich war. «Die Kunst der Ministerien», so wurde nach dem Krieg erklärt, «bestand nun darin, die gute Stunde oder Minute zu benutzen, wo Hitler, manchmal durch ein hingeworfenes Wort, eine Entscheidung traf, die dann als ‹Führerbefehl› ihren Weg nahm.»[53]

Doch wäre es irreführend, aus dieser Bemerkung zu schließen, daß sich beständig eine Flut von – auf welche ausgefallene Weise auch immer erzielten – Entscheidungen aus Hitlers erhabener Höhe nach unten ergossen hätte. Vielmehr war der Führer häufig nicht willens, innenpolitische Angelegenheiten zu entscheiden, und im allgemeinen nicht bereit, Streitigkeiten dadurch zu schlichten, daß er sich auf die eine oder andere Seite stellte, sondern zog es eindeutig vor, daß die streitenden Parteien das jeweilige Problem unter sich lösten.[54] Es wäre zu einfach, wollte man dies – und die Unordnung auf seiten der Regierung im Dritten Reich im allgemeinen – allein Hitlers persönlichen Marotten und seinem exzentrischen Stil zuschreiben. Gewiß, er reagierte gelangweilt, lethargisch und uninteressiert auf Angelegenheiten, die er für unter seinem Niveau liegende, triviale administrative Einzelheiten hielt. Aber es scheint doch festzustehen, daß die Wahrung der eigenen Stellung und des eigenen Prestiges ein wichtiger Faktor war, der Hitler von vornherein unwillens sein ließ, in Problembereiche einzugreifen, und ihn veranlaßte, den Dingen lieber so lange wie möglich ihren Lauf zu lassen – so daß sich schließlich fast ausnahmslos eine Lösung anbot und bis dahin zum einen geklärt war, mit wieviel Unterstützung gerechnet werden konnte, und zum anderen die Opposition (falls vorhanden) isoliert war. Insofern stellten die Kabinettssitzungen in den Anfangsjahren der Diktatur keineswegs ein Forum dar, in dem vor politischen Beschlüssen ernsthaft debattiert worden wäre. Hitler haßte es, diese Sitzungen zu leiten, in deren Verlauf er sich bei bestimmten Problemen unter Umständen zum Rückzug gezwungen sehen könnte. Folglich behielt er sich

---

53 Ernst v. Weizsäcker, *Erinnerungen* (München, Leipzig und Freiburg 1950), S. 201–202.
54 Siehe Peterson, S. 4ff.

«die Entscheidung vor, in welchen Fällen Meinungsverschiedenheiten vor das Kabinett zu bringen seien. Auf diese Weise kam es immer seltener zu Aussprachen. Jeder Minister trug seinen Entwurf vor, über den bereits Einigung erzielt war, und Lammers [der Chef der Reichskanzlei] stellte das Einverständnis fest».[55] Trotzdem wurden die Kabinettssitzungen immer seltener, bis sie überhaupt nicht mehr stattfanden. Was die Gesetzgebung betrifft, wurde ein «Umlaufverfahren» eingeführt: Gesetzentwürfe gingen reihum an alle zuständigen Minister, problematische und strittige Punkte wurden aus dem Weg geräumt, und Hitlers Zustimmung erfolgte erst, nachdem alle betroffenen Parteien ihre Differenzen bereits bereinigt hatten. 1943 wies Bormann erneut darauf hin, daß alle Befehle und Verordnungen sämtlichen Beteiligten vor ihrer Verkündung vorgelegt werden müßten; an den Führer dürfe man sich erst wenden, nachdem alle Beteiligten eine klare Position bezogen hätten.[56] Hier wurde auf das komplexe Geschäft staatlicher Verwaltung quasi das Grundprinzip der Partei übertragen, die Dinge sich entwickeln zu lassen, «bis der Stärkste sich durchgesetzt hat» – ein Prinzip, das wohl kaum eine Grundlage für eine «rationale» Entscheidungsfindung bilden kann. Jedenfalls hatte sich bereits Mitte der dreißiger Jahre der Einfluß verlagert und war bei wichtigen Staatsangelegenheiten auf die wechselnde Mannschaft der Hitler am treuesten ergebenen Kumpane übergegangen, und Regierungsminister erfuhren manchmal erst aus der Zeitung, was sich jeweils ereignet hatte.[57]

Die nicht etwa unmittelbare, sondern distanzierte Führung in Alltagsangelegenheiten und das Hinauszögern von Entscheidungen, solange sich die Situation nicht größtenteils von selbst geklärt hatte, spiegelten nicht nur den Hitlerschen Herrschaftsstil, sondern waren notwendige Bestandteile seiner «charismatischen» Führerautorität und halfen, in Regierungskreisen und im Volk den Mythos aufrechtzuerhalten, Hitler besitze ein unfehlbares Urteilsvermögen und stünde über allem Parteienhader – über der «normalen Politik». Verglichen mit der enormen Unpopularität der Partei und vieler Aspekte der mit dem Na-

---

55 Lutz Graf Schwerin von Krosigk, *Es geschah in Deutschland* (Tübingen und Stuttgart 1951), S. 203. Siehe auch Peterson, S. 31.
56 BAK R 43 II/695 a (zit. bei Petersen, S. 39).
57 Krosigk, S. 203; Gruchmann, S. 193–194. Eine wichtige Analyse der Rolle Hitlers bei den Entscheidungen während des Krieges bietet jetzt Dieter Rebentisch, *Führerstaat und Verwaltung im Zweiten Weltkrieg* (Stuttgart 1989).

tionalsozialismus verknüpften täglichen Erfahrung, läßt sich Hitlers rasch wachsende Popularität nur darauf zurückführen, daß die Öffentlichkeit das Bild eines Führers vor Augen hatte, der mit internen politischen Machtkämpfen und der grauen Alltagsrealität des Dritten Reiches nichts zu tun zu haben schien.[58] Bis zu einem gewissen Grade mußte Hitler diesem Bild gerecht werden. Auch dadurch war ein Führungsstil bedingt, der sich durch Zurückhaltung, Nichteinmischung, «Mäßigung» in sensiblen Bereichen (wie etwa beim «Kirchenkampf») und die Tendenz auszeichnete, sich immer auf die Seite der «stärkeren Bataillone» zu schlagen.[59] Die Notwendigkeit, immer größere Meisterleistungen zu vollbringen, um die Massen enger an sich zu binden und ein Abflauen der «Vitalität» des Regimes hin zu Stagnation, Ernüchterung und möglichem Zusammenbruch zu verhindern, war ein weiterer gewichtiger Faktor, der gegen die Einführung eines «Zustands der Normalität» im Dritten Reich sprach und statt dessen die radikale, aber im wesentlichen negative Dynamik förderte, die die Grundlage der sozialen Integration der Nazibewegung gebildet hatte, letztlich jedoch in kaum etwas anderem als in Zerstörung enden konnte.

Das Regierungschaos des Dritten Reiches läßt sich anscheinend besser erklären, wenn man die Vorstellung von einer systematischen «Teile-und-herrsche!»-Taktik beiseite läßt – auch wenn offensichtlich ist, daß Hitler seine Autorität bewußt gegenüber jedem eventuellen Versuch, sie institutionell zu begrenzen, zu wahren suchte. Obwohl die chaotische Regierungsstruktur größtenteils nicht absichtlich herbeigeführt wurde, bildet sich doch noch kein zufriedenstellender Beleg für die Ansicht, Hitler sei ein «in mancher Hinsicht schwacher Diktator» gewesen.[60] In der Tat scheint hier der Gedanke an «Schwäche» fehl am Platze. Wenn Hitler eine andere Regierungsstruktur *gewollt* hätte, aber in ihrer Verwirklichung gehindert worden wäre, oder wenn er *beabsichtigt* hätte, bestimmte Entscheidungen zu treffen, sich aber dazu nicht in der Lage gesehen hätte, dann hätte ein Widerspruch zwischen «Intention» und «Struktur» bestanden, und dann hätte man vielleicht

---

58 Näher darzulegen versuche ich dies in meinem Aufsatz «Alltägliches und Außeralltägliches: ihre Bedeutung für die Volksmeinung 1933–1939», in Detlev Peukert und Jürgen Reulecke (Hg.), *Die Reihen fast geschlossen. Beiträge zur Geschichte des Alltags unterm Nationalsozialismus* (Wuppertal 1981), S. 273–292, besonders S. 285 ff.
59 Peterson, S. 7.
60 Siehe oben Anmerkung 4.

daraus den Schluß ziehen können, Hitler sei «schwach» gewesen. Da sich jedoch für keinen der beiden Punkte Belege finden und vielmehr alles darauf hindeutet, daß Hitler sich (solange seine Autoritätsstellung nicht direkt betroffen war) ganz gern, ja sogar bewußt, aus den Streitereien seiner Untergebenen heraushielt und kaum daran interessiert war, sich am Gesetzgebungsprozeß zu beteiligen – vor allem in Bereichen, die ihn nur am Rande beschäftigten –, und daß er das Regierungschaos eigentlich aktiv förderte, statt sich um Gegenmaßnahmen zu bemühen, kommt man wohl nicht umhin zu akzeptieren, daß in diesem Bereich keine Unvereinbarkeit von «Intention» und «Struktur» vorgelegen hat, und wird sich wohl gegen die Schlußfolgerung entscheiden müssen, Hitler sei aufgrund der «strukturellen» Beschränkungen, denen seine Diktatur unterlag, «schwach» gewesen.

Unser zweites Kriterium für eine mögliche Schwäche war, ob Hitler Entscheidungen fällte, die anschließend von Untergebenen mißachtet, umgangen oder unzulänglich ausgeführt wurden.

Hitler neigte dazu, Vorschläge, die ihm von seinem Befehlsempfängern in günstigen Momenten beiläufig unterbreitet wurden, oft impulsiv mündlich zuzustimmen, und das führte gelegentlich natürlich schon zu peinlichen Situationen, wenn seine Untergebenen eine solche spontane Bemerkung dann als hinreichende Zustimmung und «unabänderliche Entscheidung» interpretierten. Ein derartiger Fall ereignete sich im Oktober 1934, als der Chef der Arbeitsfront, Robert Ley, Hitler dazu überredete, eine Verordnung zu unterzeichnen, die die Befugnisse der Arbeitsfront auf Kosten der Unternehmer und der Treuhänder der Arbeit erweiterte. Ley hatte seinen Vorschlag zuvor weder dem Arbeits- noch dem Wirtschaftsministerium vorgelegt, und beide protestierten – zusammen mit dem im Namen der Partei sprechenden Heß – so vehement dagegen, daß Hitler, der Schacht und die Industriebosse nicht gegen sich aufbringen wollte, sich gezwungen sah, dem Druck nachzugeben. Charakteristischerweise wurde die Verordnung nicht aufgehoben – denn das hätte dem Prestige des Führers Abbruch getan –, sondern wurde von allen mit Hitlers stillschweigender Zustimmung ignoriert, obwohl Ley, der seine eigene Macht auszudehnen suchte, sich weiterhin auf diese Verordnung berief.[61] Schwierigkeiten gab es

---

61 In unterschiedlich gekürzten Fassungen ist die Verordnung abgedruckt in Walther Hofer (Hg.), *Der Nationalsozialismus. Dokumente 1933–1945* (Frankfurt am Main 1982), S. 87, und Wolfgang Michalka (Hg.), *Das Dritte Reich* (München

auch, als Hitler sich Anfang 1935 mit einem Vorschlag von Arbeitsminister Seldte einverstanden erklärte, der eine einheitliche Lohnstruktur für Bauarbeiter (anstelle des bestehenden, regional unterschiedlichen Systems) vorsah. Dem von den Gauleitern – darunter besonders auch vom Hamburger Gauleiter Kaufmann – vorgebrachten Einwand, die anschließend in einigen Gebieten erforderlichen Lohnkürzungen würden sich negativ auf die Arbeitsmoral auswirken, maß Hitler jedoch großes Gewicht bei, und er ordnete typischerweise eine weitere, zeitlich unbefristete Beratungsphase an, bevor die vorgeschlagene Revidierung der Löhne in Kraft treten sollte – was bedeutete, daß die Angelegenheit ad acta gelegt und vergessen wurde.[62] Vor allem in den Anfangsjahren der Naziherrschaft lassen sich auch Beispiele dafür finden, daß Hitler sich wirtschaftlichem Druck beugen mußte und ihm Entscheidungen aufgezwungen wurden, die ihm nicht gefielen – wie etwa 1933, als er akzeptieren mußte, daß schlecht florierende jüdische Kaufhäuser finanziell unterstützt werden sollten, um zu verhindern, daß es zu Personalentlassungen käme und dadurch die Zahl der Arbeitslosen noch weiter anstiege.[63] Andererseits setzte Hitler bei einem der wenigen vom Reichskabinett verhandelten strittigen Themen (an dem ihm zudem sehr viel lag) mit dem Sterilisationsgesetz vom Juli 1933 [«zur Verhütung erbkranken Nachwuchses»] seine Meinung durch, obwohl Vizekanzler von Papen (der in diesem Fall die Ansichten der katholischen Lobby vortrug) Einwände gegen dieses Gesetz geltend machte.[64]

Es wäre voreilig, wenn man aufgrund der quellenmäßig erfaßten Ausführung von Führerbefehlen behaupten wollte, Hitler sei ein «schwacher Diktator» gewesen. Die «Grenzen der Macht Hitlers», von denen bei Peterson die Rede ist, lassen sich wohl nur dann als «Grenzen» verstehen, wenn man von einer völlig idealistischen Vorstellung von «totaler Macht» ausgeht. Außerdem führt Peterson keinerlei überzeugende Beispiele von Fällen an, in denen eine von Hitler als unbedingt wichtig erachtete Weisung von Untergebenen oder anderen mißachtet oder blockiert worden wäre. Viel wichtiger als die Frage, ob Hitler als «starker» oder als «schwacher» Diktator angesehen wer-

---

1985), Band 1, S. 85–86. Vergleiche Timothy W. Mason, *Sozialpolitik im Dritten Reich* (Opladen 1977), S. 193–194.
62 BAK, R 43 II/541, fol. 36–95, und R 43 II/552, fol. 25–50. Siehe auch Mason, *Sozialpolitik*, S. 158–159.
63 Peterson, S. 48.
64 Gruchmann, S. 191.

den kann, ist in bezug auf die Arbeitsweise der Naziregierung die Tatsache, daß der Führer im Bereich der Innenpolitik so *wenige* Weisungen erteilte. Dadurch wird es schwer, genau festzustellen, welche Ziele er im innenpolitischen Bereich hatte – außer daß er «Staatsfeinde» vernichten und eine sowohl psychische als auch materielle Mobilisierung für den Krieg erreichen wollte, von dem er meinte, er werde sich schon sehr bald nicht mehr vermeiden lassen.[65] Dieses Ziel war mit sozialen Entwicklungen vereinbar, die jenen, die von den Naziideologen gepredigt worden waren, diametral entgegenstanden.[66] Dennoch ist gerade in bezug auf den Bereich der kriegsvorbereitenden Mobilisierung des deutschen Volkes – dieser zentralen Aufgabe der Innenpolitik – behauptet worden, dort sei Hitlers wahre «Schwäche» zu finden.

Besonders Tim Mason hat den Standpunkt vertreten, Hitlers Handlungsspielraum sei – vor allem in der Hauptphase des Dritten Reiches zwischen 1936 und 1941 – durch Spannungen, die der NS-Wirtschaft immanent waren und nicht der Kontrolle durch den «Willen» oder die «Intention» des Führers unterlagen, ernstlich eingeschränkt gewesen.[67] Der Schlüsselfaktor, der seines Erachtens die Gedanken und Handlungen der NS-Führung im Bereich der Innenpolitik bestimmte, war die aus der Revolution von 1918 gezogene Lehre, daß Unruhen der Arbeiterklasse eine Gefahr darstellten. Gerade Hitler reagierte außerordentlich empfindlich auf Unzufriedenheit unter den Arbeitern, da er sich darüber im klaren war, daß eine psychologische Motivation nur sehr kurz vorhalten konnte und materielle Opfer dementsprechend gering gehalten werden mußten. Folglich kam das Dritte Reich laut Mason einem riesigen sozialimperialistischen Hasardspiel gleich, bei dem die materielle Zufriedenheit der Massen nur durch eine erfolgreiche

---

65 Siehe Peterson, S. 432. Rebentischs kürzlich erschienene Untersuchung (siehe oben Anm. 57) zeigt, daß sich Hitler während des Krieges stärker in innenpolitische Angelegenheiten eingemischt hat, als bisher angenommen wurde. Seine sporadischen Interventionen, die meist durch Untergebene und gelegentlich sogar durch Zeitungsartikel ausgelöst wurden, bildeten jedoch letztlich keine kohärente Reihe von Weisungen, die sich zu einer klar formulierten Politik summiert hätten.
66 Siehe Schoenbaum (siehe Hinweis Kapitel 2 Anmerkung 26), S. 285.
67 Timothy W. Mason, «The Legacy of 1918 for National Socialism», in Anthony Nicholls und Erich Matthias (Hg.), *German Democracy and the Triumph of Hitler* (London 1971), S. 215–239; *Sozialpolitik*, besonders Kapitel 1 und 6; «Innere Krise und Angriffskrieg» (siehe Kapitel 3 Anmerkung 47); und «Labour in the Third Reich», *Past and Present* 33 (1966), S. 112–141.

Expansion des Landes gewährleistet werden konnte. Allerdings sei die volle Durchführung dieser Expansionspolitik dadurch merklich beeinträchtigt gewesen, daß das Regime nicht gewillt gewesen sei, zugunsten eines effektiven Funktionierens der rüstungsbestimmten Wirtschaft eine auch nur kurzzeitige Senkung des Lebensstandards durchzusetzen. Das habe dazu geführt, daß das Regime keine konsequente Sozialpolitik entwickelte und sich in einer im wesentlichen schwachen Position befand, als es mit der Logik des ökonomischen Klassenkampfes konfrontiert gewesen sei und vor der «Quadratur des Kreises» gestanden habe, die Aufrüstung zu finanzieren und dabei ohne drastische Kürzungen im Konsumbereich auszukommen. Bedingt durch eine «ängstliche Unsicherheit» und wachsenden Pessimismus, sei Hitlers eigene Rolle immer stärker von einer hilflosen Apathie und Tatenlosigkeit gekennzeichnet gewesen. Um gegen den Klassenantagonismus anzukommen, meinte Mason, habe Willensstärke allein nicht ausgereicht. In einer Zeit akuten Arbeitskräftemangels hätten es die deutschen Arbeiter verstanden, ihre Verhandlungsposition auch ohne gewerkschaftliche Hilfe auszunutzen, und ihre industrielle Opposition habe zur Entstehung einer größeren Wirtschaftskrise beigetragen, die sich zu einer allgemeinen Krise für das Regime entwickelt und sich notwendigerweise auf den Zeitpunkt des Kriegsbeginns ausgewirkt habe, denn somit habe festgestanden, daß es aus wirtschaftlichen Gründen – und um den sozialen Frieden zu wahren und die bedrohte Stellung des Regimes zu schützen – eher früher als später zum Krieg kommen mußte. Außerdem habe der Krieg selbst ohne größere materielle Opfer für das deutsche Volk geführt werden müssen. Daher sei die Bevölkerung (etwa im Vergleich zu Großbritannien) nur halbherzig und unvollständig mobilisiert worden, und die für die Kriegswirtschaft erforderliche Produktion sei erschwert gewesen.[68] Die Schwäche des Regimes habe deshalb bis in den Kern des eigenen Ethos – Krieg – gereicht, und dadurch seien die Möglichkeiten des NS-Regimes derart begrenzt gewesen, daß man den Standpunkt vertreten könne, das Regime sei nicht einfach durch eine

---

68 Siehe Timothy W. Mason, *Arbeiterklasse und Volksgemeinschaft* (Opladen 1975), besonders Kapitel 21, und auch Milward, *German Economy at War* (oben Kapitel 3 Anmerkung 5). Die Gegenposition wird von Overy vertreten (Kapitel 3 Anmerkung 47). Mit Arbeitskräften und Kriegswirtschaft befassen sich auf recht unterschiedliche Weise Wolfgang Werner, *«Bleib übrig!» Deutsche Arbeiter in der nationalsozialistischen Kriegswirtschaft* (Düsseldorf 1983), und Stephen Salter, *The Mobilization of German Labour* (unveröffentlichte Dissertation, Oxford 1983).

äußere Niederlage zerstört worden, sondern diese Zerstörung sei bereits in seinem Wesen angelegt gewesen – sei durch seine inneren Widersprüche «strukturell determiniert».

Es mangelt nicht an Belegen dafür, daß Hitler auf jedes Anzeichen einer Bedrohung des «sozialen Friedens» sehr empfindlich reagierte. Speer hat in seinen Memoiren festgehalten, daß Hitler ihm gegenüber in privaten Gesprächen durchblicken ließ, er habe Angst vor einem Popularitätsverlust, aus dem sich innenpolitische Krisen entwickeln könnten.[69] Aus Furcht vor sozialen Unruhen, die aufgrund der im Jahre 1934 rapide ansteigenden Preise zu befürchten waren, führte Hitler das Amt des Reichskommissars für Preisüberwachung wieder ein und hielt es aus reinen Propagandazwecken weiterhin aufrecht, nachdem Reichskommissar Carl Goerdeler längst um die Auflösung der Stelle gebeten hatte, weil es für das Amt nichts Effektives zu tun gebe.[70] Angesichts wachsender Versorgungsprobleme und beunruhigender Berichte über zunehmende Spannungen in den Industriegebieten war Hitler 1935/36 sogar bereit, vorübergehend auf die Einfuhr von rüstungswichtigen Gütern zu verzichten, um die Lebensmittel nicht rationieren zu müssen.[71] 1938 lehnte Hitler trotz der verzweifelten Bitten von seiten des Ministeriums für Ernährung und Landwirtschaft eine Erhöhung der Lebensmittelpreise kategorisch ab, weil sich das schädlich auf den Lebensstandard und die Arbeitsmoral ausgewirkt hätte.[72] In den ersten Kriegsmonaten nahm das Regime von seinen Plänen, die Arbeiter zu mobilisieren, Abstand, nachdem es von seiten der Arbeiter Proteste wegen der Auswirkungen auf die Löhne, die Arbeitsbedingungen und den Lebensstandard gegeben hatte.[73] Und es lag nicht einfach an Hitlers Ansichten über die Rolle der Frau, sondern eher an der Angst der Nazis vor möglichen Auswirkungen auf die Moral und Arbeitsdisziplin, wenn das Regime vor einer umfassenden Mobilisierung der Frauen zu Kriegszwecken zurückscheute.[74]

---

69 Albert Speer, *Erinnerungen* (Frankfurt am Main 1969), S. 229.
70 Siehe BAK, R 43 II/315 a, besonders fol. 188–240.
71 BAK, Zsg 101/28, fol. 331 («Vertrauliche Informationen» für die Presse, 7. November 1935).
72 BAK, R 43 II/194, fol. 103.
73 Mason, *Arbeiterklasse*, Kapitel 21; *Sozialpolitik*, S. 295 ff.
74 Siehe Dörte Winkler, *Frauenarbeit im Dritten Reich* (Hamburg 1977); Tim Mason, «Women in Nazi Germany», *HWJ* 1 (Frühjahr 1976), S. 74–113, und besonders *HWJ* 2 (Herbst 1976), S. 5–32; und Salter, *Mobilization*.

Die weitreichenden Schlüsse, die Mason aus diesen Anhaltspunkten für die «Schwäche» Hitlers und des Regimes zieht, sind jedoch von ganz verschiedenen Forschungsrichtungen kritisiert worden, und Masons These hat insgesamt kaum allgemeine Zustimmung gefunden. Zum Beispiel ist argumentiert worden, trotz aller in den Jahren 1938/39 vielleicht objektiv existierenden Wirtschaftsprobleme gebe es keine Anzeichen dafür, daß die Naziführung – und vor allem Hitler – sich einer allgemeinen politischen Systemkrise *bewußt* gewesen wäre und sich ihr deshalb ein unmittelbar bevorstehender Krieg als einziger Ausweg aufgedrängt hätte.[75] Darüber hinaus könnte man den Standpunkt vertreten, Mason habe die politische Bedeutung und sogar das Ausmaß der industriellen Unruhen übertrieben dargestellt und von einer gegen das System gerichteten Arbeiteropposition gesprochen, obwohl es hier gar nicht um ein spezielles Phänomen des Nationalsozialismus ging, sondern (wie in England während des Krieges) um ein Kennzeichen der kapitalistischen Wirtschaft in Zeiten der Vollbeschäftigung.[76] Aus diesen Gründen sind bei einer Interpretation, die davon ausgeht, 1938/39 habe eine industrielle Opposition eine politische Krise des NS-Systems ausgelöst, größte Zweifel angebracht. Und in bezug auf den Zeitpunkt des Kriegsbeginns ist überzeugend angeführt worden, so wichtig die innenpolitische Lage auch gewesen sei, sei der entscheidende Faktor doch das internationale Gleichgewicht der Kräfte und insbesondere die relative Rüstungsposition der mit Deutschland konkurrierenden Mächte gewesen. Das Gefühl, handeln zu müssen, sei daher nicht von der Angst vor inneren Unruhen, sondern vom Stand des von Deutschland entfesselten Rüstungswettlaufs bestimmt gewesen.[77] Während westdeutsche Kritiker die Ansicht vertraten, Mason unterschätze Hitlers «politisch autonome Ziele» und Hitlers Kriegsentschluß sei «allein politischen Motiven» entsprungen,[78] behaupteten DDR-Historiker, Mason unterschätze die aggressiven imperialistischen Ziele, Absichten und politischen Strategien des Monopolkapitals und erhöhe Hitler «zur einzigen ausschlaggebenden agie-

---

75 Siehe Herbst (siehe Kapitel 3 Anmerkung 47).
76 Siehe Winkler, «Vom Mythos der Volksgemeinschaft» (siehe Kapitel 3 Anmerkung 47).
77 Siehe Dülffer, «Der Beginn des Krieges» (siehe Kapitel 3 Anmerkung 47).
78 Hildebrand, *Das Dritte Reich*, S. 159.

renden Kraft».⁷⁹ Beiden Kritikergruppen war – aus völlig entgegengesetzten Gesichtspunkten – bei dem Gedanken unwohl, daß Mason Hitler und dem NS-Regime eine Schwäche zuschrieb, denn das führte zu einer Interpretation, die die *Absichten* des Regimes nicht genug berücksichtigte und fälschlich davon ausging, daß dieses Regime aus einer Position der Schwäche heraus und ohne klare Richtung in den Krieg gestolpert sei.⁸⁰

Dies sind gewichtige Kritikpunkte, auch wenn sie Masons Thesen manchmal etwas verzerrt wiederzugeben scheinen, der zum Beispiel betonte, die Haupt*ursache* des Krieges müsse man in den rassenbezogenen und antikommunistischen Zielen der Naziführung und im Wirtschaftsimperialismus der deutschen Industrie suchen und nicht in der Krise des NS-Systems.⁸¹ Doch wird durch diese Kritik deutlich, daß nach einer Synthese von «Intention» und «Struktur» gesucht werden muß und in ihnen keine polaren Gegensätze gesehen werden sollten. Es scheint in der Tat festzustehen, daß Hitlers Absichten und die sozioökonomischen «strukturellen Faktoren» der Naziherrschaft keine antagonistischen Pole waren, die in entgegengesetzte Richtungen drängten, sondern daß sie in einer dialektischen Wechselbeziehung in dieselbe Richtung strebten. Folglich ist es so gut wie unmöglich, die «Intention» als kausalen Faktor von den unpersönlichen Bedingungen zu trennen, die den Rahmen prägen, in dem Absichten erst zum Tragen kommen können. Gleichzeitig scheint die Erkenntnis wichtig, daß eine «Intention» keine eigenständige Kraft ist, sondern daß die Ausführung des Beabsichtigten von Umständen beeinflußt wird, die ursprünglich vielleicht durch die Intention herbeigeführt worden sind, dann aber eine Eigendynamik entwickelt haben. Im vorliegenden Fall hatten Hitler und die NS-Führung zweifellos die Absicht, den Krieg zu führen, der in ihren Augen Deutschlands Probleme lösen würde (und sie wurden dabei von führenden Teilen der wirtschaftlichen und militärischen Elite aktiv unterstützt). Doch nahm der Krieg nur langsam konkrete Formen an und dann keineswegs ganz in der Weise, wie Hitler es sich

---

79 Lotte Zumpe, Besprechung von Masons *Arbeiterklasse* in *Jahrbuch für Wirtschaftsgeschichte* (1979), Heft 4, S. 175.
80 Auf DDR-Seite wurde dieser Standpunkt überzeugend von Kurt Gossweiler in einer Besprechung von Masons *Arbeiterklasse* in *Deutsche Literaturzeitung* 99 (1978), Heft 7/8, S. 538, vertreten.
81 Mason, «Innere Krise», S. 186. Seiner Ansicht nach bestimmte (und erklärt) die Krise, welche Art von Krieg Deutschland führen konnte.

vorgestellt hatte. Goebbels' Tagebuchnotizen zufolge erging noch im Herbst 1935 von Hitler an die Minister und Militärs nur die vage Anweisung: «Im übrigen rüsten und bereit machen. Europa ist wieder in Bewegung. Wenn wir klug sind, werden wir die Gewinner sein.»[82] Daß der Aufrüstung absolute Priorität gegeben wurde, war eine *politische* Entscheidung, die gleich zu Beginn des Dritten Reiches fiel; und dieser Entschluß war eine der Wurzeln für die unauflöslichen Spannungen, die in der Wirtschaft zwischen der Versorgung mit Rüstungs- und mit Konsumgütern bestanden. Ab 1936 waren die Würfel gefallen, und es gab kein Zurück mehr, wenn das Regime weiterbestehen wollte. Man hatte sich auf einen Kurs festgelegt: auf die einzig mögliche Art von Krieg, die Deutschland führen konnte – einen Blitzkrieg –, und das eher in näherer als in fernerer Zukunft. Die Wirtschaftsprobleme nahmen 1937–39 enorm und rasch zu. Hitler konnte wenig daran ändern, auch wenn man von den Quellen her den Eindruck gewinnt, daß er kaum daran interessiert war, irgend etwas zu tun, und dabei der fatalistischen Ansicht war, die Situation werde sich erst nach dem Endsieg bereinigen lassen – nach dem Krieg, den er ständig als unvermeidlich vorhergesagt hatte. Auf jeden Fall war Hitler zu diesem Zeitpunkt mehr mit strategischen Fragen und außenpolitischen Angelegenheiten beschäftigt. Die Dynamik, die von der sich rasch weiter verschlechternden internationalen Lage ausging, bestärkte Hitler in seiner Angst, daß Deutschland keine Zeit zu verlieren habe und man nur dann auf Erfolg hoffen könne, wenn man sich durch ein frühes Losschlagen einen Vorteil verschaffe. Diplomatische, taktische und wirtschaftliche Faktoren waren mittlerweile so eng miteinander verwoben, daß es nicht möglich ist, den einen oder anderen als einzig entscheidenden Faktor herauszugreifen.[83] Zusammen führten sie dazu, daß Hitler 1939 dann den Krieg bekam, den er gewollt hatte – von seinem «programmatischen» Standpunkt aus jedoch gegen den «falschen» Gegner (Großbritannien) und zum relativ bestmöglichen, aber für Deutschland keineswegs idealen Zeitpunkt. Als der Krieg erst einmal begonnen hatte, verdeckte eine Reihe von Blitzkriegerfolgen für eine Weile die grundlegenden Schwächen der deutschen Kriegswirtschaft, deren volle Mobilisierung den

---

82 Eintrag vom 19. Oktober 1935, in *Die Tagebücher von Joseph Goebbels. Sämtliche Fragmente* (hg. v. Elke Fröhlich), Teil 1, Band 2 (München u. a. 1987). S. 529.
83 Siehe Carr, *Arms, Autarky, and Aggression* (siehe Kapitel 3 Anmerkung 26), S. 65.

Nazis nicht gelang und die erst dann einigermaßen effizient zu funktionieren begann, als die Nation mit dem Rücken an der Wand stand.

Wenn man den Verlauf der Entwicklung im Dritten Reich erklären möchte, kommt man um Hitlers «Intentionen» nicht herum. Für sich genommen bieten sie jedoch keineswegs eine ausreichende Erklärung. Der Bedingungsrahmen, in dem sich Hitlers «Wille» als Regierungs-«politik» ausführen ließ, war nur in geringem Maße von Hitler selbst geprägt und machte darüber hinaus das schließliche Scheitern seiner Ziele und die Zerstörung des Dritten Reiches fast unvermeidlich. Von dem, was sich in der Innenpolitik bis mindestens zur Mitte des Krieges abspielte, kann man in den meisten Fällen kaum behaupten, es sei Hitlers «Wille» und «Intention» zuwidergelaufen oder habe ihnen widersprochen, und so fällt es schwer, sich Hitler als einen «schwachen Diktator» vorzustellen – auch wenn sich diese Vorstellung heuristisch gesehen vielleicht als nützlich erwiesen haben mag. Auf der anderen Seite war der Vollzug seines «Willens» keine so geradlinige und von vornherein klare Angelegenheit, wie es die «Intentionalisten» gerne hätten. Wenn Hitler einerseits kein «schwacher Diktator» war, so war er andererseits doch auch kein allmächtiger «Herr und Meister im Dritten Reich».

Zu einer Erklärung des Dritten Reiches gehören sowohl die «Intention» als auch die «Struktur» als wesentliche Elemente dazu und bedürfen einer Synthese, statt einer Spaltung in ein Gegensatzpaar. Hitlers «Intentionen» scheinen vor allen Dingen für die Schaffung eines Klimas wichtig gewesen zu sein, in dem die entfesselte Dynamik diese Absichten dann zu einer sich selbst bewahrheitenden Prophezeiung werden ließ. Das Dritte Reich liefert einen klassischen Beweis für den von Mason zitierten Marxschen Satz: «Die Menschen machen ihre eigene Geschichte, aber sie machen sie nicht aus freien Stücken, nicht unter selbstgewählten, sondern unter unmittelbar vorgefundenen, gegebenen und überlieferten Umständen.»[84]

In den zwei folgenden Kapiteln werden wir die Frage stellen müssen, welche Relevanz solche Schlußfolgerungen für die antijüdische und die Außenpolitik haben – Bereiche, in denen Hitlers eigene ideologische Zwangsvorstellungen offensichtlicher zum Ausdruck kamen als auf dem Gebiet der Innenpolitik.

---

84 Karl Marx, *Der Achtzehnte Brumaire des Louis Bonaparte* (Frankfurt am Main 1971), S. 9. Zitiert in Mason, «Intention and Explanation», S. 37.

5 Hitler und der Holocaust

Die Hauptaufgabe des Historikers besteht darin, für komplexe geschichtliche Entwicklungen eine rationale Erklärung zu liefern. Doch wenn es darum geht, den Holocaust zu erklären, stößt der Historiker bald an die Grenzen seines Vermögens. Allein schon die Frage, wie es möglich war, daß ein kulturell und wirtschaftlich hochentwickelter moderner Staat «die systematische Ermordung eines ganzen Volkes durchführen konnte, und zwar aus dem einzigen Grund, weil es sich um Juden handelte», läßt einen Grad von Irrationalität erahnen, der einem historischen Verständnis kaum zugänglich ist.[1] Und der Begriff «Holocaust» impliziert eine beinah sakrale Einzigartigkeit der schrecklichen Ereignisse: Er steht für das absolut Böse, für ein in Wirklichkeit außerhalb des normalen Geschichtsprozesses stehendes, spezifisch jüdisches Schicksal – für «ein mysteriöses Ereignis, sozusagen ein verkehrtes Wunder, ein Ereignis von religiöser Bedeutung in dem Sinne, daß es kein Menschenwerk ist – jedenfalls nicht das, was man normalerweise unter diesem Begriff versteht.»[2] Dabei hat sich der Terminus in dieser speziellen Bedeutung relativ spät eingebürgert. Erst Ende der fünfziger, Anfang der sechziger Jahre gingen jüdische und dann auch andere Autorinnen und Autoren dazu über, statt des genau beschreibenden Begriffs «Genozid» (beziehungsweise «Völkermord»)

---

[1] Lucy Dawidowicz, *Der Krieg gegen die Juden 1933–1945* (München 1979), S. 7. Für die folgenden Ausführungen siehe Geoff Eley, «Holocaust History» (Kapitel 1, Anmerkung 43).
[2] Yehuda Bauer, *The Holocaust in Historical Perspective* (London 1978), S. 31. In dem Kapitel, dem dieses Zitat entnommen ist, greift Bauer die «Mystifizierung» des Holocaust an. Er selbst unterscheidet (S. 31–35) zwischen Genozid – «gewaltsamer, ja mörderischer Entnationalisierung» – und dem «einmalig einzigartigen» Holocaust – «völliger Ermordung jedes einzelnen Gemeindemitglieds». Ich muß gestehen, daß ich die Definition oder Unterscheidung nicht sehr überzeugend oder analytisch hilfreich finde.

für die Vernichtung der Juden die Bezeichnung «Holocaust» zu verwenden.*

Angesichts der «Mystifizierung» und religiös-kulturellen Eschatologie, die manche Autorinnen und Autoren mit der Bezeichnung «Holocaust» verbinden, stehen jüdische Historikerinnen und Historiker vor keiner leichten Aufgabe – und das bei einem Thema, das verständlicherweise und gerechtfertigterweise «mit Emotionen und moralischer Wertung belastet ist».[3] Doch gerade weil das Problem so emotional gefärbt ist, dürfte es nichtjüdischen Historikerinnen und Historikern noch größere Schwierigkeiten bereiten, im Hinblick auf die Greuel, nicht allein von Auschwitz, eine sensible und angemessene Sprache zu finden. Das Problem ist so heikel, daß ein Wort an der falschen Stelle oder ein falsch verstandener Satz leicht zu sehr hitzigen Reaktionen und Gegenreaktionen führt.

Nichtjüdische Historikerinnen und Historiker haben jedoch zwangsläufig einen anderen Blickwinkel als jüdische. Und wenn wir aus dem Holocaust «lernen» sollen, dann müssen wir wohl – bei aller Anerkennung der «historischen» Einzigartigkeit in dem Sinne, daß *bisher* nichts direkt Paralleles geschehen ist – akzeptieren, daß sich in Zukunft und bei anderen Völkern als dem deutschen und dem jüdischen möglicherweise etwas Ähnliches ereignen *könnte*. Bei einer weitergefaßten Sicht des Problems wird so aus dem Versuch, den Holocaust mit Hilfe der jüdischen Geschichte oder auch der deutsch-jüdischen Beziehungen zu «erklären», eine Pathologie des modernen Staates und ein Versuch, die dünne Tünche der «Zivilisation» in hochentwickelten Industriegesellschaften zu verstehen. Speziell auf die NS-Diktatur angewandt, erfordert das eine Untersuchung komplexer Herrschaftsprozesse und eine Bereitschaft, die Verfolgung der Juden in einen breiteren Kontext eskalierender Rassendiskriminierung und genozidaler Tendenzen zu stellen, die sich gegen verschiedene Minderheitsgruppen richten. Das soll nicht heißen, daß man nun vergessen soll, welchen besonderen Stellenwert die Juden in der Nazidoktrin einnahmen; vielmehr soll damit gesagt werden, daß das Problem einer Erklärung des Holocaust Teil der größeren Fragestellung ist, wie das Naziregime

---

3 Dawidowicz, *Krieg*, S. 7.
* Anders als im angelsächsischen Raum hat sich dieser Begriff im deutschsprachigen Raum längst nicht durchgesetzt; jedenfalls sucht man ihn in den meisten Konversationslexika vergebens. – Anm. d. Übers.

funktionierte – vor allem, wie im NS-Staat Beschlüsse zustande kamen und ausgeführt wurden.

Das Hauptproblem bleibt deshalb, wie es dazu kam, daß der Judenhaß der Nazis in Regierungspraxis umgesetzt wurde, und welche Rolle genau Hitler bei diesem Prozeß spielte. So täuschend einfach diese Frage auch klingt, steht sie doch im Mittelpunkt der gegenwärtigen Auseinandersetzungen über den Holocaust und bildet die Grundlage der folgenden Untersuchung, die einen Überblick über die neuere Forschung und Interpretation geben möchte und anschließend eine Auswertung versucht.

Interpretationen

In beiden Teilen Deutschlands haben sich die Historikerinnen und Historiker erst nach und nach mit dem Antisemitismus und der Judenverfolgung befaßt. Erst im Gefolge des Eichmann-Prozesses in Israel und der Enthüllungen bei den KZ-Prozessen in der Bundesrepublik kam in Westdeutschland eine ernsthafte historische Auseinandersetzung mit dem Holocaust in Gang. Doch auch dann stießen die geschichtswissenschaftlichen Ergebnisse und die öffentliche «Aufklärung» über das Schicksal der Juden bei der deutschen Bevölkerung nur auf ein geringes Echo. Das öffentliche Bewußtsein wurde erst angesprochen, als 1979 im westdeutschen Fernsehen die hollywoodmäßige amerikanische Verfilmung des Holocaustdramas gezeigt wurde.[4] Auch in der DDR ging die wissenschaftliche Beschäftigung mit der Judenverfolgung praktisch

---

4 Siehe die ausgezeichnete historiographische Übersicht von Konrad Kwiet, «Zur historiographischen Behandlung der Judenverfolgung im Dritten Reich», *MGM* (1980), Heft 1, S. 149–192, hier besonders S. 149–153; sowie Otto Dov Kulkas nützliche Untersuchung «Major Trends and Tendencies of German Historiography on National Socialism and the ‹Jewish Question› (1924–1984)», *Yearbook of the Leo Baeck Institute* 30 (1985), S. 215–242. Gründliche Analysen der inzwischen äußerst umfangreichen Literatur zu den meisten Aspekten des Holocaust finden sich in den Aufsätzen von Saul Friedländer, «From Anti-Semitism to Extermination. A Historiographical Study of Nazi Policies towards the Jews and an Essay in Interpretation», *Yad Vashem Studies* 16 (1984), S. 1–50, und Michael Marrus, «The History of the Holocaust. A Survey of Recent Literature», *JMH* 59 (1987), S. 114–160, sowie ders., *The Holocaust in History* (London 1988).

auf die sechziger Jahre zurück, wenn auch der Umstand, daß in der marxistisch-leninistischen Geschichtskonzeption der Rassenhaß unter Klassenkampf und Imperialismus subsumiert wurde, dazu führte, daß speziell zum Holocaust bis zu den politischen Umwälzungen von 1989 nur wenige bedeutende Werke erschienen.[5] Kurt Pätzolds Veröffentlichungen bedeuteten auf diesem Gebiet einen wichtigen Fortschritt innerhalb der DDR-Wissenschaft, während sie gleichzeitig fest im marxistisch-leninistischen Rahmen verankert blieben.[6]

Die Forschung und die wissenschaftliche Debatte haben ihre Hauptimpulse daher hauptsächlich von außerhalb Deutschlands empfangen – in erster Linie von jüdischen Wissenschaftlerinnen und Wissenschaftlern aus Israel und anderen Ländern und in zweiter Linie von nichtjüdischen Historikerinnen und Historikern außerhalb Deutschlands. Doch selbst wo der ursprüngliche Anstoß zur Debatte von nichtdeutschen Autorinnen und Autoren ausging – und die Kontroversen, die durch Hannah Arendts Veröffentlichungen zum Eichmann-Prozeß[7] und in neuerer Zeit durch David Irvings Versuch, Hitler vom Wissen um die «Endlösung» reinzuwaschen,[8] ausgelöst wurden, sind hier nur die spektakulärsten Beispiele –, ist die anschließende Diskussion in der Bundesrepublik stark vom weiter oben bereits angesprochenen intellektuellen Klima der deutschen Geschichtsschreibung zum Nationalsozialismus beeinflußt worden. Insofern sind die Konturen der Debatte über Hitler und die Durchführung der «Endlösung» – das Thema dieses Kapitels – wiederum eigentümlich westdeutsch geprägt, und das selbst dort, wo wertvolle Beiträge von ausländischen Wissenschaftlerinnen und Wissenschaftlern eingebracht worden sind.

---

5 Siehe Konrad Kwiet, «Historians of the German Democratic Republic on Antisemitism and Persecution», *Yearbook of the Leo Baeck Institute* 21 (1976), S. 173–198.
6 Siehe Kurt Pätzold, *Faschismus, Rassenwahn, Judenverfolgung* (Berlin/DDR 1975), und «Vertreibung» (siehe Kapitel 3 Anmerkung 56).
7 Siehe Hannah Arendt, *Eichmann in Jerusalem. Ein Bericht von der Banalität des Bösen* (Reinbek 1983, übers. v. Brigitte Granzow; zuerst Anfang der sechziger Jahre veröffentlicht).
8 David Irving, *Hitler's War* (London 1977). [In der 1975 in Frankfurt am Main erschienenen deutschen Ausgabe, *Hitler und seine Feldherren*, waren allerdings auf Veranlassung des Verlages die Irvingschen Thesen zur Entlastung Hitlers von der Judenvernichtung ausgelassen worden (Anm. d. Übers.).] Siehe die vernichtende Kritik von Martin Broszat, «Hitler und die Genesis der ‹Endlösung›. Aus Anlaß der Thesen von David Irving», *VfZ* 25 (1977), S. 737–775, besonders S. 759 ff.

Das Auseinanderklaffen der Interpretationsmeinungen zu diesem Thema bringt uns wieder zur Dichotomie von «Intention» und «Struktur» zurück, mit der wir schon zu tun hatten. Der konventionelle und dominierende «hitleristische» Ansatz geht von der Annahme aus, daß Hitler selbst von einem sehr frühen Zeitpunkt an ernstlich daran dachte, die Juden physisch zu vernichten, und daß dies für ihn ein Hauptziel war, das er unbeirrbar verfolgte. Dieser Interpretationssicht zufolge lassen sich die verschiedenen Phasen der Judenverfolgung direkt aus der unabweichlichen Kontinuität der Ziele und Absichten Hitlers herleiten; und die «Endlösung» muß demnach als zentrales Ziel gesehen werden, dessen Verwirklichung der Diktator von Beginn seiner politischen Karriere an erstrebte, sowie als Ergebnis einer mehr oder weniger konsequenten (allein «taktischen» Abweichungen unterliegenden) Politik, die von Hitler «vorprogrammiert» war und letztlich den Befehlen des Führers entsprechend durchgeführt wurde. Im Gegensatz dazu stellt der «strukturalistische» Ansatz die unsystematische und improvisierte Entwicklung der NS-Judenpolitik heraus, die hier als eine Serie von Ad-hoc-Reaktionen eines aufgesplitterten und chaotischen Regierungsapparats gesehen wird. Obwohl dadurch, so wird argumentiert, eine unvermeidliche Radikalisierungsspirale erzeugt worden sei, sei die tatsächliche physische Vernichtung der Juden nicht von vornherein geplant worden, sei vor 1941 auch zu keiner Zeit in irgendeinem realistischen Sinne vorstellbar oder vorhersagbar gewesen und habe sich ad hoc als «Lösung» für die massiven, selbstverursachten Verwaltungsprobleme des Regimes ergeben.

Eine Interpretation, die in der Vernichtung des europäischen Judentums die «programmgemäße» Vollstreckung von Hitlers unveränderbarem Willen sieht, hat (wenn in Wirklichkeit auch nur oberflächlich) etwas unmittelbar Verlockendes und Plausibles an sich. Sie paßt gut zu den Ansichten jener Historikerinnen und Historiker, die das Dritte Reich mit Hilfe der Entwicklung einer spezifisch deutschen Ideologie zu erklären suchen und dabei als ursächlichem Faktor für den Erfolg des Nationalsozialismus der Verbreitung antisemitischer Gedanken und der Schaffung eines ideologischen Klimas, in dem Hitlers radikaler Antisemitismus Anklang finden konnte, großes Gewicht beimessen.[9] Es fällt natürlich nicht schwer, die grundlegende Kontinuität und innere Logik von Hitlers leidenschaftlichem Judenhaß aufzuzeigen, den

9 Zum Beispiel George L. Mosse, *The Crisis of German Ideology* (London 1964).

er von seinem 1919 erfolgten Eintritt in die Politik bis zur Abfassung seines Politischen Testaments Ende April 1945 durchgängig in denkbar extremster Weise zum Ausdruck brachte. Diese Interpretation deckt sich auch mit dem «Totalitarismus»-Modell, demzufolge Staat und Gesellschaft dermaßen «koordiniert» waren, daß sie zu Ausführungsorganen der Wünsche Hitlers wurden, und Hitler als unangefochtener «Herr und Meister im Dritten Reich» die Politik von oben herab bestimmte – zumindest in den Bereichen, die ihn wie die «Judenfrage» sehr stark interessierten. In diesem Lichte gesehen, scheint die Logik des Gangs der antijüdischen Politik, angefangen vom Boykott und den Gesetzen im Frühjahr 1933 bis hin zu den Gaskammern von Treblinka und Auschwitz, klar zu sein. Grob gesagt wurden Millionen von europäischen Juden ermordet, weil Hitler, der deutsche Diktator, es wollte – und schon immer gewollt hatte, seit er mehr als zwei Jahrzehnte zuvor die politische Bühne betreten hatte.[10] Diese Erklärung des Holocaust beruht, kurz gesagt, in starkem Maße auf der Annahme, die Antriebskraft und Autonomie des einzelnen menschlichen Willens sei der für den Lauf der Geschichte entscheidende Faktor.

Zahlreiche einflußreiche Arbeiten zur Vernichtung der Juden vertreten diese oder eine ähnliche Art von «hitleristischem» Ansatz. Lucy Dawidowicz erklärt zum Beispiel in ihrem mit viel Beifall bedachten Buch *Der Krieg gegen die Juden*, Hitlers Idee für die «Endlösung» gehe auf ein Erlebnis zurück, das er 1918 im Pasewalker Hospital gehabt habe; und bei der Abfassung des zweiten Bandes von *Mein Kampf* sei er 1925 «nun offen für sein Vernichtungsprogramm ein[getreten]», und zwar mit Worten, die «die Pläne für seine Politik bestimmen [sollten], als er an die Macht gelangte». Dawidowicz schreibt von dem «großen Plan» in Hitlers Kopf, von langfristigen Plänen zur Verwirklichung seiner ideologischen Ziele, in deren Mittelpunkt die Vernichtung der Juden gestanden habe, und meint, die Durchführung seines Plans sei nur davon abhängig gewesen, einen günstigen und zweckmäßigen Moment zu finden. Sie kommt zu dem Schluß: «Hitlers Entschluß vom November 1918 führte durch einen zeitlichen Irrgarten zu Operation

---

10 Mason, «Intention and Explanation» (siehe Kapitel 1 Anmerkung 25), S. 32. Siehe auch die «Erklärung», die Sarah Gordon in ihrem Band *Hitler, Germans, and the ‹Jewish Question›* (Princeton 1984), S. 316, für den Holocaust gibt: Der Grund dafür, daß Millionen von Juden umgebracht wurden, sei darin zu sehen, «daß die Macht total bei einem Mann konzentriert war und dieser Mann zufällig ihre ‹Rasse› haßte».

Barbarossa. Es hatte niemals eine ideologische Abweichung oder eine Unentschlossenheit gegeben. Am Ende kam es nur auf die Gelegenheit an.»[11]

Eine ähnliche Neigung zu einer personalisierten Erklärung des «Holocaust» ist, wie kaum überraschen dürfte, in führenden Hitler-Biographien zu finden. Bei Toland heißt es, Hitler sei bereits 1919 für die physische Vernichtung der Juden eingetreten und habe seinen Judenhaß in ein definitives «politisches Programm» umgesetzt.[12] Auch Haffner spricht von einem «lange gehegten Wunsch, die Juden ganz Europas auszurotten», und davon, daß Hitler dieses Ziel «von Anfang an» verfolgt habe.[13] Fest stellt eine Verbindung zwischen der ersten Vergasung von Juden 1941 in der Nähe von Chelmno in Polen und Hitlers eigenen, im Ersten Weltkrieg gemachten Erfahrungen her, aus denen dieser die in *Mein Kampf* dokumentierte berüchtigte «Lehre» gezogen hatte, daß es vielleicht einer Million Deutscher «das Leben gerettet» hätte, wenn man zwölf- bis fünfzehntausend Juden zu Beginn oder während des Krieges «unter Giftgas gehalten» hätte.[14] Und Binion vertritt in seiner «psychohistorischen» Studie die Ansicht, Hitlers Mission, «Deutschlands jüdischen Krebs» zu entfernen und das «jüdische Gift» auszumerzen, sei aus Halluzinationen hervorgegangen, die er gehabt habe, als er sich in Pasewalk von einer Senfgasvergiftung erholte. Dort habe Hitler angeblich das Trauma vom Tod seiner Mutter (die bei einem jüdischen Arzt in Behandlung gewesen war) in eine hysterische Verbindung zu seinem mit der deutschen Niederlage von 1918 verknüpften Trauma gebracht. Hitler sei aus seinem tranceartigen Zustand mit dem Entschluß erwacht, in die Politik zu gehen, um in Erfüllung seiner Mission «Deutschlands Niederlage ungeschehen zu machen und umzukehren» und die Juden umzubringen. Dies sei seine politische «Hauptbahn» gewesen, die von Pasewalk nach Auschwitz geführt habe.[15]

Auch Gerald Flemings Untersuchung, in der er so umfassend wie

---

11 Dawidowicz, *Krieg*, S. 139–152.
12 John Toland, *Adolf Hitler* (Bergisch-Gladbach 1977), S. 121.
13 Haffner (siehe Kapitel 4 Anmerkung 10), S. 178–179.
14 Fest (siehe Kapitel 4 Anmerkung 8), Band 2, S. 930 (Ullstein-Ausgabe Frankfurt am Main, Berlin und Wien 1976); Adolf Hitler, *Mein Kampf* (München 1933), S. 772.
15 Binion (siehe Kapitel 4 Anmerkung 11), S. 117–119 und Kapitel 1 und 4; Toland, S. 1142 Anmerkung 55 [dort allerdings nur verkürzte Wiedergabe des ameri-

möglich Hitlers persönliche Verantwortung für die «Endlösung» zu dokumentieren sucht, liegt dieselbe Hauptprämisse zugrunde, der Holocaust sei dadurch ausreichend erklärt, daß Hitler schon früh geäußert habe, er wolle die Juden ausrotten, und dann unerschütterlich an dieser Absicht festgehalten habe. Zwar konzentriert sich das Buch fast ausschließlich auf die eigentliche Phase der Ausrottung, aber die Eingangskapitel befassen sich mit Hitlers wachsendem Antisemitismus. Dort wird wiederholt die Behauptung aufgestellt, «ein gerader Weg» habe von Hitlers persönlichem Antisemitismus und der Entwicklung seines ursprünglichen Judenhasses zu den von ihm im Krieg erteilten Vernichtungsbefehlen geführt – «ein gerader Weg von Hitlers Antisemitismus Linzer Prägung aus der Zeit 1904–1907 bis zu den ersten Massenerschießungen reichsdeutscher Juden im Fort IX in Kowno am 25. und 29. November 1941». Die physische Vernichtung war nach Flemings Ansicht das Ziel, an dem Hitler vom Erlebnis der Novemberrevolution 1918 an bis zu seinem Ende im Bunker beständig festhielt, und Anfang der zwanziger Jahre habe Hitler dann «einen strategischen Plan zur Verwirklichung seines politischen Ziels» entwickelt.[16]

In den einflußreichsten Arbeiten führender westdeutscher Experten zum Dritten Reich wird Hitler außerdem zugeschrieben, er habe unerschütterlich an seinem Ziel festgehalten, die antijüdische Politik von Anfang bis Ende maßgeblich bestimmt und eine entscheidende Rolle bei der Initiierung und Vollstreckung der «Endlösung» gespielt. Auch wenn die sogenannten «Programmologen» bereit sind, «der historischen Situation einen vergleichsweise hohen ‹Stellenwert› für die Verwirklichung der nationalsozialistischen ‹Judenpolitik› einzuräumen»,[17] sind in ihren Augen die antijüdischen Ziele und Maßnahmen der Nazis doch aufs engste mit der Außenpolitik verknüpft und genau wie diese auf langfristige «Endziele» hin angelegt gewesen und wurden «in sich sachlogisch konsequent und [...] stufenweise vorangetrieben».[18] Klaus Hildebrand faßt die Position klar und prägnant zusammen: «Grundlegend für das nationalsozialistische Genocid war Hitlers

---

kanischen Textes (New York 1976), S. 934, auf den sich obige Stelle bezieht – Anm. d. Übers.].
16 Gerald Fleming, *Hitler und die Endlösung. «Es ist des Führers Wunsch»* (Wiesbaden und München 1982), S. 13–27 (wo mindestens viermal von Hitlers «geradem Weg» die Rede ist).
17 Hildebrand, *Das Dritte Reich*, S. 178.
18 Hillgruber, *Endlich genug?*, S. 64–66 und S. 52 Anmerkung 88.

Rassendogma. [...] als primär und verursachend, als Motiv und Ziel, als Vorsatz und Fluchtpunkt der ‹Judenpolitik› des Dritten Reiches aber sind nach wie vor Hitlers programmatische Ideen über Judenvernichtung und Rassenherrschaft einzuschätzen.»[19] Für den Schweizer Historiker Walther Hofer «ist es schlechterdings unerfindlich, wie die Behauptung aufgestellt werden kann, die Rassenpolitik des Nationalsozialismus sei nicht die Verwirklichung der Weltanschauung Hitlers gewesen».[20]

Hofers Bemerkungen sind Teil einer besonders aggressiven Kritik am «strukturalistischen» Ansatz der «revisionistischen» Historiker. Das spezielle Angriffsziel war in diesem Falle Hans Mommsen, dem vorgeworfen wird, er sehe den offensichtlichen Zusammenhang zwischen der Verkündung des Hitlerschen Programms (in *Mein Kampf* und an anderer Stelle) und dessen späterer Verwirklichung nicht, weil er ihn nicht sehen wolle.[21] Mommsen selbst hat in einer Reihe von Artikeln überzeugend dargelegt, daß die Vollstreckung der «Endlösung» keineswegs Hitler allein zugeschrieben werden könne und ebensowenig rein ideologischen Faktoren in der deutschen politischen Kultur.[22] Vielmehr müsse im Dritten Reich die Erklärung im eigentümlich aufgesplitterten Entscheidungsprozeß gesucht werden, der zu improvisierten bürokratischen Initiativen mit ihrer immanenten Eigendynamik geführt und einen dynamischen kumulativen Radikalisierungsprozeß gefördert habe. Mommsen hält die Annahme, daß die «Endlösung» auf einen «Führerbefehl» zurückgehen müsse, für falsch. Zwar habe Hitler zweifellos gewußt und gebilligt, was vor sich ging, doch dürfe man nicht einfach die Tatsache übergehen, daß Hitler bekanntermaßen dazu geneigt habe, den Dingen ihren Lauf zu lassen und Entscheidungen wo immer möglich aufzuschieben. Außerdem sei die genannte Annahme weder mit dem Umstand zu vereinbaren, daß Hitler seine persönliche Verantwortung bewußt zu verschleiern suchte,

---

19 Hildebrand, *Das Dritte Reich*, S. 178.
20 Hofer (siehe Kapitel 1 Anmerkung 2), S. 14.
21 Hofer, S. 14.
22 Siehe Hans Mommsen, «Nationalsozialismus oder Hitlerismus?», S. 66–70; «National Socialism: Continuity and Change», S. 179; «Hitlers Stellung», S. 61 ff (genaue Angaben siehe Kapitel 4 Anmerkung 28), und vor allem seinen hervorragenden Artikel «Die Realisierung des Utopischen: Die ‹Endlösung der Judenfrage› im ‹Dritten Reich›». *GG* 9 (1983), S. 381–420, hier besonders S. 394–395 und Anmerkung 48–49, 399, 416–418.

noch damit, daß er eher unterbewußt die eigentliche Realität verdrängte – bei aller Schärfe seiner propagandistischen Äußerungen habe er sich niemals, auch im engsten Vertrautenkreise nicht, wirklich konkret zur «Endlösung» geäußert –, und schließlich widerspreche diese Annahme auch der im Dritten Reich aufrechterhaltenen Fiktion vom «Arbeitseinsatz» und der bei der Arbeit ablaufenden «natürlichen Auslese». Dementsprechend könne es, so folgert Mommsen, keinen – schriftlichen oder mündlichen – förmlichen «Führerbefehl» für die «Endlösung» der «europäischen Judenfrage» gegeben haben. Wenn in den Quellen statt von einem vagen «Wunsch des Führers» von einem «Befehl» oder einem «Auftrag» die Rede sei, dann beziehe sich das ausnahmslos auf den «Kommissarbefehl»-Komplex vom Frühjahr 1941. Obgleich die Massenerschießungen von russischen Juden auf dieses als «Kommissarbefehl» bezeichnete Bündel von Anweisungen zurückgingen, müsse man diese von der eigentlichen «Endlösung» unterscheiden – der systematischen Ausrottung des europäischen Judentums. Und daß letzteres auf einem Hitlerbefehl basierte, hält Mommsen weder für aus den Quellen belegbar noch für in sich wahrscheinlich. Vielmehr müsse man folgern, daß Hitler zwar der «ideologische und politische Urheber» der «Endlösung» gewesen sei, dabei aber eine «utopische Zielsetzung» nur «in dem Zwielicht unklarer Befehlsgebung und ideologischer Fanatisierung» harte Realität werden konnte und daß die fanatischen Propagandaäußerungen des Diktators in diesem Klima nur zu bereitwillig als Handlungsanweisungen aufgegriffen wurden – von Männern, die dadurch ihren Eifer, die Effizienz ihres Apparates und ihre politische Unentbehrlichkeit beweisen wollten.

Eine im wesentlichen ähnliche Interpretation vertritt Martin Broszat in seiner tiefgründigen Analyse der Genese der «Endlösung».[23] Broszat ist der Auffassung, es habe «überhaupt keinen umfassenden allgemeinen Vernichtungsbefehl gegeben», vielmehr habe sich «das ‹Programm› der Judenvernichtung [...] aus Einzelaktionen heraus bis zum Frühjahr 1942 allmählich institutionell und faktisch» entwickelt und «nach der Errichtung der Vernichtungslager in Polen (zwischen Dezember 1941 und Juli 1942) bestimmenden Charakter» erhalten. Nach Broszats Ansicht wurde noch bis zum Herbst 1941 eine Deportation der Juden angestrebt, und erst als die Blitzinvasion in die Sowjetunion

---

23 Broszat, «Genesis» (siehe oben Anmerkung 8), S. 753–757.

unerwartet fehlschlug, sich dadurch bedingt die Deportationspläne als problematisch erwiesen und sich die Gauleiter, Polizeichefs, die SS-Spitze und andere Naziführer in den besetzten Gebieten nicht mehr in der Lage sahen, mit den Massen von Juden fertig zu werden, die in ihren Herrschaftsbereich transportiert und dort konzentriert wurden, seien in wachsendem Maße örtliche «Initiativen» ergriffen worden, um die Juden zu «liquidieren». Diese Maßnahmen seien dann nachträglich «von oben» abgesegnet worden. Dieser Interpretation zufolge entstand daher «die Judenvernichtung [...], so scheint es, nicht nur aus vorgegebenem Vernichtungswillen, sondern auch als ‹Ausweg› aus einer Sackgasse, in die [das Regime] sich selbst manövriert hatte. Einmal begonnen und institutionalisiert, erhielt die Liquidierungspraxis jedoch dominierendes Gewicht und führte schließlich faktisch zu einem umfassenden ‹Programm›.»

Broszat betont in diesem Artikel (genau wie Mommsen in seinen Veröffentlichungen) ausdrücklich, man dürfe seine Interpretation keineswegs so verstehen, daß hier moralisch gesehen die Verantwortung und Schuld für die «Endlösung» von Hitler genommen würde, der die «Liquidierungsaktionen» – «wer immer sie im einzelnen vorgeschlagen haben mag» – gebilligt, ihnen zugestimmt und Untergebene zu ihrer Durchführung ermächtigt hatte. Was er damit sagen wolle, sei allerdings, daß im Hinblick auf die tatsächliche Durchführungspraxis der «Endlösung» Hitlers persönliche Rolle nur mittelbar erschlossen werden könne.[24] Und moralisch gesehen liege hier die Verantwortung und Schuld nicht allein beim Führer, sondern erstrecke sich ganz klar auf ganze Gruppen und Ämter im NS-Staat.

Noch weiter reduziert sich Hitlers Rolle in der Analyse des DDR-Historikers Kurt Pätzold, der gleichfalls deutlich aufzeigt, daß die «Ausrottungspolitik» erst langsam und spät Gestalt annahm und aus unkoordinierten, aber zunehmend brutaleren Versuchen hervorging, die Juden aus Deutschland und aus von Deutschland beherrschten Gebieten zu vertreiben.[25] Diese Beschreibung des Prozesses, der vom ursprünglichen Ziel der Vertreibung zum Völkermord führte, deckt sich mit «strukturalistischen» Erklärungen westlicher Historiker, während Pätzold diesen Prozeß gleichzeitig mit einer dynamischen «Zielstrebigkeit» des Naziregimes in Verbindung bringt, die in «strukturalisti-

---

24 Broszat, «Genesis», S. 756–757.
25 Pätzold, «Vertreibung» (siehe oben Kapitel 3 Anmerkung 56).

schen» Darstellungen manchmal übergangen zu werden scheint. Trotz einer rituellen Überbetonung des funktionellen, den Interessen des Monopolkapitals dienenden Zwecks der antijüdischen Maßnahmen kommt Pätzolds Behandlung des Themas, wie mir scheint, das Verdienst zu, die Vernichtung der Juden als ein Element im Gesamtkontext des rücksichtslosen und entmenschlichenden Expansionsdrangs des NS-Staats festzumachen. Dies ist eine Umkehrung der «hitleristischen» Interpretation, bei der die Zielstrebigkeit des Nationalsozialismus so gut wie ausschließlich von der Ideologie des Führers hergeleitet und das Streben der Nazis nach mehr «Lebensraum» im Hinblick auf Hitlers manische Entschlossenheit, die Juden zu vernichten, als untergeordnet betrachtet wird.

Auch führende israelische Holocaustexperten gehen inzwischen davon aus, daß ein langfristiges Ausrottungsprogramm nicht existiert hat. Yehuda Bauer schreibt zum Beispiel: «Die Politik der Nazis gegenüber den Juden nahm eine stufenweise Entwicklung, doch das heißt nicht, daß den Nazis an jedem beliebigen Wendepunkt nicht auch andere Wahlmöglichkeiten offenstanden, die ernsthaft in Erwägung gezogen wurden. In bezug auf die Juden entwickelte sich in Nazideutschland nur ein klarer Gedanke, der von allen politischen Entscheidungsträgern akzeptiert wurde, nämlich der Gedanke, daß für die Juden in Deutschland letztlich kein Platz war.» [26] In einem solchen Standpunkt kommt die Anerkennung von Ergebnissen zum Ausdruck, die eine detaillierte geschichtswissenschaftliche Erforschung der Entwicklung der antijüdischen Politik der dreißiger Jahre erbracht hat und aus deren gründlicher Analyse hervorgeht, daß die «Straße nach Auschwitz» eine «verschlungene Straße» war und keineswegs der «gerade Weg», den Fleming und andere gesehen haben.[27] Karl Schleunes gelangt in der Tat zu der Ansicht, daß «die Gestalt Adolf Hitlers [...] in diesen Jahren der Suche eine schattenhafte [ist]. Die eigentliche Entscheidung der Judenpolitik trägt zwischen 1933 und 1938 nur selten sichtbar seine Handschrift. Man kann daraus nur schließen, daß er seine Zeit mit wichtigeren Dingen verbrachte. Die launenhaften Sprünge und Ungereimtheiten, die in den ersten fünf Jahren der Naziherrschaft in der Judenpolitik zu beobachten sind, rühren zum Teil davon, daß er es versäumte,

---

26 Bauer, S. 11.
27 Siehe vor allem die Arbeiten von Schleunes und Adam (siehe oben Kapitel 3 Anmerkung 54).

Richtlinien auszugeben.»[28] Das Fehlen klarer Ziele führte zu unterschiedlichen und konkurrierenden politischen Entscheidungen, die alle auf Schwierigkeiten stießen. In bezug auf die «Judenfrage» gab es aber kein Zurück mehr, und hier hatte Hitlers bekannte ideologische Judenbesessenheit – ohne daß der Führer einen Finger zu rühren brauchte – die objektive Funktion, aus einem etwaigen Fehlschlag in einer Rich-

28 Schleunes, S. 258. Diese Interpretation wird von David Bankier in einem gut recherchierten Artikel in Frage gestellt: «Hitler and the Policy-Making Process in the Jewish Question», *Holocaust and Genocide Studies* 3 (1988), S. 1–20. Bankier weist überzeugend nach, daß Hitler in der «Judenfrage» häufiger intervenierte als bislang angenommen und sich hin und wieder sogar für Einzelheiten der antijüdischen Politik interessierte. Dennoch geht Bankier zu weit, wenn er aus den gefundenen Quellen schließt, Hitler habe «den gesamten Vorgang ersonnen, initiiert und gelenkt» (S. 17); seine Argumentation scheint teilweise auf einem Mißverständnis (oder einer übertriebenen Darstellung) des von ihm kritisierten strukturalistischen (beziehungsweise funktionalistischen) Ansatzes zu beruhen. Daß Hitler sich in der «Judenfrage» pragmatisch und opportunistisch verhielt, wie der Autor (S. 5–8) zu Recht hervorhebt, wird zum Beispiel von niemandem bezweifelt. Und wenn Bankier scharf kritisiert, daß Hitler – angeblich unter anderem von mir – als «gemäßigter» Vertreter der antisemitischen Politik betrachtet wird, so handelt es sich hier um ein Mißverständnis. Auch der begeistertste «Strukturalist» geht noch davon aus, daß Hitler in seinen Ansichten extrem radikal war und sich wenn, dann nur aus taktischen Gründen «gemäßigt» (ein übrigens auch von Bankier selbst an einer Stelle, auf S. 16, verwendeter Ausdruck) verhielt, wie ich in *Der Hitler-Mythos. Volksmeinung und Propaganda im Dritten Reich* (siehe oben Kapitel 4 Anmerkung 36) zum Beispiel zu zeigen versucht habe. Es ist auch nie bestritten worden, daß Hitlers «grundlegendes Interesse an allen die Juden betreffenden Angelegenheiten der staatlichen Politik in der Judenfrage als Richtlinie diente» (S. 11) oder daß «Hitlers Ideologie bei der Herausbildung der antisemitischen NS-Politik zweifellos eine starke Rolle spielte» (S. 16). Die Quellen, die Bankier in diesem – kaum in Zweifel zu ziehenden – Rahmen zitiert, belegen allerdings interessanterweise, daß Hitler in manchen Fällen eine widersprüchliche Haltung an den Tag legte (S. 13) und gelegentlich auch Entscheidungen aus dem Wege ging (S. 10f). In den Fällen, die Bankier als Beleg für Hitlers Eingreifen anführt, war es meistens so, daß der «Führer» um die Klärung eines strittigen Problems gebeten wurde. Insofern ist es eine überzogene Verallgemeinerung, wenn der Autor behauptet, radikale Maßnahmen seien «von Hitler und niemand sonst» initiiert worden (S. 7). Bankier erwähnt selbst (S. 7, nach H. R. Trevor-Roper [Hg.], *Hitler's Table Talk* [London 1953], S. 90), daß Hitler am 25. Oktober 1941 sagte, er sei – aus taktischen Gründen, wie ich hier noch einmal betonen möchte – sogar im Hinblick auf die Juden untätig gewesen (siehe Werner Jochmann, *Adolf Hitler. Monologe im Führerhauptquartier 1941–1944* [Hamburg 1980], S. 108), belegt also mit des «Führers» eigenen Worten, daß es in der «Judenfrage» auch ohne Hitlers unmittelbare politische Lenkung zu einer Radikalisierung kommen konnte.

tung (Boykott, Gesetzgebung, «Arisierung» oder Emigration) eine erneute Anstrengung zur «Lösung des Problems» erwachsen zu lassen.²⁹ Wiederum kommt kein Zweifel an Hitlers moralischer Verantwortlichkeit auf und ebensowenig an der Rolle, die seine – wirklichen oder *vermuteten* – Absichten spielten. Doch von einer konsequenten Durchführung ideologischer Prärogative ist wenig oder gar nichts zu sehen: «Die Endlösung war so, wie sie 1941 und 1942 Gestalt annahm, nicht das Produkt eines großen Plans.»³⁰

Uwe Dietrich Adam gelangt bei seiner Arbeit (die den zusätzlichen Vorteil besitzt, die Untersuchung in die Kriegszeit hinein bis zur Durchführung der «Endlösung» selbst fortzusetzen) zu einer ähnlichen Schlußfolgerung: «Die empirischen Tatsachen bestätigen vorerst nur einmal, daß von einer geplanten und gelenkten Politik auf diesem Gebiet nicht die Rede sein kann, daß ein Gesamtplan über Art, Inhalt und Umfang der Judenverfolgung niemals bestand und daß auch die Massentötung und Vernichtung mit größter Wahrscheinlichkeit von Hitler nicht a priori als politisches Ziel angestrebt wurde.» Anders als Broszat führt Adam den Beginn der «Endlösung» auf einen persönlichen Befehl Hitlers im Herbst 1941 zurück. Doch müsse man dies seiner Meinung nach in den Kontext «einer inneren Entwicklung» stellen, «die auch Hitler zu einem nicht geringen Teil band».³¹

Die hier zusammengefaßten divergierenden geschichtlichen Erklärungen des Holocaust sind durch die grundlegende Dichotomie von «Intention» und «Struktur» bedingt. War die systematische Ausrottung der europäischen Juden die unmittelbare Verwirklichung eines ideologisch motivierten Hitlerschen «Vernichtungsplans», den der Führer nach verschiedenen Stufen eines unerbittlichen Entwicklungs-

---

29 Siehe Schleunes, S. 259.
30 Schleunes, Einleitung, S. 2.
31 Adam, *Judenpolitik*, S. 313, 357–360. Siehe auch Uwe Dietrich Adam, «An Overall Plan for Anti-Jewish Legislation in the Third Reich?», *Yad Vashem Studies* 11 (1976), S. 33–55, hier S. 34–35. Das Fehlen eines langfristigen «Vernichtungsplans» wird durch die zwei jüngsten Analysen von Arno Mayer und Philippe Burrin voll bestätigt. Auch wenn sich ihre Interpretationen in wichtigen Punkten unterscheiden, so stimmen doch beide darin überein, daß die physische Vernichtung sich erst während des «Rußlandfeldzugs» als umfassende «Lösung» herauskristallisierte. Siehe auch Arno J. Mayer, *Why did the Heavens not Darken. The ‹Final Solution› in History* (New York 1988, dt.: *Der Krieg als Kreuzzug. Das Deutsche Reich, Hitlers Wehrmacht und die «Endlösung»*, Reinbek 1989), und Philippe Burrin, s. Vorwort, Anmerkung 3.

prozesses durch einen schriftlichen oder – wahrscheinlicher – mündlichen «Führerbefehl» irgendwann im Laufe des Jahres 1941 in Kraft setzte? Oder kam die «Endlösung» stückweise und ohne irgendeinen Befehl von seiten Hitlers zustande – als «ein zwingendes Resultat des Systems kumulativer Radikalisierung»[32] im Dritten Reich? Wir gehen jetzt zu einer kurzen Auswertung dieser Positionen über und wollen dabei auch einige der verfügbaren Quellenbelege bewerten, auf denen eine Interpretation aufbauen muß.

Auswertung

Es erscheint wichtig, am Anfang noch einmal zu betonen, daß trotz mancher Behauptungen, die bisweilen von Vertretern eines «hitleristischen» Interpretationsansatzes aufgestellt werden, Hitlers persönlicher Judenhaß, seine einzigartige und zentrale Bedeutung für das NS-System im allgemeinen und dessen antijüdische Politikentwicklung im besonderen sowie Hitlers moralische Verantwortung für das, was geschah, innerhalb der Debatte außer Frage stehen.

Historikerinnen und Historiker, die einen «strukturalistischen» Ansatz verfolgen, akzeptieren durchaus die nicht zu übersehenden Belege dafür, daß Hitler seine gesamte politische «Karriere» hindurch einen persönlichen, ins Pathologische gesteigerten Haß auf Juden hatte (was auch immer dessen Ursprung gewesen sein mag), und erkennen auch, wie wichtig diese paranoide Besessenheit *für die Schaffung des Klimas* ist, in dem die Radikalisierung der antijüdischen Politik stattfand. Um die Hypothese aufs gröbste zuzuspitzen: Wenn Hitler zwischen 1933 und 1945 nicht an der Spitze des deutschen Staates gestanden hätte und sein Fanatismus in der «Judenfrage» nicht Anstoß und Sanktionierung, Prüfstein und Legitimierung für die eskalierende Diskriminierung und Verfolgung gewesen wäre, könnte man sich kaum vorstellen, daß es zur «Endlösung» gekommen wäre. Schon allein dieser Gedanke reicht, um eine grundlegende Verbindung zwischen Hitler und dem Genozid zu schaffen. Darüber hinaus ist der an die Adresse der «Strukturalisten» gerichtete moralische Vorwurf, sie würden die Bösartigkeit Hitlers «bagatellisieren», ebenfalls fehl am Platze. Der «strukturalisti-

---

32 Mommsen, «Realisierung», S. 399, Anmerkung 65.

sche» Geschichtsansatz leugnet keineswegs Hitlers persönliche, politische und moralische Verantwortung für «den Holocaust». Er geht jedoch davon aus, daß große Teile der nicht den Nazis angehörenden deutschen Eliten in der Wehrmacht, der Industrie und der Bürokratie als aktive und willige Handlanger neben der NS-Führung und den Parteigliederungen ebenfalls schuldig waren. Wenn *in bezug auf eine geschichtliche Erklärung* überhaupt irgend etwas einer Verharmlosung nahekommt, dann ist es das offensichtliche Bedürfnis, einen Hauptschuldigen zu finden, um die Aufmerksamkeit von den aktiven Kräften in der deutschen Gesellschaft abzulenken, die nicht erst eines «Führerbefehls» bedurften, um bei der Verfolgung der Juden die Schraube noch um eine weitere Umdrehung anzuziehen, bis die Ausrottung zur logischen (und einzig verfügbaren) «Lösung» wurde. Die Frage nach der Schuldzuweisung lenkt somit von der eigentlichen Frage ab, auf die der *Historiker* eine Antwort finden muß: *Wie* konnte es zum Genozid kommen? Wie wurde ein unausgewogener, paranoider Haß und eine chiliastische Vision zur Realität und grauenhaften Regierungspraxis?

Die Hauptpunkte, die unter Historikerinnen und Historikern zur Debatte stehen, sind vielmehr, ob die Belege für Hitlers fortgesetzten und konsequenten persönlichen Haß (vor dem Hintergrund eines weitverbreiteten rassistischen Antisemitismus und ideologischen Judenhasses und einer entsprechenden Bereitschaft, «Führerbefehle» auszuführen) eine in sich ausreichende Erklärung für den Holocaust bieten; ob die physische Vernichtung schon von einem sehr frühen Zeitpunkt an von Hitler als Ziel ins Auge gefaßt wurde oder erst um 1941 als realistischer Gedanke Gestalt annahm – als letzte noch vorhandene Option zur «Lösung der Judenfrage»; und schließlich, ob für Hitler die Notwendigkeit bestand, mehr zu tun, als nur das grundlegende Ziel, die Juden von deutschem Territorium zu «entfernen», festzulegen und dann die unkoordinierten, aber zunehmend radikaleren Schritte zu sanktionieren, die von den einzelnen Gruppen im Staat unternommen wurden, um – häufig aus eigenen Gründen heraus und keineswegs in erster Linie von der antisemitischen Ideologie dazu motiviert – aus diesem Fernziel praktische Realität werden zu lassen. Dies sind offene Fragen, bei denen die Antwort durchaus nicht von vornherein feststeht und dogmatische Behauptungen nicht weiterhelfen.

Bei der «intentionalistischen» Position – vor allem bei ihrer von einem «großen Plan» ausgehenden Variante – besteht ein Problem in einer implizit vorhandenen Teleologie, die Auschwitz als Ausgangspunkt nimmt und von dort rückwärtsschauend Hitlers brutale Äußerungen in seinen frühen Reden und Schriften als «ernsthafte Absichtserklärung»[33] behandelt. Da Hitler häufig von der Vernichtung der Juden sprach und die Vernichtung der Juden tatsächlich stattfand, wird der logisch falsche Schluß gezogen, die von Hitler geäußerte «Intention» müsse die Vernichtung *verursacht* haben. In der Rückschau ist es leicht, den barbarischen, aber vagen und ziemlich banalen Allgemeinplätzen von einer «Entfernung» oder sogar einer «Vernichtung» der Juden – die von Anfang der zwanziger Jahre an ein fester Bestandteil der Sprache Hitlers (und anderer auf seiten der völkischen Rechten) war – eine konkrete und spezifische Bedeutung zuzuschreiben. Damit gekoppelt ist das Problem, empirisch festzumachen, ob Hitler mit Blick auf die Verwirklichung seiner Ziele in der Politik einen Wandel initiiert oder herbeigeführt hat – ein Problem, das noch dadurch verschärft wird, daß Hitler in der Öffentlichkeit nicht mit unmenschlichen und brutalen Maßnahmen in Verbindung gebracht werden wollte und daß die «Endlösung» durch Geheimhaltung und eine euphemistische Sprache verschleiert wurde. Wenn im Zusammenhang mit der antijüdischen NS-Politik die Bezeichnung «Programm» oder «Plan» eine wirkliche Bedeutung haben soll, dann müßte sie für mehr stehen als nur die – wie fanatisch auch immer vertretene – Überzeugung, daß man die Juden irgendwie aus Deutschland und ganz Europa «entfernen» und die «Judenfrage» lösen würde. Daß Hitler mehr als solche vagen und ungenauen Vorstellungen hatte, läßt sich für die Zeit vor 1941 kaum belegen. Und schließlich ist die moralische «Lehre», die aus der «hitleristischen» Position gewonnen werden kann, keineswegs eindeutig – ganz zu schweigen von dem «Alibi», das sie für die nichtnationalsozialistischen Institutionen im Dritten Reich liefert. Fleming etwa kommt aufgrund seiner «intentionalistischen» Darlegung der «Endlösung» zu dem recht faden moralischen Schluß, daß Haß den animalistischen Zerstörungstrieb nährt, der in jedem von uns zu finden ist.[34]

33 Mommsen, «Nationalsozialismus oder Hitlerismus?», S. 67.
34 Fleming, S. 206, wo er Erich Kästner zitiert: «Ihr liebt den Haß und wollt die Welt dran messen. [...] Das Tier im Menschen soll den Menschen fressen.» Siehe auch S. 204, wo er zu dem Schluß gelangt, daß diejenigen, die Hitlers Befehle ausführten, aus Opportunismus, Servilität und Charakterlosigkeit handelten sowie aus dem «kleinbürgerlichen Diensteifer einer Gefolgschaft, deren Idealismus mißbraucht wurde».

Wichtiger als eine derartige nichtssagende Moralisierung ist die von «strukturalistischen» Ansätzen gestellte Frage, wie und warum ein politisches System in seiner ganzen Komplexität innerhalb einer Zeitspanne von weniger als zehn Jahren so korrumpiert werden kann, daß es die Durchführung eines Völkermords als eine seiner Hauptaufgaben betrachtet. Das Hauptproblem dreht sich hier um das Wesen «charismatischer Politik» – also darum, wie Hitlers vage zum Ausdruck gebrachte «Intention» von Regierungs- und Verwaltungsstellen, die eine Eigendynamik entwickelten, interpretiert und in die Realität umgesetzt wurde. Dieser «strukturalistische» Interpretationstyp hat auch einige Schwächen. Denn das empirische Material ist selten so gut, daß eine detaillierte Rekonstruktion des Entscheidungsprozesses möglich ist, auf dem ein Großteil der Argumentation gründet. Und wenn hier Zufälle, mangelnde Planung, fehlende Koordinierung, Regierungschaos und das ad-hoc-mäßige «Hervorgehen» der Politik aus einem administrativen Zuständigkeitswirrwarr hervorgehoben werden, existiert die Gefahr, daß dabei die Antriebskraft der (wie vage auch immer zum Ausdruck gebrachten) Intention nicht genügend berücksichtigt wird und die in der Ideologie wurzelnde Stoßkraft und Dynamik aus dem Blickfeld gerät. Allerdings bietet der «strukturalistische» Ansatz die Möglichkeit, Hitlers «Intentionen» innerhalb eines Regierungsrahmens zu *lokalisieren*, der die bürokratische Vollstreckung eines vagen ideologischen Imperativs ermöglichte und aus der Parole von der «Entfernung der Juden» ein Vernichtungsprogramm entstehen ließ. Und wenn man sich auf das geschichtliche Problem konzentriert, wie es zu dem Holocaust kam, statt sich implizit oder explizit an einer Schuldzuweisung zu versuchen, erscheint die Frage, ob Hitler jedesmal die Initiative ergriffen oder einen bestimmten Entschluß ganz allein gefaßt habe, weniger relevant und wichtig.

Wie aus den von Schleunes und Adam zusammengetragenen und analysierten Belegen überzeugend hervorgeht, scheint für die Jahre vor dem Krieg festzustehen, daß von Hitler in der «Judenfrage» keine spezifische Initiative ausging und daß er nicht so sehr den Anstoß zu der konfusen und oftmals widersprüchlichen «Politik» gab, sondern eher auf sie *reagierte*. Die Hauptimpulse gingen von dem Druck aus, der «von unten» kam – von den Parteiaktivisten, von der der Organisation und Bürokratie des SS/Gestapo/SD-Apparates innewohnenden Dynamik, von den persönlichen und institutionellen Rivalitäten, die in der «Judenfrage» ein Ventil fanden, und nicht zuletzt von dem wirtschaftlichen Interesse an einer Ausschaltung der jüdischen Konkurrenz und Enteignung des jüdischen Kapitals.

Der landesweite Boykott jüdischer Geschäfte am 1. April 1933 wurde hauptsächlich als Reaktion auf den Druck organisiert, der während der – durch die «Machtergreifung» entfesselten – Welle der Gewalt und Brutalität von radikalen Parteimitgliedern, vor allem innerhalb der SA, ausging. Die einzigen «Pläne», die die NSDAP im Hinblick auf die «Judenfrage» formuliert hatte, bevor Hitler Kanzler wurde, bezogen sich auf Maßnahmen zur rechtlichen Diskriminierung und auf den Entzug der Bürgerrechte.[35] Derart vage und undetaillierte administrative «Pläne» standen kaum mit der wild entschlossenen, gefährlichen Stimmung in Einklang, die nach der «Machtergreifung» im Frühjahr 1933 unter Parteiaktivisten verbreitet war. In diesen Wochen kamen in der «Judenfrage» tatsächlich weder aus der Reichskanzlei noch aus der NS-Parteizentrale irgendwelche Anweisungen.[36] Unterdessen hatte die SA, deren «Begeisterung» nun kaum mehr unter Kontrolle zu halten war, eine eigene antijüdische Boykott- und Gewaltkampagne eingeleitet. Als Gestapochef Rudolf Diels sich über die Exzesse der Berliner SA beschwerte, wurde ihm gesagt, «rein menschlich betrachtet» müsse der SA «ein gewisses Recht eingeräumt werden, Aktionen, die letzten Endes lediglich dem Rechtsempfinden unserer Kameraden entspringen, durchzuführen».[37] Unter Druck reagierte Hitler gegen Ende März mit dem Aufruf zu einem allgemeinen Boykott jüdischer Geschäfte und Praxen, der am 1. April beginnen und von einem vierzehnköpfigen Ausschuß unter der Leitung von Julius Streicher vorbereitet und organisiert werden sollte. Wie bekannt, wurde der Boykott ein bemerkenswerter Fehlschlag, und angesichts des negativen Echos im Ausland, der mangelnden Begeisterung bei wichtigen Teilen der konservativen Machtelite (einschließlich Reichspräsident Hindenburg) und der kühlen Gleichgültigkeit des deutschen Volkes wurde die Aktion schon nach einem Tag abgeblasen, und es wurde nie wieder versucht, einen koordinierten nationalen Boykott durchzusetzen. Die schändlichen diskriminierenden Gesetze, die in den ersten Monaten

---

35 Schleunes, S. 70; Adam, *Judenpolitik*, S. 28 ff.
36 Schleunes, S. 71.
37 Zitiert nach Karl Dietrich Bracher, Wolfgang Sauer und Gerhard Schulz, *Die nationalsozialistische Machtergreifung. Studien zur Errichtung des totalitären Herrschaftssystems in Deutschland 1933/34* (Köln und Opladen 1960), S. 862.

der Diktatur in Kraft traten und auf die Juden unter den Beamten und Freiberuflern abzielten, entstanden in derselben Atmosphäre und unter demselben Druck. Hitler selbst spielte dabei, trotz seiner offensichtlichen Unterstützung des Boykotts, eine begrenzte und eher «mäßigende» als radikalisierende direkte Rolle, um in der Öffentlichkeit eine Verbindung zwischen ihm und den schlimmsten Exzessen der Parteiradikalen zu vermeiden. Aber die Gangart wurde von der Dynamik der Gewalt und der illegalen Aktionen diktiert, die den Zwang einer *nachträglichen* Legitimierung und Sanktionierung entstehen ließen – ein Prozeß, der sich in späteren Phasen der Judenverfolgung wiederholen sollte.[38]

Nach einer relativ ruhigen Periode zwischen Sommer 1933 und Anfang 1935 begann eine neue antisemitische Welle und hielt bis Herbst 1935 an. Wiederum wurde die Agitation «von unten», durch Druck auf Gauebene und von Aktivisten in der Partei sowie in den Hitlerjugend- und SA-Einheiten auf dem Land in Gang gesetzt und in Gang gehalten. Ein Gauleiter hielt in seinem Bericht fest, daß das Herausstellen der «Judenfrage» nützlich gewesen sei, um die «etwas gedrückte Stimmung in Mittelstandskreisen zu heben».[39] Die Agitation wurde natürlich von Partei und Staat durch Propaganda unterstützt. Aber darüber hinaus griffen Parteizentrale und Reichsregierung vor Mitte August bemerkenswert wenig ein und änderten ihre Haltung erst, als die Boykotte und gewalttätigen Ausschreitungen erkennbar kontraproduktiv wurden, weil sie sich negativ auf die deutsche Wirtschaft auswirkten und weil die häufigen Störungen der öffentlichen Ruhe unpopulär waren. Hitler war daran kaum in irgendeinem direkten Sinne beteiligt. Was immer er instinktiv auch vorgehabt haben mochte, in dieser Phase war er – im Interesse der «Ordnung», der Wirtschaft und der diplomatischen Beziehungen – praktisch gezwungen, die Notwendigkeit einer Beendigung der schädlichen Kampagne anzuerkennen.[40] Dabei mußte er gleichzeitig gegenüber den Parteiakteuren das Gesicht wahren und stand unter dem Druck von Parteiforderungen, die nach «Handeln» in der «Judenfrage» riefen – vor allem nach Gesetzen, die den Forderungen des Parteiprogramms entsprächen. Der daraus resul-

---

38 Schleunes, S. 92–102; Adam, *Judenpolitik*, S. 64 ff, besonders S. 68.
39 Zitiert bei Marlis G. Steinert, *Hitlers Krieg und die Deutschen* (Düsseldorf und Wien 1970), S. 57.
40 Adam, *Judenpolitik*, S. 121.

tierende «Kompromiß» war praktisch die Verkündung der berüchtigten «Nürnberger Gesetze» im September 1935 – die sowohl der Forderung nach klaren Richtlinien und einer «Regelung» der «Judenfrage» Rechnung trugen als auch die Diskriminierungsschraube weiter anzogen.

Die Entstehungsgeschichte der Nürnberger Gesetze zeigt deutlich, wie Hitler und die Naziführung zu diesem Zeitpunkt bei ihrer Formulierung der antijüdischen Politik auf den beträchtlichen Druck von unten reagierten.

Die Agitation und gewalttätigen Ausschreitungen in Frühjahr und Sommer 1935 schürten in der Partei erneut Erwartungen auf scharfe antijüdische Gesetze.[41] Reichsinnenminister Frick und andere deuteten bevorstehende Maßnahmen an und gaben halbe Versprechungen ab, Bürokraten beeilten sich, die bereits stattfindende Diskriminierung zu regeln, und die unabhängig davon von der Gestapo in bezug auf verschiedene Tätigkeiten von Juden erlassenen Verbote verlangten ebenfalls nach einer nachträglichen Sanktionierung durch die Regierung. Parteiagitatoren waren unter anderem deshalb unzufrieden, weil der seit langem erwartete Ausschluß der Juden von der deutschen Staatsbürgerschaft noch nicht vollzogen worden war. Trotz einiger Hinweise aus dem Reichsinnenministerium, daß dort Vorbereitungen hierzu im Gange seien, brachte der Sommer nichts, was die Hitzköpfe befriedigt hätte. Bei dem anderen – durch Propaganda und Agitation angeheizten – Hauptthema ging es um sogenannte «Mischehen» und sexuelle Beziehungen zwischen «Ariern» und Juden. Wiederum waren es – in Fällen sogenannter «Rassenschande» – illegale, aber sanktionierte terroristische Aktionen, die die Gangart bestimmten und die Atmosphäre prägten. Auf einem wichtigen, von Schacht geleiteten Ministertreffen sahen die Führer des Regimes am 20. August ein, daß ein dringender gesetzgeberischer Handlungsbedarf bestünde. Allein der genaue Zeitpunkt blieb noch offen. Tatsächlich tauchten in der ausländischen Presse Ende August bereits Gerüchte auf, die offizielle Verkündung

---

41 Diese Darstellung der Entstehungsgeschichte der Nürnberger Gesetze beruht in erster Linie auf Adam, *Judenpolitik*, S. 118–122, 126; Schleunes, S. 120–121; und besonders auf der Analyse von Lothar Gruchmann, «‹Blutschutzgesetz› und Justiz. Zur Entstehung und Auswirkung des Nürnberger Gesetzes vom 15. September 1935», *VfZ* 31 (1983), S. 418–442, hier besonders S. 428–433, sowie auf Otto Dov Kulka, «Die Nürnberger Rassengesetze und die deutsche Bevölkerung im Lichte geheimer NS-Lage- und Stimmungsberichte», *VfZ* 32 (1984), S. 582–624.

werde möglicherweise auf dem Nürnberger Parteitag im September erfolgen. Obwohl sich derartige Gerüchte kurz darauf als zutreffend erwiesen, ist es möglich, daß sie zu der Zeit nichts weiter als intelligente Spekulationen waren, da es immer noch so scheint, als sei die Entscheidung, die Gesetze auf einer Sondersitzung des nach Nürnberg einberufenen Reichstags zu verkünden, erst gefallen, nachdem der Parteitag bereits begonnen hatte – wahrscheinlich auf erneuten Druck von seiten des «Reichsärzteführers» Gerhard Wagner hin, der – offenbar nach einer Unterredung mit Hitler – am 12. September verkündete, daß die Absicht bestehe, ein «Gesetz zum Schutz des deutschen Blutes» zu erlassen. Bekanntlich ging es von da an schnell. «Experten» in der «Judenfrage» wurden am 13. September plötzlich nach Nürnberg gerufen und bekamen den Auftrag, ein Gesetz vorzubereiten, um die Heirat von «Ariern» und Juden zu regeln. Der plötzliche Entschluß, während des Parteitags antijüdische Gesetze zu verkünden, scheint hauptsächlich aufgrund von Propaganda-, Inszenierungs- und «Image»-Überlegungen zustande gekommen zu sein. Der Reichstag war nach Nürnberg einberufen worden, wo Hitler ursprünglich beabsichtigte, in Gegenwart des diplomatischen Korps eine wichtige außenpolitische Erklärung abzugeben, in der der Abessinienkonflikt zur Artikulierung deutscher Revisionsforderungen benutzt werden sollte. Auf Anraten des Außenministers von Neurath wurde dieser Plan am 13. September fallengelassen. Für Reichstag und Partei mußte schnell ein passendes Ersatzprogramm gefunden werden.[42] Das ziemlich unspektakuläre «Reichsflaggengesetz» würde dem Anlaß kaum gerecht werden. So wurden nun das hastig entworfene «Blutschutzgesetz» und das am 14. September in einer Stunde zu Papier gebrachte «Reichsbürgergesetz» als bedeutende Gaben vor den Reichstag und die versammelte treuergebene Partei gebracht. Hitler selbst, der die «mildeste» Fassung der ihm vorgelegten Entwürfe zum «Blutschutzgesetz» auswählte, zog es offenbar vor, in der Entwurfphase im Hintergrund zu bleiben und das Rassenpolitische Amt in den Vordergrund zu schieben. In der Frage, wie «ein Jude» zu definieren sei, spielte er eine typisch vage und schwer faßbare Rolle, als sich eine Konferenz Ende des Monats zu diesem Zweck in München traf. Hitler beschränkte sich auf einen langen Monolog über die Juden, verkündete, daß das Definitionsproblem vom

---

42 Mommsen, «Realisierung», S. 387 und Anmerkung 20. Siehe zu diesem Abschnitt auch Adam, *Judenpolitik*, S. 125 ff, und Schleunes, S. 121 ff.

Reichsinnenministerium und der Partei geklärt werden würde, und vertagte die Konferenz. Erst Mitte November konnten Staatsbeamte und Parteivertreter sich auf eine Kompromißlösung einigen – nachdem Hitler ein weiteres, für Anfang November geplantes Treffen, bei dem eine Entscheidung in der Angelegenheit von ihm erwartet worden war, abgesagt hatte.[43]

Auch in den relativ ruhigen Jahren 1936/37 ergriff Hitler in der «Judenfrage» keine Initiative, während gleichzeitig zwischen den verschiedenen Stellen, die mit jüdischen Angelegenheiten befaßt waren – also dem Innenministerium, dem Wirtschaftsministerium, dem Außenministerium, der Vierjahresplanbehörde, dem Amt Rosenberg und nicht zuletzt dem SS- und Gestapo-Apparat – die Rivalitäten wuchsen. Eine klare politische Linie lag auch jetzt in weiter Ferne. Von Goebbels' informativen Tagebuchaufzeichnungen aus diesen Jahren her zu schließen, scheint Hitler nur selten direkt über die Juden gesprochen zu haben und dann nur ganz allgemein, wie im November 1937, als er in einem langen Gespräch mit Goebbels über die «Judenfrage» gesagt haben soll: «Die Juden müssen aus Deutschland, ja aus ganz Europa heraus. Das dauert noch eine Zeit, aber geschehen wird und muß das.» Laut Goebbels war der Führer dazu «fest entschlossen».[44]

Diese Bemerkungen fielen nur ein paar Wochen nachdem Hitler seit einiger Zeit zum erstenmal wieder öffentlich die Juden angegriffen hatte, als er auf dem Parteitag im September 1937 rhetorisch-propagandistisch gegen den «jüdisch-bolschewistischen Weltfeind» zu Felde zog.[45] Das reichte, um eine neue große antisemitische Aktionswelle einzuleiten. Mehr brauchte Hitler selbst jedoch nicht zu tun, um den Prozeß der «Arisierung» jüdischer Konzerne im Interesse des «Großkapitals» anzuheizen – einen Prozeß, der Ende 1937 einsetzte und bei dem in erster Linie Göring die treibende Kraft war – oder um der eskalieren-

---

43 Adam, *Judenpolitik*, S. 135–140; Schleunes, S. 128. Bankier führt aus, daß die ersten Ausführungsverordnungen zu den Nürnberger Gesetzen auf Hitlers Sicht abgestimmt wurden (S. 14). Doch Hitlers zunächst zögerliches, dann entschlossenes Streben nach einer Kompromißlösung wird von Goebbels bestätigt, siehe die Eintragungen vom 1. Oktober, 7. und 15. November 1935 in: *Die Tagebücher von Joseph Goebbels* (siehe Kapitel 4 Anmerkung 82), Teil 1 Band 2, S. 520–521, 536–537, 540–541.
44 Eintrag vom 30. November 1937, in: *Die Tagebücher von Joseph Goebbels*, Teil 1 Band 3 (siehe Kapitel 4 Anmerkung 82), S. 351.
45 Adam, *Judenpolitik*, S. 173.

den Welle der Gewalt, die auf den «Anschluß» Österreichs folgte und während der Sudetenkrise im Sommer 1938 noch weiter zunahm, eine Richtung zu geben. Die Agitation und der durch die Masse der Parteimitglieder im Sommer und Herbst desselben Jahres verbreitete Schrecken prägten zusammen mit der im Oktober erfolgenden Ausweisung von rund 17000 in Deutschland lebenden polnischen Juden – ein Schachzug, der seinerseits dadurch ausgelöst worden war, daß die polnische Regierung diesen Juden die Wiedereinreise nach Polen verwehrte – die häßliche, angespannte Atmosphäre, die sich in dem sogenannten «Kristallnacht»-Pogrom vom 9. zum 10. November entlud. Und, wie allgemein bekannt, war der Initiator in diesem Fall Goebbels, der danach trachtete, die Situation auszunützen, um Hitlers Gunst wiederzuerlangen und bei ihm seinen geschwundenen Einfluß wiederherzustellen. Abgesehen davon, daß er Goebbels mündlich grünes Licht gab, achtete Hitler darauf, im Hintergrund zu bleiben und keine Verantwortung für Aktionen zu übernehmen, die in der Öffentlichkeit unpopulär waren und (wenn natürlich auch nicht aus menschlichen Motiven heraus) von NS-Führern verurteilt wurden.[46]

Seitdem bisher fehlende Teile der Goebbelsschen Tagebücher vor kurzem in Moskauer Archiven entdeckt wurden, erscheint die Initiierung des Pogroms und die Rolle, die Hitler und Goebbels dabei spielten, in neuem Licht. «Ich trage dem Führer die Angelegenheit vor», notiert Goebbels über die Parteiversammlung, die am Abend des 9. November 1938 im Alten Rathaus von München stattfand. «Er bestimmt: Demonstrationen weiterlaufen lassen. Polizei zurückziehen. Die Juden sollen einmal den Volkszorn zu verspüren bekommen.» – «Das ist richtig», fährt der Propagandaminister dann in seinem Tagebuch fort. «Ich gebe gleich entsprechende Anweisungen an Polizei und Partei.» Unmit-

---

46 Siehe Adam, *Judenpolitik*, S. 206–207; Schleunes, Kapitel 7 (besonders S. 240 ff); und allgemein zum Pogrom und seinen Folgen Rita Thalmann und Emmanuel Feinermann, *Die Kristallnacht* (Frankfurt am Main 1987). Eine neue, gut recherchierte, wenn auch journalistische Darstellung ist der Band von Anthony Read und David Fisher, *Kristallnacht. Unleashing the Holocaust* (London 1989). Eine gute, kurze Analyse, die das Pogrom in den geschichtlichen Kontext des Antisemitismus und der Diskriminierung von Juden in Deutschland stellt, bietet Hermann Graml, *Reichskristallnacht. Antisemitismus und Judenverfolgung im Dritten Reich* (München 1988). Eine ausgezeichnete Aufsatzsammlung, die zum 50. Jahrestag des Pogroms erschien und neuere Forschungsergebnisse zusammenfaßt, ist Walter H. Pehle (Hg.), *Der Judenpogrom 1938. Von der ‹Reichskristallnacht› zum Völkermord* (Frankfurt am Main 1988).

telbar darauf hält er seine aufwiegelnde Rede, und die anwesenden Parteiführer rennen gleich an die Telefone, um die «Aktion» in Gang zu setzen. «Nun wird das Volk handeln», schreibt Goebbels. In derselben Nacht ordnet Hitler auch die sofortige Verhaftung von 20000 bis 30000 Juden an, wie aus den Tagebucheinträgen klar hervorgeht.[47] Als Goebbels am Morgen des 10. November über den Verlauf des Pogroms Bericht erstattet, zeigt Hitler sich vollkommen einverstanden: «Seine Ansichten sind ganz radikal und aggressiv», merkte der Propagandaminister an. Mit «kleinen Änderungen» billigte Hitler außerdem Goebbels' Erlaß zu dem nun angebracht erscheinenden Abbruch der «Aktion» und äußerte, daß er im Wirtschaftssektor zu «sehr scharfen Maßnahmen» greifen wolle: Die Juden hätten ihre Geschäfte ohne Schadenersatzleistungen der Versicherungen wieder herzurichten und würden anschließend allmählich enteignet. Wiederum ordnet Goebbels mit «Geheimerlassen» an, diesen Plan in die Tat umzusetzen.[48]

«Die Kristallnacht», folgert Schleunes, «war ein Produkt der mangelnden Koordination, die die Planung der Judenpolitik durch die Nazis kennzeichnete, und das Ergebnis einer allerletzten Anstrengung von Radikalen, die Kontrolle über die Politik an sich zu reißen.»[49] Propagandamäßig gesehen war sie ein Fehlschlag. Wie gewöhnlich stimmten die Naziführer trotz ihrer unterschiedlichen Vorschläge zur Lösung des «Problems» darin überein, daß radikale Maßnahmen erforderlich seien. Die Juden waren nun aus dem Geschäftsleben ausgeschlossen, und die Verantwortung für die «Lösung der Judenfrage» lag, auch wenn formal Göring mit ihr betraut war, praktisch in den Händen der SS. Die Auswanderung, die in der Panik nach dem Pogrom stark zugenommen hatte, blieb das Hauptziel und sollte durch eine im Januar 1939 eingerichtete zentrale Behörde abgewickelt werden. Der Kriegsbeginn änderte nichts an diesem Ziel. Aber er veränderte die entsprechenden Durchführungsmöglichkeiten.

Der Krieg selbst und die schnelle Eroberung Polens führten zu einem Wandel in der «Judenfrage». Eine Zwangsauswanderung stand nicht mehr zur Wahl, und Pläne, nach denen zum Beispiel versucht werden

---

47 *Der Spiegel* 29 (1992), S. 126 und 128, Eintrag vom 10. November 1938. Im *Spiegel* ist der Textauszug unter diesem Datum vollständiger als in der merkwürdig gekürzten Fassung bei Ralf Georg Reuth (Hg.), *Joseph Goebbels. Tagebücher* (München 1992) Bd. 3, S. 1281 f.
48 *Der Spiegel* 29 (1992), S. 128, Eintrag vom 11. November 1938.
49 *Schleunes*, S. 236.

sollte, Juden gegen Devisen zu «verkaufen», waren jetzt nicht mehr realisierbar. Nachdem die Nazis bereits an der Idee gearbeitet hatten, Deutschland «judenrein» zu machen, sahen sie sich nun natürlich mit zusätzlichen drei Millionen polnischer Juden konfrontiert. Andererseits brauchte man jetzt kaum noch Rücksicht auf Reaktionen im Ausland nehmen, so daß die Juden in Polen – die als «Ostjuden» besonders verachtet waren und in denen man die niedrigste Form einer fast schon nicht mehr menschlichen Existenz in einem besiegten Feind sah, den man an sich schon verachtete – weit barbarischer behandelt wurden, als das in Deutschland oder Österreich der Fall gewesen war. Außerdem ließ der Umstand, daß die Partei und die Polizei mehr oder weniger freie Hand bekamen und nicht von gesetzlichen Beschränkungen oder Sorgen um die «öffentliche Meinung» eingeengt waren, viel Raum für selbständig individuelle «Initiativen» in der «Judenfrage».

Bevor wir uns der Debatte über die Frage, ob die «Endlösung» durch einen einzigen umfassenden «Führerbefehl» eingeleitet wurde und wann ein solcher Befehl gegeben worden sein mag, zuwenden wollen, erscheint es wichtig, einen kurzen Blick auf den zwischen 1939 und 1941 immer stärker werdenden Radikalisierungsprozeß zu werfen.

In einem administrativen Erlaß vom 21. September 1939 legte Heydrich die allgemeinen Richtlinien für die Judenverfolgung in Polen fest und unterschied dabei zwischen einem langfristigen «Endziel» beziehungsweise «geplanten Gesamtmaßnahmen» – die nicht weiter erklärt wurden und absolut geheimgehalten werden sollten – und kurzfristigen «Vorausmaßnahmen», bei denen unter anderem die Konzentrierung der Juden in größeren Städten an Eisenbahnknotenpunkten vorgesehen war.[50] Es wäre falsch, nun zu folgern, das vage angedeutete Endziel sei gleichbedeutend mit der programmierten Vernichtung, wie sie sich später unter der Bezeichnung «Endlösung» tatsächlich herausschälte. Der operative Teil des Erlasses bezog sich allerdings deutlich auf die vorübergehende Konzentrierung der Juden zur anschließenden weiteren Deportation. Ein paar Wochen später erteilte Himmler am 30. Oktober die Anordnung, alle Juden aus dem nordwestlichen Teil Polens, der nun «Warthegau» genannt wurde und dem Reich angegliedert war, in das sogenannte Generalgouvernement – das von den Deutschen besetzte restliche Polen, das unter der Leitung von Generalgou-

---

50 Peter Longerich (Hg.), *Die Ermordung der europäischen Juden. Eine umfassende Dokumentation des Holocaust 1941–1945* (München 1989), S. 47f.

verneur Hans Frank stand – zu deportieren, um für die an ihrer Stelle anzusiedelnden Deutschen Wohnungen und Arbeitsplätze frei zu machen. Hans Frank mußte entsprechende Vorbereitungen treffen, um mehrere hunderttausend aus dem Warthegau deportierte Juden und Polen in Empfang zu nehmen.[51] Die Politik der Zwangsvertreibung führte zwangsläufig zur Einrichtung von Gettos – von denen das erste im Dezember 1939 in Łódz (Litzmannstadt) entstand. Beinah zur gleichen Zeit wurde für alle Juden im Generalgouvernement Arbeitszwang eingeführt. Diese Doppelmaßnahme aus Gettoisierung und Arbeitszwang erzeugte einen Teil der Dynamik, die später in der «Endlösung» kulminieren sollte.[52] Zu der Zeit ging man davon aus, daß die Deportationen aus den annektierten Gebieten dort zu einem raschen Ende der «Judenfrage» führen würden und daß im Generalgouvernement die arbeitsunfähigen Juden (einschließlich der Frauen und Kinder) in Gettos eingepfercht und die zu harter Arbeit fähigen Juden auf Zwangsarbeitslager verteilt werden würden. Dieser Entschluß, der im Januar 1940 auf einer Sitzung hoher SS-Führer gefaßt wurde und den zwangsläufigen Tod Tausender von Menschen durch Erschöpfung, Hunger und Krankheit in Kauf nahm, markiert den Punkt, an dem «die mörderische antisemitische Idee, bisher in einer allgemeinen, abstrakten Form existierend, begann, die Gestalt eines konkreten Vorhabens anzunehmen. Zu diesem Zeitpunkt war der Entschluß zur Ermordung von Millionen noch nicht gefallen, aber gedanklich wie praktisch war ein Schritt auf ihn hin getan.»[53]

Anfang 1940 bestanden immer noch grundlegende Meinungsverschiedenheiten hinsichtlich einer «Lösung der Judenfrage», und es gab keine Anzeichen für irgendein klares oder umfassendes Programm. Hans Frank, der offensichtlich nicht von einer baldigen «Lösung» ausging, deutete im März in einer Rede an, daß das Reich während des Krieges nicht «judenrein» gemacht werden könne.[54] Ein paar Monate

---

51 Kurt Pätzold (Hg.), *Verfolgung, Vertreibung, Vernichtung* (Leipzig 1983), S. 243–244. – Zu der Rolle, die Frank aus der heutigen Sicht seines Sohnes damals in Polen spielte, siehe Niklas Frank, *Der Vater. Eine Abrechnung* (München o. J., ca. 1986) – Anm. d. Übers.
52 Pätzold, «Vertreibung», S. 196–197; Mommsen, «Realisierung», S. 406.
53 Pätzold, «Vertreibung», S. 196.
54 Werner Präg und Wolfgang Jacobmeyer (Hg.), *Das Diensttagebuch des deutschen Generalgouverneurs in Polen 1939–1945* (Stuttgart 1975), S. 147 (Eintrag für den 4. März 1940).

später wurde Frank mit der Forderung konfrontiert, eine Viertelmillion Bewohner des Łódzer Gettos zu übernehmen, die Gauleiter Greiser aus dem Warthegau entfernen wollte. Frank lehnte ab, woraufhin ein zu Greisers Begleitung gehörender Regierungspräsident in einem unheilverkündenden Ton erklärte, «die Judenfrage» müsse «auf irgendeine Weise gelöst werden».[55]

Nachdem inzwischen auch westeuropäische Juden in deutsche Hände gefallen waren und nun die reale Möglichkeit einer gesamteuropäischen «Lösung» bestand, gab die «Judenpolitik» Mitte 1940 immer noch ein chaotisches Bild ab. Eichmann nährte weiterhin Vorstellungen von einem umfassenden Auswanderungsprogramm nach Palästina.[56] Auch 1941 wurden durchaus noch Versuche unternommen, die Auswanderung der Juden aus Deutschland selbst (hauptsächlich über Spanien und Portugal) zu fördern.[57] Willkürliche Deportationen von Juden aus östlichen Reichsgebieten in das Generalgouvernement wurden allerdings im März 1940 durch Göring untersagt, nachdem Hans Frank es abgelehnt hatte, noch mehr Deportierte aufzunehmen.[58] Und für die «Ostjuden» – die bei weitem die Mehrheit der unter deutscher Herrschaft befindlichen Juden bildeten – stand eine Auswanderung erst gar nicht zur Debatte. Im Juni 1940 informierte Heydrich Außenminister Ribbentrop, daß das «Gesamtproblem» von rund dreieinviertel Millionen Juden in den unter deutscher Herrschaft stehenden Gebieten «durch Auswanderung nicht mehr gelöst werden» könne und daß daher «eine territoriale Endlösung» notwendig werde.[59] Dem Repräsentanten der Reichsvereinigung der Juden in Deutschland wurde mitgeteilt, daß die Regierung daran denke, die Juden in einem Reservat in einem noch nicht näher bezeichneten Kolonialgebiet unterzubringen.[60] Ein paar Tage zuvor hatte Franz Rademacher, Leiter des

---

55 Ebenda, S. 264 (Eintrag für den 31. Juli 1940).
56 Mommsen, «Realisierung», S. 407.
57 Pätzold, «Vertreibung», S. 199–200; Christopher Browning, *The Final Solution and the German Foreign Office* (New York 1978), S. 44; Helmut Krausnick, «Judenverfolgung», in Hans Buchheim, Martin Broszat, Hans-Adolf Jacobsen und Helmut Krausnick (Hg.), *Anatomie des SS-Staates* Band 2 (Olten und Freiburg 1965), S. 283–448, hier S. 371.
58 Browning, *Final Solution*, S. 46; Mommsen, «Realisierung», S. 407; Pätzold, *Verfolgung*, S. 262.
59 Pätzold, «Vertreibung», S. 201.
60 Mommsen, «Realisierung», S. 407.

«Judenreferats» im Auswärtigen Amt, Pläne vorgelegt, die vorsahen, das Reservat auf Madagaskar einzurichten. Dieser Vorschlag wurde offenbar von Himmler gebilligt, Hitler erwähnte ihn im selben Monat Mussolini und dessen Außenminister Ciano gegenüber im Gespräch, und erst Anfang 1942 wurde der Plan ad acta gelegt.[61] Die Reservatspläne wurden eine Zeitlang durchaus ernst genommen und können angesichts neuerer Forschungsergebnisse nicht als bloße Tarnung für die Frühphase der «Endlösung» betrachtet werden – wenn auch zweifellos derartige Reservatspläne ebenso auf eine physische Vernichtung hinausgelaufen wären.[62]

Gegen Ende 1940 war für die jüdischen Gettos in Polen auf absehbare Zeit kein Ende in Sicht. Gleichzeitig verschlechterte sich die Lage der Bewohner täglich mehr und glich zunehmend der entsetzlichen Karikatur einer jüdischen Existenz, wie sie in dem widerlichen Propagandafilm von 1940, *Der ewige Jude*, dargestellt wurde.[63] Aus der Sicht der nationalsozialistischen Oberherren verlangten die mit den Gettos verbundenen akuten Hygiene-, Verpflegungs-, Unterbringungs- und Verwaltungsprobleme nach «eine[r] Druckentlastung und eine[r] Lösung». Mögliche Auswege wurden bereits eruiert: Im März 1941 schlug Victor Brack – Oberdienstleiter in der Kanzlei des Führers und zuständig für die sogenannte «Euthanasie-Aktion», bei der zwischen 1939 und 1941 in Deutschland mehr als 70000 Kranke und Geisteskranke sowie sogenannte Asoziale umgebracht worden waren – Methoden für die Sterilisierung von täglich zwischen 3000 und 4000 Juden vor.[64]

Zu dieser Zeit, im Frühjahr 1941, waren die nationalsozialistische und die militärische Führung vollauf mit den Vorbereitungen für den Einmarsch in die Sowjetunion beschäftigt (und erwarteten einen «Blitzsieg»). Bei diesem Krieg gegen den bolschewistischen Erzfeind sollte das «Judenproblem» eine neue Dimension annehmen – die letzte Phase vor der eigentlichen «Endlösung». Die Massenerschießungen von russischen Juden durch die SS-Einsatzgruppen kennzeichneten eine Radikalisierung der antijüdischen Politik, die Christopher

---

61 Browning, *Final Solution*, S. 38, 79.
62 Mommsen, «Realisierung», S. 395 Anmerkung 52, 408; Pätzold, «Vertreibung», S. 206.
63 Siehe David Welch, *Propaganda and the German Cinema 1933–1945* (Oxford 1983), S. 292 ff.
64 Pätzold, «Vertreibung», S. 204.

Browning zu Recht als «Quantensprung» bezeichnet.[65] Dies führt uns wieder zu dem Punkt, der uns in diesem Zusammenhang am meisten interessiert: Hitlers persönlicher Rolle bei der Entstehung der «Endlösung».

In der Unzulänglichkeit der Quellen spiegelt sich in beträchtlichem Maße die Geheimhaltung der Mordunternehmen und die absichtliche Unklarheit der auf diese hinweisenden Begriffe. Dadurch bedingt haben Historikerinnen und Historiker aus denselben Quellenbelegen sehr unterschiedliche Schlußfolgerungen in bezug auf den Zeitpunkt und die Art der Entscheidung (beziehungsweise Entscheidungen) zur Vernichtung der Juden gezogen. Eberhard Jäckel deutet darauf hin, daß Hitler bereits im Sommer 1940 die Entscheidung zur Vernichtung der europäischen Juden getroffen habe, bezieht sich aber dabei auf eine Quelle, die er selbst nicht für sehr zuverlässig hält (die Memoiren von Himmlers Masseur und Vertrautem Felix Kersten). Jäckel allerdings hält das Frühjahr 1941 für den Zeitraum, in dem die wesentlichen Entscheidungen im Rahmen der Vorbereitung des Rußlandfeldzugs getroffen wurden.[66] Krausnick schreibt von einem «geheimen Befehl zur Ausrottung der Juden», den Hitler spätestens im März 1941 im Zusammenhang mit der Anweisung, die politischen Kommissare der Roten Armee zu erschießen, erteilt habe.[67] Hillgruber vertritt die Ansicht, Hitler habe entweder Himmler oder Heydrich spätestens im Mai 1941 einen mündlichen Befehl zur systematischen «Liquidierung» der russischen Juden erteilt, und meint, noch vor Ende Juli 1941 sei ein Befehl ergangen, der die erste Anordnung auf alle europäischen Juden ausgeweitet habe. Am 31. Juli 1941 wurde Heydrich von Göring beauftragt, Vorbereitungen für «eine Gesamtlösung der Judenfrage im deutschen Einflußgebiet in Europa» zu treffen und einen «Gesamtentwurf» der erforderlichen Maßnahmen «zur Durchführung der angestrebten End-

---

65 Browning, *Final Solution*, S. 8.
66 Eberhard Jäckel, «Hitler und der Mord an den europäischen Juden», in Peter Märtesheimer und Ivo Frenzel (Hg.), *Im Kreuzfeuer: Der Fernsehfilm «Holocaust»*. *Eine Nation ist betroffen* (Frankfurt am Main 1979), S. 151–162, hier S. 156; Eberhard Jäckel, *Hitlers Herrschaft* (Stuttgart 1986), S. 99 ff; sowie Eberhard Jäckel und Jürgen Ruhwer, *Der Mord an den Juden im Zweiten Weltkrieg* (Stuttgart 1985), S. 9.–17, 190 f.
67 Krausnick, «Judenverfolgung» (siehe oben Anmerkung 58), S. 361 (siehe auch S. 366–368).

lösung der Judenfrage» vorzulegen.[68] Die meisten der führenden Darstellungen (zum Beispiel von Reitlinger, Hilberg, Dawidowicz und Fleming) gehen übereinstimmend davon aus, Hitler habe im Frühjahr oder wahrscheinlicher im Sommer 1941 den Entschluß zur Durchführung der «Endlösung» gefaßt, und sind der Ansicht, dies lasse sich auch aus dem Göring-Auftrag vom 31. Juli entnehmen.[69] Auch für Christopher Browning ist der Göring-Auftrag von zentraler Bedeutung, da er eine Entscheidung widerspiegele, die Hitler im Sommer getroffen habe, nämlich den Mordbefehl auf alle europäischen Juden auszuweiten. Er relativiert Hitlers Entscheidung allerdings insofern, als er in ihr eher eine Anstiftung als eine klare Anordnung sieht, die der Führer im Oktober oder November gebilligt und sanktioniert habe.[70] Adam vertritt den Standpunkt, Hitlers Entscheidung sei eher im Herbst als im Sommer gefallen – zu einer Zeit, als der deutsche Vormarsch in Rußland zum Stillstand gekommen war und sich die vagen Ideen von einer «territorialen Lösung» östlich des Urals als völlig illusionär erwiesen hatten.[71] Eine radikalere Position wird von Broszat, Mommsen und Streit eingenommen. Sie weisen rundweg die Behauptung zurück, daß es einen einzigen spezifischen und umfassenden – schriftlichen oder

---

68 Andreas Hillgruber, «Die ideologisch-dogmatische Grundlage der nationalsozialistischen Politik der Ausrottung der Juden in den besetzten Gebieten der Sowjetunion und ihre Durchführung 1941–44», *German Studies Review* 2 (1979), S. 264–296, hier S. 273 und auch S. 277–278; Andreas Hillgruber, «Die ‹Endlösung› und das deutsche Ostimperium als Kernstück des rassenideologischen Programms des Nationalsozialismus», in Funke (siehe Kapitel 3 Anmerkung 27), S. 94–114, hier S. 103–105. Görings Anordnung ist wiedergegeben in Krausnick, «Judenverfolgung», S. 372–373, und Gerald Reitlinger, *Die Endlösung. Hitlers Versuch der Ausrottung der Juden Europas* (Berlin ²1957; übers. v. J. W. Brügel), S. 92–93.
69 Reitlinger, S. 89–94; Raul Hilberg, *Die Vernichtung der europäischen Juden* (Berlin 1982); Dawidowicz, *Krieg*, S. 126; Fleming, S. 59. Hilberg neigt inzwischen eher dazu, Hitlers Anordnung auf einen Zeitpunkt in den ersten zwei Wochen *nach* Görings Befehl zu datieren. Siehe Jäckel und Ruhwer (vgl. oben Anm. 67), S. 125 f, 137 f.
70 Browning, Final Solution, S. 8, und Christopher Browning, «Zur Genesis der ‹Endlösung›. Eine Antwort an Martin Broszat», *VfZ* 29 (1981), S. 97–109, hier S. 98 und 108. Zu Brownings Position siehe vor allem seinen Band *Fateful Months* (New York 1985), Kap. 1, «The Decision Concerning the Final Solution».
71 Adam, *Judenpolitik*, S. 312–313. Für ein ähnliches Datum votiert der von Shlomo Aronson veröffentlichte Artikel «Die dreifache Falle. Hitlers Judenpolitik, die Aliierten und die Juden», *VfZ* 32 (1984), S. 51–52.

mündlichen – «Führerbefehl» gegeben habe, und legen die Betonung auf die kumulative «Sanktionierung» «faktischer» Vernichtungsaktionen, die von anderen Stellen initiiert worden und zwischen Sommer 1941 und Anfang 1942 wild eskaliert seien und aus denen sich dann die eigentliche «Endlösung» – die systematische Vergasung in den Vernichtungslagern – «entwickelt» habe.[72] Zu einer ähnlichen Interpretationssicht scheint Hans-Heinrich Wilhelm implizit am Ende einer erschöpfenden Untersuchung über die «Einsatzgruppen» zu gelangen, wenn er schreibt, Hitler habe im Sommer 1941 eine Entscheidung getroffen, die sich allerdings «lediglich» auf das «Ostjudentum» bezogen habe und die später – wenn auch nicht ohne Hitlers ausdrückliche Zustimmung – schrittweise erweitert und radikalisiert worden sei.[73]

Zwei neuere Untersuchungen gehen ebenfalls davon aus, daß der Schritt zum totalen Genozid erst zu einem späteren Zeitpunkt – frühestens im Spätsommer oder Herbst 1941 – vollzogen wurde, beurteilen Hitlers Rolle dabei aber recht unterschiedlich. Laut Arno Mayer wurde die Schwelle zum systematischen Massenmord erst überschritten, als der nationalsozialistische «Kreuzzug» gegen den Bolschewismus auf Schwierigkeiten stieß, und das war etwa ab September 1941 der Fall. Selbst bei der Wannsee-Konferenz vom 20. Januar 1942 waren die Nationalsozialisten nach Mayers Auffassung immer noch dabei, sich an die «Endlösung» heranzutasten.[74] Während Hitler bei Mayer keine spezifische Rolle spielt, stellt ihn der Schweizer Historiker Philippe Burrin in den Mittelpunkt seiner Interpretation, mißt aber auch den Umständen, unter denen die beabsichtigte territoriale «Lösung» in einen systematischen Genozid umschlug, starkes Gewicht bei. Auch

---

72 Broszat, «Genesis», S. 753, Anmerkung 26, 763 ff; Mommsen, «Realisierung», S. 416 und Anmerkung 148, 417; Christian Streit, Besprechung von Helmut Krausnick und Hans-Heinrich Wilhelm, *Die Truppe des Weltanschauungskrieges. Die Einsatzgruppen der Sicherheitspolizei und des SD 1938–1942* (Stuttgart 1981) in *Bulletin of the German Historical Institute, London* 10 (1982), S. 17. In seinem früheren Buch, *Keine Kameraden. Die Wehrmacht und die sowjetischen Kriegsgefangenen 1941–1945* (Stuttgart 1978), S. 126 und S. 355, Anmerkung 274, scheint Streit Adams These gutzuheißen, findet allerdings auch Broszats damals gerade erschienenen «Genesis»-Artikel «überzeugend».
73 Krausnick und Wilhelm, S. 634–635. Der Entscheidungsprozeß, der zur «Endlösung» führte, war 1984 Thema einer großen, internationalen Konferenz in Stuttgart, auf der alle Interpretationen diskutiert wurden. Siehe Jäckel und Ruhwer (vgl. oben Anm. 66).
74 Mayer (vgl. oben Anm. 31), Kap. 8 und 9.

Burrin sieht in den wachsenden Schwierigkeiten beim «Unternehmen Barbarossa» die treibende Kraft für den Schritt zum Genozid. Für den Bereich der Sowjetunion datiert er diesen Schritt auf etwa Mitte August, und ungefähr einen Monat später sei die Massenvernichtung dann auf das gesamte europäische Judentum ausgeweitet worden, als Hitler von der bisherigen Position abging, die Juden erst nach einer Niederlage der Sowjetunion in den Osten zu deportieren.[75]

Wie diese unterschiedlichen Interpretationen führender Experten zeigen, gibt es im Hinblick auf die genaue Art der Entscheidung zur Durchführung der «Endlösung», ihren exakten Zeitpunkt und sogar für das tatsächliche Vorhandensein einer solchen Entscheidung keine eindeutigen Belege. Zwar haben nach dem Krieg zweitrangige SS-Führer in Gerichtsprozessen wiederholt von einem «Führerbefehl» oder einem «Auftrag» gesprochen, doch hat kein unmittelbarer Zeuge eines solchen Befehls den Krieg überlebt. Und trotz der ganzen Brutalität seiner eigenen Äußerungen gibt es keinen Beleg dafür, daß Hitler – und sei es im engsten Vertrautenkreise – kategorisch von einem Entschluß gesprochen hätte, die Juden töten zu lassen. Allerdings lassen die von ihm überlieferten Bemerkungen nicht den geringsten Zweifel daran, daß er das, was in seinem Namen geschah, billigte, darüber in weitem Maße Bescheid wußte und dem Geschehen seine Zustimmung erteilte.[76] Die Interpretation beruht deshalb auf einem Abwägen der «Wahrscheinlichkeit» der einzelnen Thesen.[77] In dieser Hinsicht müssen wir uns kurz die entsprechenden Belege ansehen.

Hitler hatte es nicht nötig, Anweisungen zu erteilen oder deutliche Initiativen zu ergreifen, um den Radikalisierungsprozeß in der «Judenfrage» zwischen 1939 und 1941 zu fördern. Die Dynamik erhielt ihren Schwung vielmehr, wie wir gesehen haben, durch eine Kombination von bürokratischen Maßnahmen, die vom Reichssicherheitshauptamt ausgingen (und deren administrative Folgen man sich nicht ganz klarmachte), und von Ad-hoc-Initiativen, die «vor Ort» von Individuen und Ämtern ergriffen wurden, die für die Erfüllung einer immer schwerer

---

75 Burrin (vgl. oben Anm. 31), Kap. 4 und 5.
76 Siehe Mommsen, «Realisierung», S. 391 ff. Es steht nicht fest, ob und inwieweit Hitler über die tatsächlichen Einzelheiten des Mordens im Osten direkt unterrichtet wurde (siehe S. 409 und Anmerkung 117), auch wenn Anweisung erteilt worden war, ihn hinsichtlich der von den «Einsatzgruppen» erzielten «Fortschritte» auf dem laufenden zu halten (siehe Fleming, S. 123; Krausnick und Wilhelm, S. 335).
77 Broszat, «Genesis», S. 753; Browning, «Zur Genesis», S. 98, 105, 109.

zu handhabenden Aufgabe verantwortlich waren. Typisch für Hitlers Haltung war der Ende 1940 von ihm geäußerte Wunsch, man möge seinen Gauleitern im Osten die «notwendige Bewegungsfreiheit» für die Erledigung ihrer schwierigen Aufgabe einräumen; er werde von seinen Gauleitern *nach zehn Jahren* nur die einzige Meldung verlangen, daß ihr Gebiet rein deutsch sei, und werde sie nicht fragen, welche Methoden sie zu diesem Zwecke angewendet hätten.[78] Seine eigene direkte Rolle war größtenteils auf den Bereich der Propaganda beschränkt – auf öffentliche Haßtiraden und schreckliche, dabei aber vage Vorhersagen zum Schicksal der Juden. Die berüchtigtste ist seine Reichstagsrede vom 30. Januar 1939, in der er «prophezeite», der Krieg werde zur «Vernichtung der jüdischen Rasse in Europa» führen – eine Prophezeiung, auf die er sich in den folgenden Jahren immer wieder bezog und die er nachträglich bezeichnenderweise auf den 1. September 1939, den Tag des Kriegsausbruchs, datierte.[79] Daran zeigt sich, wie Hitler im Geiste den Krieg und seine «Mission», die Juden zu vernichten, miteinander verband, und diese Verbindung fand ihren tödlichen Schnittpunkt in der Konzeption des «Vernichtungskriegs» gegen die Sowjetunion.[80]

Durch die barbarischen Vorbereitungen für den Angriff auf die Sowjetunion wurde auch die Wehrmacht in eine Reihe verbrecherischer Weisungen verwickelt, die mit dem «Kommissarbefehl» zusammenhingen – der befohlenen Erschießung aller politischen Kommissare der Sowjetarmee. Zur Angriffsvorbereitung gehörte unter anderem auch, daß die Leiter der Einsatzgruppen und untergeordneten -kommandos bei Einsatzbesprechungen von Heydrich darüber informiert wurden, welche Rolle sie im Gefolge der vorrückenden Wehrmacht spielen sollten. Eine Reihe von Einsatzkommandoleitern behauptete nach dem Krieg, bei diesen Einsatzbesprechungen vom «Führerbefehl» zur Ausrottung der russischen Juden gehört zu haben.[81] Die meisten Historiker gehen inzwischen davon aus, daß Heydrichs mündliche Instruktionen zur Tötung der russischen Juden auf eine Blankoermächtigung durch

78 Zitiert in Krausnick und Wilhelm, S. 626–627.
79 Hillgruber, «Die ideologisch-dogmatische Grundlage», S. 271, 285 ff; Jäckel, «Hitler und der Mord», S. 160–162.
80 Siehe zu diesem Punkt besonders Hillgrubers Aufsätze; Näheres oben in Anmerkung 66.
81 Alfred Streim, *Die Behandlung sowjetischer Kriegsgefangener im «Fall Barbarossa»* (Heidelberg/Karlsruhe 1981), S. 74–80.

Hitler zurückgingen. Ihrer Ansicht nach diente der vom 2. Juli 1941 datierende, begrenztere schriftliche Befehl Heydrichs an die höheren SS- und Polizeiführer in der Sowjetunion – mit dem in den besetzten Gebieten die Liquidierung «radikaler Elemente», darunter «Juden in Partei- und Staatsstellungen», angeordnet wurde – dazu, der Wehrmacht und anderen Institutionen eine gewisse Rechtfertigung für die Massenerschießungen an die Hand zu geben.[82] Zweifellos brachten die Einsatzgruppen von Anfang an längst nicht nur Juden in Partei- und Staatsstellungen um. Bereits am 3. Juli ließ beispielsweise der Leiter des Einsatzkommandos in Luzk ca. 1160 jüdische Männer erschießen, um dem Ort seinen Stempel aufzudrücken, wie er sich ausdrückte.[83] Die Todeskommandos der Einsatzgruppe A im Baltikum legten ihren Auftrag besonders weit aus.[84] Letzten Endes waren die Einsatzgruppen in großem Umfang an der Ermordung von insgesamt über zwei Millionen russischer Juden beteiligt; allein die Einsatzgruppe A meldete bis zum Januar 1942 die «Exekution» von 229052 Juden.[85] Ihre bis heute erhaltenen, detaillierten monatlichen «Ereignismeldungen» gehören zu den entsetzlichsten Hinterlassenschaften des Dritten Reichs.

Die große Zahl ermordeter russischer Juden spricht eindeutig eher für einen von oben erteilten allgemeinen Auftrag als für örtliche «Initiativen» von schießwütigen Einheiten der Einsatzgruppen.[86] Gleichzeitig bestanden im Frühstadium der Invasion bei den Leitern der Einsatzgruppen und anderen SS-, Partei- und Polizeiführern in den besetzten Gebieten im Osten ganz offensichtlich Unklarheiten darüber, welche Aufgaben ihr Auftrag genau umfaßte und wie das «Judenproblem» langfristig «gelöst» werden sollte. Es ist anzunehmen, daß bei den ver-

---

82 Krausnick, «Judenverfolgung», S. 361–367; Krausnick und Wilhelm, S. 150ff, 634; Hillgruber, «Die ideologisch-dogmatische Grundlage», S. 273; Heinz Höhne, *Der Orden unter dem Totenkopf. Die Geschichte der SS* (Gütersloh 1967), S. 329f. Der Befehl vom 2. Juli 1941 ist abgedruckt in: Peter Longerich (Hg.), *Die Ermordung der europäischen Juden* (München 1989), S. 116ff.
83 Streim, S. 89 Anm. 333.
84 Burrin, S. 122f.
85 Krausnick, «Judenverfolgung», S. 367; Krausnick und Wilhelm, S. 619. Aufgrund einer sehr gründlichen Analyse der unvollständigen Belege schätzt Wilhelm die Gesamtzahl der ermordeten russischen Juden auf mindestens 2,2 Millionen (Krausnick und Wilhelm, S. 618–622). Wie viele davon speziell von den Einsatzgruppen umgebracht wurden, läßt sich nicht genau feststellen.
86 Krausnick und Wilhelm, S. 634.

schiedenen Einsatzbesprechungen vor der Invasion auch von der Ausrottung der Juden in den zu besetzenden russischen Gebieten die Rede war, daß die Äußerungen dazu aber nicht eindeutig waren und unterschiedlich verstanden werden konnten.[87] Auf jeden Fall deckt sich das, was Alfred Streim an Fakten zusammengetragen und Philippe Burrin in seiner Analyse weiter ausgeführt hat, nicht mit der angeblichen Existenz eines spezifischen «Führerbefehls» zur Vernichtung der russischen Juden *vor* Beginn des «Unternehmens Barbarossa». Vielmehr deutet alles darauf hin, daß die Einsatzgruppen zunächst nur begrenzte Tötungsanweisungen erhalten haben, die wohl tatsächlich Heydrichs Anordnung vom 2. Juli 1941 entsprachen.

Bald nach dem Krieg haben Einsatzkommandoleiter vor Gericht behauptet, es habe schon vor der Invasion einen entsprechenden Führerbefehl gegeben. Diese Aussagen waren aber nachweislich falsch und dienten nur dem Zweck, dem Leiter der Einsatzgruppe D, Otto Ohlendorf, bei seinem Prozeß im Jahre 1947 eine einheitliche Verteidigung zu ermöglichen.[88] Zuverlässigere spätere Aussagen von Beteiligten lassen mit einem hohen Maß an Plausibilität darauf schließen, daß vor dem Einmarsch in die Sowjetunion kein allgemeiner «Liquidierungsbefehl» bekannt war und der Befehl dazu erst mehrere Wochen nach Beginn des «Rußlandfeldzugs» erging.[89] Wie Streim darlegt, wäre es kaum logisch gewesen, die örtliche Bevölkerung zu Pogromen gegen die Juden aufzuwiegeln (wie Heydrich mündlich angewiesen hatte), wenn ein allgemeiner Vernichtungsbefehl bereits existiert hätte. Darüber hinaus wurde Heydrichs schriftlicher Befehl vom 2. Juli zu Beginn des «Unternehmens Barbarossa» weitgehend befolgt.[90] Im Vergleich zu den Massentötungen ab etwa Mitte August erschossen die Kommandos der Einsatzgruppen in den ersten Wochen nach der Invasion eine *relativ* geringe Zahl von Juden und beschränkten sich dabei überwiegend auf Männer. Zum Beispiel brachte das besonders brutale Einsatzkommando 3 in Litauen im Laufe des Juli 1941 4239 Juden um, darunter 135 Frauen. Im August stieg die Zahl der Ermordeten auf 37 186, von denen 32 430 erst nach der Mitte des Monats getötet wurden, während sich im September die Zahl der Opfer auf insgesamt 56 459 belief, dar-

---

87 Ebenda, S. 627; Streim, S. 88 f.
88 Streim, S. 80.
89 Ebenda, S. 83.
90 Ebenda, S. 84.

unter 26 243 Frauen und 15 112 Kinder.[91] Die tatsächliche Praxis der Einsatzgruppen deckt sich insofern mit wesentlichen Teilen der nach dem Krieg protokollierten Zeugenaussagen sowie mit einer Reihe von Dokumenten, aus denen hervorgeht, daß der «Führerbefehl» den Einsatzkommandos im Laufe des August übermittelt wurde.[92] Anscheinend war es aber so, daß der – am 29./30. September 1941 in Babi Yar bei Kiew in dem berüchtigten Massaker an 33 771 jüdischen Männern, Frauen und Kindern gipfelnde – Befehl, nun die Erschießungen auf alle Juden gleich welchen Alters und Geschlechts auszuweiten, nicht zu einem bestimmten Zeitpunkt auf einer einzelnen, zentralen, von Heydrich oder Himmler geleiteten Versammlung erteilt wurde. Vielmehr scheint Himmler diesen Auftrag höheren SS- und Polizeiführern bei Besprechungen in den «Ostgebieten» mitgeteilt zu haben, und diese gaben den Befehl dann an die Einsatzgruppenleiter weiter, die ihn schließlich in Einzelbesprechungen den Einsatzkommandoleitern übermittelten.[93] Daß die Ausweitung der Erschießungen im August 1941 mit Hitlers Zustimmung geschah, steht wohl außer Frage. Art und Form des «Führerbefehls» lassen sich allerdings nicht mehr feststellen. Ebensowenig läßt sich die Frage beantworten, ob es sich dabei um eine eigene Initiative Hitlers handelte oder ob der «Führer» sich nur mit einem Vorschlag von Heydrich oder Himmler einverstanden erklärt hatte.

Ein Hinweis darauf, daß schon bevor die Einsatzgruppen mit ihren Massakern an russischen Juden begonnen hatten, die Möglichkeit einer alle europäischen Juden betreffenden «Lösung» eruiert wurde, findet sich in Eichmanns Rundschreiben vom 20. Mai 1941, in dem er mitteilt, Göring habe die Auswanderung von Juden aus Frankreich und Belgien untersagt (damit die Ausreisemöglichkeiten für deutsche Juden nicht behindert würden), und außerdem erwähnt, daß die «Endlösung der Judenfrage» unmittelbar bevorstehe und «zweifellos kommen» werde.[94] Doch erst mehr als zwei Monate später, nachdem die Todeskommandos schon beinah sechs Wochen lang in der Sowjetunion gewütet hatten, erhielt Heydrich von Göring den Auftrag, die erforder-

---

91 Burrin, S. 124 f, siehe auch S. 128.
92 Streim, S. 85 f.
93 Ebenda, S. 89–93.
94 Krausnick, «Judenverfolgung», S. 371; Reitlinger, S. 92; Fleming, S. 57; Pätzold, *Verfolgung*, S. 288 f.

lichen Vorbereitungen für «eine Gesamtlösung der Judenfrage» zu treffen.[95] Wie bereits erwähnt, wird diese Ermächtigung, die in Erwartung eines unmittelbar bevorstehenden Sieges über die Sowjetunion auf Heydrichs Initiative von Eichmann aufgesetzt und von Göring unterzeichnet worden war,[96] häufig so gedeutet, daß darin eine Weisung Hitlers zum Ausdruck komme, die *den* Befehl zur «Endlösung» ausmache. Eine solche Deutung wirkt nicht überzeugend.

Es ist zweifelhaft, ob Hitler wegen Görings Befehl an Heydrich direkt konsultiert wurde. Da diese Anordnung praktisch nur eine Erweiterung der Vollmachten darstellte, die Heydrich 1939 von Göring erhalten hatte, war eine erneute Zustimmung Hitlers nicht unbedingt erforderlich.[97] Wie Burrin überzeugend dargelegt hat, scheint auf jeden Fall festzustehen, daß dieser Befehl *nicht* den Schritt zum totalen Genozid bedeutete, sondern sich noch in die Intention einfügte, gleich nach Beendigung des «Rußlandfeldzuges» eine territoriale «Gesamtlösung» herbeizuführen.[98] Ende Juli 1941 schien ein Sieg über die UdSSR nur noch eine Frage von Wochen zu sein, und Heydrich war zweifellos erpicht darauf sicherzustellen, daß seine – auf einen Auftrag Görings vom 24. Januar 1939 zurückgehende – Zuständigkeit für die Durchführung der «Lösung des Judenproblems» unangefochten blieb. Hitler hielt seinerseits den ganzen August 1941 über daran fest, daß erst nach Abschluß des «Rußlandfeldzugs» Juden in den Osten deportiert werden sollten.[99] Mitte September änderte er dann seine Meinung und ordnete an, die Juden aus Deutschland, Österreich und der Tschechoslowakei zum frühestmöglichen Zeitpunkt zu deportieren. Wodurch es zu diesem Meinungswandel kam, ist unklar. Fest steht, daß sich Rosenberg und andere für eine Deportation der Juden in den Osten einsetzten. Und Hitler scheint in dieser Zeit wegen des verlangsamten Vormarsches im Osten und der wachsenden Wahrscheinlichkeit eines längeren Krieges deprimiert gewesen zu sein. Im engsten Kreise kam er gerade in diesen Wochen wieder darauf zu sprechen, daß man aus

---

95 Reitlinger, S. 92; Longerich, *Ermordung*, S. 78.
96 Siehe Mommsen, «Realisierung», S. 409, Jäckel und Ruhwer, S. 15 (siehe Anmerkung 66).
97 Siehe Mommsens Äußerungen zu Görings Befehl, «Realisierung», S. 409 und 417 Anm. 149, sowie Browning, «Zur Genesis», S. 105, und ders., *Fateful Months*, S. 22.
98 Burrin, S. 129 ff.
99 Ebenda, S. 137 f.

Deutschlands Niederlage von 1918 Lehren ziehen und die «Elemente» vernichten müsse, die Deutschlands Chance auf einen Sieg im Ersten Weltkrieg untergraben hätten.[100] Und bis zum September hatten die Einsatzgruppen in der Sowjetunion, wie bereits verdeutlicht, natürlich längst mit dem totalen Genozid begonnen. Insofern kam es ab September 1941 zu einer immer stärkeren Verknüpfung zwischen der physischen Vernichtung, die im Osten bereits in vollem Gange war, der Unfähigkeit, in absehbarer Zukunft eine territoriale «Lösung» herbeizuführen, und Heydrichs Auftrag, eine «Gesamtlösung» des «Judenproblems» in allen von Deutschland besetzten Gebieten in die Wege zu leiten. Daher spricht vieles für Burrins Schlußfolgerung, daß Hitlers Zustimmung zur Deportation in den Osten unter diesen Umständen einem Befehl zur Ermordung der europäischen Juden gleichkam.[101] Vielleicht gab es also tatsächlich keinen weiteren «Führerbefehl» – weil ein solcher nicht mehr erforderlich war.

Der Sommer und der Herbst 1941 waren auf seiten der NS-Behörden durch ein hohes Maß an Verwirrung und widersprüchlichen Auslegungen des Ziels der antijüdischen Politik gekennzeichnet. In dieser Phase wurde bei der «Liquidierung» der Juden experimentiert und zur «Selbsthilfe» und «örtlichen Initiative» gegriffen, vor allem als (in diesem Fall eindeutig auf Befehl Hitlers) im Herbst 1941 die Transporte aus dem Reich und aus Westeuropa erst einmal ostwärts zu rollen begonnen hatten. Die Nazibonzen in Polen und Rußland griffen daraufhin zu radikalen Ad-hoc-Maßnahmen – Liquidierungen –, um mit der riesigen Anzahl von Juden fertig zu werden, die aus dem Westen in ihren Zuständigkeitsbereich gebracht und willkürlich sozusagen vor ihrer Tür abgeladen wurden.[102] Unterdessen eskalierte der Prozeß des Mordens rasch – und nicht allein in der «Judenfrage». Christian Streit hat gezeigt, daß die Wehrmacht sich bereitwillig an der zunehmenden Barbarei des «Vernichtungskriegs» beteiligte, indem sie eng mit den Einsatzgruppen zusammenarbeitete und fast zwei Drittel der in deutsche Hände gefallenen sowjetischen Kriegsgefangenen liquidierte.[103] Ur-

100 Ebenda, S. 138f, 164f, 168f und 173f.
101 Ebenda, S. 141.
102 Broszat, «Genesis», S. 750ff; siehe auch Mommsen, «Realisierung», S. 410–412.
103 Streit, *Keine Kameraden* (siehe oben Anmerkung 70); siehe Hans Mommsens Besprechung von Streits Buch in *Bulletin of the German Historical Institute London* 1 (1979), S. 17–23. Zum Verhalten der deutschen Truppen an der «Ostfront»

sprünglich war das anfangs kleine Konzentrationslager von Auschwitz erweitert worden, um sowjetische Gefangene aufzunehmen, und die Opfer der ersten Experimente mit den dortigen Gaskammern waren nicht Juden, sondern sowjetische Kriegsgefangene. Die für den Sommer und Herbst 1941 feststellbare Mischung aus Verwirrung, Widersprüchen und Improvisationen läßt sich aber durchaus mit der These vereinbaren, daß im September 1941 die Entscheidung zum Beginn der «Endlösung» fiel – der physischen Vernichtung der Juden im gesamten von Deutschland besetzten Teil Europas. Es stimmt zwar, daß Rudolf Höß (der Kommandant von Auschwitz) nach dem Krieg aussagte, er habe von Himmler den Vernichtungsbefehl im Sommer 1941 erhalten. Höß' Angaben sind jedoch nicht zuverlässig, und in diesem Fall spricht vieles dafür, daß er bestimmte Vorgänge irrtümlich um ein Jahr vordatiert hat und sich in Wirklichkeit auf den Sommer 1942 bezog.[104] Auch Eichmann hat 1960 bei seinen Aussagen in Israel nicht immer ganz richtige Angaben gemacht, er behauptete aber, sich noch lebhaft daran erinnern zu können, zwei oder drei Monate nach dem Einmarsch in die Sowjetunion von Heydrich die Mitteilung erhalten zu haben, daß «der Führer die physische Vernichtung der Juden befohlen» hatte.[105] Wenn diese Aussage auch, für sich genommen, noch kein schlüssiger Beweis ist, so wird sie doch durch Indizien gestützt, die sich aus der zeitlichen Entwicklung der Vernichtungsaktionen im Herbst ergeben.[106]

Am 23. Oktober 1941 verbreitete die Gestapo durch einen Runderlaß Himmlers Befehl, eine weitere Auswanderung der Juden zu unterbinden.[107] Im selben Monat wurde dem «Reichskommissar für das Ostland» (Baltikum), Hinrich Lohse, die Erlaubnis erteilt, nichtarbeitsfähige Juden – auch die aus Deutschland deportierten – durch Kohlenmonoxydgase zu liquidieren. Das sollte in «Gaswagen» geschehen, die von Victor Brack aus der Kanzlei des Führers entworfen wor-

---

siehe insbesondere Omer Bartov, *The Eastern Front, 1941–45. German Troops and the Barbarisation of Warfare* (London 1985), und ders., *Hitler's Army* (Oxford 1991).
104 Ebenda, S. 193 Anm. 15.
105 Jochen von Lang, *Das Eichmann-Protokoll. Tonbandaufzeichnungen der israelischen Verhöre* (Berlin 1982), S. 69.
106 Browning, «Zur Genesis», S. 100f.
107 Pätzold, *Verfolgung*, S. 306; Krausnick, «Judenverfolgung», S. 373. Himmler hatte sich die Beendigung der Emigration fünf Tage früher, nach einem Telefongespräch mit Heydrich, notiert. – Burrin, S. 146.

den waren, der die Vergasungstechniken als Leiter der «Euthanasie-Aktionen» entwickelt hatte.[108] Es steht fest, daß spätestens zu diesem Zeitpunkt nicht nur die SS-Führung, sondern auch das Auswärtige Amt, das Ministerium für die besetzten Ostgebiete und die Kanzlei des Führers im Bilde waren.[109] Mit dem Bau des Vernichtungslagers in Belzec und des Vernichtungskomplexes in Auschwitz-Birkenau wurde aller Wahrscheinlichkeit nach im November oder Dezember 1941 begonnen. Ende November wurden in Riga die ersten deutschen Juden erschossen, und zu Beginn des folgenden Monats fanden in den Vernichtungswagen, die dem Lager von Chelmno in Polen zugeteilt worden waren, die ersten Vergasungen statt. Mitte November soll Himmler zu seinem Masseur, Kersten, gesagt haben, daß die Vernichtung der Juden unmittelbar bevorstehe, und Ende des Monats verschickte Heydrich die Einladungen zur Wannsee-Konferenz, die ursprünglich für den 9. Dezember geplant war, dann aber auf den 20. Januar 1942 verschoben wurde und deren Zweck es sein sollte, eine Vernichtungspolitik zu regeln und zu koordinieren, die bereits im Gange war.[110] Zwar waren auf der Konferenz einige methodische, technische und organisatorische Fragen zu klären, aber ab Dezember 1941 konnte es kaum noch Zweifel am Ziel der antijüdischen Politik geben. Hans Frank teilte in jenem Monat einigen NS-Führern im Generalgouvernement mit, daß sie die Liquidierung der Juden selbst besorgen müßten, da diese nicht anderswohin deportiert werden könnten.[111] Und auf die Frage, ob im Osten alle Juden ohne Rücksicht auf Alter, Geschlecht und wirtschaftliche Erfordernisse liquidiert werden sollten, erhielt der für die baltische Region zuständige Reichskommissar Lohse zur Antwort: «In der Judenfrage dürfte inzwischen durch mündliche Besprechungen Klarheit geschaffen sein. Wirtschaftliche Belange sollen bei der Regelung des Problems grundsätzlich unberücksichtigt bleiben.»[112]

Aus diesen verworrenen Hinweisen zieht Browning den plausiblen

---

108 Krausnick, «Judenverfolgung», S. 409–412; Browning, «Zur Genesis», S. 101–102; Fleming, S. 81–84.
109 Browning, «Zur Genesis», S. 102. Die «Judenexperten» des Außenministeriums gingen offenbar immer noch davon aus, daß eine grundlegende «Lösung der Judenfrage» nach dem Krieg herbeigeführt werden würde (dessen Ende ihres Erachtens unmittelbar bevorzustehen schien): siehe Browning, *Final Solution*, S. 66.
110 Bei dieser Chronologie folge ich Browning, «Zur Genesis», S. 106–107.
111 Browning, «Zur Genesis», S. 107.
112 *IMT*, Band 32, S. 436–437 (Dokumente 3663 – PS und 3666 – PS).

Schluß, Hitler habe im Oktober oder November «den im Sommer 1941 von ihm veranlaßten Vernichtungsplan» gebilligt.[113] Die Quellen decken sich allerdings eher mit Philippe Burrins Interpretation, daß der «Führerbefehl» zur Ermordung der europäischen Juden ungefähr im September 1941 erging und wahrscheinlich mit dem Befehl zur Deportation der Juden nach Osten identisch war. Ob diese Anordnung unmittelbar auf Hitlers eigene Initiative zurückging oder aber – was insgesamt wohl wahrscheinlicher ist – der Anstoß dazu vom Reichssicherheitshauptamt kam, läßt sich nicht mehr feststellen und ist an sich auch nicht wichtig. Wenn sich der Befehl, der die «Endlösung» in Gang setzte, überhaupt vom Deportationsbefehl trennen läßt, dann dürfte es sich bei ihm mit an Sicherheit grenzender Wahrscheinlichkeit um eine mündliche «Blankovollmacht» gehandelt haben. Mehr war nicht erforderlich. Alles übrige konnte man Himmler, Heydrich und deren Lakaien überlassen.

Obgleich Hitlers genaue Rolle im dunkeln bleibt und manche Interpretationspunkte aufgrund des unklaren Quellenmaterials zwangsläufig umstritten bleiben, ist die frühere Uneinigkeit der Wissenschaftler über den komplexen Entscheidungsprozeß, der im Frühjahr 1942 zur vollen Entfaltung der «Endlösung» führte, dank neuerer Forschungsergebnisse einem relativ hohen Maß an Übereinstimmung gewichen. Inzwischen ist, wie sich zusammenfassend sagen läßt, allgemein anerkannt, daß die Befehle, die den Einsatzgruppen vor dem Einmarsch in die Sowjetunion gegeben wurden, einen entscheidenden Schritt in Richtung Genozid darstellten. Über den genauen Inhalt der Instruktionen besteht nach wie vor Uneinigkeit, obwohl die von Streim und Burrin zusammengetragenen Quellen überzeugend darzulegen scheinen, daß ein zunächst etwas eingeschränkter Mordauftrag erweitert wurde, nachdem sich die Einsatzgruppen in der Sowjetunion erst einmal an der «Arbeit» befanden, um dann ungefähr im August 1941 endgültig zu einem vollen Genozidauftrag ausgeweitet zu werden. Ebenso ist jetzt allgemein akzeptiert, daß von Anfang an eine deutlich sichtbare, zentrale Lenkung vorhanden war, dabei aber örtlichen Initiativen viel Raum zur Tempoforcierung gelassen wurde, und daß die ganze Entwicklung – zunächst in bezug auf die Sowjetunion und dann im Hin-

---

113 Browning, «Zur Genesis», S. 107. Siehe auch die abwägende Beurteilung von Wolfgang Scheffler, «Zur Entstehungsgeschichte der ‹Endlösung›», *APZ* (30. Oktober 1982), S. 3–10.

blick auf die Initiierung einer umfassenden «Endlösung» – ohne eine irgendwie geartete Anordnung von Hitler nicht denkbar gewesen wäre, auch wenn es sich dabei konkret vielleicht nur um ein Zeichen (eventuell ein bloßes Kopfnicken, wie Browning meint)[114] an Himmler und Heydrich handelte und nicht um einen spezifischen und eindeutigen Befehl. Und schließlich herrscht allgemein auch dahingehend Übereinstimmung, daß sich trotz der verwirrenden und einander überschneidenden Entwicklungen, zu denen es zwischen Mitte 1941 und Frühjahr 1942 kam, das Vernichtungsprogramm sich in wesentlichen Zügen schon im Oktober 1941 deutlich abzuzeichnen begann. Uneins ist man nach wie vor darüber, wann genau die Entscheidung getroffen wurde, das Vernichtungsprogramm auf das gesamte europäische – und nicht nur russische – Judentum auszuweiten, und ob sie in dem Glauben fiel, Deutschland stehe im «Ostfeldzug» vor einem glorreichen Triumph, oder ob man meinte, sich für das Stocken des «Kreuzzugs» gegen den jüdisch-bolschewistischen Feind «rächen» zu müssen. Die Quellen unterstützen nach Abwägung aller Informationen jedenfalls Burrins Datierung auf den Spätsommer 1941.

Wenn man diese Diskussion über die Entstehung der «Endlösung» zu den polarisierten «hitleristischen» und «strukturalistischen» Interpretationen in Beziehung setzt – also zu der einen Sichtweise, die betont, ein langfristig geplantes, auf Vernichtung hinzielendes Programm habe in einem Befehl Hitlers gegipfelt, und der anderen, die von einem Prozeß dauernder Improvisation als Ausweg aus selbstverursachten Verwaltungsschwierigkeiten ausgeht –, dann dürfte man zu dem Schluß kommen, daß keines der Modelle eine ganz befriedigende Erklärung liefert und daß offensichtlich Platz für Kompromisse ist.

Trotz seiner beispiellos brutalen Sprache lassen sich bei Hitler nur schwer direkte Handlungen festmachen. Zwar war sein Judenhaß zweifellos eine Konstante, doch änderte sich das Verhältnis dieses Hasses zur aktuellen Politik im Laufe der Zeit beträchtlich, während die politischen Möglichkeiten immer beschränkter wurden. Hitler selbst war an der offenen Formulierung dieser Politik kaum beteiligt – weder in den dreißiger Jahren noch während der Herausbildung der «Endlösung» selbst. Seine Hauptrolle bestand darin, für das brutale Klima zu sorgen, in dem die Verfolgung stattfand, und Initiativen, die hauptsächlich von anderen kamen, zu sanktionieren und zu legitimieren.

114 Browning, «Zur Genesis», S. 105; ders., *Fateful Months*, S. 22.

Mehr war nicht erforderlich. Die launenhaften Sprünge, die die antijüdische Politik sowohl vor dem Krieg als auch in den Jahren 1939–41 machte und aus denen sich die «Endlösung» entwickelte, widerlegen jede Vorstellung von einem «Plan» oder «Programm». Die Radikalisierung konnte erfolgen, ohne daß Hitler entscheidend den Kurs bestimmte. Doch Hitlers Einfluß war allgegenwärtig, und seine direkte Intervention war in der antijüdischen Politik mitunter entscheidend. Sein dogmatisches, unerschütterliches Festhalten an einem vagen ideologischen Imperativ – «Entfernung der Juden» aus Deutschland und anschließende «Endlösung der Judenfrage» –, der in bürokratische und exekutive Maßnahmen übertragen werden mußte, war nichtsdestoweniger eine unerläßliche Voraussetzung für die eskalierende Barbarei und den schrittweisen Übergang zum umfassenden Völkermord.

Ohne Hitlers fanatisches Bestreben, das Judentum zu zerstören, aus dem sich erst 1941 die physische Vernichtung der Juden Europas als realisierbares Ziel herauskristallisierte, wäre es aller Wahrscheinlichkeit nach nicht zum Holocaust gekommen. Es wäre aber auch, wie Streit betont,[115] nicht dazu gekommen, wenn die Wehrmacht sich nicht aktiv beteiligt hätte – die einzige Kraft, die noch in der Lage gewesen wäre, das Naziregime unter Kontrolle zu halten. Ebensowenig hätte dabei das – bis hin zu aktiver Komplizenschaft reichende – Einverständnis der Beamtenschaft fehlen dürfen, die bemüht war, die mit der zunehmenden Diskriminierung verbundenen Anforderungen zu erfüllen. Auch ohne die Führungskräfte der deutschen Industrie, die die Produktion der Todesmaschinerie leiteten und ihre Fabriken in unmittelbarer Nähe der Konzentrationslager errichteten, wäre die «Endlösung» nicht möglich geworden.[116] Und innerhalb des SS/SD/Gestapo-Organisationskomplexes waren es weniger die absoluten Rassefanatiker als die ehrgeizigen Organisatoren und kompetenten Verwaltungsfachleute wie Eichmann und die eiskalten Henker wie Höß, die aus einer höllischen Vision eine Hölle auf Erden machten.[117]

---

115 Streit, *Keine Kameraden*, besonders Kapitel 3, 6 und 13.
116 Eine kurze Diskussion des wirtschaftlichen Kontextes, in dem es zur «Endlösung» kam, findet sich oben in Kapitel 3.
117 Hannah Arendt sagt gegen Ende ihrer kontroversen Darstellung des Eichmann-Prozesses: «Das beunruhigende an der Person Eichmanns war doch gerade, daß er war wie viele und daß diese vielen weder pervers noch sadistisch, sondern schrecklich und erschreckend normal waren und sind.» Arendt, *Eichmann* (siehe

Zusammen mit dem organisierten Chaos in den Ostgebieten, das durch das Fehlen einer klaren, zentralen Leitung und eines entsprechenden Konzepts zustande kam sowie durch das unter den unmenschlichsten Bedingungen erfolgende Zusammenpferchen von immer größeren Massen von «Untermenschen», lieferte der langwierige, aber schrittweise Prozeß der Entpersönlichung und Entmenschlichung der Juden den Kontext, in dem der Massenmord – sobald er im Rußlandfeldzug erst einmal eingeführt worden war – ad hoc angewandt und ausgeweitet wurde, bis sich aus ihm die totale Vernichtung entwickelte. Gleichzeitig ging die «Endlösung» nicht einfach aus einer Unzahl von örtlichen «Initiativen» hervor: Wenn zuerst auch zögernd, wurden im Zentrum doch entscheidende Schritte unternommen, um die Maßnahmen zur völligen Vernichtung zu koordinieren. Die entsprechende zentrale Leitung scheint jedoch größtenteils vom Reichssicherheitshauptamt und weniger von Hitler ausgegangen zu sein, wobei die wichtigsten Schritte von ihm allerdings zweifellos allgemein gebilligt und sanktioniert wurden.

Hitlers «Intention» war bei dem in der Vernichtung gipfelnden Radikalisierungsprozeß in der antijüdischen Politik mit Sicherheit ein grundlegender Faktor. Wichtiger ist für eine Erklärung des Holocaust jedoch das Wesen der «charismatischen» Herrschaft im Dritten Reich und die Art und Weise, in der sie die Dynamik der mit Blick auf «heroische», chimärenhafte Ziele eskalierenden Radikalisierung in Gang hielt und dabei die Regierungsstruktur zersetzte und aufsplitterte. Dies war der wesentliche Rahmen, in dem Hitlers Rassenwahn in praktische Politik umgesetzt werden konnte.

Diese Untersuchung der komplexen Entwicklung der zum Kern der Hitlerschen Weltanschauung gehörenden Rassenpolitik hat gezeigt, daß es zwar sinnlos wäre, von Hitler als einem «schwachen Diktator»

---

oben Anmerkung 7), S. 326. Dem Herausgeber von Höß' autobiographischen Erinnerungen zufolge wird darin der Kommandant von Auschwitz eher als «kleinbürgerlich-normaler Mensch» denn als sadistische Bestie sichtbar: Martin Broszat (Hg.), *Kommandant in Auschwitz: Autobiographische Aufzeichnungen von Rudolf Höß* (Stuttgart 1961 sowie München 1978), S. 15. Der ideologische Antisemitismus scheint in diesen Fällen höchstens ein sekundäres Motiv geliefert zu haben, so auch bei Franz Stangl, Kommandant im Todeslager von Treblinka: siehe Gitta Sereny, *Am Abgrund* (Frankfurt am Main, Berlin und Wien 1980). Es muß jedoch hinzugefügt werden, daß kein immanenter Widerspruch zwischen ideologischer Überzeugung und einem Talent zur Verwaltung besteht.

zu reden, daß es aber auch irreführend wäre, das Dritte Reich als eine monokratische Diktatur anzusehen, bei der eine kohärente, einheitliche Befehlsstruktur für die geregelte und zentral gelenkte konsequente Vollstreckung des Führerwillens gesorgt hätte. Nun werden wir unsere Aufmerksamkeit noch dem Gebiet zuwenden, bei dem Hitlers lenkende Hand am deutlichsten sichtbar zu sein scheint: der Außenpolitik.

6 Die nationalsozialistische Außenpolitik: Hitlers «Programm» oder «Expansion ohne Ziel»?

Mehrere wichtige Aspekte der deutschen Außenpolitik im Dritten Reich zählen immer noch zu den ungelösten Problemen und sind weiterhin Gegenstand der wissenschaftlichen Debatte. Auch im außenpolitischen Bereich sind die Interpretationsmeinungen in den letzten Jahren – vor allem bei westdeutschen Wissenschaftlern – in die beiden «Lager» gespalten, von denen schon in anderem Zusammenhang die Rede war: «Intention» und «Struktur». Die DDR-Forschung zeigte kein Interesse an dieser interpretativen Auseinandersetzung, denn sie legte ihrer Arbeit natürlich andere Prämissen zugrunde und konzentrierte sich darauf, die expansionistischen Ziele der deutschen Industriegiganten zu dokumentieren und zu analysieren – eine Aufgabe, der sie sich mit nicht geringem Erfolg widmete. Doch bei aller Anerkennung der imperialistischen Aspirationen des deutschen Kapitalismus haben westliche Forscherinnen und Forscher Erklärungen, die in Hitler und anderen führenden Nazis wenig mehr als Vollstrecker der Ziele des Großkapitals sehen, noch nie besonders überzeugend gefunden. Tatsächlich tendiert, wie wir in einem früheren Kapitel gesehen haben, im Westen die konventionell-orthodoxe Richtung, die zu einem großen Teil von westdeutschen Historikerinnen und Historikern getragen wird, dazu, derartige Erklärungen umzudrehen und einem kompromißlosen «Primat der Politik» im Dritten Reich das Wort zu reden. Und unabhängig von irgendwelchen Interpretationsnuancen wird allgemein und mit Nachdruck hervorgehoben, daß Hitler den Kurs der deutschen Aggression in Übereinstimmung mit jenem «Programm» steuerte, welches er (für alle, die es sehen wollten) in *Mein Kampf* und im *Zweiten Buch* skizziert hatte. Parallel zu den Holocaust-Erklärungen wird auch im außenpolitischen Bereich Hitlers ideologischen Zielen ein regelrechter Primat zugeschrieben und gesagt, durch sie sei eine konsequente Außenpolitik entstanden, deren grobe Umrisse und Planziele lange im voraus «vorprogrammiert» worden seien.

Diese Interpretationssicht wird seit ein paar Jahren von Historikerinnen und Historikern in Frage gestellt, die an die Außenpolitik und andere Aspekte der NS-Herrschaft mit einer «strukturalistischen» Methode heranzugehen suchen – auch wenn die «strukturalistische» Argumentation gerade auf diesem Gebiet eher auf schwachen Füßen steht. Vertreter und Vertreterinnen eines «strukturalistischen» Ansatzes lehnen Vorstellungen von einer Außenpolitik mit klaren Konturen, welche sich im Einklang mit einem von Hitler stammenden ideologischen «Programm» entfalteten, ab und betonen statt dessen, daß Umfang und Zielrichtung der Expansion unklar und unspezifisch gewesen seien und daß es zu dieser Expansion in nicht geringem Maße aufgrund der unkontrollierbaren Dynamik und radikalisierenden Schwungkraft der Nazibewegung und des NS-Regierungssystems gekommen sei. Bei diesem schrittweisen und etwas wirren Entwicklungsprozeß hätten – genau wie bei der «Judenfrage» – Begriffe wie «Lebensraum» lange Zeit als Propagandaslogans und «ideologische Metaphern» gedient, ehe sie als erreichbare und konkrete Ziele erschienen seien.

Auch hier liegt die Betonung mehr auf der *Funktion* von Hitlers außenpolitischem «Image» und seinen ideologischen Fixierungen als auf seinem unmittelbaren persönlichen Eingreifen und den von ihm ausgehenden Initiativen. Und statt von Hitler das Bild eines Mannes mit unerschütterlichem Willen und kristallklarer Weitsicht zu zeichnen, der die Ereignisse nach seinem Geschmack und seinen ideologischen Zielen entsprechend formte, wird er als «ein Mann der Improvisation, des Experimentierens und der Augenblickseingebung» dargestellt.[1] Jede im Kurs der deutschen Außenpolitik entdeckte «Logik» oder innere Rationalität» komme, so heißt es, rein teleologisch zustande – indem man sich die Endergebnisse ansehe und diese im Lichte der offenbar prophetischen Äußerungen deute, die Hitler in den zwanziger Jahren von sich gegeben habe.

Ehe wir eine kurze Auswertung versuchen, die sich mit Hitlers Rolle beim Zustandekommen außenpolitischer Entscheidungen, mit der Bedeutung seiner ideologischen Fixierungen für die Festlegung der außenpolitischen Entwicklung und mit dem Ausmaß der expansionistischen Ambitionen der Nazis befaßt, müssen wir etwas detaillierter

---

[1] Hans Mommsen, Besprechung von Jacobsen (siehe oben Kapitel 4 Anmerkung 31), S. 183.

die Hauptströmungen in der Historiographie untersuchen und uns die Argumente führender Vertreter der gerade erwähnten Interpretationsrichtungen ansehen.

Interpretationen

Welche Ziele Hitler genau verfolgte, wird schon lange von Fachleuten auf dem Gebiet der deutschen Außenpolitik diskutiert. Zwei seit langer Zeit bestehende kontroverse Themenbereiche – ob Hitler ein ideologischer Visionär mit einem aggressiven «Programm» oder bloß ein zutiefst «prinzipienloser Opportunist» gewesen sei und ob seine außenpolitischen Ziele neu und revolutionär oder im wesentlichen die Fortsetzung einer traditionellen deutschen Expansionspolitik gewesen seien – lassen sich im Ansatz in den antagonistischen Positionen erkennen, die bereits vor Jahren die britischen Historiker Trevor-Roper und Taylor eingenommen haben. Während Taylor (etwas kapriziös wie immer) den Standpunkt vertrat, in bezug auf internationale Angelegenheiten sei an Hitler «nichts auszusetzen, außer daß er ein Deutscher war»[2], gehörte Trevor-Roper zu den ersten Historikern, die – was heutzutage recht banal erscheinen mag – in Hitlers Ideen eine grundlegende und beharrliche Konsequenz entdeckten und Hitler tatsächlich als einen Mann ernst nahmen, dessen Ideen – so widerwärtig sie auch waren – neu gewesen seien und traditionelle Grenzen des politischen Denkens durchbrochen hätten.[3] Auf eine Art ließen sich beide Sichtweisen auf eine unterschiedliche Interpretation gleicher Quellen zurückführen, zu denen gerade auch die bisweilen ambivalenten Kommentare von Hermann Rauschning, dem ehemaligen Senatspräsidenten von Danzig, gehörten.[4]

---

[2] A. J. P. Taylor, *The Origins of the Second World War* (Harmondsworth 1971), S. 27 (in der deutschen Ausgabe *Die Ursprünge des Zweiten Weltkrieges* [Gütersloh 1962] offenbar nicht enthalten).
[3] H. R. Trevor-Roper, «Hitlers Kriegsziele», *VfZ* 8 (1960), S. 121–133.
[4] Siehe Hermann Rauschning, *Gespräche mit Hitler* (Zürich 1940 und Wien 1973) und *Die Revolution des Nihilismus* (Zürich und New York 1938). Unverzichtbar für eine Auswertung des von Rauschning vorgelegten Materials ist Theodor Schieder, *Hermann Rauschnings «Gespräche mit Hitler» als Geschichtsquelle* (Opladen 1972). Wolfgang Hänel, *Hermann Rauschnings «Gespräche mit Hitler» – Eine Geschichtsfälschung* (Ingolstadt 1984), zieht die Authentizität von Rauschnings Dar-

Es wurde jedoch schon bald darauf hingewiesen, daß zwischen den Interpretationen, so wie sie waren, nicht unbedingt ein Widerspruch bestand: Man konnte in Hitler sowohl einen fixierten Ideologen sehen als auch einen Mann, der ein besonderes Talent dafür besaß, die sich ihm in der Außenpolitik bietenden Gelegenheiten auszunutzen.[5]

Als dieses Bild von Hitler als fanatischem Visionär, der mit schonungsloser Konsequenz die von ihm festgelegten Ziele verfolgte, erst einmal öffentlich vorgebracht worden war, setzte es sich rasch in den Köpfen fest. Größere Studien, die damals erstellt wurden – und hier vor allem die, die sich mit der deutschen Außenpolitik befaßten –, gingen von der Prämisse aus, daß Hitlers expansionistische Ideologie todernst genommen werden müsse und daß die Unterschätzung Hitlers innerhalb und außerhalb Deutschlands ein fataler Schlüssel zu seinem Erfolg gewesen sei. Trevor-Roper hatte bereits betont, daß Hitlers Lebensraumpläne für Osteuropa ernst gemeint gewesen seien, und dieser Gedanke wurde nun von Günter Moltmann noch erweitert: Er war der erste, der die These vertrat, Hitlers Pläne hätten sich nicht auf Europa beschränkt, sondern hätten buchstäblich auf die Weltherrschaft Deutschlands abgezielt.[6] Diese These wurde bald systematischer ausgearbeitet: In seiner 1963 veröffentlichten Analyse der Kriegsziele Hitlers ging Hillgruber mit Blick auf die NS-Außenpolitik von einem Dreistufenplan aus, durch den Deutschland zuerst die Hegemonie über ganz Europa, dann über den Nahen Osten und andere britische Kolonialgebiete und schließlich – in ferner Zukunft – über die USA und damit die ganze Welt erlangen sollte.[7] Das heuristische Instrument des «Stufenplans» beeinflußte die meisten der späteren einflußreichen Arbeiten zur Außenpolitik, unter denen Klaus Hildebrands umfangreiche Untersuchung über die deutsche Kolonialpolitik besonders hervor-

---

stellung in Zweifel. Siehe dazu jedoch Martin Broszat, «Enthüllung? Die Rauschning-Kontroverse» in ders., *Nach Hitler. Der schwierige Umgang mit unserer Geschichte* (München 1986), S. 249 ff.
5 Siehe Alan Bullock, «Hitler and the Origins of the Second World War», in Esmonde M. Robertson (Hg.), *The Origins of the Second World War* (London 1971), S. 189–224, hier besonders S. 192–193.
6 Günter Moltmann, «Weltherrschaftsideen Hitlers», in O. Brunner und D. Gerhard (Hg.), *Europa und Übersee. Festschrift für Egmont Zechlin* (Hamburg 1961), S. 197–240.
7 Hillgruber, *Hitlers Strategie* (siehe oben Kapitel 1 Anmerkung 17).

ragte.[8] In neuerer Zeit haben Analysen der deutschen Flottenpläne, der bombastischen Architekturprojekte und der auf Großbritanniens Besitzungen im Nahen Osten hinzielenden Politik weitere stützende Argumente für die These von der «Weltherrschaft» geliefert.[9]

Eine «Unterdebatte» rumorte zwischen den «Kontinentalisten» (wie etwa Trevor-Roper, Jäckel und Kuhn), für die Hitlers «Endziele» die Eroberung von «Lebensraum» in Osteuropa mit einschlossen, und den «Globalisten» (Moltmann, Hillgruber, Hildebrand, Dülffer, Thies, Hauner und anderen), die von ihrer – derzeit dominierenden – Interpretation her in Hitlers außenpolitischen Ambitionen nichts weniger als das Streben nach totaler Weltherrschaft erkannten und akzeptierten. Beiden Positionen ist jedoch gemeinsam, daß sie als programmatische Elemente der Hitlerschen Weltanschauung und als Kernstück seiner Politik die Eroberung von «Lebensraum» und die Rassenherrschaft hervorheben, in denen sie zwei immanent miteinander zusammenhängende Komponenten sehen. Dabei sollen Begriffe wie «Stufenplan» oder «Programm», wie betont wird, allerdings nicht den Anschein erwecken, als würde hier ein «Fahrplan zur Weltherrschaft» beschrieben. Vielmehr sollen mit ihnen «die wesentlichen Triebkräfte und zentralen Ziele der Außenpolitik Hitlers» erfaßt werden, «die unverrückbar waren (‹Lebensraum›-Eroberung; Rassenherrschaft; Weltmachtstellung), ohne darüber die ‹Improvisation› des Diktators und den hohen Grad seiner taktischen Wendigkeit zu verkennen».[10] Ob «Kontinentalist» oder «Globalist» – beide betrachten in den bisher zusammengefaßten Interpretationen die deutsche Außenpolitik als Hitlers Außenpolitik. Ein Historiker zum Beispiel, der eine typische Ansicht über Hitlers persönliche Rolle bei der Festlegung der NS-Außenpolitik vertritt, sieht ihn «im Rahmen des totalitären Staats» nicht

---

8 Hildebrand, *Vom Reich zum Weltreich* (siehe oben Kapitel 1 Anmerkung 17).
9 Jost Dülffer, *Weimar, Hitler und die Marine. Reichspolitik und Flottenbau 1920–1939* (Düsseldorf 1973); Jochen Thies, *Architekt der Weltherrschaft. Die «Endziele» Hitlers* (Düsseldorf 1976); Milan Hauner, *India in Axis Strategy: Germany, Japan, and Indian Nationalists in the Second World War* (Veröffentlichungen des Deutschen Historischen Instituts, London, Band 7, Stuttgart 1981).
10 Klaus Hildebrand, «Die Geschichte der deutschen Außenpolitik (1933–1945) im Urteil der neueren Forschung: Ergebnisse, Kontroversen, Perspektiven», in derselbe, *Deutsche Außenpolitik 1933–1945. Kalkül oder Dogma?* (= Nachwort der 4. Auflage, Stuttgart u. a. 1980), S. 188–189. Diese Ansicht vertritt Hildebrand konsequent in vielen seiner Veröffentlichungen.

nur als «obersten Herrn und Gebieter», sondern auch als «Hauptanimator» an.[11] So wichtig schien ihm der Führer für die Entwicklung der deutschen Außenpolitik zu sein, daß derselbe Historiker, Milan Hauner, in einem anderen Aufsatz, der sich mit dem Ziel der Weltherrschaft befaßte, es für notwendig erachtete, seine Leser zu warnen, «daß in diesem Überblick der Name ‹Hitler› häufig anstelle von ‹Deutschland› gebraucht wird». Dies stellt den Gipfel der «hitleristischen» Interpretationssicht dar, denn Hauner erachtet die «charismatische Ausstrahlung Hitlers und den totalitären Charakter seiner Macht» für so bedeutsam, «daß Hitler von dem Augenblick an, in dem er die volle Kontrolle über die [deutschen] außenpolitischen und militärischen Angelegenheiten übernahm, zu Recht als Personifizierung der Willenskraft Deutschlands angesehen werden kann».[12] Am Ende zitiert er Norman Rich, der Hitler als «Herr und Meister im Dritten Reich» bezeichnet hat. Genauso kompromißlos ist die Feststellung, die Gerhard Weinberg, einer der auf dem Gebiet der NS-Außenpolitik führenden Experten, am Ende seiner ausführlichen Diplomatiegeschichte der Vorkriegszeit trifft: «Deutschlands Macht wurde von Hitler gelenkt. Durch sorgfältige Analysen haben Wissenschaftlerinnen und Wissenschaftler hinter der Fassade monolithischer Einheit, die das Dritte Reich gerne seinen Bürgerinnen und Bürgern und der ganzen Welt in Wort und Bild zeigte, innere Uneinigkeit, organisatorisches Durcheinander, Zuständigkeitsgerangel, institutionelle Rivalitäten und örtliche Abweichungen aufgedeckt. Dennoch bleibt die Tatsache bestehen, daß die Politik in groben Linien in jedem Fall von Hitler selbst bestimmt wurde. Wo andere zustimmten oder zumindest nicht energisch widersprachen, blieb ihnen die Wahl, sich anzuschließen oder sich stillschweigend zurückzuziehen, doch in wichtigen Fragen der Politik ging der Führer seinen eigenen Weg.»[13]

Aus einer Reihe verschiedener Richtungen sind ernsthafte Versuche unternommen worden, diese dominierende orthodoxe Sichtweise, die betont, Hitlers programmatische Ziele hätten bei der Festlegung der Außenpolitik eine eigenständige Rolle gespielt, in Frage zu stellen. Man

---

11 Milan Hauner, «The Professionals and the Amateurs in National Socialist Foreign Policy: Revolution and Subversion in the Islamic and Indian World», in Hirschfeld und Kettenacker (oben Kapitel 1 Anmerkung 23), S. 305–328, hier S. 325.
12 Milan Hauner, «Did Hitler want a World Dominion?», *JCH* 13 (1978), S. 15.
13 Gerhard Weinberg, *The Foreign Policy of Hitler's Germany. Starting World War II* (Chicago und London 1980), S. 657.

könnte sie zweckmäßigerweise in drei ineinandergreifende Kategorien aufteilen:

(i) Jegliche Vorstellungen von einem «Programm» oder «Stufenplan» werden zurückgewiesen, die Existenz konkreter und spezifischer langfristiger außenpolitischer Ziele wird verneint, und Hitler wird – nicht mehr weit vom Bild des «prinzipienlosen Opportunisten» entfernt – als Mann dargestellt, der spontan auf Umstände reagierte und hauptsächlich daran interessiert war, die Propaganda auszunutzen und das eigene Prestige zu schützen.

(ii) Es wird behauptet, Hitler sei in seinen außenpolitischen Entscheidungen nicht frei gewesen, sondern habe von verschiedenen Seiten Druck gespürt: von bedeutenden Elitegruppen (der Wehrmachtsführung, Industrie etc.), von verschiedenen Stellen, die an der Gestaltung der Außenpolitik beteiligt waren, von der Partei, die von ihm erwartete, daß er in Einklang mit seinen wilden Versprechungen und Propagandaäußerungen handele (und ihn dadurch in Zugzwang brachte, wenn er sein Führer-«Image» aufrechterhalten wollte), vom internationalen Kräfteverhältnis und von der wachsenden Wirtschaftskrise.

(iii) Es wird die Ansicht vertreten, die Außenpolitik müsse als eine Form von «Sozialimperialismus» aufgefaßt werden – als eine Projektion innenpolitischer Probleme nach außen, als ein Ventil oder Ausgleich für inneren Unfrieden, damit die innenpolitische Ordnung aufrechterhalten werden konnte.

Der radikalste «strukturalistische» Ansatz, nämlich der von Hans Mommsen, betont, Hitler habe spontan und mit Improvisationen auf Entwicklungen reagiert, zu deren Gestaltung er selbst kaum etwas beigetragen habe, und damit wendet sich dieser Ansatz teilweise wieder der schon früh geäußerten Ansicht zu, der deutsche Diktator sei kaum mehr als ein talentierter Opportunist gewesen. Mommsens Meinung nach ist es «auch fraglich, ob die nationalsozialistische Außenpolitik als unveränderliche Verfolgung festgelegter Prioritäten angesehen werden kann. Hitlers außenpolitische Ziele, die rein dynamischen Charakter hatten, kannten keine Grenzen; Joseph Schumpeters Hinweis auf eine ‹Expansion ohne Ziel› ist völlig gerechtfertigt. Aus genau diesem Grunde ist es höchst problematisch, deren Verwirklichung als in irgendeiner Weise konsequent oder logisch zu deuten. [...] In Wirklichkeit waren die außenpolitischen Ambitionen des Regimes zahlreich und vielfältig, ohne klare Richtung und nur durch das Endziel miteinander verbunden.» Erst im nachhinein entstehe der Eindruck eines konsequenten Vorgehens, und gerade Begriffe wie «Programm» oder «Stufenplan» liefen Gefahr, eine solche Folgerichtigkeit zu implizieren.¹⁴ Laut Mommsen war Hitlers Verhalten in der Außen- genauso wie in der Innen- und der antijüdischen Politik zu einem großen Teil – das heißt abgesehen von den Erfordernissen der internationalen Lage – von Prestige- und Propagandaüberlegungen geprägt. So gesehen war dann die nationalsozialistische Außenpolitik «der Form nach eine nach außen projizierte Innenpolitik, die den zunehmenden Realitätsverlust nur durch Aufrechterhaltung der politischen Dynamik, durch unablässige Aktion, zu überspielen vermochte und sich damit von der Chance politischer Stabilisierung immer weiter entfernte»¹⁵.

Eine ähnliche Interpretationsmeinung wird von Martin Broszat vertreten, der ebenfalls kaum Belege dafür entdecken kann, daß hinter Hitlers Außenpolitik ein Plan gesteckt habe.¹⁶ Vielmehr müsse die Verfolgung des «Lebensraumzieles» im Osten – ähnlich wie im Falle des Antisemitismus – als ein Zeichen für Hitlers fanatisches Festhalten an einer von ihm selbst mit in Gang gesetzten dynamischen Bewegung verstanden werden. In der Außenpolitik hieß das vor allem: Durchbrechung aller fesselnden Beschränkungen, formalen Bindungen, Bündnisse oder Allianzen und Gewinnung völliger – von keinem Völkerrecht und keiner internationalen Vereinbarung eingeschränkter – Handlungsfreiheit in bezug auf eigene machtpolitische Überlegungen. Das Bild von der unbegrenzten Weite des Landes im Osten, das sich mit traditionellen mythischen Überlieferungen aus der Zeit der deutschen Ostkolonisation deckte, bedeutete, so Broszat, in Verbindung mit den utopischen Idealen der Wirtschaftsautarkie, der Reagrarisierung und der Schaffung einer Herrenrasse, daß die Lebensraumgewinnung (die außerdem noch den im Ersten Weltkrieg verfolgten expansionistischen Zielen entsprach) als eine perfekt eingesetzte Metapher und als Prüfstein für die deutsche Machtpolitik diente, bei der – genau wie in der «Judenfrage» und auf genauso verschlungenem Wege – das symbolische Fernziel nach und nach zur in greifbare Nähe gerückten Realität wurde. Vor 1939 stellte Hitler keine klaren Überlegungen zum Stellen-

---

14 Mommsen, «National Socialism: Continuity and Change», S. 177; siehe auch vom selben Autor «Ausnahmezustand», S. 45, und *Adolf Hitler*, S. 97, 102 (vollständige Angaben in Kapitel 4 Anmerkung 28).
15 Mommsen, «Ausnahmezustand», S. 43–45.
16 Siehe Broszat, «Soziale Motivation» (siehe Kapitel 4 Anmerkung 27), besonders S. 407–409).

wert Polens an, obwohl dessen geographische Lage es in den Mittelpunkt jedes konkreten Gedankens an einen Angriff auf die Sowjetunion hätte rücken müssen. Darin sieht Broszat ein Beispiel für die unklare, unspezifische und im wesentlichen «utopische» Natur der außenpolitischen Ziele Hitlers. So kommt er zu dem Schluß, daß «das Ziel der Lebensraumgewinnung im Osten [...] bis 1939/40 weitgehend die Funktion einer ideologischen Metapher, eines Symbols zur Begründung immer neuer außenpolitischer Aktivität» gehabt habe. Für Broszat ist die plebiszitäre soziale Dynamik der «Bewegung», die Hitler und das Regime im Bereich der Außenpolitik unaufhaltsam in Richtung auf eine Verwirklichung der Lebensraummetapher drängte, in ihrem unaufhörlichen Verlangen nach Aktion letztlich die einzige Garantie für eine wie auch immer geartete Integration und Ablenkung der «antagonistischen Kräfte» im Dritten Reich. Als Folge habe diese sich jedoch einer rationalen Kontrolle immer mehr entziehen und in einem «selbstzerstörerischen Wahn» enden müssen. Und obwohl man bei einer Erklärung der Entwicklung nicht um Hitler herumkomme, solle man ihn sich nicht als autonome Persönlichkeit vorstellen, deren launenhafte Willkür und ideologische Fixierungen unabhängig von der sozialen Motivation und dem politischen Druck der Anhängermassen zum Tragen gekommen seien.

Tim Masons Interpretation, die uns bereits in Kapitel 4 begegnet ist, kann als eine dritte Variante der «strukturalistischen» Herangehensweise an die NS-Außenpolitik gelten. Mason zufolge schränkte die innenpolitisch-ökonomische Krise der späten dreißiger Jahre Hitlers Spielraum in außenpolitischen Angelegenheiten und bei der Kriegsvorbereitung stark ein, und da er mit der wachsenden Wirtschaftskrise nicht fertig wurde, sei er gezwungen gewesen, sich auf das einzige Gebiet zurückzuziehen, auf dem er noch «klare welthistorische Entscheidungen» treffen konnte: die Außenpolitik.[17] Auch in neuerer Zeit hat Mason wieder den Standpunkt vertreten, die späten dreißiger Jahre seien im Hinblick auf die Außenpolitik Hitlers mehr durch ein konfuses Durcheinander als durch eine programmatische Entwicklungslinie gekennzeichnet gewesen.[18] Mason stellt die «Erblast von 1918» heraus und betont, welchem Druck dadurch die deutsche Außen- und auch die

---

17 Mason, *Sozialpolitik* (siehe Kapitel 4 Anmerkung 62), S. 40.
18 Mason, «Intention and Explanation» (siehe Kapitel 1 Anmerkung 25), S. 32–33.

Innenpolitik ausgesetzt gewesen sei, und meint – wie auf etwas andere Weise auch Mommsen und Broszat –, daß man daher die NS-Außenpolitik und den Krieg selbst unter die Rubrik «Primat der Innenpolitik» einordnen könne – als barbarische Variante des Sozialimperialismus.[19]

Andere Historiker haben in den letzten Jahren ebenfalls versucht, sich gegen die ihres Erachtens übertrieben hitlerzentrierte Behandlung der deutschen Außenpolitik zu wenden; sie suchen den Entscheidungsprozeß in außenpolitischen Fragen mit Hilfe «polykratischer» oder «pluralistischer» Modelle zu verstehen. Wolfgang Schieder zum Beispiel beschäftigt sich in einer Fallstudie mit den Umständen, unter denen sich Deutschland im Juli 1936 entschied, in den Spanischen Bürgerkrieg einzugreifen, und vertritt den Standpunkt, der entscheidende Faktor für den Interventionsbeschluß sei Görings Interesse an spanischen Rohstoffen gewesen. Anfangs sei – obwohl das deutsche Außenministerium abgeraten habe – der Druck zur Beteiligung am Krieg von Vertretern der Auslandsorganisation der Partei ausgegangen, die eine Audienz bei Hitler auf den Bayreuther Festspielen zwischen einzelnen Vorstellungen arrangierten. Von Hitler selbst sei keine Initiative ausgegangen, ehe er sich dann nach (unter Ausschluß des Außenministeriums stattfindenden) Beratungen mit Göring, Blomberg und Canaris zu einer Intervention entschlossen habe. Schieder folgert, im Hinblick auf den Spanischen Bürgerkrieg sei die nationalsozialistische Politik «zwar kein willkürliches Produkt zufälliger Entscheidungen, [...] aber auch nicht das kalkulierte Ergebnis langfristiger Planung» gewesen, sondern eher eine Mischung von beidem, wie das wohl auch für die nationalsozialistische Außenpolitik im allgemeinen gelte. Seiner Meinung nach müsse jede Vorstellung von einer außenpolitischen «Programmatik» Hitlers zwei Ebenen berücksichtigen: die ideologisierten Globalziele, bei deren Verfolgung Hitler «ungemein fanatische Konsequenz» gezeigt habe, und relativ klar «umschreibbare Objekte», bei denen Hitler äußerst beweglich gewesen sei und konkrete Entscheidungen getroffen habe. In diesem Sinne könne Hitlers Außenpolitik weder als Umsetzung eines Langzeitprogramms noch einfach als Produkt eines «objektlosen Nihilismus» interpretiert werden. Vielmehr habe sie aus «einer oft widersprüchlichen Mischung von dogmatischer

---

19 Mason, *Sozialpolitik*, S. 30, und «The Legacy of 1918» (Kapitel 4 Anmerkung 67), S. 218.

Starrheit im Grundsätzlichen und äußerster Flexibilität im Konkreten» bestanden, zwischen denen jedoch nicht notwendigerweise eine Verbindung existiert habe.[20] Das Problem bei Schieders Fallstudie ist – wie er selbst erkennt –, daß sich aus diesem Beispiel keine überzeugenden *allgemeinen* Schlüsse ziehen lassen, da Spanien in Hitlers ideologischen Gedankengängen und bei anderen eventuell noch vorhandenen langfristigen strategischen Überlegungen keine wesentliche Rolle spielte. Außerdem scheinen Hitlers Erwägungen, im Gegensatz zu Görings, in diesem Fall in erster Linie ideologischer Natur gewesen zu sein – «Kampf dem Bolschewismus» –, und das bestätigt insgesamt eher die These von der bei seinem Denken, seiner Motivation und seiner Poltik zu beobachtenden Konsequenz, als daß es ihr widerspricht. Und welchen Einfluß Göring und Kriegsminister Blomberg auch gehabt haben mögen, die Entscheidung für ein Eingreifen deutscher Truppen im Spanischen Bürgerkrieg scheint Hitler allein gefällt zu haben.

Andere Herangehensweisen an die hier irreführend als «pluralistisch» formulierte Außenpolitik lassen sich anscheinend ebenfalls mit der «intentionalistischen» Interpretation vereinbaren. Hans-Adolf Jacobsen zum Beispiel und in neuerer Zeit auch Milan Hauner haben die vielen Ämter und Stellen analysiert, die mit ihren verschiedenen Funktionen und ihrer unterschiedlichen politischen Gewichtung an der Gestaltung der Außenpolitik beteiligt waren. Jacobsen erkennt an, daß die «Struktur des totalitären Systems» durch zentrifugale Kräfte weit mehr beeinflußt wurde als durch reinen Willen und auf ideologische

---

20 Wolfgang Schieder, «Spanischer Bürgerkrieg und Vierjahresplan. Zur Struktur nationalsozialistischer Außenpolitik», in Wolfgang Michalka (Hg.), *Nationalsozialistische Außenpolitik* (Darmstadt 1978), S. 325–359; siehe auch William Carr, *Hitler. A Study in Personality and Politics* (London 1978), S. 52 (dt.: *Adolf Hitler: Persönlichkeit und politisches Handeln* [Stuttgart 1980]); Gerhard Weinberg, *The Foreign Policy of Hitler's Germany. Diplomatic Revolution in Europe 1933–36* (Chicago und London 1970), S. 288–289; sowie Hans-Henning Abendroth, «Deutschlands Rolle im Spanischen Bürgerkrieg», in Funke (siehe oben Kapitel 3 Anmerkung 27), S. 471–488, hier S. 473–477, wo die Ansicht vertreten wird, der Hauptgrund für Deutschlands Kriegseintritt sei Hitlers ideologisches Interesse gewesen und Göring habe sich ursprünglich dagegen ausgesprochen. Übertrieben scharf wird Schieder von Hofer (siehe Kapitel 1 Anmerkung 2), S. 12–13, kritisiert. Neuere Göring-Biographien gelangen in bezug auf Görings Rolle bei der Entscheidung zur Unterstützung Francos zu unterschiedlichen und einander widersprechenden Schlüssen, siehe Stefan Martens, *Hermann Göring* (Paderborn 1985), S. 65–67, und Alfred Kube, *Pour le mérite und Hakenkreuz* (München 1986), S. 163–166.

Geschlossenheit abzielende Richtlinien, und er macht auch im Bereich
der Außenpolitik «Systemlosigkeit» und «Ämterchaos» aus. Dennoch
ist es seiner Ansicht nach falsch, die Entwicklung der Außenpolitik als
Planlosigkeit oder blanken Opportunismus auszulegen. Vielmehr hätten alle an der Formulierung der Außenpolitik beteiligten Individuen
oder Gruppen auf außenpolitischem Gebiet eine konsequente Grundlinie verfolgt und seien dabei – wie auch in anderen Politikbereichen –
bemüht gewesen, dem, was Hitler ihres Erachtens beabsichtigte, konkrete Gestalt zu geben (nämlich der rassischen Neugestaltung Europas,
die Hitler seit den zwanziger Jahren konsequent als revolutionäres Ziel
verfolgt habe, wie Jacobsen meint).[21] Milan Hauner gelangt zu ähnlichen Schlüssen. Bei den Konflikten zwischen den Fachleuten des Auswärtigen Amtes und den anderen an der Außenpolitik in irgendeiner
Weise beteiligten Stellen sei es nicht um unterschiedliche außenpolitische Konzeptionen gegangen, sondern diese Auseinandersetzungen
seien nur Teil des im NS-System sich ständig abspielenden Tauziehens
um Macht und Einfluß gewesen. Solche institutionellen oder persönlichen Rivalitäten mit den daraus folgenden gegensätzlichen Interessen
und Einflüssen hätten, so heißt es auch hier, nicht im Widerspruch zur
Entwicklung einer zentralen politischen Linie gestanden, bei deren
Herausbildung Hitlers persönliche Rolle das entscheidende Element
gewesen sei.[22]

Die Vorstellung von einem «Konzeptionen-Pluralismus» – ein recht
bombastischer Begriff, der eigentlich nur ausdrücken soll, daß die Führer des Dritten Reiches in bezug auf die von Deutschland einzuschlagende Außenpolitik teilweise unterschiedliche Ansichten hatten – ist
kürzlich von Wolfgang Michalka in einer Analyse der außenpolitischen Ideen Ribbentrops und seines Einflusses auf Hitler noch einen
Schritt weiter entwickelt worden. Michalka vertritt den Standpunkt,
von Mitte der dreißiger Jahre an habe Ribbentrops eigene außenpolitische Konzeption eher eine gegen England als gegen Rußland zielende
Stoßrichtung gehabt und sei mehr an pragmatisch machtpolitischen

---

21 Hans-Adolf Jacobsen, «Zur Struktur der NS-Außenpolitik 1933–1945», in
Funke (Kapitel 3 Anmerkung 27), S. 137–185, hier besonders S. 169–175. In seiner
umfangreichen Monographie zur nationalsozialistischen Außenpolitik hebt Jacobsen Hitlers konsequente «Zielstrebigkeit» noch pointierter hervor, während Hans
Mommsen in seiner Rezension dieses Werks gerade diesen Punkt stark kritisiert
(nähere Angaben siehe oben Kapitel 4 Anmerkung 31).
22 Hauner, «Professionals», S. 325.

Erwägungen als unmittelbar an Hitlers rassenideologischer Fixierung orientiert gewesen. Michalka zeigt, daß es Ribbentrop gegen Ende der dreißiger Jahre, als Hitler nach und nach einsehen mußte, daß er England nicht für sich gewinnen konnte, gelang, beachtlichen Einfluß auszuüben, der 1939 in der Unterzeichnung des deutsch-sowjetischen Nichtangriffspakts gipfelte. Ribbentrops «Konzeption», die dieser zwischen 1939 und 1941 vorübergehend und den sich bietenden Gelegenheiten entsprechend anwandte, war laut Michalka jedoch, bedingt durch den Primat des gegen die Sowjetunion gerichteten Hitlerschen Rassen«programms», letztlich zum Scheitern verurteilt. Letzten Endes gelangt Michalka daher zu einer sehr «intentionalistischen» Position – wenn auch einer, die insofern etwas gemäßigter erscheint, als sie manche auf den Diktator einwirkende wichtige Einflüsse berücksichtigt.[23]

Keiner der hier kurz zusammengefaßten «strukturell-funktionalistischen», «konzeptionenpluralistischen» oder «polykratischen» Ansätze hat die «Intentionalisten» (oder «Programmatiker») auch nur im geringsten von ihrer Überzeugung abbringen können, daß der Charakter und die Konsequenz der Hitlerschen Ideologie das entscheidende und maßgebliche Element in der Gleichung gewesen sei. Tatsächlich gelangen, wie wir gerade gesehen haben, maßgebliche Untersuchungen über die verschiedenen an der Gestaltung der Außenpolitik beteiligten Einflußzentren letztlich alle zu ähnlichen oder miteinander zu vereinbarenden Schlüssen. Klaus Hildebrand, der die «programmatische» Linie wie immer am klarsten und direktesten vertritt, lehnt «revisionistische» Interpretationen aus vier Gründen ab: *(1)* übersehen sie seines Erachtens die relativ hohe Eigenständigkeit des Hitlerschen Programms, dessen Ziele vom Diktator selbst als Intentionen formuliert und dann verwirklicht worden seien. *(2)* seien der Antisemitismus und der Antibolschewismus nicht in erster Linie funktional gewesen und müßten vielmehr als primäre und eigenständige, «real»politische Ziele begriffen werden. *(3)* liefen die «Revisionisten» in dieser Hinsicht Ge-

---

23 Siehe Wolfgang Michalka, «Die nationalsozialistische Außenpolitik im Zeichen eines ‹Konzeptionen-Pluralismus› – Fragestellungen und Forschungsaufgaben», in Funke, S. 46–62; «Vom Antikominternpakt zum Euro-Asiatischen Kontinentalblock. Ribbentrops Alternativkonzeptionen zu Hitlers außenpolitischem ‹Programm›», in Michalka (Hg.), *Nationalsozialistische Außenpolitik*, S. 471–492; und sein Hauptwerk *Ribbentrop und die deutsche Weltpolitik 1933–1940. Außenpolitische Konzeptionen und Entscheidungsprozesse im Dritten Reich* (München 1980).

fahr, die Folgen der Politik Hitlers mit deren Motiven zu verwechseln. (4) habe die Dynamik des Systems – die, wie Hildebrand zugibt, immer schwerer von Hitler kontrolliert werden konnte – den Diktator nie vor unannehmbare grundsätzliche Alternativen gestellt, sondern ihn «programmatisch» in Richtung der von ihm selbst festgesetzten «Endziele» gedrängt, wenn sie auch deren Verwirklichung beeinflußt habe.[24]

Zwar kann man natürlich über jede dieser Thesen streiten, doch der wichtige vierte Punkt deutet darauf hin, daß die Interpretationen – genau wie im Fall der Innen- und Rassenpolitik – gar nicht so weit auseinanderliegen, wie es auf den ersten Blick scheinen mag, und daß deshalb eine teilweise Synthese möglich erscheint. Eine Auswertung der Debatte über die Ziele und die Umsetzung der deutschen Außenpolitik im Dritten Reich könnte sich auf drei Hauptprobleme konzentrieren: (1) Fällte Hitler die wichtigsten Entscheidungen im Bereich der Außenpolitik selbst? Kam in ihnen lediglich ein Konsens zum Ausdruck, der bereits vorher erzielt worden war, oder wurden diese Beschlüsse jeweils nach einer Beratung gefaßt, bei der auch – mit gewichtigen Argumenten – politische Alternativen zur Sprache kamen? Und in welchem Maße war Hitler bei außenpolitischen Entscheidungen in seiner Handlungsfreiheit beschränkt? (2) Inwieweit ist es möglich, im Kurs der deutschen Außenpolitik eine durch Hitlers ideologische Zwangsvorstellungen geprägte innere Konsequenz (mit allein taktisch bedingten «Abweichungen») zu erkennen, ohne diese Konsequenz den außenpolitischen Beschlüssen in teleologischer Weise, also rückblickend, überzustülpen? (3) Strebte Hitler außenpolitisch die Herrschaft über Europa oder buchstäblich über die ganze Welt an? Die folgenden Seiten stellen den Versuch dar, die Argumente und Belege zu beurteilen, die zur Beantwortung dieser Fragen vorgetragen werden.

Auswertung

1   Unter Historikerinnen und Historikern scheint weitgehende Übereinstimmung darüber zu bestehen, daß Hitler nach 1933 die «großen» Entscheidungen in der Außenpolitik selbst getroffen hat. Selbst die am vehementesten vorgetragenen «strukturalistischen» Analysen geste-

---

24 Hildebrand, «Nachwort» (siehe oben Anmerkung 10), S. 191.

hen zu, daß Hitlers «Führungsmonopol» im außenpolitischen Entscheidungsprozeß viel deutlicher in Erscheinung trat als im Bereich der Innenpolitik.[25] Weniger Übereinstimmung besteht jedoch darüber, in welchem Maße Hitler der Entwicklung der deutschen Außenpolitik seinen unverwechselbaren persönlichen Stempel aufdrückte und ob sich 1933 ein Bruch in der deutschen Außenpolitik erkennen läßt, der von Hitlers eigenen ideologischen Vorurteilen und seinem «Programm» herrührte.[26] Die Frage der Kontinuität oder Diskontinuität der deutschen Außenpolitik nach 1933 steht deshalb im Mittelpunkt des ersten Teils unserer Untersuchung.

Bei allen Unterschieden in der Interpretation ist man seit der Veröffentlichung von Fritz Fischers Arbeit Anfang der sechziger Jahre allgemein bereit zu akzeptieren, daß Deutschlands expansionistische Ziele eine der durchgängigen Verbindungslinien zwischen der Bismarckschen und insbesondere der Wilhelminischen Ära und dem Dritten Reich bilden. Es waren nicht nur ein paar Extremisten, die in den ersten Jahren des 20. Jahrhunderts in Deutschland eine massive Expansion und die Unterwerfung eines Großteils von Mittel- und Osteuropa sowie von Gebieten in Übersee forderten, sondern diese Forderung kam in den Zielen und der Propaganda von zahlenmäßig gewichtigen und einflußreichen Interessengruppen zum Ausdruck.[27] Während des Krieges spiegelte sie sich in den Zielen des deutschen Oberkommandos, in denen man durchaus eine Verbindung zur nationalsozialistischen «Lebensraumpolitik» sehen kann. Durch die Niederlage und den im

---

25 Mommsen, «Ausnahmezustand», S. 43. Siehe dazu auch Masons Bemerkungen in seinem Buch *Sozialpolitik*, S. 40. Broszat läßt in seinem Werk keinen Zweifel daran, daß auch er in Hitler den eigentlichen Vollstrecker der nationalsozialistischen Außenpolitik sieht.
26 Zusätzlich zu den in Kapitel 2 Anmerkung 60 angeführten Werken wird die «Kontinuitätsfrage» in der deutschen Außenpolitik behandelt von Jacobsen, *Nationalsozialistische Außenpolitik* (Kapitel 4 Anmerkung 31) und Konrad H. Jarausch, «From Second to Third Reich: The Problem of Continuity in German Foreign Policy», *CEH* 12 (1979), S. 68–82. Wichtig und relevant ist in diesem Zusammenhang auch Hans-Jürgen Döscher, *Das Auswärtige Amt im Dritten Reich* (Berlin 1987).
27 Siehe besonders Geoff Eley, *Reshaping the German Right. Radical Nationalism and Political Change after Bismarck* (New Haven und London 1980) sowie Roger Chickering, *We Men who feel Most German: a Cultural Study of the Pan-German League 1886–1914* (London 1984), und die Arbeit *The Ideological Origin of Nazi Imperialism* (Oxford 1986) von Woodruff D. Smith, der die imperialistische Tradition in Deutschland ausführlich untersucht hat.

Versailler Vertrag festgeschriebenen Gebietsverlust wurden auf seiten der Rechten expansionistische Forderungen wachgehalten und allgemein revisionistische Absichten und Ansprüche gefördert, die der Mehrheit der Deutschen gerechtfertigt erschienen. Hitlers populärer Erfolg im Bereich der Außenpolitik nach 1933 beruhte genau auf dieser Kontinuität, auf diesem durchgängigen Konsens, daß eine deutsche Expansion erforderlich sei; und dieser Ansicht war nicht allein die Machtelite, sondern darin stimmten auch zahlreiche andere gesellschaftliche Gruppen mit ihr überein (mit Ausnahme der Masse der nun ausgestoßenen und geächteten Anhänger der Linksparteien). Dies ist der Rahmen, in dem Hitlers Rolle bei der Formulierung der deutschen Außenpolitik nach 1933 beurteilt werden muß.

Die bedeutsamsten außenpolitischen Schritte, die Deutschland im ersten Jahr der Naziherrschaft unternahm, waren der Austritt aus dem Völkerbund im Oktober 1933 und die bis Anfang 1934 vollzogene Wende in den Beziehungen zu Rußland und Polen. Diese Entwicklungen standen ganz offensichtlich miteinander in Zusammenhang. Zusammen stellten sie einen Bruch mit der bisherigen Politik dar, der zwar auch unter einem anderen Reichskanzler – etwa Papen oder Schleicher – hätte erfolgen können, der aber doch im Hinblick auf den Zeitpunkt und auf die Art und Weise und Geschwindigkeit, in der er sich vollzog, in nicht geringem Maße durch Hitlers Führung und Initative zustande kam.

Bei dem Entschluß, sich aus der Genfer Abrüstungskonferenz und dem Völkerbund zurückzuziehen, bestimmte Hitler nicht viel mehr als den Zeitpunkt. Dieser Rückzug war angesichts des allgemein akzeptierten Aufrüstungsengagements (das in Deutschland zur damaligen Zeit bei jeder nationalistisch-revisionistischen Regierung ganz oben auf der Prioritätenliste gestanden hätte) unvermeidlich, und Hitler handelte hier fast in völliger Übereinstimmung mit führenden Diplomaten, der Reichswehrführung und den anderen dominierenden revisionistischen Kräften im Lande.[28]

Im Falle Polens spielte Hitler – anfangs im Gegensatz zur traditionellen politischen Linie des Außenministeriums, entgegen revisionistischen Instinkten und trotz anderslautender Wünsche von Danziger Parteiaktivisten – persönlich eine größere Rolle, indem er einen neuen Annäherungskurs steuerte. Während Außenminister von Neurath, der die

---

28 Siehe Weinberg, *Diplomatic Revolution* (siehe Anmerkung 20), S. 159–167.

traditionelle Linie repräsentierte, auf einer Kabinettssitzung im April 1933 die Ansicht vertrat, mit Polen sei eine Verständigung «weder möglich noch erwünscht»,[29] war Hitler bereit, die Möglichkeiten einer neuen Beziehung zu Polen auszuloten, vor allem nachdem die polnische Regierung in dieser Hinsicht im April erste Fühler ausgestreckt hatte. Der Austritt aus dem Völkerbund ließ eine Annäherung aus der Sicht beider Seiten verstärkt wünschenswert erscheinen. Wiederum war es eine von Polen ausgehende Initative, die im November 1933 die Verhandlungen beschleunigte. Auf die Übereinkunft, den seit langem andauernden Handelskrieg mit Polen zu beenden – ein Schachzug, der vielen führenden deutschen Industriellen sehr recht war –, folgte der (einen Vorschlag Hitlers aufnehmende) Beschluß, der neuen Beziehung durch einen Nichtangriffspakt Ausdruck zu verleihen, welcher dann am 26. Januar 1934 unterzeichnet wurde. Der polnische Botschafter schrieb im Dezember aus Berlin an seine Vorgesetzten, «wie auf Befehl von oben» zeichne sich auf deutscher Seite derzeit eine völlige Kehrtwendung in den Beziehungen ab.[30] Zwar ist es zutreffend, daß Hitler mit seiner neuen Polenpolitik keineswegs isoliert dastand und daß er den auf seiten Polens ganz offensichtlich bestehenden Wunsch nach Annäherung ausnutzen konnte, doch gibt es Anzeichen dafür, daß er bei dieser Entwicklung persönlich eine beherrschende Rolle spielte und daß er dabei nicht *ausschließlich* opportunistisch dachte, sondern langfristige Möglichkeiten im Sinne hatte. In einer Mischung aus Bewunderung und Skepsis schrieb der deutsche Botschafter in Bern, von Weizsäcker, kurz darauf: «Kein parlamentarischer Minister von 1920–33 hätte so weit gehen können.»[31]

Das Verhältnis zur Sowjetunion war im Jahre 1933 ein Spiegelbild der sich wandelnden Beziehungen zu Polen. Nachdem in den ersten Monaten der Naziherrschaft die relativ guten Beziehungen aufrechterhalten worden waren, die – abgesehen von einer leichten Verschlechterung sogar schon vor 1933 und trotz des auf die nationalsozialisti-

---

29 *Akten zur deutschen auswärtigen Politik 1918–1945 (AdaP)*, Serie C, (Göttingen 1971), Band I/1, Nr. 142, S. 259.
30 Waclaw Jedrzejewicz (Hg.), *Papers and Memoirs of Józef Lipski, Ambassador of Poland. Diplomat in Berlin 1933–1939* (New York und London 1968), S. 105. Siehe auch Weinberg, *Diplomatic Revolution*, S. 73.
31 Zitiert in Jost Dülffer, «Zum ‹decision-making process› in der deutschen Außenpolitik 1933–1939», in Funke, S. 186–204, hier S. 190 Anmerkung 12. Siehe auch Carr, *Hitler*, S. 48–49; Weinberg, *Diplomatic Revolution*, S. 57–74.

sche Machtübernahme folgenden antikommunistischen Propagandahagels – zu beiderseitigem Nutzen seit den Verträgen von Rapallo (1922) uns Berlin (1926) bestanden hatte, unternahm Hitler nichts dagegen, als sich ab Sommer 1933 gegenüber der Sowjetunion erneut ein «natürlicher Antagonismus» herausbildete.[32] Diese Entwicklung, die Hitler ideologisch gesehen natürlich recht war und die außerdem die Erwartungen der Masse seiner Anhänger erfüllte, entsprach weder den Wünschen des deutschen Außenministeriums noch denen der sowjetischen Diplomaten, obwohl bei letzteren immer mehr Ängste und Argwohn wach wurden. Als im September 1933 vom deutschen Außenministerium Vorschläge für eine Wiederannäherung an die Sowjetunion gemacht wurden, lehnte Hitler diese rundweg ab und erklärte kategorisch, daß «eine Wiederherstellung des deutsch-russischen Verhältnisses unmöglich» sei.[33] In gleicher Weise – und diesmal mit Unterstützung des opportunistischen Außenministers von Neurath – wies er im März 1934 persönlich neue Annäherungsversuche der Sowjetunion zurück – was umgehend dazu führte, daß der deutsche Botschafter in der Sowjetunion sein Amt niederlegte.[34] Auch in diesem Fall handelte Hitler nicht eigenständig und unberührt von dem Druck, der von der Nazipartei und der Parteibasis ihrer nationalistischen Partner ausging und einer scharfen antirussischen Haltung das Wort redete. Aber er war, was die bedeutende Richtungsänderung in der deutschen Politik sowohl gegenüber der Sowjetunion als auch gegenüber Polen angeht, zweifellos mehr als nur ein kleines Rädchen oder ein reiner Opportunist.

Sichtbarer als in jedem anderen Bereich prägte Hitler die neue Einstellung gegenüber Großbritannien. Wie bekannt, war auf diesem Gebiet auch der größte Fehlschlag der deutschen Außenpolitik in den dreißiger Jahren zu verzeichnen. Die erste größere (und erfolgreiche) Initiative führte 1935 zum bilateralen Flottenabkommen mit Großbritannien. Hitler selbst spielte sowohl bei der Entwicklung der Idee zum Abkommen als auch bei deren Umsetzung eine entscheidende Rolle.

---

32 Siehe Carr, *Hitler*, S. 50.
33 *AdaP*, Serie C, Band 1/2, Nr. 457, S. 839. Siehe auch Weinberg, *Diplomatic Revolution*, S. 81; William Carr, *Der Weg zum Krieg* (Nationalsozialismus im Unterricht, Studieneinheit 9, Deutsches Institut für Fernstudien an der Universität Tübingen, Tübingen 1983), S. 17–18.
34 Weinberg, *Diplomatic Revolution*, S. 180–183, Carr, *Der Weg zum Krieg*, S. 18–19.

Von Neurath fand die Idee «dilettantisch» und wurde fortan von allen Verhandlungen ausgeschlossen, ja erhielt nicht einmal die Protokollaufzeichnungen. Hitler setzte sich mit seiner Beharrlichkeit auch im Hinblick auf die deutschen Forderungen durch, die er niedriger ansetzte, als es die deutsche Marine gerne gesehen hätte. Da vom Außenministerium und von der Marine Kritik kam, in England selbst sich die Anzeichen für eine distanziertere Haltung gegenüber der Idee verstärkten und weder eine wirtschaftliche Interessengruppe oder Rüstungslobby noch die Wehrmacht irgendeinen merklichen Einfluß in dieser Frage ausübten, war Hitlers – und in geringerem Maße auch Ribbentrops – Rolle der entscheidende Faktor.[35] Hitler selbst maß dem Abkommen natürlich große Bedeutung bei und betrachtete es als einen Schritt auf dem Wege zu dem von ihm erstrebten Bündnis mit Großbritannien.

Die Remilitarisierung des Rheinlandes – und damit der Bruch der Bestimmungen von Versailles und Locarno – war wiederum ein Punkt, der bei jeder revisionistisch orientierten deutschen Regierung auf der Tagesordnung gestanden hätte. Die Frage war schon Ende 1934 von Reichswehr und Außenministerium theoretisch erörtert worden, und vorher hatte Hitler bereits mit dem Gedanken gespielt, bei den Abrüstungsverhandlungen in jenem Jahr die Abschaffung der entmilitarisierten Zone zu fordern. Das Thema wurde im Gefolge der Ratifizierung des französisch-sowjetischen Bündnisses im Mai 1935 vom Außenministerium erneut aufgebracht, und Hitler sprach es gegen Ende des Jahres als zukünftige deutsche Forderung gegenüber dem englischen und dem französischen Botschafter an. Eine Verhandlungslösung war keineswegs ohne Aussicht auf Erfolg und deckte sich mit den traditionellen revisionistischen Erwartungen von Deutschlands konservativen Eliten. Hitlers Beitrag bestand in diesem Fall hauptsächlich in der Bestimmung des Zeitpunktes – er behauptete, er habe ursprünglich für Anfang 1937 an eine Wiederbesetzung gedacht – und in dem Entschluß, statt eines längerwierigen und weniger spektakulären Verhandlungsprozesses lieber den theatralischen Coup einer direkten militärischen Wiederbesetzung zu landen. Für Hitler ging es hier nicht nur darum, den durch Mussolinis «Abessinienabenteuer» ausgelösten – und, wie Hitler fürchtete, kurzlebigen – diplomatischen Aufruhr ge-

---

35 Dieser Abschnitt basiert größtenteils auf Dülffers Analyse «Zum ‹decision-making process›» (siehe Anmerkung 31), S. 191–193.

bührend auszunutzen, sondern für ihn waren auch innenpolitische Überlegungen ausschlaggebend: Ihm lag daran, die öffentliche Stimmung zu heben, den sinkenden Elan der Partei wiederzubeleben und die Unterstützung für das Regime, die verschiedenen Anzeichen zufolge bis Anfang 1936 ernstlich nachgelassen hatte, wieder zu festigen.[36] Obwohl eine überraschend große Gruppe von diplomatischen und militärischen «Beratern» zusammen mit führenden Nazis an der geheimen Planung für die Wiederbesetzung beteiligt war, lag die Entscheidung allein bei Hitler und kam erst nach vielen besorgten Beratungen zustande, wobei das Außenministerium wiederum kühl distanziert und das Militär nervös war. Jost Dülffer kommt in diesem Zusammenhang zu dem wohl nicht zu widersprechenden Schluß, Hitler sei in dieser Angelegenheit «die eigentlich treibende Kraft» gewesen.[37]

Im Falle Österreichs, das zusammen mit der Tschechoslowakei im Hinblick auf die ideologisch begründeten expansionistischen Ideen der Nazis eine immanente wirtschaftliche und militärstrategische Bedeutung besaß, erwies sich die anfangs von den Nazis betriebene Politik – sie hofften, durch unterstützende Maßnahmen den Staat von innen untergraben zu können – als verheerender Fehlschlag und wurde nach der Ermordung des österreichischen Kanzlers Dollfuß im Juli 1934 umgehend beendet. Danach wurde die österreichische Frage im außenpolitischen Denken bis gegen Ende 1937 von dem Versuch dominiert, die Beziehungen zu Italien zu verbessern. Bei der eigentlichen «Anschluß»-Krise, zu der es im März 1938 kam, bestimmte eher Göring als Hitler das Tempo – wahrscheinlich weil er an einer «Nutzbarmachung» österreichischer Vermögenswerte interessiert war und vermeiden wollte, daß es durch eine länger andauernde Krise zu einer Kapitalflucht käme.[38] Für die Zeit vor den Ereignissen von Februar und März

36 Siehe Dülffer, «Zum ‹decision-making process›», S. 196; Manfred Funke, «7. März 1936. Fallstudie zum außenpolitischen Führungsstil Hitlers», in Michalka, *Nationalsozialistische Außenpolitik*, S. 277–324, hier S. 278–279; Orlow, *Nazi Party*, Band 2 (Kapitel 4 Anmerkung 57), S. 174–176. Mit welchen innenpolitischen Problemen das NS-Regime um diese Zeit konfrontiert war und wie sich diese auf die Außenpolitik auswirkten, versuche ich anzudeuten in «Social Unrest and the Response of the Nazi Regime 1934–1936», in Francis R. Nicosia und Lawrence D. Stokes, *Germans against Nazism* (Oxford 1991), S. 157–174.
37 Siehe Dülffer, «Zum ‹decision-making process›», S. 194–197, und allgemein dazu Weinberg, *Diplomatic Revolution*, S. 239–263.
38 Weinberg, *Starting World War II* (siehe Anmerkung 13), S. 299 Anmerkung 170. (Als Beleg dieser Behauptung verweist Weinberg auf Wolfgang Rosar,

1938 gibt es Anzeichen dafür, daß Hitler eher an eine Unterordnung als an eine regelrechte Annexion Österreichs dachte. Tatsächlich scheint er den Entschluß zur Annexion erst *nach* dem militärischen Einmarsch gefaßt zu haben – bezeichnenderweise unter dem Eindruck des überschwenglichen Empfangs, der ihm in seiner Heimatstadt Linz zuteil wurde.[39] Obwohl dies darauf hindeutet, daß Hitler selbst in äußerst wichtigen Angelegenheiten spontane, *reaktive* Entscheidungen traf, und obgleich sich an der Kette der Ereignisse in den Krisenwochen wiederum zeigt, daß er opportunistisch und ad hoc günstige Umstände ausnutzte, wäre es doch unzureichend, es dabei bewenden zu lassen. Hinweise in den Quellen sprechen dafür, daß sowohl Göring als auch Wilhelm Keppler, dem Hitler 1937 die Leitung der deutsch-österreichischen Wirtschaftsverhandlungen übertragen hatte, glaubten, Hitler sei entschlossen, im Frühjahr oder Sommer 1938 in der Österreichfrage etwas zu unternehmen.[40] Auch Goebbels hält in seinem Tagebuch fest, daß Hitler bei verschiedenen Anlässen im August und September 1937 davon gesprochen habe, er werde diese Frage «einmal mit Gewalt» lösen,[41] und wie aus den Aufzeichnungen, die Oberst Hoßbach nach einer Besprechung mit hohen Militärs anfertigte, hervorgeht, nahm Österreich im November 1937 in Hitlers Gedanken natürlich einen wichtigen Platz ein.[42] In diesem Fall spielte Hitler bei der Festlegung der Handlungskonturen daher gleichfalls eine herausragende persönliche Rolle, wenn er auch bei den – nicht genau planbaren und vorhersehbaren – Ereignissen selbst opportunistisch, ja geradezu impulsiv handelte.

Die übrigen Ereignisse der Jahre 1938 und 1939 sind soweit bekannt, daß sie hier nur kurz zusammengefaßt zu werden brauchen. Die «Sudetenkrise» vom Sommer 1938 läßt wiederum Hitlers direkten Einfluß auf den Gang der Dinge erkennen. Zwar hätte aufgrund der

---

Deutsche Gemeinschaft. Seyss-Inquart und der Anschluß [Wien, Frankfurt und Zürich 1971], S. 159–160, gemeint sind allerdings wohl die Seiten 259–260. – Anm. d. Übers.)

39 Carr, *Hitler*, S. 55.

40 Weinberg, *Starting World War II*, S. 287–289.

41 Eintrag vom 3. August, 12. September und besonders vom 14. September 1937, in *Die Tagebücher von Joseph Goebbels* (siehe Kapitel 4 Anmerkung 82), Teil 1, Band 3 (München, New York, London und Paris 1987), S. 223, 263 und 266.

42 *Der Prozeß gegen die Hauptkriegsverbrecher vor dem Internationalen Militärgerichtshof [Internationales Militärtribunal (IMT)]* (Nürnberg 1947–1949), Band 25, S. 402 ff.

traditionellen Machtpolitik und verschiedener militärstrategischer Überlegungen bei jeder revisionistischen Regierung in Deutschland die Neutralisierung der Tschechoslowakei einen vorderen Platz auf der Prioritätenliste eingenommen, aber durch Hitlers persönliche Entschlossenheit, die Tschechoslowakei «durch eine militärische Aktion zu zerschlagen»[43] – und damit auf eine äußerst riskante Politik zu setzen, bei der alles darauf hindeutete, daß er nicht bluffte –, kam es dazu, daß Teile der konservativen Anhängerschaft des Regimes, nicht zuletzt in der Wehrmacht, ernsthaft entfremdet wurden, und zwar eher wegen des Tempos und der Gefahr als wegen der Art des Unternehmens an sich. Nur die Konzessionen, die man Hitler bei der Münchner Konferenz machte, brachten ihn dazu, von dem, was gerechtfertigterweise als *seine* Politik angesehen werden kann, Abstand zu nehmen und nicht sofort *zu diesem Zeitpunkt* Krieg gegen die Tschechoslowakei zu führen. Bekanntermaßen war es Hitler, der 1939 dann – als Lehre aus München – jede Alternative zum Krieg ablehnte, während Göring, der zweite Mann im Reich, verspätet den Versuch unternahm, den Ausbruch der Feindseligkeiten zu verschieben.

Auf den ersten Fragenkomplex, bei dem es um Hitlers Einfluß auf die außenpolitischen Entscheidungen ging, haben wir eine recht deutliche Antwort bekommen, und diese ließe sich weiter untermauern, wenn wir den Überblick auf die außenpolitischen, strategischen und militärischen Vorgänge während der Kriegsjahre ausdehnen würden. Während Hitler in innenpolitische Angelegenheiten und sogar in die seinen ideologischen Zwecken besonders dienliche antijüdische Politik nur gelegentlich eingriff und aus Prestigegründen meist nicht bereit war, sich unmittelbar einzumischen, zögerte er auf dem Gebiet der Außenpolitik nicht, neue Initiativen zu entwickeln oder wesentliche Entscheidungen zu fällen. In einigen wichtigen Bereichen bestimmte er nicht nur den Charakter der Politik, sondern setzte trotz des Argwohns und der Einwände – vor allem von seiten des Außenministeriums – eine neue beziehungsweise unorthodoxe Linie durch. Es gibt kein Anzeichen dafür, daß irgendeine der zahlreichen Stellen, die mit außenpolitischen Angelegenheiten befaßt waren, eine außenpolitische Initiative gestartet hätte, die nicht mit dem Hitlerschen Denken oder seinen Absichten in Einklang zu bringen gewesen wäre – von einem klaren Zuwiderlaufen ganz zu schweigen. Hinweise auf einen «schwachen Diktator» lassen

---

43 *IMT*, Band 25, S. 434.

sich daher in dem, was Hitler im außenpolitischen Bereich unternahm, nur schwerlich finden.

Jeder Gedanke an «Schwäche» müßte die Annahme zugrunde legen, daß Hitler ein Gefangener von Kräften gewesen sei, die ihn in seiner Entscheidungsfähigkeit einschränkten. Selbstverständlich waren innerhalb und außerhalb Deutschlands Kräfte am Werk, die den Rahmen für Hitlers Handlungen bestimmten, denn diese Handlungen vollzogen sich natürlich nicht im luftleeren Raum als freier Ausdruck eines autonomen Willens. Der Druck zum Beispiel, der von außenpolitischen Revisionismus- und Aufrüstungsbestrebungen ausging, die in den dreißiger Jahren jede deutsche Regierung beschäftigt hätten und nach einer Anpassung an die internationale Ordnung verlangten, entwickelte in den Jahren nach 1933 eine Dynamik, die immer mehr außer Kontrolle geriet und Deutschlands Wahlmöglichkeiten wesentlich einengte. Der Rüstungswettlauf und der diplomatische Aufruhr, den Deutschland angezettelt hatte, zwangen daher der Situation nach und nach ihre eigenen Gesetze auf, was sich bei Hitler in dem – von ihm auch verbal zum Ausdruck gebrachten – wachsenden Gefühl spiegelte, die Zeit arbeite gegen Deutschland. Durch Deutschlands beschleunigte Waffenproduktion bedingt, entstanden zusätzliche wirtschaftliche Zwänge, die ein Handeln erforderten und die Vorhersage bekräftigten, daß es eher früher als später zum Krieg kommen werde. Durch die Art seiner «charismatischen» Autorität und die Notwendigkeit, die bei der Masse seiner Anhänger geweckten Erwartungen nicht zu enttäuschen, war Hitlers potentieller Handlungsspielraum ebenfalls eingeschränkt. Und schließlich unterlag die Manövrierfähigkeit Hitlers, wie sich von selbst versteht, natürlich auch durch die relative Stärke und Handlungen anderer Mächte sowie durch strategisch-diplomatische Überlegungen bestimmten Einschränkungen – auch wenn diese in den letzten Jahren vor Kriegsbeginn dann sehr viel weniger zum Tragen kamen.

Hitlers Außenpolitik vollzog sich daher keineswegs unabhängig von verschiedenen «strukturellen Faktoren». Doch diese trieben ihn, wenn überhaupt, nur noch schneller auf dem Weg voran, den zu beschreiten er in jedem Fall entschlossen war. Auch wenn man die Handlungen – und schweren Fehler – anderer Regierungen in der diplomatischen Hektik der dreißiger Jahre gebührend berücksichtigt, läßt sich nicht bestreiten, daß Deutschland dabei eine entscheidende, zentrale und aktiv beschleunigende Rolle spielte. Viele der damals ablaufenden Entwicklungen gingen aus unerledigten Problemen hervor, die noch vom Ersten Weltkrieg und den anschließenden Abkommen herrührten, und waren von daher wahrscheinlich, wenn nicht sogar unvermeidlich. Die Kontinuität in der deutschen Außenpolitik ist auch nach 1933 offensichtlich; sie bildete einen Teil der Grundlage für die weitreichende, zumindest bis 1937/38 zwischen den konservativen Eliten und der Naziführung bestehende Interessenidentität, die ihre Wurzeln in der Verfolgung einer traditionellen, auf die Erlangung der Hegemonie in Mitteleuropa gerichteten deutschen Machtpolitik hatte. Gleichzeitig gehörten zu den unverwechselbaren Kennzeichen der deutschen Außenpolitik nach 1933 aber auch wichtige diskontinuierliche Entwicklungsstränge und eine unbestreitbare neue Dynamik, so daß man berechtigterweise von einer spätestens 1936 in Europa stattfindenden «diplomatischen Revolution»[44] sprechen kann. Hitlers eigene Entscheidungen und Handlungen hatten, wie wir gesehen haben, an dieser Entwicklung maßgeblichen Anteil.

Auf die außenpolitischen Entscheidungen bezogen, dürften Jost Dülffers Schlußfolgerungen wohl zutreffen:[45] *(1)* Der Einfluß der alten Führungsschichten ging zurück, während parallel dazu der Einfluß der «neuen» nationalsozialistischen Kräfte wuchs. *(2)* Obgleich Hitler nicht autonom und in einem gesellschaftlichen Vakuum handelte, lassen sich die wesentlichen Initiativen in der deutschen Außenpolitik der dreißiger Jahre auf ihn persönlich zurückführen. *(3)* Der Rahmen, in dem die Entscheidungen getroffen werden mußten, war durch wirtschaftliche Faktoren mitgeprägt, doch spielten letztere für Hitlers Entscheidungen keine *dominierende* Rolle. *(4)* Man kann in Hitler nicht einfach einen machiavellistischen Opportunisten sehen; vielmehr vertrat er (bis 1939) eine konsequente antisowjetische Politik, die eine Neuausrichtung der deutschen Beziehungen zu Polen und Großbritannien nötig machte.

Dieser Hinweis auf eine innere Konsequenz, die auf einen Krieg gegen die Sowjetunion abzielte, führt uns zu unserer zweiten Frage.

2 Wir haben festgestellt, daß Hitler bei der Gestaltung der deutschen Außenpolitik in den dreißiger Jahren persönlich eine zentrale Rolle

---

44 So der Untertitel des ersten Bandes von Weinbergs zweibändiger Untersuchung über die nationalsozialistische Außenpolitik (siehe Anmerkung 20).
45 Dülffer, «Zum ‹decision-making process›», S. 200–203.

spielte und aktiv eingriff. Ob der Kurs der deutschen Außenpolitik eine innere Folgerichtigkeit hatte, die durch Hitlers Ideologie mehr als durch jeden anderen Faktor festgelegt war, ist jedoch weiterhin eine offene Interpretationsfrage. Von Historikern sind hierzu drei (teilweise miteinander verbundene) alternative Erklärungen vorgebracht worden.

Die erste besagt, Hitlers im wesentlichen gleichbleibende ideologische Motivation sei nicht der entscheidende Faktor gewesen. Vielmehr habe Hitler die expansionistisch-imperialistischen Forderungen der in Deutschland herrschenden Klasse artikuliert und repräsentiert und den vom Monopolkapital angestrebten imperialistischen Krieg ermöglicht. Hitler habe daher eine bestimmte funktionale Rolle gehabt, aber auch ohne ihn wäre es zu einem ähnlichen Handlungsverlauf gekommen. Natürlich kann es keinen Zweifel daran geben, daß einflußreiche Teile der militärischen, wirtschaftlichen und bürokratischen Elite in Deutschland expansionistische Ziele hatten. Wie wir jedoch bei der Untersuchung des außenpolitischen Entscheidungsprozesses weiter oben in diesem Kapitel schon gesehen haben, sind gewisse Behauptungen – wie: nach 1933 sei der Kurs der Außenpolitik eine ausgemachte Sache gewesen, er habe sich eng und in allen Punkten an den vermutlichen Wünschen und Interessen der traditionellen Eliten orientiert, selbst in Zusammenhang mit dem Revisionismus habe es in der Politik in entscheidenden Momenten keine echten Wahlmöglichkeiten gegeben, und Hitler selbst habe bei politischen Entscheidungen keine herausragende Rolle gespielt – durch die Quellen nicht gedeckt. Sicher war Hitler nie ganz anderer Meinung als die *dominierenden* Teile der Eliten. Das bedeutet aber nicht, daß er ihren Ansichten sklavisch folgte. Ob bestimmte Fraktionen innerhalb der Eliten dominierten, hing seinerseits davon ab, wie schnell sie sich an politische Initativen anpassen und sie zu ihren eigenen machen konnten und wie sehr es ihnen gelang, bereits die Formulierung der Politik zu beeinflussen. Es deutet also einiges darauf hin, daß der deutsche Expansionismus in den dreißiger Jahren unvermeidlich, seine Richtung und Dynamik dabei aber von Hitlers persönlicher Rolle nicht unabhängig war.

Ein zweiter Ansatz legt bei seiner Erklärung das Schwergewicht auf den «Primat der Innenpolitik» und akzeptiert, daß in außenpolitischen Angelegenheiten eine grundlegende Konsequenz oder Folgerichtigkeit vorhanden gewesen sei, meint aber, das habe weniger an der Umsetzung der Hitlerschen Ideologie gelegen als an der Notwendigkeit, die soziale Ordnung im Innern zu bewahren und aufrechtzuerhalten. Als allgemeine Erklärung erscheint dies ebenfalls unzureichend. Auch in diesem Fall haben wir in vorangegangenen Kapiteln gesehen, daß sich innenpolitischer Druck vor allem in den ersten Jahren des Regimes zweifellos auf die Art und den Zeitpunkt einiger außenpolitischer Initiativen auswirkte. Zum Beispiel scheinen im März 1936 bei dem Entschluß, das Rheinland wieder zu besetzen, innenpolitische – und auch diplomatische – Überlegungen eine Rolle gespielt zu haben. Andere bedeutende Entwicklungen oder Wenden in der Politik wurden aber nicht durch einen solchen Druck diktiert, wie etwa 1934 der Nichtangriffspakt mit Polen oder im darauffolgenden Jahr das Flottenabkommen mit Großbritannien. Und in den späten dreißiger Jahren scheinen die wachsenden Wirtschaftsprobleme nicht Anlaß, sondern Bestätigung für die außenpolitische Richtung und sogar in nicht geringem Maße ihr Produkt gewesen zu sein. Es deutet daher alles auf eine wechselseitige Abhängigkeit von Innen- und Außenpolitik hin, bei der innenpolitische Erwägungen – wenn auch in immer geringerem Maße – die Parameter des außenpolitischen Handelns mitprägten und sich umgekehrt außenpolitische Ziele maßgeblich auf die Art und Ziele der Innenpolitik auswirkten.[46] Ideologisch und praktisch gesehen waren die Außen- und die Innenpolitik so sehr miteinander verschmolzen, daß es ziemlich fehl am Platze erscheint, von einem Primat der einen über die andere zu reden: Zwischen den imperialistischen und sozialimperialistischen Zielen des Regimes bestand kein Widerspruch, und es gibt kein Mittel, sie analytisch voneinander zu scheiden. Auch kann die Vorstellung kaum befriedigen, die Nazis hätten auf die Erhaltung der *bestehenden* Sozialordnung abgezielt – wie unklar und verworren die sozialen Ambitionen irgendeiner «neuen Ordnung» auch immer gewesen sein mögen.

Ein letzter Interpretationsansatz geht davon aus, daß die deutsche Außenpolitik keine bestimmte, klare Richtung gehabt und nebeneinanderher eine Reihe von im wesentlichen unverbundenen Zielvorstellun-

---

46 Siehe hierzu vor allem Erhard Forndran, «Zur Theorie der internationalen Beziehungen – Das Verhältnis von Innen-, Außen- und internationaler Politik und die historischen Beispiele der 30er Jahre», in Erhard Forndran, Frank Golczewski und Dieter Riesenberger (Hg.), *Innen- und Außenpolitik unter nationalsozialistischer Bedrohung* (Opladen 1977), S. 315–361, hier besonders S. 353–354.

gen verfolgt habe und daß sie durch Hitlers dilettantischen Opportunismus charakterisiert gewesen sei, der in Zusammenhang mit einem fragmentierten politischen System zu einem schwindenden Realitätssinn und einer zunehmenden nihilistischen Dynamik geführt habe. Unter den Historikern, die eine «stukturalistische» Interpretation der Außenpolitik bevorzugen, scheint Hans Mommsen allerdings der einzige zu sein, der eine solche These mit einem derartigen Nachdruck vertritt.[47] Martin Broszat, der andere führende Vertreter des «strukturalistischen» Ansatzes, scheint, wie wir gesehen haben, von der Existenz einer mehr oder weniger konsequenten, auf Expansion im Osten abzielenden Kraft auszugehen, obgleich diese seiner Ansicht nach nur als «ideologische Metapher» fungiert habe.[48] Das wirft die Frage auf, ob die Debatte über das Vorhandensein und die Folgerichtigkeit außenpolitischer Zielvorstellungen nicht in Wirklichkeit durch die Unklarheit mancher der von den Historikern verwandten Schlüsselbegriffe fälschlicherweise polarisiert worden ist. Während beispielsweise die «Intentionalisten» natürlich kategorisch der Ansicht widersprechen, Hitler sei einfach ein im wesentlichen richtungs- und zielloser Opportunist und Improvisator gewesen, ist bei ihnen selbst die häufige Verwendung von Begriffen wie «Programm» (manchmal auch ohne Anführungszeichen geschrieben), «Grund-Plan» oder «Stufenplan» nicht unproblematisch.[49] Mit diesen Begriffen, so wird häufig betont, seien keine detaillierten handlungsorientierten Pläne gemeint. Vielmehr sollen sie, wie es scheint, nur andeuten, daß Hitler im Bereich der Außenpolitik fixe Ideen (wie die vom «Lebensraum») hatte, an die er sich ab den zwanziger Jahren wie besessen klammerte; daß er als Führer die Außenpolitik in Übereinstimmung mit diesen Ideen gestaltete; und daß er zwar ein klares Ziel vor Augen hatte (vor allem die Eroberung der Sowjetunion) und über eine grundsätzliche Strategie verfügte, um dieses Ziel zu erreichen (ein Bündnis mit Großbritannien), dabei aber keinen konkret ausgearbeiteten Plan besaß. Diese Ansicht und Broszats Mei-

---

47 Siehe Mommsen, «National Socialism: Continuity and Change», S. 177, und *Adolf Hitler*, besonders S. 93.
48 Broszat, «Soziale Motivation», S. 406–409.
49 Die recht verdrehte Passage, die sich zu diesem Thema bei Klaus Hildebrand («Hitlers ‹Programm› und seine Realisierung 1939–1942», in Funke, S. 63–93, hier S. 65) findet, läßt darauf schließen, wie schwierig es ist, eine klare Definition des Hitlerschen «Programms» zu formulieren.

nung, daß die Phrase vom «Lebensraum im Osten» derart unspezifisch gewesen sei, daß sie nur als «Aktionsrichtung»[50] gedient habe, klaffen gewiß auseinander, aber vielleicht nicht so weit, wie es auf den ersten Blick scheinen mag. Zwischen ihnen läßt sich nur dann keine Brücke schlagen, wenn man *ausschließlich entweder* in der Intention *oder* in der Funktion einen den außenpolitischen Kurs bestimmenden Faktor sieht. Während man in der Tat den Standpunkt vertreten könnte, der Lebensraumgedanke habe als ideologische Metapher fungiert und der Bewegung eine Aktionszielrichtung gegeben, scheint es unzureichend, in dieser Funktion die einzige oder auch nur hauptsächliche «raison d'être» der Außenpolitik zu sehen und zu bestreiten, daß die außenpolitischen Ziele der Nazis tatsächlich eine ernsthafte Realität besaßen – eine Realität, die zumindest teilweise von Hitlers ideologischen Zielen und Intentionen geprägt war.[51] Wie unklar auch die Vorstellung an sich gewesen sein mag, «Lebensraum» bedeutete etwas Konkretes – auch wenn der Weg dahin noch nicht ausgelotet war: Krieg gegen die Sowjetunion. Das, was Hitler im Zeitraum von 1933 bis 1941 gesagt und getan hat, ist mit der Deutung vereinbar, daß er davon überzeugt war, es würde zu einem solchen Krieg kommen; daß das eher früher als später sein würde, auch wenn er das genaue Wann und Wie nicht kannte; daß er die deutsche Außenpolitik auf dieses Ziel hinsteuerte und daß er versuchte, die deutsche Gesellschaft auf die Teilnahme an diesem Krieg entsprechend vorzubereiten.

Wie wir weiter oben gesehen haben, änderte sich die grundsätzliche Ausrichtung der deutschen Außenpolitik bereits 1933, als Hitler beschloß, daß der «natürliche Antagonismus» die Beziehungen zur Sowjetunion prägen solle. Wenn im Herbst 1935 bei den «Gesprächen am Kamin» mit Wehrmachts- und Wirtschaftführern die Rede auf die drückenden Rüstungsausgaben kam, konterte Göring, nach Alfred Sohn-Rethels Darstellung, unweigerlich damit, daß er Hitler an seinen nahenden Krieg gegen die Sowjetunion erinnerte.[52] Der Beginn des Spanischen Bürgerkriegs führte wohl mit dazu, daß Hitler sich 1936 mit diesem Gedanken in zunehmendem Maße beschäftigte. Seine im Sommer verfaßte geheime Denkschrift zum Vierjahresplan beruhte auf der Grundannahme, daß die Auseinandersetzung mit Rußland

---

50 Broszat, «Soziale Motivation», S. 403.
51 Von Broszat, «Soziale Motivation», S. 403, wird dies ganz klar akzeptiert.
52 Sohn-Rethel (siehe Kapitel 3 Anmerkung 19), S. 139–141.

«nicht ausbleiben kann und nicht ausbleiben wird»[53], und aus den nun veröffentlichten Goebbels-Tagebüchern geht hervor, wie sehr Hitler in den Jahren 1936 und 1937 an die nahende Konfrontation mit Rußland dachte. Im Juni sprach Hitler, Goebbels' Tagebuchaufzeichnungen zufolge, von einem nahenden Konflikt zwischen Japan und Rußland, durch den «dieser Koloß [...] ins Wanken kommen» werde. «Und dann ist unsere große Stunde da. Dann müssen wir uns für 100 Jahre an Land eindecken.» – «Hoffentlich sind wir dann fertig», fügte Goebbels hinzu, «und der Führer lebt noch. Daß gehandelt wird.»[54] Im November desselben Jahres notierte Goebbels: «Nach Tisch spreche ich mich mit dem Führer allein gründlich aus. Er ist sehr zufrieden mit der Situation. Die Aufrüstung geht weiter. Wir stecken märchenhafte Summen hinein. 1938 sind wir ganz fertig. Die Auseinandersetzung mit dem Bolschewismus kommt. Dann wollen wir parat sein.»[55] Kaum einen Monat später malte Hitler seinem Kabinett in einer dreistündigen Besprechung im Zusammenhang mit dem Spanischen Bürgerkrieg die Gefahren des Bolschewismus aus und sagte (Goebbels' Aufzeichnungen zufolge): «Europa ist bereits in 2 Lager aufgeteilt. Wir können nicht mehr zurück. [...] Deutschland kann nur wünschen, daß Krise vertagt wird, bis wir fertig sind. Wenn sie kommt, dann zugreifen. In den Paternoster-Aufzug rechtzeitig hineinsteigen. Aber auch rechtzeitig wieder aussteigen. Aufrüsten, das Geld darf keine Rolle spielen.»[56] Seinen solchermaßen überlieferten Äußerungen zufolge erwartete Hitler im Februar 1937 «in 5–6 Jahren eine große Weltauseinandersetzung»[57]. Im Juli notierte Goebbels, Hitler sei über die Säuberungsaktionen in der Sowjetunion erstaunt, und er selbst halte Stalin für verrückt. Hitler soll seine Ausführungen mit den Worten beendet haben: «Aber Rußland weiß nichts anderes mehr als

---

53 «Denkschrift Hitlers über die Aufgaben eines Vierjahresplans», abgedruckt in *VfZ* 3 (1955), S. 204–210, hier S. 205.
54 Eintrag vom 9. Juni 1936, *Die Tagebücher von Joseph Goebbels*, Teil 1, Band 2, S. 622 (siehe Kapitel 4 Anmerkung 2).
55 Eintrag vom 15. November 1936, ebenda, S. 726.
56 Eintrag vom 2. Dezember 1936, ebenda, S. 743.
57 Eintrag vom 23. Februar 1937, a.a.O., Band 3, S. 55. Siehe auch den Eintrag vom 28. Januar 1937 (ebenda, S. 26), in dem es heißt, Hitler hoffe, daß ihm noch sechs Jahre Zeit blieben, er werde aber früher handeln, wenn sich eine günstige Gelegenheit böte, sowie den Eintrag vom 16. Februar 1937 (ebenda, S. 45), der wiedergibt, Hitler erwarte «in einigen Jahren» den «großen Weltkampf».

Bolschewismus. Das ist die Gefahr, die wir einmal niederschlagen müssen.»[58] Im Dezember äußerte Hitler über Stalin und seine Anhänger erneut die gleiche Ansicht und schloß mit den Worten: «Muß ausgerottet werden.»[59] Und schließlich ist da noch Hitlers bekannter Ausspruch gegenüber dem Schweizer Völkerbundkommissar Carl J. Burckhardt, zu dem er 1939 sagte: «Alles, was ich unternehme, ist gegen Rußland gerichtet; wenn der Westen zu dumm und zu blind ist, um dies zu begreifen, werde ich gezwungen sein, mich mit den Russen zu verständigen, den Westen zu schlagen und dann nach seiner Niederlage mich mit meinen versammelten Kräften gegen die Sowjetunion zu wenden.»[60] Hitler sagte dies zwar in dem Bewußtsein, daß diese Botschaft dem Westen übermittelt werden würde, das ändert aber nichts an ihrer grundsätzlichen Realität.

Der «Weltkampf» gegen den Bolschewismus rückte langsam in greifbare Nähe, genauso wie aus der Vision von der Vernichtung der Juden ein realisierbares Ziel geworden war. In keinem der beiden Fälle reichen Hitlers «Intentionen» auch nur im entferntesten für eine vollständige oder befriedigende Erklärung aus. Ohne diese «Intentionen» wäre jedoch in beiden Fällen eine solche Entwicklung unwahrscheinlicher gewesen – viel unwahrscheinlicher im Hinblick auf die Ausrottung der Juden, viel weniger unwahrscheinlich im Hinblick auf den Krieg gegen die Sowjetunion. Daß zu diesem ideologischen «Vernichtungskrieg» eine «verschlungene Straße» hinführte, braucht nicht betont zu werden. Die einzige Strategie war das Bündnis mit Großbritannien. Mitte der dreißiger Jahre war diese Strategie endgültig gescheitert, und jegliche «Politik», jegliches «Programm» beziehungsweise jeglicher «Grund-Plan», der einen solchen Namen verdiente, war wie eine Seifenblase zerplatzt – was dann 1939 tatsächlich dazu führte, daß es zu einer erzwungenen (wenn auch temporären) Allianz mit dem Erzfeind kam und zum Kriegszustand mit dem ehemals umworbenen «Freund», der Deutschland die kalte Schulter gezeigt hatte. Erst in dieser Situation, unter Umständen, die den ursprünglich erhofften genau entgegengesetzt waren, konnte der Krieg gegen die Sowjetunion vom

---

58 Eintrag vom 10. Juli 1937, ebenda, S. 198.
59 Eintrag vom 22. Dezember 1937, ebenda, S. 378.
60 Carl J. Burckhardt, *Meine Danziger Mission 1937–1939* (dtv-Ausgabe, München 1962), S. 272. Siehe auch Hildebrand, *Deutsche Außenpolitik* (siehe Kapitel 1 Anmerkung 17), S. 91.

Sommer 1940 an geplant und nicht nur als «Fernziel» angestrebt werden. Und obwohl Deutschland in Europa eine Vormachtstellung hatte, zeichnete sich nun das ungelöste Problem «Vereinigte Staaten» im Hintergrund immer bedrohlicher ab.

3 Die Debatte über Hitlers Langzeitziele – ob er die Weltherrschaft gewollt habe oder ob sein Endziel «nur» die Eroberung von «Lebensraum» im Osten gewesen sei – mutet ziemlich künstlich an. Wie wir schon festgestellt haben, hat sich seit den Veröffentlichungen von Moltmann und vor allem von Hillgruber in den sechziger Jahren allgemein die Ansicht durchgesetzt, daß Hitler nichts weniger als Deutschlands Herrschaft über die gesamte Welt anstrebte – ein Ziel, das stufenweise verwirklicht werden sollte und vielleicht erst lange nach seinem Tod ganz erreicht sein würde. Einige führende Historiker halten jedoch beharrlich an der Ansicht fest, Hitler habe als Endziel nur das angestrebt, was er praktisch während seiner ganzen politischen Karriere durchgängig hatte verlauten lassen: die Inbesitznahme von «Lebensraum» auf Kosten Rußlands. Man könnte vielleicht gleich zu Beginn fragen, ob sich in dieser unterschiedlichen Interpretation viel mehr spiegelt, als daß die Historiker der *relativ* klaren und konsequenten Konzentration auf den Osten in Hitlers Denken ein anderes Gewicht beimessen als seinen verschwommeneren und sporadischeren Überlegungen zu den langfristigen Möglichkeiten (und der Zwangsläufigkeit) einer weiteren Expansion im Anschluß an den erwarteten deutschen Sieg über den Bolschewismus. Es gibt in der Tat wenig Grund daran zu zweifeln, daß Hitler bisweilen Gedanken an eine «Weltherrschaft» gehegt hat. Weniger klar ist jedoch, welche Bedeutung derartige Gedanken für die Formulierung der praktischen Politik hatten. Wir haben bereits angedeutet, daß der Begriff «Lebensraum» zwar in der Tat etwas Metaphorisches an sich hatte und daß weder Hitler noch sonst jemand eine klar detaillierte Vorstellung davon besaß, worauf diese Metapher genau hinauslaufen würde, daß sie aber gleichzeitig auch etwas Konkretes bedeutete, nämlich Krieg mit der Sowjetunion und die daraus folgende Notwendigkeit, sich so gut wie möglich auf einen solchen Kampf vorzubereiten. Wie unklar der Weg dahin auch immer erschienen sein mag, der Gedanke an diesen Krieg ging Hitler und der NS- und Wehrmachtsführung nie ganz aus dem Sinn, und daraus ergaben sich praktische militärische, strategische und diplomatische Konsequenzen. Ob ein vages größenwahnsinniges Gerede über eine zukünftige Weltherrschaft im gleichen Licht gesehen werden kann, darf an sich bezweifelt werden. Und noch weit zweifelhafter dürfte sein, ob man in Zusammenhang mit solchen Vorstellungen von einem «Programm» oder gar von einer «grand strategy», einer großangelegten Strategie, sprechen sollte.[61]

In ihrer unverblümtesten Formulierung geht die «Weltherrschaftsthese» davon aus, Hitler habe «zu keinem Zeitpunkt zwischen 1920 und 1945 [...], dies belegen seine Äußerungen, das Ziel der Weltherrschaft aus den Augen verloren»[62] – ein Ziel, das er, wie ein anderer Historiker anfügt, «in einer Reihe von Blitzfeldzügen» zu erreichen gedachte, die «stufenweise den ganzen Globus» erfassen sollten.[63] Belege, die diese These stützen, wurden zusammengetragen aus Hitlers Frühschriften (vor allem seinem 1928 verfaßten *Zweiten Buch*), aus Rauschnings Darstellung der Hitlerschen Monologe der Jahre 1932–34, aus den *Tischgesprächen*, den Audienzen mit ausländischen Diplomaten sowie verschiedenen Aspekten der militärischen Planung der Jahre 1940/41 und wurden darüber hinaus in neuerer Zeit aus Hitlers monumentalen Architekturplänen und langfristigen Flottenplänen abgeleitet. Wir müssen uns kurz ansehen, wie beweiskräftig diese Belege sind.

Hitlers *Zweites Buch* malt das Schreckgespenst eines Kampfes um die Hegemonie an die Wand, zu dem es irgendwann in ferner Zukunft zwischen den Vereinigten Staaten und Europa kommen werde. Er war der Ansicht, daß die USA nur von einem rassisch reinen europäischen Staat besiegt werden könnten und daß es Aufgabe der Nazibewegung sei, das «eigene Vaterland» entsprechend vorzubereiten.[64] Vor diesem Zeitpunkt hatten die Vereinigten Staaten kaum Hitlers Aufmerksamkeit auf sich gezogen. Seine frühen Reden und Schriften (einschließlich *Mein Kampf*) enthalten nur wenige Verweise auf Amerika, die über die

---

61 Letzteren Begriff verwendete Hauner, «World Dominion» (siehe Anmerkung 12), S. 23.
62 Thies, *Architekt* (siehe Anmerkung 9), S. 189. Siehe auch seine Aufsätze: «Hitler's European Building Program», *JCH* 13 (1978), S. 413–431; «Hitlers ‹Endziele›: Zielloser Aktionismus, Kontinentalimperium oder Weltherrschaft?», in Michalka, *Nationalsozialistische Außenpolitik*, S. 70–91; und «Nazi Architecture – A Blueprint for World Domination: The Last Aims of Adolf Hitler», in David Welch (Hg.), *Nazi Propaganda. The Power and the Limitations* (London 1983), S. 45–64.
63 Hauner, «World Dominion», S. 23.
64 Telford Taylor (Hg.), *Hitler's Secret Book* (New York 1961), S. 106.

übliche und allgemeine Anprangerung der USA wegen ihrer Rolle im Ersten Weltkrieg und bei den Friedensverhandlungen hinausgehen.[65] Gegen Ende der zwanziger Jahre war die Ansicht, Deutschland drohe auf längere Sicht gesehen von Amerika Gefahr, recht weit verbreitet, und in diesem Klima äußerte Hitler den vagen Gedanken, in ferner Zukunft werde es zwischen dem von Deutschland beherrschten eurasischen Reich und den USA zu einem großen Konflikt kommen.[66] Das Bild, das sich Hitler von Amerika machte, blieb, so vage es war, nicht die ganze Zeit über gleich. Anfang der dreißiger Jahre galt Amerika unter dem Eindruck der Wirtschaftskrise als schwacher rassischer Mischstaat, der nicht in der Lage sei, noch einmal in einen europäischen Krieg einzugreifen, und dessen einzige rettende Hoffnung bei den Deutschamerikanern liege, die nun durch den Nationalsozialismus frischen Elan hätten.[67] Zum Ende der dreißiger Jahre hin fühlte sich Hitler durch die Abneigung der Amerikaner gegen die nationalsozialistische Rassen- und Religionspolitik in seiner Ansicht über die Schwäche der USA bestätigt. Zu diesem Zeitpunkt betrachtete er die Vereinigten Staaten nicht als eine tatsächliche oder potentiell starke Militärmacht, vor der Deutschland sich in acht nehmen müsse; seine Vorstellungen blieben in erster Linie auf den Kontinent beschränkt, und Gebieten außerhalb Europas schenkte er kaum konkrete Aufmerksamkeit.[68] Falls er den vagen Gedanken an einen zukünftigen Konflikt mit den USA beibehielt, so hatte dieser doch für die Formulierung der Politik keine praktische Bedeutung.

Um die These zu belegen, Hitler habe auch in der Zeit zwischen seinem *Zweiten Buch* und den späten dreißiger Jahren ein «Programm» für eine weltweite Herrschaft gehabt, wird darauf verwiesen, er habe bei einigen öffentlichen Reden – bei denen vermutlich der beabsichtigte Propagandaeffekt die Hauptrolle spielte – und privaten Gesprächen, die anschließend von Beteiligten in Gedächtnisprotokollen oder -notizen festgehalten wurden (und deren gedruckte Fassung nicht als exakte *wörtliche* Wiedergabe des Geschehens betrachtet werden kann), von «Weltherrschaft» oder von Deutschland als der «größten Macht der

---

65 Weinberg, *Diplomatic Revolution*, S. 21.
66 Dietrich Aigner, «Hitler und die Weltherrschaft», in Michalka, *Nationalsozialistische Außenpolitik*, S. 49–69, hier S. 62.
67 Weinberg, *Diplomatic Revolution*, S. 21–22; Rauschning, *Gespräche mit Hitler*, S. 67–69.
68 Weinberg, *Starting World War II*, S. 252–253; *Diplomatic Revolution*, S. 20.

Welt» gesprochen.⁶⁹ Von der letztgenannten Kategorie sind die 1939 (und damit zu einem für die westliche Propaganda günstigen Zeitpunkt) von Hermann Rauschning veröffentlichten *Gespräche mit Hitler* die wichtigsten. Wenn man in ihnen auch keinen bis ins letzte getreuen Bericht der tatsächlichen Äußerungen Hitlers sehen kann, so gibt es doch Gründe, die für eine allgemeine Zuverlässigkeit dieses Buches sprechen, und es findet sich in ihm auch nichts, das nicht mit dem im Einklang stünde, was anderweitig von Hitlers Wesen und seinen Ansichten bekannt ist.⁷⁰ Bei Rauschning gibt es Passagen, in denen Hitler sich zum Beispiel über Deutschlands zukünftige Vorherrschaft in Lateinamerika und die Ausbeutung der mexikanischen Bodenschätze verbreitet. Rauschning weist allerdings selbst darauf hin, daß Hitler bei solchen Gelegenheiten ohne eigene detaillierte Kenntnisse immer wieder nur triviale, allgemein verbreitete Vorstellungen von diesen Ländern zum Ausdruck brachte. Und an anderer Stelle fügt er an, Hitler sei immer ein «Schauspieler» gewesen, so daß man nur schwer habe wissen können, wie ernst es ihm mit einzelnen Bemerkungen gewesen sei.⁷¹ Deutschlands Beziehungen zu Lateinamerika hatten in den dreißiger Jahren denn auch, wie kaum überraschen dürfte, nichts mit Hitlers wilden Visionen und seinen größenwahnsinnigen Äußerungen zu tun.⁷² Sie sind wiederum nicht im Rahmen irgendeines «Plans» oder einer «Strategie» zu sehen.

Jochen Thies hat vor kurzem die Ansicht geäußert, Belege dafür, daß Hitler zwischen 1920 und 1945 durchgängig die «Weltherrschaft» angestrebt habe, fänden sich am ehesten in seinen Plänen zur Errichtung monumentaler Repräsentationsbauten, die ein Abbild der deutschen Stärke sein und bis zu 10 000 Jahre überdauern sollten.⁷³ Es trifft zweifellos zu, daß sie Deutschlands dauerhaften Weltmachtstatus symbolisieren sollten und daß sie von Hitlers hochfliegenden Vorstellungen von Deutschlands Möglichkeiten zeugen. Aber es hieße wohl die These überdehnen, wollte man in den Bauplänen selbst die unzweideutige

---

69 Thies, «Hitlers ‹Endziele›», S. 78 Anmerkung 45, und siehe auch S. 72–73; und Aigner, S. 53–54.
70 Dies ist der allgemeine Tenor der Schlußfolgerungen von Theodor Schieder (siehe oben Anmerkung 4).
71 Rauschning, *Gespräche mit Hitler*, S. 61–67, 127.
72 Siehe Weinberg, *Starting World War II*, S. 255–260.
73 Thies, *Architekt*, und «Hitlers ‹Endziele›», besonders S. 83–84.

Spiegelung eines konsequenten, auf «Weltherrschaft» abzielenden «Programms» sehen.

Überzeugender erscheint da die Ansicht, der nahende Krieg und das Scheitern des mit Großbritannien angestrebten Bündnisses – und gleichzeitig das nach einer Serie von gelungenen diplomatischen Coups gewachsene Selbstvertrauen – hätten in den späten dreißiger Jahren Hitler dazu veranlaßt, sich strategisch mehr mit einer Reihe von Möglichkeiten zu befassen, die sich aus einem bewaffneten Konflikt ergeben könnten, bei dem Deutschlands Kampf unter Umständen einen globalen Charakter annehmen würde. Bei verschiedenen Gelegenheiten machte er ab 1937 gegenüber seinen Generälen Andeutungen in diese Richtung.[74] Von da an zeigte er auch mehr Interesse an flottenstrategischen Überlegungen, die im Z-Plan vom Januar 1939 gipfelten, bei dem Hitler darauf bestand, bis 1944 eine riesige Schlachtflotte aufzubauen (obwohl die Marine wegen des größeren Nutzens als Offensivwaffe gegen Großbritannien U-Boote bevorzugte und obwohl dadurch Nachteile bei der Stahlzuteilung für das Heer und die Luftwaffe entstanden). Dies ist von Forschern als eine Entscheidung interpretiert worden, die über einen Krieg mit Großbritannien hinaus auf eine zukünftige Seeherrschaft Deutschlands und einen unvermeidlichen weltweiten Konflikt hindeutete.[75] Gleichzeitig wird die Inkonsequenz und Unklarheit von Hitlers «globalem» Denken darin sichtbar, daß er kein Interesse daran zeigte, in der islamischen Welt Revolutionen anzuzetteln und zur Untergrabung der britischen Herrschaft in Indien nationalistische Bewegungen aktiv zu unterstützen.[76]

Spezifischere Belege für Hitlers strategisches globales Denken beschränken sich hauptsächlich auf den Kriegszeitraum, vor allem auf die Jahre 1940/41. Zu dieser Zeit *reagierte* Hitler jedoch (und das nicht immer konsequent) größtenteils auf Umstände, zu deren Entstehen er zwar beigetragen hatte, die sich aber nun rasch seiner Kontrolle entzogen. Es fällt daher schwer, strategische Überlegungen in dieser Phase direkt auf früher gemachte vage Äußerungen über eine «Weltherr-

---

74 Thies, «Hitlers ‹Endziele›», S. 86–88.
75 Jost Dülffer, «Der Einfluß des Auslandes auf die nationalsozialistische Politik», in Forndran u. a. (siehe oben Anmerkung 46), S. 295–313, hier S. 302; Hauner, «World Dominion», S. 27; Carr, *Hitler*. Zur Gewichtung des Z-Plans äußert sich skeptisch Aigner, S. 60–61.
76 Hauner, «Professionals» (siehe oben Anmerkung 11) und derselbe, *India in Axis Strategy* (Anmerkung 9).

schaft» zu beziehen.⁷⁷ Laut Hillgruber waren die Kriegsplanung gegen die Sowjetunion (sosehr Hitler diesen Krieg ideologisch wollte) und der dringend erforderliche schnelle Sieg strategisch gesehen durch die Notwendigkeit bedingt, Großbritannien zu Friedensgesprächen an den Verhandlungstisch zu bringen, Amerika aus dem Krieg herauszuhalten und den Krieg auf die einzige Weise zu beenden, die Deutschland zum Nutzen gereichen würde.⁷⁸ Da Hitler davon überzeugt war, daß Amerika (das in Hitlers Augen auf einmal wieder an Stärke gewonnen hatte) bis spätestens 1942 in den Krieg eintreten würde, ging es ihm vordringlich darum, bald mit dem Krieg im Osten fertig zu sein, um dann die Vereinigten Staaten abwehren zu können. Auf der Höhe seiner Macht dachte Hitler kurze Zeit daran, gemeinsam mit Japan Amerika zu «zerstören», und wollte im Herbst 1941 auf den Azoren Langstreckenbomber stationieren, um die USA anzugreifen. Aber als dann der Eintritt der USA in den Krieg drohte und die deutsche Offensive im russischen Schlamm feststeckte, kehrte er wieder zu der vagen Vorstellung von einer Auseinandersetzung mit den USA «in der nächsten Generation» zurück, erklärte den USA in einer sinnlosen Geste den Krieg und teilte dem japanischen Botschafter zwei Monate später mit, daß er immer noch nicht wisse, wie er eine Eroberung der Vereinigten Staaten bewerkstelligen solle.⁷⁹ Wenn er in den verbleibenden Kriegsjahren noch dachte, daß eine «Weltherrschaft» nach hundert Jahren Kampf zu erreichen sei oder daß ein zukünftiger deutscher Herrscher «Herr der Welt» sein würde, oder wenn er die «unumstößliche Gewißheit» äußerte, daß Deutschland einmal ganz Europa beherrschen und letzten Endes die Weltherrschaft erlangen werde,⁸⁰ so waren das Hirngespinste und keine Hinweise auf einen «Stufenplan». Als das Dritte Reich in Trümmern lag und die Rote Armee vor den Toren Berlins stand,

77 Andreas Hillgruber, «Der Faktor Amerika in Hitlers Strategie 1938–1941», APZ 19 (11. Mai 1966), S. 4.
78 Hillgruber, «Amerika», S. 13.
79 Hillgruber, «Amerika», S. 14–21. Siehe ebenso Eberhard Jäckel, *Hitler in History* (Kapitel 4) und William Carr, *From Poland to Pearl Harbor. The Making of the Second World War* (London 1985; dt.: *Von Polen bis Pearl Harbor: Zur Entwicklung des Zweiten Weltkrieges*, Hamburg, Leamington Spa und New York 1987), hier besonders S. 167–169.
80 Siehe Meir Michaelis, «World Power Status or World Dominion?», *The Historical Journal* 15 (1972), S. 331–360, hier S. 351. Das letzte Zitat stammt aus dem Eintrag vom 8. Mai 1943 aus *Goebbels' Tagebüchern aus den Jahren 1942–43*, hg. v. Louis P. Lochner (Zürich 1948), S. 327.

wandte Hitler sich wieder «bescheideneren Zielen» zu: der Vernichtung des Bolschewismus, der Eroberung weiter Räume im Osten und einer auf den Kontinent beschränkten Lebensraumpolitik (im Gegensatz zu einer Kolonialpolitik in Übersee). Die letzte Botschaft, die er einen Tag vor seinem Selbstmord an die Wehrmacht richtete, war genauso utopisch: Sie solle weiterkämpfen, um «dem deutschen Volk Raum im Osten zu gewinnen».[81]

Es scheint notwendig zu sein, zwischen stragischen Zielen und einer vagen und visionären Handlungsrichtung zu unterscheiden. Die Belege für Hitlers strategisches globales Denken konzentrieren sich auf die unmittelbaren Vorkriegsjahre, als sein Grundkonzept einer Allianz mit Großbritannien gescheitert war, und auf die ersten Kriegsjahre, als immer deutlicher wurde, daß die USA in den Konflikt eingreifen würden. Vor diesen Jahren finden sich nur vage Prophezeiungen, daß es irgendwann in ferner Zukunft zu einem weltweiten Kampf kommen werde. Nach diesen Jahren winkt in weiter Ferne wieder eine Utopie, die nun vermutlich für die Realität der unvermeidlichen und vernichtenden Niederlage entschädigen soll. Dies läßt sich wohl kaum als «Weltherrschaftsprogramm» bezeichnen. Doch wie Rauschning bereits erkannte, mußte der Nationalsozialismus seine «Bewegung» ununterbrochen aufrechterhalten;[82] seine innere und äußere Dynamik hätte niemals Stabilität bringen oder bis zur Stagnation abflauen können; und nicht zuletzt kam durch Hitlers eigene sozialdarwinistische Interpretation des Daseins – für ihn bedeutete der Kampf ums Dasein auch den titanischen Kampf der Nationen, bei dem es kein Mittelding zwischen totalem Sieg und völliger Niederlage gebe – noch eine entscheidende Komponente hinzu, die sich zwar durchaus mit einer kurzzeitigen Ausnutzung von Gelegenheiten vereinbaren ließ, sich aber mit einer langfristigen Kalkulation und Planung ganz und gar nicht vertrug. In dieser Hinsicht paßt vielleicht eine (auf den erwarteten Sieg über die Sowjetunion folgende) «Expansion ohne Ziel» viel eher zum Ethos des Nationalsozialismus und deckt sich wohl weit besser mit Hitlers utopischen Träumen als die Vorstellung von einem «Weltherrschaftsprogramm».

81 H.R. Trevor-Roper, *The Testament of Adolf Hitler* (London 1961), S. 82. Das Zitat stammt aus Max Domarus (Hg.), *Hitler, Reden und Proklamationen 1932–1945* (Wiesbaden 1973), S. 2242. Siehe auch Michaelis, S. 351 und 357.
82 Siehe Michaelis, S. 359.

Unsere Übersicht über die verschiedenen Interpretationen, die sich mit Hitlers Beitrag zur Gestaltung der Innen-, Antijuden- und Außenpolitik im Dritten Reich befassen, ist damit komplett. In jedem Fall, so haben wir festgestellt, sind *sowohl* Hitlers «Intentionen» *als auch* unpersönliche «Strukturen» für eine Interpretation des Kurses der deutschen Politik im NS-Staat unverzichtbar. Und es gibt keine mathematische Formel, mit deren Hilfe man entscheiden könnte, wie jeder dieser Faktoren zu gewichten sei. Wir haben gesehen, daß Hitler in der Außenpolitik initiativ war und wichtige Entscheidungen persönlich fällte, daß dies bei innenpolitischen Angelegenheiten und sogar in der Antijudenpolitik jedoch seltener der Fall war. Bei innenpolitischen Themen wurden seine unregelmäßigen Interventionen meist dadurch ausgelöst, daß er von verschiedenen Seiten und nicht selten unter entgegengesetzten Vorzeichen um Zustimmung zu legislativen oder exekutiven Maßnahmen ersucht wurde. In der «Judenfrage» bestand sein Beitrag vor 1941 hauptsächlich darin, das Fernziel festzusetzen, das entsprechende Klima zu schaffen und die Handlungen anderer zu sanktionieren; in der Außenpolitik symbolisierte er die «große Sache», durch die andere motiviert wurden, *und* spielte *gleichzeitig* persönlich eine für den Verlauf der Aggression zentrale Rolle. Für die Festlegung der Konturen der deutschen Außenpolitik waren Hitlers ideologische Ziele *ein* wichtiger Faktor. Bei der Formulierung der Politik verschmolzen diese Ziele aber größtenteils so untrennbar mit strategischen machtpolitischen Überlegungen und häufig auch mit wirtschaftlichen Interessen, daß es zumeist nicht möglich ist, sie analytisch zu unterscheiden. Neben Hitlers Persönlichkeit war auch die *Funktion* seiner Führerrolle für die Formulierung der Außenpolitik und die Ausrichtung auf den Krieg sehr wichtig; sie legitimierte, daß auf die Ziele hingekämpft wurde, die Hitler der Vermutung nach wollte. Sie legitimierte den Egoismus einer Armeeführung, die nur zu gern von einer unbegrenzten Aufrüstung profitierte, regelrecht darauf aus war, sich an expansionistischen Plänen zu beteiligen, und darauf hoffte, im Staat eine zentrale Rolle zu erhalten. Sie legitimierte die Ambitionen eines Auswärtigen Amtes, das nur zu erpicht darauf war, diplomatisch den Boden für eine Umwälzung der europäischen Ordnung zu bereiten, und der vielen «amateurhaften» Stellen, die sich in noch aggressiverer Absicht mit außenpolitischen Angelegenheiten beschäftigten.[83] Und sie legitimierte die Gier und Skru-

---

83 Siehe Hauner, «Professionals». Ein Beispiel dafür, daß örtliche «Initiativen»

pellosigkeit von Industriellen, die regelrecht darauf brannten, Pläne für die wirtschaftliche Ausplünderung eines Großteils von Europa vorzulegen. Und schließlich bot sie den Prüfstein für das wildeste chauvinistische und imperialistische Geschrei der Masse der treuergebenen Parteianhänger nach Wiederherstellung von Deutschlands Macht und Ruhm. Jedes dieser – von den Eliten und von den Massen stammenden – Elemente band seinerseits Hitler und die Naziführung an den sich nun immer schneller und bedrohlicher entwickelnden Gang der Dinge, den sie zum Teil selbst herbeigeführt hatten. Die – auch im Bereich der Außenpolitik sich vollziehende – komplexe Radikalisierung, die aus Hitlers ideologischen Träumen einen von Millionen von Menschen durchlittenen Alptraum machte, läßt sich daher nur unzureichend erklären, wenn man sich zu stark auf Hitlers Absichten konzentriert und dabei nicht die Bedingungen und Kräfte – innerhalb und außerhalb Deutschlands – berücksichtigt, die die Verwirklichung dieser Absichten strukturierten.[84]

---

von «Amateuren» im Balkan das Rennen machten, gibt Weinberg, *Diplomatic Revolution*, S. 23 Anmerkung 81.
84 Ausführlicher versuche ich diese Probleme zu behandeln in *Hitlers Macht. Das Profil der NS-Herrschaft* (übers. v. Jürgen Peter Krause, München 1992).

7 Das Dritte Reich: «Soziale Reaktion» oder «soziale Revolution»?

Zu den komplexesten – und wichtigsten – Aufgaben, mit denen die Geschichtsschreibung beim Dritten Reich konfrontiert ist, gehört die Beantwortung der Frage, in welcher Weise und in welchem Umfang sich der Nationalsozialismus auf die deutsche Gesellschaft ausgewirkt hat. Und die sozialen Auswirkungen eines weltanschaulich doktrinären und schonungslos repressiven autoritären Staates haben zweifellos potentielle Implikationen, die über die geographischen und zeitlichen Grenzen des nationalsozialistischen Deutschlands weit hinausreichen.

Ein differenziertes Verständnis der deutschen Gesellschaft im Dritten Reich ist erst möglich, seit in den sechziger Jahren zum erstenmal ernsthafte wissenschaftliche Untersuchungen auf diesem Gebiet durchgeführt wurden. Größere Fortschritte wurden jedoch erst in den siebziger Jahren erzielt, als sich die Quellenbasis stark erweiterte, und die Forschung hat hier noch kein Ende erreicht. Die starke Ausdehnung und große Attraktivität der Erforschung der «Alltagsgeschichte» beziehungsweise einer «Geschichte von unten» hat in Westdeutschland in den letzten zehn Jahren zu einer Fülle von detaillierten empirischen Studien – von sehr unterschiedlicher Qualität – geführt, die, häufig in einem lokalen oder regionalen Kontext, untersuchen, welche Erfahrungen verschiedene soziale Gruppen während der Nazidiktatur gemacht haben. Daher steht jetzt eine Fülle von Material zur Verfügung, wenn man sich mit den sozialen Auswirkungen des Nationalsozialismus beschäftigen will. Daß Quellen, die von einem derartigen politischen System stammen, häufig größere Interpretationsschwierigkeiten in sich bergen, versteht sich von selbst. Genau wie bei anderen Fragen, mit denen wir uns bereits befaßt haben, gilt jedoch auch hier, daß die Interpretationsprobleme und -perspektiven in noch stärkerem Maße mit unterschiedlichen theoretischen Ausgangspunkten und unüberbrückbaren, weltanschaulich bedingten Meinungsverschiedenheiten unter den Historikern zusammenhängen. Die Debatte ist gekennzeichnet durch eine grundlegende Uneinigkeit über das tatsächliche Wesen des Nationalsozialismus, seine sozialen Ziele und Intentionen; über die Kriterien und Methoden, die man braucht, um die unter dem Nationalsozialismus ablaufenden Veränderungen beurteilen zu können; und über die Begriffe, die man zur Definition dieses sozialen Wandels verwendet.

Ein Teil des Problems beruht auf dem eklektischen Wesen und den inneren Widersprüchen der Nazipartei, ihrer Ideologie und ihrer sozialen Zusammensetzung. Es fällt allein schon sehr schwer, ihre sozialen Ziele und Zielvorstellungen klar zu definieren und diese Ziele dann von den zur Verwirklichung notwendigen Mitteln zu unterscheiden, die in der Praxis oft zum genau entgegengesetzten Resultat geführt zu haben scheinen. So kommt es, daß der Nationalsozialismus von einigen führenden Historikerinnen und Historikern als vom Inhalt her tatsächlich revolutionär interpretiert und von anderen als durch und durch konterrevolutionär gebrandmarkt wird. Manche betrachten ihn trotz einiger in seiner Ideologie begründeter archaischer, reaktionärer Aspekte als eine modernisierende Kraft, andere halten ihn für kraß antimodern oder sehen in ihm paradoxerweise eine «revolutionäre Reaktion», während wiederum andere keinen Grund entdecken können, warum sie im Nationalsozialismus etwas anderes sehen sollten als nackte soziale Reaktion.[1] In jedem Fall stellt sich unübersehbar die Frage, inwieweit die «soziale Ideologie» der Nazis überhaupt als ernste Absichtserklärung betrachtet werden sollte statt als bloße manipulative Propaganda.

Ein zweiter Teil des Problems besteht in der Komplexität des Versuchs, eine Art «Bilanz» der sozialen Veränderungen in Deutschland unter dem Nationalsozialismus aufzulisten. Während sich manche Aspekte des «sozialen Wandels», wie etwa die soziale Mobilitätsrate, mit einiger Schwierigkeit messen lassen, können Veränderungen in der Einstellung, der Mentalität und den Wertesystemen nur qualitativ abgeschätzt werden, und das auf der Grundlage von Belegen, die für diese Zwecke längst nicht ideal sind. Außerdem ist der Zeitraum, um den es geht, sehr kurz. Das Dritte Reich überdauerte nur zwölf von den ge-

---

[1] Eine Zusammenfassung einiger gegensätzlicher Positionen findet sich in Francis L. Carsten, «Interpretations of Fascism», in Laqueur (Kapitel 2 Anmerkung 3), S. 457–487, hier besonders S. 474 ff.

planten tausend Jahren, und sechs davon waren Kriegsjahre. Da ein Krieg, vor allem in der Größenordnung des Zweiten Weltkriegs, seine eigene Dynamik hat und durch massive Zerstörung, Vertreibung von Bevölkerungsgruppen, Mobilmachung und Demobilmachung sowie durch Erwartungen für die Zeit nach dem Krieg einen raschen sozialen Wandel herbeiführt, gibt es ein offensichtliches Problem, wenn man einen solchen Wandel von dem herzuleiten sucht, was vom NS-System beabsichtigt war (auch wenn man akzeptiert, daß der Krieg selbst ein Produkt des Nationalsozialismus war). Man muß deshalb versuchen, zwischen Veränderungen, die unmittelbar vom NS-Regime herbeigeführt wurden, und denen, die mittelbar und sogar unbeabsichtigt durch den Nationalsozialismus zustande kamen, zu unterscheiden. Eine weitere Schwierigkeit besteht in der Frage, wie man einen solchen Wandel zu langfristigen säkularen Veränderungen in der Gesellschaft in Beziehung setzen soll, die in Deutschland genauso wie in anderen Ländern im Zeitalter der Industrialisierung abliefen. Es ist sogar der Gedanke geäußert worden, wenn man den sozialen Wandel unter dem Nationalsozialismus beurteilen wolle, müsse man eigentlich ein hypothetisches Modell erstellen, um abzuschätzen, zu welchen Veränderungen es bis 1945 gekommen wäre, wenn der Nationalsozialismus niemals existiert hätte.[2] Dies wirft wiederum die Frage auf: Beurteilen wir das, was im Nationalsozialismus an sozialem Wandel ablief, im Vergleich zu dem, was sich der Nationalsozialismus unserer Vermutung nach am Anfang zum Ziel gesetzt hatte; im Vergleich zu dem, was ohne den Nationalsozialismus vielleicht abgelaufen wäre; im Vergleich zu dem Tempo und der Art des Wandels in anderen Industriegesellschaften der damaligen Zeit; oder im Vergleich zu irgendeiner fiktiven «idealtypischen» Entwicklung?

Der dritte Teil des Problems ist definitorischer Natur. Wie das bei der Sozial-, Politik- und Geschichtswissenschaft häufig der Fall ist, sind die verwendeten Begriffe und Konzepte oftmals ungenau, lassen mehr als eine Interpretation zu oder sind ideologisch «vorbelastet». Den Begriff «Revolution» zu verwenden hieße – wie jemand einmal gesagt hat – «ein semantisches Minenfeld betreten»,[3] und außerdem eines,

---

2 Matzerath und Volkmann (siehe Kapitel 2 Anmerkung 53), S. 109 (Kommentar von T. Sarrazin).
3 Jeremy Noakes, «Nazism and Revolution», in Noel O'Sullivan (Hg.), *Revolutionary Theory and Political Reality* (London 1983), S. 73–100.

bei dem die jeweilige persönliche Vorliebe für das, was nach eigener Ansicht eine «Revolution» – und ganz besonders eine «soziale Revolution» – ausmacht, offensichtlich eine entscheidende Rolle spielt. Während man durchaus sinnvollerweise einwenden kann, daß eine «Revolution» nichts «Positives», «Progressives» oder «moralisch Lobenswertes» zu sein brauche und auch nicht auf die marxistischen Vorstellungen von einer grundlegenden Änderung der wirtschaftlichen Substanz einer Gesellschaft beschränkt sein müsse,[4] so erleichtert diese Negativaussage kaum eine Definition dessen, woraus genau eine «soziale Revolution» besteht. Es muß wohl nicht besonders betont werden, daß «Reaktion» und «Konterrevolution» als intellektuelle Konzepte kaum klarer sind.

Sicherlich sind Begriffe wie «sozialer Wandel» oder «soziale Entwicklung» neutraler, doch sind sie in sich so vage, daß sie sich erst dann praktisch verwenden lassen, wenn sie mit einer Theorie oder einem Konzept des geschichtlichen Wandels verbunden sind. Als mögliche Erklärungsmodelle bieten sich hier nur marxistische Theorien und Modernisierungstheorien an.

Marxistische Theorien neigen dazu, ihre Analysen des «sozialen Wandels» in erster Linie auf Veränderungen in der Struktur der Produktionsweise – also heutzutage in der Struktur des Kapitalismus – und auf den Stand des «Klassenkampfes» zu beschränken und eine Veränderung der sozialen Formen oder Kultur entsprechend herunterzuspielen, wenn nicht gleichzeitig auch die wirtschaftliche Substanz der Gesellschaft eine Umgestaltung erfahren hat. Vorstellungen von «sozialem Wandel», die in einen marxistischen Ansatz eingebunden sind, klingen daher rasch nicht mehr vage, aber auch nicht mehr intellektuell neutral.

Andere Erklärungen des «sozialen Wandels», die nichtmarxistischen oder «liberalen» Historikern mehr oder weniger sympathisch sind, hängen mit Modernisierungstheorieansätzen zusammen. Der Begriff der «Modernisierung» – ein Produkt der amerikanischen Sozialwissenschaften – versucht, die verschiedenen Elemente der kulturellen, politischen und sozioökonomischen Entwicklung zu erfassen, die ihre Hauptstoßkraft mit der Französischen und der industriellen Revolu-

---

[4] Siehe Karl Dietrich Bracher, «Tradition und Revolution im Nationalsozialismus», in derselbe, *Zeitgeschichtliche Kontroversen* (siehe Kapitel 1 Anmerkung 40), S. 62–78, hier besonders S. 66–70.

tion in Westeuropa erlangten und die die «traditionellen» Gesellschaften des Westens und nach und nach auch großer Teile der Erde in «moderne Gesellschaften» umwandelten. Zu dieser Umwandlung gehören ein enormes Anwachsen der Zahl und Verfügbarkeit von Waren und Dienstleistungen; ein verbesserter Zugang zu diesen Waren und Dienstleistungen; eine größere soziale Differenzierung, komplexere Arbeitsteilung und verstärkte funktionelle Spezialisierung; sowie eine erhöhte Fähigkeit zur institutionellen Regulierung von sozialen und politischen Konflikten.[5] Obwohl die Ansätze der Modernisierungstheorie längst nicht mehr so simpel wie in der Anfangszeit sind und inzwischen stark verfeinert wurden, sind sie doch auch weiterhin eklektisch, ungenau und lassen zu, daß einigen der Grundannahmen und -begriffe ein ganz unterschiedliches subjektives Gewicht beigemessen werden kann. Durch die implizite oder explizite Verknüpfung der Modernisierungstheorien mit «Idealtypen», die von westlichen liberalen Demokratien abgeleitet sind, durch die relative Vernachlässigung des Klassenkonflikts und durch die Degradierung der wirtschaftlichen Strukturen auf eine bloße – wenn auch sehr wichtige – Komponente des «sozialen Wandels» wird der «Modernisierungs»begriff in seiner konventionellen Verwendung noch fraglicher und für marxistische Wissenschaftlerinnen und Wissenschaftler allgemein unakzeptabel.

Bei jedem Versuch, die Auswirkungen des Nationalsozialismus auf die deutsche Gesellschaft zu beurteilen, sieht man sich den gerade angesprochenen Schwierigkeiten gegenüber. Ehe wir uns an eine eigene Auswertung wagen, müssen wir uns kurz ansehen, welche wesentlichen Interpretationsunterschiede zwischen den Historikern bestehen, die sich mit diesem Problem befaßt haben.

---

[5] Siehe Werner Abelshauser und Anselm Faust, *Wirtschafts- und Sozialpolitik. Eine nationalsozialistische Sozialrevolution?* (Nationalsozialismus im Unterricht, Studieneinheit 4, Deutsches Institut für Fernstudien an der Universität Tübingen, Tübingen 1983), S. 4; Matzerath und Volkmann, S. 95. Für eine Beurteilung der Modernisierungstheorien und ihrer Anwendbarkeit in der Geschichtsschreibung von unschätzbarem Wert ist Hans-Ulrich Wehler, *Modernisierungstheorie und Geschichte* (Göttingen 1975). Helmut Kaelble u. a., *Probleme der Modernisierung in Deutschland. Sozialhistorische Studien zum 19. und 20. Jahrhundert* (Opladen 1978), wenden Modernisierungsmodelle speziell auf die soziale Entwicklung in Deutschland an.

Interpretationen

Da die DDR-Forschung von der Grundannahme ausging, der Hitler-Faschismus sei die Diktatur der reaktionärsten Elemente der in Deutschland herrschenden Klasse gewesen, kann es kaum überraschen, daß die dortige Geschichtsschreibung den Gedanken, das Dritte Reich habe in der deutschen Gesellschaft einen Wandel herbeigeführt, der auf eine «soziale Revolution» hinauslaufe, kurz und knapp abgefertigt hat. Während die Erforschung weiterreichender Aspekte der Sozialgeschichte des Dritten Reiches durch die Scheuklappen einer starken Konzentrierung auf die organisierten kommunistischen Widerstandsgruppen behindert war, behandelten DDR-Historiker die Frage nach möglichen langfristigen «Modernisierungs»folgen des Nationalsozialismus für die deutsche Gesellschaft natürlich als «Unfrage». Modernisierungstheorien galten hier nur als bürgerliche Pseudodoktrin der Industriegesellschaft. Bedingt durch ihre mangelnde Definition, so hieß es, seien diese «Theorien» in ihrer Anwendung rein subjektiv und von ihrer Intention und Implikation her antimarxistisch, beschönigten den Faschismus, indem sie in ihm einen (wenn auch unbeabsichtigten) «Modernisierungsschub» am Werke sahen, und außerdem verzerrten sie insofern willkürlich den Revolutionsbegriff, als sie davon ausgingen, der Nationalsozialismus habe eine «soziale Revolution» ausgelöst, und mißbrauchten ihn für ein Phänomen, das offenkundig konterrevolutionär gewesen sei.[6] Die den Modernisierungstheorien inhärenten Vorstellungen von einem «Fortschritt» innerhalb der kapitalistischen Gesellschaft – und nicht in Richtung des marxistisch-leninistischen Sozialismus – sind eindeutig unvereinbar mit der Hervorhebung von Kontinuitätssträngen des imperialistischen Monopolkapitalismus, die das Dritte Reich überdauert haben und für den reaktionären Charakter der Bundesrepublik sorgen. Von diesem Ausgangspunkt her gesehen ist es klar, daß Fragen, die dauerhafte oder langfristige Auswirkungen des Dritten Reiches auf die Entwicklung der deutschen Gesellschaft betreffen, für die DDR-Geschichtsschreibung irrelevant waren.

---

6 Siehe Gerhard Lozek und Rolf Richter, «Zur Auseinandersetzung mit vorherrschenden bürgerlichen Faschismustheorien», in Gossweiler und Eichholtz, *Faschismusforschung* (Kapitel 1 Anmerkung 27), S. 417–451, hier S. 427–429; und Gerhard Lozek u. a. (Hg.), *Kritik der bürgerlichen Geschichtsschreibung. Handbuch* (Köln, 4. erw. Aufl. 1977), S. 340–341.

Zu einer echten sozialen Revolution könne es, so die dort herrschende Meinung, nur unter der Ägide des Marxismus-Leninismus kommen. In Deutschland sei das nur mit Hilfe der Roten Armee und der Sozialistischen Einheitspartei (SED) der Fall gewesen, während die Reaktion in neuer Gestalt unter einem anderen politischen System bürgerlicher Herrschaft in der Bundesrepublik andauere.

Die westliche marxistische und marxistisch beeinflußte Geschichtsschreibung – die in den letzten zehn Jahren zum Teil einen sehr wichtigen Beitrag zur Sozialgeschichte des Dritten Reiches geleistet hat – teilt diese Grundposition zwar nicht, begegnet aber Vorstellungen von einer «sozialen Revolution» unter dem Nationalsozialismus mit der gleichen Unduldsamkeit. Die historische Bilanz sei klar, so heißt es: Der Nationalsozialismus habe die Organisationen der Arbeiterklasse zerstört, die Klassenbeziehungen dadurch verändert, daß er die Position der Unternehmer wesentlich stärkte und sie mit dem ganzen Gewicht eines repressiven Polizeistaates unterstützte, den Lebensstandard niedrig gehalten und dabei gleichzeitig schwindelerregende Profite ermöglicht.[7] So klar diese Bilanz auch sein mag, bezeichnet sie doch wohl den Anfang und nicht das Ende der Untersuchung. Unbezweifelbar erfreute sich das NS-Regime bis weit in den Krieg hinein eines so hohen Popularitäts- und Unterstützungsgrades, daß sich dieser durch die manipulative Kraft der Propaganda oder die starke Repression des Polizeistaates nicht angemessen erklären läßt. Man kommt nicht umhin zu akzeptieren, daß es dem Nationalsozialismus wirklich (wenn auch nur teilweise) gelang, in weite Teile der deutschen Gesellschaft – die Arbeiterklasse nicht ausgenommen – einzubrechen, und daß ein beachtliches Maß an materieller und affektiver Integration in den NS-Staat erreicht wurde, auch wenn sich die katholische, kommunistische und sozialistische Subkultur als relativ resistent erwies und eine undurchdringliche Barriere darstellte. Angesichts der beträchtlichen und umfangreichen nationalsozialistischen Durchdringung, die für sich genommen natürlich in keinerlei Widerspruch zu marxistischen Ansätzen steht, bedarf es einer Erklärung, die nicht gleich mit der Begründung, der Nationalsozialismus komme einer sozialen Reaktion gleich, jeglichen Gedanken daran verbietet, daß der Nationalsozialismus möglicherweise einen Anstoß zu einem (wenn durch dessen massiven Zerstörungstrieb viel-

---

7 Siehe zum Beispiel Ernest Mandel, in Trotzki, *Struggle* (Kapitel 2 Anmerkung 16), S. 13.

leicht auch nur negativ bedingten) sozialen Wandel gegeben hat. Neuere Forschungsergebnisse zur sozialen Basis der nationalsozialistischen Anhängerschaft vor 1933 haben früheren Verallgemeinerungen über die angeblich rückwärtsgewandte, (im wörtlichen Sinne) reaktionäre Art der nationalsozialistischen Anhängermassen in der Tat den Boden entzogen und statt dessen verdeutlicht, daß unter den sozial heterogenen Anhängern der NSDAP eine starke, dynamische Motivation zu radikalem sozialem Wandel sowie unbestreitbare «moderne» Tendenzen und Aspirationen vorhanden waren.[8] Die Unterstützung der Nazis war kein bloßes Streben nach einer Wiederkehr vergangener Zeiten, sosehr es dabei zweifellos *auch* restaurative Tendenzen gegeben hat. Der Druck zu sozialem Wandel, der – wenn auch rudimentär und in verschiedene Richtungen strebend – von der «Bewegung» ausging, hätte nach 1933 nicht mehr völlig mißachtet oder unterdrückt werden können, selbst wenn das in der Absicht der Naziführung gelegen hätte. Außerdem war das Deutschland der späten vierziger und frühen fünfziger Jahre – selbst wenn man allein die noch junge Bundesrepublik betrachtet – schon aus ganz oberflächlichen, einfach verstandenen Gründen und bei aller Anerkennung der zahlreichen und unvermeidlichen Kontinuitätslinien vom Ort und von der Gesellschaft her ganz anders als das Deutschland von 1933. Wie kompliziert die Untersuchung auch sein mag, so ist doch durchaus legitim zu fragen, ob der Nationalsozialismus in Deutschlands sozialer Entwicklung eine Zäsur darstellte oder durch seine Auswirkung auf soziale und politische Werte und Einstellungen ein bleibendes Erbe hinterließ.

Zwei nichtmarxistische «liberale» Wissenschaftler, der deutsche Soziologe Ralf Dahrendorf und der amerikanische Historiker David Schoenbaum, versuchten mit Arbeiten, die sie etwa zur gleichen Zeit Mitte der sechziger Jahre veröffentlichten, die Frage auf ganz unterschiedlichem Wege zu beantworten und vertraten den Standpunkt, das Dritte Reich habe tatsächlich eine «soziale Revolution» hervorgerufen, deren Hauptmerkmal ein Bruch mit der Tradition und ein entsprechender «Stoß in die Modernität» gewesen sei.[9]

Nach Dahrendorf vollzog der Nationalsozialismus in Deutschland

---

8 Siehe zum Beispiel Broszat, «Zur Struktur der NS-Massenbewegung» (Kapitel 2 Anmerkung 53).
9 Siehe oben Kapitel 2 Anmerkung 26 für nähere Angaben. Das Zitat stammt aus Dahrendorf, S. 432.

«die in den Verwerfungen des kaiserlichen Deutschland verlorengegangene, durch die Wirrnisse der Weimarer Republik aufgehaltene soziale Revolution».[10] Für ihn bestand der Kern der Revolution in der «Modernität», worunter er im wesentlichen die Strukturen und Werte der westlichen liberaldemokratischen Gesellschaft verstand. Eine solche Revolution sei, so meinte er, von den Nazis, deren soziale Ideologie auf einer Wiedergewinnung vergangener Werte beruht habe, natürlich nicht beabsichtigt gewesen. In der Praxis hätten sie durch die «Gleichschaltung» der deutschen Gesellschaft jedoch die «Gruppenloyalitäten» der Deutschen – traditionelle antiliberal-religiöse, regionale, familiäre und korporative Bindungen – zerstört, aus Eliten «monopolistische Cliquen» gemacht und soziale Schichtungen durch die Schaffung des «Volksgenossen» eingeebnet. Um die Macht zu bewahren, sei der nationalsozialistische «Totalitarismus» tatsächlich gezwungen gewesen, sich gegen sämtliche, selbst spurenhafte Elemente der Gesellschaftsordnung zu wenden, auf denen die konservative autoritäre Herrschaft gründete. Durch die Zerstörung traditioneller Bindungen, Normen und Werte, so schloß Dahrendorf, habe der Nationalsozialismus «die deutsche Vergangenheit, wie sie im Kaiserreich Gestalt gefunden hatte, endgültig beseitigt. Was nach ihm kam, war von der Hypothek frei, die die Weimarer Republik dank der suspendierten Revolution an ihrem Anfang beschwerte. Es konnte kein Zurück hinter die Revolution der nationalsozialistischen Zeit mehr geben.»[11] Ohne es zu wollen, habe der Nationalsozialismus daher den Weg zu einer liberaldemokratischen Gesellschaft im Nachkriegswestdeutschland gebahnt.

Dahrendorfs sehr einflußreiche Interpretation machte gerade ein Kapitel seiner soziologischen Analyse des heutigen Deutschlands aus. Auf der anderen Seite konzentrierte sich David Schoenbaums stilvoll geschriebene Studie ganz und gar auf eine Erforschung dessen, was er als «Hitlers soziale Revolution» bezeichnete.[12] Indem Schoenbaum sich bei seiner Untersuchung auf die Jahre 1933–39 beschränkte, blendete er von vornherein alle aus der Kriegszeit herrührenden Veränderungen aus seinen Überlegungen aus und entwickelte in einer komplexen Dis-

---

10 Zu diesem Abschnitt siehe Dahrendorf, S. 431–448 (Zitat von S. 432).
11 Dahrendorf, S. 448.
12 So der Titel der englischsprachigen Ausgabe von *Die braune Revolution*. Ein guter kritischer Kommentar von Hans Mommsen findet sich in der deutschen Ausgabe auf den Seiten 352–368.

kussion dennoch eine Argumentation, die – allerdings auf der Basis einer gründlicheren Recherche – der These Dahrendorfs nahekam. Schoenbaums Hauptthese war, seinen eigenen Worten zufolge: «Das Dritte Reich [war] eine doppelte Revolution [...] der Zwecke und der Mittel zugleich. Die Revolution der Zwecke war ideologischer Natur; sie sagte der bürgerlichen und industriellen Gesellschaft den Krieg an. Die Revolution der Mittel war ihre Umkehrung. Sie war bürgerlich und industriell, da ja selbst ein Krieg gegen die industrielle Gesellschaft in einem industriellen Zeitalter mit industriellen Mitteln geführt werden muß und da es des Bürgertums bedarf, um das Bürgertum zu bekämpfen.»[13] Dies Paradoxon zieht sich durch Schoenbaums gesamte Analyse, zu deren entscheidenden Elementen die Unterscheidung zwischen dem, was er «objektive», und dem, was er «gedeutete soziale Wirklichkeit» nennt, gehört. Während die «objektive soziale Wirklichkeit», so seine Argumentation, angesichts der stärkeren Urbanisierung, Industrialisierung, Kapitalkonzentration, Ungleichheit bei der Einkommensverteilung und der Aufrechterhaltung sozialer Trennlinien «gerade das Gegenteil von dem [war], was Hitler versprochen und die Mehrheit seiner Anhänger von ihm erwartet hatte», «bot sich diese Gesellschaft dem, der ihre wirkliche Sozialstruktur zu deuten unternahm, so einheitlich wie keine andere in der neueren deutschen Geschichte dar; es war eine Gesellschaft voller Möglichkeiten für jung und alt, für Klassen und Massen, die New Deal und gute alte Zeit zugleich war».[14] Von dieser Prämisse ausgehend, vertrat Schoenbaum den Standpunkt, «Hitlers soziale Revolution» sei auf eine Zerstörung des traditionellen Verhältnisses von Klasse und Status hinausgelaufen: «Im Dritten Reich hörte die relative Identität von Gesellschaftsklasse und Status auf zu bestehen», da «im Wunderland Hitler-Deutschland» niemand wußte, was oben und was unten war.[15] Zwar hatten die Arbeiter aus heutiger Sicht vielleicht den Status von Sklaven, aber «so sah es nicht unbedingt für einen Zeitgenossen aus», denn bei den Arbeitern ging «mit dem Verlust an Freiheit [...] andererseits praktisch ein Gewinn an Gleichheit einher».[16] Angesichts des Zusammenbruchs der Status- und Klassenschranken ging Schoenbaum noch einen Schritt

---

13 Schoenbaum (Kapitel 2 Anmerkung 26), S. 26.
14 Schoenbaum, S. 348–349.
15 Schoenbaum, S. 342.
16 Schoenbaum, S. 150–151.

weiter und argumentierte, bei dem «Zusammenstoß der ideologischen mit der industriellen Revolution» sei «die überkommene Klassenstruktur» zusammengebrochen, so daß man von einer «klassenlosen Wirklichkeit des Dritten Reiches» sprechen könne.[17] Wie diese Äußerungen zeigen, geht Schoenbaum von einer gleichzeitigen Klassen- und Statusrevolution aus, die (hinsichtlich der Klasse) zu einer nie dagewesenen sozialen Mobilität und (hinsichtlich des Status) sogar zum «Triumph des Egalitarismus» geführt habe.[18] Der Gegensatz zwischen einer solchen Interpretation und marxistischen Ansätzen – typisch ist hier zum Beispiel Franz Neumanns Ansicht, «das Wesen der nationalsozialistischen Gesellschaftspolitik» habe darin bestanden, «den vorherrschenden Klassencharakter der deutschen Gesellschaft anzuerkennen und zu festigen» – könnte kaum krasser sein.[19]

Die «soziale Ideologie» der Nazis wird in den Geschichtswissenschaften im allgemeinen als rein propagandistische Heuchelei angesehen oder aber als ein zwar ernsthaft beabsichtigtes, doch aufgrund seiner inneren Widersprüche undurchführbares Vorhaben. Marxistische Autoren unterscheiden daher meist betont zwischen der sozialen Basis und der sozialen Funktion einer stark kleinbürgerlichen Massenbewegung, die vom Regime im Interesse des Großkapitals konsequent «verraten» worden sei.[20] Andere Wissenschaftler wiederum folgen Schoenbaums Argumentation und heben das Paradoxon hervor, daß für antiindustrielle soziale Ziele industrielle soziale Mittel erforderlich gewesen seien. In einem einflußreichen Essay ging Henry Turner sogar noch einen Schritt weiter als Schoenbaum, nahm die Ideologie der

---

17 Schoenbaum, S. 345.
18 Schoenbaum, S. 332–334. Die hier zum Ausdruck kommende Sichtweise, der Nationalsozialismus habe eine «sozialistische Seite» gehabt, die nach und nach zu einer Abschaffung von Klassenprivilegien und einem Zusammenbruch der Klassenschranken geführt habe, hat viel von sich reden gemacht, vor allem auch bedingt durch den unterstützenden Multiplikatoreffekt von auflagenstarken Werken wie Haffners *Anmerkungen* (Kapitel 4 Anmerkung 10), S. 48–53.
19 Neumann, *Behemoth* (Kapitel 2 Anmerkung 5), S. 427.
20 Zum Beispiel Kühnl, *Formen bürgerlicher Herrschaft* (Kapitel 2 Anmerkung 13), S. 80ff, 118ff; und, etwas vergröbernd, Reinhard Opitz, «Die faschistische Massenbewegung», in Kühnl, *Texte* (Kapitel 2 Anmerkung 13), S. 176–190. Eine Zusammenfassung und Einschätzung dieser Argumentationsweise findet sich in Saage, *Faschismustheorien* (Kapitel 2 Anmerkung 33), S. 131ff und Adelheid von Saldern, *Mittelstand im Dritten Reich. Handwerker – Einzelhändler – Bauern* (Frankfurt am Main und New York 1979), S. 9–15, 234ff.

Nazis beim Wort und gestand ihnen zu, sie hätten die völlig ernstgemeinte Absicht gehabt, die moderne Gesellschaft abzuschaffen, und hätten dabei moderne Mittel gebraucht, um mit Hilfe eines (für sie, wie sie hofften, erfolgreichen) Krieges antimoderne Ziele zu erreichen.[21] Laut Turner hofften die Nazis, mit der Eroberung von «Lebensraum» eine – mit der mittelalterlichen Ostkolonisation vergleichbare – riesige neue deutsche Kolonisationswelle nach Osten in Gang zu setzen. So sollte Deutschlands Bedarf an Industrie und damit auch an Industriearbeitern verringert und fruchtbarer Boden bereitgestellt werden, auf dem diese ehemaligen Industriearbeiter und andere dann angesiedelt werden würden, so daß es zu einer deutlichen Enturbanisierung und Entindustrialisierung käme.[22] Natürlich habe der «Lebensraum» nur durch einen gewaltigen industriellen Krieg erobert werden können, und die Nazis hätten deshalb notgedrungen zur Modernisierung greifen müssen, «um ihre zutiefst antimodernen Ziele zu verfolgen». Wäre die Lebensraumeroberung erst einmal verwirklicht, dann hätte die modernisierende Politik zu einem großen Teil ausgedient.[23] Die nationalsozialistische Lösung einer Flucht vor der modernen Welt durch einen «verzweifelten Rückwärtssprung» lasse sich daher als «eine utopische Form des Antimodernismus» charakterisieren, die im doppelten Sinne utopisch sei: Sie diene nämlich nicht nur als «visionäres Allheilmittel», sondern sei auch «nicht zu verwirklichen».[24] Der letzte Punkt scheint der wichtigste zu sein: Das visionäre Vorhaben ließ sich ganz und gar nicht verwirklichen. Turner scheint hier in Wirklichkeit Gefahr zu laufen, den «antimodernen Zielen» der Nazis eine Rationalität und Geschlossenheit zuzuschreiben, die kaum gerechtfertigt ist, wenn man sich die Kluft zwischen der eigentlichen Realität des «Neuen Ordens» in Osteuropa und den visionären Hirngespinsten eines Himmlers oder Darrés, die Art der Entwicklung der deutschen Industrie und Technologie während des Krieges sowie den Umstand vor Augen führt, daß die Nazis auch weiterhin unbedingt moderne Waffen haben mußten, um – entsprechend der Hitlerschen Philosophie – die einmal eroberten Gebiete fortwährend verteidigen und die Expansion fortsetzen zu können. Natürlich können Spekulationen über eine illusorische Zukunft nur

---

21 Turner, «Fascism and Modernization» (Kapitel 2 Anmerkung 52), S. 117–139.
22 Turner, «Fascism and Modernization», S. 120–122.
23 Turner, «Fascism and Modernization», S. 126–127.
24 Turner, «Fascism and Modernization», S. 120–121.

wenig über die *tatsächlichen* Auswirkungen des Nationalsozialismus auf die deutsche Gesellschaft aussagen.

In einer weiteren Arbeit, die sich mit diesem Problem beschäftigt, nehmen Werner Abelshauser und Anselm Faust eine Position ein, die nicht weit von der Interpretation Dahrendorfs und Schoenbaums entfernt ist.[25] Auch Abelshauser und Faust sind bereit, in den Auswirkungen des Nationalsozialismus einen Teil einer «Sozialrevolution» zu sehen – einen Begriff, den sie im Sinne eines langfristigen, das wirtschaftliche und gesellschaftliche Leben einschneidend verändernden Wandlungsprozesses verwenden (vergleichbar mit der «Industriellen Revolution», der «Keynesianischen Revolution» und «Modernisierungsrevolutionen»). Mit dieser These messen sie dem Nationalsozialismus «nicht mehr und nicht weniger als die Rolle eines Katalysators der Modernisierung zu, indem er gewaltsam die in Deutschland noch besonders stark ausgeprägten Bindungen an Tradition, Region, Religion und Korporation gesprengt habe».[26] Dieser Interpretation zufolge diente die nationalsozialistische Sozial- und Wirtschaftspolitik im doppelten Sinne einem sozialrevolutionären Wandel: Sie nahm durch gezielte Wirtschaftsanreize, mit deren Hilfe die Wirtschaftskrise überwunden werden sollte, die «Keynesianische Revolution» des deutschen Nachkriegskapitalismus vorweg und zerschlug durch die erzwungene «Gleichschaltung» die freien Gewerkschaften, ordnete die Unternehmer dem Primat der Politik des autoritären Staates unter und veränderte so in kürzester Zeit das Leben der Deutschen entscheidender, als dies die Revolution von 1918/19 vermocht hatte.[27]

Horst Matzerath und Heinrich Volkmann arbeiteten zwar auch noch mit dem «Modernisierungsbegriff», taten dies aber nun im Rahmen eines reinen Theoriemodells und gelangten in einem anregenden, wenn auch umstrittenen Tagungsbeitrag, der 1977 veröffentlicht wurde, zu anderen Schlußfolgerungen als Turner beziehungsweise Abelshauser und Faust.[28] Sie betonten nachdrücklich, wie gewinnbringend es sei, den Modernisierungsbegriff auf den Nationalsozialismus anzuwenden und den Grad der quantitativen und qualitativen wirtschaftlichen, gesellschaftlichen und politischen Veränderungen zwi-

25 Nähere Angaben siehe oben Anmerkung 5.
26 Abelshauser und Faust, S. 116.
27 Abelshauser und Faust, S. 118.
28 Matzerath und Volkmann (siehe Kapitel 2 Anmerkung 53).

schen 1933 und 1939 zu untersuchen, und benutzten dabei Modernisierungsindikatoren wie die, die wir bereits weiter oben in diesem Kapitel diskutiert haben.

Ihrem Befund zufolge bietet sich ein widersprüchliches Bild: In allen Bereichen ihres Modernisierungsmodells zeigen sich Fortsetzungen oder Akzentuierungen früherer Tendenzen, aber auch antimoderne gegenläufige Entwicklungen, und zwar vor allem im Bereich der Politik (wie beispielsweise antiparlamentarische, antiemanzipatorische und antipartizipatorische Maßnahmen).[29] Sie verwarfen den Gedanken an eine «soziale Revolution», wie er von Dahrendorf und Schoenbaum geäußert worden war, und bauten statt dessen auf Aspekten einer bereits 1942 von Talcott Parsons geäußerten Hypothese auf. Parsons hatte den Standpunkt vertreten, der Nationalsozialismus sei aus einem Konflikt zwischen modernen Wirtschafts- und Sozialstrukturen und traditionellen Wertesystemen und Sozialisationsmustern hervorgegangen und habe eine «Anomie» heraufbeschworen, die aber nicht zur Anpassung an eine geänderte Realität geführt habe, sondern zu einer irrationalen Flucht in eine radikale, in extremem Maße traditionellen Werten verhaftete Ablehnung des Neuen und Modernen.[30] Matzerath und Volkmann gingen noch einen Schritt weiter als Parsons und argumentierten, der Nationalsozialismus sei durch die Bedingungen, die zur Entstehung der «Bewegung» geführt hatten, strukturell determiniert: durch die aggressive Reaktion traditioneller Wertvorstellungen auf die Moderne in Gestalt des «beschleunigte[n] Wandel[s] des wirtschaftlichen, sozialen und politischen Systems, verschärft durch eine akute, durch Krieg und Niederlage, Inflation und Depression sowie die Gefahr einer Systemalternative ausgelöste Krise», die sich alle in erster Linie als gesellschaftliche Ängste und Ressentiments in der nationalsozialistischen Ideologie niedergeschlagen hätten.[31] Damit habe die nationalsozialistische Ideologie als «geeignetes Instrument für die Mobilisierung empfänglicher, von Modernisierungsproblemen betroffener Bevölkerungsschichten» fungiert. Da sich der Nationalsozialismus nach der Machtübernahme jedoch als unfähig erwiesen habe, ein positives oder konstruktives gesellschaftspolitisches Konzept zu erstellen, und dennoch alle anderen vom bisherigen System stammenden Kon-

---

29 Matzerath und Volkmann, S. 95–97.
30 Nähere Angaben siehe Kapitel 2 Anmerkung 18.
31 Matzerath und Volkmann, S. 98.

zepte zerstört habe, sei eine neue Legitimationsbasis erforderlich gewesen. Diese habe man in der Ableitung der ererbten Konflikte auf innere und äußere Gegner gefunden, die ihrerseits dazu benutzt worden seien, die zentralen Ziele des Systems zu rechtfertigen: Etablierung eines totalitären Herrschaftsapparates und Vorbereitung eines brutalen Eroberungskrieges. Dies habe die Zerstörung überkommener Bindungen und die Verzerrung traditioneller Werte bis hin zu ihrer Vernichtung bedeutet. Dennoch dürfe die «Antimodernität» des Nationalsozialismus nicht fälschlicherweise als programmatische Wiederherstellung vormoderner Zustände (wie es Turner zum Beispiel gesehen hatte) oder als «konservative Revolution» verstanden werden. Vielmehr sei der Nationalsozialismus, so die Meinung von Matzerath und Volkmann, «der Versuch eines Sonderweges aus den Problemen der Modernisierung in die Utopie eines dritten Weges jenseits der innergesellschaftlichen Krisen und Konflikte der parlamentarisch-demokratischen, kapitalistischen Gesellschaft und jenseits des Angst und Aggression auslösenden Konzeptes einer kommunistischen Totalveränderung [der Gesellschaft], im Grunde aber ohne Aufgabe der kapitalistischen und der industriewirtschaftlichen Grundlagen dieser Entwicklung».[32] Eine solche Definition deckt sich nach Meinung der Autoren mit der teils modernen, teils antimodernen ambivalenten Wirklichkeit des Nationalsozialismus. Dabei gelangen Matzerath und Volkmann allerdings zu dem Schluß, daß die «teilmodernisierenden Effekte» des Nationalsozialismus nicht als Ergebnis einer bewußt «modernisierungsgerichteten Politik» anzusehen seien und am besten als «Pseudomodernisierung» bezeichnet werden sollten. Außerdem – und dies ist ein wichtiger Punkt der gesamten Argumentation – sei das NS-Regime nicht in der Lage gewesen, dauerhafte Strukturen zu entwickeln. Bedingt durch seine Unfähigkeit, gesellschaftliche Konflikte anzuerkennen und zu verarbeiten, habe das System keine «Stabilität im Wandel und durch Wandel» begründen können. Selbst als «Ausnahme- oder Übergangsform gesellschaftlicher Organisation in einer Streßphase der Modernisierung» sei der Nationalsozialismus «dysfunktional» gewesen: «Er war kein Umweg der Modernisierung, sondern Ausdruck ihres Scheiterns, die historische Sackgasse eines Prozesses, dessen Steuerungsprobleme die gesellschaftlichen Kapazitäten überfordert hatten.»[33]

32 Matzerath und Volkmann, S. 99.
33 Matzerath und Volkmann, S. 99–100.

Mit ihrem nachdrücklichen Verweis auf die Unfähigkeit des Nationalsozialismus, dauerhafte Sozialstrukturen zu schaffen, gelangten Matzerath und Volkmann auf einem Umweg zu einer ähnlichen Position, wie Rauschning sie auf impressionistische Weise – und aus einem ganz anderen Blickwinkel – bereits gegen Ende der dreißiger Jahre erreicht hatte, als er behauptete, der Nationalsozialismus könne nur zu einer «Revolution des Nihilismus» führen.[34] Im wesentlichen deckt sich das auch mit Winklers These, daß «die größte soziale Zäsur, die der Nationalsozialismus gesetzt hat, [...] sein Zusammenbruch» gewesen sei und daß keine der sozialen Veränderungen, zu denen es während der Diktatur selbst kam, sich in ihrer Bedeutung mit der Verwüstung des letzten Kriegsjahres und der totalen Niederlage – und deren weitreichenden Folgen für die zwei deutschen Gesellschaften, die an die Stelle des Dritten Reiches traten – vergleichen lasse.[35] Zu einem ähnlichen Schluß gelangt Jeremy Noakes, der nach einer gründlichen Auseinandersetzung mit dem Problem den Standpunkt vertritt, das einzig Revolutionäre am Nationalsozialismus sei die Zerstörung und Selbstzerstörung gewesen, die eine zwangsläufige Folge seiner irrationalen Ziele waren: «Man könnte daher sagen, die nationalsozialistische Revolution sei der Krieg gewesen – nicht nur weil der Krieg die politischen, wirtschaftlichen und gesellschaftlichen Veränderungen in einem Maße beschleunigte, wie das zu Friedenszeiten niemals der Fall gewesen war, sondern, tiefgehender betrachtet, weil der Nationalsozialismus im Krieg in seinem Element war. In diesem Sinne war der Nationalsozialismus wahrhaft ‹eine Revolution der Zerstörung› – der Selbstzerstörung und der Zerstörung anderer in einem nie dagewesenen Ausmaße.»[36]

Die Ansätze, die wir hier kurz zusammengefaßt haben, lassen sich als Hauptinterpretationen unter drei Kategorien fassen:

(i) Eine zentrale Interpretation, die besonders – aber nicht nur – von marxistischen Historikern bevorzugt wird, besagt, daß bei allen ober-

---

34 So der Titel seines 1938 in Zürich veröffentlichten Buches (siehe Kapitel 6 Anmerkung 4).
35 Winkler, «Vom Mythos der Volksgemeinschaft» (Kapitel 3 Anmerkung 47), S. 490.
36 Noakes, «Nazism and Revolution», S. 96. Siehe auch Peukert, *Volksgenossen* (Kapitel 2 Anmerkung 45), S. 294, der die gesellschaftlich destruktiven Kräfte und Wirkungen des Nationalsozialismus unterstreicht, aus denen nach dem Ende des Regimes und des Krieges eine «modernere» Gesellschaft hervorgegangen sei.

flächlichen Veränderungen der gesellschaftlichen *Formen* und institutionellen *Erscheinungsformen* im Dritten Reich die Grund*substanz* der Gesellschaft unverändert blieb, da durch den Nationalsozialismus die Position des Kapitalismus gestärkt und die Klassenstruktur verstärkt und nicht überwunden worden sei.

(ii) Im Gegensatz dazu vertreten «liberale» Historiker die einflußreiche Interpretationsmeinung, die direkt oder indirekt durch den Nationalsozialismus herbeigeführten Veränderungen der Gesellschaftsstrukturen und der gesellschaftlichen Wertvorstellungen seien so tiefgehend gewesen, daß man in ihnen durchaus eine «soziale Revolution» sehen könne.

(iii) Eine dritte Position ist von beiden dieser Interpretationen zu unterscheiden, kommt dabei aber in der Praxis nicht so sehr der ersten als der zweiten einigermaßen nahe. Hier ist man der Ansicht, die wie auch immer gearteten Veränderungen, die der Nationalsozialismus herbeigeführt habe, kämen keineswegs einer «Sozialrevolution» gleich. Seine sozialen Auswirkungen seien in Wirklichkeit widersprüchlich gewesen: teils «modernisierend», teils reaktionär. Dennoch habe das Dritte Reich für die Nachkriegsgesellschaft durchaus wichtige Folgen gehabt, vor allem durch den eigenen totalen Zusammenbruch und die Zerstörung bedingt, durch die die autoritären Strukturen, die seit der Bismarckzeit in Deutschland geherrscht hatten, zerbrochen seien und durch die es gleichzeitig zu derart verheerenden Schäden, Vertreibungen und Umwälzungen gekommen sei, daß in der Ost- und Westzone des besiegten Deutschlands ein – allerdings radikal verschiedener – Neuanfang erforderlich wurde.

Nun wollen wir uns diese Interpretationen im Lichte neuerer Untersuchungen zur Sozialgeschichte des Dritten Reiches näher ansehen.

Auswertung

Eine Auswertung der gesellschaftlichen Auswirkungen des Nationalsozialismus muß mit einer Betrachtung des Wesens und der sozialen Dynamik der Nazibewegung beginnen.

Wie unzählige Untersuchungen zeigen, macht man es sich zu einfach, wenn man in der Nazibewegung nur ein Produkt und Instrument reaktionärer kapitalistischer Kräfte sieht. Sie ging aus einer extremen gesellschaftspolitischen Unzufriedenheit und Entfremdung hervor und hatte eine sehr heterogene Massenanhängerschaft, die ideologisch gesehen nur durch eine radikale negative (antimarxistische, antisemitische, gegen Weimar gerichtete) Protesthaltung zusammengehalten wurde, zu der sich noch eine chiliastische, pseudoreligiöse Vision vom «nationalen Erwachen» gesellte – was sich gesellschaftlich gesehen in der vagen (und letztlich ebenfalls negativen) «Idee» der «Volksgemeinschaft» äußerte. Daß der Slogan von der «Volksgemeinschaft» – der die Überwindung von Klassen-, religiösen und politischen Gegensätzen mit Hilfe einer auf «wahren» deutschen Werten gründenden völkischen Einheit symbolisierte – bereits vor 1933 einige Anziehungskraft besaß, läßt sich nicht leugnen. Gesellschaftlich gesehen spiegelte sich darin der Wunsch, zum einen das «Krebsgeschwür» des Marxismus auszumerzen, aber auch die starre Unbeweglichkeit und Sterilität der alten Gesellschaftsordnung zu überwinden, indem Mobilität und Vorwärtskommen nun nicht mehr von der ererbten gesellschaftlichen Stellung und irgendwelchen Geburtsrechten, sondern von verdienstvollen Leistungen abhängig sein sollten. Bekanntlich war die soziale Proteststimmung in ihrer radikalsten Form gerade unter jungen Deutschen verbreitet, für die der Elan und Schwung der Nazibewegung eine besondere Anziehungskraft besaß.[37]

Vor 1933 bestand das eine einigende Ziel der dynamischen, aber labilen und schwankenden Nazibewegung darin, an die Macht zu

---

37 Zum gesellschaftlichen «Elan» des Nationalsozialismus vor 1933 liefern Broszats Artikel, «Soziale Motivation» (Kapitel 4 Anmerkung 27) und «Zur Struktur der NS-Massenbewegung» (Kapitel 2 Anmerkung 53), eine anregende allgemeine Interpretation. Wertvolle Erkenntnisse zur Anziehungskraft der Nazibewegung auf die Jugend vermitteln – abgesehen von Arbeiten, die sich mit der Jugendbewegung und nationalsozialistischen Jugendorganisationen befassen, wie Peter D. Stachuras Publikationen *Nazi Youth in the Weimar Republic* (Santa Barbara und Oxford 1975) und *The German Youth Movement 1900–1945* (London 1983) – neuere, aus unterschiedlichen Blickwinkeln und Interpretationsansätzen heraus verfaßte Veröffentlichungen über die SA: Peter H. Merkl, *The Making of a Stormtrooper* (Princeton 1980); Conan Fischer, *Stormtroopers. A Social, Economic, and Ideological Analysis 1929–1935* (London 1983); Richard Bessel, *Political Violence and the Rise of Nazism. The Storm Troopers in Eastern Germany 1925–1934* (New Haven und London 1984); sowie Jamin (Kapitel 2 Anmerkung 29). Ich habe versucht, einige neuere Interpretationen zur Anziehungskraft des Nationalsozialismus einer eigenen Bewertung zu unterziehen in «Ideology, Propaganda, and the Rise of the Nazi Party», in Peter D. Stachura, *The Nazi Machtergreifung* (London 1983), S. 162–181.

kommen. An die Macht konnten sie allerdings nur durch die Kollaboration der herrschenden Eliten gelangen. Durch die relative Stärke dieser Gruppen in der Anfangsphase der NS-Herrschaft und die vom Regime festgesetzte Priorität der Aufrüstung bedingt, wurden partikularistische Interessen innerhalb der Partei (wie jene der kleinen Einzelhändler oder Handwerker) zwangsläufig dort geopfert, wo sie den Erfordernissen von Deutschlands großen (vor allem rüstungsorientierten) kapitalistischen Unternehmen entgegenstanden. Der herausfordernden Einstellung der SA gegenüber der «gesellschaftlichen Ordnung» wurde durch die Liquidierung von Röhm und anderen SA-Führern in der sogenannten «Nacht der langen Messer» im Juni 1934 der Stachel genommen. Doch auch ohne ihre gesellschaftlich «gefährlichsten» Elemente waren die Nazipartei und deren Unterorganisationen kaum eine Quelle der Stabilität. Ohne wirkliche Regierungsfunktion beschränkte sich die Rolle der amorphen Nazibewegung nach 1933 größtenteils darauf, den Aktivisten etwas zu tun zu geben, wozu gesellschaftliche Kontrollaufgaben, Propaganda des Wortes und der «Tat» sowie die Entfachung von Beifallsstürmen für die «Erfolge» des Führers gehören. Die Enttäuschung vieler gesellschaftlicher Hoffnungen wurde im Dritten Reich bis zu einem gewissen Grade dadurch kompensiert, daß aufgestaute Energien in Aktivitäten umgeleitet wurden, die sich gegen hilflose und geschmähte Minderheiten – die rassischen und sozialen Parias der «Volksgemeinschaft» – richteten. Neben der eskalierenden Diskriminierung der Juden und anderer «Ausgestoßener» war es ebenfalls unvermeidlich, daß partikularistische Interessen innerhalb der Partei den vorrangigen «völkischen» Zielen des Führers untergeordnet wurden. Alles mußte sich in die Vorbereitung auf den unaufhaltsam nahenden Krieg einfügen. Doch so zwanghaft zielstrebig Hitler auch war, bei der Wahl der Mittel ging er völlig eklektisch vor. Somit konnte kein Gedanke daran sein, Deutschlands Industrie zu zerstören, um archaischen Mittelstandsinteressen oder den Wünschen bäuerlich-romantischer Idealisten in der Partei zu entsprechen.[38] Die Parteiideologen und Vertreter partikularistischer Parteiin-

---

[38] In bezug auf Hitlers gesellschaftspolitische Ziele siehe Noakes, «Nazism and Revolution», S. 76 ff, und die ausführliche Darstellung von Rainer Zitelmann, *Hitler. Selbstverständnis eines Revolutionärs* (Hamburg 1987). Zitelmann neigt allerdings stark dazu, Hitlers utopische Sozialvorstellungen, die Deutschlands Hegemonie in Europa nach dem «Endsieg» voraussetzten, als feste Pläne für eine revolutionäre «modernisierende» Umwälzung der deutschen Gesellschaft zu behandeln.

teressen, die ihre eigenen Vorstellungen davon hatten, wie die «Volksgemeinschaft» aussehen sollte, wurden früher oder später unweigerlich auf unwichtige Posten abgeschoben – wie zum Beispiel Gottfried Feder, Otto Wagener, Walther Darré und Alfred Rosenberg. Anders als diese «Parteitheoretiker» interessierte Hitler sich für die Sozialstrukturen nicht wirklich, solange sie [ihm] nicht gefährlich oder hinderlich waren. Langfristig gesehen, das ist wahr, waren seine eigenen Ansichten beherrscht von vagen Vorstellungen von einer rassischen Elite, einer Herrschaft derjenigen, die sich als zum Herrschen fähig erwiesen hätten, und von einem Niedergang sozialer Gruppen, für die er nur mehr Verachtung empfand (wie die Aristokratie und die «Industriekapitäne»). Aber was die reale Welt des Hier und Jetzt und der nächsten Zukunft betraf, hatte Hitler kein Interesse daran, in die Gesellschaftsordnung einzugreifen. Genauso wie die Industrie und der Kapitalismus waren die gesellschaftlichen Gruppen da, um auf ihre spezifische Weise dem politischen Ziel des völkischen «Überlebenskampfes» zu dienen. In jedem Fall war die Nazibewegung – auch ohne Hitlers spezielle Vorlieben – ein derartiges Gemisch von widersprüchlichen gesellschaftlichen Kräften, daß sie weder in der Theorie noch in der Praxis irgendeine realistische neue Gesellschaftsordnung hervorbringen konnte. Sie war genauso parasitär wie räuberisch.

Weniger um die Veränderung objektiver Realitäten ging es dem Nationalsozialismus als um den mit außerordentlichem Ehrgeiz unternommenen Versuch, das subjektive Bewußtsein zu verändern.[39] Da Deutschlands Problem in den Augen der Nazis im wesentlichen an der Einstellung, der Mentalität und den Wertvorstellungen der Menschen lag, versuchten sie diese eben mit psychologischen Mitteln umzuwälzen, indem sie anstelle sämtlicher Klassen-, religiösen und regionalen Bindungen ein stark vergrößertes nationales Selbstbewußtsein setzten, um das deutsche Volk psychisch für den kommenden Kampf zu mobilisieren und ihm während des unvermeidlichen Krieges Mut zu machen. Ihnen ging es nicht darum, nette kleinstädtische, kleinbürgerliche gesellschaftliche Ansichten aufzupolieren, sondern ein Volk nach dem Vorbild einer Armee zu formen: diszipliniert, zäh, fanatisch zielstrebig und der Sache zuliebe gehorsam bis in den Tod. Der «Volksgemeinschaftsgedanke» diente nicht als Grundlage einer Veränderung der Sozialstrukturen, sondern war Symbol eines veränderten Bewußtseins.

---

39 Broszat, *Der Staat Hitlers* (Kapitel 2 Anmerkung 39), S. 35.

Der Versuch, dem deutschen Volk solche Werte einzuimpfen, war im wesentlichen weniger eine Aufgabe der Sozialpolitik als der Propaganda.

Wie diese Bemerkungen über den Charakter der Nazibewegung und deren gesellschaftspolitische Ziele schon andeuten, waren die auf einen sozialen Wandel gerichteten Vorstellungen – angesichts der Art, Zusammensetzung und dominierenden Führer dieser Bewegung zwangsläufig – erstens negativer Art (Zerschlagung der Organisationen der Arbeiterklasse, zunehmende Diskriminierung von Minderheiten), beschränkten sich zweitens auf langfristige, aber undeutliche, utopische Ziele, die wenig Bezug zur Realität hatten, beziehungsweise auf kurzfristige partikularistische Interessen, die sich nicht mit den Kriegsvorbereitungen vereinbaren ließen und deshalb entbehrlich waren, und beruhten drittens und letztens auf Konzeptionen für eine grundlegende Änderung der Einstellung und waren angesichts der Stärke der bisherigen kirchlichen, regionalen oder Klassenbindungen als kurz- und mittelfristige Zielvorstellungen ebenfalls illusorisch. Das Wesen der Nazibewegung bietet Hinweise, die den Einfluß des Nationalsozialismus auf bestimmte gesellschaftliche Gruppen, die weitverbreitete Desillusionierung und Enttäuschung während des Dritten Reiches und den kompensatorischen Mechanismus der zu einer immer bösartigeren Diskriminierung führenden «Selektion der negativen Weltanschauungselemente»[40] verständlicher machen und auch verdeutlichen, warum der Nationalsozialismus wohl kaum in der Lage war, eine eigenständige «Sozialrevolution» herbeizuführen.

Zum besseren Verständnis dessen, was Schoenbaum als «objektive Wirklichkeit» bezeichnet hat – tatsächliche Veränderungen der Klassenstruktur und der gesellschaftlichen Formationen in Deutschland während des Dritten Reiches –, haben in den letzten Jahren eine Reihe wertvoller empirischer Untersuchungen viel beigetragen. Die Ergebnisse dieser Untersuchungen weisen eindeutig in dieselbe Richtung wie Winklers Schlußfolgerung, «realiter» könne «von einer revolutionären Umgestaltung der deutschen Gesellschaft zwischen 1933 und 1945 keine Rede sein».[41] Die Auffassung, das Dritte Reich habe eine soziale Revolution bewirkt, lasse sich, so Winkler, großteils auf eine allzu bereitwillige Akzeptierung der pseudoegalitären Propaganda und über-

---

40 Broszat, «Soziale Motivation», S. 405.
41 Matzerath und Volkmann, S. 103 (Kommentar von H. A. Winkler).

triebenen Behauptungen des Regimes zurückführen und teilweise auch auf die tatsächlichen gesellschaftlichen Veränderungen in der Nachkriegszeit, die häufig in die Zeit des Dritten Reiches zurückprojiziert würden, obwohl sie selbst mittelbar nur wenig mit dem Nationalsozialismus zu tun hätten.[42]

In neueren Untersuchungen wird deshalb die Betonung auch viel stärker auf die wesentlichen Kontinuitätslinien in der Klassenstruktur des Dritten Reiches gelegt als auf prägnante Veränderungen. Schoenbaum selbst gesteht bereits zu, daß die gesellschaftliche Stellung der Eliten bis in die letzte Phase des Krieges hinein relativ unversehrt erhalten blieb. Er hat jedoch vielleicht eine etwas übertriebene Vorstellung von dem Grad, bis zu dem die Sozialstrukturen im Fluß waren, und dem Umfang, in dem es tatsächlich zu sozialem Aufstieg kam. Natürlich stimmt es, daß zielstrebige, durchsetzungsfähige, rücksichtslose und häufig äußerst fähige «Technologen der Macht»[43] wie Heydrich oder Speer sich nach oben durchboxten. Und der Krieg beschleunigte zweifellos Veränderungen im Offizierskorps der Wehrmacht. Doch die neue politische Elite bestand neben den alten Eliten und vermischte sich mit ihnen, statt sie abzulösen.[44] Die Bereiche, die nicht von der Partei okkupiert waren, wie die Großwirtschaft, die Beamtenschaft und die Wehrmacht, rekrutierten ihre Führungskräfte zumeist aus denselben gesellschaftlichen Schichten wie vor 1933. Der Bildungsbereich blieb weiterhin stark von der Mittel- und oberen Mittelschicht dominiert. Die wichtigste und mächtigste Parteigliederung, die SS, rekrutierte ihre Mitglieder in hohem Maße aus den Elitesektoren der Gesellschaft.[45] Wenn die traditionellen herrschenden Klassen sozialen Aufsteigern,

---

42 Matzerath und Volkmann, S. 102 (Kommentar von H. A. Winkler). Siehe auch Winkler, «Vom Mythos der Volksgemeinschaft», S. 490.
43 Broszat, «Zur Struktur der NS-Massenbewegung», S. 67.
44 Siehe Noakes, «Nazism and Revolution», S. 80–85, und auch Hans Mommsen, «Zur Verschränkung traditioneller und faschistischer Führungsgruppen in Deutschland beim Übergang von der Bewegungs- zur Systemphase», in Schieder, *Faschismus als soziale Bewegung* (Kapitel 2 Anmerkung 29), S. 157–181.
45 Siehe zum Beispiel Gunnar C. Boehnert, «The Jurists in the SS-Führerkorps 1925–1939», in Hirschfeld und Kettenacker (Kapitel 2 Anmerkung 23), S. 361–374, und «The Third Reich and the Problem of ‹Social Revolution›: German Officers and the SS», in Volker R. Berghahn und Martin Kitchen (Hg.), *Germany in the Age of Total War* (London 1981), S. 203–217; und Bernd Wegner, *Hitlers politische Soldaten: Die Waffen-SS, 1933–1945* (Paderborn 1982), Kapitel 15, besonders S. 222–226.

die, aus niederen sozialen Schichten stammend, durch Machtpositionen und politischen Einfluß nach oben gekommen waren, etwas Platz einräumen mußten, so bedeutete das kaum mehr als eine leichte Beschleunigung von Veränderungen, die bereits in der Weimarer Republik zu spüren gewesen waren.

Am anderen Ende der Sozialskala wurde der Arbeiterklasse – die ihrer politischen Stimme und der während der Weimarer Republik errungenen gesellschaftspolitischen Verbesserungen beraubt und unter dem Druck der Massenarbeitslosigkeit der brutalen Ausbeutung durch die (vom Repressionsapparat des Polizeistaates unterstützten) Unternehmer ausgesetzt war – in den ersten Jahren des Dritten Reiches der Lebensstandard noch weiter beschnitten, als das schon während der Wirtschaftskrise der Fall gewesen war.[46] Die leichte Anhebung der Reallöhne gegen Ende der dreißiger Jahre war ein Abfallprodukt des Rüstungsbooms, und mit ihr ging ein verstärkter – physischer und seelischer – Druck auf die Industriearbeiterschaft einher. Die Klassenstellung des Arbeiters blieb bis etwa zur Mitte des Krieges im wesentlichen die gleiche – nur daß die schlimmste Ausbeutung jetzt die sogenannten «Fremdarbeiter» traf. Die bedeutendsten Veränderungen im Wesen und in der Zusammensetzung der Arbeiterschaft ergaben sich in der letzten Phase des Krieges und waren hauptsächlich eine Folge des Militärdienstes, der Verluste an der Front, der Zerstörung von Industriebetrieben, der Umsiedlung von Belegschaften, der Evakuierung und Heimatlosigkeit und letztlich der Eroberung durch die gegnerischen Armeen.[47] Die Veränderungen, zu denen es bis 1945 gekommen war, waren daher eher ein Produkt des Zusammenbruchs des Nationalsozialismus als ein Ergebnis seiner Politik, solange er an der Macht war.

Untersuchungen über mittelständische Gruppen im Dritten Reich unterstreichen, daß trotz aller archaischen Phrasen und anachronistischen Gesetze der Nazis – wie dem «Reichserbhofgesetz» von 1933 – der Wandel, der wirklich eintrat, das Ergebnis eines Aufschwungs in der Industrie und einer beschleunigten Entwicklung innerhalb einer kapitalistischen Gesellschaft war.[48] Bis in die mittlere Kriegsphase hinein

---

46 Siehe Mason, *Sozialpolitik* (Kapitel 4 Anmerkung 62), besonders Kapitel 4.
47 Siehe die Arbeiten von Salter und Werner (oben Kapitel 4 Anmerkung 68). Eine weitere wichtige Veröffentlichung zur Arbeits- und Sozialpolitik während des Krieges ist: Marie-Louise Recker, *Nationalsozialistische Sozialpolitik im Zweiten Weltkrieg* (München 1985).
48 Siehe besonders von Saldern (oben Anmerkung 20), Heinrich August Winkler,

zeichnete sich die Entwicklung im Dritten Reich eher durch Kontinuität als durch dramatischen Wandel aus. Davor hatte die Anzahl der kleinen Einzelhandels- und Handwerksbetriebe etwas abgenommen, aber ihre Stellung war nicht grundsätzlich bedroht. Die Zahl der Angestellten und der Umfang des Dienstleistungssektors und der Verwaltung vergrößerte sich wie in allen zeitgenössischen kapitalistischen Ländern, wenn auch in etwas schnellerem Tempo. Was ländlichen Grundbesitz angeht, so gab es trotz des «Reichserbhofgesetzes» keinen wesentlichen Umschwung, und nach anfänglichen großen Versprechungen mußten auch die Bauern feststellen, daß sie ein Opfer der Rüstungswirtschaft geworden waren und daß ihre Arbeitskräfte mit Blick auf die höheren Löhne in der Industrie und die besseren Lebensbedingungen in der Stadt abwanderten. Auch hier waren größere Veränderungen in der gesellschaftlichen Stellung des Mittelstandes und der Bauernschaft eine Folge der extremen Auflösungserscheinungen und Evakuierungen in der Endphase des Krieges und – vor allem in der Ostzone – der Ereignisse der unmittelbaren Nachkriegszeit.

Als letztes haben Untersuchungen zur Stellung der Frauen und ihrer Beschäftigungsstruktur gezeigt, wie sehr der Antifeminismus der Nazis den überkommenen Mustern des bürgerlichen Antifeminismus in einer kapitalistischen Gesellschaft entsprach und in welchem Maße die inneren Widersprüche des NS-Systems Zugeständnisse erzwangen, so daß es schließlich aufgrund des erhöhten Bedarfs an Arbeiterinnen zur Mitte des Krieges hin zu einer Umkehrung ideologischer Vorrechte kam.[49] Auch hier überwiegen bei den Gesellschaftsstrukturen im Na-

---

«Der entbehrliche Stand. Zur Mittelstandspolitik im ‹Dritten Reich›», *AfS* 17 (1977), S. 1–40, sowie die wertvolle Studie von Michael Prinz, *Vom neuen Mittelstand zum Volksgenossen* (München 1986).
49 Siehe Dörte Winkler (Kapitel 4 Anmerkung 74); Mason, «Women» (Kapitel 4 Anmerkung 74); Jill Stephenson, *Women in Nazi Society* (London 1975); Stefan Bajohr, *Die andere Hälfte der Fabrik* (Marburg 1979); Gisela Bock, «Frauen und ihre Arbeit im Nationalsozialismus», in Annette Kuhn und Gerhard Schneider (Hg.), *Frauen in der Geschichte* (Düsseldorf 1979), S. 113–149; Frauengruppe Faschismusforschung (Hg.), *Mutterkreuz und Arbeitsbuch* (Frankfurt am Main 1981); Dorothee Klinsiek, *Die Frau im NS-Staat* (Stuttgart 1982). Neuere Veröffentlichungen über Frauen im Dritten Reich konzentrieren sich eher auf die biologische Komponente der nationalsozialistischen Kriegswirtschaftspolitik, siehe zum Beispiel Gisela Bock, *Zwangssterilisation im Nationalsozialismus* (Opladen 1986), Renate Bridenthal, Atina Grossman und Marion Kaplan (Hg.), *When Biology became Destiny. Women in Weimar and Nazi Germany* (New York 1984), Claudia

tionalsozialismus die Kontinuitätslinien bei weitem die Veränderungen, die doch nur die üblichen, keineswegs revolutionären, Umwälzungen einer fortgeschrittenen kapitalistischen Wirtschaft darstellten – wenn auch einer Wirtschaft, in die der Staat in ungewöhnlich starkem Maße eingriff[50] und die in ihrer Konzentrierung auf die Rüstungsproduktion bereits lange vor dem Krieg außerordentlich einseitig ausgerichtet war und rasch außer Kontrolle geriet.

Schoenbaums Meinung nach wandelte sich in Nazideutschland vor allem die «gedeutete soziale Wirklichkeit»: Einstellungen, Wertvorstellungen, Mentalität, subjektives Bewußtsein. Die Behauptungen, die er in diesem Bereich aufstellt, sind jedoch höchst spekulativ und impressionistisch. Der Natur der Dinge entsprechend lassen sich Veränderungen in der subjektiven Einstellung und dem persönlichen Bewußtsein nur schwer beurteilen, bei den Quellen stolpert man leicht über Fallstricke, und eventuellen Schlußfolgerungen haftet notgedrungen etwas Vorläufiges an. Neuere Forschungsergebnisse, die ein sehr komplexes Bild des Sozialverhaltens und der Einstellungen im Dritten Reich zeichnen, deuten jedoch stark darauf hin, daß man Wesen und Ausmaß des Werte- und Einstellungswandels im Nationalsozialismus leicht übertreiben kann und daß auch hier nicht die Rede davon sein kann, daß der Nationalsozialismus eine soziale Revolution bewirkt hätte.[51]

Am kontinuierlichsten – und meist auch dominierendsten – wurde die Art, in der die verschiedenen gesellschaftlichen Gruppen ihre eigene sozioökonomische Lage im Dritten Reich subjektiv wahrnahmen, anscheinend durch die materiellen Bedingungen beeinflußt, von denen das tägliche Leben der Bevölkerung unmittelbar geprägt war. Und hier scheinen auch in der Zeit der Diktatur die Menschen weiterhin intensiv

---

Koonz, *Mütter im Vaterland* (Reinbek 1994, übersetzt von Cornelia Holfelder-von der Tann).
50 Siehe Overy, «Göring's ‹Multi-National Empire›» (Kapitel 3 Anmerkung 41) und – als Analyse der NS-Wirtschaft immer noch grundlegend – Neumann, *Behemoth* (Kapitel 2 Anmerkung 5).
51 Ausführlicher versuche ich diese Auffassung in meinem Buch *Popular Opinion and Political Dissent* (Kapitel 2 Anmerkung 44) darzulegen. Zu einigen der besten neueren Untersuchungen auf diesem Gebiet siehe auch Peukert (Kapitel 2 Anmerkung 45) sowie die Beiträge in Peukert und Reulecke (Kapitel 4 Anmerkung 58). Einen aufschlußreichen Überblick dazu bietet Richard Bessel, «Living with the Nazis: Some Recent Writing on the Social History of the Third Reich», *European History Quarterly* 14 (1984), S. 211–220.

die soziale Ungerechtigkeit empfunden, klassenbewußt die vorhandene Ungleichheit gesehen und mit dem ständigen Gefühl der Ausbeutung gelebt zu haben. Die Tatsache, daß die Arbeiterklasse entfremdet wurde, daß mittelständische Gruppen und Bauern ständig partikularistische Klagen zum Ausdruck brachten und daß große Teile der Bevölkerung aufgrund ihrer tatsächlichen täglichen Erfahrung im Nationalsozialismus stark desillusioniert und unzufrieden waren, läßt sich kaum mit Schoenbaums Auffassung in Einklang bringen, die Gesellschaft habe sich «dem, der ihre wirkliche Sozialstruktur zu deuten unternahm, so einheitlich wie keine andere in der neueren deutschen Geschichte» dargeboten und habe Statusveränderungen gespiegelt, die einem «Triumph des Egalitarismus» gleichkämen.[52]

In den Augen der Nazis mußte vor allem bei der Klasse der Industriearbeiter das Statusbewußtsein verändert und das Klassen- durch ein Nationalbewußtsein ersetzt werden. Doch gerade hier gelang es der gesellschaftspolitischen Propaganda des Regimes – auch wenn sich in den Köpfen der Arbeiter durchaus einige Wertvorstellungen und Einstellungen der Nazis festsetzten – vor allem bei den älteren Industriearbeitern kaum, die traditionellen Klassenbindungen ernsthaft in Frage zu stellen. Es scheint, als habe Dahrendorf gleichfalls überschätzt, in welchem Umfang es zu einer Auflösung der traditionellen Bindungen an die christlichen Kirchen kam. Die Zahl der Kirchenmitglieder ging in den dreißiger Jahren nur geringfügig zurück, während in den Kriegsjahren die Teilnahme an religiösen Feiern und der Besuch von Gottesdiensten stark zunahm. Kirchliche Traditionen und Institutionen wurden in beträchtlichem Maße und teilweise mit Erfolg gegen die unsystematischen Angriffe der Nazis verteidigt. Durch den «Kirchenkampf» wurde der Einfluß der Kirche und der Geistlichen auf die Bevölkerung – vor allem auf dem Lande – häufig eher gestärkt als geschwächt. Und schließlich gewannen die Kirchen nach dem Krieg in Westdeutschland wieder enorm an gesellschaftlicher Macht und politischem Einfluß. Alles deutet darauf hin, daß es den Nazis mit ihrer Politik in keiner Weise gelang, religiöse Bindungen zu durchbrechen. Selbst mit ihrem Versuch, dem deutschen Volk rassenbezogene, eugenische und sozialdarwinistische Wertvorstellungen einzuimpfen – dem Kern ihrer Ideologie –, hatten die Nazis offenbar nur begrenzten Erfolg.[53]

52 Schoenbaum, S. 334 und 348.
53 Siehe meinen Aufsatz «The Persecution of the Jews and German Popular in the

Bestehende Vorurteile gegen Juden und andere rassische Minderheiten und «gesellschaftliche Außenseiter» wurden zweifellos verstärkt, und innerhalb der SS im besonderen – aber bis zu einem gewissen Grad auch innerhalb der Wehrmacht – erwies sich die Indoktrinierung mit einem neuen Wertesystem als wirkungsvoll.[54] Doch der wachsende Protest gegen die «Euthanasie-Aktionen» und der Umstand, daß das Regime in der Frage der «Endlösung» absolute Geheimhaltung für notwendig hielt, zeugen indirekt dafür, daß es den Nazis trotz der intensiven Verbreitung ihrer Rassenvorstellungen keineswegs gelang, herkömmliche Moralnormen vollständig zu beseitigen.

Vieles deutet darauf hin, daß die Nazis ihre größte Wirkung bei den jungen Deutschen erzielten und daß zwischen denen, die in der Kaiser- oder der Weimarer Zeit das Erwachsenenalter erreicht hatten, und jenen, die kaum etwas anderes als den Nationalsozialismus kannten, ein ausgesprochenes Generationsproblem bestand. Die Ablehnung der alten bürgerlichen Welt und idealistische Vorstellungen von einer neuen, mobileren und auf Gleichheit beruhenden Gesellschaft bildeten die Grundlage der dynamischen Mobilisierung der Jugend durch die Nazis. Doch sogar hier konnte das Regime nur einen Teilerfolg verbuchen. Hitler selbst war 1945, wie berichtet wird, der Ansicht, daß es zwanzig Jahre gedauert hätte, um eine Elite heranzuziehen, die die Wertvorstellungen der Nazis wie Muttermilch in sich aufgesogen hätte. Wie illusorisch derartige Hoffnungen waren, zeigte seine anschließende Bemerkung, er könne es sich nicht leisten, so lange zu warten: Wie immer arbeite auch in diesem Moment die Zeit gegen Deutschland.[55] In Wirklichkeit gab es, wie neuere Untersuchungen zeigen, bei bestimmten Teilen der deutschen Jugend bereits in den späten dreißiger Jahren deut-

---

Third Reich», *Yearbook of the Leo Baeck Institute* 26 (1981), S. 261–289; Otto Dov Kulka, «‹Public Opinion› in Nazi Germany and the ‹Jewish Question›», *The Jerusalem Quarterly* 25 (1982), S. 121–144, und «‹Public Opinion› in Nazi Germany: the Final Solution», *The Jerusalem Quarterly* 26 (1983), S. 34–45; und Sarah Gordon, *Hitler, Germans, and the «Jewish Question»* (Princeton 1984). Die gründlichste Untersuchung über die Einstellung gegenüber den Juden in Deutschland nach 1933 stammt von David Bankier, *The Germans and the Final Solution. Public Opinion under Nazism* (Oxford 1992).
54 Siehe die Arbeiten von Wegner (oben Anmerkung 45), Streit (Kapitel 5 Anmerkung 70) und jetzt vor allem die Studien von Omer Bartow, *The Eastern Front 1941–45. German Troops and the Barbarisation of Warfare* (London 1985) sowie *Hitlers Army. Soldiers, Nazis, and War in the Third Reich* (Oxford 1991).
55 F. Genoud (Hg.), *The Testament of Adolf Hitler* (London 1961), S. 58–59.

liche Anzeichen von Konflikten, Spannungen und Opposition, die sich in den Kriegsjahren noch verstärkten und darauf hindeuten, daß es den Nazis nur vorübergehend gelungen war, junge Deutsche für sich zu gewinnen und sie zu mobilisieren und zu integrieren.[56]

Als letztes gibt es – auch wenn das noch ein relativ wenig erforschtes und schwieriges Thema ist – keine Hinweise, die darauf schließen lassen, daß sich im Nationalsozialismus die Familienstrukturen in nennenswertem Maße auflösten – und das, obwohl die nationalsozialistischen Jugendorganisationen den zwischen Kindern und Eltern bestehenden Generationskonflikt zweifelsohne besonders betonten. Hingegen gab es im Dritten Reich Anzeichen einer Reaktion, die sich gegen eine Befreiung der Jugend von den engen Fesseln der Erwachsenenautorität in der Schule, im Elternhaus und anderswo richtete, und diese Reaktion hatte – besonders in der Nachkriegszeit – einen nicht unbeträchtlichen Erfolg.

Somit scheint festzustehen, daß der Nationalsozialismus in Deutschland in der Zeit des Dritten Reiches keine «soziale Revolution» bewirkt hat – gleichgültig, ob man sich nun auf eine «objektive» oder eine «gedeutete soziale Wirklichkeit» beruft. Wie wir bereits festgestellt haben, machen es das Wesen der Nazibewegung und der Charakter ihrer gesellschaftspolitischen Ziele möglich, einen Schritt weiter zu gehen und zu sagen, daß sie nicht in der Lage war, eine vollständige und dauerhafte soziale Revolution herbeizuführen, ohne einen vollständigen «Endsieg» in einem Krieg zu erreichen, der selbst ein immanent törichtes Unterfangen zur Sicherung der deutschen Vorherrschaft war.

---

56 Siehe Lothar Gruchmann, «Jugendopposition und Justiz im Dritten Reich», in Wolfgang Benz (Hg.), *Miscellanea. Festschrift für Helmut Krausnick zum 75. Geburtstag* (Stuttgart 1980), S. 103–130; Matthias von Hellfeld, *Edelweißpiraten in Köln* (Köln 1981); Arno Klönne, *Jugend im Dritten Reich. Die Hitler-Jugend und ihre Gegner* (Düsseldorf 1982); Heinrich Muth, «Jugendopposition im Dritten Reich», *VfZ* 30 (1982), S. 369–417; Detlev Peukert, «Edelweißpiraten, Meuten, Swing. Jugendsubkulturen im Dritten Reich», in Gerhard Huck (Hg.), *Sozialgeschichte der Freizeit* (Wuppertal 1980), S. 307–327. Mitte 1943 wußte der SD von einer unter Jugendlichen und Schülern weitverbreiteten negativen Haltung gegenüber der Partei und anderen Aspekten der Naziherrschaft zu berichten: siehe SD-Berichte zu Inlandsfragen, 12. August und 22. November 1943, Institut für Zeitgeschichte, München, MA-441/8-760 132-9 und MA-441/9-760996-9. Ausmaß und oppositionelle Bedeutung der Nonkonformität unter Jugendlichen sollten allerdings nicht überbetont werden, worauf auch Gerhard Rempel, *Hitler's Children* (Chapel Hill/London 1989) mit Nachdruck hinweist.

Die Absichten der Nazis richteten sich auf eine Umwälzung der Werte- und Glaubenssysteme – also eher auf eine psychologische als auf eine inhaltlich-substantielle «Revolution» – und hätten sich nur durch die Verwirklichung langfristiger Ziele umsetzen lassen, die ihrerseits illusorisch, widersprüchlich und damit in sich zerstörerisch und selbstzerstörerisch waren.

Nun, da die irreführende Vorstellung, die deutsche Gesellschaft sei im Dritten Reich in revolutionärer Weise verändert worden, widerlegt ist, läßt sich die These aufstellen, der Nationalsozialismus habe während der Zeit seiner Herrschaft die bestehende Gesellschaftsordnung mit ihrer Klassenstruktur in erheblichem Maße gestützt und habe, vor allem durch seine destruktive Dynamik, den Weg zu einem Neuanfang nach 1945 gebahnt.

Auf der einen Seite verdient – so offenkundig dieser Punkt auch ist – hervorgehoben zu werden, daß der Nationalsozialismus nicht das Produkt einer «vormodernen» Gesellschaft war, sondern sich in einem fortgeschrittenen Industriestaat entwickelte, dessen labiles politisches System in einer beispiellosen Krise des Kapitalismus durch den Klassenkonflikt zerstört wurde. Das Naziregime hatte anfangs die objektive Funktion, die sozioökonomische Ordnung und die bedrohte Stellung der herrschenden Eliten durch eine schonungslose Zerschlagung der Arbeiterbewegung wiederherzustellen. Die verhängnisvolle politische Intervention der Nazis im Jahre 1933 muß deshalb in einer Hinsicht als entscheidender Schritt im Kampf zwischen Kapital und Arbeiterschaft in einer fortgeschrittenen Industriewirtschaft gesehen werden. Und in der Tat stellt der an der Macht befindliche Nationalsozialismus die bislang erbarmungsloseste und am stärksten ausbeuterische Form der industriellen Klassengesellschaft dar – der gegenüber sich damals in der Rückschau das kaiserliche Deutschland für einen Angehörigen der Arbeiterklasse wie ein «Himmel der Freiheit» ausnahm.[57] Die Neuordnung der Klassenbeziehungen im Jahre 1933 machte die Fortschritte gewaltsam rückgängig, die die Arbeiterklasse nicht erst seit 1918, sondern seit der Bismarckzeit errungen hatte, stärkte die geschwächte Position des Kapitalismus und stützte zumindest anfangs die reaktionären Kräfte der Gesellschaftsordnung.

Aber man kann nicht einfach dabei stehenbleiben und dem Natio-

---

57 Archiv der Sozialen Demokratie, Bonn, Bestand Emigration Sopade, M 32, Bericht des Grenzsekretärs von Nordbayern, Hans Dill, vom 18. November 1935.

nalsozialismus jegliche Antriebskraft für einen langfristigen sozialen Wandel absprechen – selbst wenn dieser hauptsächlich eine «negative» Erscheinung war, die sich aus der Zerstörungskraft des Regimes ergab. Zum Beispiel ist die Vermutung geäußert worden, die Individualisierung des Kampfes der Arbeiterklasse, die innerhalb des NS-Systems notwendig gewesen sei, um einen größtmöglichen Nutzen aus dem Rüstungsboom zu ziehen, habe eine langfristige Schwächung der Solidarität unter den Arbeitern bewirkt und den Weg zu «einem neuen, individualistischeren, leistungsorientierteren, ‹skeptischen› Arbeitertypus gebahnt [...], wie er von Soziologen der fünfziger Jahre beschrieben wurde».[58] Ob damit im Rückblick Verhaltensmuster auf das Dritte Reich projiziert werden, die größtenteils ein Produkt der von wirtschaftlichem Aufschwung und «Wirtschaftswunder» geprägten Nachkriegsbedingungen waren, ist schwer abzuschätzen. Ebenfalls spekulativ, wenn auch an sich nicht unwahrscheinlich, ist die Auffassung, die Atomisierung der Gesellschaft im Nationalsozialismus habe zu einem «Rückzug» in die «Privatsphäre» geführt, der sich in einer anhaltenden Entpolitisierung der Volkskultur geäußert und einen Teil der Grundlage für die Konsum- und Leistungsgesellschaft der «Wirtschaftswunderzeit» gebildet habe.[59]

Wie sehr man das mit Begriffen wie «Modernität» oder «Modernisierung» in Verbindung bringen oder durch sie erklären kann, scheint umstritten. So, wie der Begriff herkömmlicherweise im soziologischen und geschichtswissenschaftlichen Schrifttum gebraucht wird, meint «Modernisierung» eine langfristige Umwälzung, die sich über Jahrhunderte erstreckt und die «traditionelle» Gesellschaft, die auf agrarischer und handwerklicher Produktion, persönlichen Abhängigkeitsverhältnissen, örtlicher Bindung, ländlichen Kulturen, starren gesellschaftlichen Hierarchien und religiös geprägten Weltanschauungen gründet, in eine industrielle Klassengesellschaft mit hochentwickelten industriellen Technologien, säkularisierten Kulturen, «rationalen» bürokratisch-unpersönlichen gesellschaftspolitischen Ordnungssyste-

---

58 Peukert, *Volksgenossen* (Kapitel 2 Anmerkung 45), S. 136 und 140.
59 Peukert, *Volksgenossen*, S. 230, 280–288, 294. Diese These wird durch die Ergebnisse eines im Ruhrgebiet durchgeführten größeren «oral history»-Projekts gestützt: siehe Lutz Niethammer (Hg.), «*Die Jahre weiß man nicht, wo man die heute hinsetzen soll*». Faschismuserfahrungen im Ruhrgebiet (Berlin und Bonn 1983) und «*Hinterher merkt man, daß es richtig war, daß es schiefgegangen ist*». Nachkriegserfahrungen im Ruhrgebiet (Berlin und Bonn 1983).

men und politischen Massenpartizipationssystemen verwandelt. Bei der Erklärung langfristiger geschichtlicher Veränderungen kommt man ohne irgendeine Form von angewandter Modernisierungstheorie offenbar nicht aus. Aber in einem solchen Prozeß macht die Nazizeit nur einen winzigen Augenblick aus. Und wenn auch die «traditionellen» Wertesysteme und Gesellschaftsstrukturen gegenüber industrialisierungsbedingten Veränderungen in Deutschland in gewisser Hinsicht resistenter waren als zum Beispiel in Großbritannien, so kann man ihre «Traditionalität» doch auch übertreiben und die Antimodernisierung als Erklärung für das Geheimnis der Anziehungskraft des Nationalsozialismus leicht viel zu sehr betonen. Im Gegenteil: Obwohl der Nationalsozialismus nicht zu übersehende archaische und atavistische Elemente enthielt, dienten diese oft als propagandistische Symbole oder ideologische Tarnung für völlig «moderne» Arten der Anziehungskraft, welche soziale Mobilität, gesellschaftliche Chancengleichheit, bei der der Erfolg von Verdienst und Leistung abhängig war, und neue Möglichkeiten, zu Wohlstand zu gelangen, dadurch zu erreichen versprachen, daß das Junge und Dynamische auf Kosten des Alten, Sterilen, Starren und Morschen die Führung übernahm.[60] Zwar ist diese sozialdarwinistische Aufforderung zur reinen «Leistungsgesellschaft» in ihrer Art und Form besonders brutal und extrem, dennoch gibt es dazu Parallelen in anderen Ländern mit einer entwickelten kapitalistischen Wirtschaft. Für eine Beurteilung der kurzen Ära der Diktatur selbst bietet der Modernisierungsbegriff keine Hilfe.[61] Was sich an Ver-

60 Siehe Broszat, «Zur Struktur der NS-Massenbewegung» (Kapitel 2 Anmerkung 53).
61 Aus einem anderen Blickwinkel äußern sich Michael Burleigh und Wolfgang Wippermann in ihrer wertvollen Studie *The Racial State* höchst kritisch über Modernisierungsansätze (S. 2). Die Autoren halten sie im Hinblick auf das Dritte Reich selbst in heuristischer Hinsicht für wertlos (S. 307) – was aber wohl zu weit gehen dürfte. Dennoch «zählen sie die Frage der Modernität oder Antimodernität des Dritten Reiches zu den entscheidensten Problemen, vor die sich die Geschichtsforschung gestellt sieht» (S. 1), auch wenn sie selbst darauf nur eine begrenzte Antwort geben können, weil es ihnen an einer klaren Definition der Begriffe «Modernität» und «Antimodernität» fehlt. Kern ihres Arguments – für das meiner Ansicht nach trotzdem einiges spricht – ist, die nationalsozialistische Rassen- und Sozialpolitik «als unteilbares Ganzes» zu betrachten. Sie seien «nur verschiedene Seiten derselben Medaille» und gleichzeitig «modern und zutiefst antimodern» (S. 4). Bei der nationalsozialistischen Rassenpolitik handele es sich daher um «eine beispiellose Form des Fortschritts in die Barbarei» (Klappentext). In diesem Zusammenhang bleiben jedoch berechtigte und wichtige Fragen offen, bei denen sich das «Modernisierungs-

änderungen ereignete, geschah im Rahmen einer für die damalige Zeit bereits hochentwickelten kapitalistischen Gesellschaft. Und während manche Handlungen der Nazis archaisch anmuteten, waren doch mehr Maßnahmen (in einem neutralen Sinne) «fortschrittlich» oder «modern» – wenn sie sich dabei auf eine Art auch kaum von den Maßnahmen anderer damals fortgeschrittener kapitalistischer Staaten unterschieden. Doch genausowenig ist die hypothetische Frage gänzlich fehl am Platze: Vieles von dem, was heutzutage oft als vom Nationalsozialismus bewirkter Modernisierungsschub bezeichnet wird, hätte sich durch das Wesen der deutschen Wirtschaft bedingt zweifellos unter jeder Regierungsform abgespielt.

Wir kehren daher zu dem zurück, was bei der Frage, inwiefern der Nationalsozialismus einen sozialen Wandel herbeiführte, der entscheidende Punkt zu sein scheint: das von sich aus alles verschlingende, zerstörerische Wesen des Systems. In seinem Streben nach immer irrationaleren Zielen war der Nationalsozialismus eine parasitäre Wucherung auf der alten Gesellschaftsordnung – weder willens noch in der Lage, Stabilität zu schaffen. Indem die Nazis der Aufrüstung, dem Krieg und der Expansion – also Zielen, die von Deutschlands herrschenden Klassen aktiv unterstützt wurden – absolute Priorität zuwiesen, erzeugten sie eine gewaltige zerstörerische Strömung, die die Repräsentanten der bestehenden Gesellschaftsordnung zuerst bedrohte und dann unvermeidlich mit sich riß. So brachte die destruktive Dynamik des Nationalsozialismus gleichzeitig mit dem gewaltsamen Ende des NS-Regimes die Pfeiler der alten Gesellschaftsordnung zum Einstürzen und bahnte den Weg für eine drastisch revidierte kapitalistische Staatsform im Westen und eine echte Sozialrevolution im Osten. Wenn auch die – in Westdeutschland nach dem Krieg sehr beliebte – Vorstellung von einer «Stunde Null», die in der Niederlage von 1945 angeb-

---

problem» kaum umgehen läßt – etwa, ob Deutschland damals eine besondere Form von «Modernisierungskrise» durchmachte oder aber, wie Detlev Peukert in *Die Weimarer Republik* (Frankfurt am Main 1987) meinte, eine einzigartige, traumatische «Krise der klassischen Moderne». Ebensowenig sind dadurch, daß das Streben nach «Rassenreinheit» als wesentliches Merkmal des Nationalsozialismus korrekt hervorgehoben wird, andere Analyseperspektiven, bei denen es um Modernisierungsfragen geht, von vornherein ausgeschlossen – etwa solche, die den (unbeabsichtigten) Beitrag des Nationalsozialismus zu Deutschlands langfristiger Modernisierung und das – wenn auch noch so wenig intendierte – Erbe des Dritten Reichs für seine deutschen Nachfolgerstaaten in den Mittelpunkt stellen.

lich einen vollständigen Bruch mit Deutschlands Vergangenheit anzeigte, eine Fiktion ist, die die vielen Kontinuitätslinien in den sozioökonomischen Strukturen, den Institutionen und der Mentalität verdecken soll, so ist dennoch wahr, daß das Ende der deutschen Aristokratie, der Bankrott der alten Heeresleitung und ihrer preußisch-deutschen Ideale, der endlose Flüchtlingsstrom aus dem Osten, die Teilung Deutschlands, die sozialen Anforderungen des Wiederaufbaus sowie die «Umerziehungspolitik» der Alliierten eine Zäsur bedeuteten, neben der die sozialen Veränderungen aus der Zeit des Dritten Reiches zur Belanglosigkeit verblassen.

8 «Widerstand ohne das Volk»?

Wer den deutschen Widerstand im Dritten Reich beurteilen will, muß sich mit Problemen auseinandersetzen, die für das geschichtliche Verständnis des nationalsozialistischen Phänomens von zentraler Bedeutung sind. Laut einer führenden Autorität auf diesem Gebiet ist «das Verhältnis von Nationalsozialismus und Widerstand [...] ein Schlüssel zum Verständnis des NS-Systems».[1] Dennoch können sich die Historiker fast 50 Jahre nach jenem 20. Juli 1944, an dem unter Hitlers Tisch eine Bombe explodierte, und obwohl die wissenschaftliche Literatur zum Thema inzwischen Tausende von Arbeiten umfaßt, immer noch nicht darauf einigen, wie man «Widerstand» definieren soll. Übereinstimmung herrscht noch nicht einmal darüber, ob eine präzise Definition von «Widerstand» überhaupt wünschenswert ist.[2]

Warum der Begriff «Widerstand» so komplex ist, wird im folgenden untersucht. Zunächst kann jedoch schon einmal die Debatte selbst in

---

1 Peter Hoffmann, *German Resistance to Hitler*, Cambridge Mass. 1988, S. 3. Seine größere Studie *Widerstand, Staatsstreich, Attentat* (München, 4. Aufl. 1985) gilt als analytisches Standardwerk. Eine breitgefächerte englische Untersuchung neueren Datums ist Michael Balfours *Withstanding Hitler in Germany 1933–45* (London 1988).
2 Vgl. Peter Steinbach und Hans Mommsen in Jürgen Schmädeke und Peter Steinbach (Hg.), *Der Widerstand gegen den Nationalsozialismus* (München u. Zürich 1985), S. 1122 (im folgenden als «Schmädeke» zitiert). Dieser Band bietet die bislang beste und umfassendste Bestandsaufnahme zum deutschen Widerstand. Weitere hilfreiche Sammelbände wurden herausgegeben von Klaus-Jürgen Müller (siehe unten Anmerkung 11), Richard Löwenthal und Patrik von zur Mühlen (Anm. 76), Christoph Kleßmann und Falk Pingel (Anm. 80) sowie von Hermann Graml *(Widerstand im Dritten Reich. Probleme, Ereignisse, Gestalten*, Frankfurt a. M. 1984). Einen englischen Sammelband zum Thema haben Francis Nicosia und Lawrence Stokes herausgegeben (Anm. 62). Einen extensiven Überblick über relevante Publikationen der Jahre 1979 bis 1984 liefert Gerd R. Ueberschär in seinem Beitrag «Gegner des Nationalsozialismus», *Militärgeschichtliche Mitteilungen* 35 (1984), S. 141–197.

groben Zügen skizziert werden. In dem Maße, wie die Historiker den Blick ein wenig von der Verschwörung des 20. Juli ab- und den bescheideneren Aktionen der einfachen Deutschen zuwandten – die, so gut sie konnten, mit vielfältigen Widerstandsformen auf die Herausforderungen des NS-Systems reagierten –, schien der Widerstandsbegriff einer Neuformulierung zu bedürfen. Und angesichts revidierter Definitionen trat an die Stelle der These vom fehlenden breiten Rückhalt für den Widerstand und vom «Widerstand ohne das Volk»[3] wenn nicht die Gegenthese vom «Volkswiderstand»[4], so doch die Bereitschaft zu akzeptieren, daß sich in allen Teilen der deutschen Gesellschaft nachweislich verschiedene Formen von «Widerstand» manifestiert haben.

Was für die Zeit des Nationalsozialismus in Deutschland selbst unter «Widerstand» genau zu verstehen ist, läßt sich weniger leicht definieren als der Widerstand in den von Deutschland im Krieg besetzten Ländern, wo dieser Begriff alle Versuche meint, sich den Invasoren und Besatzern entgegenzustellen und auf die Befreiung hinzuarbeiten. Ein Widerstand des deutschen Volkes gegen den eigenen Staat, noch dazu in den sechs Kriegsjahren, wirft ganz andere Analyseprobleme auf.[5] Bei diesem Thema werden die politischen Untertöne, die methodischen Unterschiede und vor allem die moralischen Dimensionen deutlich, mit denen man als Historiker bei der Beschäftigung mit den Problemen des Nationalsozialismus konfrontiert ist.

Zwar haben auch zahlreiche nichtdeutsche Forscher viel zum tieferen Problemverständnis beigetragen, doch ist die Geschichtsschreibung zum Thema «Widerstand gegen Hitler» grundlegend durch den in Deutschland selbst unter mehrfach geänderten Vorzeichen unternommenen Versuch geprägt, mit dem Erbe der nationalsozialistischen Vergangenheit fertig zu werden. Wer nie erlebt hat, was es heißt, unter einer terroristischen Diktatur zu leben, kann sich dem Problem des deutschen Widerstands gegen Hitler nur mit Bescheidenheit und Hoch-

---

3 Als erster scheint Hans Mommsen diesen Begriff verwendet zu haben, und zwar in seinem Aufsatz «Gesellschaftsbild und Verfassungspläne des deutschen Widerstandes», in Walter Schmitthenner und Hans Buchheim (Hg.), *Der deutsche Widerstand gegen Hitler* (Köln u. Berlin 1966), S. 75 f.
4 Gegen die Bezeichnung «Volkswiderstand» verwahrt sich Theo Pirker in Schmädeke, S. 1141.
5 Siehe dazu die Bemerkungen von Hans Rothfels, *The German Opposition to Hitler* (Hinsdale/Illinois 1948, Neuauflage London 1961), S. 8 (dt.: *Die deutsche Opposition gegen Hitler. Eine Würdigung* [Krefeld 1949]).

achtung vor jenen Menschen nähern, die sich, auf welche Weise auch immer, gegen Unterdrückung und Unmenschlichkeit zur Wehr gesetzt haben. Dies darf den Historiker jedoch nicht von der Aufgabe einer rationalen und kritischen Bestandsaufnahme und Beurteilung der Opposition gegen den Nationalsozialismus abhalten – solange er dabei die historischen Umstände, die handlungsbestimmenden Faktoren sowie die «Kunst des Möglichen» im Auge behält und nicht versucht, aufgrund ahistorischer moralischer Ideale ein Urteil zu fällen.

Überlebenden Opfern, die im Nationalsozialismus wegen ihrer mutigen Haltung gelitten haben, mögen die kühlen Betrachtungen von Historikern, die die Motive und Verhaltensweisen der Gegner der Naziherrschaft zu abstrahieren und begrifflich zu fassen versuchen, auf schmerzliche Weise distanziert und fern erscheinen.[6] Ein besseres historisches Verständnis des Widerstands läßt sich aber nicht dadurch erreichen, daß man «Widerstandskämpfer» zu Denkmalshelden stilisiert, sondern nur indem man sie ehrlich im geschichtlichen Kontext betrachtet und ihre Handlungen in all ihrer Fehlbarkeit im größeren Rahmen der Beziehungen zwischen NS-Regime und deutscher Gesellschaft zu verstehen versucht. Insofern gilt es, neben dem Widerstand auch Kollaboration und Konformismus im NS-System zu untersuchen; denn die Grenzen zwischen Konflikt und Konsens waren selbst für jene Menschen fließend und fluktuierend, die schließlich zu grundlegenden Regimegegnern wurden und bereit waren, dafür mit ihrem Leben zu zahlen.

Interpretationen

In beiden Teilen des geteilten Nachkriegsdeutschlands spielte die Geschichte des Widerstands gegen die Naziherrschaft für das öffentliche Selbstverständnis der neuen Staaten und den Versuch, das politische Bewußtsein und die Wertvorstellungen der Bevölkerung zu prägen, eine zentrale Rolle – wenn auch auf sehr unterschiedliche Art und Weise.

Deutlicher als im Klappentext eines weitverbreiteten DDR-Lehrbuchs zum Widerstand ließe sich kaum darstellen, welche unverhohlen

---

6 Siehe Schmädeke, S. XVIII (Vorwort von Wolfgang Treue) sowie S. 1155 (Diskussionsbeitrag von Frau Meyer-Krahmer, der Tochter Carl Goerdelers).

politische Funktion die Interpretation hatte, die in der Deutschen Demokratischen Republik vom Anfang bis zum Ende tonangebend war: «Die deutsche antifaschistische Widerstandsbewegung, besonders die KPD und die mit ihr verbündeten Kräfte, verkörperte die progressive Linie deutscher Politik. Die konsequenteste politische Kraft dieser Bewegung, die KPD, führte vom ersten Tage der faschistischen Diktatur an organisiert und zentral geleitet den Kampf gegen Imperialismus und Kriegsvorbereitung, in dem sie von der Kommunistischen Internationale und den anderen Bruderparteien unterstützt wurde und in den sie immer neue Bundesgenossen einzubeziehen suchte. Das von der KPD mit Hilfe der Kommunistischen Internationale erarbeitete antifaschistische, demokratische Programm stellte eine echte Alternative zu faschistischer Barbarei und Krieg dar. [...] Ausdruck des Sieges der entschiedenen Antifaschisten nach der Zerschlagung des Faschismus durch die Sowjetunion und die anderen Staaten der Antihitlerkoalition und der Niederlage des deutschen Imperialismus ist die Existenz der DDR, in der das Vermächtnis der Besten des deutschen Volkes, die im antifaschistischen Kampf ihr Leben einsetzten, verwirklicht wurde.»[7]

Wie aus diesen Zeilen hervorgeht, stützte die DDR als Staat – und die SED als Nachfolgepartei der KPD – ihren Legitimitätsanspruch auf das Erbe des kommunistischen antifaschistischen Widerstands. Sobald aber Geschichtsschreibung dazu verurteilt ist, so offenkundig im Dienste des Staates zu stehen, ist sie zwangsläufig mit verheerenden Fehlern behaftet.[8]

Wenn diese Interpretation mit der Zeit auch nuancierter und differenzierter wurde, so bedeutete die nahezu ausschließliche Betonung des heldenhaften Widerstands der KPD doch, daß die Bedeutung aller anderen Oppositionsformen bewußt heruntergespielt wurde.[9] Der sozial-

---

7 Klaus Mammach, *Die deutsche antifaschistische Widerstandsbewegung 1933–1939* (Berlin/DDR 1974). Ähnliche Äußerungen Mammachs finden sich in seinem Beitrag «Zum antifaschistischen Kampf der KPD» in Dietrich Eichholtz und Kurt Gossweiler (Hg.), *Faschismusforschung. Positionen, Probleme, Polemik* (Berlin/DDR 1980), S. 323–354, hier S. 353f.
8 Einen zusammenfassenden Überblick über die Widerstandshistoriographie in der DDR bietet Andreas Dorpalen, *German History in Marxist Perspective. The East German Approach* (Detroit 1985), S. 418–428.
9 Stellvertretend für viele andere sei als Beispiel für eine informative, aber einseitige und ideologisch tendenziöse Darstellung regionalen Widerstands der Band *Der antifaschistische Widerstandskampf unter Führung der KPD in Mecklenburg 1933 bis*

demokratische Widerstand wurde nur kurz, schematisch und kritisch abgehandelt und die Opposition der christlichen Kirchen sowie der nationalkonservativen und Elitegruppen größtenteils ignoriert oder aber in negativem Licht dargestellt.

Bestimmte Angehörige des «bürgerlichen» Widerstands – wie etwa Claus Graf Schenk von Stauffenberg, Adam von Trott zu Solz, die Münchner Studentengruppe der «Weißen Rose» und einzelne Katholiken und Protestanten – wurden positiver beurteilt: Sie galten im Hinblick auf ihre soziale Klassenzugehörigkeit und ihre Stellung als relativ «progressiv» und wurden als Teil einer «Volksfront» gegen das Hitlerregime betrachtet. Dies änderte jedoch nichts am Grundtenor der DDR-Geschichtsschreibung zum Widerstand im Nationalsozialismus. Trotz aller wissenschaftlichen Bemühungen, den Mut und die Tapferkeit einfacher kommunistischer Arbeiter bekanntzumachen (die für ihre Regimegegnerschaft schwerer leiden mußten als jede andere politische Gruppierung), blieb die Widerstandshistoriographie in der DDR insgesamt einem eingeschränkten Blickwinkel, einem unfruchtbaren Ansatz und einer irreführend monolithischen Interpretation verhaftet.

In Westdeutschland kommt die Geschichtsschreibung zum Widerstand im Dritten Reich weniger monolithisch daher. Ihre wesentlichen Schwerpunkte, wissenschaftlichen Ansätze und Interpretationen haben sich – meistens parallel zum Wandel des politischen, kulturellen und intellektuellen Klimas der Bundesrepublik – seit 1945 mehrfach beträchtlich verschoben und geändert. Dennoch ist nicht zu übersehen, daß der Widerstand gegen Hitler – wenn auch nicht so offenkundig wie in der DDR – eine politische Funktion als Legitimationsbasis für die Bundesrepublik erfüllt. Ganz besonders war dies in der Konsolidierungsphase des westdeutschen Staates und im Kontext des Kalten Krieges der Fall, als die Geschichtsschreibung in der Bundesrepublik beinahe zum genauen Spiegelbild der DDR-Historiographie wurde.

Wie kaum anders zu erwarten, dienten die ersten der in Deutschland zum Widerstand im Dritten Reich veröffentlichten Arbeiten (einschließlich der Memoiren von Personen, die mit der Verschwörung

---

1945 genannt, herausgegeben von der Bezirkskommission zur Erforschung der Geschichte der örtlichen Arbeiterbewegung bei den Bezirksleitungen Rostock, Schwerin und Neubrandenburg der Sozialistischen Einheitspartei Deutschlands (Rostock 1970).

vom 20. Juli zu tun gehabt hatten)¹⁰ dazu, den kruden Vorstellungen der siegreichen Alliierten von der «kollektiven Schuld» der Deutschen etwas Positives entgegenzusetzen. Erklärtes Ziel dieser Publikationen war es, sowohl gegenüber dem eigenen Volk als auch gegenüber dessen ehemaligen Feinden die Existenz des «anderen Deutschlands» zu betonen und zu zeigen, daß die aktiven Gegner des Nationalsozialismus als Patrioten und nicht als Verräter gehandelt hatten.¹¹ Naheliegenderweise stellten diese frühen Veröffentlichungen die Stauffenberg-Verschwörung in den Mittelpunkt und betonten dadurch bereits den konservativen Widerstand aus den Reihen der Eliten, des Bürgertums und des Militärs. Doch wurden auch in dieser Phase andere Widerstandsformen – etwa die der Kirchen, die der sozialistischen und selbst die der kommunistischen Linken – nicht völlig übergangen.¹²

Mit Beginn des Kalten Krieges und der Besiegelung der deutschen Teilung änderte sich der Ton der westdeutschen Widerstandshistoriographie. Das «Totalitarismus»-Konzept, das den Nationalsozialismus und den Kommunismus als zwei verschiedene Manifestationen des gleichen Übels zusammenfaßte und im Kampf der «westlichen Demokratien» gegen die «sowjetische Bedrohung» das wichtigste politische Ziel sah, führte dazu, daß die bisherige Anerkennung des kommunistischen Widerstands verschwand. Jetzt erschien der Widerstand im Dritten Reich als schimmernder Hoffnungsstrahl der Freiheit und Demokratie in der Finsternis eines totalitären Staates. Als legitim galt Widerstand nur, wenn er unter den extremen Bedingungen einer Tyrannei die Wiederherstellung der ursprünglichen Rechtsordnung zum Ziel hatte; ein revolutionäres Infragestellen der Gesellschaftsordnung war mit dieser Vorstellung nicht zu vereinbaren.¹³ In dem so gezeichneten Bild hatte der kommunistische Widerstand keinen Platz, und der sozial-

---

10 Zum Beispiel Fabian von Schlabrendorff, *Offiziere gegen Hitler* (Zürich 1946), Hans Bernd Gisevius, *Bis zum bitteren Ende* (Zürich 1946) und Ulrich von Hassell, *Vom anderen Deutschland* (Zürich u. Freiburg i. Br. 1946).
11 Siehe Klaus-Jürgen Müller und Hans Mommsen, «Der deutsche Widerstand gegen das NS-Regime. Zur Historiographie des Widerstands», in Klaus-Jürgen Müller (Hg.), *Der deutsche Widerstand 1933–1945* (Paderborn 1986), S. 13, 221 Anm. 6.
12 Siehe Müller/Mommsen, S. 13, sowie Günter Plum, «Widerstand und Resistenz», in Martin Broszat und Horst Möller (Hg.), *Das Dritte Reich. Herrschaftsstruktur und Geschichte* (München 1983), S. 250.
13 Siehe Plum, S. 251 f.

demokratische wurde nur am Rande behandelt. Widerstand begriff man demnach im wesentlichen als bürgerlich, christlich und individuell. Er basierte auf der moralisch-ethischen Entscheidung des einzelnen, angesichts der Tyrannei die freiheitlichen und demokratischen Werte ungeachtet aller persönlichen Nachteile hochzuhalten. Eine klassische Studie dieser Art ist Gerhard Ritters Biographie über Carl Goerdeler.[14] Es ist nur natürlich, daß eine solche Betonung zu einer «Heroisierung» und «Monumentalisierung» des Widerstands[15] führte und den konservativen Widerstand gegen Hitler direkt in den Dienst der Adenauerschen Bundesrepublik stellte.

In der Widerstandshistoriographie wie auch bei der Behandlung vieler anderer Aspekte des Nationalsozialismus brachten die sechziger Jahre bedeutende Veränderungen mit sich: Man konnte sich nun auf eine solidere Quellenlage stützen; eine jüngere Historikergeneration betrachtete die Motive und Ziele des Widerstands (wie im übrigen auch die Art und Weise, in der das Andenken an den Widerstand im Adenauerschen Deutschland benutzt wurde) mit kritischeren Augen; im Gefolge der «Fischer-Kontroverse» kam es allgemein zu einer kritischeren Annäherung an die jüngste Vergangenheit (nicht nur an das Dritte Reich), wobei nun auch der größere soziale und politische Rahmen berücksichtigt wurde, der die Handlungen und Intentionen der Menschen bedingt hatte; und nicht zuletzt wich der Muff der Adenauer-Zeit nun einer politischen und intellektuellen Rastlosigkeit und zugespitzten ideologischen Auseinandersetzungen, bei denen das nationalsozialistische Erbe häufig im Mittelpunkt stand. In diesem Kontext wurden die Rollen der nichtnationalsozialistischen Eliten und der Linken langsam in einem anderen Licht gesehen.

Einen wichtigen Durchbruch bei der Erforschung des nationalkonservativen Widerstands erzielten Hans Mommsen und Hermann Graml 1966 mit zwei bahnbrechenden Artikeln[16], in denen sie die so-

---

14 Gerhard Ritter, *Carl Goerdeler und die deutsche Widerstandsbewegung* (Stuttgart 1954).
15 Müller/Mommsen, S. 15.
16 Hans Mommsens «Gesellschaftsbild und Verfassungspläne des deutschen Widerstands» und Hermann Gramls «Die außenpolitischen Vorstellungen des deutschen Widerstandes» erschienen zuerst in Schmitthenner und Buchheim (siehe Anm. 3). Im folgenden beziehen sich die Anmerkungen auf die englische Fassung in Hermann Graml u. a., *The German Resistance to Hitler* (London 1970). Neuere Äußerungen Mommsens zum selben Thema finden sich in seinem Beitrag «Verfas-

zialen, konstitutionellen und außenpolitischen Vorstellungen der an der Verschwörung vom 20. Juli beteiligten Gruppen und Einzelpersonen analysierten. Diese beiden Beiträge bedeuteten einen bewußten Schritt weg von der Konzentrierung auf die moralische Motivation des Elite-Widerstands und hin zur kritischen Analyse der politischen Ziele und Zielvorstellungen in ihrer historischen Entwicklung.

Mommsen konnte überzeugend darlegen, daß die liberaldemokratischen Nachkriegsvorstellungen kaum aus den Ideen und Plänen des nationalkonservativen Widerstands hervorgegangen sein können. Die «Männer des 20. Juli» waren demnach nicht von Gedanken beflügelt, wie sie später ins Grundgesetz der Bundesrepublik Deutschland Eingang fanden. Ihre Ideen gingen vielmehr auf die Zeit vor dem Nationalsozialismus zurück, als man in ihren Kreisen nach – wenn auch nicht nationalsozialistischen, so doch ebensowenig liberaldemokratischen – Alternativen zum parlamentarischen System der Weimarer Republik suchte.[17] Auffallend ist, daß sich von den führenden Köpfen der Weimarer Zeit im Dritten Reich kaum einer am Widerstand beteiligte.[18] Durch die verhängnisvolle Erfahrung mit dem Nationalsozialismus fühlten sich die konservativen Widerstandsgruppen in ihrem Argwohn gegenüber der Massendemokratie bestärkt, da sie im Dritten Reich den logischen Kulminationspunkt des plebiszitären, populistischen und demagogischen Potentials des parteipolitischen Systems sahen. Trotz bedeutender Unterschiede in der Gewichtung vertraten sie im wesentlichen oligarchische und autoritäre politische Vorstellungen, die stark auf korporativistischen und neokonservativen Ideen aus der Weimarer Zeit beruhten und selbstverwaltete Gemeinden, ein beschränktes Wahlrecht und eine Erneuerung der christlichen Familienwerte anstrebten. Der nationalkonservative Widerstand wollte sogar bestimmte nationalsozialistische Vorstellungen – wie die Verwirklichung echter «Volksgemeinschaft» – übernehmen, da er sie für prinzipiell

---

sungs- und Verwaltungsreformpläne der Widerstandsgruppen des 20. Juli 1944» in Schmädeke, S. 570–597.
17 Ausgezeichnete Untersuchungen jüngeren Datums über den nationalkonservativen und militärischen Widerstand sind die Beiträge von Klaus-Jürgen Müller und Manfred Messerschmidt in Müller (Hg.), *Der deutsche Widerstand*, S. 40–59 und 60–78.
18 Mommsen in *The German Resistance to Hitler*, S. 60. Siehe auch seinen Beitrag «Der Widerstand gegen Hitler und die deutsche Gesellschaft» in Schmädeke, S. 9.

«richtig» hielt und nur meinte, sie seien durch die Korruptheit und Inkompetenz der nationalsozialistischen Führer und Funktionäre pervertiert worden.[19] Von den führenden Köpfen des Kreisauer Kreises[20] als wichtiger Ausnahme einmal abgesehen, hatte man in den Reihen des nationalkonservativen Widerstands kein Interesse daran, einen grundlegenden gesellschaftlichen Wandel anzustreben. An der Bedeutung, die einem spezifisch deutschen Kulturerbe selbst innerhalb des Kreisauer Kreises beigemessen wurde, läßt sich ablesen, wie weit die Überlegungen der Gruppe von einer liberalen Demokratie westlicher Prägung entfernt waren.

Wie kaum anders zu erwarten, änderten sich im Laufe des Krieges die außenpolitischen Vorstellungen innerhalb des deutschen Widerstands. Es ist jedoch nicht zu verkennen, daß sich die Ansichten der Nationalkonservativen (in der Gruppe um Ludwig Beck, Carl Goerdeler, Ulrich von Hassell und Johannes Popitz sowie aus den Reihen der «Abwehr» im Kreis um Hans Oster) teilweise mit den expansionistischen Zielen der Nationalsozialisten überschnitten. Die Methoden und Praktiken der Nationalsozialisten lehnten sie zwar ganz und gar ab, traten aber dafür ein, den Großmachtstatus des Deutschen Reiches wiederherzustellen, und setzten dabei Deutschlands Herrschaft über Mittel- und Osteuropa als selbstverständlich voraus. Als sich Hitler Ende 1941/Anfang 1942 auf dem Höhepunkt seiner Macht befand, hielt Carl Goerdeler, der im Falle eines erfolgreichen Staatsstreichs als Reichskanzler vorgesehen war, in 10 bis 20 Jahren einen europäischen Staatenbund unter deutscher Führung für möglich, falls der Krieg beendet und ein «vernünftiges» politisches System wiederhergestellt werden könnte.[21] Mit etwas Geringerem als den Grenzen von 1914 wollte man sich nur ungern zufriedengeben. Von Hassell hoffte, zumindest Rudimente des Bismarckschen Reiches retten zu können.[22] Goerdeler wollte aus Angst vor dem Bolschewismus Polens östliche Grenze von 1938 beibehalten.[23] Als Mitglied des «progressiveren» Kreisauer Krei-

---

19 Siehe Mommsen in Schmädeke, S. 11.
20 Das Standardwerk über den Kreisauer Kreis ist Ger van Roon, *Neuordnung im Widerstand. Der Kreisauer Kreis innerhalb der deutschen Widerstandsbewegung* (München 1967). Siehe auch van Roons Beitrag «Staatsvorstellungen des Kreisauer Kreises» in Schmädeke, S. 560–569.
21 Graml in *The German Resistance to Hitler*, S. 27.
22 Ebd., S. 43.
23 Ebd., S. 45.

ses vertrat selbst Adam von Trott zu Solz die Ansicht, daß Deutschland bei einer Friedensregelung nach dem Kriege Anspruch auf das Sudetenland und Teile Westpreußens habe.[24] Allgemein wurde jedoch im Kreisauer Kreis (zu dessen führenden Köpfen neben Trott Helmuth Graf von Moltke, Paul Graf Yorck von Wartenburg und der Jesuitenpater Alfred Delp gehörten) anerkannt, daß sich beträchtliche territoriale Opfer nicht vermeiden lassen würden.[25] Und als den Nationalkonservativen immer deutlicher wurde, daß sich die Uhr nicht mehr zurückdrehen ließ, gelangten auch sie ab 1942/43 zu der Überzeugung, daß Deutschland in einem zukünftigen Europa eine bescheidenere Rolle spielen würde, als sie ursprünglich gehofft hatten.[26]

Wie Hermann Graml so treffend formuliert hat, waren die führenden Köpfe des Widerstands in ihrem Denken auf das Reich zentriert und nicht von Hitler, sondern von Deutschlands «Kraftentfaltung» so verführt worden, daß sie im Reich für kurze Zeit eine «europäische Führungs- und Ordnungsmacht» sahen.[27]

Mehr als 20 Jahre lang hat sich die westdeutsche Widerstandshistoriographie – neben dem «Kirchenkampf» und dem studentischen Engagement der «Weißen Rose» in München (1942/43) – vorwiegend mit dem Widerstand konservativer und bürgerlicher Elitegruppen und Einzelpersonen befaßt.[28] Im Mittelpunkt aller Analysen stand die Ver-

---

24 Ebd., S. 50.
25 Ebd., S. 52.
26 Ebd., S. 49.
27 Ebd., S. 54. Siehe auch Klaus Hildebrand, «Die ostpolitischen Vorstellungen im deutschen Widerstand», *Geschichte in Wissenschaft und Unterricht* 29 (1978), S. 213–241.
28 Eine der einflußreichsten frühen Veröffentlichungen zum Widerstand innerhalb der katholischen Kirche stammt von Johann Neuhäusler: *Kreuz und Hakenkreuz*, 2 Bde. (München 1946). Den Konflikt der evangelischen Kirche mit dem Regime dokumentiert Heinrich Hermelink (Hg.), *Kirche im Kampf. Dokumente des Widerstands und des Aufbaus in der Evangelischen Kirche Deutschlands von 1933 bis 1945* (Tübingen 1950). Zur «Weißen Rose» erschien als einflußreichste frühe Publikation die Darstellung der überlebenden Schwester von Hans und Sophie Scholl: Inge Scholl, *Die Weiße Rose. Der Widerstand der Münchner Studenten* (Frankfurt a. M. 1952). Wichtige Dokumente bieten inzwischen Anneliese Knoop-Graf und Inge Jens (Hg.), *Willi Graf. Briefe und Aufzeichnungen* (Frankfurt a. M. 1988) und Inge Jens (Hg.), *Hans und Sophie Scholl. Briefe und Aufzeichnungen* (Frankfurt a. M. 1989). Siehe auch Hinrich Siefken (Hg.), *Die Weiße Rose. Student Resistance to National Socialism 1942/1943* (Nottingham 1991).

schwörung vom 20. Juli 1944.[29] Dabei ging man allgemein davon aus, daß in einem totalitären Staat kein Volkswiderstand möglich gewesen sei und es unter Hitler zwangsläufig nur einen «Widerstand ohne das Volk» gegeben habe.

Nach ersten Schritten in den sechziger Jahren kam es zu einer erheblichen Änderung dieser Sichtweise in den siebziger und achtziger Jahren. Dazu trugen unter anderem das gewandelte politische Klima in Westdeutschland (wo die SPD ab 1969 zum erstenmal seit 1930 wieder an der Regierung beteiligt war), die in den Studentendemonstrationen der späten sechziger Jahre zum Ausdruck kommende Protestimmung sowie generationsbedingte Verschiebungen bei. Die Vorstellung vom Dritten Reich als totalitärem «Monolith» hatte jedoch schon in den sechziger Jahren erste Risse bekommen, als in zahlreichen Arbeiten zum Regierungssystem polykratische Strukturen aufgedeckt wurden, die sich nur mit Mühe mit den gröberen Versionen des Totalitarismusmodells vereinbaren ließen. Außerdem machte sich in der Geschichtsschreibung ein wachsendes Interesse an Sozialgeschichte – am Verhalten der nicht zu den Eliten zählenden Bevölkerungsgruppen – bemerkbar. Es spiegelte sich zunächst größtenteils in institutions- und organisationsgeschichtlichen Untersuchungen über die heimliche Widerstandstätigkeit von Arbeitergruppen. Allmählich zeigte sich die Perspektivverschiebung dann in immer subtileren und fundierteren Analysen, die sich mit den Handlungen, Einstellungen und Verhaltensweisen der Masse der einfachen Deutschen beschäftigten.

Indem man von der bisherigen Konzentration auf den Widerstand der sozialen Eliten abrückte, wurde eine revidierte Annäherung an den Widerstand unter Hitler möglich. Allmählich gelangte man zu der Ansicht, daß die Behauptung vom «Widerstand ohne das Volk» so nicht zutraf, und hier und da war nun sogar von einem «Widerstand *durch* das Volk» die Rede.

Bereits 1953 hatte der Schriftsteller Günther Weisenborn versucht, anhand umfänglichen unveröffentlichten Materials aus Polizeiakten «die Widerstandsbewegung des deutschen Volkes 1933–1945» zu rekonstruieren. Weisenborn erklärte, daß als Folge der Konzentration auf die Ereignisse vom 20. Juli 1944 nur wenig über die tatsächliche Größe und Bedeutung einer breiteren Widerstandsbewegung bekannt

---

29 In dieser Hinsicht typisch ist die von Hans Rothfels verfaßte erste allgemeine Analyse des Widerstands (siehe oben Anm. 5).

sei, da diese Tatsachen (aus politischen Gründen, wie er zu verstehen gab) bewußt verschwiegen würden.[30] Bei der ersten Veröffentlichung paßte sein Buch nicht in die herrschende historiographische Strömung und blieb ohne Widerhall. 1974 erschien es dann in einem ganz anderen politischen Klima noch einmal, diesmal bei Röderberg, einem linken Verlag, der damals in seiner «Bibliothek des Widerstands» bereits mehr als zwanzig Bände herausgebracht hatte. Bei diesen handelte es sich überwiegend um von ehemaligen kommunistischen Widerstandskämpfern verfaßte Untersuchungen zum lokalen Arbeiterwiderstand. Sie fügten der Widerstandshistoriographie eine neue Dimension hinzu, auch wenn sich die Bände häufig eher durch politisches Engagement und eine leidenschaftliche moralische Anklage als durch wissenschaftliche Genauigkeit und ein fundiertes geschichtswissenschaftliches Urteil auszeichneten.[31]

Von anderem Format waren hingegen mehrere Untersuchungen, die Ende der sechziger und Anfang der siebziger Jahre unter der Schirmherrschaft der Friedrich-Ebert-Stiftung publiziert wurden und sich eingehend mit der Geschichte des Arbeiterwiderstands in den Ruhrgebietsstädten Dortmund, Essen und Duisburg befaßten.[32] Auch bei anderen lokalen Studien fokussierte man nun die bis dahin kaum erforschten proletarischen Widerstandsaktionen in den Großstädten, so daß sich allmählich ein überzeugendes, differenziertes Bild vom Umfang dieser illegalen Aktivitäten herausschälte.[33]

Manche Veröffentlichungen zum Arbeiterwiderstand waren in erster Linie von großem Respekt und Heldenverehrung geprägt. Doch indem sie die Strapazen des aussichtslos scheinenden täglichen Kamp-

---

30 Günther Weisenborn, *Der lautlose Widerstand. Bericht über die Widerstandsbewegung des deutschen Volkes 1933–1945* (Hamburg 1953, Neuauflage Frankfurt a. M. 1974), S. 8.
31 Einen nützlichen Überblick über diese Bände (und andere Untersuchungen zum Arbeiterwiderstand) bietet Reinhard Mann, «Widerstand gegen den Nationalsozialismus», *Neue politische Literatur* 22 (1977), S. 425–442.
32 Kurt Klotzbach, *Gegen den Nationalsozialismus. Widerstand und Verfolgung in Dortmund 1930–1945* (Hannover 1969), Hans-Josef Steinberg, *Widerstand und Verfolgung in Essen 1933–1945* (Hannover 1969) und Kuno Bludau, *«Gestapo – geheim!» – Widerstand und Verfolgung in Duisburg 1933–1945* (Bonn-Bad Godesberg 1973).
33 Einen ausgezeichneten Überblick und Einschätzung zur Historiographie des Arbeiterwiderstands gibt Detlev Peukert, «Der deutsche Arbeiterwiderstand 1933–1945», in Müller, *Der deutsche Widerstand*, S. 157–181.

fes, die Isoliertheit und Wirkungslosigkeit der Untergrundarbeit, die enormen Risiken, die kaum zu verhindernde Durchsetzung der Widerstandsgruppen mit V-Leuten der Gestapo und die erlittenen Repressalien vor Augen führten, verdeutlichten diese Publikationen den sozialen Rahmen, in dem Angehörige der Arbeiterschicht Widerstand leisteten. – Hier ging es nicht um irgendwelche abgehobenen moralischen und ethischen Erwägungen, die für den gewöhnlichen Sterblichen nicht nachvollziehbar gewesen wären, sondern um eine politische Überzeugung, die von Millionen anderer Menschen geteilt wurde.

Von dieser doch immer noch außergewöhnlichen Minderheit wandte man sich in der Geschichtsschreibung der gewöhnlicheren Gruppe jener Menschen zu, die sich gerade den Aspekten der NS-Herrschaft widersetzten, von denen sie unmittelbar betroffen waren. Der Blickwinkel verlagerte sich vom Widerstand als illegaler Organisationsarbeit zu alltäglicheren, dabei aber auch partielleren Widerstandsformen.

In dieser Ausrichtung der Widerstandshistoriographie zeichnete sich ein allgemeiner Trend der Geschichtswissenschaft ab, der eine «Sozialgeschichte von unten» anstrebte und «Erfahrungsgeschichte» oder – so der schließlich eingebürgerte Name des Genres – «Alltagsgeschichte» schreiben wollte. Durch den alltagsgeschichtlichen Ansatz eröffneten sich neue Fragen zu Art und Umfang des Widerstands im Dritten Reich – nicht zuletzt stellte sich das Problem einer sinnvollen Widerstandsdefinition.[34]

An dieser Entwicklung hatte das Projekt «Widerstand und Verfolgung in Bayern 1933–1945» entscheidenden Anteil, das 1973 vom Münchner Institut für Zeitgeschichte initiiert wurde. Der Widerstandsbegriff wurde dabei nicht nur beträchtlich über das bisher übliche Verständnis hinaus erweitert, sondern auch aus der bis dahin gängigen Verknüpfung mit ethischen Motiven und organisatorischen Rahmenbedingungen gelöst.[35] Statt dessen beschäftigte man sich nun schwerpunktmäßig mit der Einwirkung des NS-Regimes auf sämtliche Bereiche des täglichen Lebens und gelangte so zu einem vielschichtigen Bild der zwischen Herrschenden und Beherrschten zu beobachtenden Konfliktebenen.

Die Widerstandsdefinition, die zu Beginn von den am Projekt betei-

---

34 Zum Potential des «alltagsgeschichtlichen» Ansatzes siehe vor allem Detlev Peukert, *Volksgenossen und Gemeinschaftsfremde* (Köln 1982).
35 Siehe Plum, S. 263 f.

ligten Mitarbeitern des Bayerischen Staatsarchivs verwandt wurde, macht diese erweiterte Perspektive deutlich: «Unter Widerstand wird jedes aktive oder passive Verhalten verstanden, das die Ablehnung des NS-Regimes oder eines Teilbereichs der NS-Ideologie erkennen läßt und mit gewissen Risiken verbunden war.»[36]

In einer ersten, kurz nach Projektbeginn verfaßten und äußerst abstrakten theoretischen Darlegung des Widerstandsbegriffs definierte der – wenig später von Martin Broszat abgelöste – erste Projektleiter, Peter Hüttenberger, Widerstand als «jede Form der Auflehnung im Rahmen asymmetrischer Herrschaftsbeziehungen gegen eine zumindest tendenzielle Gesamtherrschaft».[37] Diese Definition geht von Vorstellungen sich wandelnder Herrschafts- und sozialer Reaktionsmechanismen aus. Sie versteht «Herrschaft» als Ausgleichsprozeß zwischen den Zielen, Interessen und Normen der Herrschenden und der Beherrschten. Nach Hüttenberger liegt «symmetrische» Herrschaft dort vor, wo eine entsprechende Einigung erzielt wird. In einem solchen politischen System – insbesondere in einer Demokratie – gibt es keinen «Widerstand», sondern nur innere, systemimmanente Rivalitäten und Konflikte. Selbst in Fällen, in denen das System zusammenbricht, ist es irreführend, von «Widerstand» zu sprechen. (Nach dieser Definition läßt sich etwa der politische Kampf zwischen NSDAP und KPD in der Weimarer Republik nicht als kommunistischer Widerstand gegen den Nationalsozialismus ansehen, denn den gab es erst mit den veränderten Herrschaftsverhältnissen nach 1933.)[38] Zu eigentlichem Widerstand kann es folglich nur in «asymmetrischen» Herrschaftsverhältnissen kommen, das heißt in Fällen, in denen versucht wird, durch die Errichtung eines absoluten Herrschaftssystems den Einigungs- oder Ausgleichsprozeß des «symmetrischen» Systems zu zerstören.

---

36 Harald Jaeger und Hermann Rumschöttel, «Das Forschungsprojekt ‹Widerstand und Verfolgung in Bayern 1933–1945›», *Archivalische Zeitschrift* 73 (1977), S. 214.
37 Peter Hüttenberger, «Vorüberlegungen zum ‹Widerstandsbegriff›», in Jürgen Kocka (Hg.), *Theorien in der Praxis des Historikers* (Göttingen 1977), S. 126.
38 Im Gegensatz dazu hält Leonidas E. Hill, «Towards a New History of German Resistance to Hitler», *CEH* 14 (1981), S. 369 und 395, den «Widerstand vor 1933» für ein Forschungsdesiderat. Hills Papier war Teil des Symposions «New Perspectives on the German Resistance against National Socialism» (S. 322–399), das sich überwiegend mit dem militärischen und konservativen Widerstand befaßte. Weitere Beiträge kamen von Harold C. Deutsch, Peter Hoffmann, Klemens von Klemperer und Robert O. Paxton.

Widerstand ist insofern Produkt und Reflex des Herrschaftssystems selbst: Die Art der Herrschaft bestimmt die Art des Widerstands. Daraus folgt, daß es um so mehr – und nicht weniger! – Widerstand gibt, je umfassender ein Herrschaftsanspruch ist, denn es ist das Regime, das Handlungen und Verhaltensweisen zu «Widerstand» macht, die das im symmetrischen Herrschaftssystem einer pluralistischen Demokratie gar nicht wären. Wie unschwer zu erkennen ist, wird durch Hüttenbergers Definition das Spektrum dessen, was sich als Widerstand einstufen und beurteilen läßt, enorm erweitert.

Aus diesen Definitionen geht deutlich hervor, daß sich das «Bayern-Projekt» keineswegs ausschließlich mit fundamentaler, prinzipieller und totaler Opposition gegen den Nationalsozialismus beschäftigte, sondern auch alle – aus welchen Motiven auch immer erfolgenden – begrenzten oder partiellen Formen der Ablehnung gegenüber bestimmten Aspekten der NS-Herrschaft zu erfassen suchte. Anstatt sich mit Schwarzweißmalerei zu begnügen, wurde hier der Widerstand in seinen unterschiedlichen Schattierungen nachgezeichnet. Widerstand erschien als Teil jener Alltagswirklichkeit, bei der es darum ging, soweit möglich mit dem Leben unter einem Regime zurechtzukommen, das auf praktisch alle Aspekte des Alltags Einfluß nahm und einen totalen Anspruch an die Gesellschaft stellte. Bei der Verwirklichung dieses Anspruches aber sah sich das Regime mit zahlreichen Hindernissen und Einschränkungen konfrontiert.

Die sechs Bände, die zwischen 1977 und 1983 aus diesem Projekt hervorgingen, sind ein Meilenstein in der Sozialgeschichte des «Dritten Reiches» und der Widerstandshistoriographie.[39] Im Einklang mit dem offenen Ansatz der «Konflikt»-Methode werden in den einzelnen Beiträgen Aspekte unterschiedlicher Reaktionen auf die Naziherrschaft und andere Themen behandelt, die vorher nicht zur Rubrik «Widerstand» gerechnet worden waren. Neben Arbeiten, die sich mit Aktionen organisierter (und stärker als bei früheren Untersuchungen in ihrem sozialen Milieu erfaßter) sozialdemokratischer und kommunistischer Gruppen beschäftigen, finden sich Darstellungen zahlreicher Formen «zivilen Ungehorsams» – etwa wenn Leute den «Hitlergruß» verweigerten und hartnäckig die Kirchen- statt der Hakenkreuzfahne aus dem Fenster hängten oder wenn Bauern Einwände gegen Agrarge-

---

39 Martin Broszat u. a. (Hg.), *Bayern in der NS-Zeit*, 6 Bde. (München u. Wien 1977–1983).

setze erhoben und weiter bei jüdischen Viehhändlern kauften, katholische Priester antikirchliche politische Maßnahmen öffentlich kritisierten oder wenn Deutsche mit sogenannten Fremdarbeitern fraternisierten. Durch die detaillierte Berücksichtigung des sozialen Milieus wurden Motive aufgedeckt, die zwar häufig nicht der «heldenhaften» Vorstellung vom «Widerstandskämpfer» entsprachen, aber von einzelnen Personen ein viel menschlicheres und zugänglicheres Bild ergaben. Hier wurden Menschen gezeigt, die manchmal aus sozialer Abneigung, wirtschaftlicher Not, blindem Protest, manchmal aus Wut über die schlimme Behandlung von Freunden und Familienangehörigen durch Nationalsozialisten oder aus einer religiös-konservativen Haltung heraus handelten, gelegentlich aber auch aus prinzipieller Überzeugung für eine bessere soziale und politische Ordnung oder die «Diktatur des Proletariats» kämpften.[40]

Statt Motive, Intentionen und Ziele in den Mittelpunkt zu stellen, beschäftigte sich das «Bayern-Projekt» mit Widerstand im weitesten Sinne. Das methodische Schwergewicht lag auf den (wenn auch begrenzten) Handlungen selbst und auf deren «Wirkung» im Hinblick auf eine Blockierung oder partielle Behinderung der nationalsozialistischen Durchdringung der Gesellschaft. In Wirklichkeit ging es bei dem Projekt also nicht mehr um Widerstand als bewußtes, grundsätzliches Infragestellen des Regimes, sondern darum, inwieweit konkrete, schon vorher vorhandene Gruppen, Institutionen (wie die Kirchen, die Bürokratie und die Wehrmacht), Subkulturen und Einzelpersonen in bestimmten sozialen Milieus es vermochten, gegenüber dem «totalen Anspruch» des NS-Regimes und seiner Ideologie ein gewisses, relatives Maß an Immunität aufzubieten.

Zusammen mit diesem «funktionalen» statt «intentionalen» Ansatz zur Erfassung gesellschaftlicher Konflikte mit dem Nationalsozialismus führte der Leiter des «Bayern-Projekts», Martin Broszat, einen ganz neuen – und heftig diskutierten – Begriff in die Widerstandshistoriographie und -terminologie ein: «Resistenz».[41] Ähnlich wie «Immu-

---

40 Siehe Plum, S. 270f.
41 Martin Broszat, «Resistenz und Widerstand», in *Bayern in der NS-Zeit*, Bd. 4, S. 691–709, wieder abgedruckt in Martin Broszat, *Nach Hitler* (München 1986), S. 68–91. Von vielen Seiten ist bereits auf die Hindernisse hingewiesen worden, die einer Verwendung des Begriffs «Resistenz» außerhalb des deutschen Sprachraums entgegenstehen, weil eine Übersetzung in nicht wenigen Sprachen aufgrund der Verwechselbarkeit mit dem entsprechenden Wort für Widerstand auf Schwierigkeiten

nität» in der Medizin oder «Resistenz» in der Physik faßte Broszat das Wort als einen strukturellen, moralisch neutralen Begriff auf, mit dessen Hilfe die tatsächliche Wirkung von Handlungen erforscht werden sollte, durch die die nationalsozialistische Durchdringung der Gesellschaft eingedämmt und der totale Herrschafts- und Machtanspruch des Regimes abgewehrt worden waren.[42] «In jedem politisch-gesellschaftlichen System», so erklärte er, «noch mehr unter einer politischen Herrschaft wie der des NS, zählt politisch und historisch vor allem, was *getan* und was *bewirkt*, weniger das, was nur *gewollt* oder *beabsichtigt* war.»[43]

Broszat unterschied «Resistenz» von «Widerstand»: Der Widerstandsbegriff verschleiere häufig die tatsächliche soziale und politische Wirkung, Auswirkung und Folge von Handlungen durch eine zu starke Konzentration auf subjektive Motive, Organisationen und den moralisch-ethischen Handlungsrahmen. Der verhaltensbezogene Resistenzbegriff erlaube hingegen, auch Formen partiellen Opponierens (die mit partieller Zustimmung zum Regime einhergingen) innerhalb des größeren Widerstandsrahmens zu erfassen, anstatt, wie bislang üblich, jeden nicht fundamentalen Widerstand gegen das Regime unberücksichtigt zu lassen. Der Resistenzbegriff ermögliche es daher, sowohl die soziale Basis des Konfliktes mit dem Regime tiefer zu verstehen als auch die grundlegenden Übereinstimmungen mit Aspekten der NS-Herrschaft nuancierter zu erklären.

Für die Erforschung der Verhaltensweisen des einfachen Volkes im Nationalsozialismus war diese Schwerpunktverschiebung ungeheuer fruchtbar. Dennoch führten sowohl der Resistenzbegriff selbst als auch die Frage, ob sich mit Hilfe des neuen Ansatzes das Problem des Widerstands gegen das NS-Regime angemessen bewältigen lasse, zu kontroversen Diskussionen.[44] Die schärfste Kritik wurde dabei von dem Schweizer Historiker Walter Hofer formuliert: «Der Begriff der Resi-

---

stößt. Eine wertvolle Einschätzung des Beitrags, den Broszat zur Erforschung des deutschen Widerstands geleistet hat, findet sich in Hans Mommsens «Widerstand und Dissens im Dritten Reich» in Klaus-Dietmar Henke und Claudio Natoli (Hg.), *Mit dem Pathos der Nüchternheit* (Frankfurt a. M. 1991), S. 107–118.
42 *Bayern in der NS-Zeit*, Bd. 1, S. 11 und Bd. 4, S. 697 ff.
43 *Bayern in der NS-Zeit*, Bd. 4, S. 698.
44 Selbst die am «Bayern-Projekt» beteiligten Forscher empfanden den Begriff «Resistenz» als schwierig und äußerten entsprechende Bedenken. Siehe Plum, S. 264 f.

stenz [führt] zu einer Nivellierung von grundsätzlichem Widerstand gegen das System einerseits und Aktionen, die mehr oder weniger zufällige, äußerliche Erscheinungsformen kritisieren, andererseits: Der Tyrannenmörder erscheint auf derselben Stufe wie der Schwarzschlächter.» Des weiteren wandte sich Hofer gegen die Tendenz, Interpretationen, die die «sittliche Qualität» und den «politischen Gehalt» von Widerstandshandlungen betonen, als «moralisierende Geschichtsbetrachtung» abzuqualifizieren.

Die behauptete «monumentalistische Erstarrung» des Forschungsthemas war für ihn nicht zu erkennen, und er meinte, wer «moralischpolitische Urteile» aus der Widerstandsdebatte ausklammere, falle einem falschen Objektivitätsverständnis zum Opfer. Seiner Ansicht nach sei es ohnehin wenig sinnvoll, von einer «verhaltensgeschichtlich» ausgerichteten Forschung nun zu einer «wirkungsgeschichtlichen» überzugehen, da offensichtlich sei, «daß die unter dem neuen Begriff der Resistenz subsumierten oppositionellen Haltungen gerade wenig oder überhaupt keine für das herrschende totalitäre Regime irgendwie relevante Wirkung erzeugt haben».[45]

An den Reaktionen auf Hofers Ausführungen wird deutlich, welche Schwierigkeiten sich bei jeder Art von Widerstandsbegriff ergeben und wie sehr die Meinungen und Interpretationen führender Experten auseinandergehen können. Hofers Position wurde von Marlis Steinert unterstützt, die den Resistenzbegriff als zu weitgefaßt erachtete, da sich darunter auch «stumme Hinnahme, Resignation, Apathie» und sogar «Integration in das Regime» subsumieren lasse. Von Klaus-Jürgen Müller wurde weiter argumentiert, daß der Widerstandsbegriff den «Willen zur Überwindung des Systems» beinhalten müsse (auch wenn damit immer noch nichts Eindeutiges über Art und Umfang der von einem solchen «Willen» ausgehenden Handlungen ge-

---

45 Schmädeke, S. 1121 f. Auf der Suche nach definitorischer Klarheit argumentierte Hofer (S. 1120 f), der Begriff «Resistenz» schließe wenigstens partielle Kollaboration mit ein und meine insofern das Gegenteil von «resistance/résistance/resistenza» oder werde zumindest in der internationalen Forschung Verwirrung stiften. Von anderer Seite wurde angemerkt, daß dieser Terminus selbst in der Medizin ambivalent sei und dort auch bedeuten könne, daß ein Patient gegen ein Medikament resistent ist, das ihm anderenfalls Heilung bringen könnte. Und vielleicht noch überzeugender war der Hinweis darauf, daß es bei diesem Begriff im wesentlichen um etwas *Passives* geht, während «Widerstand» etwas *Aktives* beinhaltet. Siehe Plum, S. 264 f.

sagt ist und unerläutert bleibt, wie umfassend ein solcher «Wille» sein muß).⁴⁶

Hein Boberach und Manfred Messerschmidt definierten in ihrer Entgegnung «Widerstand» aus der Sicht der nationalsozialistischen Machthaber.⁴⁷ Diese Interpretation (die sich mit Hüttenbergers theoretischem Ansatz von der «asymmetrischen Herrschaft» trifft) hat in der Tat viel für sich. Bei ihrem totalen Anspruch an die Gesellschaft waren die Nationalsozialisten nicht bereit, den Bürgern institutionelle oder organisatorische Freiräume zu lassen, die keiner nationalsozialistischen Kontrolle unterlegen hätten. Auch wenn dieser Anspruch nicht ganz verwirklicht wurde, kann es keinen Zweifel daran geben, daß die Nationalsozialisten die Absicht hatten, alle Aspekte der Gesellschaft unter ihre Kontrolle zu bekommen. So wurden viele Verhaltensformen, die in einer liberalen Demokratie nicht weiter aufgefallen oder als harmlos angesehen worden wären –, etwa Jugendgruppen, die sich nach westlichen Modevorstellungen kleideten und Swingmusik hörten oder auf Jazzkonzerte gingen –, im nationalsozialistischen Polizeistaat als Bedrohung des Systems eingestuft und dementsprechend politisiert und kriminalisiert.⁴⁸

Andere Historiker, wie Peter Steinbach und Hans Mommsen, warnten davor, eine starre Definition zu verwenden, da man damit weder die ganze Bandbreite der «Widerstandspraxis» noch die «Rekrutierungsbedingungen» oder die unterschiedlichen Herausforderungen erfassen könne, mit denen der einzelne konfrontiert war. Außerdem bleibe der Umstand unberücksichtigt, daß «Widerstand» nicht als etwas Statisches oder Absolutes zu begreifen sei, sondern als ein sich im Laufe der Zeit steigernder «Prozeß».⁴⁹ «Widerstand als Prozeß» meint, daß viele Menschen, die letztlich absoluten Widerstand leisteten

---

46 Schmädeke, S. 1122.
47 Ebd.
48 Siehe Detlev Peukert, *Die Edelweißpiraten. Protestbewegungen jugendlicher Arbeiter im Dritten Reich* (Köln 1980) sowie die Arbeiten, auf die in Kapitel 7, Anm. 56 schon hingewiesen wurde. Zum Bereich Musik siehe den faszinierenden Beitrag von Michael Kater, «Forbidden Fruit? Jazz in the Third Reich», *American Historical Review* 94 (1989), S. 11–43, sowie *Different Drummers: Jazz in the Culture of Nazi Germany* (Oxford 1992). Viele der geringfügigen Vergehen, die im «Dritten Reich» häufig drakonische Strafen nach sich zogen, analysiert Peter Hüttenberger in «Heimtückefälle vor dem Sondergericht München 1933–1939», *Bayern in der NS-Zeit*, Bd. 4, S. 435–526.
49 Schmädeke, S. 1122f.

(darunter auch ein Großteil der Verschwörer des 20. Juli), zunächst – und oft sogar über einen langen Zeitraum hinweg – vieles am Nationalsozialismus gebilligt hatten und durchaus Teil des Systems gewesen waren.

Carl Goerdeler zum Beispiel, eine der zentralen Widerstandsfiguren, hatte in den ersten Jahren des Dritten Reichs als Hitlers Preiskommissar fungiert, die Rassengesetze befürwortet und im Nationalsozialismus anfangs die beste Möglichkeit gesehen, um Deutschlands Rechte als Nation auf der Basis innerer Geschlossenheit, «völkischer» Prinzipien und moralischer Führung zu sichern. Doch schon 1935 stimmte er mit der wirtschaftspolitischen Entwicklung überhaupt nicht mehr überein und zeigte sich über den Machtmißbrauch der Nationalsozialisten zunehmend enttäuscht. 1937 trat er aus Protest gegen die Entfernung eines Mendelssohn-Denkmals aus der Leipziger Innenstadt vom Amt des Oberbürgermeisters zurück. Aufgrund wachsender Entfremdung und Sorge über die voraussichtlich katastrophalen Folgen der Hitlerschen Außen- und Wirtschaftspolitik wurde er schon bald zu einem völligen Gegner des Regimes und mit Kriegsbeginn zum Dreh- und Angelpunkt des bürgerlichen Widerstands gegen Hitler.[50]

Das Beispiel Goerdeler und die vielen anderen Fälle, in denen Deutsche nur zögerlich den Weg von – zum Teil begeisterter – Mitarbeit zur umfassenden Gegnerschaft gegenüber dem Regime fanden, veranlaßte Hans Mommsen, mit Blick auf die nationalkonservative Verschwörung recht treffend vom «Widerstand der Staatsdiener»[51] zu sprechen, die größtenteils erst allmählich erkannt hätten, daß es zur Rettung des Staates letztlich erforderlich sei, das Staatsoberhaupt zu töten. Selbst unter den Verschwörern, so führte Mommsen weiter aus, seien «die Grenzen zwischen Teilkritik, offener Gegnerschaft und aktivem Wi-

---

50 Siehe Michael Krüger-Charlé, «Carl Goerdelers Versuche der Durchsetzung einer alternativen Politik 1933 bis 1937» in Schmädeke, S. 383–404, sowie Broszat. *Nach Hitler*, S. 170.
51 Schmädeke, S. 9. Zu denen, auf die Mommsens Beschreibung zutrifft, gehörten Ulrich von Hassell (bis 1938 deutscher Botschafter in Rom) und Fritz-Dietlof Graf von der Schulenburg (ein höherer Beamter und Parteimitglied seit 1932, der sich vom Nationalsozialismus Deutschlands Erneuerung durch die Einimpfung preußischer Tugenden versprach). Siehe *Die Hassell-Tagebücher* in der neu von Friedrich Freiherr Hiller von Gaertringen herausgegebenen Auflage (Berlin 1988) sowie Ulrich Heinemann, *Ein konservativer Rebell. Fritz Dietlof Graf von der Schulenburg und der 20. Juli* (Berlin 1990).

derstand [...] unter den gegebenen Bedingungen notwendig fließend» gewesen.⁵²

An diesem Aufeinanderprallen verschiedener Auslegungen zeigte sich, daß die umfangreichen und beeindruckenden empirischen Ergebnisse, die in vier Jahrzehnten von der Forschung zum deutschen Widerstand gegen Hitler zusammengetragen worden waren, vor allem im Rahmen der Hinwendung zu einer «Sozialgeschichte des Widerstands» zusehends komplexe, ineinandergreifende theoretische und interpretatorische Probleme aufgeworfen und noch nicht gelöst hatten.

Die im Laufe der historiographischen Entwicklung wechselnden Ansichten über die Wirkung von Widerstandshandlungen hängen, wie gezeigt, mit der Definitionserweiterung zusammen und haben die Vorstellungen über Form und Umfang des Widerstands verändert. Die folgende Zusammenfassung geht zunächst von der erweiterten Definition aus und versucht, auf dieser Basis die *Wirkung* des Widerstands zu beurteilen. Daraus ergibt sich dann die Erörterung der Frage, ob für die Analyse eine engere oder erweiterte *Definition* nützlich ist. Daran anschließend wird noch einmal untersucht, welchen *Umfang* der Widerstand im deutschen Volk hatte. Zum Abschluß erhebt sich die Frage, ob die derzeit antagonistischen Interpretationen miteinander in Einklang gebracht werden können und ob eine Synthese möglich ist, mit deren Hilfe sich die Forschung dem Widerstandsproblem auf neue Weise nähern kann.

Zusammenfassung

1 Mit der Ausdehnung des erfaßten Widerstandsspektrums auf alle Formen «alltäglicher» Konflikte mit dem Regime verschob sich auch der Hauptblickwinkel von «Motiven» auf «Wirkungen» und «Funktionen». Insbesondere der Resistenzbegriff geht von der Vorstellung aus, daß es hauptsächlich darauf ankommt, die Wirkung beziehungsweise Funktion von Handlungen (unabhängig von den zugrundeliegenden Motiven) im Hinblick auf eine Eindämmung oder Blockierung der nationalsozialistischen Durchdringung der Gesellschaft zu untersuchen. Während manche Historiker den Gedanken, daß dem Hand-

---

52 Schmädeke, S. 11.

lungsspielraum des Regimes durch «Resistenz» wesentliche Grenzen gesetzt worden seien, vollkommen verwerfen, meinen andere, der «funktionale Widerstand» habe für das Regime bei der Verwirklichung seiner Ziele ein echtes Hindernis bedeutet.

Hat Hofer mit seiner Behauptung recht, «Resistenz» habe nahezu «keine für das herrschende totalitäre Regime irgendwie relevante Wirkung» gehabt?[53] Oder läßt sich Broszats Feststellung aufrechterhalten, anders als ein Großteil des aktiven Widerstands sei die Resistenz nicht allgemein gescheitert, sondern habe in zahlreichen Aktivitätsbereichen durch viele «Kleinformen zivilen Mutes» der NS-Herrschaft wirksam Grenzen setzen können?[54]

Der scheinbar unauflösbare Interpretationskonflikt ist ein Zeichen für die diametral entgegengesetzten Forschungsansätze, die man als *fundamentalistisch* und *gesellschaftlich* bezeichnen könnte. Man kann allerdings sagen, daß beide Ansätze ihre Berechtigung haben und sich für jede der gegensätzlichen Antworten auf die Frage nach der Wirksamkeit der Resistenz gute Argumente finden lassen.

Genaugenommen läßt sich die Wirksamkeit der Resistenz nur durch die Untersuchung des Gegenteils belegen. Welchen Unterschied hätte es gemacht, wenn keine Resistenz vorhanden gewesen wäre? Überhaupt keinen, wäre Hofers einfache und direkte Antwort. Wofür keinen Unterschied? Hofer würde diese Frage *fundamentalistisch* beantworten und auf die Ziele, Ambitionen und Intentionen des Regimes verweisen. Er könnte durchaus zu Recht argumentieren, daß der «totale Anspruch» des NS-Regimes sich nicht nur auf die Macht um der Macht willen richtete, sondern der Vorbereitung eines rassistischen Eroberungskriegs diente, um für ein rassisch «gereinigtes» Deutschland auf den Trümmern des Bolschewismus eine dauerhafte Vormachtstellung zu errichten. Und er könnte hinzufügen, daß es der vereinten Macht der Alliierten bedurfte, um die Verwirklichung dieses Ziels zu verhindern. Daraus würde Hofer mit einiger Berechtigung folgern, daß die zentralen Ambitionen des Regimes durch etwa vorhandene Resistenz kaum beeinträchtigt wurden.

Broszats Antwort würde hingegen anders ausfallen, da er die Frage anders interpretieren würde. Er hielt das Argument, die Resistenz habe den Nationalsozialismus *nicht* daran zu hindern vermocht, einen Ver-

---

53 Schmädeke, S. 1122.
54 Broszat, *Nach Hitler*, S. 112.

nichtungskrieg zu führen und Völkermord zu verüben, für so offensichtlich, daß man darüber nicht zu diskutieren brauchte. Wenn er den Resistenzbegriff verwendete, hatte er eine andere Zielrichtung des Regimes im Auge. Sein Interesse galt nicht der Frage, inwieweit das NS-Regime durch Resistenz wohl an seiner Kriegs- und Völkermordpolitik gehindert wurde, er wollte vielmehr untersuchen, in welchem Umfang den Nationalsozialisten die beabsichtigte totale Durchdringung der Gesellschaft gelang und inwieweit bestimmte gesellschaftliche Gruppen und Institutionen in der Lage waren, entsprechende Versuche erfolgreich abzuwehren. Broszat würde also je nach dem gerade betrachteten gesellschaftlichen Aspekt eine unterschiedliche Antwort auf die oben gestellte Frage geben, ganz allgemein jedoch zweifellos zu dem Schluß kommen, daß sich die vorhandene Resistenz auf die Fähigkeit des Regimes auswirkte, die Gesellschaft nach Belieben zu manipulieren.

Das einzige Kriterium, das Broszat also unter *gesellschaftlichem* Blickwinkel akzeptierte, um Handlungen als Anzeichen für Resistenz einzustufen, war, daß sie «tatsächlich eine die NS-Herrschaft und NS-Ideologie einschränkende Wirkung hatten». Er nannte eine Reihe von Handlungen (darunter Streiks, Kritik von der Kanzel herab, Nichtteilnahme an nationalsozialistischen Versammlungen, Verweigerung des «Hitlergrußes», Beziehungen zu Juden trotz Verbots, gesellige Zusammenkünfte früherer SPD-Genossen) als Beispiele dafür, daß die nationalsozialistische Durchdringung und Kontrolle der Gesellschaft ihre Grenzen hatte und das Regime bei der Verwirklichung seines totalen Anspruchs auf Hindernisse stieß. Außerdem wies er darauf hin, daß während des ganzen Dritten Reichs Institutionen (wie die Kirchen, die Bürokratie und die Wehrmacht) fortbestanden, die eine relative Unabhängigkeit vom Nationalsozialismus wahren konnten, und daß auch weiterhin sittlich-religiöse Normen sowie ökonomische, rechtliche, intellektuelle und künstlerische Wertvorstellungen existierten, die die NS-Herrschaft nicht auszulöschen vermochte.[55] Von den Reaktionen der Gesellschaft auf den Nationalsozialismus her gesehen und in Anbetracht der Hindernisse, die einer durchdringenden Wirkung des Nationalsozialismus auf Individuen, Gruppen und Institutionen entgegenstanden, hat Broszat mit seiner Behauptung recht, daß eine wirksame Resistenz vorhanden war. Damit ist gemeint: es gab Bereiche relativer

---

55 *Bayern in der NS-Zeit*, Bd. 4, S. 697.

Immunität; eine funktionale Wirksamkeit unangepaßten Verhaltens existierte in dem von Broszat verstandenen begrenzten Sinne.

Die Interpretationen von Hofer und Broszat erscheinen als völlig entgegengesetzt, gehen aber im Grunde aneinander vorbei: Sie sprechen unterschiedliche Probleme an. Die Schwierigkeit besteht offensichtlich in dem verwirrenden und irreführenden Terminus «Resistenz», bei dem (wenn vielleicht auch nicht im Deutschen, so doch zumindest in einigen anderen Sprachen) eine sprachliche Nähe zu dem Wort «Resistance» besteht, durch die dieser Begriff scheinbar zu einem Bestandteil der Widerstandsdebatte wird. In Wirklichkeit soll er jedoch als begriffliches Instrument dazu dienen, Kooperations- und Konfliktbereiche zwischen Regime und Gesellschaft zu verstehen. Als solches kann er den Kontext erklären helfen, in dem es zu Widerstandshandlungen kam – beziehungsweise in den meisten Fällen nicht kam. Indem mit Hilfe dieses Begriffes beispielsweise aufgezeigt wird, warum katholische Bräuche gelegentlich mit Nachdruck und Erfolg verteidigt werden konnten, während kaum versucht wurde, die Juden zu schützen, leistet dieser Ansatz – wenn auch auf subtilere Weise, als Hofer anzuerkennen bereit ist – einen wesentlichen Beitrag zur Beantwortung der Frage, wie und warum das NS-Regime seine zentralen politischen Absichten tatsächlich umsetzen konnte und wie wirkungslos der *Widerstand* war, der das verhindern wollte. Broszat hat zweifellos deutlich zu machen versucht, daß er den Begriff der Resistenz dem des Widerstands gegenüberstellte und nicht den einen durch den anderen ersetzen wollte. Wenn an seinem einfallsreichen und bahnbrechenden Ansatz überhaupt etwas zu beanstanden wäre, dann höchstens die Unzulänglichkeit des von ihm gewählten Begriffs.

Eine auffallende Schwäche des Resistenzbegriffs ist, daß er trotz des Anspruchs, mit «Wirkungen» und nicht «Motiven» befaßt zu sein und Handlungen «wertfrei» zu erfassen, in der Praxis bei der Beurteilung einer konkreten Handlung nicht völlig von Intention und Motivation absehen kann. Ganz natürlicher- und richtigerweise versucht man nach wie vor zu verstehen, warum einzelne Menschen sich selbst, ihre Familien und Freunde beträchtlichen – und bisweilen tödlichen – Risiken aussetzten. Auch wenn die Motive oft nicht gerade erhaben, heldenhaft, selbständig entwickelt oder moralisch-ethisch begründet und häufig durch Milieu und Umstände geprägt waren, handelt es sich dabei doch um Motive, die sich von spontanen – zorn-, enttäuschungs- oder leidbedingten – Gefühlsausbrüchen unterscheiden lassen.

In der Praxis ist es auch nicht möglich oder hinreichend, eine Handlung und deren «Wirkung» isoliert von jeglichen vielleicht mit ihr verknüpften Wertvorstellungen und Implikationen zu betrachten. So ist es zum Beispiel wichtig zu wissen, daß Bauern, die mit Juden weiterhin Handel trieben, das aus materiellem Eigeninteresse taten; trotz eigener Einwände gegen die von den Nationalsozialisten betriebene Ausschaltung jüdischer Händler auf dem Lande konnten solche Bauern durchaus Antisemiten sein, die die generelle antijüdische Stoßrichtung der Politik bejahten. Und es ist auch relevant zu wissen, daß sich unter den Arbeitern, die sich 1935/36 an Streiks beteiligten, viele unzufriedene SA-Leute befanden, deren pronationalsozialistische Einstellung im übrigen nur zu offensichtlich war. Ebenso muß man einen Unterschied machen zwischen der prinzipiellen und durchgängigen Verweigerung des «Hitlergrußes» durch Konservative wie Ewald von Kleist-Schmenzin[56] und dem oberflächlich gesehen gleichen Verhalten bayerischer Bauern, die aber eigentlich nur darüber irritiert waren, daß die Regierung den Arbeitskräftemangel auf dem Lande nicht beheben konnte, und im übrigen die Internierung von «Marxisten» und die Nürnberger Gesetze begrüßten.

Das «funktionale» Argument ist dort am schwächsten, wo die größten Ansprüche mit ihm verknüpft sind. In Kapitel 4 ist bereits Tim Masons These (und die daran geäußerte erhebliche Kritik) referiert worden, daß es Arbeitern im Dritten Reich (trotz des äußerst feindseligen Staates und des fehlenden gewerkschaftlichen Rückhalts) bei akutem Arbeitskräftemangel möglich gewesen sei, ihren Arbeitgebern so weitgehende Zugeständnisse abzuringen, daß dadurch das NS-Regime ernstlich in seiner Handlungsfreiheit eingeschränkt wurde, seine Kriegsvorbereitungen zu dem ihm genehmen Zeitpunkt und unter den von ihm gewünschten Umständen in den Weltkrieg münden zu lassen.[57] Dieser These zufolge haben also die Aktionen, mit denen die

---

56 Siehe Schmädeke, S. 5.
57 Am ausführlichsten dargelegt wurde diese These in Timothy W. Mason, *Arbeiterklasse und Volksgemeinschaft* (Opladen 1975) und noch einen Schritt weiterentwickelt in seinem Aufsatz «The Workers' Opposition in Nazi Germany», *History Workshop Journal* 11 (1981), S. 120–137. Auf deutsch erschien dieser Beitrag leicht gekürzt als «Arbeiteropposition im nationalsozialistischen Deutschland» in Detlev Peukert und Jürgen Reulecke (Hg.), *Die Reihen fast geschlossen* (Wuppertal 1981), S. 293–313. Hier unterschied Mason ausdrücklich zwischen politisch motivierten Arbeiteraktionen, die er als «politischen Widerstand» einstufte, und

Arbeiter ihre eigene Position verteidigten, *funktional* betrachtet das Regime in einem wesentlichen Punkt geschwächt: in der Fähigkeit, einen imperialistischen Krieg zu führen.

Zu ähnlichen Aussagen gelangte Michael Voges. Er wertete die Berichte der sozialdemokratischen Exilorganisation Sopade über den «Widerstand in den Betrieben»[58] aus. Von der Intention der Arbeiter her gesehen, sei der wirtschaftliche Klassenkampf in den Fabriken nur teilweise politisch motiviert gewesen. Doch «seiner Funktion nach» müsse der Kampf in den Betrieben insofern als «Widerstand» betrachtet werden, als das Regime gezwungen gewesen sei, sich politisch mit ihm auseinanderzusetzen, da es ihn als politische Bedrohung empfand.[59]

Wenn argumentiert wird, daß die Verwirklichung der grundlegenden Ziele des Regimes durch die – nur selten politisch motivierten oder intendierten – Aktionen von Industriearbeitern gefährdet gewesen sei, gehen solche Thesen weit über das hinaus, was Broszat als Resistenzwirkung verstanden wissen wollte. Und – auf solche Positionen treffen die von Hofer und anderen geäußerten Einwände weit eher zu.

Wie in Kapitel 7 gezeigt, blieben Arbeiter-«Subkulturen» gegenüber dem Nationalsozialismus auch nach 1933 relativ resistent. Ab Mitte der dreißiger Jahre machten sich in zunehmendem Maße – vom Regime politisch interpretiert, wenn auch nicht unbedingt so motiviert – Unzufriedenheit und Unruhe bemerkbar, die für die Stabilität der NS-Herrschaft und die Verwirklichung ihrer Ziele eine *potentielle* Gefahr darstellten.

---

dem ökonomischen Klassenkampf, den er als «Opposition» bezeichnete und als Zeichen dafür ansah, daß die Arbeiterklasse nicht bereit war, sich dem NS-System voll und ganz unterzuordnen. Auch wenn es ersterem – dem illegalen Widerstand im Untergrund – nicht gelungen sei, das Regime zu unterminieren, so habe letzterer doch an dessen neuralgische Stelle gerührt und sei daher als politisch anzusehen: aufgrund der eigenen funktionalen Implikationen für das Regime und weil der NS-Staat selbst erkennbar dazu diente, Arbeiter zu unterdrücken und zu verfolgen, die die eigenen wirtschaftlichen Interessen zu schützen versuchten («Arbeiteropposition», S. 293 ff, 309–312).

58 Michael Voges, «Klassenkampf in der ‹Betriebsgemeinschaft›. Die ‹Deutschland-Berichte› der Sopade (1934–1940) als Quelle zum Widerstand der Industriearbeiter im Dritten Reich», *Archiv für Sozialgeschichte* 21 (1981), S. 329–384.

59 Voges, S. 376 f. (und Anm. 189) sowie S. 382 f. Voges verwendet ebenfalls den Begriff «Resistenz», trägt aber mit seinem Vorschlag, darunter notwendigerweise auch «Intentionalität» zu subsumieren, nicht zu begrifflicher Klarheit bei, denn Broszat hatte Intention als Resistenzkriterium ausdrücklich ausgeschlossen.

Von einschneidenden Auswirkungen auf die Handlungsfreiheit des Regimes kann allerdings keine Rede sein. Kollektive «Arbeitskampfmaßnahmen» – etwa in Form von Streiks, die 1935–1937 ihren zahlenmäßigen Höhepunkt erreichten – blieben selbst im Vergleich zu den Arbeiteraktionen im faschistischen Italien vom Umfang her begrenzt und politisch wirkungslos.[60] Wenn man früher in etwas idealistischer Überschätzung der Ansicht war, die Arbeiterunruhen hätten einen ausgesprochen antinationalsozialistischen Charakter und eine wesentliche Auswirkung auf die Handlungsfreiheit des Regimes gehabt, so sind derlei Vorstellungen inzwischen durch Untersuchungen zur Rolle von Schlüsselgruppen (wie den Bergleuten) und zur Kriegsphase beträchtlich zurechtgerückt worden.[61] Die nationalsozialistische Führung machte gegen Ende der dreißiger Jahre gewiß nicht den Eindruck, daß ihr die Industriearbeiterschaft *politische* Sorgen bereitete.

Es war eine attraktive und in gewissem Sinne beruhigende Vorstellung, davon auszugehen, daß Arbeiteropposition und Klassenkampf das NS-Regime unter Druck gesetzt (und dadurch letzten Endes nicht unwesentlich, wenn auch indirekt zu dessen Niederlage beigetragen) hätten. Diese Sichtweise hat inzwischen jedoch zu Recht der nüchterneren und pessimistischeren Einschätzung Platz gemacht, die deutsche Arbeiterklasse sei damals in Schach gehalten und neutralisiert worden, habe resigniert, sei demoralisiert und bestenfalls nur partiell in das NS-System integriert gewesen und habe keineswegs eine ernste Gefahr für das Regime dargestellt.[62] Die Phase, in der die Entscheidungen der NS-

---

60 So sieht es auch Tim Mason in seinem Artikel «Arbeiter ohne Gewerkschaften. Massenwiderstand im NS-Deutschland und im faschistischen Italien», *Journal für Geschichte* (November 1983), S. 28–36.
61 Klaus Wisotzky, *Der Ruhrbergbau im Dritten Reich* (Düsseldorf 1983); Wolfgang Werner, *«Bleib übrig!» Deutsche Arbeiter in der nationalsozialistischen Kriegswirtschaft* (Düsseldorf 1983); Stephen Salter, «The Mobilisation of German Labour, 1939–1945» (unveröffentl. Dissertation, Oxford 1983).
62 Ebenso sieht es auch Tim Mason in einem späteren, von seiner bisherigen Gewichtung abweichenden Aufsatz: «Die Bändigung der Arbeiterklasse im nationalsozialistischen Deutschland», in Carola Sachse u. a., *Angst, Belohnung, Zucht und Ordnung* (Opladen 1982), S. 11–53. In jüngeren Untersuchungen wird, besonders von Gunther Mai, viel stärker als bei Mason die integrative Rolle der «Deutschen Arbeitsfront» als einer Art Ersatzgewerkschaft hervorgehoben. Siehe Gunther Mai, «Die Nationalsozialistische Betriebszellen-Organisation. Zum Verhältnis von Arbeiterschaft und Nationalsozialismus», *VfZ* 31 (1983), S. 573–613; ders., «‹Warum steht der deutsche Arbeiter zu Hitler?› Zur Rolle der Deutschen Arbeitsfront im Herrschaftssystem des Dritten Reiches», *GG* 12 (1986), S. 212–234; ders.,

Führung noch am ehesten durch Arbeiterunruhen beeinflußt waren, dürfte wohl weniger die Jahre unmittelbar vor Kriegsbeginn als die Zeit 1935/36 umfaßt haben.[63] Doch auch dann wurde die NS-Führung dadurch nur in die Richtung gedrängt, die sie ohnehin einschlagen wollte.

Aus dem oben Dargelegten lassen sich einige Schlußfolgerungen ziehen. Erstens dürfte deutlich geworden sein, daß Hofers Einwände gegen den Resistenzbegriff größtenteils irrelevant sind, da er die intendierte Bedeutung des Begriffs und dessen wesentliche Stoßrichtung als begriffliches Instrument ignoriert oder übersieht. Es war nie beabsichtigt, mit Hilfe des *Resistenzbegriffs* das *Widerstandsproblem* anzugehen. Für Martin Broszat und die Mitarbeiter am «Bayern-Projekt» stand fest, daß der deutsche Widerstand gegen Hitler tragisch gescheitert und die Verwirklichung der grundlegenden Regimeziele nicht durch Resistenz beeinträchtigt worden ist. Doch trotz der unbestreitbaren Schwächen des Begriffs ist der durch ihn gekennzeichnete funktionale Ansatz für die Beleuchtung der *Konflikt*bereiche im Verhältnis zwischen Herrschenden und Beherrschten im Dritten Reich stichhaltig und fruchtbar.

Zweitens strapaziert man das Funktionalitätsargument – nun unabhängig vom Resistenzbegriff – zu weit, wenn behauptet wird, die nicht politisch motivierten Aktionen der Industriearbeiterschaft hätten die Verwirklichung eines Hauptziels des NS-Regimes wesentlich beeinträchtigt: die Vorbereitung und Durchführung des Krieges. Im übrigen lassen sich Motiv und Wirkung nicht so streng trennen und auseinanderhalten, wie beim funktionalen Ansatz suggeriert wird.

Drittens – und dies ist der wichtigste Punkt – ist ein im Broszatschen Sinne gemäßigter «funktionaler» Ansatz nicht nur sinnvoll, sondern auch notwendig, um den sozialen Kontext zu erläutern, in dem sich

---

«Arbeiterschaft zwischen Sozialismus, Nationalismus und Nationalsozialismus», in Uwe Backes u. a. (Hg.), *Die Schatten der Vergangenheit. Impulse zur Historisierung des Nationalsozialismus* (Frankfurt a. M. u. Berlin 1990), S. 195–217. Zur «Arbeitsfront» siehe auch die Studie von Ronald Smelser, *Robert Ley. Hitlers Mann an der «Arbeitsfront»* (übers. v. Karl und Heidi Nicolai; Paderborn 1989). Eine ausgewogene Einschätzung zum Stand der Forschung über die Arbeiterschicht im nationalsozialistischen Deutschland bietet Ulrich Herbert, «Arbeiterschaft im ‹Dritten Reich›. Zwischenbilanz und offene Fragen», *GG* 15 (1989), S. 320–360.
63 Mein Artikel «Social Unrest and the Response of the Nazi Regime 1934–1936», in Francis R. Nicosia und Lawrence D. Stokes (Hg.), *Germans against Nazism* (Oxford 1990), S. 157–174, versucht, diese Behauptung zu untermauern.

Widerstand entwickeln konnte – also Formen fundamentaler Opposition gegen den Nationalsozialismus. Die Einblicke, die dank des Resistenzbegriffs in die Beziehungen zwischen Regime und Gesellschaft gewonnen werden konnten, machen die enormen Schwierigkeiten sichtbar, vor denen Menschen stehen, die sich auf fundamentale Opposition einlassen. Im Broszatschen Sinne verwandt, hat der Resistenzbegriff trotz aller Schwächen neue Perspektiven eröffnet – nicht nur im Hinblick auf Oppositionsformen, sondern auch (und das ist vielleicht noch wichtiger) in bezug auf die weiten Bereiche, in denen eine grundlegende gesellschaftliche Übereinstimmung mit wesentlichen Aspekten der NS-Herrschaft zu beobachten war. Es lag in nicht geringem Maße an diesem Grundkonsens, daß das Regime funktionieren und seine zentralen Ziele vorantreiben konnte. Hüttenbergers pessimistische Einschätzung klingt zutreffend: «Bei aller spürbaren Distanz und Verdrossenheit der Arbeiterschaft, Teilen des Mittelstandes und der Bauern, ist allerdings nicht zu übersehen, daß es der Führung des Dritten Reiches weitgehend gelang, insoweit Konformität, ja Bereitschaft zur Mitarbeit zu erzeugen, daß ihre Pläne, zumal die Vorbereitung auf den Krieg, von innen her nicht gefährdet waren.»[64] Richtigerweise erkannte Hüttenberger, der bei der begrifflichen Zieleinstellung des «Bayern-Projekts» eine Schlüsselrolle spielte, daß in Zukunft nicht der «Widerstand», sondern Anpassung und Kollaboration die anspruchsvollsten Forschungsprobleme aufwerfen würden.

2 Wie gezeigt, liegen der widersprüchlichen Verwendung des Widerstandsbegriffs zwei recht unterschiedliche – und in sich berechtigte – methodische Ansätze zugrunde, die allein durch denselben emotional gefärbten Begriff «Widerstand» miteinander verbunden sind. Der von uns so genannte – *fundamentalistische* Ansatz befaßt sich mit organisierten Versuchen zur Bekämpfung des Nationalsozialismus und vor allem mit den mutigen, risikoreichen politischen Aktionen, die das Regime als Ganzes in Frage stellten. Wer von diesem Ansatz ausgeht, konzentriert sich zwangsläufig stark auf die Elitegruppen, die zu solchen außergewöhnlichen Aktionen in der Lage waren. Im Gegensatz dazu untersucht der *gesellschaftliche* Ansatz vor dem Hintergrund des «totalen Anspruchs» des NS-Regimes eine Vielzahl von *Konfliktpunkten zwischen Regime und einfachem Bürger*. Obwohl sich die Vertreter

---

64 Peter Hüttenberger, «Nationalsozialistische Polykratie», *GG* 2 (1976), S. 440.

des letztgenannten Ansatzes von ihrer regimezentrierten Definition ausgehend mit einem prinzipiell breiten Verhaltensspektrum befassen, das von der geringsten bis zur grundsätzlichsten Art von Nonkonformismus reicht, beschäftigen sie sich kaum mit hoher Politik und den oppositionellen Verschwörern aus den Reihen der Elitegruppen. In Sammelbänden zum Thema Widerstand zeigt sich in der Praxis deutlich, wie wenig die beiden Ansätze miteinander gemein haben.

Wie erwähnt, haben einige Historiker, die Hofers «fundamentalistische» Position ablehnen, vor einer starren Widerstandsdefinition gewarnt und die Ansicht geäußert, eine enge – vielleicht aber auch jede – Definition könne den fließenden Übergängen zwischen Kritik, Opposition und aktivem Widerstand nicht gerecht werden. Widerstand sei als «Prozeß» und nicht als eng definierbare feste Größe zu betrachten. Doch auch wenn diese Beobachtungen korrekt sind, hat sich damit eine klare Definition noch nicht erübrigt. Außerdem trifft die Vorstellung vom Widerstand als «Prozeß» im Hinblick auf den konservativen Widerstand zwar in vielen, doch längst nicht in allen Fällen [65] zu, verträgt sich aber kaum mit den Erfahrungen vieler in Widerstandsgruppen aktiver Arbeiter [66], die von Anfang an grundlegenden und prinzipiellen Widerstand leisteten. Ebensowenig läßt sich behaupten, daß die unter dem Resistenzbegriff subsumierten «geringeren» nonkonformistischen Verhaltensweisen bei Menschen, die schließlich zu einem grundsätzlichen Widerstand gegen das Regime fanden, normalerweise ein erstes Oppositionsstadium bildeten. [67]

---

65 Mit dem Hinweis auf Ewald von Kleist-Schmenzin akzeptiert Mommsen diese Feststellung implizit in Schmädeke, S. 5.
66 Diesen Punkt hob Hermann Weber in seiner Erwiderung auf Steinbach und Mommsen hervor, siehe Schmädeke, S. 1123.
67 Im Falle der partisanenartigen Aktionen der «Edelweißpiraten», die 1944 in Köln-Ehrenfeld einen bewaffneten Kampf gegen NSDAP, Hitlerjugend und Gestapo führten und schließlich ohne Gerichtsverfahren öffentlich gehängt wurden, wurde jedoch der Übergang von «alltäglichen» Unmutsäußerungen zu regelrechten Widerstandshandlungen vollzogen. Wie Matthias v. Hellfeld, *Edelweißpiraten in Köln* (2. Aufl. Köln 1983), an diesem Beispiel verdeutlicht, hält er die These vom «unfreiwilligen Widerstand innerhalb eines Systems, das kein noch so geringes non-konformes Verhalten duldete und sich somit selbst ein erhebliches Widerstandspotential schuf», für «weitgehend richtig» (S. 7). Hellfeld ging es darum, einen Aspekt darzustellen, den er als «Widerstand des Volkes» betrachtete. Mit seinem Buch verfolgte er sowohl einen politischen als auch einen wissenschaftlichen Zweck: Er wollte die «Rehabilitierung» der Kölner Edelweißpiraten als «Widerstandskämpfer» erreichen, nachdem die Kölner Polizeibehörden deren Aktionen in bereitwilliger Über-

Von den Historikern, die bei der Beschäftigung mit dem Widerstand eine breite (oder noch lieber gar keine) Definition bevorzugen, halten es die meisten für erforderlich, im Hinblick auf Umsturzversuche beziehungsweise Opposition gegen das System als Ganzes von «grundsätzlichem Widerstand» oder ähnlichem zu reden. Daraus geht zweifellos hervor, daß es – trotz aller fließenden Übergänge zwischen den verschiedenen Erscheinungsformen der Ablehnung des Nationalsozialismus – möglich und notwendig ist, enger eingegrenzte Widerstandsdefinitionen zu entwickeln, die nicht die ganze Bandbreite nonkonformistischen Verhaltens abdecken.

Eine umfassende Widerstandsdefinition wie die des «Bayern-Projekts» (die passive und aktive Verhaltensweisen wie auch partielle und vollständige Formen der Ablehnung des Regimes erfaßt)[68] eröffnet im Vergleich zu der früheren, moralisch-ethisch begrenzten Verwendung des Begriffs «Widerstand» neue Möglichkeiten, zu verstehen, wie die Menschen sich im Nationalsozialismus verhalten haben und inwieweit sie mit dem Regime Kompromisse eingingen. Deutlicher wird auch, wo sie für sich die Grenze zogen und den nationalsozialistischen Einmischungs-, Durchdringungs- und Kontrollversuchen bisweilen mit Erfolg Einhalt geboten. Eine solche Definition bietet sich daher vor allem für sozial- und alltagsgeschichtliche Ansätze an. Sie trägt dazu bei, den Widerstand weitgehend zu entmythologisieren und ihn aus den Sphären unerreichbaren Heldentums auf die Ebene der «einfachen Leute» herunterzuholen.[69] Sie bietet außerdem die Möglichkeit, Verhaltensskalen aufzustellen und die reale Situation der einfachen Bürger zu beleuchten, die in erheblichem Maße durch Verwirrung, Entscheidungsdilemmata und beunruhigende Kompromisse gekennzeichnet war.

nahme von Gestapokriterien weiterhin als «kriminell» einstuften (siehe S. 112–121). Hinweise auf andere Arbeiten, die aufzeigen, wie Jugendrebellion gegen die Zwangsjacke nationalsozialistischer Kontrolle in politische Opposition münden konnte, finden sich weiter oben in Anm. 48 sowie in Kap. 7, Anm. 56.
68 Literaturhinweise siehe oben Anm. 36. Diese Definition läßt sich von dem oben diskutierten Resistenzbegriff des «Bayern-Projekts» unterscheiden. Siehe auch Broszats «revidierte Widerstandsdefinition», die nun auch «weniger heroische Fälle partieller, passiver, ambivalenter und gebrochener Opposition» erfaßt, in: «A Social and Historical Typology of the German Opposition to Hitler», in Large (Hg.), *Contending with Hitler*, S. 25–33, hier S. 25.
69 Siehe dazu Broszats Ausführungen in seinem Band *Nach Hitler*, S. 110–113, 170f.

Für die empirische Forschung zur Sozialgeschichte des «Dritten Reiches» hat sich eine solche umfassende Widerstandsdefinition als äußerst nützlich erwiesen. Ein wesentlicher Nachteil ist allerdings, wie zugespitzt formuliert wurde, «ihre Tendenz, den Widerstandsbegriff so weit auszudehnen», daß er «bis auf direkte Begeisterung für das Regime» alle Verhaltensweisen abdecke.[70]

Unter anderem aufgrund der Schwierigkeiten, die sich aus einer offenen Definition ergeben, ist mehrfach versucht worden, eine Typologie des Widerstands zu entwickeln. Die vorgeschlagenen Typologien unterscheiden sich in Einzelheiten, gehen aber alle von einer breiten, pyramidenförmigen Kategorisierung «nonkonformistischen» oder «abweichenden» Verhaltens aus und halten es für erforderlich, zwischen im wesentlichen privaten und eher öffentlichen Verhaltensformen, zwischen organisierten und spontanen Aktionen sowie zwischen eher grundsätzlich und eher partiell gegen das Regime gerichteten Verhaltenstypen zu unterscheiden. Detlev Peukert entwarf zum Beispiel eine «Skala abweichenden Verhaltens», die pyramidenförmig von einer breiten Basis der (sich größtenteils privat und hauptsächlich als partielle Kritik äußernden) «Nonkonformität» über «Verweigerung» und «Protest» bis zur schmalen Spitze des eigentlichen «Widerstands» reicht, wobei er letzteren vernünftigerweise auf Verhaltensformen begrenzt, «in denen das NS-Regime als Ganzes abgelehnt wurde».[71]

Für eine – hieb- und stichfeste – Abgrenzung der verschiedenen Stadien ergeben sich jedoch offensichtliche Schwierigkeiten. Darüber hinaus sind diese Stadien, auch wenn das Pyramidenmodell dies vielleicht nahelegt, nicht einfach als jeweils höhere Entwicklungsstufen zu verstehen. Die dritte Ebene («Protest») unterscheidet sich nicht unbedingt qualitativ von der ersten und zweiten. Auf die vierte Ebene («Widerstand» im fundamentalen Sinne) trifft dieser qualitative Unterschied zu allen anderen Ebenen allerdings zu.

Vor welchen definitorischen Problemen die Forschung zum Teil steht, läßt sich auch an einer anderen Typologie ablesen. Bei dem

---

70 Richard J. Evans, «From Hitler to Bismarck: ‹Third Reich› and Kaiserreich in Recent Historiography: Part II», *The Historical Journal* 26 (1983), S. 1013.
71 Detlev Peukert, *Volksgenossen*, S. 97. Siehe auch ders., «Working-Class Resistance», in Large (Hg.), *Contending with Hitler*, S. 36f.

österreichischen Historiker Gerhard Botz[72] umfaßt die unterste Kategorie «abweichenden Verhaltens» zum Beispiel «Absentismus» und «Schwarzschlachten». Zur nächsten Stufe, dem «sozialen Protest», zählt er unter anderem Kontakthalten zu früheren Genossen, Witze über den «Führer», Predigten mit Kritik an antikirchlichen politischen Maßnahmen, das Verbreiten von Gerüchten sowie das Abhören ausländischer Sender. Und zur obersten Kategorie, dem «politischen Widerstand», gehören Verschwörung, Sabotage, die Übermittlung von Nachrichten und das Verteilen von oppositionellen Flugblättern. Botz unterscheidet zwischen Handlungen, die von ihrer Intention her eher *defensiv*, und solchen, die eher *offensiv* waren. Auch bei dieser Typologie ist nicht ganz klar, wo genau die Trennungslinie zwischen der – zum Kategorisierungskriterium gemachten – Absicht des einzelnen und der Politisierung seines Verhaltens durch das Regime verläuft. Die Kategorie «abweichendes Verhalten» scheint, wenn überhaupt, zu eng gefaßt zu sein, während unter «sozialem Protest» Handlungen subsumiert werden, über deren Protestgehalt sich streiten ließe. Und zu «politischem Widerstand» werden Streiks, Petitionen und bischöfliche «Hirtenbriefe» ebenso gezählt wie Sabotage, Verteilung illegaler Flugblätter, Partisanentätigkeit und Bombenanschläge.

Es spricht vieles – und nicht zuletzt der Common sense – dafür, bei den verschiedenen nonkonformistischen Aktionen Unterscheidbares zu unterscheiden und Nichtidentisches voneinander zu trennen. Ein Bombenanschlag auf Hitler war zweifellos Beleg für politische Nonkonformität, unterschied sich aber doch sehr von anderen Erscheinungsformen der Nonkonformität, etwa den empörten Bemerkungen eines Bauern über einen überheblichen örtlichen Parteiführer oder den kritischen Äußerungen eines Priesters wegen der Einmischung in eine Fronleichnamsprozession. Peukert und Botz erkennen bei ihren Typologien zwar an, daß hier ein wesentlicher Unterschied besteht, benutzen zur Definierung sämtlicher Kategorien der Nonkonformität aber denselben Oberbegriff «Widerstand». Dieser soll also zugleich als Ordnungsbegriff für das gesamte Verhaltensspektrum und als (mit ent-

---

[72] Gerhard Botz, «Methoden- und Theorieprobleme der historischen Widerstandsforschung», in Helmut Konrad und Wolfgang Neugebauer (Hg.), *Arbeiterbewegung – Faschismus – Nationalbewußtsein* (Wien, München u. Zürich 1983), S. 145 ff. Siehe auch Botz' Artikel «Widerstand von Einzelnen» in *Widerstand und Verfolgung in Oberösterreich 1934–1945. Eine Dokumentation*, Bd. 2 (Wien 1982), S. 341–363.

sprechenden moralischen, ethischen und politisch-normativen Konnotationen behaftete) Definition für eine eng begrenzte Reihe von Handlungen dienen, die sich von den übrigen qualitativ unterscheiden.

Methodisch gesehen ist der «fundamentalistische» Ansatz weniger innovativ; seine Ergebnisse sind relativ vertraut und nicht besonders bewegend, außer in dem emotionalen Sinne, daß sie Bewunderung für jene Menschen wecken, die sich inmitten der Barbarei so außerordentlich mutig und menschlich verhielten. Doch trotz seiner Begrenztheit befaßt sich dieser Ansatz fraglos mit *Widerstand* – mit Kampfmethoden, die sich gegen Kern und Wesen des NS-Regimes und gegen den Nationalsozialismus insgesamt richteten. Der «gesellschaftliche» Ansatz gibt methodisch mehr her. Er rührt an Verhaltensmuster, durch die viel über das Leben in einem brutalen Polizeistaat deutlich wird, und beinhaltet Implikationen, die über die Geschichte des «Dritten Reiches» hinausgehen. Bei diesem Ansatz geht es jedoch, ungeachtet gegenteiliger Behauptungen, im wesentlichen um *Konflikte* und weniger um Widerstand. Am besten betrachtet man ihn daher nicht als (noch dazu geringerwertige) Subvariante der Widerstandsforschung – wie Hofer in seinen Äußerungen anzudeuten scheint –, sondern als einen Forschungsansatz, der sich mit einer ganz anders verstandenen Reihe von Fragen befaßt.

Es ist nicht möglich, sich vom normativen Gebrauch zu lösen und aus «Widerstand» einen sauberen analytischen Begriff zu machen, so wünschenswert das auch wäre. Daher sollte man vielleicht besser die Implikationen dieses Terminus akzeptieren und mit ihm nur Verhaltensformen bezeichnen, die eine grundsätzliche Ablehnung des Nationalsozialismus beinhalten. Wenn die Bedeutung des Begriffs «Widerstand» nicht völlig verwässert werden soll, sollte man mit ihm nur die aktive Beteiligung an *organisierten* Bemühungen beschreiben, die erklärtermaßen auf die Unterminierung des Regimes oder auf Vorkehrungen für den Zeitpunkt seines Zusammenbruchs zielen. Zur Erfassung *aller* Verhaltensformen, die von den vom Regime geforderten Normen abwichen und sich gegen dessen totalen Herrschaftsanspruch stellten (ihn vielleicht sogar einschränkten), sollte statt «Widerstand» am besten ein anderer, weniger emotional gefärbter und moralisch aufgeladener Oberbegriff verwendet werden.[73] Doch welchen Terminus

---

73 Hier weiche ich von Peter Steinbachs Meinung ab, dessen Definition so breit angelegt ist, daß mit ihr «jede Form von Opposition gegen ein Regime» beschrieben

man auch benutzt, er wird nie hundertprozentig genau oder hieb- und stichfest sein.

Resistenz kann als Begriff in diesem Zusammenhang aus den genannten Gründen nicht zufriedenstellen. *Opposition* erscheint hier als weniger emotionaler und deskriptiv befriedigenderer Terminus, der alle Handlungsformen einschließt, auch solche, die von ihrer Grundsätzlichkeit her als «Widerstand» einzustufen sind, sowie viele andere mit partieller und begrenzter Zielrichtung, die sich nicht gegen den Nationalsozialismus als System wandten und gelegentlich von Einzelpersonen oder Gruppen ausgingen, die dem Regime und seiner Ideologie zumindest teilweise positiv gegenüberstanden. Als dritter, noch weiter reichender Oberbegriff deckt *Dissens* besser den *passiven* Aspekt «oppositioneller» Gefühle ab, die nicht unbedingt in Aktionen mündeten, und erfaßt außerdem – oftmals spontan geäußerte – Formen kritischer Einstellung gegenüber einzelnen Aspekten des Nationalsozialismus. Aus «Dissens» konnte «Opposition» werden, mußte aber nicht, während «Widerstand» eine unverwechselbare, fundamentale, von allen anderen unterscheidbare «oppositionelle» Verhaltensform war.[74]

Auch wenn sich die genannten Verhaltenstypen in mancher Hinsicht überlappen, bietet diese begriffliche Festlegung doch ein Maß an Klarheit, das in der Widerstandsdebatte häufig fehlt, und entspricht der historiographischen Einteilung in Werke über den Widerstand im engeren Sinne auf der einen Seite und solche über Konfliktbereiche zwischen Regime und Gesellschaft auf der anderen. Diese Begriffsbildung bedeutet aber nicht, daß der «Widerstand» von anderen Formen regimekritischen Verhaltens künstlich abgetrennt würde, sondern daß man sich statt einer aufsteigenden Skala wie bei Peukert ineinanderfließende konzentrische Kreise für eine graphische Darstellung der Überlappungen vorzustellen hätte: außen ein weiter Dissens«brei», darin ein engeres, doch keineswegs schmales Oppositions«band» und im Zentrum ein kleiner Kreis fundamentalen Widerstands. Doch auch bei diesem räumlichen Bild müßte zwischen dem Oppositionsband und dem Innenkreis des eigentlichen Widerstands eine dicke Trennungs-

---

wird, «das alle Aspekte des politischen, kulturellen, religiösen und sozialen Lebens unter seine Kontrolle bringen wollte». Peter Steinbach, «The Conservative Resistance», in Large (Hg.), *Contending with Hitler*, S. 89–97, hier S. 89.
74 In meinem Band *Popular Opinion and Political Dissent in the Third Reich. Bavaria 1933–1945* (Oxford 1983) habe ich versucht, diese Unterscheidung als Grundlage zu nehmen; siehe vor allem S. 3 und Anm. 7.

linie bestehen, da der Übergang vom einen zum anderen im Hinblick auf Einstellung und Verhalten einen «Quantensprung» bedeutet.

3 Es bleibt noch die wichtige Frage nach dem *Ausmaß* des Widerstands im Dritten Reich. Handelte es sich dabei tatsächlich um einen «Widerstand ohne das Volk»? Wie weit war die Opposition gegen Hitler und den Nationalsozialismus im Volk verbreitet? Diese Fragen zielen auf den Kern des Problems der Beziehungen zwischen deutscher Gesellschaft und NS-Regime.

Einige Punkte verdienen es, noch einmal besonders hervorgehoben zu werden, auch wenn sie vielleicht offensichtlich erscheinen. Erstens: Das NS-Regime war eine terroristische – das heißt Angst und Schrecken verbreitende – Diktatur, die bei der Unterdrückung seiner vermeintlichen Feinde keine Grenzen kannte. «Sei still, sonst kommst du nach Dachau!» war ein oft gehörter Satz, aus dem allgegenwärtige Angst und Vorsicht herauszuhören waren, die die meisten Menschen davon abhielten, das Regime in irgendeiner Form in Frage zu stellen. In so einer Situation waren Passivität und – wenn auch nur widerwillige – Kooperation höchst menschliche Reaktionen. Zweitens war nach der Machtübernahme durch die Nationalsozialisten das einzige realistische Potential zur Ausschaltung Hitlers nur *innerhalb* der eigenen Machteliten des Regimes zu suchen. Da außer der SA (vor der «Nacht der langen Messer» im Juni 1934) und der SS nur die Wehrmacht Zugang zu den für einen Staatsstreich erforderlichen Waffen und Machtmitteln besaß, mußte sich die einzige Chance zu einem erfolgreichen Putsch aus der Wehrmachtsführung heraus ergeben (wenn man einmal von Anschlägen einzelner Personen wie dem des schwäbischen Möbeltischlers Georg Elser im Jahre 1939 absieht).[75]

Beispiele grundsätzlichen Widerstands beschränkten sich keineswegs auf die Eliten. Realistisch betrachtet, bot aber der Widerstand aus deren Reihen die einzige Chance, das Regime von innen zu stürzen. Drittens bestanden nach 1933 – abgesehen von den Streitkräften – außerhalb der christlichen Kirchen keine Masseninstitutionen mehr, die oppositionelle Vorstellungen hätten artikulieren und organisatorisch umsetzen können. Die Konfliktbereiche und Oppositionskreise blieben

---

75 Siehe Anton Hoch, «Das Attentat auf Hitler im Münchner Bürgerbräukeller 1939», *VfZ* 17 (1969), S. 383–413, und Lothar Gruchmann (Hg.), *Autobiographie eines Attentäters. Johann Georg Elser* (Stuttgart 1970).

daher größtenteils voneinander isoliert, während die kritische öffentliche Meinung in ihre Einzelkomponenten zerfiel. Viertens erfreuten sich viele Aspekte des Nationalsozialismus auch weit über den Kreis der ewiggestrigen Nationalsozialisten hinaus großer Popularität. Die Erholung der Wirtschaft, die Zerschlagung des «Marxismus», der Wiederaufbau eines starken Deutschlands, die territoriale Expansion sowie die außenpolitischen und militärischen Erfolge wirkten bis zur Mitte des Krieges auf Millionen Deutsche ungeheuer beeindruckend. Dies fand seinen Ausdruck in Hitlers persönlicher Popularität, die durch Propaganda zu einem mächtigen Führerkult verstärkt wurde. Die offenkundigen «Leistungen» des NS-Regimes nahmen den Kritikern den Wind aus den Segeln und führten zu einem Klima, in dem Regimegegner in der Bevölkerung nicht auf breiter Basis mit einer wachsenden Entfremdung vom Nationalsozialismus rechnen konnten, die der NS-Führung hätte gefährlich werden können.

Daß es unter solchen Umständen auf seiten einfacher Bürger dennoch zu zahlreichen – wenn auch noch so wirkungslosen – Oppositionshandlungen kam, kann nur beeindrucken. In den Jahren bis 1939 waren rund 150000 Kommunisten und Sozialdemokraten in Konzentrationslager gesperrt worden, 40000 Deutsche hatten aus politischen Gründen dem Land den Rücken gekehrt, 12000 waren des Hochverrats für schuldig befunden und weitere rund 40000 wegen kleinerer politischer Vergehen inhaftiert worden. Als dann im Krieg die Zahl der mit Todesstrafe bedrohten Delikte von 3 auf 46 stieg, wurden von deutschen Zivilgerichten etwa 15000 Todesurteile gefällt.[76] Schon in einem einzigen Gefängnis, der Steinwache in Dortmund, finden sich für die Zeit der NS-Diktatur Akten über die Inhaftierung von 21823 politischen «Straftätern», deren große Mehrheit (von den unvollständigen Berufsangaben her zu urteilen) aus Industriearbeitern bestand.[77] An Rhein und Ruhr wurden bei 523 Massenprozessen mit insgesamt 8073 Angeklagten in 97 Fällen die Todesstrafe verhängt und Mitglieder von Widerstandsgruppen aus der Arbeiterschaft zu insgesamt 17951 Jah-

---

[76] Die Zahlenangaben stammen aus Martin Broszat, «The Third Reich and the German People», in Hedley Bull (Hg.), *The Challenge of the Third Reich* (Oxford 1986), S. 93. Man schätzt, daß im Dritten Reich rund die Hälfte der 1932 vorhandenen 300000 KPD-Mitglieder in Haft genommen wurden. – Richard Löwenthal und Patrick von zur Mühlen (Hg.), *Widerstand und Verweigerung in Deutschland 1933 bis 1945* (Berlin u. Bonn 1984), S. 83.
[77] Klotzbach, S. 242–245.

ren Haft verurteilt. Man schätzt, daß in dieser Region mehr als 2000 Arbeiter, die illegalen Widerstandsorganisationen angehörten, dem tödlichen Naziterror zum Opfer fielen.[78]

Dies zeugt in bewegender Weise von Tapferkeit, Würde und Leid. Dennoch kommt man tragischerweise zu dem Schluß, daß dieser Arbeiterwiderstand bei anderen gesellschaftlichen Gruppen auf keine Resonanz stieß und selbst von seiner Massenbasis in der Arbeiterschaft zunehmend isoliert war. Verstärkt wurde dies durch die Verbitterung in den Linksparteien, die Enttäuschung über die Versäumnisse der eigenen Parteiführung, die beträchtlichen Erfolge der Nationalsozialisten und die Hoffnungslosigkeit einer Konfrontation mit dieser Macht und ihrer hemmungslosen Brutalität. Nicht zu unterschätzende Faktoren sind auch die besseren Verdienstmöglichkeiten für Industriearbeiter während des Rüstungsbooms und nicht zuletzt die scheinbar unbegrenzte Fähigkeit des Regimes, illegale Gruppen zu infiltrieren und zu zerschlagen. Die zusehends militanteren Arbeiterproteste Ende der dreißiger Jahre, vor allem der Kampf für höhere Löhne, hatten größtenteils keine Verbindung zum politischen Widerstand, dem es nur in relativ geringem Maße gelang, sich die materielle Unzufriedenheit zunutze zu machen. In den ersten Kriegsjahren fielen trotz zahlreicher Meldungen über schlechte Arbeitsmoral, mangelnde Arbeitsdisziplin und regimekritische Äußerungen von Arbeitern nur rund fünf Prozent der von der Gestapo registrierten politischen Festnahmen in die Rubrik «Kommunismus/Marxismus», während in den übrigen – viele verschiedene «Delikte» umfassenden – Fällen nichts auf Verbindungen zu illegalen Gruppen oder auf Organisationszusammenhänge hindeutete.[79] Aus internen Lagebeurteilungen der KPD geht hervor, daß selbst nachdem mit dem deutschen Einmarsch in die Sowjetunion für die KPD die schwierigste Phase zu Ende war, der Widerstand isoliert blieb und fast die gesamte Energie darauf verwandt werden mußte, die Organisation überhaupt aufrechtzuerhalten und sich auf den Tag vorzubereiten, an dem das Regime von außen zerschlagen würde.

---

78 Detlev Peukert, *Ruhrarbeiter gegen den Faschismus. Dokumentation über den Widerstand im Ruhrgebiet 1933–1945* (Frankfurt a. M. 1976), S. 347. Einen Einblick in das breite Spektrum oppositioneller Verhaltensformen in dieser Region bietet Heinz Boberach, «Widerstand an Rhein und Ruhr», in Walter Först (Hg.), *Leben, Land und Leute* (Köln 1968), S. 130–142.
79 Detlev Peukert, *Die KPD im Widerstand. Verfolgung und Untergrundarbeit an Rhein und Ruhr 1933 bis 1945* (Wuppertal 1980), S. 335.

Wilhelm Knöchel, ein führendes Mitglied des Zentralkomitees der KPD in Berlin, wandte sich im Mai 1942 in einem scharfsichtigen Bericht gegen die fortwährende Überschätzung des Widerstandspotentials der KPD durch die Moskauer Führung: «Das Grauen einer militärischen Niederlage vor Augen, obwohl die größte Mehrheit unseres Volkes die Hitlerregierung lieber heute als morgen verschwinden sieht, erscheint ihr Hitler als das kleinere Übel, und sie erhofft einen Sieg, an dessen Möglichkeit sie stark zweifelt.» Nur eine kleine Minderheit setze ihre Hoffnung auf einen Sieg der Roten Armee, hieß es weiter. Die Situation biete Ansatzpunkte für politische Aufklärungsarbeit, es gebe aber keine Hoffnung darauf, daß es ähnlich wie 1918 zu einer Massenbewegung gegen das Regime käme. Der Bericht wies nicht nur auf die von der nationalsozialistischen Ideologie und Propaganda erzielte Wirkung hin, sondern sprach auch das Phänomen der sozialen Desintegration im Dritten Reich an: Der Nationalsozialismus habe die Arbeiterschaft zersplittert, ihrer traditionellen Solidaritätsstrukturen beraubt, sie in einem «chaotischen System rivalisierender Cliquen und Klientel» organisiert sowie ihre Kommunikationskanäle und Erfahrungsebenen gestört. Dadurch habe der Nationalsozialismus leichter seine Wirkung entfalten und durch ein Klima von Rivalität, Mißtrauen und Denunziation Solidarität unter den Arbeitern verhindern können.[80]

Als in der letzten Phase des Krieges die Niederlage näherrückte, ließen sich die meisten Arbeiter durch die Androhung unmittelbarer, massiver Vergeltungsmaßnahmen davon abhalten, in Widerstandsgruppen mitzuarbeiten und sich an Aktionen gegen ein Regime zu beteiligen, das offensichtlich in den letzten Zuckungen lag. Die antifaschistischen Komitees, die in den letzten Kriegstagen darum kämpften, ihre Fabriken und Ortschaften unzerstört übergeben zu können, waren meist ad hoc entstanden und hatten zu den illegalen Gruppen nur am Rande Kontakt.[81]

Die christlichen Kirchen, die vom NS-Regime niemals gleichgeschal-

---

80 Zitiert nach Peukert, KPD, S. 345, 354f. Knöchel war im Januar 1942 von Holland nach Berlin gezogen. Allan Merson, dessen Band *Communist Resistance in Nazi Germany* (London 1985) die umfassendste englischsprachige Studie über den Widerstand der KPD darstellt, betont, daß es trotz mancher unterschiedlicher Auffassungen zwischen Knöchel und der Moskauer Führung nicht zum Bruch kam (S. 253).
81 Peukert, KPD, S. 412 und Anm. 25.

tet worden waren, bildeten als Institutionen einen Rückhalt für alle, die sich den nationalsozialistischen Versuchen zur Untergrabung und Aushöhlung christlicher Bräuche, Einrichtungen und Glaubenssätze entgegenstellten. Die beiden großen Religionsgemeinschaften führten gegen das NS-Regime einen erbitterten Zermürbungskrieg und erhielten dabei die Unterstützung von Millionen von Kirchgängern. Auf wieviel Zustimmung der Kampf beider Kirchen – vor allem der katholischen – gegen die nationalsozialistische Unterdrückung stieß, ließ sich an den Beifallsbekundungen bei öffentlichen Auftritten von Kirchenführern und an der starken Beteiligung bei kirchlichen Veranstaltungen wie Fronleichnamsprozessionen und Gottesdiensten ablesen. Zwar scheiterten letztlich die Bemühungen zum Erhalt der konfessionellen Jugendorganisationen und Schulen. Aber in anderen Fällen, wie dem hartnäckig verfochtenen Anliegen, das Kreuz als christliches Hauptsymbol weiterhin in den Klassenzimmern zu belassen, sahen sich die nationalsozialistischen Machthaber gezwungen, den Protesten nachzugeben.[82]

Einzelne Christen, vor allem Geistliche beider Konfessionen, bewiesen bei zahlreichen Aktionen äußersten Mut. Neben hochgeschätzten Persönlichkeiten wie Dietrich Bonhoeffer, Martin Niemöller, Bernhard Lichtenberg, Pater Alfred Delp und Pastor Heinrich Grüber gab es viele weitgehend unbekannte Geistliche, die sich gegen das NS-Regime stellten und dafür ihre Freiheit und zuweilen auch ihr Leben opferten. Man schätzt, daß im Dritten Reich etwa jeder dritte katholische Priester unter Repressalien zu leiden hatte.[83] Allein in Dachau hielten die Nationalsozialisten im sogenannten Priesterblock an deutschen Geist-

---

[82] Wertvolle Übersichten und Analysen des Widerstandsverhaltens der beiden großen christlichen Kirchen finden sich mit unterschiedlicher Akzentuierung in: Schmädeke, S. 227–326 und 1125 ff (Dritter Teil: «Kirchen und Konfessionen zwischen Kooperation und Teilwiderstand»), den Beiträgen von Günther van Norden und Ludwig Volk in Christoph Kleßman und Falk Pingel (Hg.), *Gegner des Nationalsozialismus* (Frankfurt a. M. 1980), S. 103–149, den Aufsätzen von van Norden und Heinz Hürten in Müller, *Der deutsche Widerstand*, S. 108–156 sowie den Beiträgen von van Norden, Heinz Gollwitzer und Walter Dirks in Löwenthal und von zur Mühlen, S. 111–142. Dissens- und Oppositionsstrukturen in Bayern sind Thema der Kapitel 4, 5 und 8 meines Bandes *Popular Opinion*. Die katholische Unterstützung für Hitlers Außenpolitik wird besonders nachdrücklich in Kapitel 7 von Guenter Lewys *The Catholic Church and Nazi Germany* (London 1964) behandelt.
[83] Ulrich von Hehl, *Priester unter Hitlers Terror. Eine biographische und statistische Erhebung* (Mainz 1984), S. xlii f und liii.

lichen rund 400 katholische Priester und 35 evangelische Pastoren gefangen, weil diese unerschütterlich an ihrem christlichen Glauben und ihren religiösen Grundsätzen festgehalten hatten.[84]

Dennoch leisteten die Kirchen als Institutionen keinen grundsätzlichen Widerstand.[85] Abgesehen von Galens offenen Worten gegen das «Euthanasieprogramm» im August 1941, bezogen die Kirchen gegen die Unmenschlichkeit und Barbarei des Nationalsozialismus bei weitem nicht so energisch Stellung wie gegen dessen Einmischung in traditionell kirchliche Bereiche und seine Versuche, sich rücksichtslos über christliche Werte und Lehren hinwegzusetzen.[86] Für Menschen- und Bürgerrechte traten beide Kirchen mit wenig Nachdruck ein. Kam es auf höherer kirchlicher Ebene doch einmal zu einer Stellungnahme beispielsweise gegen die nationalsozialistische «Judenpolitik», dann geschah dies größtenteils in Form privater Protestschreiben an einzelne Minister.[87] Daß die Kirchen – im Gegensatz zu zahlreichen individuell handelnden Geistlichen, die für ihre mutigen Äußerungen teuer bezahlten – nach dem «Kristallnacht»-Pogrom von 1938 schwiegen, ist ein bezeichnendes Beispiel für diese institutionell verständliche, aber moralisch bedauerliche Scheu davor, das NS-Regime außerhalb des «Kirchenkampfes» anzugreifen.

Innerhalb der katholischen Kirche wurde der Nationalsozialismus stark verabscheut, und entsprechend verhielt es sich in wachsendem Maße auch innerhalb der ideologisch und theologisch gespaltenen evangelischen Kirche. Beide Religionsgemeinschaften hielten jedoch den eigenen hartnäckigen Widerstand im Rahmen des «Kirchenkampfes» mit der Zustimmung zu wesentlichen Punkten der nationalsozialistischen Politik für vereinbar, vor allem in Bereichen, in denen sich die nationalsozialistischen Vorstellungen mit «allgemeinen» nationalen Aspirationen deckten.[88] Dies betraf die Unterstützung der «patrioti-

---

84 Günther van Norden, «Widerstand in den Kirchen», in Löwenthal/von zur Mühlen, S. 128.
85 Van Norden unterscheidet in Löwenthal/von zur Mühlen, S. 111–128, zwischen individuellem und institutionellem Protest.
86 Zu Galens Predigt siehe Ernst Klee, «Euthanasie» im NS-Staat. Die «Vernichtung lebensunwerten Lebens» (Frankfurt a. M. 1983), S. 334 f.
87 Siehe van Norden in Kleßman/Pingel, S. 114 ff und Anm. 47a, und in Löwenthal/von zur Mühlen, S. 125.
88 Zu den Überschneidungen zwischen Nationalsozialismus und «allgemeinem» Nationalismus siehe William Sheridan Allen, «The Collapse of Nationalism in Nazi

schen» Außenpolitik und Kriegsziele, den Gehorsam gegenüber der staatlichen Autorität (solange sie sich in den Augen der Kirchen nicht gegen göttliches Gebot stellte), die Zustimmung zur Zerschlagung des «atheistischen» Marxismus sowie zum «Kreuzzug» gegen den Sowjetbolschewismus. Dies galt auch für die Bereitschaft, die Diskriminierung von Juden zu akzeptieren, da der traditionelle christliche Antijudaismus trotz der Unterschiede zum «biologisch» begründeten «völkischen» Rassismus keineswegs ein Bollwerk gegen den dynamischen Antisemitismus der Nationalsozialisten darstellte.[89] In all diesen Bereichen befanden sich die Kirchen als Institutionen insofern auf schwankendem Boden, als ein entsprechender Rückhalt im Volk nicht garantiert war und derlei Fragen nicht zum legitimen Betätigungsfeld kirchlicher Opposition zählten, die daher begrenzt, zersplittert und größtenteils individualistisch blieb.

Für seine Gegner war das NS-Regime eine tödliche Gefahr; es glich einer Kobra, bei der ein Schlag gegen den Schwanz nur dazu führt, daß der Kopf um so wütender zupackt. Auf eine Zerschlagung des Regimes war nur dann zu hoffen, wenn man die Führung selbst vernichtend traf. Warum versäumten es die Elitegruppen, die Zugang zu Waffen hatten und den wirksamsten Widerstand – die Vernichtung des Regimes von innen heraus – hätten leisten können, sich ernstlich gegen die nationalsozialistische Führung zu wenden, solange die militärische Niederlage noch nicht hundertprozentig feststand? Das lag bei weitem nicht nur daran, daß die ersten kleinen Verschwörungen zur Beseitigung Hitlers nicht erfolgreich waren.

Um diese Frage zu klären, ist es unerläßlich, sich auf die erhebliche Komplizenschaft der Eliten im Nationalsozialismus sowie auf die fehlende Widerstandsbasis im Volk zu beziehen. Bindeglied zwischen beiden war der krisenhafte Charakter des Regimes. Hans Mommsen beschreibt diesen mit dem Begriff der «kumulative[n] Radikalisierung»[90], womit die Zerstörung geordneter Verwaltungsabläufe, die Zersplitterung von Kommunikationskanälen (außer den von Goebbels

---

Germany», in John Breuilly (Hg.), *The State of Germany* (London 1992), S. 141–153.
89 Hierzu siehe die Beiträge von Otto Dov Kulka und Paul R. Mendes Flohr (Hg.), *Judaism and Christianity under the Impact of National Socialism* (Jerusalem 1987).
90 Siehe Hans Mommsens Artikel «Der Nationalsozialismus: Kumulative Radikalisierung und Selbstzerstörung des Regimes», in *Meyers Enzyklopädisches Lexikon* 16 (1976), S. 785–790.

verordneten), das schonungslose Vorgehen gegen Regimegegner und die erfolgreiche Propaganda gemeint ist, die eine zwar oft oberflächliche, doch starke, auf Hitler konzentrierte, plebiszitäre Unterstützung schuf. – Dieser Charakter des Regimes übte auf die Eliten eine wichtige Wirkung aus und machte zugleich jede Möglichkeit eines Aufstands von unten oder einer massenhaften Unterstützung für einen Staatsstreich der Eliten zunichte.

Es wurde bereits angesprochen, daß sich die meisten der Männer, die sich später an der Stauffenberg-Verschwörung beteiligten, zunächst für das Dritte Reich begeisterten und viele von ihnen unter Hitler als «Staatsdiener» wichtige Funktionen in den höheren Rängen der Bürokratie und Wehrmacht wahrnahmen. Mit der wachsenden Radikalisierung des Regimes kam es bei ihnen zu einer allmählichen Entfremdung und Desillusionierung. Sie dienten dem Regime jedoch lange genug, um es so weit zu stärken, daß Widerstand in jeder Form schwieriger und sie selbst entbehrlich wurden – und die NS-Führung sich von den traditionellen nationalkonservativen Machteliten distanzieren und sie zu rein «funktionalen Eliten» degradieren konnte.[91] In ihrer großen Mehrheit billigten die Eliten 1933 die Zerschlagung des «Parteiensystems», das sie in der Weimarer Republik so sehr verabscheut hatten; sie lobten Hitler 1934 öffentlich für den Massenmord an den SA-Führern; über die Demontage der Verträge von Versailles und Locarno zeigten sie sich in den Jahren 1935/36 begeistert; 1936 akzeptierten sie den Sprung zur Autarkiewirtschaft und Kriegsvorbereitung; als 1937/38 mit Hilfe einer Terrorwelle immer mehr jüdisches Eigentum «arisiert» wurde, äußerten sie keine Kritik. Sie fügten sich stillschweigend, als die Konservativen im Februar 1938 von allen einflußreichen Posten in der Wehrmacht und dem Auswärtigen Amt entfernt wurden, und sonnten sich nach dem «Anschluß» Österreichs im folgenden Monat im Widerschein des Hitlerschen Ruhms. Erst danach entstand im Gefolge der sich zuspitzenden Sudetenkrise aus der zunehmenden Besorgnis einer Minderheit innerhalb der Eliten der Keim für die spätere Verschwörung gegen den «Führer».[92] Doch aufgrund der weiteren außen-

---

91 Siehe Klaus-Jürgen Müller, *Armee, Politik und Gesellschaft in Deutschland 1933–1945* (Paderborn 1979), S. 44.
92 Siehe dazu Hoffmann, *Widerstand, Staatsstreich, Attentat,* Kap. 3–4. Harold C. Deutsch, *The Conspiracy against Hitler in the Twilight War* (Minneapolis 1968) ist im Hinblick auf die Anfangsstadien der Verschwörung weiterhin von

politischen Erfolge Hitlers – darunter der Triumph über die nachgiebigen Westmächte in München – sowie später der erstaunlichen militärischen Erfolgsserie, die erst vor den Toren Moskaus ein Ende fand, blies der Wind auch dann noch der Opposition ins Gesicht.[93] Unterdessen verstrickten sich die Eliten in Bürokratie, Militär und Wirtschaft immer tiefer in die wachsende nationalsozialistische Barbarei in Polen und der Sowjetunion. Mit zunehmender Kriegsdauer brachen sie gemeinsam mit dem NS-Regime immer mehr Brücken hinter sich ab.

Obwohl sich zur Stauffenberg-Verschwörung ein beeindruckender Kreis von Wehrmachtsoffizieren und höheren Beamten zusammenfand, zu dem noch eine Reihe von Kirchenmännern und Persönlichkeiten aus der sozialistischen und der Gewerkschaftsbewegung stieß, kann man kaum behaupten, daß die Beteiligten für die Gruppen, aus denen sie stammten, tatsächlich repräsentativ waren. Manche gesellschaftliche Gruppen wie etwa die untere Mittelschicht waren fast gar nicht vertreten. Insofern läßt sich die – vor allem in der älteren Literatur über die Verschwörung vom 20. Juli geäußerte – Ansicht, im Widerstand seien alle Teile des deutschen Volkes repräsentiert gewesen, kaum aufrechterhalten.[94]

Was Pater Delp über die wahrscheinliche Reaktion der Bevölkerung auf einen Putsch in Erfahrung bringen konnte, war äußerst entmutigend, und Adam von Trott deutete 1944 in einem Memorandum an, daß sich die Arbeiter größtenteils passiv verhielten und man kaum auf die Unterstützung der Massen zählen könnte.[95] Die Verschwörer waren daher berechtigterweise äußerst skeptisch, ob es nach der Beseitigung Hitlers zu einer «Revolution von unten» kommen würde und die «Revolution von oben» allein so legitimiert werden könnte.[96] Hans Mommsen stellt in diesem Zusammenhang zutreffend fest, im Gegen-

---

Nutzen. Die maßgebliche Studie zur Schlüsselfigur des Generals Beck ist Klaus-Jürgen Müller, *General Ludwig Beck* (Boppard am Rhein 1980).
93 Zur Haltung der verschiedenen Elitegruppen in der Anfangsphase des Kriegs siehe Martin Broszat und Klaus Schwabe (Hg.), *Die deutschen Eliten und der Weg in den Zweiten Weltkrieg* (München 1989).
94 Mommsen in Schmädeke, S. 8f, sowie in *The German Resistance to Hitler*, S. 59, wo er die Ansicht vertritt, die Gruppe der Verschwörer des 20. Juli sei von ihrer Sozialstruktur her «vergleichsweise homogen» gewesen, da sie überwiegend aus Angehörigen der Oberschicht bestanden und «zur Masse der Arbeiterschaft» überhaupt keinen Bezug gehabt habe.
95 Von Mommsen zitiert in *The German Resistance to Hitler*, S. 59.
96 *The German Resistance to Hitler*, S. 63.

satz zu den Widerstandsbewegungen in den besetzten Gebieten sei der deutsche Widerstand in politischen Überlegungen und Planungen stark davon beeinflußt gewesen, daß es sehr unsicher war, wie die Bevölkerung, die die meiste Zeit über Hitler mehrheitlich unterstützte, reagieren würde.[97]

Kann man dann sagen, daß es ein «Widerstand ohne das Volk» gewesen ist? Im Dritten Reich wurden Hunderttausende einfacher Bürgerinnen und Bürger aus allen Schichten der Bevölkerung wegen politischer «Verbrechen» vom NS-Staat verfolgt. Zu diesen Opfern nationalsozialistischer Repression gehörten auch viele Arbeiter, die bereitwillig die gefährliche Untergrundtätigkeit in den illegalen Organisationen auf sich nahmen. Diese Arbeiterorganisationen blieben jedoch zwangsläufig klein, mußten mit der Zeit immer stärker konspirative Regeln beachten und waren daher selbst in ihrem eigenen sozialen Umfeld isoliert. Viele der «Delikte» (die oft mit drakonischen Strafen geahndet wurden) lassen sich im übrigen auch kaum als «Widerstand» einordnen, wenn dieser Begriff nicht mehr oder weniger bis zur Bedeutungslosigkeit erweitert werden soll. Dies alles legt den Schluß nahe, daß gegen bestimmte Maßnahmen des NS-Regimes zwar in der Tat auf breiter Ebene opponiert wurde und politischer Dissens vorhanden war, es einem grundsätzlich verstandenen Widerstand jedoch an Rückhalt im Volk fehlte.

Widerstand, der Aussicht auf Erfolg haben soll, muß sich unter den Bedingungen einer terroristischen Diktatur natürlich zunächst einmal innerhalb unzufriedener Teile der Eliten, also im System selbst, herausbilden.[98] Ein Massenaufstand von unten gegen eine Diktatur ist normalerweise auszuschließen, wenn die Opposition zersplittert ist und unter den einfachen Bürgern eine allgegenwärtige Angst herrscht. Bei der NS-Diktatur war dies zweifellos der Fall. So war es eine natürliche und

---

97 *The German Resistance to Hitler*, S. 59.
98 Auch der Zusammenbruch der DDR scheint hier keine Ausnahme zu bilden. Obwohl die Ereignisse von außen – durch Gorbatschows Eintreten für eine liberalere Politik und den daraus resultierenden Druck auf die DDR, als deren Grenzen durchlässiger wurden – ins Rollen gebracht und schon bald durch einen Volksaufstand vorangetrieben wurden, fand die entscheidende Unterminierung des DDR-Regimes im Laufe der sich verschärfenden Krise zunächst auf Eliteebene statt, wobei Gorbatschow eine honeckerfeindliche Gruppe unterstützte. Siehe Günter Schabowski, *Das Politbüro* (Reinbek 1990).

normale Reaktion auf den Terror, sich möglichst bedeckt zu halten – erst recht dann, als die Tage des Regimes unverkennbar gezählt waren. Doch der Widerstand gegen Hitler wurde – man könnte sagen: zwangsläufig – nicht nur ohne *aktive* Unterstützung der Masse des Volkes geleistet; denen, die alles aufs Spiel setzten, um das System zu stürzen, fehlte es größtenteils selbst noch an *passivem* Rückhalt.

Die Gründe dafür sind implizit in dem enthalten, was bereits über den Charakter des Regimes und den systemstützenden Konsens gesagt worden ist. Durch den «totalen Anspruch» des NS-Regimes an die deutsche Gesellschaft und die scheinbare Allgegenwart seiner Repräsentanten in allen Lebensbereichen wurden viele «normale» Verhaltensformen politisiert (und kriminalisiert), gleichzeitig aber auch die Wahrscheinlichkeit verringert, daß sich Groll und Klagen des einzelnen zu einem umfassenden und fundamentalen Widerstand der Masse der Bevölkerung verdichteten. Im nationalsozialistischen Deutschland gab es zwar vieles, worüber man klagen konnte, viele Dinge fanden aber auch Anklang. Es war möglich, kräftig über örtliche Parteifunktionäre zu schimpfen und im selben Atemzug Hitler in den höchsten Tönen zu loben, ökonomische Ungerechtigkeiten zu beklagen und im nächsten Moment über die Rückholung des Rheinlandes zu jubeln, nationalsozialistische Attacken gegen die Kirchen zu verurteilen und gleichzeitig antibolschewistische Parolen zu schwingen oder sich lobend über Recht und Ordnung zu verbreiten, während jüdische Synagogen verwüstet wurden. Ein Beispiel von vielen für diese Art von Schizophrenie ist jene junge, unpolitische Schreibkraft, die ihre sozialistische Reisegefährtin dadurch schockierte, daß sie beim Anblick einer vorbeimarschierenden SS-Kolonne begeistert aus der Straßenbahn sprang und unaufgefordert die Hand zum Hitlergruß reckte, um anschließend zu erklären, sie habe das nicht für die SS oder die Nazis getan, sondern aus «patriotischer Pflicht..., weil ich eine Deutsche bin».[99]

Als im Juli 1944 in Hitlers Hauptquartier bei Rastenburg eine Bombe explodierte, war die Masse des deutschen Volkes so weit, daß sie nichts so sehr herbeisehnte wie das Ende des Krieges, wobei viele erkannten, daß dies nur mit dem Ende des Hitlerregimes möglich sein würde. Aber der Krieg selbst sowie die fehlende Alternative zur geforderten «bedingungslosen Kapitulation» und die Angst vor einer sieg-

---

99 Archiv der Sozialen Demokratie, Bonn, Emigration Sopade, M65, Bericht für Februar 1937.

reichen Sowjetunion sorgten weiterhin für eine – wenn auch negative – Bindung der Gesellschaft an das Regime. Eine erfolgreiche Entmachtung Hitlers hätte wahrscheinlich zu einer Polarisierung der Meinungen geführt.[100] Wenn die Putschisten die Möglichkeit gehabt hätten, den Krieg unter Bedingungen zu beenden, die den Deutschen günstig erschienen wären, hätten sie sicherlich auf Unterstützung rechnen können. Angesichts der Alliierten-Forderung nach «bedingungsloser Kapitulation» und der verbreiteten Einstellung zum deutschen Widerstand war das jedoch äußerst unwahrscheinlich.[101] Anderenfalls hätten die Verschwörer allerdings mit dem Makel einer neuen «Dolchstoßlegende» leben müssen.[102] Und wenn es ihnen dann nicht gelungen wäre, die Alliierten zu einem günstigen Abkommen zu bewegen, hätten sie ihre zunächst vielleicht vorhandene Popularität nicht konsolidieren können.

Im Vergleich zu vielen anderen autoritären Systemen, die letztlich zusammengebrochen sind, und trotz der zahlreichen Bereiche, in denen gegenüber der nationalsozialistischen Politik und Ideologie beträchtlicher, ernst zu nehmender Dissens bestand, konnte sich das NS-Regime also bis weit in den Krieg hinein im wesentlichen auf eine erhebliche Popularität und einen grundlegenden (wenn auch negativ geprägten) Konsens stützen. Das führte zu einem Klima, in dem es dem Widerstand gegen Hitler von Anfang an an einer breiten Unterstützung von seiten der Masse des Volkes fehlte.

Wie bereits angeführt, dürfte dies der Punkt sein, an dem sich der «fundamentalistische» und der «gesellschaftliche» Ansatz nicht widersprechen, sondern ergänzen. Anstatt dem «gesellschaftlichen» Ansatz mit dem «fundamentalistischen» Vorwurf zu begegnen, er ver-

---

100 Zur unterschiedlichen Reaktionsweise auf die Nachricht vom Attentatsversuch siehe Ian Kershaw, *The ‹Hitler Myth›. Image and Reality in the Third Reich* (Oxford 1987), S. 215–229 (dt.: *Der Hitler-Mythos. Volksmeinung und Propaganda im Dritten Reich* [Stuttgart 1980]).
101 Eine äußerst kritische – wenn auch, wie aus dem Buchtitel zu ersehen, auf zweifelhaften Annahmen beruhende – Sicht vom Umgang der britischen Regierung mit dem deutschen Widerstand findet sich bei Patricia Meehan, *The Unnecessary War. Whitehall and the German Resistance to Hitler* (London 1992).
102 Meinungsumfragen zufolge stieß Stauffenbergs Attentatsversuch selbst in den fünfziger Jahren bei einer zahlenmäßig beträchtlichen Minderheit der Bevölkerung auf Ablehnung. Siehe zum Beispiel E. Noelle und E. P. Neumann, *Jahrbuch der öffentlichen Meinung 1947–1955* (Allensbach 1956), S. 138.

stelle den Blick auf den eigentlichen Widerstand und lenke von dessen moralischer Komponente ab, könnte man sagen, daß *erst durch den gesellschaftlichen Ansatz* die Position jener (Elite- und Arbeiter-)Gruppen volle Anerkennung finden kann, die uneingeschränkten Widerstand gegen das Regime leisteten.[103] Die Widersprüche im «Alltagsverhalten», der partielle Charakter von Dissens und Opposition sowie die weitgehenden Konsens- und Kollaborationsbereiche sind für geschichtswissenschaftliche Überlegungen zum fundamentalen Widerstand alles andere als irrelevant. Sie sind vielmehr wesentliche Elemente einer Erklärung für dessen gesellschaftliche und ideologische Isoliertheit und damit für sein Scheitern.

Dem gesellschaftlichen Ansatz ist es außerdem gelungen, die historischen Schwächen des Elitewiderstands auf Wegen zu orten, die zuvor durch die Konzentration auf die ethischen Motive der Elitegruppen und auf die aus ihren Aktionen erwachsenen moralischen Lehren verstellt waren – Lehren, deren Bedeutung inzwischen bereits verblaßt, wie das im Laufe der Zeit zwangsläufig mit allen «Denkmalshelden» geschieht. Ermöglicht worden ist ein besonderes Verständnis der Bedingungen, unter denen sich die grundsätzliche Opposition entwickelt hat, und die so gewonnenen Erkenntnisse dürften in moralischer Hinsicht die Bewunderung für die Widerstandsaktionen eher vergrößern als untergraben.

Die Isoliertheit des Widerstands, die erst durch den gesellschaftlichen Ansatz voll verständlich wird, lenkt innerhalb der Widerstandshistoriographie die Aufmerksamkeit vor allem auf die unerbittliche Radikalisierung des Regimes. Es saugte seine Vasallen parasitenhaft auf und versicherte sich deren wachsender Komplizen-, wenn nicht gar begeisterter Anhängerschaft, während es gleichzeitig durch eben diese Radikalisierung bei den eigenen «Staatsdienern» Widerstand auslöste. Durch diesen Widerstand wäre das NS-Regime beinahe beseitigt worden, doch die Beteiligten leisteten ihn in dem vollen Bewußtsein, daß es sich hier um einen «Widerstand ohne das Volk» handelte.

Die Wirkungslosigkeit und das Scheitern des deutschen Widerstands gegen den Nationalsozialismus hatten ihre Ursachen im konfliktgela-

---

103 In diese Richtung weisen einige der Beiträge – insbesondere die von Martin Broszat und Hans Mommsen – in der jüngsten Aufsatzsammlung zu verschiedenen Aspekten des Widerstands: David Clay Large (Hg.), *Contending with Hitler. Varieties of German Resistance in the Third Reich* (Cambridge 1991).

denen politischen Klima der Weimarer Republik. Die Zerrissenheit der Linken, die Begeisterung, mit der die konservative Rechte als Totengräber der Republik fungierte, sowie die weit ausgeprägte Bereitschaft, eine autoritäre Herrschaftsform zu akzeptieren und die einzige damals in Deutschland bekannte Form der Demokratie abzulehnen, sind Erklärungen dafür, warum der Widerstand im Dritten Reich in sich gespalten war, nur langsam agierte und in der Bevölkerung kaum Unterstützung fand. Der Mut, mit dem sich diese Menschen der nationalsozialistischen Tyrannei entgegenstellten, war und ist allen nachfolgenden Generationen ein Beispiel. Ein historisches Verständnis für die Schwächen des Widerstands und für die Gründe seines Scheiterns ist jedoch äußerst wichtig. Die in diesem Kapitel skizzierten Debatten zur historiographischen und begrifflichen Erfassung des Widerstands gegen den Nationalsozialismus haben nicht nur die selbstverständliche Tatsache verdeutlicht, daß es immer leichter ist, einen Möchtegern-Diktator an der Machterlangung zu hindern, als ihn später, wenn ihm die Machtmittel des Staates erst einmal zur Verfügung stehen, zu beseitigen. Darüber hinaus kommt hier unabweislich ins Blickfeld, wie komplex das Problem des Widerstands im Nationalsozialismus ist. Das wohl größte Verdienst dieser Debatte besteht darin, einen ganz entscheidenden Aspekt immer nachdrücklicher hervorgehoben zu haben: In der Geschichtsschreibung zum Dritten Reich lassen sich Dissens, Opposition und Widerstand nicht losgelöst von Konsens, Zustimmung und Kollaboration behandeln.

9 «Normalität» und Genozid:
Das Problem der «Historisierung»

Die sogenannte «Historisierung» des Nationalsozialismus wurde Gegenstand ernsthafter Diskussionen, nachdem der Begriff von Martin Broszat 1985 in einem wichtigen und programmatischen Aufsatz[1] in die Diskussion eingebracht worden war. Es geht dabei um die Frage, ob es – fast ein halbes Jahrhundert nach dem Zusammenbruch des Dritten Reiches – möglich ist, die Nazizeit so zu behandeln wie andere Zeiträume der Vergangenheit – als «Geschichte» –, und welche neuen Perspektiven eine solche Veränderung in der begrifflichen Erfassung und Methodik erfordern würde. In intellektueller Hinsicht wirft die Kontroverse, die von Broszats Artikel ausgelöst wurde, markante theoretische und methodische Fragen im Hinblick auf Beitrag und Potential einer Forschungsrichtung auf, die sich in den letzten Jahren bei der Erforschung des Dritten Reiches in vieler Hinsicht als äußerst fruchtbarer Ansatz erwiesen hat: die Alltagsgeschichte.

In den letzten zwanzig Jahren sind in der Forschung neue, aufregende Wege beschritten worden und haben in einer Flut von Veröffentlichungen ihren Ausdruck gefunden, in denen die meisten der wichtigen Aspekte der Auswirkungen des Nationalsozialismus auf die deutsche Gesellschaft abgedeckt werden. Doch gerade als – fast ein Vierteljahrhundert nach dem Erscheinen von Schoenbaums umfangreicher Sozialgeschichte des Dritten Reiches, welches in seinen Augen «Hitlers soziale Revolution» gebracht hatte, und der Veröffentlichung von Dahrendorfs genauso einflußreicher Interpretation des

---

1 Martin Broszat, «Plädoyer für eine Historisierung des Nationalsozialismus», *Merkur* 39 S. 373–385, wiederabgedruckt in Martin Broszat, *Nach Hitler. Der schwierige Umgang mit unserer Geschichte* (München 1986), S. 159–173. Nachfolgende Anmerkungen beziehen sich auf die zweite Version.

Nationalsozialismus als «deutscher Revolution»² – die Zeit für eine neue umfassende Studie reif scheint, die vieles aus diesen Arbeiten aufnehmen und zu einer Synthese verarbeiten würde und dann eine revidierte Interpretation der deutschen Gesellschaft unter dem Nationalsozialismus zu bieten hätte, weckt die «Historisierungskontroverse» Zweifel, ob es überhaupt theoretisch möglich ist, eine solche Sozialgeschichte zu verfassen, ohne die zentralen Aspekte des Nationalsozialismus aus den Augen verlieren, die ihm seine dauerhafte weltgeschichtliche Bedeutung gegeben und zu seinem moralischen Erbe geführt haben. Im ersten Teil des Kapitels wird diese wichtige Kontroverse kurz skizziert, während im zweiten Teil erfaßt werden soll, welche Implikationen sich daraus für eine mögliche Geschichte der deutschen Gesellschaft im Dritten Reich ergeben.

Der «historisierende» Ansatz

Ein wesentlicher Durchbruch, der ein tieferes Bewußtsein über die Komplexität der deutschen Gesellschaft im Dritten Reich schaffte, wurde – wie allgemein anerkannt wird – mit Hilfe der Untersuchungen erzielt, die in der zweiten Hälfte der siebziger und Anfang der achtziger Jahre im Rahmen des «Bayern-Projekts» durchgeführt und veröffentlicht wurden. Dieses Projekt trug eine völlig neue Dimension zum Verständnis des Verhältnisses von Staat und Gesellschaft in Nazideutschland bei.³

Das Projekt war, soviel scheint festzustehen, ein wichtiger Impuls unter anderen, der für eine schnell an Bedeutung gewinnende Berücksichtigung der Alltagsgeschichte bei der Erforschung des Dritten Reiches sorgte. Der Begriff der Alltagsgeschichte und die von deren Befürwortern verwendeten Methoden haben – zum Teil berechtigterweise – die harte Kritik vor allem der führenden Vertreter der «kritischen Geschichtswissenschaft» und der historischen Sozialwissenschaften

---

2 David Schoenbaum, *Die braune Revolution. Eine Sozialgeschichte des Dritten Reiches* (Köln 1968) [originale amerikanische Fassung: *Hitler's Social Revolution* (New York 1966)]; Ralf Dahrendorf, *Gesellschaft und Demokratie in Deutschland* (München 1965), Kapitel 25.
3 Martin Broszat u. a. (Hg.), *Bayern in der NS-Zeit*, 6 Bände (München 1977–1983).

auf sich gezogen.[4] Eine solche Kritik hat allerdings die zunehmende Verbreitung des alltagsgeschichtlichen Ansatzes nicht aufhalten können, und sogar einige der schärfsten Kritiker geben zu, daß eine richtig erfaßte Alltagsgeschichte viel für ein tieferes Verständnis gerade auch der Nazizeit zu bieten haben kann.[5] Die Alltagsgeschichte befaßt sich mit der subjektiven Erfahrung und Mentalität der «einfachen Leute», und in der bemerkenswerten – nicht zuletzt auch durch die Erschließung vormals gedanklich tabuierter Bereiche erzeugten – Resonanz dieses Ansatzes spiegelt sich wohl teilweise das besonders stark bei der jüngeren Generation vorhandene Bedürfnis, mit dem Dritten Reich nicht nur als politischem Phänomen – als Schreckensregiment, aus dem sich in einer postfaschistischen Demokratie politische und moralische Lehren ziehen lassen –, sondern auch als sozialer Erfahrung umzugehen, um das Verhalten normaler Menschen – zum Beispiel das der eigenen Verwandten – im Nationalsozialismus besser verstehen zu können. Indem die Alltagsgeschichte vergangene Verhaltens- und Denkweisen erklärlicher und verständlicher macht und «normaler» – wenn auch nicht akzeptabler – erscheinen läßt, trägt sie, so könnte man sagen, zu einem vertieften Problembewußtsein bei. Das betrifft das Problem der geschichtlichen Identität in der Bundesrepublik und das der politischen Kontinuitäts- und Diskontinuitätslinien zum Dritten Reich wie ebenso das der gesellschaftlichen Kontinuitätsstränge, die vor dem Nazisozialismus ihren Anfang nahmen und sich bis weit in die Nachkriegszeit hinein erstrecken. Dies führt weiter dazu, daß man das Dritte Reich als integralen Bestandteil der deutschen Geschichte faßbar machen und in ihm keinen ausklammerbaren, nicht wirklich dazugehörigen Fremdkörper sehen möchte. Das sind einige der Überlegungen, die hinter Martin Broszats bekanntem «Plädoyer für eine Historisie-

4 Siehe zum Beispiel Hans-Ulrich Wehler, «Königsweg zu neuen Ufern oder Irrgarten der Illusionen? Die westdeutsche Alltagsgeschichte: Geschichte ‹von innen› und ‹von unten›», in F. J. Brüggemeier und J. Kocka (Hg.), *«Geschichte von unten – Geschichte von innen». Kontroversen um die Alltagsgeschichte* (Fernuniversität Hagen 1985), S. 17–47. Eine lebhafte Debatte über die Vorzüge und Nachteile der Alltagsgeschichte ist veröffentlicht in *Alltagsgeschichte der NS-Zeit. Neue Perspektive oder Trivialisierung?* (Kolloquien des Instituts für Zeitgeschichte, München 1984).
5 Siehe zum Beispiel die von Jürgen Kocka in zwei Rezensionsartikeln durchdacht vorgetragene Abwägung der Grenzen, aber auch Möglichkeiten der Alltagsgeschichte in *Die Zeit* Nr. 42 vom 14. Oktober 1983 («Drittes Reich: Die Reihen fast geschlossen») und *die tageszeitung (taz)* vom 26. Januar 1988 («Geschichtswerkstätten und Historikerstreit»).

rung des Nationalsozialismus» stecken, bei dem er von der Überzeugung ausgeht, im Gegensatz zur Geschichte des politischen Systems der Diktatur müsse die Geschichte der NS-Zeit erst noch geschrieben werden.⁶

Broszats Verwendung des «Historisierungs»begriffs hängt mit den Problemen zusammen, vor denen Historikerinnen und Historiker – und hier vor allem die westdeutschen – stehen, wenn sie sich mit der nationalsozialistischen Vergangenheit befassen. Broszat war überzeugt, daß auch heute noch, fast ein halbes Jahrhundert nach dem Ende des Dritten Reiches, die Distanzierung des Historikers von seinem Forschungsgegenstand Nationalsozialismus die Möglichkeit verhindert, die wissenschaftliche Erforschung und Analyse des Nationalsozialismus auf die gleiche Weise anzugehen wie andere Geschichtsperioden – mit einem Grad an intuitiver Einsicht, wie ihn die «normale» Geschichtsschreibung erfordert. Ohne eine richtige Integration des Nationalsozialismus in die «normale» Geschichtsschreibung bleibt das Dritte Reich seines Erachtens eine «Insel» in der deutschen Zeitgeschichte,⁷ die als Arsenal politisch-moralischer Lehren benutzt werde. Eine routinemäßige moralische Verurteilung schließe aber ein historisches Verständnis aus, da dann der Nationalsozialismus auf eine «Abnormalität» reduziert werde und als kompensatorisches Alibi für einen restaurierten Historismus diene, der sich auf die «heilen» Epochen vor und nach Hitler konzentriere.⁸ Broszat faßte seine Position mit den Worten zusammen:

«Eine Normalisierung unseres Geschichtsbewußtseins und die Vermittlung nationaler Identität durch Geschichte kann nicht um die NS-Zeit herum, durch ihre Ausgrenzung, erreicht werden. Dabei scheint es mir, je größer der historische Abstand wird, um so dringlicher, zu begreifen, daß Ausgrenzung der Hitler-Zeit aus der Geschichte und geschichtlichem Denken in gewisser Weise auch dann schon stattfindet, wenn diese fast nur politisch-moralisch aufgearbeitet wird, nicht mit der gleichen differenziert angewandten historischen Methodik wie andere Geschichtsepochen, mit weniger gründlich abwägender Beurteilung und auch in einer gröberen, pauschalen

---

6 Broszat, *Nach Hitler*, S. 167.
7 Siehe ebenda, S. 114–120, «Eine Insel in der Geschichte? Der Historiker in der Spannung zwischen Verstehen und Bewerten der Hitler-Zeit».
8 Ebenda, S. 173.

Sprache, wenn wir der Geschichtsdarstellung der nationalsozialistischen Zeit aus gut gemeinten didaktischen Gründen eine Art methodischer Sonderbehandlung angedeihen lassen.»[9]

Eine «Normalisierung» der methodischen Behandlung bedeute, daß die normale Exaktheit wissenschaftlicher Forschung bei einer peinlich genau arbeitenden Wissenschaft zum Tragen käme, die empirisch brauchbare Begriffe «mittlerer Reichweite» verwende, statt – ob nun von einem liberal-konservativen Standpunkt aus oder aufgrund wirtschaftsdeterministischer Theorien marxistisch-leninistischer oder «neu-linker» Prägung – platt zu moralisieren.[10] Dies allein würde schon durch das einer größeren Differenzierung entstammende verbesserte Verständnis die moralische Sensibilität verfeinern, wie etwa bei der Relativierung des «Widerstands» durch seine «Entheroisierung» und die Anerkennung der Grauzone zwischen Opposition und Konformität, zwischen dem «anderen Deutschland» und dem NS-Regime.[11] Dadurch würde es auch möglich, die Funktion des Nationalsozialismus als Exponent eines – mit den Veränderungen in anderen damaligen Gesellschaften vergleichbaren – modernisierenden Wandels aus der Zeit heraus zu verstehen und somit zu einem tieferen Verständnis der gesellschaftlichen Kräfte und Motivation zu gelangen, die von der Nazibewegung mobilisiert und ausgebeutet werden konnten.[12]

Es ist offensichtlich, welche Relevanz das «Bayern-Projekt» und die Betonung der Alltagsgeschichte für diese Denkrichtung haben. Dem ganzen «Historisierungs»konzept liegt die Vorstellung zugrunde, daß sich hinter der Barbarei und dem Schrecken des Regimes Muster einer gesellschaftlichen «Normalität» zeigten, die vom Nationalsozialismus zwar auf verschiedene Art und Weise beeinflußt wurden, die aber doch

---

9 Ebenda, S. 153 (und Klappentext). Bei jemandem der wie Broszat extensiv und sehr sensibel über die nationalsozialistischen Konzentrationslager geschrieben hat, in denen der Ausdruck «Sonderbehandlung» ein Euphemismus für Mord war, ist die Verwendung dieses Begriffs in obigem Zusammenhang ein bemerkenswerter und bedauerlicher sprachlicher Fehlgriff.
10 Ebenda, S. 104 ff, siehe auch S. 36–41. In seinem Briefwechsel mit Saul Friedländer sprach Broszat von einem «Plädoyer für die Normalisierung der Methode, nicht der Bewertung». – Martin Broszat und Saul Friedländer, «Um die ‹Historisierung des Nationalsozialismus›. Ein Briefwechsel» VfZ 36 (1988), S. 339–372, hier S. 365 (im folgenden als «Briefwechsel» zitiert).
11 Broszat, *Nach Hitler*, S. 110–112, 169–171.
12 Ebenda, S. 171–172.

schon vor seiner Zeit bestanden und ihn auch überdauerten. So wird angesichts einer «Normalität» des Alltags, die die meiste Zeit über von nichtideologischen Faktoren geprägt war, die Rolle der nationalsozialistischen Ideologie «relativiert». Einige der sozialen Veränderungs- und Entwicklungstendenzen, die ein von der Zeit vor dem Nationalsozialismus bis in die Zeit der Bundesrepublik reichendes Kontinuum bilden, wurden durch den Nationalsozialismus beschleunigt, andere hingegen verlangsamt.[13] Wenn man hinter die Diktatur und ihre kriminelle Energie schaut, läßt sich die Gesellschaft im nationalsozialistischen Deutschland leichter mit anderen Perioden der deutschen Geschichte verbinden und leichter mit anderen zeitgenössischen Gesellschaften vergleichen. Dadurch wird die langfristige strukturelle Veränderung und Modernisierung der deutschen Gesellschaft erklärbarer und ebenso die Rolle, die der Nationalsozialismus – gewollt oder ungewollt – bei dieser Veränderung gespielt hat. Durch diese Blickrichtung wird die traditionelle Hervorhebung der ideologischen, politischen und kriminell-terroristischen Aspekte des Nationalsozialismus in Frage gestellt und in mancher Hinsicht ersetzt. Einer von Broszats Kritikern ist beispielsweise der Auffassung, bei dessen Ansatz werde «der jüdische Aspekt [...] beinah irrelevant».[14]

Die vorgeschlagene «Historisierung» läßt sich daher in folgenden Forderungen zusammenfassen: Der Nationalsozialismus sollte mit denselben wissenschaftlichen Methoden untersucht werden wie jede andere Geschichtsepoche auch; gesellschaftliche Kontinuitätslinien sollten in weit vollständigerem Maße in einem wesentlich komplexeren Bild des Nationalsozialismus Berücksichtigung finden, und man sollte von der starken Konzentrierung auf den politisch-ideologischen Bereich als Arsenal moralischer Lehren abgehen (da moralische Sensibilität nur aus einem tieferen, durch eine «Historisierung» ermöglichten Verständnis der Vielschichtigkeit der Zeit erwachsen kann); und die NS-Zeit, die gegenwärtig beinah als ein – zwar nicht mehr verdrängter,

---

13 Eine ausgezeichnete Sammlung von Aufsätzen, die einen Großteil wertvoller Forschungsergebnisse zusammenfassen und den Nationalsozialismus im Kontext langfristiger sozialer Veränderungen sehen, findet sich bei W. Conze und R. M. Lepsius, *Sozialgeschichte der Bundesrepublik Deutschland* (Stuttgart 1983).
14 Otto Dov Kulka, «Singularity and its Relativization. Changing Views in German Historiography on National Socialism and the ‹Final Solution›», *Yad Vashem Studies* 19 (1988), S. 151–186, hier S. 170.

doch zur «Pflichtlektion» verkümmerter[15] – nicht recht einordbarer Teil der deutschen Geschichte behandelt wird, muß wieder im Zusammenhang einer größeren evolutionären Entwicklung gesehen werden.[16]

Kritik der «Historisierung»

Die Hauptkritiker des Broszatschen «Historisierungsplädoyers» sind die israelischen Historiker Otto Dov Kulka, Dan Diner und vor allem Saul Friedländer. Sie erkennen das Thema der «Historisierung», so wie es Broszat darlegt, als wichtiges methodisches und theoretisches Problem an und meinen, es stelle eine in mancher Hinsicht legitime Perspektive dar und werfe Fragen auf, die «in den Bereich eines grundsätzlich wissenschaftlichen Dialogs» zwischen Historikern gehören, welche «in ihrer Haltung zum Nazismus und seiner Verbrechen [...] einige fundamentale Grundannahmen teilen». Insofern sind die genannten Autoren bemüht, hier den Unterschied zu Ernst Noltes Apologetik im «Historikerstreit» hervorzuheben.[17] Doch nebenbei wird angemerkt, daß die nach vierzig Jahren ergehende Aufforderung, die NS-Zeit wie jede andere Geschichtsepoche zu behandeln, auch Noltes Ausgangspunkt sei.[18] Wenn man Nolte völlig aus dem Spiel läßt, sind da immer noch die Implikationen, die sich aus Andreas Hillgrubers Art der historischen Beschäftigung mit der deutschen Wehrmacht an der Ostfront für den «Historisierungs»begriff ergeben und auf die wir noch zurückkommen werden.[19]

15 Broszat, *Nach Hitler*, S. 161.
16 Siehe Saul Friedländer, «Überlegungen zur Historisierung des Nationalsozialismus», in Dan Diner (Hg.), *Ist der Nationalsozialismus Geschichte? Zu Historisierung und Historikerstreit* (Frankfurt am Main 1987), S. 34–50, hier S. 37–38.
17 Friedländer, «Überlegungen», S. 34–35, 41; Kulka, «Singularity and its Relativization», S. 152, 167. Die zwei Beiträge von Ernst Nolte, die dem «Historikerstreit» vorausgingen, werden wiedergegeben in *«Historikerstreit». Die Dokumentation der Kontroverse um die Einzigartigkeit der nationalsozialistischen Judenvernichtung* (München und Zürich 1987), S. 13–35 und 39–47.
18 Friedländer, «Überlegungen», S. 43–44; Kulka, «Singularity and its Relativization», S. 167ff.
19 Friedländer, «Überlegungen», S. 46; Dan Diner, «Zwischen Aporie und Apologie», in Diner (Hg.), *Ist der Nationalsozialismus Geschichte?* S. 66. Der Hinweis

Die direkteste und strukturierteste Kritik des Broszatschen «Historisierungsplädoyers» kommt von Saul Friedländer.[20] Im Zusammenhang mit dem «Historisierungs»gedanken sieht er drei Dilemmata und außerdem drei Probleme, die sich aus dem Ansatz ergeben.

Das erste Dilemma, auf das er hinweist, ist das der Periodisierung und der Spezifität der Diktaturjahre selbst, also der Zeit von 1933 bis 1945.[21] Der «Historisierungs»ansatz suche das Dritte Reich in ein Bild des langfristigen sozialen Wandels einzupassen. Broszat selbst führt das Beispiel der Sozialversicherungspläne der Deutschen Arbeitsfront (DAF) im Zweiten Weltkrieg an, in denen er einerseits eine Episode in der Entwicklung wohlfahrtsstaatlicher Sozialprogramme sieht, die bereits vor dem Nationalsozialismus einsetzte und in das heutige System der Bundesrepublik einmündete, und andererseits eine Parallele zu dem, was sich zu der Zeit in völlig anderen politischen Systemen – etwa in Großbritannien mit dem Beveridge-Plan – abspielte.[22] Diese verschiedenen langfristigen sozialen Veränderungen, in diesem Fall in der Sozialpolitik, kann man daher als Prozesse ansehen, die losgelöst von den Besonderheiten der nationalsozialistischen Ideologie und den speziellen Umständen des Dritten Reiches ablaufen. Somit werden nicht mehr so sehr die einzigartigen Charakteristika der Nazizeit betont als die relative und objektive Funktion des Nationalsozialismus als beschleunigendes (oder retardierendes) Modernisierungsmoment.

Die Frage des vom Nationalsozialismus beabsichtigt oder unbeabsichtigt ausgehenden Modernisierungsschubs ist seit den Veröffentlichungen von Dahrendorf und Schoenbaum Diskussionsthema, wie wir im vorhergehenden Kapitel gesehen haben. Friedländer geht davon aus, daß neuere Untersuchungen unser Wissen über zahlreiche Aspekte dieser «Modernisierung» erweitert haben. Als Ganzes genommen zeigen derartige Untersuchungen seines Erachtens allerdings eine Interessenverlagerung vom Besonderen des Nationalsozialismus hin zu

---

bezieht sich auf den ersten Aufsatz («Der Zusammenbruch im Osten 1944/45 als Problem der deutschen Nationalgeschichte und der europäischen Geschichte») in Andreas Hillgruber, *Zweierlei Untergang. Die Zerschlagung des Deutschen Reiches und das Ende des europäischen Judentums* (Berlin 1986).
20 Friedländer, «Überlegungen». (Ursprünglich erschienen als «Some Reflections on the Historisation of National Socialism», *Tel Aviver Jahrbuch für deutsche Geschichte* 16 [1987], S. 310–324).
21 Friedländer, «Überlegungen», S. 38–41.
22 Broszat, *Nach Hitler*, S. 171–172.

allgemeinen Modernisierungsproblemen, in deren Rahmen der Nationalsozialismus eine Rolle spielt. Es ginge daher um die Frage der «relativen Relevanz» solcher Entwicklungen für eine umfassende geschichtliche Darstellung der Nazizeit.[23] Und Friedländers Einschätzung zufolge besteht – beinah zwangsläufig – die Gefahr einer Relativierung des für die Zeitspanne von 1933 bis 1945 eigentümlichen politisch-ideologisch-moralischen Rahmens.[24]

Das zweite Dilemma ergibt sich aus der empfohlenen Aufhebung der auf moralischer Verurteilung basierenden distanzierten Haltung, die der mit dem Nationalsozialismus befaßte Historiker gegenüber seinem Forschungsgegenstand einnimmt und die ihn daran hindert, diese Zeit als «normale» Geschichtsepoche zu behandeln. Dadurch würden, meint Friedländer, unlösbare Probleme bei der Erstellung eines Globalbildes der Nazizeit aufgeworfen, da zwar nur wenige Lebensbereiche an sich verbrecherisch, aber auch nur wenige von der Kriminalität des Regimes völlig unberührt gewesen seien. Eine Trennung der Kriminalität von der Normalität sei daher wohl keine leichte Aufgabe. Es ließen sich keine objektiven Kriterien festsetzen, die klar anzeigten, welche Bereiche eventuell eine empathische Behandlung zuließen und welche immer noch nicht behandelt werden könnten, ohne daß der Historiker gegenüber seinem Untersuchungsgegenstand eine distanzierte Haltung einnähme.[25]

Das dritte Dilemma ergibt sich aus der Vagheit und unspezifischen Offenheit des «Historisierungs»konzepts, das zwar Hinweise auf eine Methode und eine Philosophie enthalte, aber keine klare Vorstellung von möglichen Ergebnissen vermittele. Die Implikationen des «Histo-

---

23 Friedländer, «Überlegungen», S. 40.
24 Ebenda, S. 38. Kulkas Kritik in «Singularity and its Relativization», S. 168–173, geht in eine ähnliche Richtung. Diner («Zwischen Aporie und Apologie», S. 67) kritisiert ebenfalls, daß die Besonderheiten des Zeitraums 1933–1945 zwangsläufig unter den Tisch fielen, wenn wie beim alltagsgeschichtlichen Ansatz die «Normalität» hervorgehoben werde. In Anspielung auf das von Lutz Niethammer geleitete «oral history»-Projekt über die Erfahrungen der Arbeiter im Ruhrgebiet weist er darauf hin, daß sich «die guten und die schlechten Zeiten» in der subjektiven Erinnerung keineswegs mit den bedeutenden Entwicklungen der Zeit von 1933 bis 1945 deckten. Die Folge sei eine «erhebliche Banalisierung der NS-Zeit». Angesprochen ist der Aufsatz von Ulrich Herbert, «Die guten und die schlechten Zeiten», in Lutz Niethammer (Hg.), «*Die Jahre weiß man nicht, wo man die heute hinsetzen soll*». *Faschismuserfahrungen im Ruhrgebiet* (Bonn 1986), S. 67–96.
25 Friedländer, «Überlegungen», S. 41–42.

risierungs»ansatzes seien jedoch keineswegs eindeutig, sondern auf radikal unterschiedliche Weise deutbar – wie sich an Noltes und Hillgrubers umstrittenen Interpretationen der Nazizeit sehen lasse, durch die der «Historikerstreit» ausgelöst wurde.[26]

Friedländer ist bereit, in diesem Zusammenhang Noltes Veröffentlichungen unberücksichtigt zu lassen. Aber er benutzt Hillgrubers Aufsatz über die Ostfront, um zu veranschaulichen, welche möglichen Gefahren die «Historisierung» birgt, und stellt dabei deutlich die Verbindung zu den Problemen der Alltagsgeschichte selbst und zu dem nicht klar eingegrenzten Resistenzbegriff des «Bayern-Projekts» heraus.[27] Nicht nur die Relativierung der Distanz zur Nazizeit, sondern auch die mit der Alltagsgeschichte verknüpfte Betonung der Normalität vieler Aspekte des Dritten Reiches und der nichtideologischen und nichtverbrecherischen Tätigkeitsbereiche sowie der immer nuancierter dargelegten Einstellungs- und Verhaltensmuster führt Friedländers Ansicht nach zu wesentlichen Problemen. Er gesteht zu, daß die Kriminalität nicht notwendigerweise außen vor bliebe und daß sich ein Kontinuum erstellen ließe, das die Kriminalität im Alltag und die Normalität im verbrecherischen System des Regimes erfaßte. Aber er meint, bei einer umfassenden Perspektive des Dritten Reiches, die von der im Historisierungsansatz geforderten Relativierung und Normalisierung der Nazizeit ausgehe, lasse es sich kaum vermeiden, dem «Normalitäts»ende der Skala tendenziell zuviel Gewicht beizumessen. Trotz gegenteiliger Behauptungen Broszats sei es, fürchtet Friedländer, in bezug auf das Dritte Reich von der «Historisierung» zum «Historismus» in Wirklichkeit nur ein kleiner Schritt.[28] Hillgruber verteidigt seine umstrittene Empathie und Identifizierung mit den deutschen Truppen im Osten dadurch, daß er seinen Ansatz mit dem der – auf andere Forschungsgebiete angewendeten – Alltagsgeschichte vergleicht.[29] Friedländer ist der Ansicht, diese Verteidigung habe etwas für sich, und meint, der «Resistenz»begriff lasse sich gerechtfertigterweise auf das Verhalten der deutschen Soldaten anwenden, die in der Endphase des Krieges die Ostfront verteidigten. Viele Einheiten seien gegenüber der nationalsozialistischen Ideologie relativ immun gewesen und hätten nur – wie

---

26 Ebenda, S. 42–43.
27 Ebenda, S. 43–47.
28 Ebenda, S. 44.
29 Ebenda, S. 44–45; siehe Diner, «Zwischen Aporie und Apologie», S. 66, 69.

Soldaten jeder anderen Armee auch – ihr Bestes getan, um die Front zu halten. Andererseits sei die Wehrmacht natürlich auch in stärkerem Maße als fast jede andere Institution systemstabilisierend gewesen. Für Friedländer läßt sich daran nicht nur erkennen, daß «Resistenz» ein «viel zu amorpher Begriff» sei,[30] sondern auch, wie schwammig der Begriff der «Historisierung» sei, der «Unterschiedliches» umfasse, so daß «einige Interpretationen sich eher als andere bestärkt finden».[31]

Aus den genannten Dilemmata ergeben sich in Friedländers Augen drei allgemeine Probleme. Das erste besteht darin, daß die nationalsozialistische Vergangenheit immer noch zu sehr gegenwärtig sei, um sie so «normal» zu behandeln, wie man das etwa mit der Geschichte Frankreichs im sechzehnten Jahrhundert machen würde. Die Selbstreflexion des Historikers, die für jede gute Geschichtsschreibung erforderlich ist, sei für das Studium der Nazizeit von entscheidender Bedeutung. Das Dritte Reich lasse sich einfach nicht in derselben Weise betrachten oder mit denselben Methoden angehen wie die «normale» Geschichte.[32]

Das zweite Problem ist für Friedländer «das der jeweils unterschiedlichen Relevanz». Die Geschichte des Nationalsozialismus sei, so schreibt er, «die Geschichte aller».[33] Die Erforschung des Alltags im Dritten Reich könne für Deutsche im Hinblick auf das Selbstverständnis und die nationale Identität in der Tat relevant und daher eine für deutsche Historiker vielleicht naheliegende Perspektive sein. Für Historiker außerhalb Deutschlands sei diese Perspektive aber im Vergleich zu den politischen und ideologischen Aspekten des Dritten Reiches und insbesondere dem Verhältnis von Ideologie und Politik vielleicht weniger relevant.

Auf den gleichen Punkt wird in etwas anderer Weise auch von anderen Kritikern der «Historisierung» hingewiesen. Otto Dov Kulka[34] sieht in der Hervorhebung der «normalen» Aspekte des Dritten Reiches eine Spiegelung der gegenwärtigen Situation und des heutigen Selbstbildes der Bundesrepublik als moderner Wohlstandsgesellschaft

---

30 Friedländer, «Überlegungen», S. 45.
31 Ebenda, S. 47.
32 Ebenda, S. 47–48.
33 Ebenda, S. 48.
34 Kulka, zitiert von Herbert Freeden, «Um die Singularität von Auschwitz», *Tribüne* 26, Heft 102 (1987), S. 123–124, sowie «Singularity and Relativization», S. 169–171 f.

– ein Bild, in dem die nationalsozialistische Ideologie und die Verbrechen des Regimes kaum Platz haben. Aus dieser heutigen bundesdeutschen Perspektive heraus hält er etwa eine Untersuchung der langfristigen Entwicklungstendenzen der Sozialpolitik für berechtigt und wichtig. Aber «die ‹weltgeschichtliche Eigenart des Dritten Reiches› läge doch gerade in der Qualität, nämlich daß neben dem deutschen Arbeiter [...] Abertausende von versklavten Menschenwesen ‹arbeiten›, nachdem ihre Familienmitglieder auf grausamste Weise umgebracht und sie selbst nach ihrer ‹Abnutzung› auf eine industriell rationalistische Weise vernichtet wurden».[34]

Das dritte – und entscheidendste – Problem ist deshalb, wie man die Naziverbrechen in die «Historisierung» des Dritten Reiches integrieren soll. Laut Friedländer – und er gibt zu, daß es sich dabei um ein Werturteil handelt – ist die Besonderheit oder Einzigartigkeit des Nationalsozialismus darin begründet, daß er versuchte, «zu entscheiden, wer die Welt bewohnen dürfe und wer nicht».[35] Das Problem – und die Grenzen – der «Historisierung» liege folglich in ihrer Unfähigkeit, in ihr Bild von der «normalen» Entwicklung «die Frage nach dem spezifischen Charakter und dem historischen Ort der Vernichtungspolitik des Dritten Reiches» zu integrieren.[36]

35 Friedländer, «Überlegungen», S. 49–50. Dieser Satz stammt aus den Schlußzeilen von Hannah Arendt, *Eichmann in Jerusalem* (Reinbek 1983), S. 329.
36 Friedländer, «Überlegungen», S. 49. Diner («Zwischen Aporie und Apologie», S. 67–68, 71–73) ist noch härter in seiner Kritik: Er betont, daß Auschwitz eine zentrale Bedeutung als «universalistische[r] Ausgangspunkt, von dem aus die weltgeschichtliche Bedeutung des Nationalsozialismus zu ermessen wäre», habe, daß sich Auschwitz nicht «historisieren» lasse, daß Täter und Opfer diametral entgegengesetzte Erfahrungen gemacht hätten und daß es theoretisch unmöglich sei, die von ersteren erlebte «Normalität» des Alltags und den von letzteren erlebten «absoluten Ausnahmezustand» als *eine* Geschichte zu erzählen. Und er fügt (auf S. 68) hinzu, jede Vorstellung vom «Alltag» müsse notwendigerweise ihren Ausgang im begrifflichen Gegenteil des «spezifischen Besonderen» nehmen. In der offenbaren Annahme, daß eine Synthese letztlich vielleicht doch möglich sei, gelangt er (auf S. 71) im Hinblick auf den Holocaust zu dem Schluß: «Nur wer von diesem Extremfall ausgeht, könnte jene in der Nahsicht auf Alltagsgeschichte und Massenmorde aufgespaltene Gleichzeitigkeit von der Banalität des unwirklich gestalteten wirklichen Normalzustands einerseits und seinem monströsen Ausgang andererseits annähernd begreifbar machen.»

Auswertung

Die von Friedländer, Kulka und Diner gegen die «Historisierung des Nationalsozialismus» vorgebrachten Einwände lassen sich nicht so leicht beiseite wischen. Sie sprechen wichtige philosophische und methodische Überlegungen an, die jeden Versuch, die Geschichte der deutschen Gesellschaft im Nationalsozialismus zu schreiben, unmittelbar berühren.

Friedländers Bedenken, die politischen, ideologischen und moralischen Aspekte des Nationalsozialismus könnten übergangen oder heruntergespielt werden, ziehen sich durch seine ganze Kritik. Aber zu Beginn könnte man fragen, ob sich durch die traditionelle Konzentrierung auf den politisch-ideologisch-moralischen Rahmen überhaupt weitere Fortschritte im Hinblick auf eine Vertiefung des Verständnisses erzielen lassen, das die Grundlage für ein verbessertes moralisches Bewußtsein bildet. Dieser «traditionelle» Schwerpunkt, der vielleicht am deutlichsten in Karl Dietrich Brachers Werk zum Ausdruck kommt, hat viele auf Dauer brauchbare Resultate gezeigt.[37] Diese hätten auch aus «historisierender» Sicht Bestand. Aber die Wissenschaft weiterhin in den überkommenen Rahmen einzuzwängen, wäre ein fruchtloses und letzten Endes vielleicht sogar kontraproduktives Unterfangen, da dadurch genau die Ansätze blockiert werden würden, die in den letzten Jahren zu vielen der schöpferischsten – und moralisch sensibelsten – Forschungsprojekte geführt haben. Außerdem hätte eine «Historisierung» in Theorie und Praxis vielleicht weniger ernste Auswirkungen, als Friedländer befürchtet.

Es scheint fraglich, ob das erste Dilemma, das Friedländer anführt – man könne, wenn man sich auf die Entwicklung langfristiger sozialer Veränderungen konzentriere, nicht gleichzeitig dem spezifischen Charakter der NS-Zeit gerecht werden –, unumgänglich sein muß. Man könnte nämlich durchaus erwidern, daß sich die spezifischen Merkmale der Zeit von 1933 bis 1945 *nur* durch eine Langzeitanalyse erhellen lassen, die über diese zeitliche Begrenzung hinausgeht und diese Ära in einen entwicklungsbezogenen Kontext stellt, der Elemente des sozialen Wandels berücksichtigt, die schon lange vor dem Nationalsozialismus existierten und nach dessen Ende fortdauerten. Friedländer be-

---

37 Am klassischsten in Karl Dietrich Bracher, *Die deutsche Diktatur. Entstehung, Struktur, Folgen des Nationalsozialismus* (Köln und Berlin 1969 u. ö.).

fürchtet, daß es unweigerlich zu einer Verlagerung der Aufmerksamkeit auf das Problem der Modernisierung käme und daß eine «Relativierung» der Diktaturzeit durch deren Einordnung in den Langzeitkontext eines «neutralen» sozialen Wandels zwangsläufig dazu führen müsse, daß man entscheidende Ereignisse oder politische Entscheidungen der NS-Zeit aus den Augen verliert oder weniger wichtig nimmt.

Diese Befürchtungen scheinen von neueren Arbeiten über den sozialen Wandel, von denen einige aus einer langfristigen Perspektive heraus gezielt die Frage der Modernisierung und der These von der «sozialen Revolution» angehen, nicht bestätigt zu werden. Natürlich konzentrieren sich solche Arbeiten nicht schwerpunktmäßig auf die «kriminelle» Seite des Dritten Reiches. Doch auch wenn die Betonung auf der nationalsozialistischen Sozialpolitik liegt, wird dabei die Bedeutung der Ideologie keineswegs heruntergespielt, und es wird mehr als deutlich, in welchem Verhältnis diese Ideologie zu dem durch und durch rassistisch-imperialistischen Wesen des Nationalsozialismus steht. Zum Beispiel läßt – um das von Broszat aus Marie-Luise Reckers Untersuchung über die nationalsozialistische Sozialpolitik während des Krieges zitierte Beispiel zu nehmen, das in Friedländers Augen die mit der «Historisierung» verbundenen Gefahren verdeutlicht – Robert Leys sozialpolitisches Programm während des Krieges tatsächlich eine Reihe von oberflächlichen Ähnlichkeiten mit Beveridges Sozialversicherungsplänen in Großbritannien erkennen. Am bemerkenswertesten an Reckers Analyse – wenn das auch zugegebenermaßen aus Broszats Verweis auf ihre Ergebnisse nicht hervorgeht – ist der spezifische und unverkennbar nationalsozialistische Charakter des Programms.[38] Es ist nicht nur gerechtfertigt (und notwendig), an die Analyse des Leyschen Programms mit einer Langzeit- und auch vergleichenden Perspektive heranzugehen, ein solcher Blickwinkel trägt vielmehr auch unmittelbar zu einer klareren Definition dessen bei, was an der Sozialpolitik der Jahre 1933–1945 das besondere nationalsozialistisch Prägende ist. Das gleiche läßt sich von einer beeindruckenden Analyse sagen, in der sich Michael Prinz mit den Versuchen der Nazis befaßt, die Statusschranken zwischen Angestellten und Arbeitern aufzuheben; hier dient die Langzeitperspektive dazu, sowohl die spezifischen Merkmale der nationalsozialistischen Sozialpolitik gegenüber den Angestellten als

---

38 Marie-Luise Recker, *Nationalistische Sozialpolitik im Krieg* (München 1985). Siehe Broszat, *Nach Hitler*, S. 171.

auch die Verankerung dieser Politik in den ideologischen Grundsätzen der Nazis besonders deutlich herauszuarbeiten.[39]

Auf andere Themenbereiche angewandt, erhellt die «Längsschnittanalyse» gerade den politisch-ideologisch-moralischen Rahmen, dessen Ignorierung oder Minderbewertung Friedländer befürchtet; allerdings geschieht das hier auf andere und oftmals anspruchsvollere Weise als beim traditionellen Ansatz. Ein Beispiel hierfür wäre Ulrich Herberts ausgezeichnete Analyse der Behandlung ausländischer Arbeitskräfte in Deutschland seit dem 19. Jahrhundert, die sowohl die über die Nazizeit hinaus bestehende Kontinuität als auch die spezifische Barbarei gerade dieser Zeit deutlicher ins Blickfeld treten läßt.[40] Bekanntlich war Herbert führend an dem «oral history»-Projekt im Ruhrgebiet beteiligt, das so eng an die erlebte «Normalität» des «Alltags» anknüpfte. Deshalb ist es um so bezeichnender, daß gerade dieser Historiker eine hervorragende Monographie über «Fremdarbeiter» beisteuerte, die die erste größere Analyse über eine der barbarischsten Aspekte des Dritten Reiches darstellt, und daß er dabei nicht nur die ideologisch begründete Art der «Fremdarbeiterpolitik» des Regimes voll herausarbeitet, sondern auch aufzeigt, wie sehr «der Rassismus kein Phänomen nur bei Parteiführung und SS [...], sondern während der Kriegszeit alltäglich erlebbare und praktizierte Wirklichkeit in Deutschland [war]».[41]

Die moralische Dimension ist auch mehr als offensichtlich in neueren Untersuchungen über Berufs- und gesellschaftliche Gruppen: Ärzte, Juristen, Lehrer, Techniker und Studenten.[42] Und bei diesen Stu-

---

39 Michael Prinz, *Vom neuen Mittelstand zum Volksgenossen* (München 1986).
40 Ulrich Herbert, *Geschichte der Ausländerbeschäftigung in Deutschland 1880 bis 1980* (Bonn 1986).
41 Ulrich Herbert, *Fremdarbeiter. Politik und Praxis des «Ausländer-Einsatzes» in der Kriegswirtschaft des Dritten Reiches* (Berlin und Bonn 1985), hinterer Klappentext. Siehe auch Herberts Aufsatz «Arbeit und Vernichtung. Ökonomisches Interesse und Primat der ‹Weltanschauung› im Nationalsozialismus», in Diner (Hg.), *Ist der Nationalsozialismus Geschichte?*, S. 198–236.
42 Es überrascht nicht, daß moralische Fragen besonders schnell bei Forschungsprojekten berührt sind, die sich mit der Rolle des Dritten Reiches bei der Professionalisierung der medizinischen Praxis befassen. Gerade in diesem Bereich sind in der Forschung in den letzten Jahren beträchtliche Fortschritte erzielt worden. Literaturübersichten in: Michael H. Kater, «Medizin und Mediziner im Dritten Reich. Eine Bestandsaufnahme», *HZ* 244 (1987), S. 299–352; und Michael H. Kater, «The Burden of the Past: Problemes of a Modern Historiography of Physicians and Medi-

dien gibt es kaum Probleme damit, parallel zu langfristigen Entwicklungs- und Veränderungsmustern (in die die Nazizeit einzuordnen ist) spezifische, dem Nationalsozialismus eigentümliche Aspekte dieser Prozesse zu behandeln. Gleiches trifft in starkem Maße auf Untersuchungen für die Stellung der Frauen zu. Die in der Frage des Antifeminismus feststellbare Kontinuität steht einer Herausarbeitung der spezifischen Konturen der Zeit von 1933 bis 45 nicht im Wege, wie beispielsweise an Gisela Bocks Arbeit zu sehen ist, in der der Antifeminismus und die Rassenpolitik der Nazis durch eine Analyse der Zwangssterilisation in einen unmittelbaren Zusammenhang gestellt werden.[43] Genau wie in diesem Beispiel wird auch bei den meisten anderen der in der letzten Zeit erschienenen – und in vielen Fällen qualitätsmäßig hochstehenden – Veröffentlichungen über Frauen im Dritten Reich ein besonderes Schwergewicht auf die zentrale Rassenfrage gelegt – also genau auf das Thema, von dem Friedländer befürchtet, es würde durch eine sozialgeschichtliche (statt einer politikgeschichtlichen) Perspektive an Bedeutung verlieren.[44]

Es ist schwer zu sehen, wie man bei dem wissenschaftlichen Versuch, ein umfassendes Bild der Gesellschaft im Nationalsozialismus zu erstellen, ohne die Ergebnisse dieser wichtigen Untersuchungen auskommen sollte. Da ist allerdings noch Friedländers zweites Dilemma: Wenn der Historiker erst einmal die bislang automatische Distanzierung vom Nationalsozialismus aufgehoben, die Epoche aus ihrer «Quarantäne» befreit und das «‹Pflichtlektion›-Syndrom» beseitigt habe,[45] mangele es ihm an objektiven Kriterien, um bei der Erstellung eines «globalen» Bildes der Nazizeit die «Kriminalität» von der «Normalität» zu unterscheiden.

Friedländer sorgt sich offenbar, daß nun in der «Normalität» des Alltags im Nationalsozialismus Bereiche empathischen Verständnisses gefunden werden könnten. Dadurch würde der bislang allgemein vorhandene Konsens gebrochen, der auf einer totalen und vollständigen

---

cine in Nazi Germany», *German Studies Review* 10 (1987). Siehe auch die Monographien von Robert Jay Lifton, *The Nazi Doctors* (New York 1986), und von Michael H. Kater, *Doctors under Hitler* (Chapel Hill/London 1989).
43 Gisela Bock, *Zwangssterilisation im Nationalsozialismus* (Opladen 1986).
44 Siehe besonders Renate Bridenthal, Anita Grossmann und Marion Kaplan (Hg.), *When Biology became Destiny. Women in Weimar and Nazi Germany*, und Claudia Koonz, *Mütter im Vaterland* (vgl. oben Kap. 7, Anm. 49).
45 Friedländer, «Überlegungen», S. 41.

Ablehnung dieser Zeit beruht. Doch der Historiker, dem nun auf einmal eine andere Wahl als die der Ablehnung bliebe,[46] hätte keine objektiven Kriterien, um Unterscheidungen zu treffen. Im Rahmen der Philosophie des «Historismus» und der reinen Theorie scheint das von Friedländer angesprochene Problem der «Distanz» oder «Empathie» in der Tat nicht lösbar zu sein. Doch selbst auf der theoretischen Ebene geht es dabei kaum um ein dem Dritten Reich eigentümliches Problem; implizit ist die gesamte Geschichtsschreibung damit konfrontiert. Gerade in vielen Bereichen der Zeitgeschichte scheint das Problem, so könnte man meinen, kaum weniger akut zu sein als im Fall des Nationalsozialismus. Ob der Historiker, der über die sowjetische Gesellschaft unter Stalin, die Gesellschaft im faschistischen Italien oder in Spanien unter Franco, über den Vietnamkrieg, Südafrika oder den britischen Imperialismus schreibt, vor einem grundlegend anderen Dilemma steht, darf bezweifelt werden. Objektive Kriterien, die auf der «Neutralität» des Historikers beruhen, dürften in der Geschichtsschreibung wohl nirgends eine Rolle spielen. Es läßt sich nicht vermeiden, daß man seine Wahl aufgrund subjektiv determinierter Wahlmöglichkeiten trifft. Eine gründlich angewendete kritische Methode und die volle Anerkennung der erkenntnisleitenden Interessen bilden die einzigen Kontrollmittel. In dieser Hinsicht ist der mit dem Nationalsozialismus befaßte Historiker in keiner anderen Lage als jeder andere Historiker auch.

Broszat bringt in seinen Schriften an manchen Stellen den Unterschied zwischen der Methode, die er empfiehlt, und dem traditionellen oder «restaurierten» Historismus, den er dieser gegenüberstellt, zweifellos nicht so klar und unzweideutig zum Ausdruck, wie es wünschenswert wäre.[47] Er stellt «Distanz» und «Einfühlen» ausdrücklich als Gegensätze dar und spricht von der Möglichkeit, ein gewisses Maß an «mitfühlender Identifikation (mit den Opfern, aber auch mit den […] fehlinvestierten Leistungen und Tugenden) aufzubringen». Gleichzeitig macht er jedoch recht deutlich, daß das Gegenteil zur unkritischen, positiven Identifizierung mit dem Forschungsgegenstand

---

46 Vor rund fünfunzwanzig Jahren erklärte Wolfgang Sauer, ein charakteristisches Kennzeichen der Geschichtsschreibung zum Nationalsozialismus sei, daß dem Historiker keine andere Wahl als die der Ablehnung bleibe. (Nähere bibliographische Angaben in Kapitel 1 Anmerkung 39.)
47 Zu den im folgenden zitierten Sätzen siehe Broszat, *Nach Hitler*, S. 120 und 161, und zu den Bemerkungen zum «Historismus» S. 100–101 und 173.

genau in der kritischen Geschichtsmethode zu finden sei, die sich auf den Nationalsozialismus genauso wie auf andere Geschichtsepochen anwenden lasse und letzten Endes gerade durch peinlich genaue wissenschaftliche Arbeit – zu der ein Sicheinfühlen in das Thema, aber kein unkritisches Übernehmen von Positionen gehöre – zu einer verbesserten moralischen Sensibilität beitrage.[48] Das Ergebnis bestehe in dem von allen Historikern zu leistenden Drahtseilakt, bei dem die Wahl zwischen Empathie oder moralischer Distanz durch die kritische Methode in eine Haltung umgewandelt werde, wie sie für einen Großteil der guten Geschichtsschreibung kennzeichnend sei: Ablehnung aufgrund von «Verstehen». Diese Prämisse, daß «Aufklärung» durch «Erklärung» erreicht werde,[49] scheint Broszats Ansatz in seinen gesammelten Beiträgen, auf jeden Fall aber in seiner Arbeit am «Bayern-Projekt» und anderswo zugrunde zu liegen.

Die besten der aus der Erforschung der «Alltagsgeschichte» hervorgegangenen Arbeiten zeigen deutlich, daß ein Interesse an der Beschäftigung mit alltäglichen Verhaltens- und Denkweisen keineswegs deren empathische Behandlung nach sich ziehen muß. Detlev Peukerts Arbeit, bei der die «Normalität» in einer Theorie von der «Pathologie der Modernität» gründet, ist dafür ein hervorragendes Beispiel.[50] Das von Friedländer postulierte Dilemma ist hier kaum sichtbar. Die «Alltagsnormalität» wird hier nicht als positiver Gegenpol zu den «negativen» Aspekten des Nationalsozialismus dargestellt, sondern als Rahmen, in dem die aus einer «pathologischen» Seite der «Normalität» erwachsende «Kriminalität» leichter erklärbar wird. Ebensowenig bestätigt sich in Peukerts Werk die Befürchtung, die Aufstellung eines Kontinuums (also einer Werteskala) von der «Normalität» auf der einen, bis zur «Kriminalität» auf der anderen Seite bedeute in der Praxis zwangs-

---

48 Siehe insbesondere den Aufsatz «Grenzen der Wertneutralität in der Zeitgeschichtsforschung: Der Historiker und der Nationalsozialismus», in: *Nach Hitler*, S. 92–113.
49 Broszat, *Nach Hitler*, S. 100. Siehe auch «Briefwechsel», S. 340, wo Broszat noch einmal betont, wie sehr er auf das «Prinzip kritischen, aufklärerischen historischen Verstehens» angewiesen sei, das «sich deutlich abhebt vom Verstehens-Begriff des deutschen Historismus im 19. Jahrhundert [...]».
50 Siehe Detlev Peukert, *Volksgenossen und Gemeinschaftsfremde. Anpassung, Ausmerze und Aufbegehren unter dem Nationalsozialismus* (Köln 1982). Friedländer erkennt in «Briefwechsel», S. 354–355, die Verdienste der Alltagsgeschichtsforschung mit Einschränkungen an, stellt damit aber Broszat längst nicht zufrieden (siehe ebenda, S. 362–363).

läufig, daß das Schwergewicht auf die erstgenannte Seite entfalle. Dabei ist Peukerts Arbeit um so beeindruckender, als sie bislang praktisch den einzigen umfassenderen Versuch einer Synthese von Forschungsergebnissen darstellt, die in einer Vielzahl von Monographien erarbeitet worden sind, welche sich unter einem alltagsgeschichtlichen Gesichtspunkt mit der deutschen Gesellschaft im Dritten Reich befassen. Und obgleich Peukert den Punkt bewußt aus seinen Überlegungen in diesem Buch ausgeklammert hat, gibt es keinen Grund, warum der «Weg nach Auschwitz» nicht vollständig Platz in einer Analyse haben sollte, die auf einer solchen Beschäftigung mit der «Normalität» beruht. Er bringt «Alltag und Barbarei» ausdrücklich miteinander in Verbindung, indem er einen gedanklichen Zusammenhang zu dem zerstörerischen Potential herstellt, das in der – der modernen Gesellschaft immanenten – Betonung auf Produktionsfortschritten und Leistungsverbesserungen liegt, und dadurch deutet er selbst an, wie eine – bislang noch kaum entwickelte – Alltagsgeschichte des Rassismus zu einem tieferen Verständnis der Verhaltens- und Denkweisen beitragen könnte, die den Holocaust möglich machten.[51] Auch hier beruht das Dilemma, das angeblich in der Frage Empathie oder Distanz liegt, auf einer so nicht existierenden Dichotomie und stellt sich in der Praxis gar nicht.

Friedländers drittes Dilemma ergibt sich aus dem vagen und vom Ergebnis her offenen Begriff der «Historisierung», der sich verschieden – und zum Teil in wenig verlockender Weise – interpretieren lasse. Es fällt nicht schwer einzugestehen, daß «Historisierung» wirklich ein ungenauer und unklarer Begriff ist.[52] In mancher Hinsicht ist er mehrdeutig, wenn nicht sogar geradewegs irreführend. Die Nähe zum Begriff des «Historismus», der für das Gegenteil der «Historisierung» steht, trägt auch nicht gerade zur Klarheit bei. Und zum «Normalen»

---

[51] Detlev Peukert, «Alltag und Barbarei. Zur Normalität des Dritten Reiches», in Diner (Hg.), *Ist der Nationalsozialismus Geschichte?*, S. 51–61, besonders S. 53, 56, 59–61.

[52] Siehe dazu die Äußerungen von Adelheid von Saldern, die Friedländers Einwände zum Teil unterstützt, in ihrer Kritik «Hillgrubers ‹Zweierlei Untergang› – der Untergang historischer Erfahrungsanalyse», in Heide Gerstenberger und Dorothea Schmidt (Hg.), *Normalität oder Normalisierung? Geschichtswerkstätten und Faschismusanalyse* (Münster 1987), besonders S. 164, 167–168. Auch Broszat selbst akzeptierte schließlich («Briefwechsel», S. 340, 361–362), daß der Historisierungsbegriff «vieldeutig und mißverständlich» ist.

scheint auf mindestens dreierlei verschiedene Weise ein Bezug zu bestehen: zur geforderten «Normalisierung» des «Geschichtsbewußtseins»; zur Anwendung einer «normalen» Geschichtsmethode bei der Erforschung des Dritten Reiches; und zur «Normalität» des «Alltags». Als ordnender und analytischer Begriff besitzt die «Historisierung» keinen klar erkennbaren Wert und deutet nur vage auf eine entsprechende Forschungsmethode hin. Wenn man diesen Begriff ad acta legen würde, wäre das wohl kein großer Verlust. Er schafft mehr Verwirrung als Klarheit. Aber auf die in der «Historisierung» angelegte wissenschaftliche Herangehensweise und Methode könnte man nicht gut verzichten. Dennoch müßte man zwischen den drei verschiedenen Verwendungsweisen des Begriffs «normal» unterscheiden. Die Anwendung einer «normalen» Geschichtsmethode und die Ausdehnung der Analyse auf die «Normalität» des «Alltags» lassen sich leichter rechtfertigen als die Einbeziehung der Nazizeit in eine angebliche «Normalisierung des Geschichtsbewußtseins». In letzterem Fall scheint die Verwendung des Wortes – wie Friedländer und andere befürchten und der «Historikerstreit» gezeigt hat – tatsächlich dazu zu führen, daß entweder die Nazizeit gänzlich unter den Tisch fällt oder daß die moralische Dimension verwischt beziehungsweise verwässert wird, indem die Aufmerksamkeit auf parallele (und angeblich «ursprünglichere») Barbareien anderer «totalitärer» Staaten, insbesondere jene des bolschewistischen Rußland, gelenkt wird. Im Zusammenhang mit derartigen Verzerrungen spricht Friedländer sein drittes Dilemma an, indem er darauf hinweist, daß Nolte und implizit auch Hillgruber gerade den Begriff der «Historisierung» im Kontext einer «Normalisierung» des Geschichtsbewußtseins benutzen, die sie angesichts einer «Vergangenheit, die nicht vergehen will», anstreben.[53]

Das Argument, bei dem von Broszat vorgebrachten Gedanken einer «Historisierung» und den damit verbundenen Konnotationen einer erhöhten moralischen Sensibilität gegenüber der Nazivergangenheit sei «in der gegenwärtig vorherrschenden Kontextuierung»[54] ein Mißbrauch nicht auszuschließen, welcher – wie in Noltes Artikeln, die den «Historikerstreit» auslösten – zu einer diametral entgegengesetzten

---

53 Friedländer, «Überlegungen», S. 42–46. Noltes Artikel, «Vergangenheit, die nicht vergehen will», ist abgedruckt in «*Historikerstreit*», S. 39–47. Die im Text angesprochene Arbeit von Hillgruber ist der erste Aufsatz in *Zweierlei Untergang*.
54 Friedländer, «Überlegungen», S. 50.

«Relativierung» der Verbrechen des Regimes führe,[55] ist zweifellos eine ernste Kritik an der Vagheit des Begriffs, spricht aber an sich noch nicht überzeugend gegen den – zu einem großen Teil auf der Alltagsgeschichte der NS-Zeit aufbauenden – Ansatz, den Broszat mit seinem Begriff im Auge hatte.

Wenn man jedoch, wie Friedländer selbst vorschlägt, Noltes exzentrische Argumentation außer acht läßt, bleibt immer noch die Frage, was es denn mit der von Hillgruber behaupteten Übertragung des alltagsgeschichtlichen Ansatzes auf das Problem der Truppen an der Ostfront und den von ihm daraus abgeleiteten zweifelhaften Schlußfolgerungen auf sich hat.[56] Friedländer weist scharfsinnig darauf hin, daß der empathische Ansatz überraschende Ergebnisse zeitigen könne. Denn Hillgrubers Aufsatz zeige, wie Broszats angebliche «Historisierung» – die ja gerade darauf abzielte, den überkommenen «Historismus» zu vermeiden – zu einer Erneuerung des «Historismus», und diesmal in einer gefährlichen Anwendung auf das Dritte Reich, führen könne.[57] Über Hillgrubers Artikel muß man jedoch sagen, daß er fest in einer kruden Form der «Historismus»-Tradition wurzelt, die davon ausgeht, «Verstehen» sei nur mit Hilfe einer einfühlenden Identifizierung möglich. Gerade die Behauptung, für den Historiker könne es als einzig berechtigte Haltung nur die Identifizierung mit den an der Ostfront kämpfenden deutschen Truppen geben, hat breite und heftige Kritik an Hillgrubers Aufsatz hervorgerufen.[58] Die kritische Methode,

---

55 Siehe «*Historikerstreit*», S. 13–35, 39–47. Klaus Hildebrand etwa lobte in einer Rezension die Art, in der es Nolte unternommen habe, «das für die Geschichte des Nationalsozialismus und des ‹Dritten Reiches› zentrale Element der Vernichtungskapazität der Weltanschauung und des Regimes historisierend einzuordnen und diesen totalitären Tatbestand in dem aufeinander bezogenen Zusammenhang russischer und deutscher Geschichte zu begreifen». *HZ* 242 (1986), S. 466.
56 Siehe Hillgrubers Äußerungen in «*Historikerstreit*», S. 234–235.
57 Friedländer, «Überlegungen», S. 46–47. Siehe die weitere Debatte zwischen Broszat und Friedländer zu diesem Punkt in «Briefwechsel», S. 346, 359–360.
58 Kommentare zu Hillgrubers These im Zusammenhang mit dem «Historisierungsproblem» finden sich in Diner, «Zwischen Aporie und Apologie», S. 68–70, und von Saldern, «Hillgrubers ‹Zweierlei Untergang›», S. 161–162, 168. Am vernichtendsten wird Hillgrubers Position von Hans-Ulrich Wehler kritisiert: *Entsorgung der deutschen Vergangenheit? Ein polemischer Essay zum ‹Historikerstreit›* (München 1988), S. 46 ff und 154 ff. Siehe auch den ausgezeichneten Rezensionsartikel von Omer Bartov (dessen eigenes Buch, *The Eastern Front 1941–45. German Troops and the Barbarisation of Warfare*, London 1985, eine notwendige und wichtige Gegeninterpretation zu der von Hillgruber liefert): «Historians on the Eastern

die ihn in seinen anderen Arbeiten – auch in seinem Aufsatz «Der geschichtliche Ort der Judenvernichtung», der im selben Band wie die umstrittene Abhandlung über die Ostfront erschienen ist – als beeindruckenden Historiker auswies, dessen Stärke in der sorgfältigen und wohlüberlegten Behandlung empirischer Daten lag, hat ihn hier völlig im Stich gelassen und fehlt bei dieser einseitigen, unkritischen Empathie mit den deutschen Truppen ganz und gar. Zwar behauptete Hillgruber, er wende dabei die Technik der Alltagsgeschichte und den von Broszat und anderen empfohlenen Ansatz, die Ereignisse aus der Sicht der Menschen in den unteren Gesellschaftsschichten nachzuempfinden, an, doch fehlt es ihm dabei an kritischer Reflexion, und gerade dieser Umstand erzeugt die Kluft zwischen Hillgrubers Darstellung und den Arbeiten von Broszat, Peukert und anderen, die in der Tat die Erfahrungen der «kleinen Leute» festhalten, diese in ihrer Analyse aber nicht ohne einen analytisch-kritischen Rahmen betrachten.

Das Beispiel Hillgruber scheint daher fehl am Platze. Abgesehen vom zweifelhaften Wert des eigentlichen «Historisierungs»begriffs zeigt es, daß Broszat – in seinem Eifer, die Notwendigkeit eines stärker empathischen Verstehens der «Erfahrung» zu betonen – mit der «Distanz», die bei jeder Epoche (nicht nur bei der Nazizeit) für den Historiker ein wichtiger Kontrollmechanismus ist, anscheinend eine falsche Dichotomie aufgebaut hat. In Wirklichkeit schwor Broszat in seinen eigenen geschichtswissenschaftlichen Veröffentlichungen – auch in seinem letzten schmalen Band, der in einer zum Zwecke der «Historisierung» der deutschen Geschichte herausgegebenen Reihe erschienen ist – keineswegs der «Distanz» zugunsten einer unkritischen Empathie ab. Weder hier noch bei Broszats anderen Publikationen ließe sich behaupten, daß das Erzählen, dessen Fehlen in der geschichtswissenschaftlichen Behandlung des Dritten Reiches er bemängelte,[59] nun an die Stelle der kritischen Strukturanalyse und Reflexion getreten wäre oder diese doch zumindest dominierte. Man könnte sagen, daß sowohl «Distanz» als auch empathisches Verstehen für den Historiker bei der Behandlung jeder Epoche unentbehrlich sind.

Front. Andreas Hillgruber and Germany's Tragedy», *Tel Aviver Jahrbuch für deutsche Geschichte* 16 (1987), S. 325–345.
59 Siehe Martin Broszat, *Die Machtergreifung* (München 1984). Zum Konzept der Reihe *Deutsche Geschichte der neuesten Zeit* äußert sich Broszat in *Nach Hitler*, S. 152. Und Erzählen als Geschichtsmethode empfiehlt er in ebenda, S. 137, 161.

Im Falle des Nationalsozialismus ist die Wahrung einer kritischen Distanz in Wirklichkeit ein entscheidender Bestandteil der neuen Sozialgeschichte des Dritten Reiches und alles andere als entbehrlich. Aber es ist gerade der Vorteil dieser neuen, in der Beschreibung und Strukturanalyse der «Alltagserfahrung» verankerten Sozialgeschichte, daß sie die unreflektierte Distanz überwindet, die herkömmlicherweise durch Abstraktionen wie die der «totalitären Herrschaft» erzeugt wird, und durch eine stärkere Wahrnehmung der Komplexität der gesellschaftlichen Wirklichkeit Anlaß zu einem tieferen Verstehen gibt.[60] Wenn ich es richtig verstehe, ist dies der Kern des Broszatschen Plädoyers für eine «Historisierung» und eine Strukturgeschichte des Alltags als fruchtbarsten methodischen Ansatz. Und schon allein die Ergebnisse des «Bayern-Projekts» zeigen, wie bereichernd ein solcher Ansatz sein kann.

Es ist wohl klar, daß Friedländer recht hat, wenn er betont, man könne die Nazizeit, egal unter welchem Blickwinkel, nicht als «normalen» Teil der Geschichte betrachten, wie das selbst noch bei den barbarischsten Begebenheiten der ferneren Vergangenheit möglich sei. Die Emotionen, von denen die Einstellungen zum Nationalsozialismus zu Recht immer noch geprägt sind, schließen jene unbefangen-distanzierte Haltung, mit der sich nicht nur Frankreich im 16. Jahrhundert (um Friedländers Beispiel zu nehmen), sondern auch viele näher zurückliegende Ereignisse und Zeitabschnitte der deutschen Geschichte analysieren lassen, ganz offensichtlich aus. In diesem Sinne hat Wolfgang Benz ganz recht, wenn er sagt: «Unbefangener Umgang und die nur wissenschaftlichem Interesse sich hingebende Beschäftigung mit dem Nationalsozialismus als einer Ära deutscher Geschichte unter anderen scheint also doch noch nicht so leicht möglich. Nur der Abstand von 40 oder 50 Jahren macht die NS-Zeit noch nicht historisch.»[61] Dies schließt aber natürlich nicht die Anwendung einer «normalen» Geschichtsmethode auf Deutschlands Sozial- und Politikgeschichte in der NS-Zeit aus. Auch wenn, wie Benz hinzufügt, eine auf solchen Methoden basierende interpretative Analyse der Nazizeit «der Sehnsucht der Bürger der Nachkriegsgesellschaft, von den Schatten der Vergan-

---

60 Siehe ebenda, S. 131–139, «Alltagsgeschichte der NS-Zeit».
61 Wolfgang Benz, «Die Abwehr der Vergangenheit. Ein Problem nur für Historiker und Moralisten?», in Diner (Hg.), *Ist der Nationalsozialismus Geschichte?*, S. 33.

genheit erlöst zu werden, natürlich nicht gerecht werden» kann, bedeutet dies nicht, daß eine solche Analyse unmöglich ist.[62] Und auch wenn im Falle des Nationalsozialismus die Beziehung des Historikers zu seinem Forschungsgegenstand eine andere ist als beispielsweise im Falle der Französischen Revolution, ließe sich doch argumentieren, daß – selbst wenn man von der Einzigartigkeit des Holocaust ausgeht – die Probleme, die die «Historisierung» aufwirft, sich in der Theorie kaum von jenen unterscheiden, mit denen der Historiker etwa bei der Behandlung der sowjetischen Gesellschaft unter Stalin konfrontiert ist.

Genau wie die Französische und die Russische Revolution bezeichnet auch das Dritte Reich ganz offensichtlich eine Ära von weltgeschichtlicher Bedeutung. Man kann dessen Geschichte sicherlich als Teil der Vorgeschichte der Bundesrepublik (und der DDR) angehen, doch wie Friedländer zu Recht sagt, ist «die Geschichte des Nazismus [...] die Geschichte aller».[63] Perspektiven ändern sich zwangsläufig. Die Polarisierung der deutschen und jüdischen kollektiven Erinnerung der Nazizeit – verkörpert etwa in den Filmen «Heimat» und «Shoah» – wird von Friedländer überzeugend als ein wichtiges Element der gegenwärtigen Debatten über methodische Ansätze zur Behandlung des Dritten Reiches angesprochen.[64] Die Unterschiede in der Schwerpunktsetzung lassen sich nicht vermeiden und haben je ihre eigene Berechtigung. Sie dürften sich wohl kaum befriedigend miteinander in einer Geschichte vermischen lassen, die eine «Globalbeschreibung» der Nazizeit anstrebt und rein oder großteils auf dem Konzept der «Erfahrung» und der Methode des «Erzählens» aufbaut. Selbst wenn man davon ausgeht, daß ein Historiker, der keine der genannten kollektiven Erinnerungen teilt, vielleicht eine in mancher Hinsicht vorteilhafte Perspektive besitzt, scheint ein derartiger Versuch in jedem Fall an der Annahme scheitern zu müssen, daß es theoretisch möglich sei, die «Gesamtgeschichte» einer ganzen «Ära» auf der Grundlage kollektiver «Erfahrung» zu schreiben.[65] Genausowenig läßt sich Geschichte kon-

---

62 Ebenda, S.-19. Norbert Freis vor kurzem erschienener kleiner Band, *Der Führerstaat* (München 1987), bietet einige Hinweise auf das Potential, das in einem sozial- bzw. alltagsgeschichtlichen Ansatz steckt.
63 Friedländer, «Überlegungen», S. 48.
64 Saul Friedländer, «West Germany and the Burden of the Past: The Ongoing Debate», *Jerusalem Quarterly* 42 (1987), S. 16–17. Siehe auch «Briefwechsel», S. 346, 366–367, zur «Dissonanz zwischen Erinnerungen».
65 Siehe dazu die relevanten Äußerungen von Wehler, «Königsweg», S. 35. Zum

struieren, wenn sie allein auf den Handlungen oder «Erfahrungen» der historischen Akteure aufbaut und nicht die oftmals unpersönlich strukturierten Bedingungen berücksichtigt, die diese «Erfahrungen» zu einem guten Teil prägen oder vorherbestimmen.[66] Nur die Anwendung von gedanklichen Vorstellungen, Begriffen und selbst Theorien, die außerhalb der Sphäre historischer Erfahrung liegen, kann in einer geschichtswissenschaftlichen Analyse, die notgedrungenerweise kaum «total» oder «global» sein kann, Ordnung schaffen und der Erfahrung einen Sinn entnehmen.[67] Wenn dies im Widerspruch zu Broszats «Historisierungsplädoyer» zu stehen scheint, dann liegt das kaum an seiner in den eigenen Veröffentlichungen zur Geschichte der Nazizeit geübten Praxis.

Wenn man die Annahme fallen läßt, daß es theoretisch und praktisch möglich sei, die Geschichte der Nazizeit (oder jeder anderen «Ära») im Sinne einer «totalen» Erfassung der Komplexität all der in einem bestimmten Zeitraum vorkommenden Widersprüche und oftmals unzusammenhängenden Erfahrungen zu schreiben, dann wird es möglich, sich eine Geschichte der deutschen Gesellschaft im Nationalsozialismus vorzustellen, die die jüngsten sozialgeschichtlichen Forschungsergebnisse – insbesondere die der Alltagsgeschichte – in eine Strukturanalyse überführen könnte, diese aber gleichzeitig auch in den politisch-ideologisch-moralischen Rahmen einordnen würde, den Friedländer auf jeden Fall berücksichtigt sehen will. Bei einem solchen Ansatz müßten Vorstellungen von einer «Historisierung» des Nationalsozialismus aufgegeben werden, die davon ausgehen, daß man ihn wie jede andere Geschichtsepoche betrachten oder seine Bedeutung «relativieren» könnte. Unerläßlich wäre dabei jedoch die gleiche methodische Strenge der geschichtswissenschaftlichen Untersuchung, wie sie bei der

---

Potential – aber auch zu wesentlichen Problemen – der Erfahrungsanalyse im Hinblick auf das Dritte Reich siehe von Saldern, «Hillgrubers ‹Zweierlei Untergang›». Friedländer betont die Grenzen der Erzählung als Methode in «Briefwechsel», S. 370–371, während Diner («Zwischen Aporie und Apologie», S. 67) darauf hinweist, daß «sich erlebter *Alltag* und existentielle *Ausnahme* als *eine* Geschichte theoretisch nicht mehr erzählen [lassen]».
66 Siehe Wehler, *Entsorgung* S. 54, der hier auf die Probleme hinweist, die mit Hillgrubers Identifizierung mit den deutschen Truppen an der Ostfront verbunden sind.
67 Siehe die Äußerungen von Klaus Tenfelde und Jürgen Kocka in *Alltagsgeschichte der NS-Zeit*, S. 36, 50–54, 63–64, und von Kocka – zum Theoriebedarf in der Alltagsgeschichte – in einer Rezension in *die tageszeitung (taz)*, 26. Januar 1988 (siehe oben Anmerkung 5).

Behandlung anderer Epochen selbstverständlich ist. Auf die soziale Sphäre des «Alltags» sowie den politisch-ideologischen Funktionsbereich angewandt, würde die herkömmliche kritische Geschichtsmethode ausreichen, um den heutigen Antiquarismus auszuschließen, der zu Recht als ein Kennzeichen der schwächeren alltagsgeschichtlichen Ansätze kritisiert worden ist. Und schließlich wäre es nicht nur legitim, sondern auch notwendig, bei einem solchen Ansatz mit einer kritischen Erforschung des Kontinuums zu beginnen, das sich von der «Normalität» zur Barbarei und zum Genozid erstreckt, um sowohl den gesellschaftlichen als auch den politischen Kontext besser zu verstehen, in dem unmenschliche Ideologien in praktische Politik von nahezu unfaßbarer Unmenschlichkeit umgesetzt werden. «Auschwitz» würde daher zwangsläufig den Ausgangspunkt bilden, von dem aus das dünne Eis der modernen Zivilisation und deren oberflächliche «Normalität» kritisch untersucht werden könnten.[68]

Die letzte – und letztlich grundlegende – Frage, die Friedländer beschäftigt, scheint bei einem solchen Ansatz lösbar zu sein. Angesichts der in den letzten Jahren in der empirischen Sozialgeschichte des Nationalsozialismus erzielten Fortschritte sollte die Einordnung der gegen die Menschheit gerichteten Naziverbrechen in eine «globale» Interpretation der Gesellschaft im Dritten Reich nun eher möglich als unmöglich sein. Peukerts Synthese hat in vieler Hinsicht den Weg zu einer Integration von «Normalität» und «Kriminalität» gewiesen.[69] In meiner eigenen Arbeit versuche ich, die mangelnde menschliche Anteilnahme in der «Judenfrage» ausdrücklich zu Bereichen in Beziehung zu setze, in denen sich in «alltäglichen» Dingen Dissens und Protest zeigten.[70] Als Arbeitshypothese bin ich bei dieser Untersuchung von dem Gedanken ausgegangen, daß – vor allem unter «extremen» Bedingungen – «normale» Alltagssorgen und private Angelegenheiten soviel Energie und Aufmerksamkeit binden, daß dadurch die Gleichgültigkeit gegenüber unmenschlichen Vorgängen – und damit die indirekte Unterstützung eines unmenschlichen politischen Systems – wesentlich gefördert wird. Auf dem Werk des verstorbenen Reinhard Mann aufbau-

---

68 Siehe Peukert, «Alltag und Barbarei», S. 61; und Diner, «Zwischen Aporie und Apologie», S. 71–72.
69 Peukert, *Volksgenossen und Gemeinschaftsfremde*; siehe auch sein «Alltag und Barbarei».
70 Ian Kershaw, *Popular Opinion and Political Dissent in the Third Reich* (Oxford 1983).

end, hat Robert Gellately solche Vermutungen auch für die Bereiche des gesellschaftlichen Konsens und der aktiven Unterstützung «polizeilicher» Maßnahmen in Rassenfragen geäußert.[71] Eine klare Trennung zwischen den Angelegenheiten der Alltagsgeschichte und dem – sich auf das genozidale Verbrechertum des Naziregimes konzentrierenden – politisch-ideologisch-moralischen Rahmen zu postulieren hieße, sich auf eine irreführende Perspektive einzulassen. Aus den jüngsten Arbeiten zur Sozialgeschichte des Dritten Reiches, zu deren Förderung Broszat wie kaum ein anderer beigetragen hat, ergibt sich die Erkenntnis, daß es in der «zivilisierten Gesellschaft» einen gesellschaftlichen Rahmen geben kann, in dem Völkermord akzeptabel wird. Untersuchungen zur Alltagsgeschichte der NS-Zeit haben den beunruhigenden Gedanken wesentlich bewußter werden lassen, daß «viele Merkmale der gegenwärtigen ‹zivilisierten› Gesellschaft» eine Einstellung fördern, die als «Ausweg» schnell zum Mittel des «genozidalen Holocaust» greifen läßt.[72]

---

71 Reinhard Mann, *Protest und Kontrolle im Dritten Reich* (Frankfurt am Main und New York 1987); Robert Gellately, «The Gestapo and German Society: Political Denunciation in the Gestapo Case Files», *JMH*, 60 (1988), S. 654–694, und vor allem ders., *The Gestapo and German Society. Enforcing Racial Policy* (Oxford 1990).
72 Leo Kuper, *Genocide* (Harmondsworth 1981), S. 137.

10 Perspektivverschiebung: Historiographische Entwicklungstendenzen im Gefolge der deutschen Vereinigung

Mitte der achtziger Jahre zeigte sich das Selbstbild der Bundesrepublik Deutschland zusehends deutlicher von einem schizophrenen Element geprägt: Einerseits war sie dank des materiellen Aufschwungs der Nachkriegszeit nun ein prosperierendes, stabiles und hochentwickeltes Staatswesen, andererseits schien diese Bundesrepublik dazu verurteilt, auf Dauer im Schatten jener Verbrechen existieren zu müssen, die während des Dritten Reiches im Namen Deutschlands begangen worden waren. Da konnte es kaum verwundern, daß konservative Politiker und Publizisten es in zunehmendem Maße für erforderlich hielten, einen Schlußstrich unter die NS-Zeit zu ziehen oder, wie es ein führender Politiker formulierte, aus dem «Schatten des Dritten Reiches» herauszutreten, um wieder stolz darauf sein zu können, Deutsche zu sein.[1]

Die Zeiten haben sich rascher und drastischer geändert, als man sich das Mitte der achtziger Jahre hätte vorstellen können. In einem veränderten Deutschland innerhalb eines gewandelten Europas scheint es nun aber nicht so leicht möglich zu sein, einen Schlußstrich unter die nationalsozialistische Vergangenheit zu ziehen. Das Problem des wiedererwachten Faschismus, Rassismus und Nationalismus überspannt die Jahrzehnte und sorgt dafür, daß man sich auch weiterhin mit der Hitlerzeit befaßt. Der Nationalsozialismus bleibt in der Tat eine «Vergangenheit, die nicht vergehen will».[2]

---

1 James M. Markham, «Wither Strauß – Bavaria or Bonn? Premier Campaigns for ‹Emergence From Third Reich›», *International Herald Tribune*, 15. Januar 1987.
2 So der Titel von Ernst Noltes Aufsatz, der 1986 den «Historikerstreit» auslöste, siehe *«Historikerstreit»* (Kap. 9 Anm. 17), S. 39–47. Die damalige Debatte wird ausführlich analysiert von Hans-Ulrich Wehler, *Entsorgung der deutschen Vergangenheit? Ein polemischer Essay zum «Historikerstreit»* (München 1988), Charles Maier, *The Unmasterable Past: History, Holocaust, and German National Identity* (Cambridge/Mass. 1988) (dt.: *Die Gegenwart der Vergangenheit. Geschichte und nationale Identität der Deutschen* [Frankfurt am Main 1992]) sowie Richard

Die Perspektiven, unter denen Geschichte betrachtet wird, sind aber nichts Statisches. Sie verändern sich im Laufe der Zeit berechtigter- und selbstverständlicherweise. Stärker als in anderen Fällen ist die Sicht der NS-Zeit allerdings von Einflüssen geprägt, die ihren Ursprung außerhalb der engen Grenzen der Geschichtswissenschaft haben. Eine wesentliche Auswirkung, die die politischen Veränderungen in Osteuropa auf die Geschichtsschreibung haben, fällt sofort ins Auge: Die marxistischen Nationalsozialismus-Analysen sind praktisch am Ende. Im besten Falle haben sie einen Großteil ihrer früheren Anziehungskraft verloren, schlechtestenfalls ihre Glaubwürdigkeit eingebüßt. Zur letztgenannten Kategorie gehört, als Eckpfeiler der offiziellen Staatsideologie der DDR und anderer ehemaliger Ostblockstaaten, der orthodoxe, äußerst einengende Marxismus-Leninismus. Nur noch wenige Historiker finden sich bereit, die vielfältigen und grundlegenden Mängel zu verteidigen, die ihm als theoretischem Interpretationsrahmen anhaften. Von den Wissenschaftlern, die sich mit dem Dritten Reich (oder auch anderen Epochen) befassen, bedauert kaum einer das Ende dieser Interpretationsrichtung. Schon eher bedauerlich ist allerdings (auch wenn hier sicherlich die Meinungen auseinandergehen) die abfällige Haltung, die zur Zeit *allen* marxistischen Analysevarianten entgegengebracht wird, sogar denen, die zumindest (wie die auf Gramsci oder die Marxschen Bonapartismus-Texte zurückgehenden Ansätze) intellektuell befruchtend und heuristisch stimulierend gewirkt haben.

Diese Entwicklung hat dazu geführt, daß die schon behandelten marxistischen Beiträge zur Nationalsozialismus-Debatte inzwischen viel weniger Beachtung finden und daß sich die Diskussionen heutzutage nur noch innerhalb des Rahmens der liberalen Geschichtsschreibung bewegen. Deren Arbeit wird nun – zum erstenmal seit den Anfän-

---

J. Evans, *Im Schatten Hitlers? Historikerstreit und Vergangenheitsbewältigung in der Bundesrepublik Deutschland* (Frankfurt am Main 1991). Auf englisch erschienen wichtige Beiträge und Kommentare in *Yad Vashem Studies* 19 (1988), S. 1–186, und Peter Baldwin (Hg.), *Reworking the Past. Hitler, the Holocaust, and the Historians' Debate* (Boston/Mass. 1990). Zum «Historikerstreit» wurden innerhalb und außerhalb Deutschlands Hunderte von Artikeln, Kommentaren und Berichten publiziert. Bibliographische Angaben zu vielen der wichtigsten Veröffentlichungen finden sich in den Anmerkungen zu Wehler, S. 212ff, kommentierte Literaturhinweise bei Evans, S. 186–189, eine umfangreiche Bibliographie bei Baldwin, S. 295–304, und Geoff Eley, «Nazism, Politics, and the Image of the Past. Thoughts on the West German *Historikerstreit* 1986–87», *Past and Present* 121 (1988), S. 171–208, hier S. 177f, Anm. 12 u. 13.

gen der politischen und wissenschaftlichen Faschismusanalyse in den frühen zwanziger Jahren – nicht mehr durch eine diametral entgegengesetzte, alternative Sichtweise in Frage gestellt.

Natürlich werden viele der bereits skizzierten Erkenntnisse, die für das Verständnis des Dritten Reichs einen wirklichen Fortschritt bedeutet haben, unabhängig vom jeweiligen politischen Klima bestehen. Die vorliegende Untersuchung geht aber davon aus, daß sich Vergangenheit und Gegenwart nicht streng voneinander scheiden lassen und gegensätzliche Interpretationen des Nationalsozialismus untrennbar verbunden sind mit der fortwährenden Neubewertung der politischen Identität der Bundesrepublik und ihren – unter wechselnden Vorzeichen unternommenen – Versuchen, mit der moralischen Last der Vergangenheit fertig zu werden. Insofern wäre es ungewöhnlich gewesen, wenn die 1990 erfolgte Vereinigung des geteilten Deutschlands ohne Auswirkung auf historiographische Trends geblieben wäre. Angesichts der gewaltigen, insgesamt noch unabsehbaren Veränderungen, der starken innenpolitischen Spannungen in Deutschland und der in Europa vielerorts unruhigen Lage lassen sich hier nur einige Entwicklungstendenzen andeuten, die sich abzeichnen. Anscheinend bestimmen jedoch die Fragen, die bei den Debatten Mitte der achtziger Jahre aufgeworfen wurden, nach wie vor die aktuelle geschichtswissenschaftliche Diskussion, wenn nun auch in anderem Kontext.

Bei den Trends, die im folgenden skizziert werden sollen, geht es zunächst einmal um die Frage, inwiefern es in Anbetracht eines sich seit der Vereinigung wandelnden deutschen Identitätsgefühls wohl zu einer neuen Standortbestimmung des Nationalsozialismus in der deutschen Geschichte kommt. Zweitens soll untersucht werden, welche Rolle der Nationalsozialismus für die langfristige Modernisierung Deutschlands gespielt hat und inwieweit sich dadurch der Blick auf die nationalsozialistische Barbarei verschiebt, und drittens, ob das Ende des Sowjetkommunismus vielleicht zu einer veränderten Einstellung gegenüber den Greueltaten der NS-Diktatur führt. Das Bindeglied zwischen diesen drei ausgewählten Komplexen ist die im vorigen Kapitel beschriebene, weiter andauernde Historisierungsdebatte.

Nationalsozialismus und nationale Identität

Beim «Historikerstreit» und vor allem in den Beiträgen Michael Stürmers war eine Schlüsselfrage, welche Rolle die Geschichte bei der Entstehung eines positiven nationalen Identitätsgefühls spielt und inwieweit das Dritte Reich dessen Herausbildung in der Bundesrepublik blockiert hat.³ Stürmer meinte, der Schlüssel zur Identitätsbildung liege nicht in der negativen Konzentration auf das Dritte Reich, sondern in der Beschäftigung mit der langen deutschen Geschichte. Nur so könne man zu einer einigenden – statt trennenden und moralisch abstoßenden – Identität gelangen. Die Deutschen müßten ihre Identität in einem geteilten Deutschland finden und diese habe national zu sein, so erklärte er – auch wenn damals keine Aussicht darauf bestand, sie von einem deutschen Nationalstaat herzuleiten.⁴

Das diametrale Gegenteil dieses Ansatzes ist die im ersten Kapitel vorgestellte – und vor allem mit Hans-Ulrich Wehler und Jürgen Kocka in Verbindung gebrachte – «historisch-kritische» Methode, die in dem Jahrzehnt vor der politischen und intellektuellen (Tendenz-)Wende Ende der siebziger, Anfang der achtziger Jahre dominierte – also bevor man die sozialliberalen Werte in Frage stellte, die rund zwei Jahrzehnte lang bestimmend gewesen waren. Beim «Historikerstreit» vertrat Jürgen Habermas⁵ diesen Ansatz, der auf emphatische Weise einem

---

3 Die für das Thema «Historikerstreit» relevantesten Veröffentlichungen von Michael Stürmer sind: «Kein Eigentum der Deutschen: die deutsche Frage», in Werner Weidenfeld (Hg.), *Die Identität der Deutschen* (München und Wien 1983), S. 83–101; *Dissonanzen des Fortschritts. Essays über Geschichte und Politik in Deutschland* (München 1986); «Geschichte in geschichtslosem Land», in *«Historikerstreit»*, S. 36–39: «Was Geschichte wiegt», in ebenda, S. 293 ff; «Weder verdrängen noch bewältigen: Geschichte und Gegenwartsbewußtsein der Deutschen», *Schweizer Monatshefte* 66 (1986), S. 689–694; «Suche nach der verlorenen Erinnerung», in *Das Parlament* 36 (1986), Nr. 20/21, 17. u. 24. Mai 1986. Zu Stürmers Metamorphose vom ehemaligen Anhänger der historisch-kritischen Schule zum publizistischen Sprachrohr des deutschen Konservatismus siehe Volker R. Berghahn, «Geschichtswissenschaft und Große Politik», *APZ* B 11/87, 14. März 1987, S. 25–37, Hans-Jürgen Puhle, «Die neue Ruhelosigkeit: Michael Stürmers nationalpolitischer Revisionismus», *Geschichte und Gesellschaft* 13 (1987), S. 382–399, und Hans-Ulrich Wehler, *Entsorgung der deutschen Vergangenheit? Ein polemischer Essay zum «Historikerstreit»* (München 1988), S. 28–36.
4 Stürmer, «Kein Eigentum der Deutschen», S. 98.
5 Jürgen Habermas, «Eine Art Schadensabwicklung. Die apologetischen Tendenzen in der deutschen Zeitgeschichtsschreibung», in *«Historikerstreit»*, S. 62–76.

selbstbewußten, politisch und moralisch fundierten kritischen Zugang zur nationalen Vergangenheit Ausdruck gibt. Verteidigt wird vehement ein postnationalistisches Identitätsgefühl – geprägt von einem «konstitutionellen Patriotismus» und einer Bindung an liberale westliche Werte. Methodisch ist dieser Ansatz eng mit Techniken der angewandten Sozialwissenschaften verknüpft, die eine vergleichende Geschichte der Gesellschaft ermöglichen.

Die historisch-kritische Methode wird jedoch nicht nur auf das Dritte Reich angewendet. Ein Großteil der von diesem Ansatz beeinflußten wissenschaftlichen Analysen und Monographien – und viele der wichtigsten Arbeiten seiner Hauptvertreter – beschäftigen sich eher mit der Geschichte des 19. als der des 20. Jahrhunderts.[6] Doch implizit, wenn nicht gar explizit, spielt die Suche nach einer Erklärung für Hitlers Triumph im Jahre 1933 für die Arbeit der «kritischen» Historiker eine ganz wesentliche Rolle. Und das Erbe der abscheulichen Nazigreuel war für die gesellschaftspolitische Geschichtsphilosophie, auf die sich die «kritische Methode» stützte, von zentraler Bedeutung. «Eine in Überzeugungen verankerte Bindung an universalistische Verfassungsprinzipien», so drückte es Habermas aus, «hat sich leider in der Kulturnation der Deutschen erst nach – und durch – Auschwitz bilden können. Wer [...] die Deutschen zu einer konventionellen Form ihrer nationalen Identität zutückrufen will, zerstört die einzig verläßliche Basis unserer Bindung an den Westen.»[7]

Der Gegensatz zwischen den beiden Zugängen zur deutschen Vergangenheit könnte kaum deutlicher sein. Auf der einen Seite steht der Versuch, ein nationales Identitätsgefühl durch eine bestimmte Form der Annäherung an die nationale Vergangenheit zu schaffen. Die nationalsozialistischen Verbrechen sollen nicht verheimlicht, sondern transzendiert werden, indem sie «historisiert», das heißt in eine langfristigere und breitere Perspektive eingebettet werden, die vielfältige Aspekte der Nationalgeschichte umfaßt. Dem steht auf der anderen Seite ein Ansatz gegenüber, der Auschwitz als wesentlichen Ausgangspunkt für all das betrachtet, was an einer postnationalen Form der Identität positiv ist.

---

6 Einen Überblick bietet Roger Fletcher, «Recent Developments in West German Historiography: The Bielefeld School and its Critics», *German Studies Review* 7 (1984), S. 451–480.
7 Habermas, «Eine Art Schadensabwicklung», in «*Historikerstreit*», S. 75 f.

Zur Zeit des «Historikerstreits» waren viele der Meinung, daß die Kritiker der von Stürmer, Hillgruber und Nolte vertretenen «revisionistischen» Positionen bei der erbittert geführten Debatte die Oberhand behielten. Die deutsche Vereinigung hat jedoch in der Frage der nationalen Identität – und damit auch der Behandlung der nationalen Vergangenheit – zwangsläufig zu veränderten Perspektiven geführt. Dadurch ist der historisch-kritische Ansatz offenbar noch stärker in die Defensive gedrängt worden als Anfang der achtziger Jahre. Zugleich wurde einer Betonung der deutschen Nationalität als Eckpfeiler historischer Analysen der Weg stärker geebnet als in den sechziger und siebziger Jahren – und damit auch einem Neohistorismus und den damit verbundenen Gefahren.[8]

Die Ereignisse der Jahre 1989/90 boten den deutschen Konservativen die Gelegenheit, zwei Dinge miteinander zu verbinden, die 40 Jahre lang als unvereinbare Alternativen erschienen waren: das Adenauer-Erbe der Bindung an den Westen und die Verwirklichung der nationalen Einheit. Seither haben in dem durch die Eingliederung der DDR in die Bundesrepublik entstandenen neuen deutschen Nationalstaat tiefgehende Meinungsverschiedenheiten, Integrationsprobleme und die besagte «Identitätskrise» den Bestrebungen, eine Nationalgeschichte zur Grundlage einer nationalen Identität und letztlich einer kulturellen und politischen Einheit zu machen, neue Dringlichkeit verliehen – und diesmal viel offensichtlicher als Mitte der achtziger Jahre. Daß der Versuch, mit Hilfe der Geschichte eine nationale

---

8 In einem 1984 erschienenen prägnanten Artikel (siehe Kap. 1 Anm. 23) erkannte Irmeline Veit-Brause bereits, welche Veränderungen sich mit dem neuen «Paradigma» der «nationalen Identität» an Stelle des «historisch-kritischen» Ansatzes anbahnten. Wie sehr Hans-Ulrich Wehler diese Entwicklung ablehnte, zeigt sich in seinem Angriff gegen Stürmer und dessen Ansatz in *Entsorgung*, S. 69–78, 138–145 u. 171–189, sowie in seiner scharfen Replik auf einen Artikel von Harold James («Die Nemesis der Einfallslosigkeit», *Frankfurter Allgemeine Zeitung*, 17. September 1990), in der dieser die Ansicht vertrat, nationale Mythen würden zur Kompensierung materieller Unzufriedenheit benötigt und könnten zur Schaffung von Stabilität beitragen. Siehe Hans-Ulrich Wehler, «Aufforderung zum Irrweg: Wiederbelebung des deutschen Nationalismus und seiner Mythen», *Der Spiegel*, 24. September 1990, und «Welche Probleme kann ein deutscher Nationalismus heute überhaupt noch lösen? Wider die Apostel der nationalen ‹Normalität›: Der Verfassungs- und Sozialstaat schafft Loyalität und Staatsbürgerstolz», *Die Zeit*, September 1990, sowie seine Besprechung von Harold James' *A German Identity* (London 1989), «Im Irrgarten des ökonomischen Determinismus», *Die Zeit*, 11. Oktober 1991.

Identität zu schaffen, philosophisch fehlerhaft und ideologisch tendenziös ist, wird diesen Perspektivwandel wohl nicht aufhalten können.⁹

Mit dem Fall der Berliner Mauer und der anschließenden Vereinigung der beiden deutschen Staaten wurde es möglich, die deutsche Vergangenheit auf verschiedene Art zu betrachten. Nach dem Krieg hatte man in der Nationalgeschichte nur die vorübergehende, unvollkommene und unter einem unglücklichen Stern stehende Einheit des Deutschen Reichs sehen können, die nach etwas über siebzig Jahren zu einer Katastrophe und einer scheinbar dauerhaften Teilung führte. Die Ereignisse von 1989/90 bedeuteten nicht nur das Ende des Kalten Krieges – und damit auch der Nachkriegszeit –, sondern stellten für Deutschland anscheinend auch die «Normalität» einer Existenz als Nationalstaat wieder her und gaben der deutschen Geschichte die «nationale Kontinuität» zurück, wie Saul Friedländer es ausdrückte.¹⁰ Damit konnte der behauptete «deutsche Sonderweg» als beendet betrachtet werden.¹¹ Die – durch die Spaltung der Nation in zwei Staaten abrupt abgeschnittene – Entwicklung des Nationalstaats war also doch nicht unwiderruflich zu Ende gewesen. Die Zukunft mochte zwar trostlos erscheinen, aber immerhin *gab* es für die Nation eine Zukunft, und sie war offen. Krieg und Völkermord hatten diese geschichtliche Entwicklung nicht versperrt. Hitlers Erbe hatte letztlich doch nicht das Ende der deutschen Nation bedeutet, sondern nur eine längere Unterbrechung der «Normalität» nationaler Einheit. Innerhalb dieser veränderten Perspektive konnte Auschwitz selbstverständlich nicht mehr, wie in der Nachkriegszeit, als Identitätsbezugspunkt dienen, wie Habermas es gerne gesehen hätte.

Ein offensichtliches Problem ist dennoch die Beantwortung der Frage, welche Art von «Normalität» denn nun für eine nationale Identität als Bezugspunkt dienen könnte. Das Reich, das zwischen 1871

---

9 Maier, *The Unmasterable Past*, S. 149–156, macht starke Einwände gegen die Annahme geltend, Identität lasse sich allein aus der Geschichte schöpfen.
10 Saul Friedländer, «Martin Broszat und die Historisierung des Nationalsozialismus», in Klaus-Dietmar Henke und Claudia Natoli (Hg.), *Mit dem Pathos der Nüchternheit. Martin Broszat, das Institut für Zeitgeschichte und die Erforschung des Nationalsozialismus* (Frankfurt a. M. und New York 1991), S. 155–171, hier S. 159.
11 Die «Sonderweg»-Debatte läßt sich mit Hilfe der Literaturhinweise in Kap. 2 Anm. 2 nachvollziehen.

und 1945 existierte, kann hier kaum als Modell angesprochen werden, ist aber das bislang einzige Erfahrungsbeispiel eines deutschen Nationalstaates. In seiner jüngsten Veröffentlichung formuliert Michael Stürmer alternative Bezugspunkte und verweist auf langfristige Entwicklungen seit dem Dreißigjährigen Krieg im 17. Jahrhundert, in denen sich nationale und transnationale Traditionen und Muster finden lassen, die es wert seien, in Ehren gehalten zu werden. Dazu gehören in seinen Augen Föderalismus, religiöse Toleranz, städtische Institutionen und ein Gleichgewicht zwischen Zentrum und Peripherie. Eine Betonung solcher Traditionen bietet seiner Ansicht nach die Möglichkeit zur Schaffung eines historischen deutschen Identitätsgefühls innerhalb eines immer stärker zusammenwachsenden (West-)Europas.[12]

Ob diese kulturellen Strömungen genügend Gewicht haben, um sich gegenüber dem ideologischen Ballast des historischen Nationalstaats durchzusetzen und neue Formen einer deutschen Identität zu begründen, mag bezweifelt werden; und ob Stürmers Vision des neuen Europas Wirklichkeit wird, ist derzeit reine Spekulationssache. Sein Versuch, «zu verhindern, daß Hitler das endgültige, unvermeidliche Ziel der deutschen Geschichte beziehungsweise deren einziger Ausgangspunkt bleibt»[13], ist jedoch verständlich und dürfte im vereinigten Deutschland wohl zunehmend Erfolg haben.

Unter den heutigen Aspirationen auf eine nationale Identität erinnern nur die lautstarken Äußerungen der Rechtsradikalen in unschöner Weise an die nationalchauvinistischen Forderungen der Ära 1871 – 1945. Wenn angesichts einer von Nationalstaaten geprägten Welt in Deutschland – trotz aller dort wie anderswo vorhandenen postnationalen Wünsche und Bemühungen um eine engere europäische Einheit – ein stärkeres nationales Identitätsgefühl angestrebt wird, so ist das an sich nichts Unnatürliches und muß sich nicht unbedingt als ungesund erweisen. Für die Schaffung einer nationalen Identität bietet die deutsche Geschichte jedoch nur wenige Modelle. Die mutmaßliche deutsche «nationale Identität» ist keine historische Konstante, sondern erst ein Ergebnis der letzten zwei Jahrhunderte, während deren sie

---

12 Michael Stürmer, *Die Grenzen der Macht. Begegnung der Deutschen mit der Geschichte* (Berlin 1992).
13 So äußerte sich Michael Stürmer in einem Interview mit David Walker, *The Times Higher*, 24. Juli 1992.

nicht nur stark fluktuiert hat, sondern sich seit den Napoleonischen Eroberungen auch auf mehrfach verschobene «deutsche» Landesgrenzen stützte.[14] Zur Zeit sind in Anbetracht der innenpolitischen Auseinandersetzungen und tiefverwurzelten kulturellen Dissonanzen im neuen Deutschland die Aussichten auf eine gemeinsame Identität ohnehin gering. Sie kann zudem kein künstliches Produkt sein, das ausschließlich oder auch nur hauptsächlich auf historischen Perspektiven basiert, sondern wird, wenn überhaupt, organisch aus gemeinsamer kultureller Erfahrung und gemeinsamen politischen und gesellschaftlichen Institutionen erwachsen.

Historiographisch gesehen bedeutet der perspektivische «Paradigmawechsel» einerseits, daß das Dritte Reich *historisierend* im Kontext der langen deutschen Geschichte gesehen und nicht mehr als Haupt- oder Endpunkt dieser Geschichte behandelt wird, und andererseits, daß innerhalb der Geschichte des Dritten Reiches manche Elemente stärker als andere hervorgehoben werden, da sie besser zu der veränderten Perspektive passen. Einige der sich daraus ergebenden Implikationen fielen bereits bei der Debatte über Broszats «Historisierungsplädoyer» ins Auge.[15] Besonders deutlich zeigt sich die veränderte Perspektive an der Art und Weise, in der die «Historisierung» bei der Frage nach dem Verhältnis von Nationalsozialismus und Modernisierung eingesetzt wird.

Nationalsozialismus und Modernisierung

Bei der Untersuchung der Modernisierungsfrage ist in Kapitel 7 deutlich geworden, daß – einmal abgesehen von den marxistischen Interpretationen, die diese Problemstellung insgesamt ablehnen – im Mittelpunkt der Debatte die Frage steht, ob das NS-Regime in Deutschland trotz seiner antimodern ausgerichteten Ideologie unbeabsichtigt eine «Modernisierungsrevolution» herbeigeführt hat oder ob die damalige

---

14 Siehe dazu neuerdings die ausgezeichnete Einleitung von John Breuilly, «The National Idea in Modern German History», in ders. (Hg.), *The State of Germany. The National Idea in the Making, Unmaking, and Remaking of a Modern Nation-State* (London 1992).
15 Broszat, *Nach Hitler* (vgl. Kap. 9 Anm. 1), S. 159–173.

Entwicklung eher als «soziale Reaktion» anzusehen ist. Von Broszat wurde das Modernisierungsthema dann aus anderem Blickwinkel wieder aufgegriffen. In seinem «Historisierungsplädoyer» stellte er die These auf, daß sich die Sozialplanung der «Deutschen Arbeitsfront» in gewissem Sinne losgelöst von den Besonderheiten der NS-Ideologie und des Dritten Reiches betrachten lasse: Als Episode innerhalb der – vor der NS-Zeit einsetzenden und in das moderne Wohlfahrtswesen der Bundesrepublik hineinreichenden – Entwicklung von Sozialfürsorgeprogrammen, aber auch als Parallele zu ähnlichen Bestrebungen – etwa dem britischen «Beveridge Plan» – in völlig anderen politischen Systemen.[16]

Das Phänomen des Nationalsozialismus lasse sich besser verstehen, wenn man es in die – über die NS-Zeit hinausreichenden – Kontinuitäten der deutschen Entwicklung einordnet und den Blick nicht mehr auf die – seit langem als Merkmal des Nationalsozialismus feststehenden – Greueltaten richtet, sondern auf die zugrundeliegende gesellschaftliche «Normalität». Diese These ist von einer Reihe – überwiegend jüngerer – deutscher Wissenschaftler begierig aufgegriffen worden, um, vom Stichwort der «Historisierung» ausgehend, die Verbindungslinien zwischen dem Nationalsozialismus und der Modernisierung nach 1945 auf verschiedene Weise neu zu untersuchen.[17] Dabei gehen die betreffenden Historiker jedoch von einer Annahme aus, die sich deutlich von der früheren Behandlung der Modernisierungsfrage abhebt. Demnach hätte die NS-Führung die Modernisierungsrevolution in Deutschland nicht nur zufällig herbeigeführt, sondern dies auch *intendiert*.[18] Die Behauptung, neben anderen faschistoiden Diktaturen habe auch Mussolinis Regime eine Modernisierung bewirkt, ist nicht neu (vergleiche Kapitel 2). Den Befürwortern dieser These ist jedoch immer wieder entgegengehalten worden, daß sie durch die Konzentration auf das Ne-

---

16 Ebenda, S. 171 f. Der vergleichende Hinweis auf den «Beveridge Plan» stammt offenbar ursprünglich von Hans-Günther Hockerts, «Sicherung im Alter. Kontinuität und Wandel der gesetzlichen Rentenversicherung 1889–1979», in Conze und Lepsius, *Sozialgeschichte der Bundesrepublik*, S. 309. In jüngerer Zeit ist dieser Vergleich von Ronald Smelser wieder aufgegriffen worden in *Robert Ley* (vgl. oben Kap. 8 Anm. 62), S. 307.
17 Siehe Michael Prinz und Rainer Zitelmann (Hg.), *Nationalsozialismus und Modernisierung* (Darmstadt 1991).
18 Siehe Uwe Backes u. a. (Hg.), *Die Schatten der Vergangenheit* (vgl. oben Kap. 8 Anm. 62), S. 42 f.

benprodukt «Modernisierung» das Wesentliche am Faschismus ignorieren. Im Falle des Nationalsozialismus kann man sich dieser Kritik nur anschließen. Eine Betonung der «Modernisierung» führt im Hinblick auf das Dritte Reich zwangsläufig zu einer Perspektivverschiebung.[19] Und diese Perspektivverschiebung kann ihrerseits schnell zu einer Trivialisierung des Nationalsozialismus führen, wobei dessen Verbrechen zwar nicht ignoriert, aber größtenteils doch als gegeben vorausgesetzt werden und an ihrer Stelle nun das Bild vom Dritten Reich als wichtiger Modernisierungsära in den Mittelpunkt der langfristigen historischen Betrachtung der deutschen nationalen Entwicklung gerückt wird.

Dieser neue Ansatz zum Thema Nationalsozialismus und Modernisierung und seine Implikationen für die Art der Betrachtung des Dritten Reichs sind stark durch das Werk des jungen Berliner Politikwissenschaftlers Rainer Zitelmann geprägt worden und kommen in seiner 1987 erschienenen Untersuchung über Hitlers soziale Vorstellungen und Zielsetzungen deutlich zum Ausdruck.[20] Zitelmann bezeichnet seinen Band als Beitrag zu der von Broszat befürworteten «Historisierung» des Nationalsozialismus. Er argumentiert, daß junge Deutsche bisher nur vor zwei gleichermaßen krassen – und inakzeptablen – Alternativen gestanden hätten: absolute moralische Verurteilung – eine Dämonisierung Hitlers, die ihn zur Verkörperung des Bösen machte – oder Apologetik und Verzerrung der historischen Wirklichkeit; und bei beiden würden Hitler und die ihn unterstützende Generation als etwas völlig Unbegreifliches erscheinen. Zitelmanns Studie über Hitlers soziale Ziele und Ansichten ist ein Versuch, von dem angeblich Unbegreiflichen wegzukommen und das mit dem NS-Regime assoziierte Gefühl von etwas Fernem, Unwirklichem zu überwinden.[21]

---

19 Gegen den Versuch, das Dritte Reich als eine Art «Modernisierungsdiktatur» zu interpretieren, wenden sich nachrücklich Jens Albers, «Nationalsozialismus und Modernisierung», *Kölner Zeitschrift für Soziologie und Sozialpsychologie* 41 (1989), S. 345–365, und Hans Mommsen, «Nationalsozialismus als vorgetäuschte Modernisierung», in Walter H. Pehle (Hg.), *Der historische Ort des Nationalsozialismus. Annäherungen* (Frankfurt a. M. 1990), S. 11–46; siehe auch Manfred Rauh, «Anti-Modernisierung im nationalsozialistischen Staat», *Historisches Jahrbuch* 108 (1987), S. 94–121.
20 Rainer Zitelmann, *Hitler. Selbstverständnis eines Revolutionärs* (Hamburg, Leamington Spa und New York 1987).
21 Zitelmann, *Hitler*, S. 20.

Statt sich in der üblichen Weise auf Hitlers antisemitische und «Lebensraum»-bezogene Zwangsvorstellungen zu konzentrieren (deren Bekanntheit der Autor als selbstverständlich voraussetzt), beschäftigt sich Zitelmann mit den sozialen und ökonomischen Ansichten des deutschen Diktators und tut sie – anders als bisher die meisten Historiker – nicht einfach als indiskutabel ab, sondern glaubt in ihnen einen logischen Zusammenhang zu erkennen. Dabei hält er Hitlers Vorstellungen (im Rahmen von dessen rassistischer sozialdarwinistischer Weltanschauung) nicht nur für kohärent, sondern in vieler Hinsicht auch für ausgesprochen «modern». Anders als Darré und Himmler habe Hitler nicht mit rückwärtsgewandtem Blick die Schaffung eines Agrarparadieses angestrebt, sondern eine hochentwickelte, fortgeschrittene Industrie- und Technologiegesellschaft – die natürlich von der Versorgung mit Rohstoffen und Zwangsarbeitern aus den eroberten Gebieten abhängig gewesen wäre, dabei aber trotz allem modern. An die Stelle der dekadenten Bourgeoisie sollten nach Hitlers Vorstellung aufstrebende Arbeiter treten – dank zahlreicher Möglichkeiten zu Statusverbesserung und sozialem Aufstieg. Falls die Industrie nicht mitzöge, würde sie verstaatlicht. In jedem Falle war für die Zeit nach dem Krieg eine Planwirtschaft vorgesehen. Als bewundertes Vorbild hatte Hitler auf dem Weg zum brutalen Machthaber einer Modernisierungsdiktatur laut Zitelmann Stalin vor Augen. Doch statt nun – trotz aller vielleicht vorhandener Kohärenz – Hitlers Sozialvorstellungen als Mittel zum Zweck der Herstellung von «Rassenreinheit» und der Eroberung von «Lebensraum» zu betrachten, stellt Zitelmann die Zusammenhänge beinahe auf den Kopf: Seiner Meinung nach diente dem Diktator, der sich selbst für einen Sozialrevolutionär hielt – und laut Zitelmann von Historikern auch als solcher behandelt werden sollte –, das Rassenprogramm dazu, revolutionäre Pläne umzusetzen, die eine Umwandlung der deutschen Gesellschaft bezweckten.[22]

Seit Erscheinen des Buches, durch das Zitelmann bekannt wurde, hat dieser enorm produktive Autor in einer Unzahl von Aufsätzen, Rezensionen und Zeitschriftenartikeln Argumente mit größtenteils ähnlichem Tenor vorgetragen. Außerdem hat er in seiner überaus regen Art andere junge Wissenschaftler dazu bewegt, sich an Sammelbänden

---

22 Die hier zusammengefaßte Interpretation wird von Zitelmann in der genannten Studie durchgängig vertreten; auf den Seiten 453–466 führt er die wesentlichsten Punkte noch einmal abschließend auf.

zum Thema «Modernisierung und Historisierung» zu beteiligen. Kern seiner Argumentation ist der Gedanke, daß man den Begriff der «Modernisierung» aus jeglicher normativer Verknüpfung mit «Fortschritt», humanitären Werten, pluralistisch-partizipatorischen politischen Systemen und Demokratisierungsvorstellungen lösen und «wertfrei» als praktisches empirisches Forschungs- und Analyseinstrument betrachten müsse. Dann werde es durchaus möglich, nicht nur bei liberalen Systemen, sondern auch bei totalitären Staaten von einem intendierten (und nicht nur «zufälligen») Modernisierungsprozeß zu sprechen.[23] Beim Stalinismus sei dies unverkennbar (ein Argument, das die meisten Historiker sofort bejahen würden). Ebenso müsse man bei einer Analyse der Vorstellungen (und der Praxis) von Hitler und anderen NS-Führern – wie dem Chef der «Deutschen Arbeitsfront», Robert Ley, oder Albert Speer – zu dem Schluß kommen, so Zitelmann, daß der Nationalsozialismus in Deutschland nicht nur unbeabsichtigt zu einer Modernisierung beigetragen habe, sondern bewußt um deren Herbeiführung bemüht gewesen sei.[24]

Dieser Ansatz scheint jedoch trotz der überzeugend klingenden Argumente methodisch und begrifflich fehlerhaft zu sein. Was die Methode betrifft, so läßt sich bei Hitlers sozialen Vorstellungen dann eine gewisse Kohärenz feststellen, wenn man die verstreuten Äußerungen zur «sozialen Frage» zusammenfügt, die sich schon in seinen Reden Anfang der zwanziger Jahre und auch noch in seinen Monologen im «Führerhauptquartier» finden. Dabei wird jedoch kaum auf den konkreten Kontext seiner Äußerungen und deren intendierte Funktion geachtet, so daß die Gefahr einer Überbetonung der Kohärenz und vor allem einer Überbewertung dieser Ideen innerhalb der Hitlerschen Weltanschauung besteht. In den für den Zeitraum 1919 bis 1928 nun

---

23 Siehe Rainer Zitelmanns Beitrag: «Nationalsozialismus und Moderne. Eine Zwischenbilanz», in Werner Süß (Hg.), *Übergänge. Zeitgeschichte zwischen Utopie und Machbarkeit* (Berlin 1990), S. 195–223, und vor allem «Die totalitäre Seite der Moderne», in Prinz und Zitelmann, *Nationalsozialismus und Modernisierung*, S. 1–20.

24 Zitelmann, *Hitler*, S. 7; «Nationalsozialismus und Moderne», S. 221, 223; «Die totalitäre Seite der Moderne», S. 12–20. Smelser, *Robert Ley*, ist der Ansicht, seine Studie über den Leiter der «Deutschen Arbeitsfront» füge sich nahtlos in Zitelmanns Interpretation ein, derzufolge Hitler in der nationalsozialistischen «Revolution» ein wichtiges Beschleunigungsinstrument für Deutschlands Entwicklung zu einer «moderneren Gesellschaft» sah.

gesammelt vorliegenden Reden und Schriften Hitlers[25] beispielsweise beschränkt sich dessen Vision von einer modernen Gesellschaft auf die monoton wiederholte Beteuerung, man werde den Unterschied zwischen den «Arbeitern des Geistes» und «der Faust» durch die Schaffung einer «Volksgemeinschaft» beseitigen, die auf Rassenreinheit, Kampfbereitschaft und Stärke basiere und sich ihr Überleben durch die gewaltsame Eroberung von «Lebensraum» sichern müsse. Hitlers «soziale Zielvorstellungen» – die sich im wesentlichen aus seiner Beschäftigung mit der «Lebensraumfrage», seinem zwanghaften Antisemitismus und seiner immer wieder in Reden und Schriften verbreiteten Rassenphilosophie ergeben haben – sind ein primitives Derivat aus rassistischen und sozialdarwinistischen Ideologien des 19. Jahrhunderts, aber kein Plan für eine «Modernisierung». Besonders schwer fällt es zu akzeptieren, daß Zitelmann Mittel und Zweck vertauscht und die zwanghaft betriebene Vernichtung der Juden und Eroberung von «Lebensraum» auf Kosten der Sowjetunion auf den funktionalen Zweck einer revolutionären Modernisierung der deutschen Gesellschaft reduziert.

Der Modernisierungsbegriff wird durch den Versuch, ihn aller normativen Konnotationen zu entkleiden und als wertfrei zu behandeln, analytisch so gut wie unbrauchbar.[26] Natürlich ist eine *Beschreibung* von «Modernisierungselementen» des Nationalsozialismus möglich – und deren Vorhandensein wird von der Literatur zum Dritten Reich auch kaum bestritten. Im Hinblick auf die These vom Nationalsozialismus als bewußt auf Modernisierung ausgerichteter Diktatur genügt es

---

25 Eberhard Jäckel und Axel Kuhn (Hg.), *Hitler. Sämtliche Aufzeichnungen 1905–1924* (Stuttgart 1980), sowie Clemens Vollnhals und Bärbel Dusik (Hg.), *Hitler. Reden, Schriften, Anordnungen. Februar 1925 bis Januar 1933*, 3 Bde. (München 1992).
26 Zu der von mir geteilten Ansicht, daß die Verwendung des Modernisierungsbegriffs als analytisches Instrument einen ausdrücklich normativen Gebrauch, eine klare Definition und eine präzise Instrumentalisierung voraussetzt, siehe die Diskussionsbeiträge von Wolfgang J. Mommsen, Jürgen Kocka und Hans-Ulrich Wehler im Anschluß an den Vortrag von Matzerath und Volkmann (vgl. oben Kap. 2 Anm. 53), S. 107, 111–116. In Kap. 7 habe ich auf einige Bedenken hinsichtlich der Anwendbarkeit des Begriffs auf das Dritte Reich hingewiesen. Mit Matzerath und Volkmann (siehe Kap. 7) bin ich jedoch der Meinung, daß der Nationalsozialismus im Hinblick auf die «Modernisierungsfrage» der Versuch eines Sonderwegs aus einer Modernisierungskrise war, der in eine katastrophale Sackgasse führte. Ähnlich argumentiert Gerald Feldman, «The Weimar Republic: A Problem of Modernisation?», *Archiv für Sozialgeschichte* 26 (1986), S. 1–26.

aber *analytisch* gesehen nicht, wenn einer Definition der Begriffe «Modernisierung», «Modernität» und «Moderne» mit der Begründung ausgewichen wird, die «Moderne selbst» sei für eine Unterscheidung zwischen «Normal-» und «Ausnahmezustand» noch «zu jung» und «auf dem gegenwärtigen Stand der Diskussion» sei es «außerordentlich schwierig, gleichermaßen allgemeine wie *zeitnahe* Definitionen von Modernität zu geben».[27] Mangels eines entsprechenden Definitionsversuchs fällt es schwer zu erkennen, worin die Bedeutung der im Nationalsozialismus vorhandenen Modernisierungselemente liegen soll. Wie Charles Maier aufgezeigt hat, stellt ein «moderner Arbeitsmarkt» jedenfalls «selbst an Regierungen mit Mordprogrammen» gewisse «strukturelle Anforderungen», so daß viele der Modernisierungselemente des Nationalsozialismus kaum überraschen können. «Moralisch bedeutsam» sind, wie er hinzufügt, nicht die vielen «normalen Aspekte» des Regierungswesens, sondern «die wenigen Mordinstitutionen».[28]

Beim Zitelmannschen Ansatz und seiner Konzentration auf die angeblichen «Modernisierungsabsichten» des Hitlerregimes liegt das Hauptproblem darin, daß er im Hinblick auf das *historische* Phänomen – also die tatsächliche Entwicklung – des Nationalsozialismus fast so weit geht, Zufälliges an die Stelle des Wesentlichen zu setzen.[29] Wenn nun mit der Zeit die Generation stirbt, die das Dritte Reich noch selbst erlebt hat, dann könnte es, wie Saul Friedländer besorgt äußerte, im neuen Deutschland zu einer dauerhaften Perspektivverschiebung kommen – weg von den unverwechselbaren Merkmalen der Ära von 1933 bis 1945 und hin zu den «verständlicheren», weil «normaleren» Elementen, die sich als Teil der «Vorgeschichte» der Bundesrepublik betrachten lassen.[30]

---

27 Siehe die Einleitung zu Prinz und Zitelmann, *Nationalsozialismus und Modernisierung*, S. X, und Zitelmanns eigenen Beitrag, «Die totalitäre Seite der Moderne», S. 11 (Hervorhebung im Zitat vom Originalautor).
28 Maier, *The Unmasterable Past*, S. 96.
29 Als gute Korrektivposition, die sich auf den «rassischen» Kern des Nationalsozialismus konzentriert, bietet sich an: Michael Burleigh und Wolfgang Wippermann, *The Racial State. Germany 1933–1945* (Cambridge 1991).
30 Siehe Friedländer, «Martin Broszat und die Historisierung des Nationalsozialismus», S. 161 f, 168–172. Einige einfühlsame und aufschlußreiche Äußerungen zu den über das Jahr 1945 hinaus wirksamen Kontinuitäten und deren mögliche geschichtswissenschaftliche Behandlung finden sich in dem interessanten Rezensions-

Zitelmann hat erklärt, daß Broszats «Historisierungsplädoyer» auf ihn und andere jüngere Kollegen eine befreiende Wirkung gehabt habe.[31] An seinem Ansatz wird jedoch deutlich, daß der verschwommene und interpretatorisch offene Historisierungsbegriff eine Zielrichtung annehmen kann, die von Broszat niemals beabsichtigt war.[32] Damit soll allerdings nicht behauptet werden, Zitelmann habe andere als rein wissenschaftliche und ehrenhafte Motive, wenn er sich für einen radikalen Bruch mit der bisher üblichen Behandlung des Nationalsozialismus in Forschung, Lehre und öffentlichem Diskurs einsetzt. Und vieles von dem, was er über die Anziehungskraft des Nationalsozialismus für die deutsche Bevölkerung und deren Ursachen sagt, ist richtig und wichtig. Dieses Phänomen ist nur angesichts der Judenverfolgung, des Unterdrückungsapparats und anderer Aspekte des Dritten Reichs unerklärlich, die zu Recht bisher im Mittelpunkt der Geschichtsforschung stehen.[33] Wenn Zitelmann rhetorisch fragt, «Was wogen gegenüber den an Juden und anderen Minderheiten begangenen Greueltaten sozialpolitische Fortschritte und vermehrte Aufstiegschancen für die ‹Volksgenossen›?» und «Darf man angesichts der Leiden der Opfer überhaupt von jenen Seiten der Wirklichkeit sprechen, die viele Menschen als positiv empfunden haben?»[34], wird die implizite Tendenz seines Ansatzes jedoch deutlich, zumal wenn man bedenkt, daß schon vor dem Fall der Berliner Mauer ein Drittel der bundesdeutschen Bevölkerung der Ansicht war, das Dritte Reich werde im Schulunterricht zu negativ dargestellt, während sich mehr als zwei Drittel der Befragten dafür aussprachen, einen Schlußstrich unter die nationalsozialistische Vergangenheit zu ziehen.[35]

---

artikel von Harold James, «The Prehistory of the Federal Republic», *JMH* 63 (1991), S. 98–115.

31 Rainer Zitelmann, «Vom Umgang mit der NS-Vergangenheit», in Rolf Italiaander u. a. (Hg.), *Bewußtseins-Notstand. Ein optimistisches Lesebuch* (Düsseldorf 1990), S. 69–79, hier S. 76.

32 Kritisch rezensiert wurde der von Zitelmann mitherausgegebene Band *Die Schatten der Vergangenheit* (vgl. oben Anm. 17) von Norbert Frei, «Die neue Unbefangenheit. Oder: Von den Tücken einer ‹Historisierung› des Nationalsozialismus», *Frankfurter Rundschau*, 5. Januar 1991.

33 Siehe dazu beispielsweise seine Äußerungen in «Vom Umgang mit der NS-Vergangenheit», S. 70.

34 Zitelmann, «Vom Umgang mit der NS-Vergangenheit», S. 72.

35 Ebenda, S. 70.

Nationalsozialismus und Stalinismus

Durch die seit 1989 in Europa zu beobachtenden Veränderungen ist die Historiographie zum Dritten Reich auch noch in einer weiteren Hinsicht beeinflußt worden, bei der der «Historisierungsgedanke» allerdings eine andere Rolle spielt. In krassem Unterschied zu der von Broszat befürworteten Verwendung dieses Begriffs – und als weiterer Beleg für dessen unbefriedigende Schwammigkeit – strebte Ernst Nolte im «Historikerstreit» an, den historischen Ort des Nationalsozialismus zu revidieren. Er wollte den NS vor dem Hintergrund eines «europäischen Bürgerkriegs» zwischen 1917 und 1945 als Gegenpol und Reaktion auf den Sowjetkommunismus verstanden wissen.[36] Noltes Argumentationsweise führte zu einer erbitterten Debatte über die Frage, inwieweit der nationalsozialistische Genozid an den Juden einzigartig gewesen sei oder ob man ihn mit anderen Genoziden des 20. Jahrhunderts vergleichen könne und ihn vielleicht sogar als Reaktion auf den bolschewistischen «Klassengenozid» im russischen Bürgerkrieg anzusehen habe. Nach Noltes Überzeugung waren das Schicksal Deutschlands und das der Sowjetunion historisch gesehen durch den «europäischen Bürger-

---

36 Ernst Nolte, «Vergangenheit, die nicht vergehen will», in *«Historikerstreit»*, S. 39–47, zuerst erschienen in *Frankfurter Allgemeine Zeitung*, 6. Juni 1986. Einige seiner umstritteneren Behauptungen sowie eine ausführlichere Darlegung seines Hauptarguments finden sich in einem früheren Aufsatz Noltes, «Zwischen Geschichtslegende und Revisionismus?», in *«Historikerstreit»*, S. 13–35. Grundlage für diesen Aufsatz bildete ein Vortrag, den Nolte bereits 1980 gehalten hatte und der im selben Jahr in gekürzter Form unter dem Titel «Die negative Lebendigkeit des Dritten Reiches. Eine Frage aus dem Blickwinkel des Jahres 1980» in der *Frankfurter Allgemeinen Zeitung* erschienen war (siehe *«Historikerstreit»*, S. 35). Ausführlich stellte Nolte seine These etwa ein Jahr nach dem «Historikerstreit» in seinem Band *Der europäische Bürgerkrieg 1917–1945. Nationalsozialismus und Bolschewismus* (Berlin 1987) dar. Die Art, in der er im selben Jahr in *Das Vergehen der Vergangenheit. Antwort an meine Kritiker im sogenannten Historikerstreit* (Berlin 1987) seine Position verteidigte, heizte die Kontroverse weiter an und trug ihm den Vorwurf ein, er habe längere und äußerst kritische Briefe des israelischen Historikers Otto Dov Kulka durch eine verkürzende und irreführende Paraphrasierung des Inhalts mutwillig verzerrt wiedergegeben, damit es so schien, als enthielten die Briefe ein relativ günstiges Urteil über seine Position. Siehe Otto Dov Kulka, «Der Umgang des Historikers Ernst Nolte mit Briefen aus Israel», *Frankfurter Rundschau*, 5. November 1987, und die anschließend in derselben Zeitung am 17. Dezember 1987 sowie am 15. Januar und 19. Februar 1988 abgedruckten Leserbriefe von Wolfgang Schieder, Ernst Nolte und Otto Dov Kulka.

krieg» miteinander verknüpft – einen von zwei gegensätzlichen, aber verwandten Ideologien bis zum Letzten geführten Kampf. Mit seiner Behauptung, der Nationalsozialismus sei *reaktiv* gewesen und habe durch einen Präventivschlag nur der Vernichtung durch den – als ebenso großes, wenn nicht größeres Übel zu betrachtenden – Sowjetbolschewismus zuvorkommen wollen, hätte Nolte beinahe die Selbstrechtfertigung der Nationalsozialisten für den von ihnen begonnenen Krieg in den Stand einer wissenschaftlichen Interpretation erhoben. Der starke Widerspruch, den er damit erntete, sorgte jedoch dafür, daß die verschlungene Geschichte des Bolschewismus und Nationalsozialismus sowie die ideologischen Wurzeln des Völkermordkrieges in der Sowjetunion unter neuen Gesichtspunkten beleuchtet wurden.

Schon bald stand dieses Thema erneut im Mittelpunkt einer kontroversen Studie – wieder vor dem Hintergrund des Historisierungsgedankens, aber unter einem völlig anderen Blickwinkel. In einem Buch über die «Endlösung», das 1988 in den USA und 1989, kurz vor den einschneidenden politischen Ereignissen, auf deutsch erschien und sich die «Historisierung» des (eher unter dem Namen «Holocaust» bekannten) «Judeozids» zur Aufgabe gemacht hatte, beschreibt der nordamerikanische Historiker Arno Mayer – dessen linkspolitische Einstellung sich stark von der Haltung Noltes unterscheidet – das deutsch-sowjetische Verhältnis ebenfalls als wesentliches Element eines zweiten «Dreißigjährigen Krieges».[37] Sein Ansatz ist dem von Nolte jedoch diametral entgegengesetzt. Bei Mayer ist keine Rede davon, daß die Nationalsozialisten der Vernichtung durch die Bolschewiken durch einen «Präventivschlag» zuvorgekommen seien. Vielmehr betrachtet er den deutschen Einmarsch in die Sowjetunion und den anschließenden Vernichtungskrieg als ideologischen Kreuzzug, der Ausfluß einer tief verwurzelten krankhaften Angst vor dem Bolschewismus gewesen sei. Diese Phobie sei schon lange im deutschen Bürgertum und unter den herrschenden Klassen verbreitet gewesen und habe sich leicht mit den paranoiden nationalsozialistischen Vorstellungen vom «jüdischen Bolschewismus» verbinden können. Mayer ist weit davon entfernt, im Nationalsozialismus eine Reaktion auf vorausgegangene bolschewistische Greuel zu sehen, sondern betont, daß der primäre, extensivere Beweggrund für dessen nichtprovoziertes Vorgehen ein extremer und töd-

---

37 Arno Mayer, *Der Krieg als Kreuzzug. Das Deutsche Reich, Hitlers Wehrmacht und die «Endlösung»* (Reinbek 1989).

licher Antibolschewismus gewesen sei (der weit über den harten Kern der nationalsozialistischen Anhängerschaft hinausreichte). Seiner Meinung nach hat sich der Genozid an den Juden aus dem Krieg heraus entwickelt und war nicht schon lange vorher geplant.

Insofern sind sowohl Mayer als auch Nolte der Ansicht, daß beim Bemühen um ein historisches Verständnis des NS-Phänomens der Krieg mit der Sowjetunion und der ideologische Konflikt zwischen Nationalsozialismus und Bolschewismus im Mittelpunkt stehen müssen. In beiden Fällen hat sich der Schwerpunkt – wenn auch von völlig unterschiedlichen Ausgangspositionen aus und aufgrund gegensätzlicher Interpretationen – «von den Juden zu den Sowjets verschoben», wie Peter Baldwin zusammenfassend beschreibt. Doch während «für Nolte die Bolschewiken die Hauptaggressoren» sind, sieht Mayer in ihnen die «Hauptopfer».[38]

Seitdem nach dem Ende des Kommunismus die Möglichkeit besteht, einen tieferen Einblick in die innere Funktionsweise des Sowjetsystems zu erhalten, hat das Interesse am Verhältnis zwischen NS-Deutschland und Sowjetunion natürlich stark zugenommen – vor allem im Hinblick auf Ähnlichkeiten und Gegensätze der Regimes von Hitler und Stalin. Das hat unter anderem zu einem Wiederaufleben des Totalitarismusbegriffs geführt. Die wissenschaftlichen Grenzen dieses Begriffs sind bereits in Kapitel 2 erörtert worden. Obwohl er nach seiner «Blütezeit» in den fünfziger Jahren etwas in Mißkredit geriet und vor allem von linksgerichteten Historikern und Politikwissenschaftlern nicht mehr benutzt wurde, verlor der Totalitarismusbegriff für die Dauer des Kalten Krieges längst nicht alle Anziehungskraft und wurde ab Ende der siebziger Jahre wieder verstärkt aufgegriffen. Seit dem Zusammenbruch des Sowjetsystems ist es zu seiner fast vollständigen Rehabilitierung gekommen.

Diese Entwicklung kann nicht überraschen. Durch die verschärfte Konzentration auf Art und Umfang der Repression – insbesondere unter Stalin, aber auch allgemeiner im sowjetischen System und nicht zuletzt in der DDR – sowie die jetzt erzählbaren, tief bewegenden persönlichen Erfahrungen mit der polizeistaatlichen Repression ist der Totalitarismusbegriff neu belebt worden.[39]

---

38 Baldwin, *Reworking the Past*, S. 26.
39 Die hier wachgerufenen Bilder erinnern unverkennbar an Hannah Arendts bahnbrechendes Werk aus den fünfziger Jahren (vgl. oben Kapitel 2). Siehe Hannah

Es besteht die Gefahr, daß dies einer vereinfachenden, populären Vorstellung Vorschub gibt, die den Nationalsozialismus implizit nicht nur mit dem stalinistischen Regime in der Sowjetunion, sondern mit «Stalinismus» gleichsetzt und darunter auch das politische System der DDR subsumiert.[40] In Deutschland könnte dies leicht dazu führen, daß die nur allzu verständliche Beschäftigung mit der unmenschlichen Seite des DDR-Systems – das erst seit kurzem von der politischen Bühne verschwunden und daher den Menschen noch viel lebhafter im Gedächtnis ist – immer stärker die schwindende Erinnerung an den Nationalsozialismus verdrängt und die unter Hitler verübten Greuel durch naive und oberflächliche Vergleiche mit den Verbrechen des Honecker-Regimes trivialisiert.[41] Wie beim «Historikerstreit» aufgrund der Beiträge Noltes heftig diskutiert, ist es dann nicht mehr weit bis zur Relativierung der unmenschlichen Taten der Deutschen im Nationalsozialismus. Hitler würde zwar noch als bösartiger Tyrann gelten, aber als nicht so bösartig wie Stalin. Und der Holocaust wäre in dieser Sichtweise auch nicht schlimmer als die stalinistischen Massenmorde und nichts weiter als ein schreckliches Nebenprodukt des auf Leben und Tod entbrannten Kampfes zweier totalitärer Systeme, bei dem auf beiden Seiten entsetzliche Greueltaten begangen wurden.

Das wiedererwachte Interesse an «totalitären» Systemen hat jedoch nicht nur eine negative Seite. Neue Untersuchungen zur Funktionsweise der Sowjetherrschaft und die seit den sechziger Jahren ausdifferenzierte Erforschung von Machtstrukturen und Repressionsapparat des Dritten Reiches zeigen, daß die vergleichende Analyse von «Stalinismus» und «Hitlerismus» nicht unbedingt einen Rückschritt darstellt. Vielmehr deutet sich die Aussicht auf ein tiefergehendes Verständnis beider Systeme und der zu ihrer Aufrechterhaltung beitragenden Gesellschaften an. Der (in Kapitel 2 angesprochene) Gedanke vom «totalen Anspruch» müßte heute schließlich nicht nur für eine vergleichende Analyse der repressiven Strukturen beider Polizeistaaten nutz-

---

Arendt, *Elemente und Ursprünge totaler Herrschaft* (Frankfurt am Main 1962 u. ö.).
40 In *Unmasterable Past*, «Preserving Distinctions», S. 71–84, stellt sich Maier in durchdachter und ausgewogener Form der legitimen und notwendigen, wenn auch abstoßenden Aufgabe, Art und Umfang der vom Stalin- und vom Hitlerregime verübten Massenmorde zu vergleichen.
41 Eberhard Jäckel, «Die doppelte Vergangenheit», *Der Spiegel*, 23. Dezember 1991, S. 29–43, macht dazu einige erhellende Bemerkungen.

bar sein, sondern sich auch auf die Erforschung und Beurteilung der Konsens-, Zustimmungs- und Kollaborationsmuster ausdehnen lassen, die die Formen sozialer Kontrolle sicherstellen, durch die allein die Repressionsapparate so wirksam funktionieren konnten. Peter Hüttenberger, Martin Broszat, Reinhard Mann und Robert Gellately haben Denunziationen und andere – bereitwillig von der Bevölkerung angenommene – Selbstüberwachungstechniken im Dritten Reich untersucht und mit ihrer Pionierarbeit einen Ausgangspunkt gesetzt, von dem aus sich Struktur und Funktionsweise der Gestapo umfassender und komplexer erforschen und analysieren lassen als je zuvor.[42] Dies würde sich wiederum gut in ein – soeben anlaufendes – großes interdisziplinäres Forschungsprojekt einfügen, das sich einem Strukturvergleich der verschiedenen Formen von Diktaturen im Europa des 20. Jahrhunderts widmet.[43] Von dieser vergleichenden Forschung sind erhebliche Einblicke in die Funktionsmechanismen des Dritten Reiches und anderer diktatorischer Herrschaftssysteme zu erwarten.

Überlegungen

In den letzten dreißig Jahren sind in der Historiographie zum Dritten Reich beeindruckende Fortschritte erzielt worden. Eine wirklich internationale Wissenschaftlergemeinde – deren Arbeitsprogramm allerdings nicht selten durch innerdeutsche Entwicklungen und Themenvorgaben stark beeinflußt wurde – hat praktisch sämtliche Aspekte der NS-Herrschaft erforscht und in detaillierten empirischen Untersuchungen fast jede wichtige Facette des Dritten Reichs offengelegt. In zahllo-

---

[42] Peter Hüttenberger, «Heimtückefälle vor dem Sondergericht München 1933–1939», in Bayern in der NS-Zeit, Bd. 4, S. 435–526; Martin Broszat, «Politische Denunziation in der NS-Zeit. Aus Forschungserfahrungen im Staatsarchiv München», Archivalische Zeitschrift 73 (1977), S. 221–238; Reinhard Mann, Protest und Kontrolle im Dritten Reich. Nationalsozialistische Herrschaft im Alltag einer rheinischen Großstadt (Frankfurt am Main/New York 1987); Robert Gellately, «The Gestapo and German Society: Political Denunciation in the Gestapo Case Files», Journal of Modern History 60 (1988), S. 654–694; ders., The Gestapo and German Society. Enforcing Racial Policy 1933–1945 (Oxford 1990).
[43] Das von der Volkswagen-Stiftung finanzierte Projekt hat den Titel «Diktaturen im Europa des 20. Jahrhunderts: Strukturen, Erfahrungen, Überwindung und Vergleich».

sen Veröffentlichungen von großteils hohem Standard ist eine Menge an Spezialwissen zusammengetragen worden. Mit der Öffnung ostdeutscher und sowjetischer Archive bestehen nun gute Aussichten, bald beträchtliche Fortschritte in der empirischen Erforschung weiterer Themen zu erzielen, deren Bearbeitung bis vor kurzem noch unmöglich war.[44]

Dennoch scheint das Verhältnis zwischen der enorm ausgeweiteten empirischen Forschung zum Dritten Reich und deren Einbeziehung in eine umfassende Synthese umgekehrt proportional zu sein. Wie bei allen größeren geschichtswissenschaftlichen Analysefeldern differieren natürlich auch hier berechtigterweise die Interpretationen. Selbstverständlich bleiben weiterhin Fragen offen. Einer umfassenden Synthese steht aber vor allen Dingen immer noch die in Kapitel 1 angesprochene moralische Dimension entgegen, durch die jeder Versuch einer allgemeinen Interpretation des Dritten Reichs unweigerlich weitere Kontroversen auslöst, die sich von der üblichen geschichtswissenschaftlichen Debatte beträchtlich unterscheiden und weit darüber hinausgehen.

Obwohl führende Historiker nun seit mehreren Jahrzehnten immer wieder heftige Diskussionen zu zentralen Interpretationsbereichen geführt haben, erscheinen einige wichtige Erklärungs- und Verständnisprobleme heute, unter veränderten Perspektiven, wenn überhaupt, dann schlechter lösbar als zuvor. In den vorangegangenen Kapiteln ist bereits gelegentlich angeklungen, daß in vielen Fällen eine Synthese bis zu einem gewissen Grad möglich scheint und zwischen verschiedenen Historikermeinungen nicht immer eine so große Kluft besteht, wie es die Wissenschaftler selbst oft behaupten. Doch haben die Historisierungsdebatte und die anschließende offene Polemik des «Historikerstreits» gezeigt, daß die Ansichten zu grundlegenden und übergeordneten Interpretationsperspektiven erheblich auseinandergehen. Durch weitere empirische Forschungs- und Archivarbeit allein ist dieser Graben nicht zu überbrücken, vielmehr scheint er durch die historiographischen Impulse, die von der deutschen Vereinigung ausgingen oder verstärkt wurden, eher noch breiter geworden zu sein. Das Ende

---

44 Ein Forschungsbereich, der unter den neuen Umständen eine höchst interessante Entwicklung vor sich haben dürfte, sind Studien über ostdeutsche Regionen; diese sind insofern wünschenswert, als man sich früher zwangsläufig in übergroßem Maße auf regional- und lokalgeschichtliche Studien stützen mußte, die sich auf Gebiete in den Grenzen der alten Bundesrepublik beschränkten.

des Kalten Krieges und die deutsche Vereinigung könnten dazu führen, daß unter die NS-Zeit und ihre Folgen – insbesondere die Teilung Deutschlands – ein symbolischer Schlußstrich gezogen wird und es im Laufe der nächsten Jahre, wie Saul Friedländer meint, aller Wahrscheinlichkeit nach zu einer «Transformation des historischen Bewußtseins» kommt.[45]

Dieser Bewußtseinswandel wird in mindestens dreifacher Hinsicht noch verstärkt werden. Da die Generation, die das Dritte Reich selbst erlebt hat, langsam ausstirbt, wird zunächst an die Stelle des «kollektiven Gedächtnisses»[46] ein nicht mehr direkt erfahrenes, sondern indirekt vermitteltes «kollektives Bild» von der Hitlerzeit treten. Das wird im übrigen nur bedingt durch die geschichtswissenschaftlichen Arbeiten zum Dritten Reich geprägt, deren Verfasser überdies inzwischen fast alle der Nachkriegsgeneration angehören.[47] Zweitens wird sich im neuen Deutschland – entsprechend dem seit Jahren unverkennbaren Trend – das herrschende populäre Bild der Hitlerzeit wohl immer schlechter mit einer Vorstellung vom Dritten Reich vertragen, die vor allem – und manchmal fast ausschließlich – all das betont, was durch den Namen «Auschwitz» symbolisiert wird: deutsche Greueltaten, Kriegsverbrechen, Rassenverfolgung und Genozid an den Juden. Das fanatische Streben nach «Rassenreinheit» war der Kern des Nationalsozialismus, dem sich alle Aspekte der Politik im Dritten Reich unterordneten. Dieses extrem negative Erscheinungsmerkmal der jüngsten Vergangenheit verschließt sich dem unmittelbaren Verstehen und birgt keine Möglichkeit zur Identifikation. Daher möchten es viele junge Deutsche, die sich für die damaligen Geschehnisse nicht persönlich verantwortlich fühlen, verständlicherweise gerne abschütteln. Die Historisierungsansätze stimmen zu einem gut Teil mit dem genannten Wandel in der populären Vorstellung vom Nationalsozialismus überein. Man geht davon aus, daß sich das Dritte Reich am leichtesten in das historische Bewußtsein «integrieren» läßt, indem man sich auf die Ele-

---

45 Friedländer, «Martin Broszat und die Historisierung des Nationalsozialismus», S. 159.
46 Siehe ebenda, S. 166.
47 Die sich wandelnden populären Vorstellungen vom Dritten Reich und die Spannungen zwischen der Darstellung von «Alltagsnormalität» und beispielloser «politischer Kriminalität» in einer einzelnen Analyse finden ihren Niederschlag in der vor kurzem erschienenen Arbeit von Jost Dülffer, *Deutsche Geschichte 1933–1945. Führerglaube und Vernichtungskrieg* (Stuttgart 1992).

mente konzentriert, die zur Herausbildung eines modernen, technokratischen und wirtschaftlich fortgeschrittenen Wohlfahrtsstaats passen und als Teil dieser Entwicklung verstanden werden können. Was die verbreitete Erinnerung an das Leben unter Hitler angeht, so ist mit Hilfe von «Oral History»-Techniken deutlich geworden, wie sehr die Zeit des Dritten Reichs und vor allem die Friedensjahre zwischen 1933 und 1939 als «normale Jahre» empfunden wurden, die – eingezwängt zwischen wirtschaftlicher Not und Krieg – so manche positive Seite hatten.[48] Die Erinnerung an KdF-Betriebsausflüge, HJ-Wanderungen, den Autobahnbau, die Beseitigung der Erwerbslosigkeit und die Verheißung des «Volkswagens» überdeckt dabei die «Schattenseite» des Dritten Reichs: die Konzentrationslager, Pogrome, Deportationen und den Massenmord an sogenannten «rassisch Minderwertigen». Und drittens wird sich die populäre Vorstellung von der Sowjetunion als «Reich des Bösen», dessen Verbrechen denen des Dritten Reichs in nichts nachgestanden hätten und wahrscheinlich sogar noch schlimmer gewesen seien, unweigerlich prägend auf das neue Bild von der Hitlerzeit auswirken.

Die verschiedenen Facetten der «historisierenden» Vorstellung sind an sich nicht falsch oder erfunden. Im Hinblick auf die nationalsozialistische Vergangenheit sind sie legitime Erfahrungs- und Erinnerungselemente – ein authentischer Teil der erinnerten Wirklichkeit. Die Opfer des Nationalsozialismus – die mehrheitlich keine Deutschen waren – haben andere, völlig entgegengesetzte Erfahrungen und Erinnerungen, die aber deshalb nicht weniger echt oder legitim sind. Aus ihrer Sicht kann eine Darstellung der Hitlerzeit, bei der Auschwitz nicht als Inbegriff des Bösen und Entsetzlichen im Mittelpunkt steht, nur fehlerhaft, irrig oder absichtlich tendenziös sein. Die einzigartigen Merkmale der Zeit von 1933 bis 1945 dürfen nicht durch eine Konzentration auf die grundlegende «Normalität», die diese Jahre für die meisten «normalen» Deutschen bedeuteten, verwässert oder verwischt werden.

Die Unterschiede in den Erinnerungen, Erfahrungen und populären Vorstellungen von der Hitlerzeit stellen den Historiker vor ein Dilemma, das durch die Debatte zwischen Broszat und Friedländer

---

48 Siehe Niethammer, «*Die Jahre weiß man nicht...*», insbesondere den Beitrag von Ulrich Herbert, der von Dan Diner scharf kritisiert wurde (nähere bibliographische Angaben siehe oben Kap. 9 Anm. 24).

schlaglichtartig erhellt worden ist.[49] Bei den verschiedenen Historisierungsansätzen wird die Barbarei des Nationalsozialismus in keiner Weise entschuldigt oder geleugnet. Die Schwerpunktverschiebung, die sich mit der Veränderung der populären Vorstellung vom Dritten Reich deckt, birgt jedoch die Gefahr, daß nun *Zufälliges* (beispielsweise größere soziale Aufstiegschancen, technische Verbesserungen oder «Modernisierung») an die Stelle von *Wesentlichem* gesetzt wird (dem Streben nach einer rassisch und biologisch «reinen» Gesellschaft durch die Eroberung, Ausbeutung und Vernichtung jener Menschen, die als rassisch «unrein» und «minderwertig» galten). Aus entgegengesetzter Sicht betrachtet, wird «Auschwitz» mit dem Aussterben der Generation der Opfer von deren Nachkommen eher noch stärker als Symbol dieser Unmenschlichkeit betont. Dadurch wird wahrscheinlich eine bestimmte «Monumentalisierung» produziert, mit durchaus zweifelhaften Auswirkungen auf die Erörterung der Frage, wie es zur nationalsozialistischen «Endlösung» kommen konnte.[50]

In der Historiographie zum Dritten Reich lassen sich gegenwärtig zwei allgemeine Tendenzen unterscheiden. Erstens zerfällt die Geschichtsschreibung immer mehr in spezialisierte Monographien zu allen nur möglichen Aspekten der NS-Herrschaft. Nicht allein der Umfang der Veröffentlichungen, sondern auch die starke Vermehrung von methodisch, thematisch und theoretisch unterschiedlichen Ansätzen bedeutet, daß es heute weit schwieriger ist, eine Gesamtdarstellung des Dritten Reichs zu schreiben, als zu der Zeit, in der Karl Dietrich Bracher sein Standardwerk über *Die deutsche Diktatur*[51] verfaßte. Seine Interpretation beruhte damals auf einer Mischung aus «Sonderweg»- und «Totalitarismus»-Konzept und stellte im Ergebnis eine klassische politische Geschichte «von oben» dar, die soziale, ökonomische und kulturelle Aspekte so gut wie gar nicht berücksichtigte. Brachers Studie ist als «monumentale Zusammenfassung» bezeichnet worden, die heutzutage dennoch «steril» und «weitab von der gelebten Erfahrung der Deutschen» sei und im Vergleich zum tatsächlichen Geschehen in etwa so wirke «wie makroökonomische

---

49 Nähere Angaben siehe Kap. 9 Anm. 10.
50 Siehe dazu die Bemerkungen von Friedländer, «Martin Broszat und die Historisierung des Nationalsozialismus», S. 167.
51 Siehe oben Kap. 2 Anm. 60.

Theorie auf einen Arbeiter, der seine Arbeit verliert». Mit anderen Worten: sie trage nicht zu einer «Historisierung» bei.[52]

Die zweite große Tendenz ergibt sich aus dem Gesagten. Die «Historisierung» des Nationalsozialismus, die seit der Vereinigung in Deutschland zunehmend an Boden gewinnt, entfernt sich (wohl auch weiterhin) immer mehr von jenen Ansätzen, die die weltgeschichtliche Bedeutung des Nationalsozialismus nach wie vor in seiner genozidalen Rassenphilosophie und -politik sehen und daher «Auschwitz» in den Mittelpunkt aller Betrachtungen des NS-Phänomens stellen. Diese Divergenz bedeutet, daß es mit wachsendem zeitlichem Abstand wohl immer schwieriger wird, eine umfassende Studie über das Dritte Reich zu konzipieren, die den Anforderungen beider gegensätzlicher Ansätze genügt.

Doch machen diese Entwicklungstendenzen hin zu einer fragmentierten Forschung und divergierenden Interpretationsansätzen eine Gesamtdarstellung erforderlicher denn je – eine Synthese, die die unterschiedlichen Forschungsergebnisse in einem breiten Untersuchungsrahmen zusammenfaßt, aber nicht künstlich harmonisiert.[53] Wie Broszat bei seinem «Historisierungsplädoyer» ausgeführt hat, muß eine Geschichte der NS-Zeit, die die Gesellschaftsanalyse voll mit der Erörterung der politischen Entwicklung verbindet, erst noch geschrieben werden.[54] Beim Entwerfen und Abfassen einer solchen Studie steht man jedoch vor entmutigenden Problemen. Kann man sie dennoch schreiben? Lassen sich die interpretatorisch gegensätzlichen Pole irgendwie einander annähern? Sind neue Ansätze denkbar, mit denen sich das offensichtliche Dilemma überwinden ließe? Können «Normalität» und Genozid miteinander in Verbindung gebracht werden, oder haben sie weiterhin als unvereinbare Gegensätze zu gelten? Vor dieser Aufgabe steht jede neue Gesamtdarstellung des Dritten Reichs.

52 Maier, *The Unmasterable Past*, S. 101.
53 Bei Hans-Ulrich Thamers umfangreicher allgemeiner Untersuchung, *Verführung und Gewalt. Deutschland 1933–1945* (Berlin 1986), liegen die Stärken eher im Bereich der politischen und ideologischen als der sozialen Entwicklungen. Norbert Freis konziser Band *Der Führerstaat. Nationalsozialistische Herrschaft 1933 bis 1945* (München 1987) konzentriert sich weniger auf Regierungsstrukturen und zentrale Politik als auf die deutsche Gesellschaft unter Hitler, wie auch der Titel der englischen Übersetzung deutlich macht: *Nazi Germany. A Social History* (Oxford 1992). In der englischen Fassung wird allerdings auch auf die «Judenpolitik» eingegangen, die im deutschen Original wie die Außenpolitik ausgespart bleibt, weil diese Themen in anderen Bänden derselben Reihe abgehandelt werden.
54 Broszat, *Nach Hitler*, S. 167.

Die Analyse der Historisierungsdebatte schloß im vorigen Kapitel mit der Feststellung, daß in der neueren Forschung Zusammenhänge zwischen «Alltagsnormalität» und «Barbarei» aufgezeigt werden und sich somit ein Fortschritt abzeichnet. Es ist wichtig, nach solchen Zusammenhängen zu suchen und sie aufzuschlüsseln, damit sich die latente Polarisierung der völlig gegensätzlichen Interpretationen nicht zu Trivialisierung auf der einen Seite und Monumentalisierung auf der anderen verhärtet.

Wie Charles Maier ausgeführt hat, müssen Historisierungsversuche «das Risiko einer Apologie eingehen, aber nicht unbedingt dahin führen».[55] Ob sie eine apologetische Richtung einschlagen, hängt sehr von der jeweiligen Perspektive und Betonung ab. Fragestellungen, die sich mit Modernisierungstendenzen im Nationalsozialismus, mit sozialen Wohlfahrtssystemen, «Alltagsnormalität» unter den Bedingungen einer repressiven Diktatur oder mit dem Nationalsozialismus als Teil der längerfristigen Herausbildung einer «nationalen Identität» befassen, sind an sich legitim und richtig. Das gilt ebenso für Fragen, die sich mit der Erforschung des «Alltags» im Dritten Reich im Kontext der über 1945 hinausreichenden Kontinuitäten – also der «Vorgeschichte» der Bundesrepublik – befassen.[56] Wie jedoch die jeweilige Gewichtung genau auszusehen hat, dafür gibt es in der Geschichtsschreibung grundsätzlich, auch anderer Epochen, keinerlei Rezept.

Im Fall des Dritten Reichs würde aber bei einer allgemeinen Interpretation der Versuch, den Gesamttenor vom Singulären auf das «Normale» zu verschieben, selbst dann völlig in die Irre gehen, wenn er nicht auf eine Apologie hinausliefe. Die Einzigartigkeit des Nationalsozialismus, seine Unverwechselbarkeit als Regime – durch die es sich sogar von anderen brutalen Diktaturformen unterschied – bestand in der Durchführung eines systematischen Genozids. Hier handelt es sich nicht einfach um die willkürliche Schwerpunktsetzung des einen oder anderen Historikers, vielmehr spiegelt sich darin das Wesen des NS-Phänomens. «Auschwitz» muß nicht bei jeder Betrachtung der deutschen Geschichte im Mittelpunkt stehen. Wenn es jedoch darum geht,

---

55 Maier, *Unmasterable Past*, S. 93.
56 Wichtige Arbeiten zu diesem Thema sind Hans Woller, *Gesellschaft und Politik in der amerikanischen Besatzungszone. Die Region Ansbach und Fürth* (München 1986), und vor allem Martin Broszat, Klaus-Dietmar Henke und Hans Woller (Hg.), *Von Stalingrad zur Währungsreform* (München 1988). Siehe auch die oben in Anm. 30 erwähnte Rezension von Harold James.

das *Dritte Reich* allgemein zu interpretieren, gibt es keine befriedigende oder relevante Möglichkeit, in den Mittelpunkt der Analyse etwas anderes zu stellen als «Auschwitz» (im Sinne einer Chiffre für die nationalsozialistische Barbarei). Wo genau Auschwitz in der deutschen Geschichte einzuordnen ist, wie die deutsche Geschichte Auschwitz «erzeugt» hat und wie sie von Auschwitz geprägt worden ist, sind Fragen, deren Bedeutung nicht mit der Zeit verblassen kann und auch weiterhin die Grenzen jeder «normalen» geschichtswissenschaftlichen Untersuchung sprengt. Es ist nur schwer vorstellbar, wie an diese Stelle die Frage nach der Bedeutung des Nationalsozialismus für die Entwicklung der modernen deutschen Sozialversicherungspolitik oder moderner Wohlfahrtsprogramme treten sollte.

Die Geschichtswissenschaft kann sich nicht durch populäre Vorstellungen von der Vergangenheit bestimmen lassen. Sie kann sich auch nicht darauf konzentrieren, Erfahrungen oder Erinnerungen festzuhalten – die ja zwangsläufig von einem Menschen zum anderen (und auch kollektiv) variieren. Vielmehr hat sie die Aufgabe, die Vergangenheit zu erklären und verständlicher zu machen – und dadurch eventuell indirekt zu einer Verfeinerung oder Verbesserung der populären Vorstellungen beizutragen. Viele «Alltagsaspekte» der NS-Zeit sind für diese Aufgabe von Bedeutung und lassen sich zweifellos auch anführen, um die Anziehungskraft des Nationalsozialismus zu verdeutlichen. Sie zeigen, wie sich sowohl einfache Leute als auch Elitegruppen den Anforderungen des Regimes anpaßten und auf vielfältige Art in dessen Politik verwickeln ließen. So kann die Erforschung der «Normalität» und des «Alltags» in der im vorigen Kapitel beschriebenen Weise zu einem tieferen Verständnis der wachsenden Barbarei des Regimes beitragen.

Die fragliche «Historisierung» des Nationalsozialismus jedoch bietet alles andere als fruchtbare neue Ansätze zur wissenschaftlichen Untersuchung des Dritten Reichs und ist ein historiographischer Holzweg. Ganz abgesehen von der unverkennbaren inhaltlichen Leere des Begriffes selbst, ist die «Historisierung» im Gegensatz zu den anderen hier analysierten Ansätzen eine *eigentümlich deutsche* Form der Annäherung an die nationalsozialistische Vergangenheit. Mit anderen Worten: Wer das Dritte Reich nicht aus deutscher Sicht betrachtet, kann mit einer «Historisierung» wenig anfangen. Wer die Katastrophe des Dritten Reichs als Teil nicht nur der deutschen, sondern auch der europäischen und der Weltgeschichte begreift, empfindet den Historisierungsbegriff unabhängig von der ihm zugeschriebenen Bedeutung als irrelevant oder als Ablenkung.[57] Gegenwärtige deutsche Überlegungen zur Rolle des Nationalsozialismus für ein nationales Identitätsgefühl oder für die Entwicklung einer modernen Industriegesellschaft können genausowenig in Anspruch nehmen, auf ein historisches Verständnis des NS-Phänomens einzuwirken, wie derzeitige Überlegungen in christlichen Kreisen für sich beanspruchen können, unser Verständnis der Reformation zu prägen. Von dem aus gesehen, was der Nationalsozialismus *war* – und nicht, mit welchen verschiedenen Ansätzen man sich ihm einem heutigen deutschen Identitätsgefühl entsprechend nähern könnte –, gibt es nichts, was für den Versuch einer «Historisierung» des Dritten Reichs spricht. Die Geschichtswissenschaft hat vielmehr allen Grund, sich weiterhin auf die Frage der eigentlichen historischen Bedeutung des Nationalsozialismus zu konzentrieren. *Bisher* ist Auschwitz in der Geschichte einzigartig; doch es besteht leider kein Grund zu der Annahme, daß es anderswo niemals zu einem Zivilisationsbruch mit ähnlich schrecklichen Folgen – nur anderen Opfern und Tätern – kommen könnte. Deshalb ist es um so wichtiger, daß «Auschwitz» nicht nur für die deutsche Geschichte, sondern moderne Geschichte überhaupt als zentraler Bezugspunkt dient.

Im Mittelpunkt jedes ernst zu nehmenden Versuchs, den Nationalsozialismus in die jüngste deutsche Geschichte einzuordnen, wird daher zwangsläufig weiterhin die Schlüsselfrage stehen, wie es im hochentwickelten Staatswesen einer modernen Industriegesellschaft zu diesem beispiellosen und rapiden «Zivilisationsbruch» kommen konnte. Man kann dieser Frage gewiß nicht nachgehen, indem man sich auf Kontinuitäten in der «Alltagsnormalität» konzentriert und somit (implizit oder explizit) die dem Regime immanente Barbarei isoliert. Wenn man jedoch wie Dan Diner, mit der vehementeste Histori-

---

57 Darauf hat Friedländer, «Überlegungen», S. 48, hingewiesen. Vielleicht sind seine dortigen Äußerungen sowie seine anschließenden kritischen Anmerkungen zum Historisierungsbegriff in «Briefwechsel» (siehe Kap. 9 Anm. 10) und «Martin Broszat und die Historisierung des Nationalsozialismus» (siehe oben Anm. 10) im Hinblick auf Perspektivänderungen zum Dritten Reich aber zu pessimistisch. Wenn es tatsächlich zu der Veränderung des historischen Bewußtseins kommt, die ihn so sehr beunruhigt, wird sie sich auf spezifisch deutsche Einstellungen zur Vergangenheit beschränken. Sollten diese auf einer verzerrten Sicht beruhen, werden sie auf Kritik stoßen, wie das auch beim «Historikerstreit» der Fall war (und zwar sowohl was die Kritik von außerhalb Deutschlands als auch die innerdeutsche Revisionismuskritik betraf).

sierungskritiker, erklärt, Auschwitz sei «ein Niemandsland des Verstehens, ein schwarzer Kasten [*black box*] des Erklärens, ein historiographische Deutungsversuche aufsaugendes, ja, *außerhistorische* Bedeutung annehmendes Vakuum», dann bleibt bei einer solchen inhärenten «Mystifizierung» von Auschwitz nur noch die Option verzweifelter Unverständlichkeit.[58]

Akzeptierte man, daß bedeutsamste Vorgänge der Weltgeschichte, der Zivilisationsbruch, der «Auschwitz» erzeugte, nicht zu erklären sind, dann hieße das, vor der Mystifizierung tatsächlich zu kapitulieren. Dieser Versuchung gilt es zu widerstehen. Statt dessen ist nach Wegen zu suchen, die anscheinend auseinanderklaffenden, tatsächlich aber miteinander verbundenen Pole «Normalität» und Genozid zueinander in Beziehung zu setzen. Um das zu erreichen, müssen die bisher getrennten Methoden der neuen Sozial- und der politischen Strukturgeschichte zusammengeführt werden. Durch einen zweigleisigen Ansatz eröffnen sich neue Möglichkeiten.

Als ein begrifflicher Ausgangspunkt für den Versuch, die gesellschaftlichen und politischen Bedingungen zu verstehen, unter denen antihumanitäre und antiemanzipatorische Impulse, die in vielen For-

---

58 Diner, «Zwischen Aporie und Apologie» (siehe oben Kap. 9 Anm. 19), S. 73. Mit diesem (bereits im vorigen Kapitel angesprochenen) komplexen und zum Nachdenken anregenden Aufsatz wendet sich Diner vehement gegen eine «Historisierung» und gegen Verzerrungen, die im «Historikerstreit» auf das Konto «revisionistischer» Historiker gingen. Der zitierte Satz steht am Schluß seiner Überlegungen, nachdem er alternative «intentionalistische» und «funktionalistische» Versuche, «‹Auschwitz› zu verstehen», verworfen hat. Seines Erachtens erzeugt der erstgenannte Ansatz nämlich einen mysteriösen Aktualisierungsmechanismus – eine methodische «Black Box», die sich intentionalistischem Verständnis entzieht. Der zweite Ansatz könne zwar einiges erhellen, reduziere aber das Entsetzliche des damaligen Geschehens auf die Banalität seiner Einzelheiten und verdecke so die Sicht der Opfer, deren Erfahrung nationalsozialistischer Gegenrationalität (und nicht Irrationalität) bei einer Erörterung der Massenvernichtung einzig berechtigter Ausgangspunkt sei. Daher müßten alle Versuche, «Auschwitz» zu verstehen, zu Relativierung, Banalisierung und Rationalisierung führen (Diner, «Zwischen Aporie und Apologie», S. 70–73). – Es muß allerdings gesagt werden, daß Diners Wortwahl eher mystifizierend als klärend wirkt. Im heutigen Sprachgebrauch ist eine «Black Box» (etwa bei einem Flugzeugunglück) etwas, was sich dem Verständnis nicht entzieht, sondern dabei hilft, einen Vorgang zu begreifen. Vielleicht meint Diner eigentlich ein «schwarzes Loch»; das würde eher einen Sinn ergeben. Ebenso im dunkeln bleibt, was unter dem «*außerhistorische* Bedeutung annehmende[n] Vakuum» zu verstehen ist.

men und Prozessen der modernen Industriegesellschaft vorhanden sind, breite – und mörderische – Popularität erlangen können, bietet sich ein der Soziologie entlehnter Gedanke an: «die Pathologie der modernen Zivilisation».[59] Das Phänomen des Nationalsozialismus läßt das janusköpfige Erscheinungsbild der Moderne und der Katastrophen, zu denen die Krisen moderner Gesellschaften und Staatswesen führen können, deutlich hervortreten.[60] Man könnte das Dritte Reich in der Geschichte der modernen Gesellschaft vielleicht als eine Art historisches «Tschernobyl» ansehen – als eine Katastrophe, die nicht geschehen *mußte*, die aber aus einem im Wesen der modernen Gesellschaft angelegten Potential hervorging.[61] Ein «GAU» ist nicht der «Normalzustand» eines Atomreaktors. Doch so ein «größter anzunehmender Unfall» *kann* passieren und *ist* passiert. Ebensowenig ist der durch das Dritte Reich verkörperte «gesellschaftliche GAU» der «Normalzustand» einer modernen, hochentwickelten Industriegesellschaft. Dennoch *kann* es dazu kommen, und es *ist* dazu gekommen. Die beunruhigenden Entwicklungstendenzen unserer Zeit deuten – nicht zuletzt seit dem Zusammenbruch des Sowjetreichs – darauf hin, daß das Potential dazu noch immer vorhanden ist.

Der GAU von Tschernobyl, um bei dem Bild zu bleiben, war kein «Betriebsunfall», zu dem es «aus heiterem Himmel» und ohne strukturelle, systembedingte Ursachen sowie menschliche Irrtümer und Fehlberechnungen gekommen wäre.[62] Ein anderer Reaktortyp oder eine

---

59 Anregende Äußerungen in dieser Richtung (die sich auf Foucault und Habermas stützen) machte Peukert, *Volksgenossen* (siehe oben Kap. 2 Anm. 45), bes. S. 13–17 und 289–296.
60 Zur «janusköpfigen» Moderne siehe Detlev Peukert, *Max Webers Diagnose der Moderne* (Göttingen 1989), bes. S. 55 ff.
61 Detlev Peukert, «The Weimar Republic – Old and New Perspectives», *German History* 6 (1988), S. 133–144, hier S. 143, gebraucht eine etwas andere Metapher von der modernen Gesellschaft als Atomkraftwerk.
62 Zygmunt Bauman, *Dialektik der Ordnung. Die Moderne und der Holocaust* (übers. v. Uwe Ahrens, Hamburg 1992), hier S. 18, 25 und 100f, argumentiert überzeugend, daß im Holocaust kein «Betriebsunfall», sondern ein «Produkt der Moderne» zu sehen sei – ein «Test des latenten Potentials der modernen Gesellschaft», das auch in Zukunft eine «Auschwitz-artige Katastrophe» möglich mache. «In keiner Phase», so betont Bauman, «kollidierte die ‹Endlösung› mit dem rationalistischen Credo effizienter, optimaler Zielverwirklichung». Vielmehr sei der Holocaust «genuin rationalistischen Überlegungen» entsprungen und «von einer Bürokratie in Reinkultur produziert» worden (S. 31). Nach dieser Sichtweise ist «der moderne Genozid [...] ein Element des ‹Social Engineering›, mit dem eine soziale Ordnung

andere Bedienungsweise hätte die Katastrophe durchaus verhindern oder das Risiko wesentlich verringern können – auch wenn der Betrieb eines solchen Reaktors immer ein Gefahrenpotential birgt. Im Hinblick

realisiert werden soll, die dem Entwurf einer perfekten Gesellschaft entspricht» (S. 106). Dieses provozierende Argument (dem ich weitgehend beipflichte) überschneidet sich teilweise mit den Hypothesen zweier junger deutscher Historiker. Susanne Heim und Götz Aly gehen in einer Reihe von Veröffentlichungen, die in Deutschland eine hitzige Kontroverse auslösten, von einer «Ökonomie der Endlösung» aus. Die Vernichtungspolitik führen sie auf Konzeptionen von Technokraten zurück, die in Planungsbüros in Polen saßen. Deren Vorstellungen von einer «neuen Ordnung» setzten die Vernichtung der osteuropäischen Juden voraus, die – als notleidendes städtisches Proletariat, das prämoderne Wirtschaftssektoren beherrschte und in Häusern wohnte, die andernfalls der in die Fabriken drängenden Landbevölkerung zur Verfügung gestanden hätten – einem Abbau der Überbevölkerung, sozialen Aufstiegschancen und der Rationalisierung der industriellen Produktion im Wege standen. Siehe dazu von den zahlreichen Veröffentlichungen insbesondere Götz Aly u. a., *Sozialpolitik und Judenvernichtung. Gibt es eine Ökonomie der Endlösung?* (Berlin 1987). Heim und Aly verdienen Anerkennung für ihre detaillierte empirische Forschung in polnischen Archiven. Sie haben dabei neue Quellen entdeckt, aus denen ihrer Überzeugung nach deutlich hervorgeht, daß bei den Planern des «Generalgouvernements» im Zusammenhang mit bevölkerungs- und sozialpolitischen Konzeptionen genozidale Visionen vorhanden waren. Bei der Interpretation der vorhandenen Belege gehen sie allerdings zu weit. Praktisch läuft ihre Argumentation auf die These hinaus, daß der Genozid von den Planern initiiert worden sei und daß ohne deren Konzepte die nationalsozialistische Rassenpolitik nicht über Pogrome hinausgekommen wäre. Überzeugende Einwände dagegen brachten meiner Ansicht nach vor allem Christopher Browning und Ulrich Herbert vor, die von neuem das *Zusammentreffen* zweier Faktoren als *Ursachen* des Genozids betonen. Browning und Herbert verweisen einmal auf eine in sich kohärente Interpretation, die die moderne Gesellschaft als rassisch-biologisch determiniert begreift (eine Weltsicht, die zwar nicht spezifisch nationalsozialistisch war, doch in die NS-Ideologie Eingang fand und dort unter den «Ermächtigungsbedingungen» des Dritten Reichs auf neue und zunehmend radikalere politische Umsetzungsmöglichkeiten traf). Auf der anderen Seite ist hier eine technisch und bürokratisch neu verfügbare (bei der «Euthanasie-Aktion» erprobte) Tötungskapazität gemeint, die es dem Regime ermöglichte, nach dem Einmarsch in die Sowjetunion einen totalen Genozid einzuleiten. Da die «Lösung des Judenproblems» angeblich von zentraler Bedeutung war, machten sich alle möglichen modernen technokratischen und bürokratischen Planungsämter und -büros, darunter auch die von Heim und Aly näher beleuchteten, an die Arbeit und benutzten eine ganze Reihe von rationalisierenden Rechtfertigungen (Überbevölkerung, Krankheiten, Armut, Hunger etc.), um die Genozidpolitik zu legitimieren. Wie im deutschen Rahmen üblich, ist die Kontroverse, die durch die Thesen von Heim und Aly ausgelöst wurde, auf beiden Seiten mit hohem moralischem Anspruch und begleitet von der Anprangerung der jeweils anderen Seite übertrieben hitzig und polemisch geführt worden. Praktischerweise sind die Debatten-

auf die Erforschung des Nationalsozialismus als «gesellschaftlicher GAU» wären wir damit wieder bei der – bereits in früheren Kapiteln betonten – Notwendigkeit einer Integration von strukturellen und personellen Faktoren, wenn es darum geht, den Zivilisationsbruch im Dritten Reich zu erklären.

Beim «gesellschaftlichen GAU», den das NS-Regime darstellt, spielte der «Führer» die entscheidendste Einzelrolle. Um zu einer befriedigenden Synthese oder Gesamtinterpretation zu gelangen, gilt es also, den «Hitler-Faktor» adäquat zu berücksichtigen. Die weiter oben diskutierten «intentionalistischen» Ansätze, deren Defizite deutlich geworden sein dürften, können dies nicht zufriedenstellend leisten. Andererseits scheinen die «strukturalistischen» Studien im bemühten Kampf gegen übermäßig personalisierte Interpretationen Hitler bisweilen völlig aus der Darstellung zu streichen. Tatsächlich waren aber die Ziele und Handlungen des «Führers» von entscheidender Bedeutung. Aufgabe ist es daher zu untersuchen, wie Gesellschaft und Regime – unterschiedliche soziale Gruppen und die verschiedenen Komponenten eines zunehmend zersplitterten Staatswesens – der personalisierten Macht dazu verhalfen, eine immer bedeutsamere Triebkraft in einem krisengeschüttelten, von millenaristischen Zielvorstellungen gelenkten System zu werden. In dieser Konstellation wurde Hitlers seltsamer Führungsstil selbst beim Schritt in den Abgrund noch aufrechterhalten; seine willkürliche Art der Entscheidung wurde so erst praktikabel und ließ seine ideologische Vision zu entsetzlicher Wirklichkeit werden. Verwirklichbar erscheint eine entsprechende Untersuchung, wie in einigen vorangegangenen Kapiteln sichtbar geworden sein dürfte, mit Hilfe einer auf Max Webers theoretischen Überlegungen aufbauenden Analyse der Entwicklung, des Wesens und der Funktion charismatischen Führertums, der Bedingungen seiner Entstehung sowie der zentralen Rolle dieses Führertums in der Regierung und der Gesellschaft des Dritten Reiches.[63]

---

beiträge zusammengefaßt in einem Band erschienen: Wolfgang Schneider (Hg.), *Vernichtungspolitik. Eine Debatte über den Zusammenhang von Sozialpolitik und Genozid im nationalsozialistischen Deutschland* (Hamburg 1991). Meines Erachtens bildet die Arbeit von Heim und Aly einen interessanten Beitrag zu der von Bauman vertretenen Sicht der Moderne, ohne daß allerdings die überzogene Behauptung der Autoren legitimiert wäre, sie legten eine neue Erklärung des nationalsozialistischen Genozids an den Juden vor.

63 Dazu ermuntert Hans-Ulrich Wehler, «30. Januar 1933 – Ein halbes Jahrhun-

Die nationalsozialistische Vergangenheit weckt in denen, die sich mit ihr beschäftigen müssen, eine leidenschaftliche moralische Empörung. Und das ist auch richtig so. Doch so berechtigt und sogar notwendig solche Gefühle auch sind, genügt es langfristig gesehen nicht, moralisch entrüstet zu sein, weil dadurch statt eines tieferen Verständnisses leicht eine Legendenbildung begünstigt werden könnte.[64] Die Menschen müssen in ihrer moralischen Empörung und Entrüstung immer wieder durch eine echte Geschichtswissenschaft und ein wirkliches Geschichtsverständnis bestärkt werden. Die Gegenwart wird tatsächlich durch die Vergangenheit geprägt. Auch in Deutschland ist das unverkennbar der Fall – und das längst nicht immer in negativem Sinne.

Seit dem Krieg ist es noch nie so wichtig gewesen wie jetzt – wo neue Formen von Faschismus und Rassismus bedrohlicher sind, als man sich das noch vor wenigen Jahren hätte vorstellen können –, die Katastrophe zu verstehen, die der Nationalsozialismus über Deutschland und Europa gebracht hat. Ein auf das Dritte Reich spezialisierter Historiker kann zweifellos nur in geringem Maße dazu beitragen, dem besorgniserregenden und deprimierenden Wiedererwachen des Faschismus entgegenzuwirken. Doch so gering dieser Betrag auch sein mag – es ist äußerst wichtig, daß er überhaupt geleistet wird. Wissen ist besser als Unwissenheit, Geschichte besser als Mythos. In einer Zeit, in der Ignoranz und Mythen rassistische Intoleranz sowie faschistische Illusionen und Idiotien wiederaufleben lassen, lohnt es sich mehr denn je, sich diese Wahrheiten immer wieder in Erinnerung zu rufen.

---

dert danach», *APZ*, 29. Januar 1983, S. 43–54, hier S. 50. In meinem kürzlich erschienenen Band *Hitlers Macht* (München 1992) habe ich versucht, diesen Ansatz weiterzuentwickeln.
64 Siehe dazu Broszats hilfreichen Hinweis («Briefwechsel», S. 365): «Die Gefahr des Verdrängens dieser Zeit besteht meines Erachtens nicht nur in dem üblichen Vergessen, sondern in diesem Fall, fast paradoxerweise, auch darin, daß man sich aus didaktischen Gründen um dieses Geschichtskapitel zu sehr ‹bemüht› und aus dem ursprünglichen, authentischen Kontinuum dieser Geschichte ein Arsenal von Lehrveranstaltungen und Standbildern zusammenstückelt, die sich mehr und mehr verselbständigen, vor allem dann in der zweiten und dritten Generation sich vor die ursprüngliche Geschichte stellen und schließlich naiverweise als die eigentliche Geschichte mißverstanden werden.» Siehe auch Broszat, *Nach Hitler*, S. 114–120.

Weiterführende Literaturhinweise

Kapitel 1

Bernd Faulenbach, Deutsche Geschichtswissenschaft nach 1945. *Tijdschrift voor Geschiednis* 94 (1981), S. 29–57

Georg G. Iggers, *Deutsche Geschichtswissenschaft*, München 1971

Wolfgang J. Mommsen, Gegenwärtige Tendenzen in der Geschichtsschreibung der Bundesrepublik, *Geschichte und Gesellschaft* 7 (1981), S. 149–188

Irmeline Veit-Brause, Zur Kritik an der «kritischen Geschichtswissenschaft»: Tendenzwende oder Paradigmawechsel?, *Geschichte in Wissenschaft und Unterricht* 35 (1984), S. 1–24

Hans Ulrich Wehler, Geschichtswissenschaft heute, in: Jürgen Habermas (Hg.), *Stichworte zur geistigen Situation der Zeit*, Frankfurt/M. 1979, Bd. 2

Kapitel 2

Hannah Arendt, *Elemente und Ursprünge totaler Herrschaft*, München 1991

Karl Dietrich Bracher, *Die deutsche Diktatur. Entstehung, Struktur und Folgen des Nationalsozialismus*, Köln 1980

Karl Dietrich Bracher, *Zeitgeschichtliche Kontroversen um Faschismus, Totalitarismus, Demokratie*, München 1976

Jürgen Kocka, Ursachen des Nationalsozialismus, in: *Aus Politik und Zeitgeschichte*, 21. Juni 1980, S. 3–15

Walter Schlangen, *Die Totalitarismus-Theorie. Entwicklung und Probleme*, Stuttgart 1976

Totalitarismus und Faschismus. Eine wissenschaftliche und politische Begriffskontroverse. Kolloquien des Instituts für Zeitgeschichte, München 1980

Wolfgang Wippermann, *Europäischer Faschismus im Vergleich 1922–1982*, Frankfurt/M. 1983

Kapitel 3

Avraham Barkai, *Das Wirtschaftssystem des Nationalsozialismus. Ideologie, Theorie, Politik, 1933–1945*, Frankfurt/M. 1988

Georg W. F. Hallgarten und Joachim Radkau, *Deutsche Industrie und Politik von Bismarck bis in die Gegenwart*, Reinbek bei Hamburg 1981

Timothy W. Mason, Der Primat der Politik – Politik und Wirtschaft im Nationalsozialismus, in: *Das Argument* 8 (1966), S. 473–494

Franz Neumann, *Behemoth. Die Struktur und Praxis des Nationalsozialismus*, Köln 1977

Hans Erich Volkmann, Politik, Wirtschaft und Aufrüstung unter dem Nationalsozialismus, in: Manfred Funke (Hg.), *Hitler, Deutschland und die Mächte*, Düsseldorf 1978

Hans Erich Volkmann, Zum Verhältnis von Großwirtschaft und NS-Regime im Zweiten Weltkrieg, in: Karl Dietrich Bracher u. a. (Hg.), *Nationalsozialistische Diktatur 1933–1945. Eine Bilanz*, Bonn 1983, S. 480–508

Kapitel 4

Martin Broszat, *Der Staat Hitlers*, München 1969
Alan Bullock, *Hitler und Stalin. Parallele Leben*, München 1991
Joachim C. Fest, *Hitler*, Berlin 1989
Gerhard Hirschfeld und Lothar Kettenacker (Hg.), *Der «Führerstaat»: Mythos und Realität*, Stuttgart 1981
Eberhard Jäckel, *Hitlers Herrschaft*, Stuttgart 1986
Eberhard Jäckel, *Hitlers Weltanschauung. Entwurf einer Herrschaft*, Stuttgart 1983
Ian Kershaw, *Hitlers Macht. Das Profil der NS-Herrschaft*, München 1992
Hans Mommsen, *Adolf Hitler als «Führer» der Nation* (Deutsches Institut für Fernstudien an der Universität Tübingen), Tübingen 1984
Hans Mommsen, *Die verspielte Freiheit. Der Weg der Republik von Weimar in den Untergang, 1918–1933*, Berlin 1990
Gerhard Schreiber, *Hitler-Interpretationen*, Darmstadt 1984
Wolfgang Wippermann, *Kontroversen um Hitler*, Frankfurt/M. 1987

Kapitel 5

Zygmunt Bauman, *Dialektik der Ordnung. Die Moderne und der Holocaust*, Hamburg 1992
Zygmunt Bauman, *Moderne und Ambivalenz. Das Ende der Eindeutigkeit*, Hamburg 1992
Martin Broszat, Hitler und die Genesis der «Endlösung». Aus Anlaß der Thesen von David Irving, Vierteljahreshefte für Zeitgeschichte 25 (1977), S. 737–775
Christopher Browning, Zur Genesis der «Endlösung». Eine Antwort an Martin Broszat, *Vierteljahreshefte für Zeitgeschichte* 29 (1981), S. 97–109
Gerald Fleming, *Hitler und die Endlösung. «Es ist des Führers Wunsch»*, Wiesbaden 1982
Raul Hilberg, *Die Vernichtung der europäischen Juden*, Frankfurt/M. 1990
Eberhard Jäckel und Jürgen Rohwer (Hg.), *Der Mord an den Juden im Zweiten Weltkrieg*, Stuttgart 1985
Arno J. Mayer, *Der Krieg als Kreuzzug. Das Deutsche Reich, Hitlers Wehrmacht und die «Endlösung»*, Reinbek 1989
Hans Mommsen, Die Realisierung des Utopischen: Die «Endlösung» der «Judenfrage im ‹Dritten Reich›», *Geschichte und Gesellschaft* 9 (1983), S. 381–420
Hans Mommsen, *Die verspielte Freiheit. Der Weg der Republik von Weimar in den Untergang, 1918–1933*, Berlin 1990
Walter H. Pehle (Hg.), *Der Judenpogrom 1938*, Frankfurt/M. 1988

Kapitel 6

Wilhelm Deist, *The Wehrmacht and German Rearmament*, London 1981
Eberhard Fordran u. a. (Hg.), *Innen- und Außenpolitik unter nationalsozialistischer Bedrohung*. Opladen 1977
Manfred Funke (Hg.), *Hitler, Deutschland und die Mächte*, Düsseldorf 1978
Klaus Hildebrand, *Deutsche Außenpolitik 1933–1945. Kalkül oder Dogma?* 4. Aufl., Stuttgart 1980
Hans-Adolf Jacobsen, *Nationalsozialistische Außenpolitik*, Frankfurt/M. 1968

Wolfgang Mechalka (Hg.), *Nationalsozialistische Außenpolitik*, Darmstadt 1978
Klaus-Jürgen Müller, *Armee und Drittes Reich 1933–1939*, Paderborn 1989

Kapitel 7

Werner Abelshauser und Anselm Faust, *Wirtschafts- und Sozialpolitik. Eine nationalsozialistische Revolution? Nationalsozialismus im Unterricht* (Studieneinheit 4, Deutsches Institut für Fernstudien an der Universität Tübingen), Tübingen 1983
Rolf Dahrendorf, *Gesellschaft und Demokratie in Deutschland*, München 1965
Norbert Frei, *Das Dritte Reich im Überblick*, München 1989
Claudia Koonz, *Mütter im Vaterland. Frauen im Dritten Reich*, Reinbek 1994
Horst Matzerath und Heinrich Volkmann, Modernisierungstheorie und Nationalsozialismus, in: Jürgen Kocka (Hg.), *Theorien in der Praxis des Historikers*, Göttingen 1977
Detlev Peukert, *Volksgenossen und Gemeinschaftsfremde*, Köln 1982
David Schoenbaum, *Die braune Revolution. Eine Sozialgeschichte des Dritten Reiches*, Köln 1968

Kapitel 8

Hermann Graml, *Widerstand im Dritten Reich*, Frankfurt/M. 1984
Peter Hoffmann, *Widerstand gegen Hitler und das Attentat vom 20. Juli 1944. Probleme des Umsturzes*, München 1984
Ders.: *Widerstand, Staatsstreich, Attentat. Der Kampf der Opposition gegen Hitler*, München 1985
Hans Mommsen, *Die verspielte Freiheit. Der Weg der Republik von Weimar in den Untergang, 1918–1933*, Berlin 1990
Hans Rothfels, *Deutsche Opposition gegen Hitler*, Frankfurt/M. 1986
Inge Scholl, *Die weiße Rose*, Frankfurt/M. 1985

Kapitel 9

Alltagsgeschichte der NS-Zeit. Neue Perspektive oder Trivialisierung? Kolloquien des Instituts für Zeitgeschichte, München 1984
Martin Broszat, *Nach Hitler. Der schwierige Umgang mit unserer Geschichte*, München 1986
Dan Diner (Hg.), *Ist der Nationalsozialismus Geschichte?* Zu Historisierung und Historikerstreit, Frankfurt/M. 1987
Dokumentation. Ein Briefwechsel zwischen Martin Broszat und Saul Friedländer um die Historisierung des Nationalsozialismus, *Vierteljahreshefte für Zeitgeschichte* 36 (1988), S. 339–372

Kapitel 10

Richard J. Evans, *Im Schatten Hitlers? Historikerstreit und Vergangenheitsbewältigung in der Bundesrepublik Deutschland*, Frankfurt/M. 1991
Harold James, *Deutsche Identität 1770–1990*, Frankfurt/M. 1991
Charles S. Maier, *Die Gegenwart der Vergangenheit. Geschichte und nationale Identität der Deutschen*, Frankfurt/M. 1992

Namenregister

Abelshauser, Werner 238, 246
Abendroth, Hans Henning 205
Abendroth, Wolfgang 52
Abraham, David 83
Adam, Uwe Dietrich 63, 65, 72, 108, 160, 162, 166, 168, 169, 170, 171, 172, 179, 180
Aigner, Dietrich 227, 228, 229
Albers, Jens 353
Allen, William Sheridan 307
Aly, Götz 374
Arendt, Hannah 31, 46, 47, 48, 152, 192, 327, 361, 362
Aronson, Shlomo 179
Ayçoberry, Pierre 16, 48, 55

Bajohr, Stefan 257
Baldwin, Peter 361
Balfour, Michael 267
Bankier, David 161, 171, 260
Bartov, Omer 188, 260, 336
Bauer, Otto 53, 54, 55
Bauer, Yehuda 149, 160
Bauman, Zygmunt 373, 375
Beck, Ludwig 275, 310
Benz, Wolfgang 261, 338
Berghahn, Volker R. 23, 255, 346
Bessel, Richard 39, 251, 258
Binion, Rudolf 118, 155
Blomberg, Werner von 101, 103, 204, 205
Bludau, Kuno 278
Boberach, Heinz 285, 304
Bock, Gisela 257, 331

Boehnert, Gunnar C. 255
Bollmus, Reinhard 122
Borkenau, Franz 47
Bormann, Martin 134, 138
Botz, Gerhard 55, 299
Bracher, Karl Dietrich 31, 33, 37, 38, 45, 49, 50, 63, 74, 77, 78, 88, 97, 116, 117, 118, 119, 120, 121, 122, 123, 131, 167, 235, 328, 367
Brack, Viktor 177, 188
Breuilly, John 308, 351
Bridenthal, Renate 257
Broszat, Martin 10, 28, 63, 67, 68, 70, 74, 122, 123, 124, 125, 133, 136, 152, 158, 159, 162, 176, 179, 180, 181, 193, 198, 202, 203, 204, 209, 220, 221, 241, 251, 253, 254, 255, 264, 272, 280, 281, 282, 283, 286, 288, 289, 290, 292, 294, 297, 303, 310, 314, 316, 317, 318, 319, 320, 321, 322, 325, 329, 332, 333, 334, 335, 336, 337, 340, 342, 351, 353, 358, 359, 363, 367, 368, 369, 371, 376
Browning, Christopher 176, 177, 178, 179, 186, 188, 190, 191, 374
Buchheim, Hans 64, 108, 176, 268, 273
Bullock, Alan 117, 118, 198
Burleigh, Michael 80, 264, 357
Burrin, Philippe 9, 162, 180, 181, 183, 184, 185, 186, 187, 188, 190

Caplan, Jane 92, 93, 95, 132
Carr, William 96, 101, 104, 116, 147, 205, 211, 212, 215, 230
Carsten, Francis L. 51, 235
Chickering, Roger 209
Childers, Thomas 61
Clemenz, Manfred 52, 64
Conze, Werner 321, 352
Czichon, Eberhard 87

Dahrendorf, Ralf 60, 241, 242, 243, 246, 247, 259, 316, 317, 323
Dawidowicz, Lucy 39, 149, 150, 154, 155, 179
DeFelice, Renzo 46, 51, 74
Deist, Wilhelm 99
Delp, Alfred 276, 306, 310
Delzell, Charles F. 74
Deutsch, Harold C. 280, 309
Diehl-Thiele, Peter 122, 131, 132, 133, 135, 136
Dietrich, Otto 132
Dimitroff, Georgi 30
Diner, Dan 322, 324, 325, 327, 328, 330, 334, 336, 338, 340, 366, 371, 372
Dirks, Walter 306
Doescher, Hans-Jürgen 209
Dorpalen, Andreas 84, 270
Dülffer, Jost 55, 104, 145, 199, 211, 213, 214, 218, 229, 365

Eatwell, Roger 76
Eichholtz, Dietrich 30, 48, 53, 84, 87, 88, 109, 239, 270
Eichmann, Adolf 176, 185, 186, 188, 192

Eley, Geoff 39, 43, 57, 149, 209, 344
Erdmann, Karl Dietrich 89, 114, 121
Evans, Richard 57, 298, 343, 344

Faber, K. G. 24
Falter, Jürgen 61
Farquharson, John 16
Faulenbach, Bernd 21
Faust, Anselm 238, 246
Feinermann, Emmanuel 172
Feldmann, Gerald 356
Fest, Joachim C. 117, 118, 155
Fischer, Conan 251
Fischer, Fritz 23, 209
Fisher, David 172
Fleming, Gerald 155, 156, 160, 165, 179, 181, 185, 189
Fletcher, Roger 347
Forndran, Erhard 220, 229
Fox, John 114
Fraenkel, Ernst 122
Frank, Hans 134, 175, 176, 189
Frank, Niklas 175
Freeden, Herbert 326
Frei, Norbert 339, 358, 368
Frick, Wilhelm 132, 133, 136, 169
Friedländer, Saul 10, 151, 320, 322, 323, 324, 325, 326, 327, 328, 329, 330, 331, 332, 333, 334, 335, 338, 339, 340, 341, 349, 357, 365, 366, 367, 371
Friedrich Carl J. 31, 47, 48, 63
Funke, Manfred 96, 179, 205, 207, 214, 221

Geary, Dick 83
Gellately, Robert 342, 363
Genoud, F. 260
Genschel, Helmut 108
Geyer, Michael 99
Gillingham, John R. 111
Gisevius, Hans Bernd 272
Goebbels, Joseph 147, 171, 172, 173, 215, 222, 307

Goerdeler, Carl 22, 36, 144, 269, 273, 275, 286
Göring, Hermann 101, 102, 104, 134, 171, 178, 179, 185, 186, 204, 205, 214, 215, 216, 222
Gollwitzer, Heinz 306
Gordon, Sarah 154, 260
Gossweiler, Kurt 30, 31, 53, 71, 72, 87, 88, 109, 146, 239, 270
Graml, Hermann 117, 172, 267, 273, 275, 276
Gramsci, Antonio 55, 90, 92, 344
Gregor, A. J. 59
Griffin, Roger 52, 76
Grossmann, Atina 257
Gruchmann, Lothar 134, 138, 141, 169, 261, 302

Habermas, Jürgen 24, 346, 347, 349, 373
Haffner, Sebastian 117, 155, 244
Hagtvet, Bernt 61
Hallgarten, George W. F. 102, 103, 105, 106, 107, 111
Hamilton, Richard 61
Hartmann, Wolf-Rüdiger 116
Hassel, Ulrich von 272, 275, 286
Hauner, Milan 199, 200, 205, 206, 226, 229, 232
Hayes, Peter 8, 83, 100
Hehl, Ulrich von 306
Heim, Susanne 374
Heinemann, Ulrich 286
Hellfeld, Matthias von 261, 296
Henning, Eike 90, 91
Herbert, Ulrich 294, 324, 330, 366, 374
Herbst, Ludolf 104, 112, 145
Hermelink, Heinrich 276
Heß, Rudolf 132, 140
Heydrich, Reinhard 174, 176, 178, 182, 183, 184, 185, 186, 187, 188, 189, 190, 191, 255

Hiden, John 16
Hilberg, Raul 179
Hildebrand, Klaus 16, 25, 26, 27, 36, 37, 38, 45, 48, 55, 58, 59, 60, 73, 77, 78, 89, 114, 118, 121, 125, 145, 156, 157, 198, 199, 207, 208, 221, 224, 336
Hilferding, Rudolf 47
Hill, Leonidas E. 280
Hillgruber, Andreas 16, 25, 26, 33, 45, 73, 78, 89, 116, 119, 156, 178, 179, 182, 183, 198, 225, 230, 322, 323, 325, 335, 336, 337, 340, 348
Himmler, Heinrich 134, 136, 174, 177, 178, 185, 188, 189, 190, 191, 245, 354
Hirschfeld, Gerhard 27, 29, 114, 125, 131, 200, 255
Hitler, Adolf 8, 9, 16, 17, 19, 22, 23, 27, 28, 29, 36, 37, 44, 50, 66, 67, 68, 73, 74, 77, 78, 79, 80, 88, 89, 94, 98, 100, 101, 104, 106, 110, 112, 113, 114–233, 242, 243, 252, 253, 260, 267, 268, 271, 273, 275, 276, 277, 286, 287, 294, 299, 302, 305, 306, 307, 309, 310, 311, 312, 313, 314, 319, 347, 349, 350, 353, 354, 355, 356, 361, 362, 366, 368, 375
Hoch, Anton 302
Hockerts, Hans Günther 352
Höhne, Heinz 183
Höß, Rudolf 188, 192, 193
Hofer, Walther 15, 114, 140, 157, 205, 283, 284, 288, 290, 292, 294, 296, 300
Hoffmann, Peter 267, 280, 309
Horn, Wolfgang 131, 135
Hürten, Heinz 306
Hüttenberger, Peter 98, 100, 101, 103, 122, 132, 280, 281, 285, 295, 363

Iggers, Georg G. 21, 32, 36
Irving, David 152

Jacobsen, Hans-Adolf 126, 176, 196, 205, 206, 209
Jaeger, Harald 280
Jäckel, Eberhard 59, 116, 118, 121, 178, 179, 180, 182, 186, 199, 230, 356, 362
James, Harold 83, 358, 369
Jamin, Mathilde 61, 251
Jarausch, Konrad H. 209
Jaschke, Hans-Gerd 55
Jaspers, Karl 39
Jedrzejewicz, Waclaw 211
Jens, Inge 276
Jochmann, Werner 161
Jünger, Ernst 46

Kadritzke, Nils 64
Kaelble, Helmut 238
Kaiser, David 105
Kaplan, Marion 257
Kater, Michael 61, 134, 285, 330, 331
Kershaw, Ian 69, 131, 139, 214, 233, 258, 259, 294, 301, 306, 313, 341, 376
Kettenacker, Lothar 27, 29, 114, 125, 131, 135, 200, 255
Kitchen, Martin 48, 55, 57, 64, 66, 68, 255
Klee, Ernst 307
Klenner, Jochen 135
Klinsiek, Dorothee 257
Klönne, Arno 261
Klotzbach, Kurt 278, 303
Knoop-Graf, Anneliese 276
Knox, MacGregor 73
Kocka, Jürgen 24, 35, 64, 68, 74, 75, 76, 78, 122, 280, 318, 340, 346, 356
Koehl, Robert 135
Koonz, Claudia 258, 331
Krausnick, Helmut 108, 176, 178, 179, 180, 181, 182, 183, 185, 188, 189
Krosigk, Lutz Graf Schwerin von 138
Krüger-Cherlé, Michael 286
Kube, Alfred 205

Kühnl, Reinhard 52, 61, 90, 264
Kuhn, Annette 257
Kuhn, Axel 199, 356
Kulka, Otto Dov 151, 169, 260, 308, 321, 322, 324, 326, 328, 359
Kuper, Leo 342
Kwiet, Konrad 151, 152

Lang, Jochen von 188
Laqueur, Walter 45, 51, 62, 95, 125, 235
Larsen, Stein Ugelvik 51, 64
Lepsius, Rainer M. 321, 352
Lewy, Guenter 306
Ley, Robert 132, 133, 140, 329, 355
Lifton, Robert Jay 331
Linz, Ivan 62, 75
Lipset, Seymour Martin 60
Löwenthal, Leo 47, 267
Lohse, Hinrich 188, 189
Longerich, Peter 174, 183
Lozek, Gerhard 239

Mai, Gunther 293
Maier, Charles 343, 349, 357
Mammach, Klaus 270
Mandel, Ernest 240
Mann, Golo 56
Mann, Reinhard 36, 278, 341, 342, 363
Marrus, Michael 151
Martens, Stefan 205
Marx, Karl 26, 54, 87, 112, 148
Mason, Timothy W. 28, 38, 74, 85, 86, 87, 88, 90, 91, 93, 101, 104, 105, 108, 128, 141, 142, 143, 144, 145, 146, 148, 154, 203, 204, 209, 256, 257, 291, 293
Matzerath, Horst 74, 236, 238, 246, 248, 249, 254, 356
Mayer, Arno J. 162, 180, 360, 361
McGovern, William Montgomery 23
Meehan, Patricia 313

Meinecke, Friedrich 21, 22, 36, 56
Merkl, Peter 251
Merson, Allan 305
Messerschmidt, Manfred 274, 285
Michaelis, Meir 46, 230, 231
Michalka, Wolfgang 116, 140, 205, 206, 207, 214, 226
Milward, Alan S. 85, 95, 102, 103, 105, 110, 111, 112, 143
Möller, Horst 272
Moltke, Helmut Graf von 276
Moltmann, Günter 198, 199, 225
Mommsen, Hans 10, 28, 67, 70, 74, 115, 122, 125, 126, 127, 132, 157, 158, 159, 163, 165, 170, 176, 177, 179, 180, 181, 186, 187, 196, 201, 202, 204, 206, 209, 220, 221, 242, 255, 267, 268, 272, 273, 274, 275, 283, 285, 286, 296, 308, 310, 314, 353, 356
Mommsen, Wolfgang J. 21, 27, 43, 59, 114
Moore Jr., Barrington 59, 60
Mosse, George L. 153
Mühlberger, Detlev 51, 61
Mühlen, Patrick von zur 267, 303, 306, 307
Müller, Klaus-Jürgen 103, 267, 272, 274, 278, 284, 306, 309, 310
Mussolini, Benito 46, 177, 213, 352
Muth, Heinrich 261

Neuhäusler, Johann 276
Neumann, Franz 47, 70, 93, 98, 122, 244, 258
Neurath, Konstantin von 170, 210, 212, 213
Niethammer, Lutz 263, 324, 366
Nipperdey, Thomas 24, 25, 35
Noakes, Jeremy 135, 235, 249, 252, 255

Nolte, Ernst 15, 34, 51, 52, 57, 58, 64, 74, 75, 89, 322, 325, 335, 336, 343, 348, 359, 360, 361, 362
Norden, Günther von 306, 307
Nyomarkay, Joseph 131, 135

O'Butler, Rohan 23
Opitz, Reinhard 244
Organski, A. F. K. 59, 60
Orlow, Dietrich 135, 214
Oster, Hans 275
Overy, Richard J. 89, 102, 103, 105, 143, 258

Pätzold, Kurt 109, 152, 159, 160, 175, 176, 177, 185, 188
Papen, Franz von 55, 141, 210
Parsons, Talcott 56, 57, 210
Payne, Stanley 51
Peterson, Edward 122, 133, 135, 136, 137, 138, 139, 141, 142
Petzina, Dietmar 85, 99, 102, 122
Peukert, Detlev 69, 74, 139, 249, 258, 261, 263, 265, 278, 279, 285, 291, 298, 299, 301, 304, 305, 324, 333, 341, 373
Pirker, Theo 268
Plum, Günter 272, 279, 282, 283
Popitz, Johannes 275
Poulantzas, Nicos 55, 92, 93, 94, 95
Prinz, Michael 257, 329, 330, 352, 355, 357
Puhle, Hans-Jürgen 43, 78, 346

Radkau, Joachim 102, 103, 105, 106, 107, 111
Rau, Manfred 353
Rauschning, Hermann 135, 136, 197, 226, 227, 231, 249
Read, Anthony 172
Rebentisch, Dieter 8, 9, 138, 142

Recker, Marie-Luise 256, 329
Reitlinger, Gerald 179, 185, 186
Rempel, Gerhard 261
Ribbentrop, Joachim von 176, 206, 207, 213
Rich, Norman 115, 200
Richter, Rolf 239
Ritter, Gerhard 21, 22, 36, 56, 273
Röhm, Ernst 134, 252
Roon, Ger van 275
Rosar, Wolfgang 231
Rothfels, Hans 36, 268, 277
Rüsen, Jörn 20, 24, 35
Ruge, Wolfgang 30
Ruhwer, Jürgen 178, 179, 180
Runschöttel, Hermann 280

Saage, Richard 47, 64, 95, 244
Saldern, Adelheid von 244, 256, 334, 336, 340
Salter, Stephan 10, 143, 144, 256, 293
Sauer, Wolfgang 31, 37, 57, 167, 332
Sereny, Gitta 193
Siefken, Heinrich 276
Smelser, Ronald 294, 352, 355
Sohn-Rethel, Alfred 91, 92, 95, 222
Speer, Albert 85, 101, 110, 144, 255, 355
Schacht, Hjalmar 91, 100, 101, 102, 108, 140
Schäfer, Hans Dieter 74
Schapiro, Leonard 48
Scheffler, Wolfgang 190
Schieder, Theodor 197, 228
Schieder, Wolfgang 28, 51, 61, 65, 73, 76, 204, 205, 255, 359
Schlabrendorff, Fabian von 272
Schlangen, Walter 46, 49
Schleicher, Kurt von 55, 210
Schlenke, Manfred 21
Schleunes, Karl A. 108, 160, 161, 162, 166, 167, 168, 169, 171, 172, 173

Schmädecke, Jürgen 36, 267, 268, 269, 274, 275, 284, 286, 288, 291, 296, 306, 310
Schmitt, Carl 46, 47, 122
Schneider, Gerhard 257
Schoenbaum, David 60, 142, 241, 242, 243, 244, 246, 247, 254, 255, 258, 259, 316, 317, 323
Scholl, Inge 276
Schreiber, Gerhard 16, 116
Schulz, Gerhard 31, 122, 167
Schumpeter, Joseph 201
Schweitzer, Arthur 85, 93
Stachura, Peter D. 83, 99, 132, 251
Stalin, Josef 50, 66, 67, 68, 79, 80, 222, 223, 332, 354, 361, 362
Stauffenberg, Claus Graf Schenk von 271, 313
Steffani, W. 134
Steinbach, Peter 36, 267, 285, 296, 300, 301
Steinberg, Hans-Josef 278
Steinert, Marlies 117, 168, 284
Stephenson, Jill 257
Streim, Alfred 182, 183, 184, 185, 190
Streit, Christian 179, 180, 187, 192, 260
Stürmer, Michael 346, 348, 350

Taylor, A. J. P. 197
Tenfelde, Klaus 340
Thalheimer, August 53, 54, 55, 90
Thalmann, Rita 172
Thamer, Hans-Ulrich 51, 368
Thies, Jochen 199, 226, 228, 229
Toland, John 155
Treue, Wolfgang 269
Trevor-Roper, Hugh R. 135, 161, 197, 198, 199, 231
Trott zu Solz, Adam 271, 275, 276, 310
Trotzki, Leo 55, 240

383

Turner, Henry A. 58, 74, 83, 135, 244, 245, 246

Ueberschär, Gerd R. 267

Veit-Brause, Irmeline 27, 32, 348
Voges, Michael 292
Volk, Ludwig 306
Volkmann, Hans-Erich 96, 97, 98, 99, 104, 105
Volkmann, Heinrich 74, 235, 238, 246, 247, 248, 249, 254, 356

Wartenburg, Paul Graf Yorck von 276
Weber, Eugen 51, 58
Weber, Hermann 296
Weber, Max 375
Wegner, Bernd 255, 260
Wehler, Hans-Ulrich 24, 25, 26, 27, 28, 32, 33, 43, 78, 118, 238, 318, 336, 339, 340, 343, 344, 346, 348, 356, 375
Weinberg, Gerhard 200, 205, 210, 211, 212, 214, 215, 218, 227, 228, 233
Weisenborn, Günther 277, 278
Weißbecker, Manfred 71
Weizsäcker, Ernst von 137, 211
Welch, David 177, 226
Werner, Wolfgang 143, 256, 293
Wilhelm, Hans-Heinrich 180, 181, 182, 183
Winkler, Dörte 144, 257
Winkler, Heinrich August 52, 55, 61, 72, 74, 76, 78, 95, 104, 145, 249, 254, 255, 256
Wippermann, Wolfgang 31, 51, 80, 265, 357
Wisotsky, Klaus 293
Wistrich, Robert S. 55
Woller, Hans 369
Wright, Jonathan 104

Zitelmann, Rainer 252, 352, 353, 354, 355, 356, 357, 358
Zumpe, Lotte 146

Weil der Krieg unsere Seelen frisst

Das Buch

Hochzeiten und Trauerfälle, runde Geburtstage, kleine und große Feste – bei Familientreffen ist die Vergangenheit ganz nah. Das Leid, das der Zweite Weltkrieg verursacht hat, wirkt nach, auch in die nächste Generation. Da ist die Großmutter, die nie verwunden hat, dass ihr Bruder gefallen ist, da sind die Enkel, die nicht wagen, über seinen Tod zu sprechen. Da ist der Sohn, der immer verschwiegen hat, dass sein Vater Nazi war, und dieses Schamgefühl nie ablegen konnte. Viele Kriegskinder haben ihre traumatischen Erlebnisse unbewusst an ihre Kinder weitervererbt. Hilke Lorenz schreibt über die blinden Flecken der Vergangenheit, die es in fast jeder Familie gibt, und über den Versuch, das Schweigen zu überwinden.

Die Autorin

Hilke Lorenz, Jahrgang 1962, ist Redakteurin der *Stuttgarter Zeitung*. Im Ullstein Verlag sind ihre Bestseller *Kriegskinder – Das Schicksal einer Generation* (2003) und *Heimat aus dem Koffer – Vom Leben nach Flucht und Vertreibung* (2009) erschienen.

Von Hilke Lorenz sind in unserem Hause bereits erschienen:

Kriegskinder – Das Schicksal einer Generation
Heimat aus dem Koffer – Vom Leben nach Flucht und Vertreibung

Hilke Lorenz

Weil der Krieg unsere Seelen frisst

Wie die blinden Flecken der Vergangenheit
bis heute nachwirken

List Taschenbuch

Besuchen Sie uns im Internet:
www.list-taschenbuch.de

Ungekürzte Ausgabe im List Taschenbuch
List ist ein Verlag der Ullstein Buchverlage GmbH, Berlin.
1. Auflage Februar 2014
© Ullstein Buchverlage GmbH, Berlin 2012 / Ullstein Verlag
Umschlaggestaltung: bürosüd° GmbH München,
nach einer Vorlage von Rudolf Linn, Köln
Titelabbildung: © akg-images
Innenabbildungen: © privat
Satz: LVD GmbH, Berlin
Gesetzt aus der Janson
Papier: Pamo Super von Arctic Paper Mochenwangen GmbH
Druck und Bindearbeiten: CPI books GmbH, Leck
Printed in Germany
ISBN 978-3-548-61199-0

Inhalt

Vorwort   9

Trostlosigkeit   15

Wie Kathi Lemberger als Kriegswaise in der Familie ihrer Tante wie eine Tochter aufgenommen wurde, dennoch aber ein Leben lang nicht verwinden kann, dass ihre Mutter sich für den Freitod und nicht für ein Leben mit ihr entschieden hat.

Sehnsucht   51

Wie Bodo Hausmann seinem Vater auf dem Sterbebett ein Versprechen gab – und eine persönliche Befreiung erlebt, als er dieses Versprechen endlich bricht.

Verlust   97

Wie Franz Hirth das Schweigen in der Familie über seinen Onkel, den Hitler-Attentäter Georg Elser, nach einem halben Jahrhundert bricht und endlich stolz sein kann auf einen Helden der deutschen Geschichte.

Aufbegehren 123

*Wie Friederike Steinfeld sich von der Angst befreit,
geisteskrank zu sein. Und durch das Verlegen eines
Stolpersteins ein zweites Mal ihrer Familiengeschichte
beraubt wird.*

Schuld 159

*Wie Michael Haarer spürt, dass die Prinzipien seiner
Großmutter Johanna auf ungute Weise in ihm weiter-
wirken. Sie war während der Nazizeit Autorin eines
Standardwerks über Erziehung.*

Hilflosigkeit 177

*Wie Kerstin Albert ihre Kindheit als Kampfzone zwischen
Mutter und Vater erlebte, die selbst darüber stritten, wer als
Kind im Krieg mehr zu leiden hatte.*

Angst 193

*Wie Dagmar Hennings jedes Mal durch die Hölle geht,
wenn ihr Sohn im Einsatz in Afghanistan ist. Und glaubt,
dass der Krieg noch lange bei uns sein wird, auch wenn er
irgendwann ein Ende gefunden haben wird.*

Meinen Eltern

Vorwort

Es war ein kurzer Satz. Acht Worte nur. Aber die ließen ein ganzes Leben auf eine einzige existentielle Erfahrung zusammenschnurren. »Sie sind doch hier nicht auf der Flucht«, hatte der junge Physiotherapeut zu seinem Patienten gesagt – einem Mann hoch in den Siebzigern. Der alte Herr, dem ein Schlaganfall die Beweglichkeit in seinem rechten Bein geraubt hatte, zuckte zusammen. Aus Sicht des Therapeuten hatte er zu hastig versucht, einen Fuß vor den anderen zu setzen – und war gestolpert. Der Therapeut hatte mit seinem flapsigen Kommentar die Situation entkrampfen wollen. Er erreichte genau das Gegenteil.

»Sie sind doch hier nicht auf der Flucht«, diese Worte hallen seit jener Therapiestunde nach im Kopf des alten Mannes. Mit diesem Satz hatten ihn die Erlebnisse seiner Kindheit, einer Zeit, in der die Fähigkeit, weglaufen zu können, so überlebenswichtig gewesen war, eingeholt. Es gab kein Entkommen. Ein Leben lang hatten seine Beine ihn verlässlich getragen: erst zwar unfreiwillig weg aus seinem Heimatdorf in Schlesien in ein neues Leben; dann aber doch von Lebensstation zu Lebensstation. Von der Lehre ins Studium, im Anschluss daran zu einer großen Firma mit internationalem Ansehen. Und in der Freizeit immer wieder in die nahe und ferne Natur. All das war seit dem Schlaganfall vorbei. Nun war er auf die Hilfe anderer angewiesen. Der arglos ausgesprochene Satz des jungen Mannes hatte ihm seine Hilflosigkeit schonungslos vor Augen geführt. Ein alles niederdrückendes Lebensgefühl breitete sich in ihm aus.

Dabei hätte die Episode auch ganz anders verlaufen können: Ein Blick des Therapeuten in die Krankenakte des Patienten hätte genügt, um zu sehen, dass dessen Geburtsort in einem Landstrich liegt, der heute polnisch ist. Ein wenig Einfühlungsvermögen in die Lebensläufe der heute Siebzig- und Achtzigjährigen, ja vielleicht auch nur die nötige Professionalität im Umgang mit der Kriegsgeneration hätten diese zusätzliche Verletzung vermeidbar gemacht. Der junge Mann hätte nur eins und eins zusammenzählen müssen, um zu begreifen, dass der Verlust der Mobilität diesen Patienten auf eine ganz besondere Art und Weise trifft, die in seiner Biographie als Kriegskind begründet liegt – in seinem Fall in der Erfahrung von Flucht und Vertreibung.

Wie jenem alten Mann geht es vielen seiner Zeitgenossen. Im Alter werden sie in unzähligen Situationen mit dem Kind, das sie einmal waren, und den prägenden Erfahrungen, die sie damals gemacht haben, konfrontiert. Die Menschen, die den Zweiten Weltkrieg als Kinder erlebt haben, müssen mit jedem Jahr, das sie älter werden, einen Teil ihrer Autonomie aufgeben. Eine ganze Generation, die der einstigen Kriegskinder, wird allmählich pflegebedürftig. Sie braucht Unterstützung und Begleitung, im häuslichen Bereich, in Pflegeheimen, Krankenhäusern oder Hospizen. Das ist der ganz normale Lauf der Dinge, könnte man meinen. Und doch gibt es etwas, das diese Generation unterscheidet – von uns Heutigen etwa, die wir auch eines Tages alt und gebrechlich sein werden. Sie braucht Verständnis, Menschen, die wissen, welche historischen Prägungen sie im Krieg erfahren hat. Die

Generation der Kriegskinder ist allzu oft durch das Raster gefallen. Nach dem Krieg musste man zusehen, dass das Land wieder aufgebaut wurde, für Verletzungen und Traumata war kein Platz. Bei den damaligen Eltern nicht, bei den Kindern schon gar nicht. Man hatte sich in das Neue zu fügen, musste funktionieren. Erinnerungen wurden weggeschoben, verdrängt. Nun bahnen sie sich mit aller Macht ihren Weg.

»Der Zweite Weltkrieg ist bei uns allgegenwärtig«, beschreibt die Leiterin eines Altenwohnheims den Alltag. Sie weiß, dass alte Ängste wieder zum Leben erweckt werden können, wenn etwa ein russisch oder polnisch sprechender männlicher Pfleger für die Körperpflege einer Heimbewohnerin zuständig ist. Zu viele Frauen und Mädchen waren damals Opfer männlicher Gewalt geworden. Der Krieg, der 67 Jahre zurückliegt, drängt unübersehbar zurück in ihr Leben. Und er zeigt seine Fratze oft genug in Situationen, in denen man nicht damit rechnet. Ein nichtiger Anlass, eine eigentlich banale Situation – und alles ist wieder da, was über Jahrzehnte sorgsam unter Verschluss gehalten worden ist.

In der erinnerungspolitischen Debatte der Bundesrepublik hat der Zweite Weltkrieg inzwischen seinen angemessenen Platz bekommen, auch wenn es Jahrzehnte gedauert hatte, bis diese Debatte überhaupt in Gang gekommen war. Es ist ausdiskutiert, was gut und was böse war und dass es viele Grautöne dazwischen gibt. Es herrscht Einvernehmen darüber, dass es auch in einem Volk der Täter Leidtragende des Krieges geben kann – unabhängig von der historischen Schuld. Doch diese theoretische Erkenntnis muss nun auch ihren praktischen Niederschlag im Leben finden. In unserem Umgang mit der Generation der Kriegskinder.

Das scheint schwer, da die Deutschen gerade aus ihren schlimmen historischen Erfahrungen heraus ein Volk von

Pazifisten geworden sind. Sie haben ihre Lektion gelernt. Aber mit der rigorosen Ablehnung von Krieg und Gewalt scheint auch das Verstehen und Nachdenken über die Wirklichkeit des Krieges und seiner Folgen aus dem Denken und Fühlen verbannt worden zu sein. Das macht es denen schwer, sich Gehör zu verschaffen, deren Stimmen leiser und kraftloser werden. Umso wichtiger ist es, Andeutungen zu verstehen und genau hinzuhören. Denn auf frühe Verluste folgt oft eine späte Trauer. Und wer nachfragt, der weiß, dass die letzten Zeitzeugen des Krieges, ohne lange nachdenken zu müssen, von Bombennächten, der Angst um den Vater, der Sehnsucht nach Geborgenheit in diesem Grauen und vom Verlust aller Gewissheiten erzählen können. In ihren Seelen hat sich der Krieg mit seinen zahllosen Facetten, die den Einzelnen über die Grenzen des Erträglichen hinaus überforderten, in Schichten abgelagert wie in einem Sedimentgestein. Die Geschwindigkeit, mit der die Erlebnisse freigelegt werden können, zeigt, wie allgegenwärtig sie unter dem Firnis der Gegenwart sind. Auch 67 Jahre nach Kriegsende. Mal bereiten sie mehr, mal weniger Schmerzen. Den Schlaf der Nacht können sie allemal noch immer rauben. Bei dem einen sorgt das für Unruhe, was er erlebt hat, bei dem anderen das, was der Krieg an blinden Flecken des Nichtwissens hinterlassen hat. Nicht selten ist das Nichterlebte genauso kräftezehrend wie das Erlebte. Das Fehlen eines Vaters, das ein letzter vom Schlachtfeld geschriebener Brief auf ewig markiert, wirkt fort bis in die Einsamkeit des Alters und bekommt dort neue Wirkkraft. Die Suche nach der in Kleinkindtagen aus dem Leben verschwundenen Mutter kann Rastlosigkeit bis ins fortgeschrittene Lebensalter mit sich bringen. Nichts ist für immer vorbei. Es sucht sich nur einen neuen Weg ans Tageslicht. »Weil der Krieg unsere Seelen aufgefressen hat«, sagte vor nicht allzu langer Zeit ein Mann, der den Krieg als Kind erlebt hat, auf meine Frage, warum es so schwer sei, über diese Verletzungen zu sprechen. Er brachte damit die Gefühlslage einer ganzen Generation auf den Punkt.

In die Schmerzzone gelangt man dennoch mit einem Wimpernschlag. Doch viele Familiengeschichten, um die die Gedanken dann kreisen, sind bis heute nicht vollständig erzählt worden. Und je lückenhafter sie überliefert sind, desto massiver drehen sich die Gedanken auch der Nachkommenden um die blinden Flecken in der Familienbiographie. Das emotionale Beben vererbt sich, stellt doch der Krieg die größte existentielle Erschütterung überhaupt dar. Keine Familie ist damals verschont geblieben. Und die Geschichte geht weiter. Seit über einem Jahrzehnt sind deutsche Soldaten wieder im Einsatz. Am Hindukusch, in Afghanistan. Offiziell ist der ISAF-Einsatz keine kriegerische, sondern eine friedenssichernde Mission. Aber das, was Veteranen berichten, und die seelischen Erschütterungen, mit denen sie kämpfen, hat kriegerische Dimensionen. Wieder gibt es Kriegswitwen und Kriegswaisen, Begriffe, die wir nach dem Ende des Zweiten Weltkriegs für Relikte der Vergangenheit hielten. Der Krieg kommt wieder in das Leben der Menschen. Als reichte nicht schon das, was an Erfahrungen und Prägungen in Umlauf ist.

Hilke Lorenz im Juli 2012

Trostlosigkeit

*Wie Kathi Lemberger als Kriegswaise in der Familie ihrer
Tante wie eine Tochter aufgenommen wurde, dennoch aber ein
Leben lang nicht verwinden kann, dass ihre Mutter sich für
den Freitod und nicht für ein Leben mit ihr entschieden hat.*

Barbara Hoff sitzt in dem Haus, in das ihre Familie vor 51 Jahren eingezogen ist. Damals war es ein Neubau, hochgezogen am Rande der Stadt im Rahmen eines Wohnprojekts für kinderreiche Familien. Ein geräumiges, aber schnörkelloses und funktionales Haus mit zwei Stockwerken, umgeben von lauter Häusern, in denen ebenfalls vielköpfige Familien lebten. Rechts eine kleine Welt, links eine kleine Welt – getrennt nur durch jeweils eine Wand. Ein halbes Jahrhundert später hat sich das Viertel verändert, es ist von einer vitalen Familiensiedlung zur ruhigen Wohngegend für ältere Herrschaften geworden. Die Kinder von damals haben längst eigene Familien gegründet, kleinere meist, einige sind weggezogen.

Nicht so Barbara Hoff. Sie lebt noch immer hier mit zwei ihrer Geschwister, trägt sogar einen Teil der Kleider ihrer Mutter auf. Sie tut das, weil die Sachen noch gut sind. Aber auch, weil ihr Job bei der Volkshochschule ihr keine großen Sprünge erlaubt. Beim Erzählen stützt sie die Hände auf den Tisch und blickt offen unter dem Pony ihres Pagenkopfes hervor. Neun Jahre war sie alt, als die Familie in das neue Haus einzog. Sechzig Jahre alt ist sie jetzt. Weggezogen ist sie nie, sie ist dem Ort treu geblieben, an dem beide Eltern ihren Lebensabend verbracht haben. Barbara, ihr Bruder und eine weitere Schwester haben sie in der letzten Phase gepflegt. Sie haben nicht viel verändert seither. Im Garten hat die Natur die Oberhand gewonnen, durch das Fenster im Wohnzimmer fällt nur noch wenig Licht. Das Haus birgt viel Vergangenheit. An den Wänden hängen Fotografien, die ihren angestammten Platz noch nie verlassen zu haben scheinen. Wo man hinschaut, blicken Überreste eines prallen Familienlebens zurück, die durch nichts Neues ersetzt worden sind. Im Wohnzimmerschrank stehen Bilderkisten mit den Fotografien der Eltern. Wie in vielen Familien sind die Bilder Jahr um Jahr etwas weiter nach unten gewandert, unbeschriftet, wurden von neuen Aufnahmen überdeckt. Niemand hat daran gedacht, dass irgendwann jemand die Kartons öffnen wird, der die Namen und Verwandtschaftsbeziehungen der Menschen auf den Bildern nicht mehr zuordnen kann. Die Vergangenheit entgleitet, obwohl man ihre Relikte in Händen halten kann. Ohne Dolmetscher bleiben Fotos und andere Zeugnisse unverständlich. Das Wissen über Gewesenes schwindet. Blinde Flecken breiten sich in den Familiengeschichten aus. Wenn Barbara Hoff die Bilder betrachtet, kann sie nur eines mit Sicherheit sagen: dass im Leben der Mutter ein großer Kummer mitschwang.

In den Regalen des Hauses drängen sich die Bücher, die der Vater früher regelmäßig mitgebracht hat. Er las die Literatur seiner Zeit, Heinrich Böll zum Beispiel. Und er wollte, dass auch seine Kinder lesen. Zu seinen Büchern haben die Kinder im Lauf der Jahre die ihrigen gestellt. Alte Bastelarbeiten kleiner Hände erinnern an erste Versuche, ein Stückchen Welt zu gestalten. Hier, verraten die Relikte, haben die Großen sehr genau verfolgt, was aus dem Nachwuchs wird. Das Haus atmet noch den Respekt vor den ersten Schritten ins Leben und strahlt zugleich die Erwartung aus, dass man sich dabei aber auch anstrengt, alles gut und richtig zu machen. Die Umtriebigkeit von einst, das Lebendige, das damals das Haus erfüllt haben muss, ist längst versiegt. Stumme Zeugen des Lebens in der Großfamilie.

Früher waren sie – ja zu wieviel eigentlich? Die Anzahl der Geschwister ist leicht abzählbar, und doch ist da eine leichte Unsicherheit hörbar, je nachdem, wen man fragt und wie man fragt. »Ich habe zwei Schwestern und drei Brüder«, sagt Barbara Hoff. Sie waren also sechs. »Ich habe schon auch fünf Geschwister«, sagt ihre älteste Schwester Kathi. Die Worte gehen ihr nicht ganz so leicht über die Lippen. Da sei irgendetwas gewesen, weshalb sie sich oft als störend empfunden habe.

Kathi sitzt in der schönen neuen Wohnung, in die sie vor ein paar Jahren mit ihrem Mann gezogen ist. Aus ihrem Reihenhaus sind sie, nachdem die Kinder erwachsen waren, in eine altersgerechte Wohnung im Erdgeschoss übergesiedelt. Der moderne Schnitt und die elegante Ausstattung stehen in einem eigentümlichen Kontrast zu den schweren, alten, dunklen Möbeln, die Kathi Lemberger schon ein halbes Leben lang begleiten. Es sind Erbstücke der Eltern ihrer Mutter. Sie hätte sich gerne von ihnen getrennt. Aber ihr Mann mag das alte Büfett und pflegt es. Auch die Art-déco-Stühle seiner Eltern hat er selbst restauriert. Albrecht Lemberger ist ein Bewahrer.

Eine gute halbe Stunde Autofahrt trennen die Welten von Barbara Hoff und Kathi Lemberger heute. Die große Schwester ist aufgeregt, ihre Stimme mit dem schwäbischen Einschlag wird manchmal leiser, wenn sie sich allzu weit vorwagt. Als hätte sie Angst, undankbar zu erscheinen, sollte sie allzu viel mitteilen.

Kathi Lemberger war vor allen anderen da. Und trägt als

*Die Bilder der Verstorbenen
zierten die Wohnzimmerwand.*

Einzige schon als Kind einen anderen Nachnamen. Sie ist ein angenommenes Kind, eine geborene Waldeck. Als kurz nach ihrem Vater 1945 auch noch die Mutter aus ihrem Leben verschwindet, gibt es nicht viel darüber zu diskutieren, wo sie unterkommen soll: natürlich bei ihrer Tante Emilie. Kathis Vater Hermann war schließlich deren Lieblingsbruder. Emilie Hoff ist das einzige Kind von drei Geschwistern, das den Krieg überlebt. Ihre beiden Brüder sterben als Soldaten. Einer im Osten, der andere in Frankreich. Dort, wo Emilie lebt, im Schwarzwald, fallen keine Bomben. Jedenfalls fast keine. Es ist ganz anders als in den Städten. Aber eine der wenigen Bomben, die doch hier abgeworfen werden, trifft das Haus, in dem Emilie und ihre Mutter wohnen. Es geht glimpflich ab, auch wenn ein Teil des Hauses eine Zeitlang unbewohnbar ist. Damals heißt so ein Ungemach: noch mal Glück gehabt.

Auch Emilies Ehemann ist noch in der Heimat. Er arbeitet als Mathematiker an einem entfernten Institut, gilt als unabkömmlich und entgeht so dem Kriegsdienst. Allerdings ist auch er, wie ein Soldat, so gut wie nie zu Hause. So gibt es dort ein wenig mehr Raum und ein wenig mehr Zeit.

Mit 25 Jahren nimmt Emilie Hoff die Tochter ihres Bruders bei sich auf. Genau genommen ist Kathi also nicht die Älteste der Geschwister, sondern die Cousine der anderen. Eines der Fotos in der Kiste zeigt die Wohnstube der Nachkriegsjahre. Die Wand zieren zwei Bilder – eines von Emilie Hoffs Bruder Ludwig, das andere von ihrem Bruder Hermann, Kathis Vater. Emilie vermisst ihre Brüder, schmerzlich und tagtäglich. Daran ändert auch der Lauf der Zeit nichts. Der Krieg war ein paar Jahre durch das alltägliche Grauen gegenwärtig und dann jahrzehntelang durch die Lücken spürbar, die er gerissen hat. Kaum jemand kommt ohne Verluste in den Frieden. Auch Barbara Hoff spricht von »meinen vielen Toten«. Und sie versteht nicht, dass sich das Land auf das Wagnis in Afghanistan einlässt. Wo doch jede Familie in Deutschland ihre schlimmen Kriegserfahrungen gemacht habe. Jede auf ihre Weise. Kathi Lemberger ganz unmittelbar als Waise, Barbara Hoff als onkelloses Kind einer ewig trauernden Mutter.

»Meine vielen Toten ...« Wenn Barbara Hoff dies sagt, liegt in ihren Worten keine Erdenschwere. Sie beschreiben eine Tatsache, eine Eigentümlichkeit des Familienstammbaums, dem früh einige Äste abgehackt wurden. Die Brüder der Mutter hat sie selbst nie kennengelernt. Es ist nicht ihre eigene Trauer, die da als Harz am Stumpf der Äste klebt. Was in ihrer Stimme mitschwingt, ist ein Nachhall der Trauer ihrer Mutter. Barbara Hoff schmerzt nicht das Fehlen der Onkel, deren Gesichter sie nur von Momentaufnahmen kennt. Auf Fotopapier gebannt und sorgsam verstaut in der Bilderkiste. Was sie schmerzt, ist die Verwundung der Mutter durch diese Verluste. Seit ihrem Tod allerdings verblassen die Erinnerungen aus zweiter Hand von Jahr zu Jahr ein bisschen mehr, die Erzählungen über Ludwig und Hermann klingen leiser nach in ihrem Kopf. Kathi ist heute ihre Verbindung in die Vergangenheit. Deren eigene Erinnerungen reichen noch zurück bis in die Kriegszeit. Auch Kathi hat, wenn sie von den Verwerfungen in ihrem Leben erzählt, mehr als ihr eigenes Schicksal vor Augen. Auch ihr geht das Thema Krieg, das inzwischen wieder mit den Nachrichten durchs Wohnzimmer flackert, nicht gleich aus dem Sinn, wenn die neueste Meldung verlesen ist. »Es geht doch nicht nur um die Toten«, sagt sie. »Wer denkt denn an die Frauen und Kinder, die zurückbleiben und die weiterleben müssen ohne ihre Väter und Brüder oder Mütter?«

Diese Worte kommen tief aus ihrem Inneren. Die Gewissheit, dass dem Krieg etwas entgegengesetzt werden muss, lebt sie. Sie engagiert sich in einem kirchlichen Arbeitskreis, will die Augen vor dem heutigen Leid nicht verschließen. Ihr eigenes Schicksal macht sie wachsam. Es hält in ihr eine Verpflichtung aufrecht, das Gute, das sie erlebt hat, an andere weiterzugeben. Kathi Lemberger weiß, was sich hinter der lapidaren Meldung, dass ein Soldat gefallen ist, verbergen kann: Zurückgelassene wie sie.

Lange Jahre hat sie sich gehütet, an diese Erfahrung zu rühren. »Ich wusste, wenn ich diese Schleuse öffne, werde ich weggespült. Das ist der Grund, warum ich es lieber gelassen habe«, sagt sie. Ihr halbes Leben lang ist sie eine strenge Schleusenwärterin geblieben.

Zur Welt gekommen ist sie, als der Zweite Weltkrieg gerade einen Monat alt ist, in Passau. Fern der übrigen Familie.

*Kathi, als die Welt in Passau
noch in Ordnung war*

Ihr Vater hatte dort noch in Friedenszeiten eine Stelle als Postinspektor angenommen und war vom Württembergischen nach Niederbayern gezogen. Dort hatte er seine spätere Frau kennengelernt. Die beiden siedelten in eine Wohnung am Rande der Stadt um. Im Tagebuch von Kathi Lembergers Mutter steht: »Abends um sechs ist unsere Kathi geboren. Ein kleines Mädel, arg mitgenommen durch die Geburt. Ein Leben beginnt. Wird's reich, wird's arm werden?« Was sie nicht ahnen kann: Der Krieg wird in diesem Leben die entscheidenden Weichen stellen.

Kathis Schwester Barbara hingegen ist ein echtes Nachkriegs-, ein Friedenskind, geboren 1951. Zwischen den prägenden Erfahrungen der beiden Frauen liegen Welten. Viele Dinge, an die Kathi sich noch erinnert, sind für Barbara fremd. Die Beschäftigung des Kriegskindes mit der Vergangenheit ist zwangsläufig eine andere als die der jüngeren Schwester. Die Vergangenheit, das ist auch jenes Monstrum, das Kathis Vater und Mutter gefressen hat.

Kathi Lemberger umgibt die Vergangenheit darum nicht so selbstverständlich wie Barbara Hoff, die – auch im Wortsinn – im Haus ihres Lebens wohnt, dem Ort, an dem sich Schicht für Schicht ihre Persönlichkeit herausgebildet hat. Kathi muss diese Schichten erst einmal freilegen und verstehen. Was dabei nach oben kommt, ist oft schmerzhaft.

Bei ihrer leiblichen Mutter hat der Krieg Wesenszüge zutage treten lassen, die in Friedenszeiten nicht zwangsläufig tödlich gewesen wären. In bestimmten Ausnahmemomenten ist sie nicht mehr die fürsorgliche Mutter, sondern nur noch die Schicksalsgefährtin ihres Mannes. Eine fast hörige, nihilistische, jedenfalls alles andere verneinende Liebe verbindet sie mit diesem Postbeamten, der für die Wahnideen der Nazis vom fehlenden Lebensraum und der arischen Überlegenheit in den Krieg ziehen muss. Erhält er Heimaturlaub von der Front, kommt es zu Phasen absoluter Zweisamkeit. Kathi muss dann zur Nachbarin umziehen. Das Mädchen mag die Stunden auf dem Bauernhof bei der einfachen, aber als lebensklug erinnerten Frau. Bei ihr ist Wärme. Kathi kann aber auch die Momente in sich aufrufen, in denen die Sehnsucht nach dem Vater durch diese Wärme nicht kompensiert werden kann. Eine solche Szene kann sie sich noch immer jederzeit vor Augen rufen. Es ist ein Tag, an dem sie partout nicht hinwill zur Nachbarin. Der Vater ist wieder auf Heimurlaub gekommen. Gerade hat er die Tür aufgeschlossen. Sie ist zu ihm gesprungen, er hat sie hochgenommen und ganz fest gedrückt. Doch kaum war diese Begrüßung vorbei, hat die Mutter ihr den Mantel angezogen und ist mit ihr zur Nachbarin gegangen. Hier sitzt Kathi nun und wartet, dass die Mutter sie wieder abholt. »Du störst jetzt nur«, hat sie auf ihr Quengeln, warum sie ausgerechnet jetzt wegmüsse, geantwortet. Das will in den kleinen Kopf nicht hinein. Die Mutter schreibt später in ihr Tagebuch an Kathi: »Du bist aus unserem Bund entstanden, aber du gehörst nicht dazu.« Der Satz deutet nicht nur an, dass Kathis Mutter bei den Heimaturlauben des Vaters verständlicherweise ungestörte Momente mit dem Ehemann in einer hellhörigen Wohnsituation suchte. Dieser Satz gibt auch einen ersten Hinweis auf die Besessenheit der jungen Frau, die sich tragisch entwickeln sollte.

Die Worte klingen Jahrzehnte später immer noch sehr bitter in den Ohren Kathi Lembergers. Selbst in der heute 72-Jährigen gärt die Zurückweisung, das Nicht-dazu-Gehören. Dieser Satz fasst das nicht mehr weichen wollende Gefühl, von allen anderen als störend empfunden zu werden, in wenigen Worten zusammen. Sie genüge fremden Ansprüchen nicht, sie sei es nicht wert, dass man Zeit mit ihr verbringe – dieses Gefühl überfällt Kathi Lemberger noch immer gelegentlich.

Einmal geweckt, hat sich das Misstrauen gegen vermeintliche Bindungen nie mehr gelegt. Immer neue Erfahrungen haben es verstärkt. Aus dem letzten Kriegswinter etwa ist Kathi solch eine Kränkung in Erinnerung. Den Anlass für die damalige Gehorsamsübung hat sie vergessen, das Drumherum aber noch ganz genau vor Augen: Die Tür ist verriegelt, und dunkel ist es. Kathi sitzt in einer Kammer auf dem Dachboden und soll sagen, dass ihr etwas leidtue. Die Mutter will das. Andernfalls müsse das Kind weiter in Kälte und Dunkelheit verharren. Dass sie wieder ein liebes Mädchen sein will, soll sie auch noch beteuern. Stundenlang geht dieser Kampf. Kathi starrt vor sich hin. Die Zeit schleicht. Aber die Entschuldigung will ihr nicht über die Lippen. Sie will das Verlangte nicht sagen und tut es auch nicht. Mit der ganzen Kraft ihrer fünf Lebensjahre stemmt sie sich gegen die Floskeln, die sie aus ihrer Einsamkeit befreien würden. Sie widersteht der Verlockung, zur Mutter zurückzudürfen. Die Szene mutet im Rückblick wie die unbewusste Vorbereitung auf das Alleinsein in einer Welt ohne Mutter und Vater an.

In der Kälte unter dem Dach kann Kathi an den Vater denken, an den die Mutter unten auch an diesem Tag noch einen Brief schreibt. Beide warten auf seine Rückkehr, auf ein Ende der fremdbestimmten Unterbrechung des Familienlebens. Die Eltern sind, wie viele Deutsche, von der Propaganda noch immer durchdrungen. Sie glauben an Sinn, Gerechtigkeit und Gewinnbarkeit dieses Krieges. Gleichwohl erinnert sich Kathi an einen Streit der Eltern. Bei einem seiner Fronturlaube hatte der Vater gesagt: »Am Ende sind wir alle Mörder.« Zweifelte er also doch schon an der hitlerschen Sache? Kathi hat damals nicht begriffen, ob es da um die Haltung der Eltern zum Führer, zum Krieg, zu den Hakenkreuzwerten der Jubelvermelder im Rundfunk ging. Was sie noch weiß, ist, dass sich die Eltern trotz bestehender oder bröckelnder Linientreue nach dem Frieden sehnen. Beide wollen dann etwas ganz anderes tun. Der Offizier will nicht mehr zurück in die Amtsstube des Postoberinspektors. Er will seinen künstlerischen Neigungen folgen, malen und philosophische Traktate schreiben. Die Post und Passau, das war nur der materiellen Not geschuldet. Weil er schnell Geld verdienen musste nach dem frühen Tod des Vaters, hatte er sich für eine Laufbahn dort beworben. Einziges Glück in diesem falschen Leben: Er hatte seine zukünftige Frau getroffen. Nach dem Krieg soll alles anders, richtiger, authentischer werden. Die Trennung zwischen Pflicht und Neigung soll fallen. Nur die Zeit bis dahin müssen sie noch überstehen, seine Frau, seine Tochter und er.

Von der Tochter indes weiß er in jenen Monaten an der Front nicht viel. Nur das, was die Mutter schreibt. Am 8. Januar heißt es in einem Brief: »Kathi hat es den ganzen Tag nicht fertiggebracht, für eine arge Ungezogenheit um Verzeihung zu bitten oder nur zu sagen: Ich will wieder lieb sein. Obwohl ich's ihr wirklich leicht gemacht habe. Ihr macht es gar nichts aus zu trutzen, und ich hätte heulen können, so weh tut mir so ein trauriger Tag.« Kathi sei verstockt und schwierig.

Der Vater wird von dieser kleinen Katastrophe nichts mehr erfahren. Der Brief kommt ungeöffnet nach Passau zurück, mit einem Stapel anderer. »Gefallen für Großdeutschland«, mit diesem nüchternen Vermerk hat eine Wehrmachtstelle die Umschläge abgestempelt. Mitte Februar 1945 erhält »die stolze Witwe«, wie die offizielle Phrase lautet, die Nachricht vom Tod des geliebten Mannes an der Front – »für Volk und Vaterland«.

Mit dieser Nachricht wendet sich auch Kathi Lembergers Schicksal. Vier Monate bleiben ihr noch mit ihrer Mutter. Dann wird diese ihren Schwur von echter Verbundenheit zu ihrem Mann unauflöslich besiegeln. Im Juni tötet sie sich selbst. Die Hintergründe werden Kathi Lemberger erst Jahre später bewusst. Das Einzige, was sie damals erlebt, ist der Schock, mit knapp sechs Jahren Kriegswaise zu sein.

Kathis altes Leben – Tochter von Grete und Hermann Waldeck zu sein – endet im Juni 1945. Ihr neues Leben beginnt unmittelbar danach. Sie wird Kind Nummer eins beim noch kinderlosen Ehepaar Hoff. Im Lauf der nächsten Jahre, als fünf Geschwisterchen dazukommen, ist äußerlich alles so wie überall: Die Kleinen sind die Kleinen und machen die Großen größer. Und diese Älteren waren einfach immer schon da. Kinder führen keine Stammbäume. Die Eltern Hoff stellen Kathi überall als ihre älteste Tochter vor. Trotzdem ist der Schaden längst angerichtet. Bei Kathi bleibt stets ein Restgefühl, den andern zur Last zu fallen. Obwohl die Fotos im Karton sie ganz genauso wie ihre Geschwister zeigen, keinen Riss und keine Trennlinie verraten. Niemand käme auf die Idee, sie sei von den Menschen, die sie Papa und Mutter nennt, anders behandelt worden als deren leibliche Kinder.

Nur einen kleinen Fingerzeig gab es, dass mit ihr etwas anders war. Kathi hatte noch Großeltern, die anderen nicht. »Ich hatte nie Großeltern, meine Großmutter starb, als ich noch ganz klein war«, erinnert sich Barbara Hoff, während sie die Kinder- und Jugendjahre in Gedanken auseinandersortiert. Bei diesen Extra-Großeltern, den Eltern ihrer Mutter, verbringt Kathi immer die Ferien. Das war in den Augen der anderen die einzige Besonderheit an der großen Schwester. Als trennend hat Barbara Hoff das nicht empfunden. Eher als beneidenswerten Vorsprung. So, als würden einem Großeltern zufallen, wenn man selbst ein bisschen älter würde. Als Kind hatte sie sich oft vorgestellt, wie wunderbar ein Leben mit Oma und Opa sein müsse.

Auch die anderen Geschwister können mit der Frage nichts anfangen, ob an Kathi irgendetwas anders gewesen sei. Für sie sei sie einfach die älteste Schwester gewesen, was sonst. »Es ist offenbar nur in mir, dieses Gefühl, dass ich nicht dazugehört habe«, sagt Kathi Lemberger. Dieses Gefühl des Abgetrenntseins weicht bis zum Tod der Pflegeeltern nicht. Als der Vater stirbt, und dann wieder elf Jahre später beim Tod der Mutter, ist es sehr präsent. Während der langen Stunden am Krankenbett beschleicht Kathi wieder das stille Gefühl, sie sei nur eine Besucherin, ja eine Eingeschlichene, die im Grunde nicht zu dieser Familie dazugehört.

Beim Umzug in das neugebaute Familienhaus zu Beginn der sechziger Jahre entscheidet Kathi, nun ihren eigenen Weg zu gehen. Damit will sie ihrer inneren Entfernungsahnung endlich äußeren Ausdruck verleihen. Sie ist 16 Jahre alt zu diesem Zeitpunkt und möchte eine Ausbildung beginnen, obwohl Vater Hoff der Meinung ist, sie solle ihr Abitur ablegen und studieren. Man hat Erwartungen an die Kinder in diesem zugleich sehr gottesfürchtigen und sehr intellektuellen Haushalt. Vordergründig argumentiert die Tochter, dass der Umzug von der französischen in die amerikanische Besatzungszone für sie zu viel Englischbüffeln bedeuten würde. Insgeheim will Kathi jedoch schnell auf eigenen Füßen stehen. Alle ihre Geschwister sind in irgendeiner Richtung talentiert, die Begabungen längst aufgeteilt, wie sie glaubt. Auf keinem der Felder würde sie brillieren können. Nur das Soziale ist noch nicht besetzt. Es soll ihr Betätigungsfeld werden.

Sie geht zunächst als Au-pair-Hilfe in eine vermögende Familie nach Frankreich und versucht, sich so von der eigenen Familie freizuschwimmen. Dabei hatte ihr ausgerechnet der Vater den Kontakt über seine kirchlichen Beziehungen vermittelt. Er stand ihren Plänen also nicht im Weg, obwohl sie den seinen zuwiderliefen. Nach der Au-pair-Zeit absolviert Kathi eine Ausbildung zur Gemeindehelferin, zur Gemeindediakonin, wie man heute sagen würde. Sie hängt noch ein Staatsexamen an und tritt ihre erste echte Stelle an. Sie bildet Pflegeschwestern aus. Unter ihrer Leitung wurde der Ausbildungszweig neu eingerichtet. Als Heimleiterin schließlich bewältigt sie vielfältige Anforderungen, wie sie stolz erzählt. »Das war meine schönste Zeit im Beruf«, sagt sie. »Da war ich sehr glücklich.« Hier braucht man sie. Hier gilt sie etwas, und kein Gedanke an komplizierte familiäre Zugehörigkeiten und Unzugehörigkeiten zernagt ihr Selbstwertgefühl.

Das schreckliche Ende ihres ersten Familienlebens verschweigt Kathi Lemberger damals eisern. Stößt jemand darauf, dass sie ein angenommenes Kind ist, und fragt nach, sagt sie nur, ihre leibliche Mutter sei an den Kriegsfolgen gestorben. Das klingt genügend unkonkret, gibt aber dennoch eine Richtung vor.

Spät hat sie angefangen, sich der Erinnerung zu stellen. Seit ihre frühen Kindheitsjahre in abgetippter Form, in Klarsichthüllen verstaut, in Aktenordnern sortiert ruhen, kann sie das alles mit viel mehr Ruhe betrachten. Es ist, als hätte dieses in Ansätzen bürokratische Vorgehen die Vergangenheit beherrschbar gemacht. Sie liegt nicht länger in wilden Haufen durcheinander und an verschiedenen Orten, sie blockiert auch nicht mehr wie ein Pfropf Herz und Hirn. Sie wird sezierbar.

Das Tagebuch ihrer Mutter hat sie zum ersten Mal als junge Frau gelesen. »In mich reingelassen habe ich es nicht«, sagt sie. Einmal vielleicht hat sie es seitdem wieder zur Hand genommen. »Aber immer noch lasse ich es eigentlich lieber.« In dieser neuen, nicht von ihr, sondern von ihrem Mann geschaffenen Ordnung kann sie sich mit dem Tagebuch und den Briefen eher befassen. Ihr Ehemann weiß offenbar genau, wie sehr Wissenslücken belasten können. Auch in seiner

Familie endeten viele Leben gewaltsam im Zweiten Weltkrieg. Drei Brüder der Mutter und ein Bruder des Vaters starben damals. Albrecht Lemberger hat auch für sich selbst einen Ordner mit seinen Toten angelegt. Am Volkstrauertag holt er ihn hervor. Das, glaubt er, sei er den unvollendeten Leben schuldig. Er selbst hat den Wehrdienst verweigert. Und sagt sehr deutlich, was er davon hält, dass deutsche Soldaten nach Afghanistan ziehen. »Niemand muss das«, wiederholt er mit Nachdruck in der Stimme, die in diesem Moment ein wenig lauter wird.

Die Ordner, die er für seine Frau zusammengestellt hat, lassen sich hervorziehen und wieder beiseitestellen. Das ist eine einfache und wirkungsvolle Art, Kontrolle über die eigene Biographie zu demonstrieren. Die Selbstverständlichkeit, mit der ihre jüngere Schwester mit den Relikten der Familienvergangenheit lebt, ist Kathi trotzdem noch immer nicht gegeben.

Barbara Hoff erinnert sich zwar, dass sie als Kind nicht auf die Idee kam zu fragen und sich das in der letzten Lebensphase ihrer Mutter nicht getraut hat. »Das konnte ich nicht«, sagt sie. Sie wollte nicht den Eindruck erwecken, das Ende sei so nah, dass man nun in Torschlusspanik alle nie gestellten Fragen vorbringen müsse. Sie weiß, dass dadurch Familienwissen verlorengegangen ist. Doch sie findet es auch heute noch müßig, sich darüber zu grämen. Sie hat ja auch eine Mutter, die in manchen ihrer Wesenszüge so modern war, dass sie neben Bibelarbeit und Frauenkreis mit ihrer Tochter im württembergischen Mutlangen gegen die Stationierung von Pershing-Raketen und den NATO-Doppelbeschluss demonstrierte. Die lebendige Gegenwart überdeckte die fernere Vergangenheit. Diese Mutter war nicht durch das definiert, was man nicht von ihr wusste.

Selbst das, was sich noch erfahren ließ, einfach nicht zur Kenntnis zu nehmen stellte für Kathi Lemberger lange den einfachsten Schutz vor dem Vergangenen dar. Sie besaß kein Gegenüber, das sie hätte befragen können. Aber zu vielen Einschnitten in ihrem Leben gibt es schriftliche Zeugnisse, die erstaunlich mitleidlos dokumentieren, was geschehen ist. Zum Beispiel einen Brief, der am Morgen eines Frühsommertags im Juni 1945 auf dem frisch gemachten Bett der Mutter liegt.

Briefe haben da schon oft unheilvoll hineingewirkt in die Kleinfamilie Waldeck, vor allem jene von der Front und an die Front, in denen sich die Idee verfestigt, ein Elternteil könne ohne sein Gegenüber nicht existieren. Aber es gibt auch ein die Mutter zerrüttendes Intermezzo kurz vor dem amtlich beglaubigten Ende der Hoffnungen, in dem ein Brief eine Rolle spielt.

In den letzten Wochen des Krieges geht Grete mit ihrer Tochter von Bayern zurück nach Württemberg. Passau ist kein Ort des eigenen Angekommenseins mehr, nur noch der des Abschieds von ihrem Mann, die unerträglich gewordene Bühne letzter Minuten, Gesten, Worte. Auf Umwegen, über die stille Post von Regimentskameraden, Nachbarn, Bekannten erreicht Grete die Nachricht, ihr Mann sei gefallen. Noch gibt es keinen offiziellen Bescheid, aber längst beherrscht auch die einst Siegesgläubige die Gewissheit, der Krieg verschlinge alles und jeden. Nun liegt hier die an sie adressierte vermeintliche Todesbotschaft. Aber als sie den Umschlag öffnet, steckt die Nachricht über den Tod eines ganz anderen, ihr unbekannten Mannes darin. Die Vernunft sagt: Da ist etwas falsch eingetütet worden, ein bedauerlicher Irrtum, entstanden durch einen ungenauen Blick in das Adressverzeichnis. Eine andere Witwe hätte die Gefallenfürs-Großdeutsche-Reich-Meldung in Händen halten sollen. Das Herz aber sagt etwas anderes: Es will alles für einen Irrtum halten, den Mann für lebendig, auf ewig. Dem Herzen soll der Brief gerade belegen, dass das Gerücht vom Tod des Mannes Unfug ist – wo doch selbst amtliche Papiere irren können. So fällt sie, die sich noch einmal aus der Depression aufschwingen will, umso härter, als die Bestätigung des Todes doch noch kommt.

Auch die Schwiegermutter weigert sich, schmerzliche Gewissheiten anzunehmen. Sie hält verbissen fest am Stadium von Zweifel, Hoffnung und Erwartung. Das Kriegsende ist ein Chaos, ein endloser Rückzug, in dem nichts zu Ende ausgepackt wird, bevor es nicht schon wieder weiter nach Westen verlagert, vernichtet oder zurückgelassen wird. Wer will da Wehrmachtsmeldungen trauen, die Gefallene, Vermisste und in Gefangenschaft Geratene auseinandersortieren sollen. Hermanns Mutter glaubt nur denen, denen sie glauben will. Immer wieder trifft sie Kriegsheimkehrer, die ihr von neuem Hoffnung machen, die sich sicher sind, ihren Sohn noch nach seinem angeblichen Tod gesehen zu haben. Mit diesem Traum von der irrigen Todesmeldung ist sie nicht allein. Für viele Angehörige ist er der Antrieb, unter unerträglichen Bedingungen weiterzumachen, irgendeine Art Leben und Zuhause für den bereitzuhalten, der wiederkehren wird. Manchmal wird der Traum ja auch wahr. Immer wieder hört man Geschichten von Heimkehrern, die längst für tot erklärt worden waren. Manche stimmen, manche sind selbst nur Gerüchte. »Wenn der Hermann kommt«, sagt seine Mutter immer wieder, »dann tanze ich Walzer.« Sie wird bis zu ihrem Tod auf diesen Tanz warten.

In dem Brief an ihre eigenen Eltern, in dem Grete sie vom Tod des Schwiegersohnes unterrichtet, schreibt die junge

*Kathi mit der geliebten Großmutter
im Schwarzwald*

Witwe erstaunlich distanziert, fast gelassen: »Ihr dürft nun keinen Schrecken bekommen, wenn ihr das gelesen habt, und denken, jetzt tut sich die Grete was an. Fast glaube ich selber, dass mein Bleiben auf dieser Welt nicht allzu lange mehr sein wird, denn Hermann braucht mich, wie ich ihn, aber dass ich jetzt irgendetwas übereile, dafür bin ich viel zu ruhig.«

Der Krieg ist da noch nicht zu Ende. Die Front rückt

heran, und Grete packt das Nötigste und bricht auf. Sie will mit ihrer fünfeinhalbjährigen Tochter zurück in den Heimatort ihres Mannes im Schwarzwald. Es ist eine abenteuerliche und gefährliche Fahrt mit Zug und Lastwagen durch ein zerfallendes Land, in dem Habichte aus Metall an klaren Tagen Jagd auf Menschenmäuse machen. Jagdbomber sausen über die Schienenstrecken hin, auf der Suche nach etwas, das sich noch zu bewegen wagt im sterbenden Hitlerreich. Schwere Bomber nehmen die Bahnhöfe ins Visier. Bei Crailsheim wird der Zug angegriffen, in den sich die Waldecks gezwängt haben. Aus diesem Moment der Panik stammt die Erinnerung an die Liebe und Hingabe der Mutter, an ihre andere Seite. Kathi hat noch ein Bild im Kopf, wie sich die Mutter schützend über sie wirft.

Grete Waldeck verliert auf dieser Fahrt den Rucksack mit den Aufzeichnungen ihres Mannes mit seinen philosophischen Texten, Gedichten, Skizzen und kleinen Gemälden. Er mag auf der Ladefläche eines Lkws stehen geblieben sein, im Gedränge der Zu- und Absteigenden, oder er mag ihr aus dem Sinn geraten sein, als sie über ein Feld zur nächsten Deckung rannte, weil Flugzeugmotoren zu hören waren. Ein Name ist am Rucksack zwar angebracht, aber er bleibt verschwunden. Niemandem steht in diesen Tagen der Sinn danach, sich um solch vermeintlich wertlosen Plunder anderer Leute zu scheren. Grete Waldeck ist untröstlich. In dem Tagebuch, das sie vom Tag der Todesnachricht ihres Mannes an für ihre Tochter schreibt, macht sie sich schwere Vorwürfe. Mit dem Verlust des Rucksacks, glaubt sie, sterbe ihr Mann ein zweites Mal. Nun sei er unwiederbringlich aus dem gemeinsamen Leben abgetreten.

In diesem aus gut zwanzig engbeschriebenen DIN-A5-Seiten bestehenden Tagebuch legt sie auch dar, warum ihr schon seit der Todesnachricht klar ist, dass sie ihrem Mann nachfolgen wird. Nicht aus Verzweiflung, sondern weil sie fest davon überzeugt ist, dass beider Liebe sich nur so erfüllen kann. Sie will das Todeserlebnis um jeden Preis – auch um den eines verwaisten Kindes. »Ich fühl's jeden Tag deutlicher, dass ich für mich allein nur immer die Hälfte bin, dass wir einfach zusammengehören«, zitiert sie in ihrer langen Abschiedsrede an die Tochter aus einem Brief an ihren Mann.

Der andere Brief nun, das herbe Dokument, an dessen Auffindung sich Kathi erinnert, an das Papier auf dem frisch gemachten Bett an einem Junitag 1945, ist einer, der die lange Planung zu einem Ende bringt. Es ist ein Abschiedsbrief, ein fürchterlicher, auch wenn man seine Botschaft zwischen den Zeilen suchen muss. Die Mutter schreibt:

Meine Lieben, liebe Kathi!
Ganz früh, wenn Ihr alle noch schlaft, will ich fortgehen. Weißt Du, ich will einmal ganz alleine sein und gar nicht mehr reden, sondern nur an Vater denken. Vielleicht kommt dann Vater vom Himmel und holt mich zu sich, wenn ich den lieben Gott recht darum bitte. Wenn dies aber nicht sein kann, dann komme ich ja wieder und erzähle Dir alles, was ich erlebt habe.
Vergiss nicht, morgens und abends Dein Verslein zu sagen, und denk auch den ganzen Tag oft daran, dass Du doch lieb sein willst.
Einen lieben Gruß von Deiner Mutter

Kathi erwacht an diesem Junitag, knapp sechs Wochen nach Kriegsende, von markerschütternden Schreien. Sie glaubt die Stimme ihrer Mutter zu erkennen. »Kathi«, schreit es dreimal durch das enge Schwarzwaldtal, als müsste die Ruferin sich mit Gewalt von ihrer Tochter losreißen, von der sie sich aber wohl schon lange innerlich getrennt hat. Kathi schläft zu diesem Zeitpunkt im Zimmer ihrer Wildbader Großmutter. Sie mag die alte Dame sehr – und die Oma mag sie. Die Großmutter schlägt sofort Alarm. Auch sie hat die Schreie gehört. Wer laufen kann, rennt in den Wald in die Richtung, aus der die wilden Rufe kamen. Alle suchen nun die 28-jährige Mutter. Emilie Hoff rennt auf den Friedhof und sucht dort. Aber auch bei den Toten und ihren Ruhestätten ist die Schwägerin nicht. Grete Waldeck ist wie vom Erdboden verschlungen.

Sie ist gegangen, um das Grab ihres Mannes zu suchen, glaubt die kleine Kathi lange. Sehr lange. Das ist die Formel, an die sie sich mit ihren sechs Jahren hält. Solange die Mutter dort nicht ankommt, sagen diese Worte, kann ihr auch nichts geschehen. Was man nicht ausspricht, ist nicht passiert. So hält man es in der Familie. Später gilt für Kathi Lemberger: Was man nicht liest, bekommt keine Macht über einen. Obwohl natürlich genau das Gegenteil der Fall ist. Das Verdrängte will ans Licht. Wenn nicht sofort, dann später.

Die Großmutter schreibt in den aufregenden Tagen nach der ergebnislosen Suche einen Brief an die Eltern ihrer Schwiegertochter. Sie teilt ihnen mit, was passiert ist, dass die lange Suche erfolglos blieb. In dem Brief steht der Satz: »Und Kathi hat gesagt, sie wollte doch immer zum Vater, dann lassen wir sie halt.« Kann ein Kind so klug, vernünftig, selbstlos denken? Oder fehlt dem Mädchen nur das Verständnis, zu begreifen, dass dies ein Abschied ohne Wiederkehr ist? Kathi macht es den Erwachsenen jedenfalls leicht. »Immer habe ich dieses Muster gelebt«, sagt sie heute, »immer habe ich Verständnis aufgebracht, wo ich eigentlich Wut und Trauer empfunden habe.«

Nach wie vor ist es anstrengend für sie, über das zu sprechen, was aus dem heiteren, fröhlichen Mädchen der Vorschulzeit ein verunsichertes Kind und eine nachdenkliche

Heranwachsende gemacht hat. Im Haus ihrer Pflegeeltern wird in den Nachkriegsjahren nicht über Tod und Traurigkeit gesprochen. Die Wunden, die der Krieg geschlagen hat, sollen mit Worten nicht dauernd wieder geöffnet werden. Schon das Kind registriert eine stille Duldsamkeit gegenüber dem Schicksal. Heute versteht sie, dass jedes Reden über die beiden toten Brüder auch ein Gespräch über ihren Vater und ihre Trauer nach sich gezogen hätte. Keiner fühlte sich dem gewachsen. Und so fragte damals auch niemand, wie es in der Kinderseele aussieht. Man verlegte sich aufs Handeln und tätige Nächstenliebe.

Wie das Wissen in ihr Leben kam, dass die Mutter tot war, kann Kathi Lemberger nicht mehr sagen. »Da habe ich eine Lücke in der Erinnerung.« So sollte es wohl auch sein. Die Erwachsenen verschwiegen ihr nämlich, dass ein Förster die Leiche ihrer Mutter knapp anderthalb Jahre nach ihrem Verschwinden im Wald gefunden hat. In einem Brief an Grete Waldecks Eltern beschreibt der Finder das Geschehen:

Ich habe alljährlich in diesem Frühjahr diese Dickung (Schonung) nach Hirschabwurfstangen abgesucht. In den Jahren 45 und 46 habe ich dieses aufgrund des Einmarsches der Truppen unterlassen. Es war schade darum, sonst hätte ich Ihre Tochter im Frühjahr 45 noch frisch gefunden. Ob es im Frühjahr 47 nicht eine Eingebung für mich war? Durch einen starken Wildwechsel am Wegrand aufmerksam geworden, sagte ich mir, eine Viertelstunde will ich noch verwenden, nach Abwurfstangen zu suchen. Schon nach zehn Minuten hatte ich den Platz gefunden, wo Ihre liebe Tochter in den Tod gegangen ist. Zunächst glaubte ich, es handele sich um einen toten Soldaten. Als ich aber sah, dass die Schuhe Damenschuhe waren und der Hinterkopf, welcher nach oben war, noch einige Haare mit einem Kämmchen aufwies, war es mir klar, dass es sich um eine

Frau handeln konnte. Ich berührte nichts, sondern verständigte das Bürgermeisteramt und die Gendarmerie, welche am Nachmittag kam und die Sache feststellte. Durch die Zeitdauer von zwei Jahren waren der Kopf und die Glieder alles nur noch saubere Knochen, lediglich vom Leib waren noch Fleischteile vorhanden. Am zweiten Tag haben wir alles ehrend mit sämtlichen Kleidern gesammelt, und alles wurde auf dem Friedhof beigesetzt. Ich darf Ihnen, da Sie es wissen wollen, mitteilen, dass Ihre Tochter durch die Pistole, die neben ihr lag, in den Tod gegangen ist. (…)

In einer entwurzelten Baumgruppe, umsteckt von Tannengrün, hatte sie sich zum ewigen Schlaf niedergetan. Haben Sie ihre Uhr und 100 Mark nebst einigen anderen Kleinheiten, bestehend aus Rasierklinge, Faden, Nadel und anderes, von der Polizei erhalten? (…)

Als ich Ihren Brief erhalten habe, begab ich mich wieder an jenes stille, abgelegene Plätzchen, wo Ihre Tochter mit großem Mut ihr Leben beendete. Jedenfalls muss Ihre Tochter eine willensstarke Person gewesen sein, da sie solches fertiggebracht hat. Ich war im Ersten Weltkrieg Soldat, bin beruflich Jäger und habe schon sehr viel Wild durch die Kugel in den Tod geschossen und weiß nur zu gut, was es heißt, durch die Kugel zu sterben. Ich denke mit ehrender Liebe und großer Wertschätzung an Ihre Tochter, die ja auch ein Opfer des unseligen Krieges geworden ist. (…)

Kathi Lemberger wusste auch lange nicht, dass der Leichnam ihrer Mutter in den Ort überführt wurde, in dem sie nun lebt. Aus den Papieren, die inzwischen in ihrem Besitz sind, weiß sie, dass man Grete, einen Monat nachdem sie in ihrem letzten Versteck gefunden worden war, identifiziert hatte. Ohne dass das Kind etwas davon bemerkt hat, wurde die Mutter im Familiengrab beigesetzt. Ebenfalls erst aus dem Nachlass ihrer Großeltern mütterlicherseits erfuhr sie, dass die Mutter an alles gedacht hatte. Nichts sprach bei dieser Selbsttötung für eine Kurzschlusshandlung. Niemand sollte durch ihre Tat Ärger mit der Justiz bekommen. Deshalb vermerkte Grete korrekt auf einem Blatt Papier, wie die Schusswaffe in ihren Besitz gekommen war. Die Notiz verpackte sie so gut, dass sie tatsächlich nicht verwitterte. Sie schrieb:

Ich bin die Frau eines deutschen Offiziers, der im Januar 1945 gefallen ist. Mein Mann hat mir bei seinem letzten Urlaub eine Pistole gegeben, damit ich mich im Notfall selber schützen kann, solange ich alleine bin. Nun will ich meinem Mann in den Tod folgen, gemäß unserem Glauben, dass in einer rechten Ehe alles gemeinsam sein soll, auch das Sterben. Ich bin weder wahnsinnig noch verzweifelt. Da ich weiß, wie schwer das Tragen von Waffen zurzeit bestraft wird, habe ich alles vernichtet, was auf meine Person hindeutet, denn ich will nicht haben, dass meine Angehörigen in Angelegenheiten hineingezogen werden, an denen sie unbeteiligt sind.

Grete Waldeck will auch offensichtlich nicht, dass ihr Leichnam gefunden wird. Falls doch, will sie als unbekannte Tote beigesetzt werden. Darum vernichtet sie ihren Personalausweis und trägt nichts bei sich, durch das man sie identifizieren könnte. Ginge es nach ihr, würde sie sich am liebsten in Luft auflösen. Alles Irdische ist ihr nur noch lästig. Sie weiß allerdings, dass sie ihrer Tochter mit ihrem Freitod den Boden unter den Füßen wegziehen wird. In ihrem Abschiedsbrief an die Erwachsenen formuliert sie ihren Anspruch an die Zurückgebliebenen. »An Euch wird es liegen, wie Kathi das alles aufnimmt. Seid Ihr aufgeregt, wird sie's auch sein. Und wird für ihr ganzes Leben eine hässliche Erinnerung haben. Seid Ihr aber ruhig, so wird sie das alles fast als Selbstverständlichkeit nehmen, denn ich habe ihr das alles oft genug klargemacht, dass es für mich nur einen richtigen Weg gibt, und der ist, so bald als möglich bei Vater zu sein!«

In ihrem Testament wendet sie sich an ihre Eltern, die Schwiegermutter und die Schwägerin. Nachdem sie erklärt hat, ihrem Mann »nicht aus Verzweiflung« in den Tod gefolgt zu sein, »sondern mit dem Glauben im Herzen an den göttlichen Kern unserer Liebe«, bezieht sie sich auf ein Versprechen, das ihre Schwägerin Emilie ihr gegeben hat. »Nun gebe ich Kathi in Eure Hände. Möge sie Euch noch viel Sonnenschein bringen. Liebe Emilie, Du hast mir versprochen, im Falle meines Todes bei Kathi die Stelle der Mutter zu übernehmen. Ich lege nun diese Aufgabe vertrauensvoll in Deine Hände.«

Ihren Eltern, die nun ohne Tochter sind, stellt sie in Aussicht, ihre Schwiegermutter werde im Krankheitsfall sicher bereit sein, auszuhelfen – und »sei's noch eine kleine Zeit, dann ist auch Kathi so weit, dass sie helfend einspringen kann«. Das Mädchen wird, so deutet Kathi das als erwachsene Frau beim Blick auf diese Zeilen, »zur Handelsware«, zur Verfügungsmasse zwischen den verschiedenen Welten.

Als ihr Enkel vor zwei Jahren seinen sechsten Geburtstag feiert, begreift Kathi noch einmal, wie schutzlos sie selbst in diesem Alter war, mit welcher Wucht das Schicksal sie erfasst haben muss. Heute sieht sie klar, welchen psychischen Belastungen sie ausgesetzt war. Sie war ein Kind, um dessen Trauer sich niemand gekümmert hat, weil niemand auf den Gedanken kam, auch ein Kind – per Definition naiv und unbeschwert – könnte lange trauern. Die Großmutter aber, die sie sehr liebt und die immer nur ihr Bestes will, schreibt ihr am zweiten Geburtstag des Vaters nach dessen Tod in einem Brief: »… muss ich Dir schreiben, weil ich so allein bin …«

Kathi mit ihren jüngeren Brüdern

Das Kind soll nicht trauern, wird aber zum Adressaten des Kummers der Erwachsenen. Das ist eine Rolle, um einiges zu groß für eine Sechsjährige.

Damals muss sich vieles einfach ergeben haben. Der radikalen Veränderung im Leben wird der Trott neuer Gewohnheit entgegengesetzt. »Ich fühlte mich sehr geborgen in Wildbad«, beteuert sie. Der Ort steht als Synonym für ihr zweites Leben. Es gibt hier Menschen, die sie liebt, die Großmutter und die Tante. Trotz aller Beschwernis gibt es Ablenkung durch Normalität. Kathi wird eingeschult und saugt das Neue begierig auf. Sie macht den einen großen Schritt im Leben und betritt die Welt der Lesenden und Schreibenden.

Aber die Einfindung in ein neues Zuhause wird gestört. Die Großeltern mütterlicherseits erheben Ansprüche auf sie. Kathi ist ihr einziges Enkelkind. Die beiden Kinder sind tot, der Bruder von Kathis Mutter ist 21-jährig im Krieg gefallen. »Du bist unser einziges«, ist der Satz, den Kathi immer wieder hört und den sie bis heute erinnert. Der Großeltern ganzes Bestreben klingt da durch, sie zu sich zu holen. Der Streit wird heftig, eskaliert schließlich. Die Großeltern wollen die Vormundschaft und ziehen dafür sogar vor Gericht. Kathis Pflegemutter will das Kind nicht wieder hergeben. Emilie Hoff hält den Forderungen der anderen entgegen: »Kathi gehört zu uns. Das habe ich versprochen.«

In Kathi Lembergers Erinnerung ist es ein schlimmer Kampf um ihren Aufenthaltsort – und um ihr Leben. Ein Gericht entscheidet schließlich, dass Kathi im Schwarzwald bleiben darf, in den Ferien aber regelmäßig nach Esslingen zu den Großeltern fahren soll. Das Kind ist schließlich bereits am Wohnort von Emilie Hoff eingeschult. Aber als Kathi in den ersten Ferien zu den Großeltern mütterlicherseits reist, lassen diese sie an ihrem Wohnort ebenfalls einschulen. Noch auf diesem Umweg wollen sie erzwingen, dass das Kind bei ihnen bleibt. In den Dokumenten der Großmutter, die Kathi später erbt, finden sich kleine Zettelchen. Auf einem steht mit rotem Buntstift geschrieben: »Kathi wiegt in den Ferien nur 52 ½ Pfund.« Dazu ist die Jahreszahl 1947 vermerkt. Hinter dieser Notiz verbirgt sich die Angst, das Enkelkind bekäme im Schwarzwald nicht genug zu essen.

Kathi weigert sich jedoch, stur wie damals auf dem Dachboden, bei diesem Kampf ums Kind mitzumachen. Die schriftliche Bestätigung für die ehemals ein großes Haus führenden Großeltern, dass sie bei ihnen ein eigenes Bett habe, will sie nicht formulieren, ist in einem weiteren Brief zu lesen.

»Ich wollte in Wildbad bleiben«, sagt sie. Bett hin oder her. Sie hat auf den Austausch familieninterner Depeschen keine Lust. Auf sie gehört hat man damals freilich zuletzt. Es ging um die Bedürfnisse der Erwachsenen. Trotzdem ist Wildbad der Ort, der ihr guttut. Dort kommt ein Geschwisterchen nach dem anderen auf die Welt. Dort ist etwas los. Sie wird gebraucht als Mitbetreuerin der Kleinen. Bei den Esslinger Großeltern versucht man ihr einzureden, man nütze sie aus zum Kinderhüten ihrer kleinen Geschwister. In Esslingen versucht man sie zu verwöhnen und redet ihr ein, die Familie Hoff würde sie vernachlässigen und schaue nicht richtig nach ihr. Kathi hängt zwischen allen Stühlen, während das Hin und Her zwischen ihren beiden Verwandtschaften weitergeht. Sie leidet darunter. Einziger Vorteil: In Esslingen darf sie in die Tanzstunde gehen. Die Großmutter hängt noch ihrem Leben von einst nach, als sie einen großen Haushalt führte. Tanzen gehörte in dieser Welt zu den selbstverständlichen Kulturtechniken wie Lesen und Schreiben. In Wildbad dagegen hat man es gern ein wenig christlich braver. Aber immerhin, das Kleid für den Abschlussball kauft Kathi Lemberger zusammen mit ihrer Pflegemutter. Es hat eine enge Taille im Stil der Zeit, ist aus einem leicht durchsichtigen Stoff, der aber züchtig unterfüttert ist. Kurz: Es ist bieder und todschick. Doch die Tanzstunde kann nicht darüber hinwegtäuschen, dass für Kathi die regelmäßigen Fahrten nach Esslingen immer mehr zum Zwang werden. Daran ändern auch andere Verwöhnungsmaßnahmen nichts, wie die gestochen scharfen Erinnerungsfotos, für die ihre Großeltern extra mit ihr ins Atelier eines Fotografen gehen. Eine Heile-Welt-Inszenierung, sonst nichts.

Die Bilder der Wildbader Großfamilie aus dieser Zeit sprechen eine andere Sprache. Hier macht irgendjemand im-

*Ein Bild aus glücklichen Tagen: Vater, Kathi,
ihre Mutter Emilie und die Großmutter*

mer leicht unscharfe Bilder, die vom Alltag erzählen. Eines
zeigt Kathi als Kornblume verkleidet beim Schulumzug. Für
jedes ihrer Kinder näht Emilie ein aufwendiges Kostüm, auch
für Kathi. Die Bilder zeigen kleine Kinder mit einer großen
Schwester, die zärtlich miteinander schmusen. Kathis ganze

Kathi mit ihrem Fahrrad in Wildbad

Welt sind ihre Geschwister. Andere Gleichaltrige haben darin keinen Platz. Nur eine einzige Freundin hat sie. Die findet sie bezeichnenderweise während der Besuche bei ihren Großeltern in Esslingen. Die Freundschaft der beiden hält bis heute.

In Wildbad entsteht auch, irgendwann in den vierziger Jahren des letzten Jahrhunderts, eines ihrer Lieblingsbilder. Es zeigt die kleine Kathi mit Vater Hermann und Mutter Grete, der Großmutter und der Tante, die später ihre Pflegemutter wird. »Ich mag es, weil darauf noch alle am Leben sind«, sagt sie. Das Bild hält fest, was danach fehlt: Unbeschwertheit und das Glück.

In ihrer Grundschulzeit hat Kathi Lemberger zu stottern begonnen. Die Klage Emilies, dass das Kind »die Worte nicht mehr herausbringt«, liest sie aus einem Brief ihrer Pflegemutter vor, den ihr Mann in ihren Erinnerungsordner einsortiert hat. Sie selbst kann sich an diese Phase nicht mehr erinnern. Die Pflegemutter spricht in diesem Schreiben an die Großeltern von der »seelischen Überbelastung« Kathis und notiert einen bemerkenswerten Satz: »Kathi hat schon so viel Schweres erleben müssen.« Der Satz fasst die Verfassung des Kindes knapp und klar zusammen und drückt die Hoffnung aus, man möge dem Rechnung tragen. Und doch scheinen die Erwachsenen in ihrer eigenen Nachkriegs- und Alles-muss-wieder-normal-werden-Welt darüber rasch hinweggegangen zu sein.

In einem anderen Brief an die Großeltern, geschrieben nach dem Urteil des Vormundschaftsgerichts, versucht Emilie Hoff noch einmal für ihre Position zu werben: *Es ist für mich außerordentlich schwer, dass ich nun das tue, was recht ist, doch will ich Euch eines vor allem anderen sagen: Ich möchte, dass alles gut sein soll, denn das sind wir Kathi gegenüber schuldig. Ich bitte Euch deshalb von ganzem Herzen, dass Ihr selbst wollet alles noch einmal im Hinblick auf Kathi überschauen. Und bitte Euch herzlich, dass Ihr auch mir einmal Vertrauen schenken möchtet. (…) Kathi ist nun ein großes Mädele und wird immer größer, und sie hat gelernt, sich lieb und dankbar in alles zu schicken. (…) Mir selbst ist Kathi als Kind anempfohlen. Ich habe aus vollem Herzen ja gesagt zu Gretes Wunsch, der, das weiß ich ganz gewiss, auch Hermanns Wunsch wäre. Ich habe aber nie dabei gedacht, dass ich Euch das Enkelkind wegnehmen wollte. Verliert man einen Menschen nicht erst dann, wenn man ihn aus seinem Herzen gibt? (…) Ich bitt Euch vor allem darum, dass Ihr möget Kathi bedacht sein, dass ihr nichts Unrechtes geschehe, so wie ich es immer auch sein will. Und vielleicht darf ich es auch noch sagen, dass ich vielleicht ein wenig um das Schwere bei Euch weiß und es nicht vergesse.*

Schließlich bricht die Pflegemutter den Kontakt ab. Sie erträgt die Verletzungen nicht mehr, die der Kampf um Kathi mit sich bringt. Sie macht fortan keine Besuche mehr in Esslingen.

Für Kathi steht über all den Erinnerungen an Menschen, die sie unbedingt bei sich haben wollten, die Frage nach dem einen Menschen, der scheinbar so bereitwillig auf sie verzichtet hat. Kathi Lemberger hat viele Geschichten gehört von Frauen, die wie ihre Mutter den Ehemann im Krieg verloren haben. Es gibt eine Gemeinsamkeit in den vielen Erzählungen. Fast alle Frauen sagen, der Gedanke an ihre Kinder habe sie am Leben gehalten und weitermachen lassen.

Warum, fragt sich Kathi, konnte ihre Mutter dann nicht bei ihr bleiben? Warum hat sie sich entschieden, dem Vater in den Tod zu folgen? Wo das Kind sie doch gebraucht hätte? Aber die härteste Frage, die zentrale Frage ihres Lebens, lautet: »Warum konnte ich meine Mutter nicht retten?«

Als ihre Schwiegermutter stirbt, zu der sie ein inniges Verhältnis hat und die sie das letzte Lebensjahr gepflegt hat, gerät Kathi in eine schwere Krise. Die Schleusenwärterin in ihr versagt. Kathi ist körperlich und seelisch am Ende. Wieder verliert sie eine Muttergestalt. Sie verfällt in Gefühlsstarre. »Ich wusste nicht, was mit mir ist.« Schlimme Depressionen folgen. Ein Therapeut, bei dem sie Hilfe sucht, erklärt ihr, alle Kinder fühlten sich am Tod ihrer Eltern schuldig. Das hilft ihr nur wenig.

Kathi Lemberger versucht, an ihren eigenen Kindern das wiedergutzumachen, was zwischen ihr und ihrer Mutter gescheitert ist. »Ich war eine Übermutter«, sagt sie heute, fast schon mit ein wenig Selbstironie. Sie war ja auch eine Übertochter. Sie folgt dem Testament der Mutter und pflegt die Esslinger Großmutter. »Wir waren ganz schnell für die alten Menschen in der Familie zuständig«, sagt sie. Der Gedanke, dass sie da auch einen alten Auftrag ausgeführt hat, einen indirekten Kontakt zur Mutter hatte, führt sie zurück zu anderen Erinnerungen an Trauerrituale. In ihrem Archiv finden sich Briefe, die sie als Sechs- oder Siebenjährige geschrieben hat. Sie beschreibt darin wohl ziemlich beispielhaft, wie in den zerstörten Familien im Nachkriegsdeutschland die Sonntagnachmittage ausgesehen haben: »Wir sind auf den Friedhof gegangen und haben dem Mutterle und dem Großvater einen Blumenstrauß aufs Grab getan«, heißt es in einem Brief an ihre Großeltern. In einem anderen Brief schreibt die Grundschülerin: »Dann sind wir in den Wald gegangen und haben Holunder geholt. Wo wir heimgekommen sind, haben wir gegessen, und dann haben wir in den Fichten gebadet [ein Fichtennadel-Bad genommen]. Mein Husten hat sich gebessert. Am Sonntagnachmittag bin ich mit dem Hermännle rumgefahren. Und dann sind wir auf den Friedhof gegangen.«

Der Friedhof scheint Dreh- und Angelpunkt ihres Lebens zu sein in dieser Zeit. Immer sonntags geht sie mit der Großmutter zum Grab und dem Kriegerdenkmal. »Die Großmutter hat ja so sehr getrauert«, sagt sie. »Für mich waren die Besuche furchtbar.«

Das Kind ist überfordert. Es wird von Erinnerungen heimgesucht, die ihm niemand erklärt und zurechtrückt. Dazu gehören auch die Bilder eines Feuers während des Krieges. Kathi steht mit ihrer Mutter auf einem Feld. Grete verbrennt die Briefe ihres Mannes, einen nach dem anderen. Das Tagebuch der Mutter datiert das Vorkommnis, den scheiternden Versuch eines Bruchs mit der Vergangenheit, auf vier Tage nach Erhalt der Todesnachricht.

Hinter solchen beängstigenden Bildern muss Kathi Lemberger die Erinnerung an schöne Momente immer erst hervorlocken. Eine gilt den gemeinsamen Spaziergängen im Wald, bei denen man hinunterschauen konnte auf die Flüsse, die Passau umfließen. Es sind sehr atmosphärische Ausflüge, auf denen die Mutter ihr die Natur nahebringt. Kathi lernt, welcher Vogel welches Federkleid hat, und wie die Blumen heißen, die da blühen. Dem Kind gefallen die Spaziergänge, weil sie jene Zweisamkeit bringen, die es sich so sehr wünscht. Oder ist das nur ein im Nachhinein formulierter Wunsch, der sich aus der Lektüre der Tagebücher speist? Dort ist jedenfalls auch zu lesen, dass die Mutter mit Kathi – die vielleicht nur Platzhalterin ist – die Wege entlanggeht, die sie einst mit dem Vater beschritten hat.

In den Tagebüchern und Briefen findet Kathi Lemberger keine Versöhnung. Sie weiß das. Sie kennt deren Inhalt schließlich zur Genüge. Nichts Neues lässt sich entdecken. Versöhnung mit ihren Eltern findet sie in anderen Dingen. In dem kleinen Gemälde, das ihr vom Vater geblieben ist. Es zeigt Margeriten, als hätte er ahnen können, dass dies die Lieblingsblumen seiner Tochter sein würden. Es hat einen Ehrenplatz in der Wohnung. Ein Gefühl der Innigkeit überkommt Kathi Lemberger auch, als sie mit einer Frauengruppe zum Wandern in die Schweizer Berge fährt. Als sie über eine Wiese mit Enzianen geht, erinnert sie sich daran, dass das die Lieblingsblumen der Mutter waren.

Es gibt einige dieser heilsamen Momente. Kathi Lemberger beschließt, noch einmal zu versuchen, was ihre Mutter nicht geschafft hat. Sie sucht das Grab ihres Vaters. Wieder ist es Kathi Lembergers Mann, der die Suche in geordnete

Bahnen lenkt. Er kontaktiert die Kriegsgräberfürsorge und erhält Auskunft. Auf einem kleinen Soldatenfriedhof in der Eifel steht Kathi Lemberger Jahrzehnte nach seinem Tod doch noch am Grab ihres Vaters. Nun gibt es einen Ort für Trauer, sagt sie. In der Kapelle in Nähe des Gräberfelds zündet sie eine Kerze an. »Das war ein schönes Erlebnis«, sagt sie zunächst und korrigiert sich dann. »Na ja, was heißt schön. Aber gut. Friedlich!« In seinem letzten Brief an die Tochter schreibt der Vater erstaunlich unverblümt: »Wenn Du diese letzten Worte liest, wird mein Bild vor Deiner Erinnerung verwischt sein. Es wird Dir in Kindesjahren schon viel genommen.« Aber ein kleines Stückchen dieses Bildes hat Kathi zurückerobert. Sie will nicht vergessen, sie will Anteil haben, Anteil an ihren vielen Toten.

Sehnsucht

*Wie Bodo Hausmann seinem Vater auf dem Sterbebett
ein Versprechen gab – und eine persönliche Befreiung
erlebt, als er dieses Versprechen endlich bricht.*

»Versprochen ist versprochen und wird auch nicht gebrochen.« Schon Kindern schärft man die Wichtigkeit des Einhaltens von Zusagen ein. Wortbruch ist schändlich, lernen sie. Im Leben von Bodo Hausmann spielt ein Versprechen eine zentrale Rolle. Er hat es im Alter von 25 Jahren gegeben, in einer Situation, die Hollywood gern als den ultimativen Treuezwang inszeniert: am Sterbebett seines Vaters. Der Inhalt des Versprechens ist knapp und klar, Hintertürchen gibt es keine: Bodo Hausmann gelobt, niemals nach seiner leiblichen Mutter zu suchen.

Er gibt dieses Versprechen nicht leichten Herzens. Es wurde ihm ja gerade darum abgerungen, weil der Vater wusste, dass es den Sohn zur Suche drängt. Und Bodo wird, eben weil der Vater das Versprechen mit jenem beinahe letzten Atemzug forderte, den man nur für Wichtiges nutzt, klar, dass da Bedeutendes – Verwirrendes also, Bestürzendes, Weltbildkippendes? – zu finden wäre.

Es ist nicht so, dass der 25-jährige Bodo Hausmann seine Mutter nie kennengelernt hätte. Er kann sich nur nicht an sie erinnern. Er war zweieinhalb Jahre alt, als der damals wichtigste Mensch in seinem Leben die Familie verließ. Aber nicht einmal das weiß er in dem Moment, als er dem Vater das Versprechen gibt, nicht an Familiengeheimnisse zu rühren. Gewiss weiß Bodo Hausmann zu diesem Zeitpunkt nur, dass er von einer Stiefmutter großgezogen wurde. Auch das aber hat er erst spät erfahren, durch Zufall, nicht etwa, weil man ihn ins Vertrauen gezogen hätte. Seine ganze Kindheit über hatte er sich nur gewundert und damit gerungen, dass die Beziehung zu der Frau, die er für seine Mutter hielt, so furchtbar, so konfliktreich, so ohne Wärme gewesen war. »Wie Hund und Katze«, sagt er, seien sie gewesen. Er war 15 oder 16 Jahre alt, ganz genau erinnert er sich daran nicht mehr, als er beim Stöbern in einem Schrank ein amtliches Dokument fand: seine Geburtsurkunde. Die schaute er sich für einen Moment mit jenem faszinierten Amüsement an, das man für alles übrighat, was das Wunder der eigenen Existenz auf das Maß einer amtlichen Banalität einzudampfen versucht. Bis ihm die Bedeutung des Papiers klarwurde. Im Feld mit dem Namen der Mutter stand ein Name, der ihm noch nie untergekommen war.

Viel Zeit hatte er nicht, sich über diesen Umstand und seine Gefühle klarzuwerden. Als er den Kopf aus dem Schrank zog, stand sein Vater hinter ihm. Der atmete tief durch und kämpfte damit, die Fassung zu bewahren. Er sah, was der Sohn in der Hand hielt, er wusste, was auf dem Dokument stand. Der Vater nahm Bodo die Urkunde ab und drückte ihm an deren Stelle fünf Mark in die Hand. »Hier, betrink dich, ich kann dazu nichts sagen«, brachte er gerade noch heraus. Das ist der ganze Vater-Sohn-Dialog über ein wahres Erdbeben des Selbstverständnisses.

Bodo Hausmann ging etwas trinken. Und fragte den Vater nie mehr. So eindringlich war dieses väterliche Versagen gewesen, diese Szene des Nicht-reden-Könnens, dass auch dem Jugendlichen klar war: Ein direkter Vorstoß würde nur auf weiteres Schweigen treffen, je dringlicher der Vorstoß, desto verstockter das Schweigen. Bodo versuchte, auf Umwegen an Informationen zu kommen, seine Verwandten hinzulenken aufs Reden über früher. Aber die schienen alle miteinander ein Schweigegelübde abgelegt zu haben, was Bodos frühe Kindheit, seine Geburt und die Zeit direkt davor anging. Die Schwestern und der Bruder des Vaters wichen allen Fragen aus. Nur die Stiefmutter ließ ab und an eher Verwirrendes heraus. Sie schwankte zwischen Schweigen und übler Nachrede.

Viel wusste auch die Stiefmutter nicht, das wurde Bodo schnell klar. Seiner leiblichen Mutter schien sie nie persönlich begegnet zu sein. Aber in ihr steckte ein Hass auf diese andere Frau, aus dem sie nun keinen Hehl mehr machen musste. Böse sei sie gewesen, brach es immer wieder in monotonen Variationen aus ihr heraus, keine gute Frau. Aber was genau der Vater seiner zweiten Frau über die erste erzählt haben könnte, um solche Abscheu hervorzurufen, wurde Bodo nicht klar. Er konnte nicht einmal Splitter von Informationen sammeln, allenfalls den Widerschein von Splittern. Nichts ergab Sinn.

Zudem hatte er, das gesteht er sich heute ein, damals und lange danach Angst vor der eigenen Courage. Was wäre denn, wenn er etwas herausbekäme? Worauf müsste er gefasst sein? Mit welchem Wissen leben? Welcher Schmutz wurde vor ihm verborgen, welcher Kummer, welche Schändlichkeit? Wie würde eine Begegnung mit seiner inzwischen ja betagteren leiblichen Mutter verlaufen? Oder lebte sie gar nicht mehr? Wie und wann war sie dann zu Tode gekommen? Bodo Hausmann gingen diese Fragen zwar immer wieder durch den Kopf, jahrein, jahraus. Aber er fürchtete sich vor konkreten Antworten, davor, dass die formlos negativen Behauptungen über seine Mutter durch konkrete Scheußlichkeiten ersetzt würden. Als der Vater ihm schließlich auf dem Sterbebett das

Versprechen abnahm, nicht nachzuforschen, war Bodo auch ein wenig froh. Vielleicht war dieses Versprechen nun der Riegel, hinter dem er die Unruhe für immer wegsperren konnte?

Aber das sollte sich als trügerische Hoffnung erweisen. Je weniger einer weiß, desto mehr scheint ihm möglich. Und desto mehr kann sich seine Phantasie entzünden. Bodo Hausmann weiß zu diesem Zeitpunkt weder, ob seine Mutter noch lebt, noch, wie sie aussieht. Natürlich könnte einer darum alles weitere Grübeln als aussichtslos aufgeben. Aber auch das Gegenteil ist möglich, das dauernde Grübeln. Jede Frau in einer bestimmten Altersgruppe, an der Bodo Hausmann auf der Straße vorbeiläuft, die er in einem Bus sitzen sieht, die beim Fleischer an der Theke wartet, könnte seine Mutter sein.

Es gibt kein noch so vages Bild erster Umarmungen, keine verschwommene Erinnerung an ein Gesicht, das sich über ein Kinderbettchen beugt. Das ist nichts Besonderes, denn die meisten unserer vermeintlichen frühkindlichen Erinnerungen fußen in Wirklichkeit auf Fotos, Amateurfilmen, den Erzählungen der anderen. Aber Bodo Hausmanns Gedächtnislücke ist auffallend groß, scheint einer Gedächtnisstörung nach einem Trauma zu ähneln, der – für eine gewisse Zeit – hilfreichen Verdrängung des Unerträglichen durch das Unterbewusstsein. Er kann sich an nichts erinnern, das vor seinem siebten Lebensjahr liegt, und er hat keine Dokumente, die ihm dabei helfen könnten, keine Fotos, keine Zeichnungen, keine in der Familie tradierten Anekdötchen. Die Abwesenheit aller Bilder jener ersten Zeit wird für Bodo Hausmann über die Jahre wichtiger als alle Erinnerungsbilder, über die er tatsächlich verfügt. Seine Frau Margrit nennt die Leere in paradoxer Verkehrung »einen Störsender«, der mal stärker, mal weniger stark in ihr gemeinsames Leben hineingestrahlt, aber nie Ruhe gegeben habe. Das Unbekannte war ein störendes weißes Rauschen, ein Knistern und Krachen, das den Alltag durchzog und manchmal auch verbog.

Bodo Hausmanns Erinnerung an die Kindheit setzt mit einem Moment der Erwählung ein. Mit seinesgleichen muss er sich im Ess- und Aufenthaltssaal eines Kinderheims im thüringischen Bad Langensalza in einer langen Reihe aufstellen. Ein fremder Mann schreitet diese Kinderkette ab – und bleibt vor ihm stehen. »Das ist mein Sohn Bodo«, sagt der Suchende. Und Bodo Hausmann fragt sich, was dieser völlig Unbekannte wohl ausgerechnet von ihm will. Denn das Erkennen ist ein ganz und gar einseitiges. Der Erwachsene mit dem schmalen Gesicht hat das Kind offensichtlich auf Anhieb sicher identifiziert. Der Junge jedoch spürt nicht die geringste Regung von Vertrautheit. Er kann erkennen, dass der Fremde gerührt ist. Aber dessen Gesicht – so erinnert sich Bodo Hausmann später an diesen Moment – löst keinerlei Erinnerung aus.

Die Reaktion beziehungsweise die fehlende Reaktion Bodos wird von den Erwachsenen ignoriert. Die haben Anlass zur Freude: Wieder einmal hat sich die massenhafte Entwurzelung und Familienzerstreuung durch den Krieg, vor der man zunächst ganz und gar ohnmächtig zu stehen schien, als korrigierbar erwiesen. Gewiss, es handelte sich um einen Einzelfall, aber die Welt ist eben eine Summe von Einzelfällen. Auf den nun eingetretenen Moment der Wiederfindung arbeiteten damals viele Menschen und Organisationen hin. Der Suchdienst des Roten Kreuzes hat Bodo in seinen Listen geführt. Das Bild des Jungen prangte auf Suchplakaten im ganzen Land. Sein Name wurde im Radio in den täglichen »Pinguin«-Aufrufen verlesen. Der so plötzlich aufgetauchte

Unbekannte hat den Aufruf gehört und sich gemeldet. Das System hat funktioniert. Bodos Reglosigkeit störte da nicht weiter, sie wurde vielleicht gar als Schockstarre des Glücks gewertet.

Aber Bodo Hausmann fühlt sich keineswegs heimgeholt in ein früheres Leben. Er kannte kein Leben mit Vater und Mutter. Für ihn war das Kinderheim sein vertrautes Zuhause, aus dem er nicht fortwollte. Die Worte »Das ist dein Vater, der nimmt dich jetzt mit« machen ihm Angst. Er will gar keine Zukunft, die anders sein würde als die Gegenwart, die er kannte. Aber den Siebenjährigen fragt keiner, so wenig, wie man ihn 1944 gefragt hatte, ob er von seiner Mutter getrennt werden möchte. Doch davon weiß er damals ja noch nichts.

Zweimal läuft Bodo dem Fremden auf dem Weg zum Bahnhof davon. Er ist schnell und wendig. Zweimal wird er wieder eingefangen, denn der Vater will nicht loslassen, was er schon einmal verloren hat. Bodo dämmert, dass dies keine Episode ist, aus der er durch Bekundung seiner Wünsche und seines Missfallens wieder zurückfinden wird ins Heim. Seine Gefühle fahren Achterbahn mit ihm. Denn sosehr Bodo in diesem Moment zurück ins Heim will, sooft er sich dort ein Morgen und Übermorgen als Tage im Rhythmus der Anstalt vorgestellt hat, so wenig ist auch ein Siebenjähriger immer nur eins mit sich und seinem Weltbild. Die Sehnsucht, von hier wegzukommen, der Traum von der eigenen Familie, er hat sie andauernd um sich herum gespürt. Und manchmal – vielleicht gerade darum, weil dieses andere Leben so gefahrlos fern schien – hat er zugelassen, dass sie auf ihn übergreifen. Dann hat auch Bodo versucht, sich vorzustellen, wie das wäre, wenn jemand Anspruch auf ihn erheben würde. Schließlich waren nach und nach viele der Kinder, die mit ihm das Leben im Heim teilten, von ihren Eltern oder ande-

*Foto mit Eisbär: Bodo in seinem
zweiten Schuljahr, 1951*

ren Verwandten abgeholt worden. Und manchmal konnte
man dank eines Zufalls sogar nachprüfen, dass eine solche
Abholung in ein keineswegs schlechteres Leben geführt
hatte. Bodos Freund Otto etwa lebte jetzt bei einem Schuhmacher gleich um die Ecke und wirkte eigentlich ganz vergnügt.

Zu diesen positiven Beispielen erfüllter Sehnsucht hatte sich jüngst noch etwas anderes gesellt, ein Angriff auf die Geborgenheit des Heims, auf Bodos Selbstbild, der ausgerechnet von jenen gekommen war, die bislang für Bodos Geborgenheit gesorgt hatten. Der Junge hatte vorsatz- und arglos die Kinderschwestern belauscht, als sie mit interessierten Adoptiveltern – auch die sprechen ja im Heim vor – über etwas redeten, das klang wie das Warenangebot an einem Obststand: »Die Besten sind schon weg.« Bodo hatte das einen jähen Stich versetzt. Wenn die Besten schon weg waren, dann hieß das, er war keiner von ihnen. War er etwas Angegammeltes, etwas Zweitklassiges? Ein Apfel mit Würmern? Was würde das für die Zukunft bedeuten? Würden die Schlechten vielleicht sogar immer schlechter werden?

Bodo hatte versucht, diese Gedanken rasch wieder zu verdrängen. Die vier Jahre im Heim waren alles, was er kannte. Aber als er nun zum zweiten Mal vor dem Tor des Heims wieder eingefangen wird und zum dritten Mal an der Hand des Fremden den Weg zum Bahnhof antreten muss, da mag die Angst in ihm mit einem anderen Gefühl gerungen haben: mit dem hoffnungsvollen Bangen, ob sich nicht auch bei ihm die Sehnsucht nach Familie wieder regen und er so diese abrupte Trennung als Befreiung empfinden könnte.

Noch als Erwachsener hat Bodo Hausmann den Weg, den er damals wegen seiner Fluchtversuche mehrfach zurückgelegt hatte, genau vor Augen. Als er Jahrzehnte später wieder am Bahnhof von Bad Langensalza steht, findet er sich sofort zurecht, kennt noch den Weg zu der Stelle, an der einst das Kinderheim stand. Doch nur dessen Umgrenzungsmauer ist noch übrig. In der Nachwendezeit ist hier ein japanischer Garten entstanden. Bodo Hausmann findet nur noch verwischte Spuren. Ob er damals wirklich so gedacht und gefühlt hat, wie er es sich heute schlüssig vorstellen kann – bei dieser Frage hilft ihm kein plötzlicher, intensiver Erinnerungsschub. Kein steinernes Gegenstück zum Heim im Kopf setzt neue Erinnerungen frei, die dann andere, tiefer verschüttete mit nach oben zerren könnten.

Der Weg vom Bahnhof zum Kinderheim ist der erste Abschnitt einer langen Suche. Eigentlich fühlt sich Bodo Hausmann noch immer an sein Versprechen gebunden, nicht in der Vergangenheit zu wühlen. Er mogelt sich nur erste Situationen zurecht, die etwas in ihm auslösen könnten, eine Reise hier, entsprechende Lektüre da. Er will einen Zufall erzwingen, um sagen zu können, er habe ja gar nicht vorsätzlich nach seiner Vergangenheit gesucht. Mittlerweile hat er sein Versprechen fast vier Jahrzehnte lang gehalten. Auf die Fragen seines Enkelkindes, ob er denn keinen Vater und keine Mutter habe, antwortet er diplomatisch: »Nicht mehr.« Das ist nicht gelogen. Aber es ist auch nicht die ganze Wahrheit. Nach der Wahrheit aber fragen nicht einmal seine eigenen Kinder. Die Generation der Großeltern, die sie nie kennengelernt haben, interessiert sie nicht. Für sie ist es normal, keine Aussagen treffen zu können über ein Familienleben vor jenem, an dem sie selbst teilgenommen haben.

Bodo Hausmann hofft, dass es irgendwann noch anders kommt. Seit fast einem halben Jahrhundert lebt er nun in der Schweiz. Er ist mit einer Schweizerin verheiratet und besitzt seit 1977 die eidgenössische Staatsbürgerschaft. So sind auch seine beiden Kinder Schweizer Staatsbürger geworden und empfinden darum vielleicht alles, was sich an Familiengeschichte in Deutschland abgespielt hat, als umso ferner und irrelevanter. Bodo Hausmann sagt heute, er sei mit seinem Umzug der kleinbürgerlichen und konfessionellen Enge des nordrhein-westfälischen Ortes Witten entflohen. Dorthin

Der erste Schultag für Bodo (2. v. links)

hatte ihn der Fremde, der sich Vater nannte, gebracht. Wie eng es hier zugeht, welch seltsame Regeln hier gelten, erfährt er am Beispiel seines besten Freundes. Der Junge ist katholisch, Bodo evangelisch. Ihm selbst bedeutet dieser Unterschied nicht viel. Für den Vater dagegen wiegt er schwer. Als Bodo sich zum katholischen Martinsfest ins Kolpinghaus einladen lässt und dort auch noch eine Wurst isst, verpasst ihm der Vater eine Tracht Prügel. Religion wird hier als etwas zutiefst Trennendes gelebt. Es gibt katholische und evangelische Jugendbanden in Witten. Die leben in ihren Kämpfen das Misstrauen der Erwachsenen weiter. Die Trennung zwischen den Konfessionen ist den Erwachsenen wichtig, als verliehe sie der Stadt im Ruhrgebiet damit eine verlässliche Struktur. Keine Frage also, dass Bodo auf eine evangelische Schule kommt. Dort hat er noch einige derselben Lehrer, die seinen Vater bereits unterrichtet hatten. Der allerdings war ein Musterschüler gewesen. Bodo fällt die Schule nicht so leicht. Er jongliert nicht fast freihändig mit mathematischen Formeln, und auch das Vokabellernen gehört nicht zu seinen Lieblingsdisziplinen. Was mit etwas Einfühlungsvermögen in die Psyche des Jungen und unter Berücksichtigung seiner Vorgeschichte eigentlich nicht hätte überraschen müssen. Doch damals denkt niemand in solchen Kategorien. Der Junge wird am Beispiel des Vaters gemessen – und als mangelhaft beurteilt. Bodo wird mehr als einmal der zufällig erlauschte Satz aus dem Kinderheim ins Gedächtnis gestiegen sein: »Die Besten sind schon weg.«

Die Mahnung, sich von den Katholiken fernzuhalten, ist nicht die Art Welterklärung, die der Junge gebraucht hätte. In der Phase der Lebensumkrempelung hätte er behutsame Führung, geduldige Erklärung, fürsorgliche Gelassenheit nötig gehabt. Aber der Vater hatte wohl nach eigenem Verständnis mit der Suche nach dem Sohn das Außergewöhnliche bereits vollbracht. Nun will er reibungslose Routine, denn er ist beruflich stark eingespannt. Auch er muss nach dem Krieg erst wieder Fuß fassen, arbeitet sich in der örtlichen Zuckerfabrik bis zum Prokuristen hoch. Bodos Probleme, so er sie überhaupt wahrnimmt, ordnet er der häuslichen Sphäre zu, dem Reich seiner zweiten Frau – die, wie Bodo Hausmann wieder und wieder versichert, zu Fürsorge nicht in der Lage war. Die wachsende Verunsicherung des Jungen ruft weitere Drillversuche durch die Erwachsenen hervor. Doch mehr Drill bringt mehr Verunsicherung. Bodo hält das nicht durch. Seine Leistungen brechen ein, er muss vom Gymnasium abgehen.

Bodos Vater ist wütend und enttäuscht, dass sein Sohn kein Abitur machen wird. Mit besonderer Beharrlichkeit macht er dafür ein harmloses neues Hobby des Jungen verantwortlich, das Tanzen. Das »Beingeschlenkere« sei schuld, habe Bodo vom Lernen abgehalten, ihm die Konzentrationsfähigkeit zerrüttet. Sehr viel später wird sich Bodo zusammenreimen, worin die Ursache für diese Fixierung auf ein vermeintliches Übel liegen könnte. Der Vater hat Bodos leibliche Mutter beim Tanzen kennengelernt.

Die Enttäuschung über das Schulversagen glaubt Bodo Hausmann noch am Totenbett des Vaters zu spüren. Wenn sein alter Herr gefragt wurde, was aus seinem Sohn geworden sei, sagte er bis zum Schluss, der sei im technischen Bereich tätig. Dass Bodo Betriebsmechaniker ist, bringt er nicht über die Lippen. »Das war ihm peinlich«, bekennt Bodo offen.

Die Verleugnung durch den Vater beschäftigt den einzigen Sohn lange. Die Beziehung zwischen den beiden ist längst höchst ambivalent. Die Distanz und die Missbilligungen schmerzen Bodo, aber sie nähren auch den Wunsch zu gefallen. Bodo Hausmann liebt seinen Vater trotz aller pubertären und nachpubertären Kämpfe, die sie miteinander ausfechten. Heute kann Bodo Hausmann die Schwachstellen, die Fehler, die Versäumnisse des überstrengen Mannes aufzählen und dann bilanzieren: »Er war herzensgut.«

Vor der Zeit meldet sich Bodo damals, um die Schulenttäuschung wiedergutzumachen, bei der Bundeswehr. So will er dem Vater imponieren, der im Krieg bei der Marine war. Der Dienst kostet Bodo weniger Überwindung, als er angenommen hat. Er kommt in einer streng hierarchischen Welt bestens zurecht. Schon im Kinderheim hat er sich in eine Gruppe einfügen müssen. Die reibungslos absolvierte Militärzeit könnte er dem Vater als Leistung nach dessen Vorgaben präsentieren. Endlich hat der Sohn etwas Respektables vollbracht. Doch stattdessen wagt er etwas Überraschendes.

Er tritt nicht näher an den Vater heran, als ahnte er, dass dessen Billigung sich auch in eine kaum zu überwindende Vereinnahmung verkehren könnte. Bodo Hausmann schlägt den entgegengesetzten Kurs ein. Er kehrt nicht nach Hause zurück, sondern siedelt in die Schweiz über. Dort werden Arbeitskräfte gesucht, und Bodo sieht die Chance auf einen zweiten völligen Neuanfang, diesmal nicht an der Hand eines Fremden.

Bodo Hausmann baut sich ein normales, unauffälliges, aber von Geselligkeit geprägtes Leben auf. Er entdeckt das Kanufahren, wird Mitglied im Jodelverein und engagiert sich im Heimatverband. Dort wird er der Bunkerbeauftragte und erforscht die Geschichte Schweizer Wehrhaftigkeit. Seine Heimatgemeinde Dietikon sei lange die größte Festung des Landes gewesen, merkt er nicht ohne Stolz an. Seiner Sprache hört man heute kaum mehr an, dass er eigentlich aus Deutschland kommt. Über die Jahre hat Bodo Hausmann das Idiom seiner neuen Heimat angenommen und klingt, als wäre er mit Schweizerdeutsch groß geworden. Mit Deutschland, erklärt er sich und anderen viele Jahre lang, wolle er nichts mehr zu tun haben. Die gelegentlichen Besuche am Familiengrab sind nur kurze Stippvisiten – erst recht, nachdem die Stiefmutter nach dem Tod ihres neuen Ehemannes einen Affront begeht. Sie lässt den Verstorbenen kurzerhand im Doppelgrab neben Bodos Vater beisetzen. Das ist ein Akt von Besitzergreifung, Beiseitedrängung und Ausschluss in einem. Bodo nimmt ihn weniger als Ausdruck geiziger Lieblosigkeit wahr denn als vorsätzliche Provokation. Das Band ist für ihn endgültig zerschnitten, nun lebt er eine Existenz ohne wirklichen Ursprung. Von seiner Stiefmutter spricht Bodo Hausmann nur noch als »die Schwiegermutter meiner Frau«.

Freunde und Bekannte in der Schweiz nennen ihn »den

Schwob«, den Deutschen. Damit ist auch für ihn alles gesagt. Mehr muss man nicht wissen. Kein Makel ist mit diesem Fehlen einer Familiengeschichte verknüpft. Seine Freunde bohren nicht nach früher, sie schütteln allenfalls den Kopf über seine jeweiligen Marotten. Dass der Schwob zum Beispiel beim Bergsteigen immer vorneweg läuft, immer zwei oder drei Kurven vor den anderen ist und niemanden direkt hinter sich erträgt. Oder dass er stets so parkt, dass er vorwärts wegfahren kann, und im Lokal nie mit dem Rücken zu den andern sitzt. Ein tiefes Misstrauen kommt da wieder zum Vorschein. »Ich brauche immer eine Wand hinter mir«, sagt er.

Bodo Hausmann ist stets fluchtbereit. Sein Sohn und seine Tochter nehmen es hin, ohne sich den Kopf darüber zu zerbrechen. Seine Frau begreift, dass er sich bereithält, dem Schmerz seiner Kindheit zu entkommen, sollte der ihn je wieder einholen. Sie weiß, dass er von nächtlichen Alpträumen geplagt wird, dass seine Verfolger Messer und Knüppel tragen. Seine Frau versteht, dass er zumindest am Tag die Kontrolle über sein Leben haben will. Wenigstens dann will er verlässlich schneller sein als die anderen. Will er tatsächlich auch schneller sein als alle seine Erinnerungen?

Nur noch der Vermerk seines Geburtsorts im Pass kündet von einer anderen Zeit. Im Februar 1942 ist Bodo Hausmann in Stettin zur Welt gekommen. Heute liegt der Ort in Polen. Damals gehörte Stettin wie ganz Pommern zum Großdeutschen Reich. Von der Schweizer Wirklichkeit ist das nicht nur geographisch weit weg. Der Zweite Weltkrieg im Osten ist hier noch viel weniger Teil einer kollektiven Erinnerung als in Deutschland. Selbst die eigene Rolle in der Zeit des Nationalsozialismus wurde hier erst im Zusammenhang mit dem Raubgold, das die Schweizer Banken für das NS-Regime verwahrten, zum großen Thema. Als eine Historikerkommission dieses Kapitel der Schweizer Geschichte aufarbeitete, rückte dieser Zeitabschnitt ins Bewusstsein der Öffentlichkeit, wenn auch eher mit einer gewissen Distanz. Die Banken haben Schuld auf sich geladen, mit dem Einzelnen hat das nichts zu tun. So würde sich auch kein Schweizer bei der Begegnung mit Deutschen einer bestimmten Generation nach den seelischen Verwerfungen einer Kindheit im NS-Staat erkundigen. Bodo Hausmann ist das sehr recht.

So hätte denn auch alles für immer bleiben können. Margrit und Bodo Hausmann hätten weiter auf ihre Rente zusteuern können. Nur mit den Reisen hätten sie sich ein bisschen zurückhalten müssen, weil Bodo seit einiger Zeit mit starken Schmerzen in der Wirbelsäule leben muss. Der Nervenkanal ist verengt und der Gepeinigte kann die Operationen nicht mehr zählen, die ihn von den Schmerzen befreien sollten. Inzwischen trägt er Elektroden im Rücken, welche die Nervenleitung zum Gehirn und damit den Schmerz überlisten sollen. Aus dem alpinen Bergsteiger ist ein Fußgänger geworden, der zeitweise Schwierigkeiten hat, in seine Wohnung im zweiten Stock zu gelangen. Der umtriebige Mensch wandelt sich zum nachdenklicheren Zeitgenossen. Aber zum Zeitpunkt dieses Wandels ahnt er noch nicht, was in ihm gärt.

Dass da etwas in ihm ganz anders tickt als der Bodo Hausmann, den er zu kennen meint, durchfährt ihn als Erkenntnis zum ersten Mal, als er im Jahr 2003 in einem Buch ein Plakat des »Pinguin-Suchdienstes« entdeckt – ein Plakat mit seinem Foto. Plötzlich ist die Frage wieder da: Weiß da doch noch jemand mehr? Gibt es noch Informationen über sein frühestes Leben? Das Rätsel um seine Mutter schafft sich wieder Raum in seinem Denken.

Als das Ehepaar Hausmann zur Feier von Bodos Goldener

Konfirmation nach Nordrhein-Westfalen reist, kommt eins zum anderen. Die ansonsten über die ganze Welt verstreuten Schulfreunde sitzen noch einmal zusammen und reden über die alten Zeiten. Es wird ein langer Abend. Bodo Hausmann wird wieder einmal sehr bewusst, dass seine Erinnerungen nicht so weit zurückreichen wie die anderer Menschen. Zu vorgerückter Stunde erzählt er schließlich, dass er ein Suchkind ist. Dass er mit einem Schild um den Hals, auf dem sein Name, sein Geburtstag und sein letzter Wohnort vermerkt waren, irgendwann gegen Ende des Krieges auf den Weg in sein jetziges Leben gebracht wurde. Er erzählt auch von dem Versprechen, das er seinem Vater auf dem Sterbebett gegeben hat. Und er gibt zu, dass ihn dieses Versprechen – besser gesagt, das Bedürfnis, es zu brechen – neuerdings plagt.

Margrit ergreift nun die Initiative. Sie telefoniert mit der letzten noch lebenden Tante, der Ehefrau von Bodos Patenonkel, der letzten Wissensträgerin in seiner Familie. Das Gespräch ergibt rasch, dass auch eine sofort beginnende Recherche ein Wettlauf mit der Zeit würde. Die alte Dame ist schwerkrank. Jedes Telefonat könnte das letzte sein. »Die Tante war ein lebendiges Archiv«, sagt Margrit. Bodo tritt in Kontakt mit ihr. Sie bestätigt ihm seinen Verdacht, alle in der Familie seien darauf eingeschworen worden, nichts über die erste Frau Helmut Hausmanns zu erzählen. Nach so vielen Jahren aber und angesichts der Tatsache, dass alles Wissen mit ihr im Grab verschwinden würde, fühlt die Tante sich nicht länger verpflichtet zu schweigen. Sie überlässt Bodo Hausmann sogar einige alte Fotografien. Die Schwarzweißbilder zeigen eine Frau, die die Locken ihres Sohnes hat. Ein Bild ist in einem Zimmer mit Dachschräge aufgenommen. In einem Korbbettchen ruht Bodo als Säugling, in dem schmalen Bett daneben liegen sein Vater und seine Mutter. Das

Bilder eines Familienidylls: Bodo mit seiner Mutter und seinem Vater

Foto ist bei einem Kurzurlaub des Marinesoldaten Hausmann bei seiner jungen Familie im Frühjahr 1942 entstanden. Bei diesem Besuch hat er seinen Sohn, dessen Geburt er verpasst hat, zum ersten Mal gesehen. Die Aufnahme vermittelt den Eindruck von Harmonie und Geborgenheit. Nichts deutet darauf hin, dass diese Liebe schon zweieinhalb Jahre später zerbrechen sollte. Auf einem weiteren Foto kniet der Vater neben einem Kinderwagen, in dem ein wild gestikulierender Bodo sitzt. Beide schauen vergnügt. Auch die Mutter wirkt auf all diesen Bildern nicht, als müsste sie sich zum Lächeln zwingen. Die Fotografien und die Geschichten, die Bodos Stiefmutter über seine leibliche Mutter erzählt hat, passen nicht zusammen.

Je tiefer Bodo Hausmann ins verbotene Land seiner Kindheit vordringt, desto orientierungsloser wird er. Er findet keine Gewissheiten, sondern Zweifel. Was er aber verliert, ist der Status des gehorsamen Sohnes, als den er sich so lange begriffen hat. Manchmal erscheinen ihm die Widerstände, die er überwinden muss, wie ein Geschenk. Wenn die Datenlage zu dürftig, die Spur unlesbar werden sollte, kann er nicht mehr weiter. Dann wäre von außen – oder gar: von oben? – eine Entscheidung für ihn getroffen worden. Denn in Bodo Hausmann kämpfen nun unversöhnliche Bedürfnisse miteinander. Er will seinen Vater nicht noch einmal enttäuschen. Aber er will auch Gerechtigkeit für seine Mutter. Er will nicht unhinterfragt glauben, dass sie zur Ehebrecherin wurde, während ihr Mann auf Feindfahrt mit ungewissem Ausgang musste.

Die Ehebruchgeschichte hatte Bodo einst von einer anderen Tante gehört. Die führte eine Gärtnerei in ebenjener Gegend, in der die 23-jährige Mutter mit Bodo unterkam, nachdem sie Stettin verlassen hatte. Im Einwohnermeldebuch des

Ortes Sorau in der Niederlausitz ist Gerda Martha Hausmann aber nie unter der Adresse ihrer Verwandten geführt worden. Das mag in jenen Jahren vergessen worden sein, aber vielleicht hatte die Schwester von Bodos Vater ihre Schwägerin auch von Anfang an absichtlich auf Distanz gehalten. Später jedenfalls hatte sie Bodo nur Abfälliges zu erzählen, davon, dass die alleinerziehende Kriegsmutter oft ausgegangen sei und überhaupt ein liederliches Leben geführt und die Abwesenheit des Vaters ausgenutzt habe. Resultiert diese Abneigung aus konkreten Erfahrungen? Oder wurden hier Übertreibungen und Zerrbilder zusammengerührt, die Abneigung und Zurückweisung nachträglich rechtfertigen sollten?

Bodo Hausmann findet keine schlüssige Antwort auf diese Fragen. Aber er erfährt, dass die Schwägerin ihrem Vater, Bodos Großvater, damals einen anklagenden Brief geschrieben hat. Der Erzürnte kam prompt angereist, um seine Schwiegertochter ins Gebet zu nehmen. Vielleicht, munkeln manche Hausmanns später, habe er bereits da im Namen seines Sohnes die Scheidung beantragen wollen. Familiengeschichte, lernt Bodo Hausmann, ist kein festes Gebäude aus Fakten, sondern ein beweglicher Wolkenturm aus Fragen und Widersprüchen. Gab es, möchte Bodo wissen, eine Aussprache der Ehepartner, eine Chance auf Verständigung und Versöhnung? Davon ist nirgends die Rede. Dafür kreisen manche Anekdoten und Zischeleien um die Frage, wie die Stimmung in der Familie war, als auch Sorau von den Alliierten bombardiert wurde. Ist Bodos Mutter mit ihm doch für kurze Zeit bei ihren Verwandten untergeschlüpft? Das scheint eher unwahrscheinlich, wenn stimmen sollte, dass ihr Schwiegervater bereits die Scheidung erwirken wollte und die Schwägerin als Zeugin der Untreue auftrat. Aber niemand kann mehr sicher

*Winter 1942/43: ein lachender Bodo
mit seiner fürsorglichen Mutter*

sagen, ob der Schwiegervater tatsächlich so dachte und handelte. Gewiss ist, dass er aus Sorau wieder heimfuhr, ungewiss, mit welchen Zusagen oder Vorhaben im Gepäck und mit welchem Grimm im Herzen. Kaum zu Hause, starb er am 14. Dezember 1944 bei der Bombardierung Wittens. So kann sich in der Familie unwidersprochen und unbestätigt auch das Gerücht halten, er habe damals mit Billigung aller vorgehabt, seinen Enkel Bodo aus der Niederlausitz zu sich nach Witten zu holen. Das habe er seinem Sohn beim nächsten Heimaturlaub mitteilen wollen.

Tatsächlich war Gerda Hausmanns Noch-Ehemann zu dieser Zeit auf dem Weg nach Witten. Helmut kommt just am Tag des Bombardements in der Stadt an. Er schafft es gerade noch in einen Luftschutzbunker. Als die Sirenen Entwarnung jaulen, findet er sein Elternhaus in Trümmern. In einer Badewanne, so erzählt er später, habe er die Leichenteile seiner Eltern gesammelt.

Niemand weiß mehr, was der Vater dem Sohn erzählt hätte, wäre es noch zu einer Begegnung gekommen. Niemand weiß, was er ihm möglicherweise geschrieben hat, niemand weiß, ob dieser Brief, so es ihn gegeben hat, den Sohn hatte erreichen können. Ob er sich vielleicht gerade deshalb auf den Weg nach Witten gemacht hatte. Niemand weiß, wie konkret der Gedanke an Scheidung bei den Eheleuten war.

Zu diesen Ungewissheiten gesellen sich andere, je weiter sich Bodo vorwagt. Vor allem weigert er sich, zu glauben, dass ihn seine Mutter in der letzten Phase des Krieges in einem Kinderheim abgegeben und nach dessen Ende einfach nicht mehr abgeholt habe. Dass sie ihm dabei nur ein Schild mit Namen und Geburtsdatum um den Hals gehängt hat. Das jedenfalls habe man dem Vater angeblich bei der Abholung von Bodo erzählt. Die Schwestern sollen die Mutter mit den Worten zitiert haben: »Ich muss arbeiten, und sein Vater ist im Krieg.« Eine Version des Geschehens, die von einer Schwester an die nächste Schwester weitergegangen war, nach dem Stille-Post-Prinzip, und am Ende dem Vater präsentiert wurde. Bodo Hausmann muss sich davon nicht überzeugen lassen. Und wenn er es probehalber doch für möglich hält, dann knüpft sich daran schon die nächste Frage: Hatte die Mutter tatsächlich lieblos gehandelt, oder hatte es vielleicht wirklich keinen anderen Ausweg gegeben?

Bodo Hausmann weiß es nicht. Aber er glaubt noch immer, dass die Wahrheit irgendwo zu finden sei und dass sie sich, wenn man sie einmal vor sich hätte, als Wahrheit von all den anderen Geschichten unterscheiden ließe.

In diesem Glauben bekommt er auch Zuspruch. Noch während des Jahrgangstreffens erkennt eine der ehemaligen Schulfreundinnen Bodos Not. Auch sie ist spontan überzeugt, das Bild, das in der Verwandtschaft von Gerda Martha Hausmann gezeichnet wird, könne nicht der Wahrheit entsprechen. Auch ihr kommt es so vor, als werde da eine späte Rechtfertigung für jahrelanges Schweigen zurechtgezimmert. Die Verbannung Gerda Hausmanns aus der Erinnerung wird ja umso legitimer, je schlimmer man die geborene Kaminski darstellt.

Aus diesem Nachdenken der Schulfreundin über die Lage in der Hausmann'schen Familie erwächst ein großes Angebot: »Bodo, wenn du es dich nicht traust, dann mache ich es für dich.« Der 65-Jährige begreift sofort, dass das ein Weg wäre, das Auffindbare über seine Mutter zutage zu fördern und doch nicht wortbrüchig zu werden. Nach einigen Tagen Bedenkzeit siegt die Hoffnung auf eine Klärung über das Gefühl zu schummeln: Bodo Hausmann nimmt das Angebot an.

Es ist Frühsommer 2007, als die Freundin, versehen mit einer Vollmacht, an alle erdenklichen Archive und Auskunftsstellen schreibt und in Bodo Hausmann ein seltsamer Befreiungsprozess einsetzt. Er betrachtet sich jetzt nämlich nicht länger als Sohn, der ein Versprechen bricht, sondern als Assistent jener Frau, die ihm hilft, das Versprechen nicht zu brechen. Als Assistent einer Suchenden muss und darf man schließlich suchen. Ganze Nächte verbringt Bodo Hausmann

*Das letzte Foto von Bodo Hausmanns Mutter
aus dem Jahr 1975*

nun in Internetforen und auf den Seiten der Ahnenforscher. Er hinterlässt Nachrichten und bittet um Mithilfe bei der Recherche nach seiner Mutter, nach etwaigen Geschwistern und anderen Verwandten.

Eines wird schnell deutlich: Gerda Martha Hausmann ist nicht in den Kriegswirren 1945 zu Tode gekommen. Sie ist erst 1976 in Lübeck verschieden.

So besagt es eine amtliche Sterbeurkunde. Damit beschert

die Suche Bodo Hausmann gleich zu Beginn eine große Bitternis. Seine Mutter hat den Krieg überlebt und sich dann trotzdem dreißig Jahre lang nicht bei ihrem Sohn gemeldet. Sie hat nicht einmal anfangs nach ihm gefahndet. Die Unterlagen des Rot-Kreuz-Suchdienstes belegen das eindeutig. Keine Anfrage von ihr liegt vor. Der beantworteten Frage nach dem Verbleib der Mutter folgen die viel schwierigeren: Was hat seine Mutter davon abgehalten, nach ihm zu suchen? Was ist in den Jahren 1944 und 1945 wirklich geschehen? Was hat diesen Menschen von der fürsorglichen Mutter und liebenden Ehefrau auf den Fotografien zu jener Frau werden lassen, die das kleine Idyll hinter sich lässt und ein Leben ohne ihre Familie weiterlebt?

Möglicherweise hat Bodo Hausmanns Vater selbst nicht von Anfang an gewusst, dass seine Frau den Krieg überlebt hat. Der Bombenkrieg hatte Sorau am 11. April 1944 erreicht. Die kleine Wohnung, in der Bodo und seine Mutter damals wohnten, wurde dabei zerstört. Auch die Gärtnerei der Schwägerin ging im Feuersturm unter. Hatte Bodos Vater also zunächst geglaubt, dass seine Frau und sein Sohn Opfer des Bombardements geworden waren? Zu dieser etwas tröstlicheren Variante – der Vater hätte nicht ganz so viel gelogen und verschwiegen – passt aber nicht, dass Gerda Hausmann angeblich bei ihren ungeliebten Verwandten Unterschlupf gefunden hatte. Die hätten dann ja gewusst, dass sie dem großen Angriff auf Sorau heil entronnen war.

Bodo Hausmann sucht in diesen Widersprüchen nach Anhaltspunkten, die Aufschluss über den Kenntnisstand seines Vaters im September 1945 geben könnten. Das Einzige, was er über diese Phase findet, ist ein amtliches Zeugnis. Helmut Hausmann heiratet ein zweites Mal. Ort der Eheschließung ist Berlin-Charlottenburg. Hatte er also tatsächlich eine

Scheidung erwirkt und durchgesetzt? Er konnte ja nicht auf der Basis heiraten, er sei Witwer. Hätte er die amtliche Feststellung des Todes seiner Frau betrieben, hätte er wahrscheinlich erfahren, dass sie noch lebte. Oder kam ihm doch ein Ämter- und Papierdurcheinander im besiegten Trümmerland zupass? Waren in Zeiten des Chaos auch staatliche Stellen einfach froh, wenn aus einer weiteren Eheschließung so etwas wie Zutrauen in den Aufbau eines neuen Deutschland abgeleitet werden konnte? Oder hat Helmut Hausmann absichtlich getrickst? Hat er vor Behörden, die noch keinen Zugriff auf Dokumente hatten, selbst den Tod einer Frau bezeugt, von der er wusste, dass sie noch irgendwo lebte? Versuchte da ein Ehemann, dessen Ehe nicht der Kitschromantik der Groschenromane entsprach, Krieg und Zerstörung für seine Zwecke zu nutzen? Entledigte er sich im Windschatten der Geschichte seiner Vergangenheit? Witterte er die einmalige Chance auf einen Neuanfang inmitten des Nachkriegschaos?

Was immer Helmut Hausmann im September 1945 gedacht oder gewusst haben mag – die Suche bringt ein Dokument ans Licht, das sein Wissen einige Jahre später belegt. Es ist eine Scheidungsurkunde aus dem Jahr 1951. Die große Frage, ob der Vater noch im Krieg oder direkt danach eine Scheidung erwirkt hatte, ist nun beantwortet: Nein. Wissentlich und vorsätzlich scheint er fast sechs Jahre mit zwei Frauen gleichzeitig verheiratet gewesen zu sein. Es gibt indes keinerlei Hinweise darauf, dass das juristische Folgen für ihn gehabt hätte. Haben verständnisvolle Beamte das abgenickt? Ging die späte Scheidung von ihr oder ihm aus? An jedem Bröckchen Wissen kleben für Bodo neue Fragen und Erklärungsansätze.

Hat die Mutter vielleicht doch – sozusagen auf dem kleinen Dienstweg, ohne den großen Suchdienst – nach ihrem Sohn gesucht? Hat sie damit Erfolg gehabt, aber so auch gleich von der Wiederverheiratung ihres Noch-Ehemannes erfahren? Ging sie davon aus, dass ihr Sohn ein liebevolles Zuhause hatte, das sie ihm nicht gleich wieder wegnehmen wollte? Hatte sie nicht mehr die Kraft oder den Mut, um ihn zu kämpfen? Ihre Chancen, Helmut vor Gericht einen unsittlichen Lebenswandel nachzuweisen oder ein sonst wie ungeeignetes häusliches Umfeld für das Kind zu belegen, wären nicht allzu gut gewesen. Im Ehedrama Hausmann gegen Hausmann hätte es etliche Zeugen gegeben, die sie als die Schuldige und Untaugliche benannt hätten. Hat sie damals schlicht vor der Übermacht der anderen kapituliert?

Mehr Fragen schüren nicht unbedingt mehr Neugier. Das Dickicht wird immer undurchdringlicher. Für Bodo Hausmann werden die Beweggründe für das Handeln der Mutter zunehmend bedeutungslos. Er weiß nicht einmal, ob er seiner leiblichen Mutter böse sein soll oder nicht. Ihm bleibt nur eine simple Gewissheit: »Ich hätte meine Mutter gerne kennengelernt.« Hätte er ihre Version der Ereignisse in Sorau und während der frühen Nachkriegsjahre hören können, wäre das für ihn ein Weg des Kennenlernens gewesen. Aber es hätten, glaubt er, gar nicht diese Themen sein müssen. Ihn hätten auch Geschichten vom ersten Zahn, von durchwachten Fiebernächten oder anderen letztlich unerheblichen Gegebenheiten glücklich gemacht. »Ich kann die Zeit leider nicht zurückdrehen.«

Aber gerade weil er die Hoffnung auf eine Innensicht aufgegeben hat, hält er an den äußeren Fakten fest. Sie sollen ihm helfen, nicht so sehr die Mutter, sondern die eigenen vergessenen Jahre greifbarer zu machen. Er findet manches Puzzleteilchen. Nach ihrer Heirat im November 1942 lebt Gerda Hausmann mit ihrem Mann kurze Zeit in Stettin, dann in Waren. Nach einem Jahr zieht das Paar nach Sorau um, Helmut ist versetzt worden. Das Leben der Familie richtet sich nach seinen Einsatzorten. Nach Sorau wurden 1943 Teile der kriegswichtigen Focke-Wulf-Flugzeugbau GmbH verlegt, in die Produktionshallen der Tuchfabriken und Leinenwebereien. Focke-Wulf stellt Jagdflugzeuge her, die den alliierten Bombergeschwadern entgegengeworfen werden. Je schlechter der Krieg für die Nazis läuft, desto mehr dieser Jagdflugzeuge werden gebraucht. Deren Fertigungsstätten wiederum sind vorrangige Ziele für die britischen und amerikanischen Einsatzplaner.

Gerda Hausmann ist gelernte Fremdsprachensekretärin für Englisch und Französisch. In dieser Funktion hat sie schon in Stettin bei der Gauleitung für Pommern gearbeitet. In Sorau findet sie Arbeit im Rüstungsbetrieb Focke-Wulf. Sie erlebt den Bombenangriff vom 11. April 1944 und den darauffolgenden in den Pfingsttagen. Sechzig Prozent der Altstadt Soraus liegen danach in Trümmern. Die Flugzeugproduktion aber wird nicht aufgegeben, sondern erneut verlegt, auch zum Schutz vor der heranrückenden Roten Armee. Focke-Wulf zieht mitsamt der Belegschaft in die Tschechoslowakei. Das stellt die junge Mutter vor ein praktisches Problem: Wo soll sie ihren Sohn unterbringen?

Wenn Bodo Hausmann sich diese Situation vorstellt, erscheint ihm das Weggeben eines Sohnes nicht mehr wie Lieblosigkeit. Er kann sich auch Besorgtheit und Liebe als Motiv vorstellen, einem Kind die Ungewissheiten des Zwangsumzugs zu ersparen. Vielleicht war die Mitnahme von Kindern bei dieser Flucht eines ganzen Industriebetriebs ja auch gar nicht möglich. »Das könnte der Grund gewesen sein, dass mich meine Mutter ins Kinderheim gebracht hat«, mutmaßt Bodo Hausmann.

Was Bodo jetzt fehlt, ist die Verbindung von Sorau, wo er

abgegeben worden sein müsste, nach Bad Langensalza. Wieder erweist sich ein kleines Zettelchen als wichtige Wegmarke dieser vergessenen Reise. Ein Dokument verrät, dass er in Planitz gegen Typhus geimpft worden ist. Der Name des Ortes sagt Bodo Hausmann zunächst gar nichts. Aber die Impfung erlangt Bedeutung, als er sie mit einer weiteren Spur verbinden kann. Unter vielen anderen Stellen hat Bodo Hausmann auch an das Stadtarchiv in Bad Langensalza geschrieben. »Sie sind vom Glück begleitet«, beginnt der Antwortbrief von dort, »ich habe eine gute Nachricht für Sie.« Die freundliche Helferin im Archiv hat eine Frau ausfindig gemacht, die als junges Mädchen als Praktikantin im Kinderheim der Nationalsozialistischen Volksfürsorge gearbeitet hat. Obendrein hat sie eine Postkarte für Bodo, auf der das Heim abgebildet ist.

Mit solchen Fundstücken kann Bodo Hausmann seiner Vergangenheit wie ein Inspizient beim Theater Kulissenteil um Kulissenteil zuweisen. Ein Bild entsteht, wenn auch ganz allmählich. Bodo kontaktiert die ehemalige Kinderheim-Praktikantin, die nach dem Krieg in Bad Langensalza geblieben ist. Sie kann sich an ihn persönlich nicht erinnern. Das war nicht anders zu erwarten, trotzdem spürt der Suchende eine irrationale kleine Enttäuschung. Aber in die mischt sich auch Freude. Die inzwischen betagte Dame kann vom Winter 1945 erzählen, als ein Kindertransport bei klirrender Kälte in Richtung Cottbus aufbrach. Die Heimleitung wollte die Kinder vor der Roten Armee in Sicherheit bringen. Seit Wochen schon zog ein Flüchtlingsstrom aus dem Osten durch Sorau. Die zuständige Gauleitung allerdings unternahm keinerlei Anstalten, die Bewohner des Ortes zu evakuieren. Sie war auf den Endsieg eingeschworen oder hielt sich jedenfalls an das generelle Verbot einer Flucht nach Westen.

Doch nicht jeder Verantwortungsträger war so blind

linientreu wie die Gauleitung. Bei der Leitung des Kinderheims zeigten die Berichte der Flüchtlinge und die über Jahre auch von der NS-Propaganda geschürten Ängste vor den Russen Wirkung. Anfang Februar 1945 entschied man daher, die Kinder und Angestellten in Sicherheit zu bringen. Die große und kleine Belegschaft ging auf eine Reise, deren genauen Verlauf heute keiner mehr kennt. 38 Menschen drängten sich auf einem Traktoranhänger zusammen. Auf einem zweiten Hänger verstauten die Erwachsenen Gepäck und Lebensmittel. Ein Traktor sollte beide Hänger ziehen.

Bodo zählte mit seinen drei Jahren zu den Jüngsten in der Gruppe. Er wird kaum verstanden haben, was um ihn her geschah. Die Kälte jedoch wird er deutlich gespürt haben. Gegen sie halfen auch die Wolldecken nicht, in die man die Kinder einpackte. Weil die Straßen in dieser Endphase des Krieges voll mit Flüchtlingen waren, musste man die Kälte lange aushalten. Die Reisegesellschaft kam nur schleppend voran. Eine Schule in der Nähe des Cottbusser Bahnhofs bot ein provisorisches erstes Nachtlager.

Die Evakuierten schliefen auf Stroh, das man auf den blanken Fußboden gestreut hatte. Am nächsten Morgen wurde ihre Gruppe noch größer. Trotz der Enge auf den Anhängern nahm man auch ein paar jener Kinder mit, die bei einem alliierten Angriff auf Cottbus verletzt worden waren. Im Kriechgang, mit Zwangspausen, zwischen Panik und Schicksalsergebenheit ging es die nächsten Tage weiter, mit Übernachtungen in Schulen und Kindergärten. Oft war der Lärm der Gefechte zu hören, aus Flüchtenden wurden Eingeholte. Der Übernachtungsplatz Planitz-Deila war bereits von der Roten Armee eingenommen, der Treck kam nicht weiter. Die Kinder waren hier sicher, die Erzieherinnen jedoch den Übergriffen der russischen Soldaten ausgesetzt.

Was Bodo Hausmann über diese Zeit erfährt, sind Geschichten des kollektiven Erlebens. Es gibt keine Anekdoten mit ihm in der Hauptrolle, keine Erinnerungen an etwas, das dieser spezielle Dreijährige gesagt oder getan hat. Wie auch? Diejenigen, die sich erinnern könnten, lebten sie denn alle noch und könnte Bodo sie alle aufspüren, hätten vor allem Erinnerungen an eigenes Leid, an eigene Anstrengungen. Die eine Betreuerin, die ihm etwas erzählen kann, hatte bei einem Bombenangriff auf Eberswalde fast ihre gesamte Verwandtschaft verloren. Sie hatte sich damals während eines Zwischenstopps des Trecks aufgemacht, ihre überlebende jüngere Schwester und ihre kleine Nichte zu sich zu holen. In einer abenteuerlichen Rettungsaktion war ihr das auch gelungen. Denkt sie an damals, hat sie vor allem diese Bilder im Kopf. Die Geschichte Bodo Hausmanns lässt sich nur schwer aus der ihren herausschälen. Mit einem einfachen Satz fasst die 83-jährige Dame den Ausnahmezustand zusammen, die Tatsache, dass Dinge getan und erlitten wurden, für die es im Frieden schon bald keinen passenden Maßstab mehr gab: »Wir haben ja alle versucht zu überleben.«

Immerhin, Bodo Hausmann weiß nun: Das Kriegsende haben er und die anderen früheren Mündel des Sorauer Kinderheims in Planitz erlebt. Die russischen Soldaten zeigten sich, in krassem Widerspruch zu ihrem Umgang mit den Frauen, von ihrer kinderlieben Seite. Auf einem Bauernhof stahlen sie ein Schwein und brachten es den hungrigen Kleinen. Das Ende des Krieges machte die Sieger großzügig. Die Erzieherinnen brieten die Beute. Im Oktober wurden die Kinder in dem kleinen Ort sogar gegen Typhus geimpft. Bodos Dokument hat nun eine Geschichte bekommen.

Die Erwachsenen, so erinnert sich die alte Dame, haben ihr Vorhaben dennoch nicht aufgegeben. Sie wollten nach wie vor in ein Gebiet gelangen, das nicht unter russischer Verwaltung steht. Bad Langensalza, so hören sie, befinde sich in amerikanischer Hand. Mit Geschick und Hartnäckigkeit gelingt den Erzieherinnen der neuerliche Aufbruch, diesmal per Güterzug. Aber als sie in Bad Langensalza ankommen, ist die Enttäuschung groß. Die amerikanischen Truppen sind längst wieder abgezogen und haben die Stadt den Russen überlassen. Die Kinder kommen zunächst dort unter, wo heute in der historischen Altstadt das Restaurant »Ratswaage« Gäste bewirtet. Im dortigen Kellergewölbe finden sie Obdach.

64 Jahre später sitzt Bodo Hausmann mit seiner ehemaligen Betreuerin in der »Ratswaage« und tilgt einen weiteren blinden Fleck seiner Biographie. Er weiß nun auch, wie es von hier weitergegangen war. Das Register der Neuzugänge in der Stadt Schönstedt in der Nachbarschaft Bad Langensalzas vermerkt die Ankunft Bodo Hausmanns für den 20. November 1945. In einem zum Kinderheim umfunktionierten Gutshaus lebt er dort ein knappes Jahr. Für den 7. November 1946 vermeldet die Auflistung: »Verzogen nach Kinderheim Langensalza«. Im dortigen Kreiskinderheim in der Winkelgasse 1 endete die Flucht, die in Sorau ihren Ausgang genommen hatte.

Bodo Hausmann ist damals viereinhalb Jahre alt. Niemand weiß, wo seine Eltern sind. Sein Vater stellt die erste Suchanfrage beim »Pinguin-Suchdienst« erst eineinhalb Jahre nach Ende des Krieges. Die Spur der Mutter hat sich zu diesem Zeitpunkt bereits verloren. Bodo Hausmann ahnt, dass er diese Spur nicht wird aufnehmen können, wenn kein Wunder geschieht. Was in den Jahren zwischen seiner Abgabe im Kinderheim und ihrem Tod passiert ist, wird dann ihr Geheimnis bleiben.

Doch das Wunder geschieht. So jedenfalls bezeichnet der

67-Jährige eine Begegnung via Internet. Er selbst ist dort nächtelang auf der Suche nach Spuren, Hinweisen, Menschen, Archiven. Aber vom anderen Ende der Welt her sucht auch jemand. Eines Tages liegt eine Botschaft in Bodo Hausmanns elektronischem Postfach. Sie kommt aus den USA – und aus der Welt seiner Mutter. Der Verfasser entpuppt sich als ein Cousin von Bodo, als Sohn der jüngsten Schwester seiner Mutter. Der Mann forschte im Internet nach Verwandten auf dem alten Kontinent.

Mit einem Mal ist Bodo Hausmann in Kontakt mit einer ganz anderen Familienwelt: einer, in der selbstverständliche Gewissheit ist, was ihm ganz unbekannt war, in der aber umgekehrt vieles von dem unbekannt oder allenfalls noch geahnt war, wovon Bodo Hausmann Kenntnis hatte. Von dem bis eben noch fremden Cousin und dessen Bruder erfährt Bodo Wichtiges über seine Mutter. Etwa, dass sie drei jüngere Geschwister hatte, zwei Brüder und eine Schwester. Zwei von ihnen, die Schwester und der jüngere der Brüder, sind noch am Leben. Nicht nur die Familie ist damit im Handumdrehen größer geworden, auch die Auskunftsmöglichkeiten sind es, die Bodo Hausmanns Herz höherschlagen lassen. Denn auch wenn der Cousin sich aus den USA gemeldet hat, die neu gefundene Tante und der Onkel leben in Reichweite – in Nordrhein-Westfalen.

64 Jahre nachdem diese zum letzten Mal etwas von Bodo Hausmann gehört haben, meldet er sich bei ihnen. Das Erstaunen der beiden ist möglicherweise noch größer als das von Bodo über die Mail des amerikanischen Cousins. Denn die Geschwister der Mutter wussten zwar, dass Gerda diesen Sohn gehabt hatte, aber sie waren auch davon überzeugt, er sei tot, ums Leben gekommen beim Bombardement Soraus. Die nun einsetzenden Telefonate wollen kein Ende nehmen.

Man muss das ja auch erst einmal begreifen: Ein Totgeglaubter lebt. Bodo muss in diesen hochemotionalen Stunden oft gegen Tränen kämpfen, seinen Gesprächspartnern geht es nicht anders.

Das Erstaunliche ist nicht, dass sie einander gefunden haben. Das Erstaunliche ist, wie nahe sie einander zu manchen Zeiten waren, ohne voneinander zu wissen. Der mittlerweile verstorbene Bruder Gerdas hatte in Witten in derselben Straße gewohnt wie Bodo mit Vater und Stiefmutter. Bodo und sein Cousin aus dem Clan der Kaminskis waren vom gleichen Pfarrer konfirmiert worden, wenn auch mit sieben Jahren Abstand.

Die Welt stünde für Bodo Hausmann auch kopf und müsste neu sortiert werden, wenn die ersten Eindrücke und Aussagen dieser Familienbegegnung Bestand hätten. Aber im Lauf des Kennenlernens löst sich eine anfängliche Gewissheit zunehmend in Ungewissheit auf – die Behauptung, man habe Bodo für tot gehalten. Ebenjener Cousin, mit dem er die Konfirmationskirche gemein hat, lässt nämlich nach und nach Zweifel an dieser Variante erkennen. Er meint sich zu erinnern, hie und da etwas aufgeschnappt zu haben, was so klang, als sei Gerdas Kind schon noch irgendwo da draußen. Für den Familien- und Seelenfrieden aber scheint es besser gewesen zu sein, von Bodo irgendwann in der Kategorie des Gestorbenseins zu denken. Familien sind schwer zu durchschauende Gebilde, merkt der Nachforschende wieder einmal. Und doch, so spürt er durch alle Frustration hindurch, ist es besser, eine zu haben.

Den Weg von Zürich nach Bielefeld zur Verwandtschaft legen er und seine Frau oft zurück. Jedes Treffen bringt Neues zutage. Eine Antwort auf seine Lebensfragen, warum die Mutter nicht nach ihm gesucht, warum sie nie Kontakt mit ihm aufgenommen hat, bekommt er auch in Bielefeld nicht. Aber er kann nun den Lebensweg seiner Mutter nachzeichnen. Nach der Verlagerung ihrer Arbeitsstätte ins Sudetenland, weiß Bodo nun, hat sie dort auch den Sieg der russischen Armee erlebt. Wie viele andere Frauen wurde sie dabei das Opfer schwerer Misshandlungen. Ihrem jüngeren Bruder Eberhard hat sie einmal erzählt, die Behandlung durch die Tschechen sei schlimmer gewesen als alles, was sie über das Schicksal deutscher Frauen bei den Russen gehört habe.

Als Opfer, als Zerstörte aber wollte Gerda sich offenbar nicht sehen. Trotz aller furchtbaren Erlebnisse besaß sie wohl noch Attraktivität und Ausstrahlung, vor allem aber den Willen, sie einzusetzen. Gerda gelang es, nach Berlin zu kommen – offenbar mit hochgesteckten Zielen. Angeblich habe sie zum Film gewollt, erfährt Bodo nun. Ein Informationssplitter, der ihren Sohn verständlicherweise besonders neugierig macht. Welchen Lebensmut, fragt er sich, muss diese Frau gehabt haben, um aus Schikanen und Leid direkt ins Scheinwerferlicht wechseln zu wollen?

Von einem Bekannten habe Gerda damals Fotos von sich machen lassen, erzählt man Bodo Hausmann. Die habe sie an Filmproduzenten geschickt, in der Hoffnung, entdeckt zu werden. Zwar wüsste man gerne, welchen Lebenslauf oder welches Anschreiben Gerda Hausmann beigelegt hat, auf welche Qualitäten und Kenntnisse sie verwies, welche schauspielerischen Erfahrungen oder Hoffnungen sie da aufführte. Doch dazu schweigt die mündliche Überlieferung in der Familie, wohl wirklich aus Unkenntnis. Dafür bewahrt sie ein anderes Detail auf: Gerda Hausmann habe die Fotos unter einem fremden Namen geschickt.

Daran ist zunächst nichts Erstaunliches. Dass Gerda Hausmann als Name wenig taugte für die großen Plakate, dass er nicht nach aufregendem Schicksal, sondern kleinbürgerlich und hausbacken klang, fiel wohl nicht nur Filmprofis auf. Und dass Filmstars unter anderen Namen als denen in ihren Personalausweisen Karriere machen, könnte auch für Gerda ein alter Hut gewesen sein. Gut vorstellbar also, dass sie sich gleich im ersten Bewerbungsschreiben bei der Glitzerwelt selbst ein Pseudonym gegeben hatte. Die Filmleute hätten sich darum, wären sie an ihr interessiert gewesen, entweder nicht weiter geschert oder ihr gegebenenfalls einen weiteren neuen Namen verpasst. Oder sie hätten gar zufrieden zur Kenntnis genommen, dass diese Neue immerhin schon mal wusste, dass mit ihrem ganzen alten Leben nach außen Schluss sein musste, noch bevor zum ersten Mal der Scheinwerfer anging.

In Bodo Hausmanns Familie aber wird dieser Umstand der Namensänderung nicht als normaler Begleitumstand der Bewerbung beim Film tradiert. Er wird als Ordnungswidrigkeit erinnert. Man spricht davon, dass sie ihren Namen gefälscht habe. Mehr noch, man erzählt Bodo, der Betrug, wie sie das nennen, sei »aufgeflogen«. Man könnte das als eigenwillige, ja durchaus schadenfrohe Interpretation der Tatsache deuten, dass sich die Türen zu den Filmstudios für Gerda trotz ihres Pseudonyms nicht geöffnet haben, würde der Höhepunkt der Anekdote nicht geradezu absurd geraten. Nachdem die Täuschung aufgeflogen sei, so der Familienklatsch, sei Gerda zu 14 Tagen Gefängnis verurteilt worden.

Diese Behauptung ergibt nicht den mindesten Sinn. Niemand wird angezeigt, ja verurteilt, weil er in einem »Schaut-auf-mich«-Brief an ein Filmstudio mit einem anderen als dem Geburtsnamen unterzeichnet. In keiner Situation ist es so wenig wahrscheinlich wie bei der Bewerbung um Probeaufnahmen, dass Gerda Hausmann sich in hochstaplerischer Absicht unter dem Namen einer etablierten Schauspielerin vorgestellt haben sollte. Es ging ja nicht darum, eine Hotel-, eine Restaurant-, eine Schneiderrechnung zu prellen. Es ging darum, einen Termin zu erhalten, in dessen erster Sekunde der Bluff aufgeflogen wäre, um eine Begegnung mit Profis also, die jede argwillige Hochstaplerin vermeiden muss.

Entweder hat die Familiengeschichte hier eine Lücke, ist eine Folge von Informationen verlorengegangen und der Rest falsch aneinandergefügt worden. Dann hätte Gerda vielleicht tatsächlich eine kleine Strafe erhalten, wegen einer eher harmlosen Schwindelei um die Zeit ihrer Filmbewerbung herum. Oder die Episode mit der Haft ist eine Legende, die Verdichtung von Vorbehalten und latenter Abneigung zu einer gerechten Strafe, die man ihr gönnte. Dass in der Familie keinem auffiel, dass es zwischen der Pseudonymerprobung und dem Gefängnisaufenthalt keinen Ursache-Wirkungs-Zusammenhang geben konnte, lässt darauf schließen, dass man sie in dieser Form gern erzählte und hörte. Aber warum? Auch Bodo Hausmann fällt diese Ungereimtheit zunächst nicht auf. Sein Bedürfnis, etwas zu erfahren, ist zu diesem Zeitpunkt so groß, dass er auch das Unangenehme als Fakt annimmt, nur um überhaupt Fakten zu haben.

Immerhin: Auch eine missgünstige Familienüberlieferung kommt nicht um das Eingeständnis herum, dass Gerda nicht lange hinter Gittern verbannt blieb. Im Oktober 1946 meldet sie sich in Lübeck als wohnhaft an. In ihrer Gesellschaft befindet sich ein junger Mann. Die beiden treten als Paar auf. Der Kontakt zur Familie läuft über ihren Bruder, der sie um diese Zeit im Krankenhaus besucht, wo sie des Verdachts auf Tuberkulose wegen liegen muss. Karl, ihr damaliger Lübecker Gefährte, befindet sich deshalb schon in Behandlung und könnte sie angesteckt haben.

*Gerda Hausmann in Lübeck, wo sie
nach dem Krieg lebte*

Die Familie Kaminski versuchte in diesem ersten Nachkriegsjahr wie die meisten anderen auch, ihr Leben wieder in geordnete Bahnen zu lenken. Dazu gehörte auch, dem Vater, den es in die Russische Besatzungszone nach Greifswald verschlagen hatte, zur Flucht in die britische Zone zu verhelfen. Sohn Eberhard und Max, ein tschechischer Bekannter Gerdas aus Kriegstagen, der Russisch spricht, schlugen sich dazu in die Stadt an der Ostsee durch. Wie groß die Angst in diesen Tagen war, sprechen alle Beteiligten erst Jahrzehnte später wirklich offen aus. Eberhard hat seine ganz eigene Erklärung für das Verschweigen wichtiger Elemente der Vergangenheit, die fast alles umfasst, was seit der Flucht aus Stettin geschehen war. »Der Krieg hat uns die Seele gefressen«, kommentiert er mit dem Abstand eines Erwachsenenlebens. Lange hielt man sich beim Erzählen an die Episoden, die von glücklichen Fügungen und trickreichen Listen handeln. Man malte nicht die Angst aus, sondern schwelgte im Gelingen. Man erwähnte gern, dass sogar zwei Koffer mit Habseligkeiten des Familienoberhaupts die Reise überstanden hätten. Weniger ausführlich erzählte man, dass Gerdas Freundschaft zu Max dieses Abenteuer nicht überstanden hat. Angeblich hatte ihr Bekannter versucht, sich mit einem der Koffer davonzumachen. Gerda verzeiht ihm das nicht. Blut ist auch für sie in diesem Fall dicker als Wasser.

Das Beinahe-Abhandenkommen eines Koffers ist ein Thema in der Familie Kaminski. Und das tatsächliche Abhandengekommensein eines Kindes? Mit ihrem neuen Lebensgefährten Karl Ortlieb besucht Gerda regelmäßig ihre Eltern, die sich in Itzehoe niedergelassen haben. An die eigene Mutterschaft muss sie schon deshalb immer wieder erinnert worden sein, weil ihre Eltern spät noch ein weiteres Kind bekommen haben. Tatsächlich lernt Gerda ihre kleinste Schwester Ingrid erst 1949 kennen. Ihr Antrittsgeschenk als große Schwester sind einige reife Bananen und zwei viel zu kleine Kinderkleidchen. Beides, so die Überlieferung, sei bei Ingrid nicht gut angekommen. Trotzdem entwickelt sich zwischen den Schwestern, die vom Alter her zwanzig Jahre auseinanderliegen, eine intensive Beziehung.

Im Sommer 1954 besuchen Gerda und Karl die Familie während eines Ostseeurlaubs in Heiligenhafen. Dank des Lastenausgleichs für Vertriebene hatte die Familie endlich wieder ein wenig finanziellen Spielraum, um in die Sommerfrische zu fahren.

Zu diesem Zeitpunkt liegt Gerdas Scheidung von Helmut Hausmann bereits drei Jahre zurück. Im Rahmen des Prozederes war der Exmann gefragt worden, ob er Gerda eine kleine finanzielle Unterstützung zukommen lassen könne. Er verneinte – er habe selbst nicht viel zum Leben. Ob Gerda in dieser Zeit versucht hat, an ihren Sohn zu schreiben, und der Vater die Briefe unterschlagen hat, bleibt ebenso unbelegbare Theorie wie die These, sie habe ihren Sohn da noch immer tot gewähnt. Im März 1955 heiratete Gerda ihren Lebensgefährten Karl. Es war wohl keine Heirat aus ökonomischem Sicherheitsbedürfnis. Karl Ortlieb brachte als Schiffssteward auf der Fähre nach Schweden nicht viel Geld nach Hause. Gerda entschied sich mit dieser Ehe für ein Leben in ärmlichen Verhältnissen. Aber was immer an Liebe oder Leidenschaft vorhanden gewesen sein mag, die Ehe stand unter keinem guten Stern. Bereits 1957 war Karl nicht mehr unter der gemeinsamen Adresse gemeldet. In der Familie wird tradiert, er sei viele Jahre lang in Lungensanatorien gewesen, um seine Tuberkuloseerkrankung auszukurieren. Die wenigen Eckdaten, die Bodo Hausmann in Erfahrung bringen kann, deuten auf ein Leben voller Beschwernisse. In den Unterlagen des Einwohnermeldeamts von Lübeck sind viele Umzüge verzeichnet. Zum Aufatmen im Frieden scheint die Frau, die keine Kinder mehr hatte, nie richtig gekommen zu sein.

Im Sommer 1957 tauchte Gerda unangemeldet bei ihrer Familie auf und bat um Unterkunft. Die Kaminskis wohnten mittlerweile in Essen, weil der Vater hier eine Anstellung bei der Bahn gefunden hatte. Man tat, was man damals eben tat, man rückte enger zusammen. Die älteste Tochter Gerda schlief auf dem Wohnzimmersofa. Briefe von ihrem Mann wollte sie mittlerweile nicht mehr annehmen. Für diesen Zeitraum konkurriert die Familienüberlieferung vom ausgedehnten Sanatoriumsaufenthalt mit einer anderen, böseren – der von einem längeren Gefängnisaufenthalt Karls. Bodo findet weder für die eine noch die andere Variante Belege. Er kann nur von der Vermutung ausgehen, dass sich jeder in der Familie die Variante zurechtgelegt hat, die den jeweiligen Erwartungen und Sympathien entspricht.

Was immer sich an negativen Stimmungen entwickelt und gehalten haben mochte, im Sommer 1957 lebten die Kaminskis eine große familiäre Nähe. Die jüngste Schwester Ingrid erinnert sich an die Sonntagnachmittagsspaziergänge, auf denen Gerda sich innig bei der Mutter einhakte und ihr Geschichten erzählte. Sie selbst lernte von der überraschend heimgekehrten großen Schwester das Tanzen, um für die geselligen Abende im anstehenden Urlaub gerüstet zu sein. Was Bodo erzählt wird, klingt, als wären das trotz Enge und Einschränkungen heitere Tage gewesen.

Doch dann erkrankte Gerda schwer, wie sich ihr Bruder Eberhard erinnert. Aber woran? Er meint nur noch zu wissen, dass sie in einem Essener Krankenhaus »am Kopf untersucht« wurde. Was immer sich hinter dieser unpräzisen Beschreibung verbergen mag, es warf mit einem Mal einen dunklen Schatten über Gerdas Aufenthalt bei der Familie. Ingrid erinnert sich, dass Gerda sich offenbar verfolgt fühlte. Bemächtigten sich ihrer in der vergleichsweise entspannten familiären Atmosphäre die Gespenster der Vergangenheit? War da eine innere Abwehr erlahmt, versagten schützende Verdrängungsmechanismen? Waren Bomben, Vergewaltigung, die Sehnsucht nach ihrem einzigen Kind, das sie aus ihrem Leben hatte reißen müssen, plötzlich wieder gegenwärtig? Waren schlicht ihre Überlebenskräfte in diesen Sommertagen aufgebraucht? Die Gespenster bedrängten Gerda offenbar so sehr, dass sie auf der Straße auffällig und von der Polizei nach Hause gebracht wurde.

Die strengen, teils verklemmten Anstandsvorstellungen der Fünfziger mögen hier ihre unanständig ausgrenzende Wirkung entfaltet haben. Nur nicht auffallen, war allerorten die Devise, nur nicht von der Norm abweichen. Wer es doch tat, brachte »Schimpf und Schande über die Familie«, wie man gerne sagte. Hat Gerdas seelische Unruhe, die den Nachbarn Anlass zu Klatsch und Tratsch und Blicken hinter dem Vorhang hervor gegeben haben dürfte, den Unmut entzündet, der in mancher der Familienerinnerungen spürbar wird? Eine Erinnerung an die Ursache dieser Erkrankung oder auch nur daran, wie die Diagnose lautete, hat allerdings niemand mehr.

Als die kleine Schwester aus den Ferien nach Hause zurückkam, war die große Schwester bereits verschwunden. Abläufe und Zusammenhänge kann heute keiner mehr erklären. Gerdas Mutter schwieg damals zu dem Geschehen. Das konnte sie »sehr vielsagend«, sagt Ingrid. Der Bruder glaubt zwar nicht, dass es einen chirurgischen Eingriff gegeben haben könnte. Sonst, so beteuert er, hätte er seine Schwester bestimmt im Krankenhaus besucht. Aber niemand kann mehr sagen, wann und mit welcher Begründung Gerda ging oder geholt wurde. Sie war aus heiterem Himmel aufgetaucht, und sie scheint, glaubt man den Erinnerungen, verschwunden, als hätte sie einen Moment des kollektiven Blinzelns zur Flucht genutzt. Vor dem Lidsenken war sie noch da gewesen, nach dem Lidheben weg. Einzig ein Bekannter von ihr, so weiß man noch, sei einmal am Silvesterabend aufgetaucht und habe bei ihren Eltern vorgesprochen. Sichtlich verliebt, drängte er darauf, Gerda solle Karl, ihren Ehemann, verlassen. Er habe keinen guten Einfluss auf sie. Dieses Bruchstück der Erinnerung, unzuverlässig wie so viele andere, legt nahe, dass Gerda wieder mit dem von was auch immer zurückgekehrten Karl zusammengezogen war.

Für die darauffolgenden Jahre werden Gerdas Lebensspuren immer spärlicher. Im Einwohnerverzeichnis wird sie inzwischen als »Arbeiterin« geführt, obwohl sie eine viel qualifiziertere Ausbildung absolviert hat. Zu ihrer Krankheit, deren Natur, Ausmaß, Behandlung, lässt sich nichts weiter in Erfahrung bringen. Die Krankenakten der Uniklinik Lübeck wurden wie alle Akten, die nicht von öffentlichem Interesse sind, nach dreißig Jahren vernichtet. Dort aber muss sie zumindest einmal gewesen sein, das verrät das abschließende Dokument ihres Lebens. Die Sterbeurkunde hält fest, dass Bodo Hausmanns Mutter im Juli 1976 in der dortigen Universitätsklinik verschied, mit erst 55 Jahren. Ihren letzten Wohnsitz hatte sie zu diesem Zeitpunkt in der Villa einer verwitweten Adligen. Was die einfache Arbeiterin und die Frau mit Besitz zusammengeführt hat, bleibt ebenso ungeklärt wie die Todesursache. Den Amtspapieren mit ihrer nüchtern-bürokratischen Sprache genügen die dürrsten Fakten, wohnhaft hier oder dort, nicht mehr am Leben ab da und da. Auf Bodo Hausmanns Bedürfnis, etwas über Umstände und Gefühle, über Ziele und Beweggründe zu erfahren, können solche Papiere bestenfalls mit Schweigen antworten, eher noch mit dem Aufwerfen neuer Fragen.

Im Herbst 2009 sitzt Bodo Hausmann mit seiner Frau emotional tiefbewegt inmitten einer lauten Festgesellschaft. Musik dröhnt durch die Lautsprecher. Die Menschen versuchen mit ihren Gesprächen, die Musik noch zu übertönen. Man versteht kaum sein eigenes Wort. Aber das stört Bodo Hausmann nicht. Er muss gar nicht viel sagen. Er ist in Szczecin, der Stadt, in der er auf die Welt gekommen ist, als sie noch Stettin hieß. Er ist überglücklich. Fremde Menschen haben ihn mit viel Wärme aufgenommen. Gestern haben sie zusammen auf dem herbstlichen Kartoffelfest gefeiert. Sie haben ihre Volkslieder gesungen, er hat die seinen vorgetragen. Auf diesem Erntedankfest erlebt er ein Angenommensein, wie er es bislang nur aus seinen vermessensten Träumen kannte. Tränen laufen ihm über die Wangen, als er formulieren will, wie es ihm geht. »Ich habe nicht gewusst, wie sehr mich das belastet«, sagt er so leise, dass man ihm die Worte beinahe von den Lippen ablesen muss. Er hat die Stadt zurückerobert, die es in seiner Biographie nicht geben sollte.

Gleich hinter dem Bahnhof haben die Kaminskis gewohnt. Hier lagen die Wohnungen für die Bahnbediensteten. Bodo hat vor dem Eingang des Hauses gestanden und sich vorstellen können, wie sie durch diese Tür die Stufen hinaufgegangen sind. Für den Mann, der von seiner Kindheit nichts wissen sollte, ist das ein ganz besonderer Moment. Morgen wird er nach Sorau fahren und das Kinderheim suchen, in das ihn seine Mutter gebracht hat. Das Vergangene und Verschüttete ist ganz nah.

Nur das schlechte Gewissen ist jetzt ganz fern, ist irgendwo unterwegs zurückgeblieben. »Ich habe nicht das Gefühl, ein Versprechen gebrochen zu haben«, sagt Bodo Hausmann. Es gibt eine Gedenkecke in seiner Wohnung, in der stehen Fotos der Menschen, die seiner Frau oder ihm lieb und teuer sind. Auch ein Porträt seines Vaters ist dabei. »Ich rede jeden Tag mit ihm. Manchmal schaut er streng«, sagt der Sohn, »aber er nimmt's mir nicht mehr übel.« Natürlich, wirft seine Frau beschwichtigend ein, als wolle sie den Ehemann vor dem Ruf des Spleenigen schützen, spiegle der Gesichtsausdruck, wie man ihn je nach Tagesform sieht, immer nur die eigenen Gefühle. Unterm Strich, bilanziert der Sohn, »ist Vater zufrieden mit mir«.

Seit dem Tod des Vaters mit nur 47 Jahren gibt es diese Zwiesprache mit dem Bild. Bodo Hausmann verstummte zunächst. Über seine Gefühle konnte er nicht sprechen, was den Psychologen, den er damals aufsuchte, schnell an seine Grenzen brachte. Zeitweise konnte Bodo nicht zur Arbeit gehen, fühlte sich wie gelähmt. Er konsultierte einen Neurologen, der ihn schließlich mit Hilfe von Medikamenten wieder ins Gleichgewicht brachte. Er lernte mit der Tatsache zu leben, dass der einzige Mensch, auf den er sich verlassen konnte, gestorben war. Dafür, wie er sich fühlte, gibt es einen Ausdruck, der ihm oft in den Sinn kommt: mutterseelenallein. Dieser Gedanke schmerzt ihn besonders, weil er zu diesem Zeitpunkt nicht einmal weiß, ob seine leibliche Mutter noch lebt. Vierzig Jahre später erfährt er, dass das der Fall war.

Nach der glücklichen Zeit in Szczecin unternehmen Margrit und Bodo Hausmann einen letzten Versuch, mehr über Bodos Mutter zu erfahren. Sie reisen von Zürich nach Lübeck, um vor Ort vielleicht ein paar Menschen zu finden, die Gerda Ortlieb gekannt haben. Der Pfarrer, der sie beerdigt hat, lebt noch. Aber er ist pensioniert worden, und es gelingt den Hausmanns nicht mehr, ihn ausfindig zu machen. Sie setzen sich ins Gemeindehaus zum Kirchkaffee und sprechen dort mit vielen älteren Menschen. Doch niemand kann sich an Bodos Mutter erinnern. Es scheint, als sei sie sehr alleine durchs Leben gegangen. Oder war nur die Gemeinde nicht der Ort gewesen, an dem sie sich Zuspruch geholt hat? Auf dem Friedhof, den die Bestattungspapiere nennen, findet sich kein Grab mit ihrem Namen. Ist die Liegezeit bereits abgelaufen, oder hat sie gar nicht hier ihre letzte Ruhe gefunden? Bodo Hausmann vermutet, die Bürokratie habe einen Fehler gemacht. Im Archiv der Tageszeitung findet er schließlich die unscheinbare Traueranzeige und darin auch den Namen des richtigen Friedhofs. Dort allerdings entdeckt er ebenfalls kein Grab mehr mit dem Namen seiner Mutter. Auch diese letzte Lebensspur ist bereits von der Zeit getilgt. Ein freundlicher Friedhofsbediensteter, der offenbar weiß, dass er nicht einfach nur die Gräber der Toten verwaltet, sondern auch ihr Andenken, steht den Suchenden hilfreich zur Seite. Er kann der Grabnummer wenigstens einen ungefähren Ort auf dem Gräberfeld zuordnen. Das Familiengrab in Witten, in dem der Vater bestattet ist, hat für Bodo nun doch noch ein Gegenstück in Lübeck gefunden.

Auf seine Anfrage hin teilt die Friedhofsverwaltung Bodo Hausmann später mit, dass das Begräbnis 1976 von einem Nachlassverwalter abgewickelt wurde. Es gab zu diesem Zeitpunkt offensichtlich niemanden mehr, der sich mit der Toten so verbunden fühlte, dass er sich um ihre Beerdigung gekümmert hätte. In dem Schreiben erklärt die zuständige Dame von der Friedhofsverwaltung auch, das Grab sei 1999 aufgelassen worden. Eine andere Frau liegt nun in dem unspektakulären Rasenreihengrab ohne Namenstafel.

Bodo Hausmann sucht dieses Grab ein – vorläufig – letztes Mal auf. Es ist Oktober 2010. Fast wäre es Bodos Mutter gelungen, sich so spurlos von der Welt zu verabschieden, wie sie aus Sicht ihres Sohnes lange gelebt hat. Aber nun ist es doch anders gekommen. Ein wenig hat der Sohn in Erfahrung gebracht. Der Rest bleibt Interpretation, Mutmaßung, ein Leben mit den Lücken. Trotzdem hat Bodo Hausmann nun ein ganz anderes Gefühl von Herkommen und Identität als vor vielen Jahren, als er den Entschluss gefasst hatte, die Vergangenheit nicht länger ruhen zu lassen.

Ein weiteres Dreivierteljahr hat Bodo Hausmann damit zugebracht, die Ergebnisse seiner Recherchen aufzuschreiben. Es gibt nun Zeiten, in denen der Schmerz in seinem Körper weniger wird. Liegt das an der neuen Therapie, der er sich unterzieht, oder an seiner zum Teil befreiten Seele? Vielleicht tut ihm auch heilsam gut, dass er in den Geschwistern seiner Mutter endlich Menschen gefunden hat, denen er sich familiär verbunden fühlen darf. Vor kurzem waren sie zusammen in Stettin. Bodo Hausmanns Welt ist größer geworden, als sie es je war. Und wichtiger noch: Das, was Margrit Hausmann »den Störsender« nennt, die ganze Qual der Ungewissheit und Leere, flackert in dieser größeren Welt nur noch ab und an, ganz kurz und weitgehend machtlos auf.

Verlust

Wie Franz Hirth das Schweigen in der Familie über seinen Onkel, den Hitler-Attentäter Georg Elser, nach einem halben Jahrhundert bricht und endlich stolz sein kann auf einen Helden der deutschen Geschichte.

Weg. Vorbei. Getilgt für immer. So lautete der Plan. Die Nationalsozialisten verhafteten Georg Elser, der ein Attentat auf den Führer begangen hatte, am 8. November 1939 in Konstanz, kurz bevor er die rettende Grenze zur Schweiz überqueren konnte. Sie verhörten und misshandelten ihn und präsentierten den Geschundenen in einer Gegenüberstellung seiner Schwester. Danach schlossen sie ihn weg, nicht nur, um ihn auszuschalten, zu bestrafen, zu quälen, zu demütigen. Die Nazis wollten den zum Tyrannenmord Entschlossenen aus der Geschichte löschen. Den mutigen Mann von der Schwäbischen Alb sollte es nie gegeben haben. In die Geschichtsbücher sollte nicht einmal die denkbare Möglichkeit eingehen, dass sich ein einfacher Schreinergeselle hatte dazu entschließen können, ein Attentat auf den Reichsführer Adolf Hitler zu verüben. Und schon gar nicht, dass dieses Vorhaben um ein Haar geglückt wäre.

Franz Hirth ist der Neffe von Georg Elser, der Sohn von dessen Schwester. Er hat erlebt, wie erfolgreich der Nationalsozialismus noch über den eigenen Untergang hinaus mit der Auslöschung des kurz vor Kriegsende ermordeten Georg Elser gewesen war. Erst war es der Terror, mit dem das Regime die Menschen einschüchterte, der sie davon abhielt, nach dem Schicksal Georg Elsers zu fragen. Später löste der

Wunsch der Überlebenden, die so oft als dunkel bezeichneten Jahre selbst aus dem eigenen Leben zu verdrängen, die Furcht vor staatlicher Willkür und Unterdrückung ab. Dieser Prozess des vorsätzlichen Vergessens reichte bis in Franz Hirths – anders gesagt, bis in Georg Elsers – eigene Familie hinein.

Lange hat Hirth sich an den Wunsch der anderen gehalten, das Geschehene, wie er sagt, »hinter sich zu lassen«. Es gab ja auch genügend Hinweise von außen im demokratischen Nachkriegsdeutschland, über die noch zu reden sein wird, diesen Georg Elser möge man bitte nicht mehr erwähnen. Aber dann hat sich Hirth doch aus dem Heer der Schweiger gelöst. Er spürt nun die Verantwortung, den Ermordeten zurück ins Leben der Nachgeborenen zu holen. Franz Hirth ist ein gefragter Zeitzeuge geworden, und je älter er wird, desto mehr treibt ihn dieser spezielle blinde Fleck im Geschichtswissen der Deutschen um. Nur wenige wissen, dass am 8. November 1939 ein Schreiner aus Königsbronn im Münchner Bürgerbräukeller das für viele seiner Zeitgenossen Unvorstellbare gewagt hat. Details kennt erst recht kaum jemand. Dass Elser im Alleingang eine Bombe gebaut und sie so deponiert hatte, dass sie genau zum geplanten Zeitpunkt der Hitler-Rede explodieren sollte. Schlechtes Wetter ließ Elser am Ende scheitern. Hitler verließ die Veranstaltung früher, weil er nicht mit dem Flugzeug nach Berlin zurückreisen konnte, sondern den Zug nehmen musste. Franz Hirth kennt Georg Elsers Geschichte nicht nur vom Hörensagen. Er war für einige Zeit auch Teil von ihr.

Der 6. November 1939 ist ein Tag wie jeder andere im Arbeiterhaushalt Hirth im Stuttgarter Westen. Verwandtschaft hat sich angesagt. Onkel Schorsch will seine Schwester, den Schwager und den Neffen Franz besuchen, bevor er, wie er

*Franz Hirth mit seinen Eltern
in Königsbronn*

später bei seinem Besuch verraten wird, weiter in die Schweiz will. Dort hatte er schon einmal eine Weile gelebt. Während seiner Gesellenzeit war er auf Wanderschaft gewesen, hatte in Tettnang, Friedrichshafen und Konstanz gearbeitet. Die wirtschaftliche Not der Eltern und die Bitte seiner Mutter um Unterstützung hatten ihn 1932 zurück in seine Heimat nach Königsbronn geführt. Drei Jahre war er dortgeblieben und hatte im elterlichen Holzbetrieb geholfen, der infolge der Weltwirtschaftskrise ins Schlingern geraten war. Dann hatte es ihn wieder fortgezogen.

Seinen Onkel Georg kennt Franz Hirth aus jener Zeit in Königsbronn, wo er als nichteheliches Kind bei seiner Großmutter lebte. Damals trug er noch den Nachnamen Elser. Als Georg ankam, war Franz vier, als der Onkel wieder aufbrach, sechs Jahre alt. Aus dieser Lebensphase stammt die Erinnerung an das handwerkliche Geschick Georg Elsers, an dessen höchst praktische Reparaturkünste und an ein Schneehaus, das die beiden irgendwann in diesen Jahren miteinander gebaut haben. In der Erinnerung ist es noch immer riesig, so groß, »dass ich hineinlaufen konnte«, wie der alte Mann aus der Perspektive des Vier- oder Fünfjährigen sagt. Georg, erinnert Franz Hirth sich weiter, habe immer geholfen, wenn der Junge die Hilfe eines väterlichen Erwachsenen benötigte.

Als der Onkel im November 1939 sein Kommen ankündigt, freut sich Franz daher sehr. Eine nette Abwechslung, aber nichts ganz und gar Außergewöhnliches. Herausragende Bedeutung erhält der Besuch erst in der Rückschau. Der knapp elfjährige Junge ahnt damals so wenig wie seine Eltern, dass es die letzte Begegnung sein wird. Jedenfalls die letzte in geschützter Atmosphäre, in menschlicher Normalität. Denn Maria Hirth wird ihren Bruder noch einmal sehen können. Doch da befindet er sich bereits in den Händen der Gestapo.

Franz Hirth hat kein Bild mehr vor Augen, was sein Onkel bei ihrer letzten Begegnung getragen hat, wie er aussah an diesem Tag. Er sieht ihn nur in dem dunklen Anzug vor sich, den Georg Elser auf jenen verbliebenen Aufnahmen trägt, die zu öffentlichen Bilddokumenten geworden sind: Sie zeigen einen Mann mit wilden und welligen Haaren, mühsam gebändigt durch einen kurzen Schnitt. Die Aufnahmen haben den Charakter von Familienfotos seit vielen Jahren verloren. Aus Onkel Schorsch wurde eine zugleich öffentliche und doch kaum bekannte Figur, der Hitler-Attentäter Georg Elser. Vielleicht trägt auch diese Entprivatisierung der wenigen Bilder zu Franz Hirths nagendem Gefühl des Verlusts bei.

Sehr gut hingegen erinnert sich der Mann, in dessen Gesichtszügen man jene des Onkels durchaus erkennen kann, an die Kamera, die Georg ihm damals schenkt und auch ausführlich erklärt. Denn es ist nicht irgendein Nullachtfünfzehn-Modell, mit dem der Junge von nun an fotografieren kann. Franz ist jetzt im Besitz eines Fotoapparates mit Balgenauszug. Das ist schon damals eine Kostbarkeit, eine technische Preziose, deren anspruchsvolle Funktionsweise ganz nach dem Sinn des Tüftler-Onkels war. Sehr wertvoll sei der Apparat gewesen, sagt Franz Hirth. Für die Miete, so erinnert er sich, »haben wir 41,50 Reichsmark gezahlt«. Für den Jungen ist der Fotoapparat verständlicherweise ein großer Schatz. Und unter normalen Umständen wäre solch ein Gerät in einem einfachen Arbeiterhaushalt auch ein von allen gehütetes Gut geblieben. Aber Franz hat die Kamera verloren. Nicht im Sinne von verschlampt, sondern im Sinne von aufgeben müssen, ohne sie vergessen zu können. Sie wurde von der Polizei als »Beweismittel« beschlagnahmt. Da die Nazis indes nichts beweisen mussten, sondern durchsetzten, was sie wollten, landete sie vielleicht in einer Asservatenkammer, vielleicht aber auch in der Privatsammlung eines Beamten. Für Franz Hirth macht das keinen Unterschied. Er muss nicht nur damit leben, dass man ihm den Onkel und – sehr symbolisch – auch ein Erinnerungsstück an diesen weggenommen hat. Der Verlust der Kamera war die Ouvertüre zu dem über Jahrzehnte andauernden Versuch, den Onkel bis zum Nie-Dagewesen-Sein verblassen zu lassen. Schlimmer noch, für Franz Hirth, der am unwilligsten bei dieser Onkel-Georg-Auslöschung mitmacht, ist der Verlust der kostbaren Kamera mit einem irrationalen Selbstvorwurf des Versagens verbunden – als hätte er sich des Geschenks, des Vertrauens, nicht würdig erwiesen. Gefühle hören nicht auf Argumente. Franz Hirth kann sich auch heute nicht damit beruhigen, dass ein kleiner Junge nicht Hitlers Gestapo aus der Wohnung, aus dem Haus, aus dem Land werfen konnte.

Franz Hirth als Hitlerjunge

Sein Onkel hat ihm damals die Erklärung für das teure Geschenk gleich mitgeliefert: Er müsse wieder ins Ausland, »wieder auf Wanderschaft«, wie Hirth sich wörtlich erinnert. Mehr hatte der Onkel nicht sagen wollen, aber die Angabe schien glaubwürdig, war er doch schon einmal und durchaus gerne auf der Walz gewesen. In diesem Zusammenhang bringt Georg noch ein anderes Anliegen vor, und auch das lässt die Hirths nicht stutzen. Er bittet darum, seinen Besitz, den er in einer hölzernen Truhe verstaut hat, einstweilen bei ihnen unterstellen zu dürfen. In der Schweiz könne er die Sachen nicht brauchen. Das leuchtet sofort ein. Am Morgen nach seiner Ankunft verabschiedet sich Georg Elser auch schon wieder, bekommt von seiner Schwester Maria noch 30 Reichsmark für die Reise zugesteckt und fährt zurück nach München. Für Franz sind das die letzten Erinnerungen, die Umarmungen der »Auf-Wiedersehen«-Zeremonie.

Dass die Gespräche der Erwachsenen am Abend zuvor um ein ernstes Thema kreisen, eines jenseits privater Pläne und Familienangelegenheiten, weiß Franz auch noch. »Es ging um den Krieg«, sagt er. Gut einen Monat zuvor hatte Nazideutschland Polen überfallen. Das Kind Franz jedoch glaubt, dieser aggressive Blitzkrieg sei der Verteidigungsakt, von dem die Nazipropaganda redet. Franz glaubt auch, nach acht Wochen werde eine Siegesfeier und dann wieder Frieden kommen. Seine Überzeugung speist sich aus den Nachmittagen und Abenden bei der Hitlerjugend. Ihr hat sich der Junge angeschlossen, wie viele Gleichaltrige damals. Allerdings gegen den Willen des Vaters. Der Arbeiter mag sich mit dem Gedanken, dass sein Sohn der braunen Bande auf den Leim geht, nicht anfreunden. Aber der Schüler bettelt so lange, bis die Mutter den Vater doch noch überredet, Franz Hitlerjunge werden zu lassen. Er solle kein Außenseiter in der Klasse sein, argumentiert sie. Das sei nicht gut für den Jungen. Vielleicht hat sie auch, außerhalb der Hörweite von Franz, hinzugefügt, so ein Außenseitertum lenke gefährliche Aufmerksamkeit auf die Familie.

Wie viele seiner Altersgenossen findet Franz das Pfadfinderhafte anziehend, die Geländespiele, die Abende, an denen die Jungs Orientierungstricks lernen, wie Indianer. Die politische Vereinnahmung bemerkt er nicht. Für ihn werden hier Karl-May-Träume ein wenig greifbarer. Aber wer ihm erklären kann, wie man ein Feuer macht und ohne Karte durch den Wald findet, dem glaubt er auch sonst vieles. Also teilt er ebenso die Euphorie seiner Scharführer über den anstehenden Sieg im Osten. Zugleich aber fühlt er sich seinem Onkel verbunden, der bei seinem Besuch zornig gegen den Krieg poltert. So viel bekommt er von den Gesprächen der Erwachsenen mit, bevor man ihn irgendwann zu Bett schickt. Er sei, heißt es dann, zu jung, um den ganzen Abend mit am Tisch zu sitzen. Will heißen, man ist sich wohl nicht ganz sicher, ob er die brisanten Ansichten und Meinungen für sich behalten würde.

Tatsächlich könnte Franz sich durchaus einmal verplappern, denn die gefährliche Unvereinbarkeit der Ansichten Georg Elsers mit denen der HJ-Führer erschließt sich ihm noch nicht völlig. In seiner Jungenlogik geht noch beides zusammen: der Onkel, der seine Spielsachen repariert hat, als sie gemeinsam im Haus der Großmutter wohnten, und der Onkel, der nicht zu den Anhängern des Führers Adolf Hitler und dessen menschenverachtender Politik gehört. Gegner Hitlers sind böse, hat er gelernt, aber der Onkel, so weiß er, ist ja ein Guter, kann also irgendwie – egal was er sagt – kein Hitlergegner sein.

Wie falsch Franz damit liegt, wird ihm schnell und schmerzlich klar. Ein paar Tage später schon erfährt er, dass der Onkel verhaftet wurde. Was er getan hat, ist für die Polizei und alle Hitlergetreuen so ungeheuerlich, dass keiner an die Theorie der Einzeltäterschaft glaubt, dass alle von der komplexen Agitation einer Gruppe ausgehen, die es nun auszuheben gilt. Kein einzelner, einfacher Schreiner kann, soll und darf die Bombe konstruiert und gebaut haben, die beinahe den Führer getötet hätte. Bei der Suche nach Mittätern und Mitwissern ist die Familie Georg Elsers die erste Adresse.

Am 13. November tauchen in den Mittagsstunden Gestapo-Beamte in der Lerchenstraße 52 in Stuttgart auf. Es ist der Tag, an dem Georg Elser gestanden hat, er habe die Tat geplant und durchgeführt – ohne Komplizen und Mitverschwörer. Die Nazischergen rücken aus, um die Version vom Einzeltätertum zu widerlegen. Franz Hirth ist eben erst von der Schule heimgekommen, als sein Vater in Begleitung zweier Herren die Wohnung betritt, die wenig später die Räume durchsuchen. »Sie haben sich korrekt verhalten«, beschreibt Franz Hirth die Situation aus der Distanz von über siebzig Jahren. Die Geheime Staatspolizei schließt die Wohnung ab und nimmt Franz und dessen Vater mit. Eskortiert von zwei Beamten, laufen die beiden zu Fuß von der Lerchenstraße über den heutigen Berliner Platz und die Eberhardtstraße zum Hotel Silber, der Zentrale der Gestapo in Stuttgart. Franz soll dort beim Pförtner warten. Den Vater nehmen sie mit zum Verhör. Die Mutter, erfährt Franz später, ist bereits an ihrem Arbeitsplatz bei der Firma Bleyle verhaftet worden. Franz verbringt einen trostlosen Nachmittag an der Pforte. Was sich in den Räumen, zu denen er keinen Zugang hat, abspielt, erfährt er nicht. Es ist bereits dunkel, als ein Pförtner fragt, was eigentlich mit dem Elfjährigen geschehen solle, der von diesem Abend an offensichtlich kein Zuhause mehr haben wird. Schließlich bringt man ihn in ein Kinderheim im Norden der Stadt.

Am Abend jenes 13. November 1939, der sein bisheriges Leben auf den Kopf stellt, findet Franz sich in einem großen Schlafsaal wieder. Er will sich zunächst einreden, es sei nur für eine Nacht. Aber da täuscht er sich. In seine alte Schule im Westen Stuttgarts darf er nicht mehr gehen. Immerhin bekommt er nach ein paar Tagen zumindest seine alten Schulsachen wieder. Er verbringt im Waisen- und Kinderheim seinen elften Geburtstag und weiß noch immer nicht, was mit seinen Eltern geschehen ist. Er hat zunächst nicht einmal eine Vorstellung davon, warum sie – und in gewisser Weise auch er – verhaftet worden sind. Erst einen Tag nach seinem Geburtstag erfährt er, was geschehen ist. Nicht von einem menschlichen Ansprechpartner, sondern aus dem Lautsprecher eines Volksempfängers. Georg Elser, der Hitler-Attentäter vom Münchner Bürgerbräukeller, so ist dort in mehreren Sondermeldungen zu hören, sei gefasst. Franz Hirths Erinnerung ist in diesem Fall ganz korrekt. Die Nazis hatten die längst erfolgte Verhaftung Elsers zunächst geheim gehalten, um die vermuteten Mittäter in Sicherheit zu wiegen.

Bei Franz Hirth sorgt die Nachricht nicht in erster Linie für Schrecken und Bangen um den Verhafteten. Sie markiert den Beginn der langen Zeit, in der er sich für seinen Onkel schämt, in der er mit seiner Jungenlogik nicht mehr weiterkommt. Onkel Schorsch hat also nicht nur seltsam dahergeredet. Er hat etwas getan, das in der Weltanschauung der Pimpfe an Schändlichkeit und Sündhaftigkeit kaum zu überbieten ist. Also muss Georg Elser doch böse sein.

Franz Hirth beschreibt sein damaliges Empfinden mit dem Vokabular der Gegenwart: »Ich war schockiert.« Immer wieder läuft er an diesem Tag, so sagt es ihm sein Erinnerungsvermögen, unauffällig am Schwesternzimmer des Kinderheimes vorbei, in dem der Volksempfänger steht. Aber er hat sich nicht verhört. Der Name bleibt immer derselbe. Es war sein Onkel Schorsch, der getan hat, was Franz schlicht »nicht verstehen« kann.

Der Führer ist für einen Pimpf wie ihn nicht nur ganz weit weg, sondern gewissermaßen auch ganz weit oben. Dort, wo in den religiösen Weltbildern, die von den Nazis allmählich gekapert und ersetzt worden waren, Gott sitzt, oder zumindest dessen stärkste Engel. Unvorstellbar, diesen Führer beseitigen zu wollen. Nach einiger Zeit des Überlegens, des verzweifelten Versuchs, das scheinbar Unvereinbare zu einem Ganzen zu vereinen, empfindet der Elfjährige »eine gewisse Schuld« für die Tat seines Onkels. Und in seinem Kopf setzt sich der Gedanke fest, dass er künftig nur seinen Namen nennen müsse, schon wüssten alle, dass er der Neffe dieses einmalig schrecklichen Verbrechers sei.

Tatsächlich aber informierten die Behörden die Heimleitung nicht über den Grund der Einweisung von Franz, und niemand konnte eine Verbindung zwischen den Namen Hirth und Elser herstellen. Der neue Alltag ging also ganz normal weiter. Die Schwestern und anderen Kinder konnten Franz nicht auf seinen Onkel ansprechen, von dem sie nichts wussten. Trotzdem drückte den Jungen sein Schuldgefühl. »Das war lange Zeit in mir«, sagt er. Perfiderweise ist ihm das Schuldgefühl geblieben, es hat sich nur gewandelt. Nun fühlt er sich schuldig, dass er damals so empfunden hat. Er nimmt das als zweiten Verlust des Onkels wahr. Wer Schuld für das Tun eines anderen empfindet, distanziert sich von ihm. Es war eine langanhaltende Distanzierung. Die Furcht, als einer der Elsers erkannt zu werden, überdauerte auch die Zeitenwende nach 1945.

Diesen zweiten Verlust des Onkels muss Franz Hirth als ständig präsenten Teil seines Lebens akzeptieren. Man kann nicht sagen, er treibe ihn im Alter weniger um als früher. Das Gefühl, sich distanziert zu haben, plagt den Mann, der bei unserem Treffen 82 Jahre alt ist, bis heute. Immer wieder holt er die Bücher über seinen Onkel aus dem Regal, die er im Laufe der Jahre zusammengetragen hat. Jedes dieser Werke verleiht der Existenz des Onkels Gewicht. Darum geht es auch Franz Hirth: Georg Elser für alle sichtbar wieder anzunehmen.

Im Kinderheim wäre er gewiss auf Dauer unangenehmen Befragungen durch die anderen Kinder ausgesetzt gewesen: Wo sind deine Eltern, warum bist du hier, wie ging das zu? Davor bewahrt hat ihn der andere, der durch die Ereignisse in den Augen der Nazis weniger verdächtige Teil der Familie. Ein Bruder seines Vaters geht umgehend auf die Suche nach dem Neffen, als er von der Verhaftung der Eltern erfährt. Er macht den Einweisungsort ausfindig. Der Großvater, der Vater seines Vaters, holt Franz schließlich aus dem Kinderheim. Wie eine Mutter sei die Großmutter während des ersten Aufenthalts zu ihm gewesen, sagt der Altgewordene, stets habe er sich bei ihr zu Hause gefühlt. In Königsbronn, wo die mütterliche Familie wohnt, macht man sich vor allem große Sorgen um die Mutter, von der man keinerlei Nachricht hat. Auch die Situation im Ort drückt auf die Stimmung. Dort ist man nicht mehr gut auf Georg Elser zu sprechen, seit die Gestapo viele Königsbronner verhört hat. Nicht der totalitäre Staat mit seinen willkürlichen Aktionen gegen jegliche Form von Widerstand ist den Menschen ein Graus. Georg Elser ist es, der diesen Staat provoziert und bekämpft hat. Diese Haltung wird weit in die Nachkriegszeit hineinreichen. Franzens eigenes Schuldempfinden wird also von den Erwachsenen ständig bestärkt. »Ein bisschen war es«, sinniert er, »als wäre ich lange Jahre mit eingezogenen Schultern durchs Leben gegangen.« Nicht auffallen wollte er, nicht zurückschauen, nicht an den Tabus rühren.

Die Schweigegebote sind keinesfalls nur selbstauferlegte. Das merkt Franz, als die Eltern nach fünf Monaten am 20. Februar 1940 aus der Haft entlassen werden und die Kleinfamilie wieder in Stuttgart zusammenfindet. Die unangemeldeten

Besuche der Gestapo und die misstrauischen Verhöre gehen weiter. Der Vater, Karl Hirth, berichtet nach dem Krieg, seine Frau sei wegen dieser ständigen Bedrohungen oft dem Nervenzusammenbruch nahe gewesen. Über die Zeit in Haft teilen die Eltern ihrem Sohn nur das Nötigste mit. »Sie waren ja verpflichtet worden, über die Sache nicht zu reden«, sagt Franz Hirth. Dennoch erfährt er, dass an einem der Verhöre der Mutter in Berlin sogar der Reichsführer SS, Heinrich Himmler, beteiligt war. Und dass die Mutter ihrem Bruder gegenübergestellt wurde. Ganz blau von den Schlägen sei Georg im Gesicht gewesen, erinnert sich Franz an die Erzählungen seiner Mutter. Mehr hat sie nie preisgegeben. Weshalb vieles, was der 82-Jährige aus dieser Zeit erzählt, eine Mixtur aus zeitgenössischen Dokumenten und wissenschaftlichen Arbeiten anderer, aus Bruchstücken familiärer Überlieferung und seiner eigenen lange zurückliegenden Erinnerung ist. Er lebt mit einer geborgten Familiengeschichte, in die er unter vielen Mühen wieder die Person seines Onkels einwebt. Diese Gegenwehr gegen Verlust und Schweigen kostet Kraft und ist schmerzlich. Was er heute erkennt, ist, dass seine Mutter sich die Geschehnisse um den eigenen Bruder mit aller Energie aus der Erinnerung geschnitten haben muss. Wie schwer ihr das gefallen sein mag, kann Franz nur erahnen. »Sie standen sich sehr nah«, beschreibt er das Verhältnis der Geschwister zueinander. »Sonst wäre er vom 6. auf den 7. November ja nicht zu uns gekommen.«

Beide Elternteile verlieren durch die Haft und den bloßen Verdacht, in das Attentat verwickelt gewesen zu sein, ihre Arbeitsstellen. Einziger Lichtblick in jenen Tagen: Die Mitbewohner im später ausgebombten Haus verhalten sich anständig. Ausgrenzung erlebt die Familie hier nicht. Ständige Kopfschmerzen der Mutter jedoch lassen ahnen, wie sehr sie mit sich kämpfen muss, um den Alltag zu meistern. Erst gegen Ende ihres Lebens gesteht sie sich ihre seelische Verletzung ein und stellt auch selbst die Diagnose. Natürlich, sagt sie zu ihrem Sohn, würden ihre unablässigen Schmerzen mit dem einschneidenden Erlebnis ihrer eigenen Verhaftung und dem Verschwinden ihres Bruders zusammenhängen. Im März 1940 aber hat sie zunächst den Weg des Schweigens gewählt. Von ihm weicht sie bis zu ihrem Tod nur einmal ab, als sie vor Franz obiges Geständnis ablegt. Ansonsten lautet ihr unerschütterliches Credo über Jahrzehnte hinweg: »Es ist schlimm genug, was uns passiert ist …« In Gedanken ergänzt nicht nur ihr Sohn: »… dann muss man nicht auch noch darüber sprechen.«

Was man im Dritten Reich nicht ausspricht, als könnte es dadurch als irrationaler Wunschtraum über alle Widersprüche hinwegschweben, ist die Hoffnung, der Bruder, Schwager, Onkel möge einfach nur eine Haftstrafe zu verbüßen haben. Werde irgendwann, und sei es viele Jahre später, zurück ins Leben der Familie entlassen werden. Vielleicht wird diese Hoffnung mit jedem Jahr des Krieges genährt, die sich zuspitzende Lage scheint die Chancen zu vergrößern, dass Georg Elser die Herrschaft der Nazis überleben werde. Der Mann bleibt zwar vorerst nur eine Leerstelle, sie erhalten keine Nachricht von ihm, haben keine Kontaktmöglichkeit. Aber es gibt eben auch keine Todesnachricht, keine jener Verbrennungskostenrechnungen, die der braune Mordstaat den Familien seiner Opfer aufbürdet, wird mit der Post überstellt. Alles andere als der Gedanke, der aus ihrer Mitte Gerissene lebe noch, wäre also illoyal. Die Hirths verhalten sich damit im Gedenken an einen Regimegegner nicht anders als die vielen Kriegswitwen, die sich an die Vorstellung klammern, ihr Ehemann werde irgendwann aus der Gefangenschaft nach Hause zurückkommen. Sie wissen nicht, dass Georg Ende 1939 als sogenannter Sonderhäftling ins Konzentrationslager Sachsenhausen bei Berlin verlegt wird, auch nicht, dass man ihn von dort gegen Ende des Jahres 1944 ins Konzentrationslager Dachau überstellt. Und nach dem Zusammenbruch des Hitlerregimes erfahren sie zunächst nicht, dass man Georg Elser einen Monat vor Kriegsende, am 9. April 1945, in Dachau hingerichtet hat. Es ist den Nazis wichtig, dass dieser Mann nicht doch noch ihr auf Völkervernichtungsgröße aufgeblähtes Morden überlebt.

So wartet die Familie nach der Kapitulation des Deutschen Reichs Tag um Tag auf ein Lebenszeichen. Müsste nicht jeden Moment Georg die Straße entlangkommen, dünn und blass von der Haft, glücklich über die Freiheit und vielleicht ein wenig reuig, die ganze Familie in Gefahr gebracht zu haben? Nein, Georg kommt nicht. Die Hirths schreiben reihum an die Behörden, die zunächst keine Auskunft geben können oder wollen. Viele alte Nazis oder jedenfalls Untertanengemüter sitzen schon wieder in den Amtsstuben, Leute, für die einer wie Elser bestenfalls ein irregeleiteter Tunichtgut, schlimmstenfalls noch immer ein Volksverräter ist. In der von den Nationalsozialisten verbreiteten Version handelte er im Auftrag des britischen Geheimdienstes. Einer anderen Legende nach war Elser Mitglied der SS und spielte Hitler in die Hände, der sich so auf die von ihm vielbeschworene »Vorsehung« berufen konnte. Erst 1950, fünf Jahre nach der Ermordung, erhält die Familie Auskunft über das Schicksal des Vermissten. Wer über diese bürokratische Ignoranz nicht in dauernde Bitternis verfallen will, muss sich wohl endgültig verkapseln in Schweigen. Die neue Zeit hat den Hirths unmissverständlich zu verstehen gegeben, dass sie von den alten Geschichten nichts mehr wissen will, von der Möglichkeit des Aufbegehrens der kleinen Leute auf jeden Fall noch viel weniger als vom Glanz und Schmiss der Vorkriegsnazis (Motto: »Aber Hitler hat die Autobahnen gebaut«). Einer wie Elser würde die Legende stören, Widerstand habe so einem erst gar nicht in den Sinn kommen können.

Dass der Name von Georg Elser in der jungen Bundesrepublik keine große Bedeutung hatte, kam Franz Hirth damals zupass. Prägung durch ein System und jahrelange Indoktrination wird man nicht über Nacht los. Dem jungen Franz Hirth war die Vorstellung höchst unangenehm, jemand könne ihn mit dem Attentäter von der Schwäbischen Alb in Verbindung bringen. »Man muss ja immer, wenn man sich bewirbt, einen Lebenslauf schreiben«, erklärt er seine damalige Verunsicherung. Diese Schriftstücke hätten schwarz auf weiß den anderen, den befleckten Namen neben den seinen gerückt. Geburtsname der Mutter: Elser. Selbst er hatte ja, weil er nichtehelich zur Welt gekommen war, eine Weile diesen Namen getragen.

Der gereifte Franz Hirth aber sieht das Schweigen und Wegschauen der Gesellschaft heute nicht mehr als schützenden Deckmantel. Es empört ihn. Und er fragt sich, wie seine Mutter das Verhalten der Behörden hat ertragen können. Bei der demütigenden Auseinandersetzung mit den Ämtern war es vordergründig um materielle Wiedergutmachung gegangen. Die Familie hatte bei der zuständigen Stelle unter anderem einen Antrag auf Ersatz des Fotoapparates eingereicht, den die Behörden zur Beweissicherung beschlagnahmt und nie mehr herausgegeben, also veruntreut hatten. Franz möchte am liebsten den Apparat selbst wiederhaben. Vielleicht, weil die Rückgabe des technisch mittlerweile überholten Gerätes ein kleines Eingeständnis wäre, dass auch Georg Elser wieder Anspruch auf einen korrekten Umgang mit seiner Person hat. Die Mutter denkt realistischer. Sie möchte wenigstens die Entschädigungszahlung, mithin die Anerkennung, ein Opfer des NS-Staates zu sein. Doch die Beamten der jungen Demokratie bringen nicht nur den Fotoapparat nicht wieder bei, sie weigern sich auch, Maria Hirth Haftentschädigung zu zahlen. Begründung: Sie sei kein Opfer des NS-Staates im Sinne des Entschädigungsgesetzes.

Diese Haltung lehrt uns Heutige viel über das Denken damals. Am 13. März 1951 schreibt die Stuttgarter Landesbezirksstelle für Wiedergutmachung an die Antragstellerin Maria Hirth:

Sie stützen Ihren Antrag darauf, dass Sie wegen Begünstigung Ihres Bruders, Georg Elser, der 1939 auf Hitler ein Attentat zu verüben suchte, in Haft genommen und einige Zeit festgehalten wurden. Nach § 1 Abs. 1 des Entschädigungsgesetzes hat ein Recht auf Wiedergutmachung, wer unter der nationalsozialistischen Gewaltherrschaft wegen seiner politischen Überzeugung, aus Gründen der Rasse, des Glaubens oder der Weltanschauung verfolgt und geschädigt wurde. Dazu gehört, dass die Verfolgung auf eine klare und achtbare, gegen den Nationalsozialismus gerichtete politische Überzeugung zurückzuführen war.

Diese Voraussetzungen liegen nach den von uns angestellten Ermittlungen bei Ihnen nicht vor. Sie waren nach Ihren eigenen Angaben nie Mitglied antifaschistischer Parteien und Organisationen. Sie hatten auch für die Politik nie ein Interesse und sich infolgedessen allen politischen Dingen ferngehalten. Sie waren aber auch nie Mittäter, Anstifter oder Gehilfe zu dem Attentat, vielmehr wussten Sie von diesem Attentat gar nichts. Ihre Unterstützung Elsers bestand darin, dass sie ihm die Möglichkeit der Übernachtung in Ihrer Wohnung gaben und dass Sie über die Dauer der angeblichen Reise nach der Schweiz verschiedene harmlose Gegenstände für ihn aufbewahrten. Außerdem gaben Sie Ihrem Bruder noch RM 30,– Reisegeld mit. Aus politischen Gründen haben Sie aber nicht gehandelt. (...)

Ihre Inhaftnahme erfolgte, weil Sie mit dem Attentäter verwandt waren und die Polizei vermuten konnte, dass Sie evtl. von dem Plan Kenntnis hatten. Als sich dann herausstellte, dass dies nicht der Fall war, wurden Sie nach kurzer Zeit wieder freigelassen. Das spricht dafür, dass die Gestapo in Ihnen keine Gegnerin des Regimes sah. (...)

Eine Behörde des Rechtsstaates Bundesrepublik beruft sich hier auf eines der Terrorwerkzeuge des Unrechtsregimes als verlässliche Instanz. Fazit: Die Gestapo hat angeblich korrekt gehandelt, kein Unrecht ist geschehen. Maria Hirth muss das als schmerzhafte Ohrfeige, als Missachtung ihrer Erfahrungen, ihrer Einschüchterung, ihres Bangens, ihres Verlustes eines Bruders verstanden haben.

Noch viel artistischer, verschrobener und unredlicher muten die Erklärungen an, warum eine Entschädigung für Franz Hirths Fotoapparat und alle anderen Besitztümer des Onkels nicht möglich sei. Nach Ansicht der Rückerstattungskammer des Landgerichts Stuttgart mit Beschluss vom 11. März 1954 handelte es sich um ein Verwahrungs- und Treuhandverhältnis, das der Bruder mit seiner Schwester eingegangen sei. Geschenkt habe er ihr nichts:

Georg Elser wollte in die Schweiz flüchten und bereits dort sein, bevor die Zeitbombe, deren Uhrwerk acht Tage lang lief, zur Entzündung kam. Er hatte also keineswegs mit dem Leben abgeschlossen, sondern konnte mit großer Wahrscheinlichkeit damit rechnen, ins Ausland zu entkommen und dort ein Asyl bis zur Änderung der politischen Verhältnisse in Deutschland zu finden, die bei Gelingen des Attentates vielleicht sehr rasch hätte eintreten können. Er hatte also gar keinen Anlass, seine Werkzeuge und Kleider seiner Schwester als Geschenk zu überlassen.

Die Kammer weiß besser als die Antragstellerin, was in der Nacht vom 6. auf den 7. November gesprochen wurde. Weggenommen worden seien die Habseligkeiten also letztlich dem Eigentümer Georg Elser. Wären sie noch vorhanden, so führt die Kammer weiter aus, könnten er oder seine Erben Rückerstattungsansprüche gegen das Reich als Verwahrerin oder Treuhänderin der Gegenstände geltend machen. Die Kammer weist ausdrücklich darauf hin, dass es an Maria Hirth ist, die in Besitz der Vollmacht der Erben ist, diesen Antrag zu stellen. Schon der Ton macht klar, dass niemand mit dem Vorhandensein der Gegenstände rechnet, respektive, irgendeine Mühe in die Suche nach ihnen investieren würde. Maria Hirth verzichtet denn auch darauf, ein weiteres fruchtloses Schreiben loszuschicken.

Worauf sie aber beharrt, das ist ihre Haftentschädigung. Nach weiteren Anträgen werden ihr am 30. Oktober 1956 schließlich doch noch 450 Mark zugesprochen. Ihr Mann erhält 113 Mark wegen »Schadens im beruflichen Fortkommen«, Maria Hirth werden dafür 676 Mark Entschädigung zugesprochen. Franz Hirth liest in einem der vielen Ablehnungsbescheide, dass für »Sachschäden bis zum Betrag von insgesamt 500 Mark keine Entschädigung geleistet wird«. In dieser Preisklasse lag die Kamera des Onkels, die eine Woche lang sein Schatz sein durfte. »Die Familie war einfach zu ehrlich«, konstatiert er enttäuscht von den vielen Absagen der Behörden. 1962 erst – viele Jahre später – enden die Bemühungen um Wiedergutmachung mit der Auszahlung der obengenannten 1239 Mark. Etwas mehr als tausend Mark: das ist die klare Symbolik, mit der eine auf Geldwerte stolze Gesellschaft den Tod des Bruders, den Verlust der Reputation und die unbelehrbare Hartnäckigkeit der Zeitgenossen, die große Leistung Elsers nicht anerkennen zu wollen, ganz weit unten ansiedelt.

Sind schon die staatlichen Gerechtigkeitsbemühungen nicht von Erfolg gekrönt, so tut sich auch die Elser'sche Großfamilie schwer, den ermordeten Bruder, Cousin oder Onkel wieder in den Stammbaum aufzunehmen. Er bleibt der, der Ärger, Verhöre und Schande in seinen Heimatort gebracht hat. Nicht alle können ihren Frieden damit machen, dass Königsbronn im Volksmund lange Jahre Attentatshausen genannt wird. Die Verwandtschaft mit Georg Elser bleibt ein Makel.

Dementsprechend hängt kein Bild mehr von ihm im Haus, als Franz Hirth seine Großmutter 1953 ein letztes Mal besucht. Bei Familienfesten wird über Georg nicht gesprochen. Trotz der Millionen Toten durch den Wahn der Nazis kommen keinem Worte über die Lippen. Keiner spricht über das Tabuthema. Niemand fühlt Stolz, den er den anderen entgegenschreien möchte. Die deutsche Gesellschaft tut sich damals selbst mit dem Widerstand der meist adeligen Militärs um Stauffenberg und dem studentischen Widerstand der Geschwister Scholl schwer, den sie später quasi adoptiert, um sich selbst zu legitimieren. Ganz und gar unvorstellbar ist es ihr, den Widerstand eines einfachen Mannes, der auf der kommunistischen Arbeitertradition fußt, anzuerkennen.

Sich aufzulehnen gegen die Übermacht des verordneten Denkens, erklärt Franz Hirth seine Akzeptanz der Tabus, »das war nicht an der Tagesordnung. Das Geschehen lag hinter mir. Ich konnte damit leben.« Er gibt damit auch eine Zustandsbeschreibung seiner Umwelt. Der Plan der Nazis, Georg Elser für immer auszulöschen, war kurz davor, aufzugehen.

Nicht ganz untypisch für seine Generation, verlagert Franz Hirth seine Energien auf die eigene Ausbildung und Daseinssicherung, statt mit der Gesellschaft um deren Werte zu ringen. Er finanziert sein Studium der Vermessungstechnik selbst, heiratet, wird zweimal Vater, baut ein Haus für die Familie. Ein Versprechen der jungen Bundesrepublik empfindet er als ganz und gar nicht verlogen: dass die Zukunft viele Möglichkeiten parat halte. Die Vergangenheit scheint da nicht mehr wichtig. Über seine Herkunft redet er nur mit seiner Ehefrau. Aber auch mit ihr nicht sehr viel, wie sie sich erinnert. Der Name Georg Elser würde ohnehin den wenigsten in den 1960er und 1970er Jahren etwas sagen. Auf die Offenbarung hin, der Neffe des Hitler-Attentäters zu sein, droht als wahrscheinlichste Reaktion ein Achselzucken und die Frage »Wer soll das denn sein?«. Als die junge Bundesrepublik sich mit der Baader-Meinhof-Gruppe und später der RAF konfrontiert sieht, vergeht Franz Hirth das Reden vollends. Er spürt, dass viele Mitmenschen keinen Unterschied erkennen möchten zwischen Georg Elser und den Terroristen, die der Bonner Republik den Krieg erklären. Aber Franz Hirth will seinen Onkel nicht mit Mördern, Bankräubern und wirrköpfigen Politdesperados in einem Atemzug genannt wissen.

So schweigt er weiter. Und muss 61 Jahre alt werden, um grüblerische Gedanken nicht länger beiseiteschieben zu können. Zur fünfzigsten Wiederkehr des Münchner Attentats kommt ein Film mit Klaus Maria Brandauer in der Hauptrolle ins Kino. In der Stuttgarter Premiere sitzen auch Franz Hirth und seine Frau, zwei Besucher unter vielen. Der Abend bringt den Wendepunkt. Franz Hirth wird deutlich, dass es inzwischen eine Wertschätzung für seinen vergessen geglaubten Onkel gibt, die bei manchen so weit geht, dass sie einen abendfüllenden Spielfilm über sein Leben drehen. Und er, der Neffe, hat zu diesem Wandel bislang nichts beigetragen. Er hat ihn nicht einmal bemerkt.

Der Blick von außen auf Georg Elser rüttelt Hirth auf, elektrisiert und beschämt ihn zugleich. Er schaut sich neu um, wo und wie denn seines Onkels gedacht wird. Und stellt fest, dass sich sogar im einst feindseligen Königsbronn vor einiger Zeit ein Georg-Elser-Arbeitskreis gegründet hat. Der Planer und Vermessungsingenieur Hirth besucht nun Vorträge an der Universität, er hört den Professor und Widerstandsforscher Peter Steinbach. Für die große Berliner Ausstellung im Haus des Widerstands im Jahr 1997 stellt er Fotos aus dem Besitz seiner Mutter zur Verfügung. Er lässt das Schweigen und Verleugnen hinter sich und ist überrascht, als er begreift, dass in der Familie keinesfalls alle, vielleicht nicht einmal die Mehrheit, umgedacht haben. Sie halten Georg Elser noch immer für einen Verwandten, mit dem man sich nicht auch noch brüsten sollte. »Also, ich hätte das nicht gemacht!«, bekommt er mehr als einmal zu hören. Und weiß, dass damit beides gemeint ist, Georgs Attentat und sein eigenes, spätes Bekenntnis zum Onkel. Aber diesmal lässt er sich nicht aufhalten.

Als er im Haus des Widerstandes in Berlin vor Wissenschaftlern, geladenen Gästen und Journalisten sprechen soll, gerät er immer wieder ins Stocken, Tränen steigen ihm in die Augen. Er spürt, dass tief in seinem Inneren jene Ketten gesprengt sind, die ihn so lange umklammert gehalten hatten. Dennoch empfindet er seine neue Rolle als Zeitzeuge keinesfalls nur als einen Akt der Befreiung. Sie ist auch anstrengend. Nicht, weil er nun manches teilen, ja loslassen muss. Die Standuhr, die sein Onkel seiner Mutter zur Hochzeit gefertigt hat, gibt er gern ins Museum. Ausgelagert in den Schwarzwald, hat sie den Krieg und die Stuttgarter Bombennächte unversehrt überstanden. Nur die Tat Georg Elsers hat auch an ihr Spuren hinterlassen. Die Gestapo hat damals die Uhrgewichte mitgenommen. In ihnen, so der Verdacht, habe Elser die Munition für das Attentat transportiert.

Anstrengend sind für Franz Hirth hingegen die Gedanken an das, was Onkel Georg in den Händen der Nazis widerfahren sein mag. Schwer war ihm vor allem die Fahrt zur Gedenkstätte im Konzentrationslager Dachau gefallen, an den Ort, wo ein SS-Mann seinen Onkel erschossen hat. Was Franz ein halbes Jahrhundert gescheut hat, hat er sich inzwischen wie im Zeitraffer erarbeitet. Aufwühlend war das und erschöpfend. Mittlerweile sagt Franz Hirth manche Anfragen auch ab und verweist auf die Literatur über seinen Onkel. Und dann wieder nimmt er eine Einladung zu etwas an, das ganz anders verläuft als geplant. Als die Redaktion der traditionsreichen Sendung »Ich trage einen großen Namen« ihn bat, teilzunehmen, sagte er, ohne zu zögern, zu. In dieser Sendung treten mal die direkten, mal auch die weiter entfernten Nachfahren bekannter Zeitgenossen auf. Ein Rateteam soll sie mithilfe eines Lotsen, der Fingerzeige im Dickicht der Geschichte gibt, erraten. Franz Hirth wusste vorab, dass ihm seine Zusage wieder einmal schlaflose Nächte bescheren und dass sein Leben für viele Tage vorher und danach in Unruhe geraten würde. Der Schmerz meldet sich zuverlässig wieder, wenn er Georg Elser in der Nachwelt vertritt.

Am Tag der Aufzeichnung saß Franz Hirth zwischen der Nichte des Sexualforschers McKinsey und einem Verwandten der Dichterin Ingeborg Bachmann und wartete auf seinen Auftritt. Als er an der Reihe ist, gibt er bereitwillig Antwort, ob er seinem Verwandten ähnlich sehe. Vielleicht, sagt er, »in jüngeren Jahren«. Er fragt sich später, ob er die Ratenden so in die Irre gelockt hat. »Ich habe mich dumm ausgedrückt.

Natürlich sehe ich ihm ähnlich. Ich war auch dunkelhaarig. Ich bin ein Elser. Der war auch kein kräftiger Typ, eher ein schmächtiger – so wie ich.«

Noch ist er guter Hoffnung, sein Onkel werde in diesem historischen Frage-Antwort-Spiel erraten werden. Der Mann, der die Welt verändern, ja vom Abgrund wegreißen wollte, indem er den Tyrannenmord an Adolf Hitler wagte. Franz Hirth hat so ein Gefühl, als könnte dieser Besuch in einem Baden-Badener Fernsehstudio das Ende einer Geschichte sein, als könnte hier besiegelt werden, dass Georg Elser seinen sicheren Platz im kollektiven Gedächtnis gefunden hat. Aber Franz Hirth hofft zu viel. Es gibt im Fernsehstudio kein filmreifes Happy End einer tragisch-ungerechten Geschichte. Der mutige Mann von der Schwäbischen Alb, der seine Tat lange vorbereitet hatte, der ahnte, in welche Zukunft Deutschland unter Hitlers Führung gehen würde, bleibt an diesem Novemberabend 2010 unerraten. Der Mann, der laut der Verhörprotokolle durch seine Tat »ja auch noch größeres Blutvergießen verhindern wollte«, ist noch immer keine sichere Nummer im Bildungskanon.

Georg Elser, den sie in seinem Heimatort nur Schorsch nannten, ist noch immer keiner, der einem sofort einfällt, wenn man an das Dritte Reich denkt, nicht einmal, wenn es um den Widerstand der Deutschen gegen Hitler geht. Franz Hirth sucht das Tröstliche in der Enttäuschung. »Es ist gut«, sagt er tapfer, »dass sie ihn nicht erraten haben.« So habe zur Auflösung des Rätsels vor laufender Kamera mehr über ihn erzählt werden können, als beim raschen Erraten Platz in der Sendung gefunden hätte. Aber er gibt auch zu, dass ihn dieses Nichterraten schmerzt, im neunten Lebensjahrzehnt mehr, als das früher der Fall gewesen wäre. Eben weil sein Onkel jetzt endlich wieder zu ihm gehört. Er sieht auch im Schmerz

Georg Elser in den zwanziger Jahren

das Positive – und er hat recht. Franz Hirth hat sich ein Herz gefasst, das tut manchmal weh, führt zu Konflikten, auch zu kleinen Niederlagen. Aber der große Sieg ist ihm längst nicht mehr zu nehmen. Er hat für sich, im eigenen Leben und in seinem nun stark erweiterten Umfeld, wenigstens eines der menschenverachtenden Projekte der Nazis scheitern lassen. Das Projekt, Georg Elsers Andenken auszulöschen. Weg, vorbei, getilgt für immer? Nein, Franz Hirth kann es bezeugen: Auch dieses »Immer« der Nazis hielt nicht ewig.

Aufbegehren

*Wie Friederike Steinfeld sich von der Angst
befreit, geisteskrank zu sein. Und durch das Verlegen eines
Stolpersteins ein zweites Mal ihrer Familiengeschichte
beraubt wird.*

Unruhig und kräftezehrend ist ihr Leben schon lange. Endlich einmal aber will sie das Tempo vorgeben, sich Zeit lassen. Friederike Steinfeld will nun selbst bestimmen, wann ihre Geschichte reif ist für die Öffentlichkeit. Erst wenn sie es sich wirklich zutraut, will sie diesen langgehüteten Teil offenbaren. Still und würdig, im Stile einer Beisetzung, kann sie sich die Zeremonie vorstellen. Denn ihrem Gefühl nach wäre das tatsächlich eine Art zweite Beerdigung, eine, bei der die Todesursache endlich offen benannt werden darf. Als man die Urnen mit der Asche ihrer Großmutter und ihres Onkels 1933 und 1941 beisetzte, durfte man nicht aussprechen, was wirklich geschehen war. Die Angehörigen konnten nicht offen sagen, dass Marta und Otto Herzog ermordet worden waren, weil sie nicht dem Menschenbild der Nazis entsprochen hatten.

Friederike Steinfeld will keine laute, keine dröhnende Veranstaltung. Vielleicht soll ein Kinderchor singen, eine Flöte ein Solostück spielen, vielleicht auch der Pfarrer sprechen. Auf jeden Fall soll diese Feierstunde nicht das werden, was neudeutsch Event heißt. Das ist ihr Wunsch. Er wird nicht in Erfüllung gehen.

Es geschieht genau so, wie Friederike Steinfeld es nicht will: Andere setzen den Termin fest. Und es wird laut. Eine

Kapelle spielt »Strawberryfields forever« von den Beatles, die Bundestagsabgeordnete der Sozialdemokraten spricht nach Friederike Steinfelds Empfinden ein bisschen sehr viel über den linken Genossen, ihren Onkel, und deutlich zu wenig über die Großmutter, dafür aber viel über Thilo Sarrazin und dass man nie mehr die Augen verschließen dürfe vor Ausgrenzung.

Friederike Steinfeld steht dabei, als würde sie das alles nichts angehen. Als wäre das nicht Teil ihrer Geschichte, die da gerade öffentlich verhandelt wird. Sie gibt sich zunächst auch nicht zu erkennen. Zwei Stolpersteine werden an diesem Oktobertag verlegt. Nein, sie werden gar nicht verlegt, in den Asphalt eingebettet wurden sie schon vor einigen Tagen. Der Künstler Gunter Demnig, der das bundesweite Projekt initiiert hat, konnte nicht persönlich anwesend sein. Er hat gerade zu viele Termine zu absolvieren.

Die beiden Steine werden an diesem Vormittag also nicht verlegt, sondern der Öffentlichkeit präsentiert. Einer ist Friederike Steinfelds Großmutter Marta Herzog gewidmet. Die Nationalsozialisten ermordeten sie im Juni 1941 in der »Heilanstalt« Hadamar. Offizielle Todesursache: Lungenentzündung. Marta Herzog ist eines der über 70 000 Euthanasieopfer des NS-Terrors, die im Gas starben. Noch am Tag ihrer Ankunft wurde sie in Hadamar im Hessischen umgebracht. Der zweite Stein ist für Martas Sohn Otto. Als Mitglied der Kommunistischen Partei starb er schon im Sommer 1933 im Konzentrationslager in sogenannter Schutzhaft, wie dies damals zynisch hieß. Eine Zeitlang wurde behauptet, an einer Lebensmittelvergiftung, bis die NSDAP-Ortsgruppe diese Todesursache schließlich dementierte. Eine neue Erklärung für seinen Tod wurde nicht nachgereicht.

Die Leidensgeschichte von Marta Herzog beginnt nach der

*Die Nationalsozialisten ermordeten
Marta Herzog im Juni 1941.*

Geburt des jüngsten ihrer drei Kinder, einer Tochter. Marta wird bis zur Unansprechbarkeit schwermütig. »Heute würde man das vielleicht Kindbettdepressionen nennen«, sagt ihre Enkelin Friederike. Sie sitzt in ihrer Dachgeschosswohnung in einem großen Wohnblock. An diesem Sommertag ist es hier oben warm. Ein geöffnetes Fenster und eine offene Balkontür sorgen für Durchzug. Friederike Steinfeld hat Kekse und Flaschen mit Getränken auf den Tisch gestellt. Sie reicht immer noch etwas, als stünde ein langer Marsch durch unwegsames Gelände der Erinnerungen bevor, als gäbe der Anblick von Proviant die Gewissheit, durchzukommen – oder als verschaffte er dem Gast eine Ahnung von der Größe der Anstrengung. Sie ist bereit, in ihre Familiengeschichte einzutauchen und zu erzählen. Noch nie hat sie das an einem Stück und so konzentriert getan. In der Nacht zuvor hat sie deswegen schlecht geschlafen und ist nun aufgeregt. Aber es soll endlich heraus aus ihr, soll im Erzählen noch einmal eine Ordnung bekommen. Friederike Steinfeld hat sich Notizen gemacht in den Wochen seit unserer Verabredung. Ein Stapel mit Fotografien liegt bereit. Es wird ein langes Gespräch werden.

Die Kindbettdepression ihrer Großmutter, erzählt sie, sei »der Beginn eines Lebens in der Psychiatrie unter furchtbaren Bedingungen« gewesen. An dieses Leiden will der Stolperstein erinnern, nicht nur an Marta Herzogs gewaltsamen Tod. Aber ihr Vorname ist falsch geschrieben auf dem goldfarben überzogenen Pflasterstein. Friederike Steinfeld findet das ärgerlich. Dies ist zwar nur ein Stolperstein unter vielen. Da kann, da muss so ein Versehen irgendwann vorkommen. Aber er ist nun mal der Stein zu ihrer Familiengeschichte. Da schmerzt die Falschschreibung wie eine Missachtung, wirkt der Flüchtigkeitsfehler zutiefst verletzend.

Was die Enkelin der Ermordeten aber richtig wütend macht, ist die Enteignung ihrer Familiengeschichte. Fremde haben sich des Lebens ihrer Großmutter bemächtigt. Und nicht nur das: Sie haben wieder beschnitten, gekürzt, aufs Nutzbare reduziert, wie Steinfeld meint, haben wieder nur von der Opfer- und Leidensgeschichte erzählt. Sie tun das in bester Absicht. Aber für Friederike Steinfeld ist gut gemeint nicht gut genug. Kein Wort verlieren die Redner darüber, dass die Großmutter mit einem Holzbildhauer verheiratet und eine ausgelassene junge Frau gewesen war, die oft gesungen hat. Dieser Blick auf das Leben der Großmutter außerhalb der Mauern der Psychiatrie ist Friederike Steinfeld wichtig. Nur die eine Marta Herzog zu erwähnen bedeutet, den Blick der Täter auf ihre Großmutter zu übernehmen. Sie will betont wissen, dass es auch einmal eine Normalität gegeben hat. Niemand ist immer nur Opfer, sagt dieses Beharren auf einem Perspektivwechsel.

Bei der feierlichen Einweihung des Stolpersteins kursieren unter den Teilnehmern Kopien der Krankenakte ihrer Großmutter. Dieses amtliche Dokument voller intimer Details geht niemanden etwas an, findet Friederike Steinfeld. Das Wort Datenschutz spricht sie nicht einmal aus. Für sie ist das Problem kein bürokratisch-juristisches, sondern ein moralisches, eines des nötigen Respekts vor einem fremden Schicksal. Der Wunsch nach öffentlicher Geschichtsaufarbeitung und der anhaltende Hader der Betroffenen mit dem Unrecht gehen nicht immer leicht zusammen. Auf einigen der kopierten Schriftstücke ist unübersehbar der Archivstempel »Nur für den persönlichen Gebrauch. Nicht an Dritte weitergeben!« zu lesen. Nun hat diese Dokumente der Sohn des ehemaligen Nachbarn in der Hand. Jeder, der will, kann sich kundig machen und nach Lust und Laune in Marta Herzogs Leben stöbern. Den Opfern Namen, Gesicht und individuelles Schicksal zurückzugeben, wie die Stolperstein-Feier das für sich beansprucht, gleicht offensichtlich einem Gang mit einer schweren Last über dünnes Eis.

Friederike Steinfeld empfindet Demütigung, sieht darin einen späten Triumph der Täter. Die Stigmatisierung geht für sie weiter – gerade in dem Versuch, vergangenes Unrecht nach Jahrzehnten zu brandmarken. Vielleicht ist sie da gar nicht überempfindlich. Bei den Schicksalen der Menschen, die als Psychiatriepatienten ihrer Rechte beraubt und ermordet worden sind, muss Behutsamkeit oberste Handlungsmaxime sein. Jede Familie muss ihren eigenen Zugang zur Krankengeschichte finden. Denn Krankheit hört nicht einfach auf, wenn sich die politischen Vorzeichen ändern. Und Geisteskrankheit ist noch immer ein gesellschaftliches Tabu.

Auch Friederike Steinfeld will dem Schweigen eigentlich ein Ende bereiten. »Aber muss denn überall die genaue Diagnose meiner Großmutter veröffentlicht werden?«, fragt sie. Nie hätte sie zu dieser Form der späten Bloßstellung ihre Zustimmung gegeben. Aber niemand hat sie gefragt. So wenig wie ihren Bruder. Auch er ist entsetzt. Friederike Steinfeld hat viele Vorträge zum Thema besucht und sich umgehört. Sie weiß, dass es auch Angehörige gibt, die ihre Zustimmung zum Verlegen eines Stolpersteines verweigert haben. Sie hat fest darauf gesetzt, ja erwartet, dass man sie fragt, ob ihr das alles recht sei. Während der Feier ringt sie mit sich, ob sie laut Einspruch erheben und die Eintracht an diesem sonnigheiteren Samstagmorgen stören soll. Ob sie den Stolz der Menschen, die in bester Absicht Gutes zu tun glauben, durch ihre Vorwürfe erschüttern soll. Sie fürchtet, dass man sie als Störenfried verachten und verlachen wird, als Frau, die eben – es liegt ja wohl in der Familie, man hat ja die Akten in der Hand – etwas seltsam ist. Friederike Steinfeld weiß, wie es ist, wenn andere wortlos den Stab über einen brechen. Oft hat sie das erlebt. Das Wort »Erbkrankheit« ist tief im kollektiven Gedächtnis verankert. Die Nationalsozialisten haben da ganze Arbeit geleistet.

Als Kind erlebte Friederike Steinfeld, dass ihre Schulfreundin Margit von einem Tag auf den anderen nicht mehr neben ihr sitzen durfte, weil sie aus einem »verruchten« Elternhaus stamme. Margits Mutter war eigens deswegen in die Schule gekommen, um eine Trennung zu fordern. Vor versammelter Klasse hatte die Lehrerin daraufhin verkündet, dass Margit in Zukunft in einer anderen Bank sitzen werde – und nicht mehr neben Friederike. Es sollte auch keinen Wechsel geben, kein anderes Mädchen als neue Nachbarin. Dreieinhalb Jahre lang saß Friederike allein in ihrer Bank und wusste nicht, was an ihr so schlimm sein sollte. Wenigstens begriff ihre Lehrerin, die empörtem Druck nachgegeben hatte, dass das Kind begabt war – und drang darauf, dass Friederike auf die Realschule gehen durfte. Sie sprach bei den Eltern vor und überzeugte sie.

Mit anderen Kindern Kontakt aufzunehmen, traute sich Friederike nach der Erfahrung der Ächtung indes nicht mehr. Sie zog sich zurück, ihr Leben wurde düsterer. Den Begriff »unwertes Leben« hörte sie zwar erst später. Doch im Rückblick passt er natürlich auch zu dieser ersten Erfahrung der Ausgrenzung: Das haben Erwachsene, Eltern ihrer Mitschüler, in ihr gesehen – und das haben sie ihr vermittelt, noch bevor der Begriff dafür in Friederikes Wortschatz existierte. Immer schwelte das Gefühl, irgendwie unwert zu sein und nicht dazuzugehören. Die Ideologen des NS-Staates hatten Euthanasie betrieben, um das zu verhindern, was in ihrem Denken und ihrer Terminologie »erbkranker Nachwuchs« war. Friederike Steinfeld, die Enkelin einer Ermordeten, hat zu spüren bekommen, dass es sie eigentlich gar nicht geben sollte. »Ich bin die Nachfahrin unwerten Lebens«, sagt sie, wenn man sie fragt, ob die Terminologie von damals noch Bedeutung für sie hat. »Mein Leben ist schon sehr beeinträchtigt dadurch«, fügt sie nachdenklich an. Wut empfindet sie jedoch nicht gegenüber diesem Teil der deutschen Geschichte. »Mir bleibt einfach der Atem weg«, sagt sie.

Sie lebt – und kann die frühere Geringschätzung ihrer Person doch nicht abschütteln. Die Erfahrungen haben sich eingegraben. Friederike Steinfeld hat erlebt, wie ihre gemütskranke Mutter mit dem Leiterwagen durch den Ort gezogen wurde, um in die Psychiatrische Klinik im Stadtzentrum gebracht zu werden. Die Mitbürger standen gaffend am Straßenrand. So etwas erlebte man ja nicht alle Tage. Die gutgemeinte Geste, die feierliche Versammlung bei der Stolperstein-Einweihung wiederholt für die Enkelin der Ermordeten und die Tochter der Eingewiesenen im Grunde noch einmal das Erlebnis des Leiterwagens. Wieder wird Leiden zur Schau gestellt und eine Kranke, die sich nicht wehren kann, gleichsam durch den Ort gezerrt. Wenigstens weiß niemand von den Feierstundengästen, dass Friederike Steinfeld selbst ein Leben lang in der Angst gelebt hat, geisteskrank zu werden, wie sehr sie gegen den Sog der Krankheit angekämpft hat.

Das Verschwinden der Großmutter Marta Herzog aus dem Familienleben im Jahr 1916 markiert das Ende einer intakten Familie und den Anfang vom Unglück. Friederike Steinfelds Großvater sieht sich nicht in der Lage, seine drei Kinder alleine zu versorgen. Die Situation überfordert ihn in vielerlei Hinsicht. Er sucht eine Kinderfrau und findet eine, die seine Ehefrau werden will. Wann genau sich der Großvater von seiner Frau scheiden ließ, ist unbekannt. Ob er die Beziehung nach Jahren der Trennung infolge der Krankheit für sinnlos hielt oder ob er sich irgendwann dem Druck der nationalsozialistischen Ideologie beugte, kann heute niemand mehr sagen. Und die Frage, ob seine Wiederheirat auf echter Zuneigung fußte oder auf der Sorge, dass ihm Haushalt und Kindererziehung über den Kopf wachsen könnten, entzieht sich ebenfalls auf immer der Beantwortung. Tatsache ist: Er löste nicht einfach eine Lebensgemeinschaft in einer normalen Zivilgesellschaft auf. Er ließ, das muss man sagen, so hart es auch klingen mag, seine Frau fallen.

Durch die Scheidung hat die Mutter seiner Kinder endgültig keine Fürsprecher mehr. Wenn sie von Anstalt zu Anstalt weitergereicht wurde, gab es keine befugte Person draußen mehr, mit der das abgestimmt werden musste und die Einspruch hätte erheben können. Marta ist von nun an ganz den Institutionen ausgeliefert. Für eine psychisch Kranke kam das im NS-Staat einem Todesurteil gleich.

Mit den Kindern geht die Stiefmutter in spe wenig zimperlich um. Vor allem Friederikes Mutter leidet unter deren Kaltherzigkeit und den körperlichen Übergriffen. Als Beleg dafür, dass die Gefühlskälte nicht nur eine Erfindung oder Übertreibung ihrer Mutter war, führt Friederike Steinfeld den Beruf der Stiefmutter an. Bevor sie Kinderfrau bei den Herzogs wurde, verdiente sie ihr Geld als Leichenwäscherin. Gefühle sind in diesem Metier eher fehl am Platz, will man am Leid der anderen nicht zerbrechen. Eisig soll die Atmosphäre mit ihrem Erscheinen im Haus geworden sein. Die Frau, die zunächst als Kindermädchen und Haushälterin angetreten war, offenbarte bald wahren Hass auf die erkrankte Ehefrau.

Warum aber war sie so grausam zu den Kindern? War es die viele Arbeit, die sie mit den drei Kleinen hatte, oder ließ sie an ihnen die Unzufriedenheit aus, nicht schnell an die Stelle der Ehefrau rücken zu können? Vor allem der Säugling, Friederikes Mutter Lydia, muss sehr gefröstelt haben unter diesem kalten Regiment. Lydia erzählte ihrer Tochter später von Selbstmordversuchen, die sie bereits während der Kindheit unternommen habe. Eine der schlimmsten Hypotheken für Lydias Leben jedoch war der anklagende Vorwurf der anderen: »Du bist schuld am Irrsein deiner Mutter. Wärest du nicht geboren, wäre sie noch gesund!« Das war zwar

*Das Glück war mit Händen zu greifen:
Lydia und Wilhelm Steinfeld.*

dummes Gerede, in bestimmten Situationen als Knüppel schwarzer Pädagogik gebraucht, aber ein Kind oder eine Heranwachsende kann das nicht als solches einfach abtun. Die Worte nagten zeitlebens an Lydia – in unterschiedlicher Intensität.

Doch was Schnulzen und Groschenhefte so gern versprechen, den großen Lohn für schlimmen Kummer, schien in Lydias Leben Wirklichkeit zu werden. Sie findet eine Liebe, die ihr helfen kann, einen Schlussstrich unter die furchtbaren Jahre zu ziehen. Friederike Steinfeld hat ein Bild, das für sie das Glück beweist und ausmalt, das ihrer Mutter trotz allem noch zufiel. Die Fotografie zeigt Friederikes Eltern als verliebtes Paar in klassischer Pose: zwei Menschen, die einander sehr nah sind.

Friederikes Vater Wilhelm hatte eine kecke Besonderheit:

Er konnte Frauen mit seinem Mandolinenspiel verzaubern. Das aber war nichts gegen die beseelte Leichtigkeit, die Lydia durch diese Verbindung ergriff. Sie wurde zu einem kleinen Enfant terrible in engen Verhältnissen, erinnert sich ihre Tochter. Sie pfiff auf Konventionen. Wenn andere Damen einen Hut aufsetzten, ging sie ohne Kopfbedeckung aus dem Haus. Wenn sie ihren entfernt wohnenden Künftigen im Haus von dessen Eltern besuchte, blieb sie über Nacht. Auch das war nicht unbedingt die sittsame Norm jener Tage, weshalb Wilhelms großzügige Mutter auf streng getrennten Zimmern bestand. Nachts aber schlich Lydia zu ihrem Wilhelm. Irgendwann im Jahr 1939 muss jenes Bild entstanden sein, das Friederike Steinfeld so gerne anschaut. Zwischen Lydia und Wilhelm Steinfeld wuchs da eine Liebe heran, die sich souverän über die herrschende Meinung hinwegsetzte. Und die letzten Endes dekretiert: Man lässt sich nicht mit der Tochter einer Geisteskranken ein, man sieht ja, wohin das führt.

Im Juni 1941, nach 25 Jahren, in denen sie in Heilanstalten mehr verwahrt als behandelt wurde, wurde Marta Herzog im Alter von 57 Jahren ermordet. Die Leiche wurde sofort kremiert, angeblich aus hygienischen Gründen. Die Urne mit ihrer Asche – oder mit dem, was die Nazis dazu deklarieren, wer kann das schon überprüfen – ging per Post an ihre Familie. Das NS-Regime wollte damit keineswegs normales Familiengedenken ermöglichen, es entledigte sich schlicht einer Altlast. Lydia dürfte in jenen Tagen wieder einmal besonders klargeworden sein, welchen Außenseiterstatus sie in der braunen Volksgemeinschaft besaß.

Umso mehr wog für sie die Liebe Wilhelms. Und der wagte das Ungeheuerliche: Er machte diese Liebe amtlich. Nach Paragraph 27 des Wehrgesetzes aus dem Jahre 1935 brauchte der mittlerweile in Uniform Gesteckte wie jeder

Wehrmachtsangehörige für eine Heirat die Erlaubnis seiner Vorgesetzten. Die waren nach Sichtung des Familienbuchs entsetzt über die Wahl. Wilhelm aber ertrotzte sich die Zustimmung, obwohl er den Preis dafür kannte. An die zuvor angestrebte Offizierslaufbahn war nun nicht mehr zu denken.

Noch im Jahr der Ermordung von Lydias Mutter ließ Wilhelm einen Ring fertigen und trat mit ihr vor den Standesbeamten. Die Ringgravur – die Ziffern des Jahres 1941 – erinnert an einen Triumph über die Normen. Aber Lydia und Wilhelm wollten auch über den Tod triumphieren. Sie wollten neues Leben zeugen, was den Nazis in ihrer perversen Terminologie endgültig wie ein Akt vorsätzlicher Schädigung der Volksgesundheit vorgekommen sein muss. Wilhelm Steinfeld wollte eine Tochter.

Friederike Steinfeld wird sich später den Mut und die Liebe dieses Mannes, der sich damit über Drohungen von Behörden und gute Ratschläge der eigenen Familie hinwegsetzte, immer wieder vergegenwärtigen. Immer dann, wenn sie glaubte, an ihrem eigenen Verstand zweifeln zu müssen. Diese Liebe sollte ihr Anker werden in seelischen Stürmen. Da war sie aber längst ein Schatz der Erinnerung, keine Kraft der Gegenwart mehr.

Es gibt ein letztes Foto vom kleinen Glück einer Familie inmitten des großen Unglücks einer brennenden Welt, aufgenommen während eines Fronturlaubs. Darauf ist Friederike Steinfeld noch einmal mit Vater und Mutter gemeinsam zu sehen. Lydia hat ihrer Tochter später erzählt, der Vater sei während dieses Besuchs sehr bedrückt, fast gebrochen gewesen. Die Fragilität seines Glücks sei ihm in jeder Sekunde bewusst gewesen. An der Front, die wieder auf ihn wartete, gab es keinen Siegesglauben mehr. Nur das mehr oder weniger pessimistische Ausrechnen der eigenen Chancen, das nächste

Gefecht zu überleben, den nächsten Artilleriebeschuss, das nächste Bombardement aus der Luft. Wilhelm Steinfeld hatte das Gefühl, an einer Lotterie des Todes teilnehmen zu müssen, mit vielen Ziehungen jeden Tag. Er, der sich einst freiwillig voller Begeisterung für diesen Krieg gemeldet hatte, redete nun streng Verbotenes. »Das ist der größte Unsinn«, bekannte er. Er soll sogar darüber nachgedacht haben zu desertieren. Aber dann trat er, vor allem, weil er sich seinen jungen Schutzbefohlenen gegenüber, den teils erst 16- und 17-jährigen Jungs in seiner Einheit, in der Pflicht sah, den Weg zurück an die Front an. Diesen halben Kindern in den Gräbern und Granattrichtern mochte er es nicht antun, nicht zurückzukommen. »Aber uns«, hadert Friederike Steinfeld in schwachen Stunden später mit seiner fatalen Entscheidung, »uns konnte er das antun.«

Wilhelm Steinfeld fällt noch auf der Rückreise nach Russland am 26. September 1943 bei Schamowo, einem kleinen Dorf auf dem Weg zur Front. Ein Tiefflieger attackierte den Kleinbus, in dem er saß. Der Angriff zerfetzt Wilhelm einen Arm und ein Bein. Weder Arzt noch Sanitäter sind zur Erstversorgung in der Nähe. Wilhelm Steinfeld weiß, dass es für ihn kein Überleben gibt. Er wird verbluten und äußert einen letzten Wunsch: Er will alleine sterben. Seine Kameraden, die seiner Familie später von diesem Ende berichten werden, schickt er weg. Sie sollen nicht an seiner Seite ausharren und erst am nächsten Morgen wieder nach ihm schauen – wenn er gewisslich nicht mehr leben wird. Sie respektieren seinen Wunsch. Er sei ein Mann gewesen, der die Dinge nun einmal gerne mit sich selbst ausgemacht habe, sagen sie später. Friederike Steinfeld tröstet sich mit dem Gedanken, dass man rasch das Bewusstsein verliert, wenn man verblutet. Auf die Schmerzen müsse wohl bald der Todesschlaf gefolgt sein.

Aber allein, so die Überzeugung der Tochter, sei der Vater in seiner Todesstunde keinesfalls gewesen. Über 2000 Kilometer westlich, im Westerwald, genauer in Herborn, findet seine junge Frau keinen Schlaf in jener Nacht. Sie drückt ihre kleine Tochter fest in den Arm und ahnt Schlimmes. Lydias Gabe der Intuition hatte ihr und Friederike schon einmal das Leben gerettet. Damals hatte sie mitten im Zustand äußerster Ermattung große Panik ergriffen. Sie hatte plötzlich den Drang verspürt, die kleine Klinik, in der sie gerade entbunden hatte, zu verlassen. Gegen den Rat der Ärzte hatte sie ihr Kind an sich genommen und war davongewankt. Einige Stunden später war die Klinik bombardiert worden. Niemand in dem Gebäude sollte überleben.

An jenem Tag, der Lydia später als Todestag ihres Mannes bestätigt werden sollte, überkommt sie eine ähnliche Unruhe. Stundenlang sitzt sie da, handlungsunfähig und aufgeregt zugleich. Die Verwandten, bei denen sie zu der Zeit wohnt, drängen sie, doch das Kind endlich ins Bettchen zu legen und selbst schlafen zu gehen. Doch sie hält weiter starr Wache und umklammert ihre Tochter. »Ich spür's, der Wilhelm stirbt«, wehklagt Lydia. Seitdem findet sich auch in der Familiengeschichte der Steinfelds jene Anekdote, die in so vielen Sterbeerinnerungen so vieler Familien die innere Verbundenheit mit den weit Entfernten symbolisiert – das Stehenbleiben einer Uhr. In diesem Moment, so hat es Lydia Steinfeld weitergegeben, habe sie gewusst, dass Wilhelm tot sei.

Eine weitere Bestätigung habe die Mutter gar nicht mehr gebraucht, sagt Friederike heute. Aber die kam trotzdem, ein Brief von der Front, in dem Wilhelms Kameraden die Armbanduhr des Toten schickten und das Bild seiner Frau, das er den ganzen Krieg über, auch in seiner letzten Nacht, bei sich getragen hatte. Obendrein legten sie, nicht unbedingt takt-

*Wilhelm Steinfeld starb in diesem Bus
auf dem Rückweg zur Front.*

voll, aber wohl wissend, dass eine Lücke in der Vorstellung schlimmer sein kann als die brutale Gewissheit, Fotos des zerstörten Fahrzeugs bei: ein halb aufs Dach gekippter Kleinbus, oben wie von einem enormen Haken aufgerissen, seitlich eingequetscht und zerknüllt, mit seltsam heilen Sitzbänken, die man durch die nun glaslosen Seitenfenster erkennen kann, als wollten die Fotos den quälenden Gedanken herbeilocken, dass hier jemand mit ein wenig mehr Glück vielleicht doch hätte überleben können. Die Todeszeit, die Wilhelms Kameraden nennen, stimmt in etwa mit der Zeit überein, zu der in Herborn die Wanduhr mit dem Pendel zu ticken aufgehört haben soll. Es mag umgekehrt gewesen sein – vielleicht hat sich die Erinnerung an die stehengebliebene Uhr allmählich der Stunde des Todes angeglichen. Aber so ist es für die Hinterbliebenen ein nicht spukhaftes, sondern tröstliches Zeichen geworden. Friederike Steinfeld ist überzeugt, ihr Vater habe die Kameraden fortgeschickt, um mit seinen Gedanken an sie und ihre Mutter allein sein zu können. Die Uhr im Elternhaus ist der Beleg für die Kraft dieser Gedanken, für ihr Hinreichen bis nach Deutschland.

Wilhelm war die Wärme in Lydias Leben gewesen. Die war nun auf schmerzliche Weise wieder gewichen. Lydia, eine von vielen Kriegswitwen, muss nun Geld verdienen, sie ist die einzige Versorgerin der Familie. Für Friederike, die sich an die Stimme ihres Vaters bereits nicht mehr erinnern kann, wiederholen sich nun die bösen Erfahrungen der Mutter. Sie benötigt tagsüber Betreuung und kommt in die kalte Obhut jener Frau, die bereits der Mutter schwer zugesetzt hatte. Schon zu Beginn ihres Lebens war sie der Gewalt ihrer Stiefoma einmal ausgesetzt gewesen. Nach ihrer Flucht aus der Geburtsklinik hatte Lydia Steinfeld die Tochter schweren Herzens ihrer Stiefmutter anvertrauen müssen. Ausgebombt und ohne eigenes Dach über dem Kopf hatte sie bei der Familie unterschlüpfen müssen. Die wenige Tage alte Friederike mochte damals partout nichts trinken. Lydia Steinfeld, von der Entbindung noch geschwächt und von Friederikes bedrohlichem Unwohlsein aufgebracht, war selbst krank geworden, so krank, dass sie für mehrere Wochen zurück in ein Krankenhaus musste. Die Tochter kann heute nicht sagen, an was die Mutter damals gelitten hat. War es eine Kindbettdepression? Das Wort taucht in der Familiengeschichte nicht auf. Überliefert aber ist Friederikes Zustand, als Lydia aus dem Krankenhaus entlassen wurde und nach Hause kam: Ein völlig abgemagertes Kind lag da apathisch in seinem Bettchen. Es brauchte Wochen, bis sich Friederikes Zustand wieder normalisierte.

Lydia Steinfeld hatte keinen Beruf erlernt. Um sich und

ihre Tochter zu ernähren, bleiben ihr nur Hilfsarbeiten. Sie verdingt sich als Näherin und hilft in einem Lebensmittelgeschäft an der Kasse aus. Die Arbeitstage sind lang, ihre Tochter ist derweil ganz der Stiefmutter ausgeliefert. Der Großvater spricht inzwischen sehr dem Alkohol zu. Als Holzbildhauer bekommt er keine Aufträge mehr. Manchmal vergreift er sich wohl aus lauter Frust auch an seiner Enkeltochter. Friederike Steinfeld formuliert das sehr zögerlich und bleibt distanziert ungenau. Sie will den Gedanken an Missbrauch ganz offensichtlich nicht in ihr Leben lassen.

Sie kann zwar kleine Erinnerungsfetzen aufrufen. Aber Jahrzehnte später ist sie nicht mehr in der Lage, sicher auseinanderzuhalten, was sie selbst erlebt hat und was sich an Bruchstücken der Erzählungen ihrer Mutter als vermeintlich eigene Erinnerung bei ihr eingenistet haben könnte. Was geschehen sein könnte, hält sie sowieso im Ungefähren. Klarere Erinnerungen könnten eventuell ihr Leben auf den Kopf stellen. Sie verbietet sich jeden Gedanken daran, dass das, was sie nicht mehr sicher weiß, ihr Leben möglicherweise ebenso oder stärker bestimmt haben könnte als die Krankheitsgeschichte der Frauen in ihrer Familie. Was sie fest im Gedächtnis behalten hat, ist nur ein Grundgefühl: jenes, als vaterloses Kind schutzlos der Welt ausgeliefert zu sein.

Diese Schutzlosigkeit wird zu einem ihrer beiden Lebensmotive. Das andere hallt in den oft gehörten Worten der Stiefoma in ihrem Kopf wider: »Du bist wie sie! Du siehst aus wie sie! Du wirst enden wie sie!« Gemeint war wieder einmal die »irre Großmutter«. Zu den Fragen, die sich mit Friederikes Erinnerungen allein nicht mehr beantworten lassen, zählt die, ob die Stiefoma wirklich so boshaft war oder ob aus den hinausgeschrienen Sätzen auch die Hilflosigkeit einer überforderten Frau spricht.

Friederike Steinfeld mit ihrer Mutter

Friederike ist in der Tat ein Kind, das es nicht leicht hat, es seiner Umwelt aber auch nicht leicht macht. Sie ist ungebärdig und kränkelnd zugleich, ein Teuflskreis: Je länger sie ruhiggestellt werden muss, desto mehr Energie staut sich in ihr auf. Und keiner hat dauernd ein Auge auf sie, sie läuft irgendwie mit im Familienbetrieb, bis zum nächsten Malheur. Friederike will spielen und auf Bäume klettern – und muss dafür ins Krankenhaus. Immer wieder springt ihr wegen einer Fehlstellung die Kniescheibe heraus, vielleicht eine Folge der Mangelernährung im Krieg. Ihre Beine müssen dann eingebunden werden. Für den Wildfang eine Qual ohne Ende. Dazu kommen ein Rückenleiden und ein nicht intaktes Herz. Wenn die anderen toben, soll sie sich schonen – kein Umstand, der einer Fünfjährigen einleuchtet. Sie begehrt auf, sie trotzt, sie verweigert sich der angeordneten Vernunft. Als sie ein wenig älter ist, will sie tanzen. Aber auch da machen ihre Beine nicht mit. Sie wird misstrauisch gegen sich selbst, hat das Gefühl, ihr eigener Körper wolle sie in die Einsamkeit zwingen. Sie will dem nicht nachgeben und wird doch zur Einzelgängerin. Das ist nicht ihre Wahl. Doch in ihrem Ortsteil ist ihre »Sippschaft«, wie es böse heißt, ohnehin geächtet, als Irrenhäusler und Kommunisten. Eine, die nicht will und auch nicht kann wie die anderen, passt ins Bild – ins Bild der gefährlich defekten Sonderlinge, die es zu meiden gilt.

Friederike ist sechs Jahre alt, als ihre Mutter ihr erzählt, dass die irre Großmutter von den Nazis umgebracht wurde. Und dass sie, Lydia, daran schuld sei, denn nach ihrer Geburt sei die Oma in den Wahnsinn übergeschnappt. Schwere Kost für ein gerade eingeschultes Kind. Friederike hört die Worte, ihre Bedeutung erfasst sie nicht. Doch die fest in die Erinnerung eingehenden Sätze entfalten eine Langzeitwirkung. Immer wieder steigen sie auf – und von Jahr zu Jahr ängstigen sie Friederike mehr. Bis heute gärt diese Aussage in ihr.

Seit Jahren engagiert sich Friederike Steinfeld in der Sterbebegleitung, vielleicht, weil so früh in ihrem Leben vom Tod die Rede war. In Gedanken umkreist sie ihn. »Ich will ruhig sein, wenn es so weit ist«, sagt die heute 68-Jährige. Vor allem will sie zur Ruhe bringen, was als Kind in ihr als Unruhe angelegt worden ist. »Ich war eine seltsame Heranwachsende«, sagt Friederike Steinfeld heute und muss den Kopf schütteln über die Tatsache, dass sie das alles irgendwie überstanden hat.

Um die Zeit, als man ihr mit dem Tod der Großmutter und der Schuld der Mutter die Seele belastete, heiratet die Mutter erneut – und zwar einen Mann, der sie seit ihrer Schulzeit verehrt hat. Lydia hatte in Schultagen nichts von ihm wissen wollen, und auch jetzt schien es nicht Liebe gewesen zu sein, die sie seinem Werben endlich nachgeben ließ. Lydia wollte wohl einfach wieder jemanden an ihrer Seite haben. Die große Liebe hatte sie schon erlebt und verloren. Nachträglich kommt es Friederike Steinfeld ein wenig so vor, als hätte die Mutter sich mit nüchternem Blick den Realitäten zugewandt und einen Mann geheiratet, der ihr als Installateur wie ein verlässlicher Versorger einer kleinen Familie erschien.

Der Mann verehrt sie dumpf. Er ist das genaue Gegenteil von Wilhelm Steinfeld. Friedrich Schrader hinkt und gilt darum als wehruntauglich. Er ist ein einfacher Kerl, der in einfachen Sätzen redet. Friederike kommt anfangs bestens mit ihm zurecht. Die drei ziehen in eine eigene Wohnung, eine Tagesmutter kümmert sich um Friederike. Diese Nenntante ist streng, aber liebevoll. So sehr, dass ihre Zuneigung auch noch für Lydia Schrader reicht, für die sie eine Art Ersatzmutter wird. Friederike hat schnell ihren Spitznamen weg, heißt nur noch »Friederike mit den Schlangenarmen«. Wie ein Klammeräffchen hängt sie an ihrem neuen Vater. Mit ihm kann das Mädchen ausleben, was es bis dahin an väterlicher Nähe vermisst hatte, und die Demütigungen in der Schule vergessen. Für eine Weile bildet das einen Schutzwall gegen das Gehänseltwerden.

Die Gemeinschaft zwischen Mutter und Tochter berührt das nicht. Sie bleibt so eng, dass der inzwischen die Familie

Friederike mit ihrem kleinen Bruder

erweiternde Bruder sich beklagt, er sei seiner Mutter überhaupt nicht wichtig. Zu diesem ersten Riss im heimischen Idyll gesellen sich weitere, als der Vater durch Krankheit arbeitslos wird. Nun sitzt er frustriert den ganzen Tag in der Wohnung herum und wandelt sich vom liebevollen Mann zum misslaunigen Tyrannen. Nicht nur er ist verbittert, dass nun seine Frau das Geld für den Unterhalt der Familie allein verdienen muss. Auch der sensiblen Lydia setzt das zu. Weil sie nun täglich lange abwesend ist, kümmert Friederike sich intensiv um den Bruder – und rutscht so in eine widersprüchliche Doppelrolle: Freundin der Mutter und Mutter des Bruders.

Mit 14 Jahren wird die Stadtbücherei Friederikes Lieblingsort. Dort leiht sie sich Lektüre gleich stoßweise aus. »Ich habe mich als Teenager durch die Königsdramen Shakespeares gelesen«, sagt sie stolz. Sie versteht damals zwar noch nicht alles, aber in ihrem Kopf ist sie an einen Ort gelangt, an dem die Realität ohne Bedeutung und sie selbst ein geschichtsloses Wesen ist. »Lesen, das war mein neuer Schutzwall«, sagt sie.

Wie viele Leseratten beginnt auch Friederike, sich eigene Geschichten auszudenken und zu Papier zu bringen. Phantastische Stoffe mag sie besonders. Im Schulaufsatz glänzt sie – noch nie, lobt die Lehrerin, habe sie so phantasievolle Aufsätze vorgelegt bekommen. Und hakt doch misstrauisch nach, wo Friederike »das denn abgeschrieben habe«. Die Phantasie des Mädchens beschränkt sich nicht aufs Schreiben. Friederike schmiedet Zukunftspläne, will selbst Lehrerin werden. Doch keiner nimmt diesen Wunsch ernst. Dass sie Germanistik studieren will, hält man in den kleinen Verhältnissen um sie herum für ein Hirngespinst – oder bereits für ein erstes Indiz der Krankheit.

Im Moment der Zukunftsplanung holt die Vergangenheit Friederike in Form des Misstrauens der anderen ein. Wieder hängen Verweise auf »die irre Großmutter« als Drohung über ihr. Gegen die immer wieder über sie hereinbrechenden Beschimpfungen und raunenden Andeutungen gibt es keinen Schutzpanzer. Ankersätze ihres Lebens nennt sie die Mahnungen, Zurechtweisungen und Schmähungen.

Die Angst vor der Krankheit hatte sie erstmals in ihrer Kindheit erfasst, zu einer Zeit, als sie das Ausmaß der mysteriösen Bedrohung noch nicht einmal ansatzweise erfassen konnte. Verschlimmert worden war das diffuse Gefühl durch eine Warnung der Mutter: »Du musst aufpassen. Diese Krankheiten überspringen meist eine Generation. Nimm dich in Acht, dass du sie nicht auch kriegst.« Was Lydia da formulierte, war die gängige Meinung der Zeit. Wie aber soll sich ein Mädchen in Acht nehmen, dem fortwährend von anderen die Samen der Angst in Kopf und Gemüt gepflanzt werden?

Eine Maßnahme der Selbstbewahrung erfolgt sieben Tage nach Friederike Steinfelds 21. Geburtstag. Da zieht sie von zu Hause aus. Die Betreuung ihres jüngeren Bruders hatte ihr die Gewissheit verschafft, dass sie anderen helfen kann und möchte. Deshalb hatte sie sich für ein soziales Jahr in einem Kinderheim entschieden. Dort aber merkt sie, dass die vielen Kinder ihre Kräfte übersteigen. In ihrer Planung verunsichert, sich einen Beruf im Sozialwesen zu suchen, gibt sie dem Drängen ihrer Familie nach und absolviert eine Schnelllehre in einer Sekretärinnenschule. Sie findet Arbeit als Verwaltungsangestellte auf dem städtischen Jugend- und Sozialamt.

Doch noch mag Friederike Steinfeld von ihren vorigen Berufsträumen nicht ganz lassen. Sie überlegt, die Begabtenprüfung zu absolvieren, um auf diesem Wege zum Germanistikstudium zu kommen und Volksschullehrerin zu werden. Aber sie bricht die Versuche wieder ab. Schon während ihres sozialen Jahres hatte sie auf das Abitur gelernt – und hingeschmissen. Sie ist hoffnungslos überfordert von ihren eigenen und fremden Ansprüchen.

Durch einen Ortswechsel versucht Friederike, ihr Leben zu ordnen. Mit 22 nimmt sie in München eine Stelle in einer Rechtsanwaltskanzlei an. Aber zur Ruhe kommt sie dort nicht. Sie wird die Geliebte ihres dreißig Jahre älteren Chefs, der eine bestens arrivierte Figur ist und wichtige Entschädigungsklagen gegen die Bundesrepublik führt. Friederike Steinfeld wohnt in einem Haus, in dem sie die einzige Nicht-Studentin ist. Sie bekommt Kontakt zur Außerparlamentarischen Opposition, ist nachts oft in der Universität unterwegs und vervielfältigt Flugblätter; die verteilt sie und agiert manchmal an der Grenze zur Legalität. Ihr Liebhaber weiß von ihren Aktivitäten. So wie sie weiß, dass er unter seiner Vergangenheit bei der Waffen-SS leidet.

Ihr Alltag in jener Zeit, so sagt sie heute, war ein Pakt mit dem Feind. Sie teilte Tisch und Bett mit einem Mann, den sie sich in ganz anderen Situationen vorstellen konnte. Männer wie er, dachte sie, trugen die Verantwortung dafür, dass man ihre Großmutter getötet hat, Männer wie er hatten eine Politik des Verbrechens entworfen, Kliniken als Vernichtungsanstalten geführt, Hilflose zur Hinrichtung gezerrt. Diesen Widerspruch zwischen Ekel und Hingabe muss man aushalten können. Als ihr Liebhaber und Arbeitgeber einmal zusammenbricht, ist sie es, die ihn pflegt, die wieder als Selbstlose für andere zurücksteckt. Aber sie verkraftet das Durcheinander von Nähe und Abgestoßensein nicht problemlos. Ihre depressiven Phasen nehmen zu. Parallel verschlechtert sich der Zustand ihrer Mutter rapide. Der zwölfjährige Bruder berichtet Beunruhigendes: Die Mutter liege immer öfter nur noch im Bett. Sie koche nicht mehr, sei komisch. Zu allem Übel erkrankt auch noch der Vater schwer und muss immer wieder in die Klinik. In jeder freien Minute fährt Friederike ganz selbstverständlich in ihre 250 Kilometer entfernte Heimatstadt. Auch alle Urlaubstage verbringt sie zu Hause, damit die Mutter sich erholen kann. Ihre eigenen Kräfte schwinden. Im Sprachgebrauch von heute würde man sagen:

Sie bewegte sich auf den Burn-out zu. Aber sie will es nicht merken, verdrängt die alte Angst, selbst so verrückt wie die Großmutter zu werden – und flüchtet sich in die Sorge um ihre Mutter.

Eine solche Strategie der Selbsttäuschung trägt nicht ewig. Friederike Steinfeld gehen die Kräfte aus. Eines Tages wird sie mitten im Diktat in der Kanzlei von einem Weinkrampf gepackt, der kein Ende nehmen will. Ihr Chef, stolz auf seine Kontakte, besorgt ihr einen Termin beim »besten Psychiater der Stadt«, so seine beruhigenden Worte. Als diese Koryphäe von der Familiengeschichte erfährt – »Großmutter verrückt, Mutter verrückt« –, sagt sie Friederike auf den Kopf zu, sie sei »sehr, sehr krank«. Diese Diagnose sollte sie noch öfter hören, ebenso den dringlichen Rat, sie müsse ein Leben lang Tabletten nehmen. Sie fügt sich der Expertenmeinung, schluckt Neuroleptika, Antidepressiva, Beruhigungs- und Schlafmittel und kann »erst mal wieder existieren«.

Sie gibt sich große Mühe, unter Medikamenteneinfluss ihr altes Leben weiterzuführen. Aber Friederike Steinfeld merkt bald, dass sie dieses Leben mit noch so vielen Pillen nicht mehr erträgt. Nicht ihren Liebhaber-Chef, nicht die immer gewalttätigeren Aktionen der APO, die sie zunehmend ängstigen. Und auch nicht die räumliche Distanz zu ihrer Familie. So wagt sie den Bruch. Sie geht zurück in ihre Heimatstadt, zieht in eine Wohnung gegenüber der ihrer Eltern. Ihre Mutter kann direkt in ihr Zimmer schauen. »Ich konnte alleine nicht existieren«, erklärt sie heute diese paradoxe Situation. Einerseits sehnte sie sich damals danach, alles hinter sich zu lassen, andererseits konnte sie nichts wirklich loslassen.

Wie schlecht es ihrer Mutter geht, begreift sie aber trotz der wiederhergestellten räumlichen Nähe nicht sofort. Als die Mutter – sie ist da 54 Jahre alt, die Tochter 26 – ihren ersten

Selbstmordversuch unternimmt, fällt Friederike aus allen Wolken. »Ich weiß nur, dass meine Mutter immer noch heiter war. Sie war eine lachende, singende Frau, seit ich sie kenne, und hatte doch Schlafstörungen, war immer sehr sensibel, sehr empfindsam. Sie hat gelitten, wenn es anderen schlecht ging. Äußerlich ist sie heiter geblieben. Aber damals, das musste sie später zugeben, hat sie überhaupt nicht mehr geschlafen und ist immer nervöser geworden. Dabei kann ich mich nicht erinnern, dass sie jemals geweint hätte.« Über die Großmutter und deren Schicksal können die beiden Frauen sich sehr intensiv unterhalten. Ihre eigenen Seelenzustände, ihre eigene innerliche Not kommen indes kaum zur Sprache. Nur einmal unternimmt Friederike Steinfeld den Versuch, von ihren Ängsten zu reden. Brüsk weist ihre Mutter sie ab. Lydia fürchtet, jeder Satz darüber könne der entscheidende Sprung sein, der die Mauer zum Einsturz bringt, jenes brüchige Konstrukt zwischen dem eigenen Abweichlertum und der bereits einmal erlebten Sanktionswut einer Gemeinschaft, die Abweichungen nicht duldet. »Soll ich den Notarzt holen, willst du in die Klapsmühle?«, herrschte Lydia ihre Tochter damals an. Und die hatte ihren Ersatz für solche Gespräche längst parat. »So hab ich halt«, sagt sie heute, »noch mehr von meinen Tabletten genommen.«

Nach dem ersten Suizidversuch der Mutter aber weiß Friederike Steinfeld, dass die Mauer nun gefallen war. Es gab nichts mehr zu verbergen, nichts mehr vorzutäuschen. Weitere Suizidversuche, das ist ihr klar, würden folgen. Die Angst vor dem Leben ist nun größer als die Angst vor den anderen. Friederike sollte recht behalten mit ihrer Einschätzung. Mehr als zehnmal sollte die Mutter versuchen, sich das Leben zu nehmen. Anfangs schluckte sie Pillen, später versuchte sie, sich zu ertränken. Und Friederike Steinfeld hatte seit der ersten Verzweiflungstat ein neues Gebet: die Bitte, die Mutter möge eines natürlichen Todes sterben dürfen.

Was nicht sein darf und offensichtlich doch sein kann, braucht einen Schuldigen, jemanden, den man haftbar machen kann für die Abweichung der Wirklichkeit vom Ideal. Die Schuldige ist schnell gefunden: Friederike. Als die nach dem ersten Selbstmordversuch der Mutter ihrem Stiefvater begegnet, ist dessen Gesicht von Angst und Anspannung verzerrt. Sie kommt gar nicht erst zu Wort. Er schreit los: »Du bist schuld! Weil du ein so verrücktes Leben führst!« Da war er wieder, der volkstümliche Begriff für seelische Krankheit, auch wenn er diesmal auf die Münchner Jahre abzielte, das politische Engagement, die vermeintlichen Männergeschichten. Die Furcht vor der Krankheit der Mutter lässt sich bei Friederike abladen. Doch die besitzt keine innere Schaufel, sie wieder abzutragen.

Das Leiden der Mutter erstreckt sich über 15 Jahre. An Heilung ist nicht zu denken. »Die Krankheit war sehr raumgreifend in unserer Familie«, schreibt Friederike Steinfeld, als sie Jahre später versucht, ihr Leben zu bilanzieren. »Mein Bruder, ich und mein Stiefvater konnten es uns gar nicht leisten, nicht mehr zu funktionieren. Ich mithilfe von Tabletten.«

Um aus solchen Teufelskreisen herauszukommen, hilft manchmal nur eine Beziehung zu einem Außenstehenden. Liebe kann einem neue Perspektiven verschaffen. Der Mann aber, in den Friederike Steinfeld sich verliebt, ist ebenfalls psychisch gestört. Als der Partner der Stützungsbedürftigen sein Examen machen will, bricht eine Schizophrenie bei ihm aus. Die Beziehung scheitert. Friederike Steinfeld schaut von dem Blatt Papier auf, von dem sie vorliest. »Manchmal glaube ich, die Leute denken, ich denke mir das alles aus. Das ist doch einfach zu viel für einen Menschen. Aber das war wirklich so. Nur dass ich gekämpft und an mir gearbeitet habe.«

Wer Friederike Steinfeld heute trifft, findet eine kraftvoll wirkende Frau, die einen unweigerlich in Bann zieht. Sie ist erfüllt vom Willen, kein Opfer mehr zu sein, sondern bestimmend Handelnde im eigenen Leben. Auch wenn bei ihr noch immer nicht alles so einfach ist wie bei den meisten anderen. Vieles ist ihr deshalb umso kostbarer, ihr Abitur zum Beispiel. Friederike Steinfeld hat es 2005 im Alter von 62 Jahren am Abendgymnasium abgelegt, mit einem Notendurchschnitt von 1,8. Als Einzige hat sie im Fach Deutsch in der Prüfung die Erörterung gewählt. Sie schreibt über die befreiende Kraft des Lesens, ein Text, der tief aus ihrem Inneren kommt. Dafür hat sie den Scheffel-Preis erhalten. Sie ist nach den Jahren des Nebenbei-noch-Lernens erschöpft, aber überglücklich.

In ihrer kleinen Wohnung stehen noch immer Lateinlexika und andere Schulbücher. Alles, was die bescheidenen Räume beherbergen, scheint dem Leben abgetrotzt. Die ehemals Niedergedrückte hat sich vom vermeintlich Zwangsläufigen ihrer Biographie befreit. Gerade das aber kann neue Schmerzen verursachen. Das Abrücken von der Krankheitsgeschichte ihrer Familie, der Versuch der Genesung scheint ihr immer auch wie ein kleiner Verrat an jenen, die gelitten haben. Und eine Verräterin will Friederike Steinfeld keinesfalls sein. Zu lange ist die Leidensgeschichte ihrer Mutter, als dass da souveräne oder kühle Distanz möglich wäre.

Die Krankheit der Mutter spielt sich in einem sich immer wiederholenden Kreislauf ab: Auf einige Wochen in der Familie mit sich verstärkenden Depressionen folgt die Einstellung vieler Lebensfunktionen. Lydia Schrader redet dann nicht mehr, isst nicht mehr und verwahrlost zusehends. Meist enden diese Phasen in einem Selbstmordversuch. Der ganze

Ort nimmt stets regen Anteil daran, wenn sie etwa in psychotischem Zustand durch die Straßen rennt, um sich im Weiher im Wald zu ertränken. Mehr als einmal wird sie, als sie in ihrem selbstzerstörerischen Tun scheitert wie einst ihre Mutter, mit triefenden Klamotten von wohlmeinenden Menschen nach Hause zurückgebracht. Die Zufallszeugen dieses Amoklaufs gegen die eigene Person stehen gaffend am Straßenrand. Wie damals bei der Sache mit dem Leiterwagen. Bis heute erinnern sich die älteren Nachbarn an solch gespenstische Szenen. Friederike Steinfeld und ihr Bruder hören die entsprechenden Anekdoten bei Besuchen am Grab ihrer Mutter noch lange und immer wieder auch den Spruch von »der Irren«.

Auf den jeweils nächsten Suizidversuch der Mutter folgen in der Regel ein Klinikaufenthalt zur Behandlung der körperlichen Verletzungen und danach eine längere Zeit in der Psychiatrie in allen Abstufungen – von geschlossenen bis zu offenen Abteilungen. »Ich habe meine Mutter in diesen 15 Jahren oft in Zuständen erlebt, dass ich dachte, ich zerbreche daran«, erinnert sich Friederike Steinfeld. Die Stimme versagt ihr. Oft genug hat sie in all der Zeit gedacht, ein gnädiger Tod sei für ihre Mutter sehr viel besser als dieses Leben.

Der Stiefvater, der auch seiner kranken Frau noch tief ergeben ist, überredet den Pfarrer irgendwann in den 1970er Jahren zu einer späten kirchlichen Heirat. Lydia Herzog hatte sich das immer gewünscht. Ihr erster Mann Willhelm hatte nicht vor den Altar treten wollen, weil er nicht gläubig war; Friedrich Schrader war bei der Trauung nach dem Krieg ebenfalls nicht in die Kirche zu bewegen gewesen, weil er das mit seiner kommunistischen Überzeugung nicht hatte vereinbaren können. Nun endlich sollte es die ersehnte Zeremonie geben. Das Foto jenes Tages zeigt allerdings, dass seine Frau dieses Geschenk nicht mehr wertschätzen konnte. Mit ausdruckslosem Gesicht sitzt sie mehr als Statistin denn als Akteurin bei ihrer eigenen Hochzeit an der Kaffeetafel, als ginge sie das alles gar nichts an. Starr blickt sie in die Kamera. Sie befindet sich – wie nun eigentlich immer in ihrem Erwachsenenleben – zwischen zwei Klinikaufenthalten. Die Abstände werden kürzer. In einer der schlimmen Phasen ihrer Krankheit will Lydia aus dem Fenster steigen und setzt sich aufs Fensterbrett. Beim Blick hinaus kommt ihr der Gedanke, fliegen zu können. Doch so schwerelos ist ihr Leben schon lange nicht mehr. Ein Gezerre beginnt, schließlich kann Friederike Steinfelds Freund Lydia in letzter Sekunde in die Wohnung zurückreißen. Die Mutter quittiert die Aktion mit Ohrfeigen für den Retter. In guten Phasen läuft sie zu den Vereinen am Ort und meldet sich zurück. »Ich bin wieder da«, sagt sie dann, bevor sie erneut in lähmende Schwermut verfällt. Manchmal klingelt sie nachts Sturm an dem Hochhaus, in dem ihre Tochter jetzt wohnt, und tobt im Eingangsbereich herum.

Lydia Schraders Krankheit ist eine sehr öffentliche. Auch ihrem Tod mit 66 Jahren geht eine dramatische Suchaktion voraus. 1981 reißt sie aus dem Heim aus, in dem sie nun lebt. Es ist November und wird früh dunkel. Der Waldboden ist matschig, die Suchenden quälen sich durch den Dreck. Zwei Tage sind sie im Einsatz, dann entdecken sie im Unterholz eine Tote mit schweren Verletzungen im Gesicht, vom Hinfallen vermutlich. Der Heimleiter identifiziert die Leiche schließlich als Lydia Schrader. Ihr Sohn und ihre Tochter sehen sie nicht mehr. Man rät ihnen davon ab, der Entstellungen wegen.

Immerhin ist Lydia Steinfeld in ihrem geliebten Wald gestorben. Das ist für Friederike ein wenig erleichternd, so wie die Nachricht, die Mutter habe sich nicht selbst getötet. Nach den vielen gescheiterten Versuchen, sich durch eigene Hand aus dieser Welt zu bringen, war sie an den Folgen eines Hirnschlags gestorben. Das hatte man bei der Obduktion festgestellt. »Nach meinem Empfinden hat sie einen sehr schönen Tod gehabt«, sagt die Tochter. »Dafür bin ich höheren Mächten dankbar. Ich war in großer Sorge um ihre Seele. Vermutlich hätte ihr das dramatische Verwirrspiel am Ende ihres Lebens sogar gefallen.« Friederike stockt, Tränen ersticken ihre Stimme. »Es hat auf alle Fälle zu ihr gepasst. Und sie starb in Freiheit.«

Doch die späte Trostperspektive täuscht. Damals kostet der Tod der Mutter die Tochter beinahe den Verstand. Zumal dies nicht der einzige Verlust ist, den Friederike um diese Zeit bewältigen muss. Eine Freundin hatte sich umgebracht. Nur ein Wimpernschlag trennt Friederike damals davon, den Zugriff auf die Realität ganz zu verlieren. Sie erleidet einen totalen Zusammenbruch. Eine befreundete Hausärztin bewahrt Friederike Steinfeld vor einem Suizid. Die hatte sich da schon vorgenommen, das Fenster in ihrer Hochhauswohnung zu öffnen und hinauszuspringen. Die Ärztin bringt sie entgegen allen Regeln persönlich in die psychiatrische Klinik am Ort.

Friederike Steinfeld ist in diesem Moment am absoluten Tiefpunkt angekommen. Sie findet sich in derselben Klinik wieder, in die ihre Großmutter eingewiesen worden war, als deren Leidenszeit begann. Auch in der Krankengeschichte der Mutter spielte diese Klinik eine herausragende Rolle. Immer wieder war sie dort zur Behandlung. Die Klinik ist das Synonym für den Wahnsinn in der Familie. Friederikes Schicksal scheint nun endgültig deckungsgleich zu werden mit den Prognosen und Schreckensbildern, die ein Leben lang um sie herum geschwirrt waren.

Gut und gerne hätte Friederike eine Dauerpatientin der geschlossenen Psychiatrie bleiben können. Es gibt solche Fälle, Menschen, die sich nie mehr so weit erholen wollen oder können, um draussen vor den Mauern mit einem weniger behüteten, weniger reglementierten, weniger von Medikamenten gedämpften Alltag klarzukommen. Aber draussen vor den Mauern gibt es einen jungen Therapeuten, der seine Patientin nicht aufgibt. Immer wieder ruft er in der Psychiatrie an und erkundigt sich nach ihr. Vier Jahre lang hat er sie als Verhaltenstherapeut begleitet. Er hatte sie damals nicht ganz von ihrer Qual befreien können, und er kann es jetzt nicht. Aber er holt sie durch seine hartnäckigen Anrufe zurück in die andere, anstrengende Welt jenseits der Sicherheitstüren.

Gegen die Rückkehr dorthin kämpft selbst Friederikes eigener Körper. Kaum ist sie draussen, generiert er solche Schmerzen, dass die Chirurgen ihr den Bauch aufschneiden wollen. Friederike vertraut den Diagnosen und Vermutungen der Ärzte nicht, stimmt jedoch einer Endoskopie unter Narkose zu. Die überraschende Erkenntnis der Prozedur: Organisch sind ihre Schmerzen nicht erklärbar. Wieder bläut man ihr ein: Sie müssen ihr ganzes Leben lang Tabletten nehmen. Jedes Mal, wenn sie diesen Satz hört, ist die Grossmutter wieder gegenwärtig. Etwas in ihr bäumt sich dann auf. »Ich wollte gesund werden«, sagt sie. Und mehr noch: »Ich wollte heil werden.« Das ist ein hoher Anspruch an die eigene Person und das Leben überhaupt.

An eine geregelte Arbeit ist in dieser Zeit nicht mehr zu denken. Kein Arbeitgeber nimmt die vielen Krankheitsausfälle und die Unberechenbarkeit dieser Frau auf sich. Nach 27 Jahren Berufstätigkeit wird Friederike mit 44 Jahren in den vorzeitigen Ruhestand geschickt. Ihre Rente ist deshalb entsprechend niedrig. Die Welt der Funktionierenden hatte sie ausgespuckt. Ihr Therapeut versuchte weiterhin, sie aufzubauen. Sie wollte mit der Therapie aufhören. Trotz ihres Wunsches nach Heilung wurde ihre Angst vor anderen Menschen in dieser Zeit zur Phobie. Friederike traute sich nicht mehr aus dem Haus. Sie schaffte sich selbst Klinikmauern, ohne die Infrastruktur einer Klinik. Hätte ihr nicht eine treue Freundin aus Kindertagen täglich ein gekochtes Essen vor die Wohnungstür gestellt, wäre nicht klar gewesen, wie sie überhaupt hätte bei Kräften bleiben sollen.

Irgendwie übersteht Friederike Steinfeld auch diese Phase der Isolation. Vier Jahre kauerte sie in ihrer Wohnung, bis sie es schaffte, den Kampf aufzunehmen. Ihrem Therapeuten gaukelte sie in einem erstaunlich kraftvollen Akt der Selbstbehauptung vor, es gehe ihr besser. Mit 48 Jahren schluckte sie »den letzten Krümel Psychopharmaka«. Alle Ärzte rieten ihr ab, ein Leben ohne Medikamente zu wagen. Aber ihr Wille zu gesunden war nun so groß, dass sie sogar eine Ausbildung zur Heilpraktikerin machte. Sie wollte nie mehr anderen in Fragen ihrer Gesundheit vertrauen müssen.

Erstaunlicherweise gewinnt sie ihren Kampf. »Ich habe eine Riesenleistung vollbracht«, sagt sie stolz. Sie probiert nun vieles aus, was ihr die Tabletten verwehrt haben, Yoga und andere Entspannungstechniken. Sie meditiert, was ihr nicht immer leichtfällt. Manchmal zerstört ein nagendes Schuldgefühl ihre Konzentration. Mit jedem Schritt der Genesung entfernt sie sich von der Großmutter, die sie liebt. »Ich kann meine Wurzeln nicht einfach kappen«, sagt sie und will doch nicht das Familienschicksal erleiden. In diesem nicht auflösbaren Widerspruch lebt sie. Manchmal überkommt sie noch der Schmerz über das Leiden ihrer Mutter.

Aber die Fotos, die sie zeigen, kann sie nun ertragen und anschauen. Die Angst ist nicht mehr da, so zu werden wie sie. Dafür ist eine Sehnsucht nach ihrem leiblichen Vater dazugekommen. Manchmal steigt auch Wut auf, darüber, dass er damals zurück in den Tod gefahren ist.

Friederike Steinfeld spricht den Gedanken nicht offen aus. Aber er ist da: Wäre alles anders gekommen, wenn ihre Familie heil geblieben wäre? Wenn ihre Mutter nicht Witwe geworden wäre? Wenn ihr Mann hätte zu ihr halten können, als andere sie misstrauisch beäugten? Oder wäre alles genauso gekommen, mit einem hilflos mit ins Unglück gerissenen Mann an Lydias Seite?

Die Furcht vor anderen Menschen ist Friederike Steinfeld geblieben. Und wie stets ist da auch ein gegenläufiges Gefühl, die Sehnsucht nach einem Lebensgefährten, der sie mit all ihren Schrullen akzeptiert und sich nicht gleich wieder zurückzieht, wenn sie von ihrem langen Weg zu sich erzählt. Doch »ein bisschen ein normales Leben« führt Friederike Steinfeld jetzt auch ohne Lebenspartner. Das ist sehr viel mehr, als sie lange zu hoffen gewagt hat. Sie hat ein paar Bekannte und »ganz wenige« Menschen, mit denen sie befreundet ist. Nicht jeder darf sie in ihrer Wohnung besuchen. Die ist ihr Rückzugsraum, war in den Jahren der Isolation der Ort, wo sie sich sicher fühlte. Gerne würde sie mal in den Urlaub fahren. Sie hat es versucht. Doch wenn sie auf dem Bahnhof steht, dreht sie schnell wieder um. In einen Zug steigen kann sie nicht – meist jedenfalls nicht. Sie weiß nicht, warum es einmal klappt, dann wieder mehrfach nicht. Zweimal gelang es ihr schon, zur Gedenkstätte Grafeneck zu fahren, dort wo auf der Schwäbischen Alb die württembergischen Opfer der Euthanasie ermordet wurden. Sie schlägt dort in den Listen den Namen ihrer Großmutter Marta Herzog nach.

Aber eigentlich will ihre Seele nicht reisen. Sie hält fest an Vertrautem, klammert sich fest an der mühsam erkämpften Normalität. Einer Freundin kann Friederike Steinfeld sogar gestehen, dass es Tage gibt, wenn sie eine schlechte Nacht hatte oder mit Kummer belastet ist, an denen sie nicht zu einem vereinbarten Treffpunkt kommen kann. »Dann komm ich eben zu dir«, ist deren unkomplizierte Antwort. Menschen wie diese Freundin tun Friederike Steinfeld gut. Spät, aber beharrlich schafft sie sich das Leben, das sie sich einst gewünscht hat. Sie hat die Aufnahmeprüfung für die Universität gemeistert und drei Semester Germanistik und Geschichte studiert. Um sich das leisten zu können, musste sie ihre kleine Rente durch Nebenjobs aufbessern. Ihren jungen Kommilitonen war sie ein Rätsel. Die konnten nicht verstehen, warum jemand in ihrem Alter »morgens nicht ausschläft und anschließend gemütlich in eine Ausstellung geht«. Friederike Steinfeld hätte ihnen viele Gründe nennen können. Sie hätte ihnen von dem unendlich wohltuenden Gefühl erzählen können, endlich frei zu sein und eine »unglaubliche Vitalität« in sich zu spüren. In ihrer Abi-Zeitung hat sie vor Jahren geschrieben: »Entweder studiere ich jetzt, oder ich stricke Socken, oder ich gehe ins Hospiz und mache Sterbebegleitung. Vielleicht lerne ich auch Klarinette spielen.« Ein Instrument spielt sie noch immer nicht. Studiert hat sie. Und ins Hospiz geht sie immer wieder.

Schuld

Wie Michael Haarer spürt, dass die Prinzipien seiner Großmutter Johanna auf ungute Weise in ihm weiterwirken. Sie war während der Nazizeit Autorin eines Standardwerks über Erziehung.

Nur noch einmal einen kleinen Schluck trinken, dann ist alles gut. Oder halt, jetzt noch einmal um die Ecke linsen, dann ist gut. Nein, eigentlich doch nicht, erst noch den Besuch begrüßen, dann ist Bettzeit. Diesmal aber wirklich, versprochen, hoch und heilig … So geht das nicht zum ersten Mal, es ist eine Endlosschleife. Der kleine Bub im Schlafanzug will immer noch ein Zipfelchen Aufmerksamkeit von seinem Vater ergattern. Er wendet alle möglichen Manöver an, um das Zubettgehen hinauszuzögern. Erst als er alles bekommen hat, was ihm einfällt, ist er zufrieden. Auf dem Arm seiner Mutter entschwindet er bei meinem Besuch Richtung Kinderzimmer.

Der Vater Michael Haarer gibt seinen Kindern Raum in seinem Leben, so viel Raum, wie ein berufstätiges Elternteil nur schaffen kann. Wenn er zu Hause ist, dann will er auch ganz da sein – und nicht nur körperlich anwesend sein in der Altbauwohnung mit den hohen Räumen und der gemütlichen roten Wohnküche, während er mit dem Kopf noch bei der Arbeit ist. Sein anderes Leben absorbiert ihn genug, wenn er außer Haus ist. Dann taucht er ein in die Welt des Theaters, die sehr vereinnahmend sein kann. Michael Haarer ist für die Technik verantwortlich. Die Arbeitstage sind lang, besonders wenn eine neue Produktion entsteht. Seine Frau, die zweijährige Tochter und der vierjährige Sohn müssen oft genug zurückstecken und den ganz normalen Wahnsinn einer jungen Familie allein bewältigen. Und doch ist es diesem Vater wichtig, dass es Barrieren gibt, über die seine Arbeit nicht klettern kann. Zuwendung, Fürsorge und Respekt sind in diesem Haushalt wichtige Eckpfeiler der Kindererziehung. Obwohl im Arbeitszimmer des vierzigjährigen Vaters ein Buch liegt, das ganz andere Regeln für die Kindererziehung aufstellt. Vielleicht auch gerade deshalb. Spielchen wie jenes um ein letztes Glas Wasser am Abend, um fünf Minuten mehr Fernsehen, um noch eine Runde mit dem Spielzeugauto um den Teppich sind darin streng verpönt. Der Ratgeber dekretiert: »Von vorneherein mache sich die ganze Familie zum Grundsatz, sich nie ohne Anlass mit dem Kinde abzugeben. Das tägliche Bad, das regelmäßige Stillen und Wickeln des Kindes bieten Gelegenheit genug, sich mit ihm zu befassen, ihm Zärtlichkeit und Liebe zu erweisen und mit ihm zu reden.«

Kinder, besagt das Büchlein knallhart, müssen kurzgehalten werden. Zu viel Nähe schadet nur. Zweckfrei miteinander verbrachte Zeit stört die Disziplin. Die ganze Anleitung klingt mehr nach Kinderstraflager als nach Geborgenheit. Michael Haarer besitzt das Buch nicht aus Freude an der Satire, und es fällt ihm auch nicht leicht, es als längst überholt abzuhaken und wegzustellen. Denn die Autorin heißt Johanna Haarer. Sie ist seine Großmutter. Was in diesem Buch anderen Menschen gepredigt wurde, das waren die Ideale, die Johanna Haarer an Michaels Eltern weitergegeben hatte und gegen die sie sich selbst immer versucht haben abzusetzen.

Schon das Erscheinungsjahr von Johanna Haarers Buch macht misstrauisch: 1935. Sein voller Titel lautet »Die deutsche Mutter und ihr erstes Kind«, und es war keineswegs

*Johanna Haarer mit ihren Zwillingen.
Einer ist Michael Haarers Vater.*

eines von vielen seltsamen, grotesken, bösartigen Büchern jener Jahre. Dieser Säuglingspflege- und Erziehungsratgeber war nicht nur einer der Bestseller während der NS-Zeit, sondern auch nach dem Ende der Diktatur. Er erschien in überarbeiteter Fassung und mit sacht anderem Titel. In der Nachkriegsedition wurde aus »Die deutsche Mutter« schlicht »Die Mutter«. Insgesamt verkaufte sich Johanna Haarers

Buch über 1,3 Millionen Mal. Es war das Grundlagenwerk der nationalsozialistischen Mütterschulen, seine Thesen wurden jungen, unerfahrenen Frauen als der Weisheit letzter Schluss eingetrichtert, und viele von ihnen versuchten in mehr oder weniger gutem Glauben, ihre Säuglinge und Kinder entsprechend zu behandeln. Dieses Buch erschien nicht nur einfach in der Zeit des Nationalsozialismus, es war Teil des Nationalsozialismus, gesättigt von der dazugehörigen Ideologie. Kinder sollten von Geburt an erfahren, dass ihr eigener Wille nichts zählt. Gehorsam, nicht liebende Zuneigung war oberste Maxime.

Bindungstheoretiker von heute können nur die Hände über dem Kopf zusammenschlagen, wenn sie hören, wozu Johanna Haarer riet: Kinder nach der Geburt zwar erst abzunabeln, sich dann aber zunächst der Mutter zu widmen, das Neugeborene schon jetzt abseitszulegen und nicht auf den Bauch der Mutter, es erst nach deren Versorgung zu wickeln und dann allein in einem Raum unterzubringen. Erst nach 24 Stunden sollte das Kind der Mutter zum ersten Mal zum Stillen gereicht werden. Alles in allem also nicht nur das Gegenteil dessen, was die moderne Forschung und der mütterliche Instinkt nahelegen. Kein Wort findet sich bei Haarer über das Urvertrauen, das erst einmal geschaffen werden muss und so wichtig ist für das, was einen im Leben stützen wird.

»Die deutsche Mutter und ihr erstes Kind« ist für Michael Haarer aber auch aus einem anderen Grund nicht nur irgendein Buch, auch nicht nur irgendein bedrückendes Zeugnis einer dunklen Epoche. Beim Blättern darin stößt er immer wieder auf die Säuglingsbilder seines Vaters. Das Buch wirkt auf ihn wie ein seltsamer Verschnitt aus historischer Schrift, privatem Fotoalbum und klinischer Beschreibung der Erzie-

Johanna Haarer beim Baden eines ihrer Kinder

hung, die seinem Vater und dessen Geschwistern zuteilwurde. Für ihn ist das von Satz zu Satz Erschreckende, dass seine Großmutter damals keine abstrakten Theorien verkündete, sondern aus eigener Anschauung schrieb. Sie hatte anfangs Erfahrung mit Zwillingen, schließlich mit fünf kleinen Kindern. Denen hat sie selbst angetan, was sie anderen predigte. Johanna Haarer hatte sich offenbar nicht verbiegen müssen, um eine der Stützen der nationalsozialistischen Erziehungsoffensive zu werden.

Ihrem Enkel Michael gelingt kein distanziert-wissenschaftlicher Blick auf das Werk der Großmutter. Dessen ist er sich auch bewusst. Aber er versucht, Klarheit zu schaffen, wo seine Familie gerne den Nebel des Vergessens ausgebreitet wüsste. Er will die Ausflüchte und Beschönigungen loswerden. Dieses Buch hatte einen verheerenden Einfluss auf die deutsche Seelenlandschaft. Es war die Regieanweisung für

*Johanna Haarer mit einem ihrer Söhne
beim Spaziergang*

die Erziehung des Nachwuchses zu ideologisch manipulierbarem Menschenmaterial, in treuer Gefolgschaft zum Führer, bis in den Untergang.

Die Lektüre hat den Enkel noch Grusligeres entdecken lassen als »Die deutsche Mutter und ihr erstes Kind«. Johanna Haarer hat noch mehr veröffentlicht, Mütterbücher, wie sie selbst die Reihe nennt, zu der »Unsere lieben, kleinen Kinder« und »Unsere Schulkinder« gehören. In dem Werk »Mutter, erzähl von Adolf Hitler!« beschreibt sie die aus dem Osten kommenden Juden: als schmutzige, hässliche, schmierige, kriechend-freundliche und unersättlich gierige Kreaturen. Kein innerfamiliärer Versuch der Schönrednerei kann Michael Haarer den Schrecken über diese linientreue Menschenverachtung, über diesen Rassenhass nehmen.

Es ist nicht leicht, sich dieser Familiengeschichte zu stellen. Noch schwerer ist es, mit diesem mit deutscher Seelengeschichte schwergefüllten Rucksack selbst Vater zu sein und die eigenen Kinder durch die Welt zu führen. Denn Michael Haarer kann die Großmutter nicht einfach aus der Distanz betrachten und verurteilen. Er hat gemerkt, dass ihre Erziehungsideale noch immer auch in ihm wirksam sind. So etwas kann einem den Boden unter den Füßen wegziehen. »Ich kann mich nicht in andere hineinversetzen«, beschreibt er seinen manchmal bis zur Mitleidlosigkeit nüchternen Blick auf die eigenen Kinder. »Wenn mein Sohn hinfällt, dann ist mein erster Impuls nicht, ihn zu trösten. Ich frage mich stattdessen: Wie ist es dazu gekommen, was hat er falsch gemacht?« Er tut das, weil er das für richtig hält. Ihm ist klar, dass dem Kind damit wenig geholfen ist und dass er seine Frau wütend macht.

Seine Andersartigkeit fiel ihm bereits auf, als es ernst wurde mit der Beziehung zu seiner späteren Frau und er in Berührung kam mit dem Innenleben und den Binnengewohnheiten der Familie seiner Freundin. »Man kennt ja nur die eigene Familie«, sagt er noch immer mit dem Staunen von damals. Die Haarers waren für ihn keineswegs eine Gefrierschrankvariante von Familie gewesen. Im Gegenteil, sie stellten lange den Maßstab und Bezugspunkt für alles dar, was Familienleben ist und sein kann. »Weder ich noch meine Brüder würden sagen, wir hätten keine schöne Kindheit gehabt«, betont er. Zumal er als jüngster von drei Brüdern in der glücklichen Situation war, im Windschatten der Großen aufzuwachsen. Will heißen: »Ich konnte tun und lassen, was ich wollte.« Die Kämpfe mit den Eltern hatten die älteren Geschwister geführt. Es gab keine Züchtigungen, keine körperliche Gewalt. »Ich hatte lange Jahre keinen Grund, über unsere Erziehung nachzudenken, sie zu bewerten oder gar zu kritisieren. Und dann kommt man in eine andere Lebensphase, heiratet, wird Vater, wird Teil einer anderen Familie und denkt: Was ist denn hier los? Wie gehen die denn miteinander um?« Erst im Vergleich fällt auf, was man selbst nicht gehabt hat. Michael Haarer war verblüfft, »wie wahnsinnig rücksichtsvoll« die Verwandten seiner Frau miteinander umgingen, über ihr Interesse aneinander. »Das hat mich emotional sehr mitgenommen«, sagt er. Von nun an schmerzte das Defizit, das er an seiner alten Familie spürt.

Besonders offensichtlich wird die selbstverständliche familiäre Verbundenheit bei der Geburt des ersten Kindes. Die Familie seiner Frau schickt Glückwünsche, die Haarer wohl auf ewig überwältigt »wahre Briefladungen« nennt. Selbst entfernte Tanten, die länger schon kein Lebenszeichen mehr gegeben hatten, schreiben Glückwunschkarten und übermitteln ihre Freude. »Sogar die Nachbarn meiner Schwiegereltern haben noch Geschenke geschickt.« Seine eigene Familie dagegen reagiert verhalten, wie er höflich formuliert. Nicht einmal an Karten kann er sich erinnern. Nur ein Verwandter, den sie intern immer nur »den Vetter aus Dingsda« nennen, kommt kurz nach der Geburt ohne umständliche Voranmeldung einfach vorbei. Im Gepäck hat er einen frischen, warmen, schwäbischen Apfelkuchen. »Das fand ich spitze«, sagt Michael Haarer. Der Rest war Schweigen.

Darüber kann man sich lange grämen. Michael Haarer aber hat es zum Anlass genommen, die eigene Person gründlich zu durchleuchten. Beendet ist dieses In-Augenschein-Nehmen bis heute noch nicht. Besonders im Vorfeld seines vierzigsten Geburtstags fragte er sich, was geschehen ist, das ihn im Vergleich zu anderen so anders fühlen und reagieren lässt. Lässt es sich noch mit dem Allgemeinplatz erklären, dass die Menschen eben verschieden sind? Liegt es vor allem daran, dass seine Eltern in ihrer Kindheit noch den Krieg erlebt und damals gelernt haben, ihre Gefühle so gut wie möglich zu verbergen? Michael Haarer fürchtet, dass in seinem Fall mehr mitwirkt als das, was auf eine ganze Generation zutrifft. Schließlich hat man in seiner Familie nationalsozialistische Mustererziehung aus erster Hand erlebt.

Zu seinen prägenden Kindheitserinnerungen gehören die Besuche bei Johanna Haarer in München, der Großmutter väterlicherseits. Die Dame, die zeitlebens eine Haushälterin hat, bewohnt bis zu ihrem Tod jenes Haus, das sie sich noch vor Kriegsende von den Tantiemen ihrer Bücher hatte leisten können. Ein kräftigeres Symbol für das Weiterwirken ihrer Erziehungsratschläge in der Bundesrepublik lässt sich kaum denken. »Ein richtig großer Kasten war das, ein um die Jahrhundertwende gebautes Einfamilienhaus, hochherrschaftlich mit riesigen Zimmern und hohen Decken«, beschreibt Michael Haarer das Haus der Großmutter aus jener Kinderperspektive, die er und seine Brüder damals einnahmen – eine Perspektive, aus der Johanna Haarers Heim regelrecht einschüchternd wirkte.

Nicht alle Erinnerungen allerdings sind bedrückend. Das Haus besaß einen altmodischen Speiseaufzug von der Küche im Keller hinauf in die Wohnetagen. Für Michael und seine Brüder war der bei den Besuchen zwar tabu. Aber immerhin gab es Geschichten darüber, wie Johanna Haarers Mann Michaels Vater und die anderen Kinder in diesem Speiseaufzug die Stockwerke hinauf- und hinuntergezogen habe. Der Gedanke hat etwas Erleichterndes und Paradoxes, dass es an der Seite der strengen, kühlen Johanna einen Mann gegeben hat, der mit Kindern genau jene unsinnigen und albernen Dinge tat, die sie so lieben.

Bis 1988 residierte die Großmutter in dem Haus mit den

großen Flügeltüren. Besuche ohne Voranmeldung waren undenkbar, Förmlichkeit ging über alles. Michael Haarer hat Johanna als stets penibel gutgekleidet in Erinnerung, das Haar im Genick zu einem festen Knoten akkurat verschlungen. Groß und stattlich sei sie gewesen, auf gebieterische Weise, eben das, was der Enkel eine Dame nennen würde. Aber Erinnerungen sind selten eindeutig. Michael Haarer spürt beim Zurückdenken sofort die Kälte, die das Haus nicht nur wegen seiner Bausubstanz ausstrahlte. Gleichzeitig sieht er die Großmutter immer wieder auch lachend vor sich. Zwei Extreme, die nicht so recht zusammenpassen wollen.

Das Großelternhaus mütterlicherseits hat er hingegen ganz anders in Erinnerung, kuschelig und warm. Auch das stand in München, und stets übernachteten sie dort, wenn sie von außerhalb anreisten, auch wenn sie eigentlich Johanna Haarer besuchen wollten. Oma und Opa nannte Michael die Eltern der Mutter. Johanna Haarer dagegen hieß Großmutter. Diese Terminologie aus Kindheitstagen verrät viel über Nähe und Distanz. Dabei hat der jüngste Enkel durchaus Erinnerungen an turbulente Familienfeste bei der Großmutter, bei denen das Haus voll war. Bei solchen Anlässen konnte es schon mal vorkommen, dass Papierflieger durchs Wohnzimmer schwebten und einer der Kleinen auf den Tisch kletterte. Solcher Trubel, meint er sich zu erinnern, wurde von der alten Dame vom Kaffeetisch aus »eher amüsiert zur Kenntnis« genommen. Distanz und Ironie aber sind das, was Kinder extrem verunsichert.

Eine andere Erinnerung zeichnet ein Bild der Großmutter, das kein Theaterregisseur besser auf die Bühne bringen könnte. Die Frau, die psychische Kälte als geeignetes Raumklima fürs Kinderzimmer predigte, war eine begeisterte Strickerin. »Ich habe jetzt noch Socken von ihr«, sagt Michael Haarer. Die alte Dame deckte sämtliche Verwandten unablässig mit Selbstgestricktem ein, als würde sie befürchten, es könnte dauerhaft zu kalt werden im Leben jener, die mit ihr in Kontakt kamen. Doch die Ironie dieser Geschichte reicht noch tiefer. Ursprünglich nämlich, so ist es ihren persönlichen Aufzeichnungen zu entnehmen, hatte Johanna Haarer bei einem Verlag nur vorgesprochen, um ein Buch mit Strickanleitungen für die Bekleidung der ganzen Familie vorzuschlagen. Der Verlag war dann auf die Idee gekommen, die junge Lungenärztin und Mutter stattdessen ein Buch über Säuglingspflege und Kindererziehung schreiben zu lassen. Die Vorzeichen für einen Publikumserfolg standen gut: Der Doktortitel – auch wenn sie keine Kinderärztin war – verlieh Johanna Haarer beim Publikum Glaubwürdigkeit und Autorität, genau wie der Umstand, dass sie selbst bereits Kinder hatte.

Johanna Haarer dürfte die Gunst der Stunde gespürt haben. Sie war ehrgeizig, hatte wie nur wenige Frauen damals Medizin studiert, sogar den berühmten Ferdinand Sauerbruch gehört. Aus dieser Zeit stammen viele Erfahrungen mit einer Gesellschaft, die Frauen nicht vorankommen, ja nicht vom Herd weglassen will. In die Arbeitswelt holen die Nazis die Frauen erst, als sie die Männer an der Front brauchen. Johanna Haarer hat die Geringschätzung vieler Professoren über sich ergehen lassen müssen, sie hat erlebt, wie Lehrende sich weigerten, Vorlesungen zu halten, solange sich weibliche Zuhörer im Hörsaal befanden. Die Tochter eines böhmischen Kaufmanns, die sich ihr Studium also hart erkämpft hat, spürte, dass das angebotene Buch eine große Chance war, sich Respekt zu verschaffen, als Frau eine Schlüsselstelle einzunehmen, jenen Koryphäenplatz zu besetzen, den sonst früher oder später ein Mann einnehmen würde. Die damalige Gesellschaft hätte es schließlich kein bisschen seltsam gefunden, wenn ein männlicher Autor sich als normensetzende Autorität in Sachen Mutterpflichten geriert hätte.

Das alles sind Umstände und Beweggründe, die ihr Enkel gut nachvollziehen kann. Johanna Haarer, so seine Deutung der Historie, wollte endlich durchstarten. Und so nimmt sie das Verlagsangebot an. Ihr Kalkül geht auch auf. Sogar im »Völkischen Beobachter«, dem zentralen NS-Blatt, schreibt sie Artikel über Säuglingspflege und Kindererziehung. »Sie hat ihre Chance ergriffen, leider in einer ungünstigen Konstellation«, urteilt Michael Haarer. Als Enkel will er nichts verschweigen, aber doch gerne ein bisschen milder im Urteil sein als die übrige Nachwelt. Er will die Lebensgeschichte seiner Großmutter nicht von ihren dunkelsten Punkten her erklären. Er will sie verstehen. Ganz gelingt ihm das nicht. Denn die Nähe zum Gedankengut des Nationalsozialismus macht Johanna Haarers Geschichte zu einer von Schuld und Verblendung. Und sie selbst vielleicht zu einer der nachhaltigsten Denkerinnen des NS-Staates; denn ihre Botschaften wirkten besonders lange nach – hie und da bis heute.

Michael Haarer kann nicht sagen, wann er erstmals wahrgenommen hat, wie tief die Geschichte seiner Familie mit der deutschen verwoben ist. Sein Nachname ist nicht gerade erlesen selten. Er ist aber auch nicht von so klarem Signalwert, wie das bei Goebbels, Himmler oder Göring der Fall ist. »Aber es reicht«, sagt er und winkt abwehrend ab.

Michael Haarer kann sich an eine Begebenheit erinnern, die wohl zu einem Besuch in München gehört haben muss. Er und seine Brüder wissen damals aus dem, was man Familienüberlieferung nennt, was aber vielleicht besser Familienraunen heißen sollte, dass die so korrekt wirkende Großmut-

*Eine Schlittenpartie: Johanna Haarer
mit einem ihrer Kinder*

ter einmal im Gefängnis war. Für die Jungs klingt das nach Abenteuer. Und so wagen sie denn einen Vorstoß: »Großmutter, erzähl doch mal, wie du im Gefängnis warst!« Die folgende Entrüstung über diese vermeintliche Entgleisung und Provokation war so heftig, dass sie Michael Haarer all die Jahre in Erinnerung geblieben ist. Keiner hat danach je wieder zu fragen gewagt nach dem, was die Bestseller-Autorin als Tiefpunkt ihres Lebens begriffen haben dürfte. Ihr Lebensentwurf schien damals komplett gescheitert. Wofür sie in Nazideutschland gefeiert worden war, schien mit einem Mal verpönt, ja kriminell. Das Familienraunen weiß zu berichten, dass Johanna Haarer 1945 von amerikanischen Soldaten abgeholt wurde, und es benennt mit dem Wort »Gefängnis« das Internierungslager, in dem die Großmutter ein Jahr zubringen musste. Es reicht über die Generationen weiter, dass ihre guten Englischkenntnisse die Großmutter vor Schlimmerem bewahrt hätten. Aber was Johanna Haarer wirklich gedacht hat über diesen Umsturz der Werte und Systeme, wie viel Triumph sie empfunden haben mag, als sie bemerkte, dass ihr Werk doch bald wieder mit kleinen Änderungen gesellschaftsfähig sein würde, dazu weiß das Familienraunen nichts zu berichten.

Es gibt aber auch noch andere Bilder der wütenden Großmutter im Gedächtnis von Michael Haarer. Einmal hat einer seiner älteren Brüder am sogenannten Giftschrank der Großmutter hantiert und versucht, das Schloss aufzubekommen, das ihre Bücher schützte. »Da kam es zu einem panischen Anfall«, sagt Michael, der die Aktion neugierig verfolgt hatte. Der Bücherschrank selbst interessierte ihn damals nicht, er registrierte nur, wie kalt und verbissen die Großmutter nach dem Vorfall wirkte. Die Vergangenheit sollte also offenbar fest unter Verschluss bleiben, alle Versuche, sie ans Tageslicht zu holen, waren unerwünscht.

Nach dem Tod des Familienoberhaupts im Jahr 1988 warfen ihre Kinder dann fast alles weg, was sie an schriftlichen Aufzeichnungen vorfanden, als sollte Johanna Haarers Tun aus der Welt geschafft werden. So jedenfalls kommt es Michael Haarer im Rückblick vor. Bis auf die Lebenserinnerungen der Großmutter gibt es nichts, was ihm bei seiner Suche in der Vergangenheit helfen könnte. Der Giftschrank ist verschwunden, er findet sich nicht bei den aufgeteilten Antiquitäten, die ohnehin für einen heftigen Streit gesorgt hatten. Michael erinnert sich in diesem Zusammenhang an einen fürchterlichen Streit mit seinem Vater. Der Junge hatte sich, als Johanna Haarers Haus aufgelöst wurde, für einen Biedermeiersekretär interessiert, auf den niemand anders Ansprüche angemeldet hatte. Michael war damals 16 Jahre alt und wohnte noch zu Hause. Der Vater erlaubte ihm nicht, das Möbelstück zu behalten. »Er hat eine extreme Abneigung gegen Antiquitäten«, erklärt sein Sohn. Denn nach dem Tod von Johannas Mann Otto war Michaels Vater für Pflege und Erhalt der alten Möbel verantwortlich gewesen. Der älteste und einzige Sohn hatte unter der tadelnden Aufsicht der Mutter eine Rolle ausfüllen müssen, die ihm danach auf ewig zuwider sein würde – die des Hüters der Schränke und Kommoden. Auch das sagt viel über die sich letztlich ins Gegenteil verkehrenden Erziehungsmethoden Johanna Haarers.

Michael blieb damals nichts anderes übrig, als vor dem entschiedenen Widerstand seines Vaters zu kapitulieren. Immerhin rettete er das Ehebett seiner Großeltern, indem er es bei einem Freund unterstellte. Dort jedoch wurde es später versehentlich mit dem Sperrmüll entsorgt, ein seltsam stimmiger Verweis des Schicksals auf die Haarerschen Familienwünsche nach Vergangenheitsbereinigung. Michael Haarer versteht bis heute nicht, wie das passieren konnte: »Als ob man nicht ein Biedermeierbett von einem einfachen Ikeabett unterscheiden könnte«, schimpft er. »Aber vielleicht«, sagt er gleich im Anschluss, »ist es gut, dass ich nie in diesem Bett geschlafen habe.«

Bleibt also kaum mehr als die bereits erwähnten Lebenserinnerungen Johanna Haarers. Aber die enthalten keine Rechenschaft über ihr Tun im Dritten Reich, und sie schildern auch nicht, wie Johanna Haarer nach dem Krieg zunächst vergeblich versucht hat, »Die deutsche Mutter und ihr erstes Kind« zu überarbeiten. Die kurz vor ihrem Tod begonnenen Aufzeichnungen brechen im Jahr 1933 ab. Und Michael Haarer muss zur Kenntnis nehmen, dass er der Einzige ist – auch im erweiterten Kreis der Cousins und Cousinen –, der das als schmerzliche Lücke empfindet. Als er merkt, dass ihn diese

Figur nicht loslässt, dass offene Fragen und ungeklärte Einflüsse in ihm gären, versucht er es schließlich mit einer Familienaufstellung. Er weiß, dass diese Methode psychologischer Erkundung nicht unumstritten ist. Lange sucht er daher nach einem Therapeuten, den er vertrauenswürdig findet. Als er den Schritt wagt, erfährt er, was ihn nicht überraschen kann, was er selbst in Gedanken schon wie einen Fisch unter Wasser als Schatten gesehen hat: Er hat die Schuld seiner Großmutter übernommen. Das beschwert sein Leben.

Die nun offen ausgesprochene Erkenntnis führt »zu einer Befreiung, weil mir klarwurde, dass ich etwas mit mir herumtrage, was gar nicht zu mir gehört. Was bei mir völlig falsch am Platz ist.« Unklare Verhältnisse bringen ungeklärte Gefühls- und Schuldlagen hervor. Darum will Michael Haarer nun herausfinden, was sich noch herausfinden lässt. Er fährt nach München ins Archiv, um dort die Spruchkammerakte seiner Großmutter zu studieren. Er liest, schreibt ab und erlebt Stunden höchster Konzentration. Ohne auch nur einen Hauch von Müdigkeit zu verspüren, arbeitet er sich durch die Originaldokumente. Er ist völlig gebannt von der Erfahrung, sich Elementen der Geschichte zu nähern, die noch keinen familiären Zensurfilter durchlaufen haben. Die Schriftstücke bestätigen, dass sein Großvater Otto Haarer Selbstmord begangen hat. Darüber wurde nicht gesprochen, wohl schon deshalb nicht, weil es die Frage nach sich gezogen hätte, ob dieser Suizid etwas mit Wesen und Wirken Johanna Haarers zu tun hatte. Dabei könnte man aus den Umständen das genaue Gegenteil schließen.

Johanna Haarers Mann hat sich in jener Zeit umgebracht, in der sie im Internierungslager saß. Offenbar konnte er den Verlust seiner Frau nicht verwinden. Die Haarers hatten eine für die Zeit untypische gleichberechtigte Ehe geführt. Sie waren Doppelverdiener: Johanna Haarer erschrieb sich ihr Geld als Autorin, Otto Haarer zog als Lungenarzt in der Tuberkulosebekämpfung übers Land. Das bewahrte ihn vor dem Kriegseinsatz. Nun stand der Mann, mit seinen fünf Kindern hilflos vor den Trümmern seines Lebens. Er war Johannas zweiter Ehemann. Der erste hatte sie nach Strich und Faden betrogen, es war schließlich zur Scheidung gekommen. Vieles deutet darauf hin, dass dieser zweite Mann die Liebe ihres Lebens war. Aber der musische, stille und immer wieder von Depressionen geplagte Großvater von Michael Haarer bricht unter der Last der alleinigen Verantwortung zusammen. Die Ehepartner haben sich nach der Verhaftung kein einziges Mal sehen können. Otto Haarer kannte den Aufenthaltsort seiner Frau nicht, wenn man dem Familienraunen glauben darf. Ohne die vertraute Stütze, so scheint es, kann er, geschwächt von seinem seelischen Leiden, nicht weiterleben.

Die Schuld seiner Großmutter wird durch diese Erkenntnisse für Michael Haarer nicht kleiner. Aber sein eigener Standort wird ihm wesentlich klarer. »Das ist nicht meine Geschichte. Das ist die Geschichte meiner Großmutter.« In den Archivakten wird Schuld schwarz auf weiß benannt und abgestuft, aber höhere Weisheiten darf man von solchen Akten nicht erwarten, auch keine tieferen Wahrheiten. Johanna Haarer wird im Rahmen ihres Entnazifizierungsverfahrens nur als Mitläuferin eingestuft. Die Akten beinhalten die Aussagen vieler Familien, die als Fürsprecher der Lungenärztin auftreten und ihr beste Zeugnisse ausstellen. Als Ärztin allerdings, so das Urteil, darf sie nie mehr praktizieren. In ein ganz anderes Fach muss sie trotzdem nicht wechseln. Sie arbeitet bis zu ihrer Pensionierung beim Gesundheitsamt. Für die stolze, karrierebewusste Frau dürfte das allerdings eine täglich bitter schmeckende Demütigung gewesen sein. Beruflich zurechtgestutzt, muss sie zudem als Alleinerziehende fünf Kinder durchbringen und deren Ausbildung finanzieren. Das wird sie nicht zur kritischen Selbstbefragung ermuntert, sondern eine alte Gewissheit bestärkt haben: dass sie eine praxiserprobte Expertin in Sachen Kindererziehung war.

»Ich glaube nicht, dass man sich von einer Großmutter verabschieden kann«, sagt Michael Haarer heute. »Aber ich habe auch gelernt, dass es keinen Sinn für mich macht, meine Großmutter anzuklagen.« Er bemüht sich nun, Johanna Haarer »als eine sehr interessante zeitgeschichtliche Persönlichkeit« zu sehen und als Phänomen ihrer Zeit. Begreifen in ihren inneren Gefühlen, erhaschen in ihren stillen Zweifeln lässt sie sich nicht mehr. Zu viel ist verlorengegangen, verschwiegen, versteckt und entsorgt worden. Wenigstens die Schuldgefühle ist Michael Haarer am Ende doch noch losgeworden. Er hat der Großmutter die Schuld, die er so lange auf sich genommen hatte, in einem einfachen symbolischen Akt zurückgegeben. Er ist an ihr Grab gegangen und hat dort ein paar Steine abgelegt. Diese Last gehört nicht zu ihm. Sie ist besser bei Johanna Haarer aufgehoben.

Hilflosigkeit

Wie Kerstin Albert ihre Kindheit als Kampfzone zwischen Mutter und Vater erlebte, die selbst darüber stritten, wer als Kind im Krieg mehr zu leiden hatte.

Kerstin Albert wohnt in einem Reihenhäuschen am Rande der Stadt. Man braucht eine Weile, um von hier zum Bahnhof zu kommen. Von ihrer Haustür bis zu ihrer Arbeitsstätte ist Albert fast zwei Stunden mit Bus und Bahn unterwegs – einfach. Vier Stunden täglicher Anfahrtsweg zur Arbeit sind eine ungemeine Belastung, die andere so schnell wie möglich abstellen würden. Und doch nimmt die 45-Jährige diese Strapaze geduldig auf sich. Sie zieht nicht um, sie wechselt nicht den Arbeitgeber. Sie sieht die ganze Prozedur als lohnenden Preis für ein Zuhause, das diesen Namen auch verdient und das sie durch keine Veränderung aufs Spiel setzen will. Dieses Maß an Selbstausbeutung lässt bereits ahnen, wie wenig heimelig Kerstin Albert frühere Wohn- und Lebenssituationen empfunden haben muss.

»Da wird immer eine Düsternis bleiben in meinem Leben, die ist einfach da«, gibt sie offen zu. Man muss die Traumatisierung also nicht als bloße Vermutung auf einem Zettel der Möglichkeiten notieren. Aber sie habe, beteuert sie, diese Düsternis im Griff, habe viele Therapien hinter sich gebracht und brauche nur manchmal auch ein paar Tabletten, um den dunklen Stimmungen Lebenskraft entgegensetzen zu können. Es ist der seelische Ballast ihrer Eltern, der noch immer ins Leben der erwachsenen Tochter drückt. Und der so früh zu drücken begonnen hat, dass ihr eine gewisse Grundtraurigkeit zum Persönlichkeitsmerkmal wurde.

Sie holt ein Wollplaid aus dem Wohnzimmer. Auf der Terrasse ist es jetzt, in den ersten Sonnentagen, noch kühl. Der von Kerstin Albert empfundenen Behaglichkeit tut eine vom Thermometer erfassbare Kälte jedoch keinen Abbruch. Gegen die weiß sie sich zu schützen, mit heißem Kaffee und einer Wolldecke zum Einwickeln. Für dieses Lebensgefühl ist sie eigens weggezogen aus der Stadt, in der sie arbeitet. »Ich bin jetzt bei einem Menschen, der mir richtig guttut«, gibt sie ihre wichtigste Umschreibung für Geborgenheit preis. Sie spürt Liebe, die weder Konventionen noch Lippenbekenntnis gefolgt ist. Der Mann an Kerstin Alberts Seite leidet unter einer Katzenallergie. Ein Los, das er mit vielen Menschen teilt. Doch die wenigsten von ihnen würden mit einer Katzenliebhaberin samt deren Tieren zusammenziehen. Er hat es getan. Neben vielem anderen. Man kann auch unter dunklen Gewitterwolken spüren, wie gut Kerstin das Leben hier tut.

Die Distanz, für die sie so große Opfer bringt, gilt nicht allein der Arbeitsstelle. Der Wohnort schafft auch räumlichen Abstand zur Mutter und macht der Tochter das Atmen leichter. »Es tut mir besser, meine Mutter nicht zu sehen«, befindet Kerstin Albert barsch. Der bittere, angestrengte Unterton in ihrer Stimme signalisiert, dass sie sich zu dieser Haltung mühsam durchgerungen hat. Die Emanzipation von Ansprüchen und emotionalen Forderungen der Mutter fällt ihr noch immer schwer. Manchmal schnurrt daher die mühsam geschaffene Distanz auf wenige Zentimeter zusammen. Kerstin Albert verliert dann jede Fähigkeit zur Reflexion, fühlt sich eingespannt wie in einen Schraubstock. Kein Vor und kein Zurück scheint ihr dann mehr möglich, keine Befreiung aus der Familienfalle.

Kerstin und Veronika Albert, das sind zwei, die miteinander nicht können. Eine Mutter-Tochter-Beziehung, wie es viele gibt, könnte man achselzuckend sagen. Aber mit lapidarer Schnodderigkeit wäre dieser Fall nicht beschrieben. Die beiden Frauen leiden unter dem sich seit Ewigkeiten hinziehenden Ablösungskonflikt. Für einige Jahre waren sie aufeinander zurückgeworfen, nachdem sich Veronika Albert von ihrem Mann getrennt hatte. Aus dieser Schicksalsgemeinschaft, die nur wenige Jahre währte, haben beide bis zum heutigen Tag nicht den richtigen Ausstieg gefunden. Allerdings ist Kerstin nicht einfach aus einer vertrauensvollen Tochterposition noch näher an die Mutter herangerückt, aus einer Verteidigungsstellung gegen den vermeintlich bösen Vater heraus. Die Beziehung zu ihrer Mutter hatte die ganze Zeit über einen Knacks, ein Element des Misstrauens und der unverwundenen Verletzung überlagerte andere Emotionen.

Der Knacks stammt aus einer Zeit, als die Ehe nach außen hin noch intakt war, aber ein Umzug in die Landeshauptstadt anstand. Weder Mutter noch Vater haben die elfjährige Kerstin damals gefragt, ob sie sich vorstellen könne, aus der gewohnten Umgebung fortzugehen. Aus Sicht der Eltern wohl aus gutem Grund: Wer Kerstin kannte, wusste, dass sie den Umzug entschieden ablehnen würde. Und so wurde die Tochter lediglich mit einer längst gefällten und nun unumstößlichen Entscheidung konfrontiert.

Die Kleinfamilie zog aus einem Dorf, wo das Kind vom eigenen Garten aus zum Baden an den Bach laufen konnte, mitten in die große Stadt, direkt an eine Hauptverkehrsstraße, in ein Mehrfamilienhaus ohne Garten. Die Lkws dröhnten so mauerndurchdringend, dass man ständig das Fernsehgerät lauter stellen musste, um noch etwas zu verstehen. Kerstin wurde aus einem in ihrer Erinnerung hellen und freundlichen

Schulgebäude gerissen und in ein altes, muffig riechendes, dunkles Gymnasium gesteckt, das nah an der neuen Arbeitsstelle ihres Vaters lag. Sie empfand das alles als Sturz aus dem Paradies in die Hölle. Sie opponierte, wo sie nur konnte. Strich ihr Zimmer schwarz und fühlte sich der Punkszene zugehörig. »Wenn ich mich recht erinnere, bin ich auch oft weggelaufen«, sagt sie. Als rede sie von einem anderen Leben, das nicht ihr eigenes ist. Als solle diese Vergangenheit nicht zu präsent werden in der Erinnerung, sie nicht mehr einholen.

Was Kerstin damals in ihrer Wut und Enttäuschung nicht in seiner ganzen Bedeutung erfasst: Ihre Eltern sind kein bisschen glücklicher als sie selbst. Aber der Lasterlärm und die Freiheitseinschränkungen durch das Asphaltleben sind nicht der Grund ihres Genervtseins. Diese beiden Menschen sind füreinander eine Belastung. Ihre Lebensgemeinschaft ist ein Irrtum. Kerstins Mutter Verena wollte als junge Frau ein Leben als Mündel so schnell wie möglich hinter sich lassen und wieder Geborgenheit finden, eine Grundgewissheit, die ihr abhandengekommen war. Viel zu früh hat Verena sich darum in die Ehe mit einem sieben Jahre älteren Mann gestürzt. In dem einfühlsamen und zugleich aufstrebenden Musiker Walter Albert schien sie einen zum Beschützer Taugenden gefunden zu haben, der Geborgenheit garantieren und doch Perspektiven, Entwicklungen, Leidenschaften verheißen konnte. Doch mit dem Musiker, der zur Zeit des Kennenlernens noch in einem Kurorchester spielte, scheint der Ehemann nichts mehr gemein zu haben, der nun jeden Morgen zu einem ungeliebten Bürojob als Krankenkassenangestellter außer Haus geht.

Walter kommt aus einfachen Verhältnissen auf dem Land. Veronika Albert hat einen wichtigen Teil ihrer Kindheit bei Onkel und Tante verbracht, die sich der sogenannten besseren Gesellschaft zurechnen. In Walters Familienumfeld wird bald klar, dass die beiden nicht zusammenpassen. Und Walter beginnt, seinen Frust über die nicht zu erfüllenden Erwartungen – oder über seine Unfähigkeit, diesen zu entsprechen – in Alkohol zu ertränken. Es dauert nicht lange, und es kommt regelmäßig zu wüsten Szenen. Recht ist und wahr ist, was den anderen verletzen kann. Wenn Veronika und Walter einander gar nichts mehr zu sagen haben, konkurrieren sie um die größere Traumatisierung. Sie werfen einander dann vor, der andere habe die wahren Grausamkeiten des Krieges gar nicht erlebt. Nur man selbst könne bei diesem Thema ernsthaft mitreden. »Für meine Mutter galt als Krieg nur das, was sie in Berlin erlebt hat«, erinnert sich Kerstin an den dauernden Schlagabtausch zwischen ihren Eltern. Der Zwist um den Opferstatus erscheint umso absurder, als gerade der Streit selbst zeigt, wie tief der Krieg, der nun auch im Frieden in der Ehe weitergeht, beide Partner geprägt hat. Veronika hat ihn in Berlin und danach in Pommern erlebt. Walter hingegen kann nichts von Bombennächten in Kellern berichten. Er kennt auch die Angst nicht, die Veronika im nur kurze Zeit sicher scheinenden Pommern eingeimpft wurde und die sich in der Frage »Und wenn der Russe bis hierher kommt?« verdichtete. Aber sein Vater ist aus der Vertrautheit des kleinen Landlebens plötzlich verschwunden, in Uniform Richtung Russland. Er hat das, beteuert er später im Streit, nie als normale Abwesenheit mit Garantie auf eine Rückkehr empfunden, sondern sei von Sorge und Sehnsucht zerfressen worden.

Kindliches Leid kann niemand quantifizieren und gegeneinander abwägen. Aber Kerstin, selbst noch ein Kind, soll nun genau das tun. Ihre Eltern erwarten, dass sie Partei ergreift im häuslichen Stellungskrieg. Kerstin steckt sowieso mittendrin, egal, ob sie sich für eine Seite entscheidet oder nicht. Für sie gibt es keinen Schutzraum mit dicken Mauern, der die verbalen und emotionalen Ausfälle der Erwachsenen fernhalten würde. Das Kind wird abwechselnd zur Geisel des einen Ehepartners im Ringen gegen den anderen. Später, als die Kriegführenden voreinander kapitulieren und sich trennen, wird die nun 16-jährige Tochter zur Konkursmasse. Mit 17 zieht sie bei ihrer Mutter aus. Der Vater ist da schon fast vollständig aus ihrem Leben verschwunden.

Das ist keine Entwicklung, die abrupt mit der Scheidung einsetzt. Schon lange zuvor hatte der Vater sich ihr und dem Familienleben nach und nach entzogen. Walter Albert hatte sich in ein Zimmer zurückgezogen, dessen Tür er immer geschlossen hielt. Er verbarrikadierte sich in seiner eigenen Zelle gegen das, was einmal sein Zuhause hätte sein sollen. Bei der Arbeit funktionierte er noch, sein restliches Leben jedoch entglitt ihm. Zunehmend orientierungslos fehlte ihm auch das Gespür für seine Tochter. »Zu meinem 15. Geburtstag hat er mir ein Buch geschenkt, das war für Zehnjährige«, erinnert sich Kerstin. Einmal, erzählt sie weiter, fand die Nachbarin Walter Albert volltrunken im Gebüsch. Die täglich grösser werdende Lücke, die der Vater nun schaffte, füllte die Mutter mit schlimmen Geschichten über ihn. Die Tochter bemüht sich, diese Hasstiraden nicht an sich herankommen zu lassen. Sie träumt von mehr Sachlichkeit in den Darstellungen jenes Mannes, den sie immer noch verstehen möchte. Doch zu Sachlichkeit ist Veronika nicht mehr fähig. Sie sieht sich als Opfer, das all das widerfahrene Unrecht hinauszuschreien hat, um nicht übersehen zu werden, sie lebt die Rolle weiter, die sie als Kind im Krieg angenommen hat.

Manches geht im Verborgenen weiter, nachdem es dem Augenschein nach aufgehört hat. Der Kampf von Kerstins Eltern gehört dazu. Er setzt sich in der Tochter fort. Kerstin ist hin- und hergerissen zwischen dem Wunsch, die Gefechte zwischen Mutter und Vater begreifen zu können, und der Sehnsucht, das Kampffeld endlich verlassen zu dürfen. Ihre Mutter, das weiß sie, wird ihr den Weg hinaus nicht weisen können. Sie steckt selbst in inneren Gefechten fest. »Es wird zu keinem guten Schluss kommen«, sagt Kerstin resigniert nach vielen Jahren, in denen sich so gut wie nichts bewegt hat. Immer wieder rät sie ihrer Mutter, sich mit professioneller Hilfe einen Weg aus dem Krieg zu suchen. Aber die Mutter blockt ab, verharrt lieber. Diese Schicksalsergebenheit ist für die Tochter kaum auszuhalten. Kerstin Albert hat gelernt, wie wichtig zumindest der Versuch ist, mit einem quälenden Geschehen abzuschließen.

Aber es sind keinesfalls nur Unmut, Ungeduld und Hilflosigkeit, die Kerstin gegenüber ihrer Mutter empfindet. Sie kann auch ganz andere Sätze über sie sagen als den harten, es tue ihr gut, sie nicht zu sehen. Sie klingt dann mitleidsvoll und besorgt. Fast schon liebevoll. Als sie einmal einen Film im Fernsehen sah, der von Flucht und Vertreibung und dem Leben danach in den Flüchtlingsbaracken erzählte, war sie sehr aufgewühlt. »Mir hat es das Herz zerrissen. Ich konnte danach verstehen, warum es meiner Mutter so schlecht geht. Warum sie in dieser Rolle drinsteckt.« Die Sendung sei erschütternd gewesen, aber »sachlich erzählt«, wie sie betont. Sachlich, das sagt sie mehr als einmal, sollten auch die Erzählungen ihrer Mutter öfters sein. Die Opfergeschichte als Aneinanderreihung von Schmerz-Superlativen mag sie nicht mehr hören, die Beteuerung des Grauens, das in steter Wiederholung zum Stellplatz der Versatzstücke wird. Denn obwohl Veronika Albert ihrer Tochter immer wieder aus ihrer Kindheit erzählt, fehlt viel Konkretes, Reales, Anschauliches. Kerstin kann nicht einmal sagen, wo ihre Mutter in Pommern eigentlich gelebt hat. Deren Biographie ist ihr in weiten Teilen ein großes Fragezeichen geblieben, obwohl die Erzählungen der Mutter um fast nichts anderes kreisen. Kerstin Albert weiß nur, dass der Vier-Mädel-Haushalt damals von Berlin nach Pommern umgezogen ist, um sich vor den Bombardierungen der Reichshauptstadt in Sicherheit zu bringen. Wie lange sie dortgeblieben sind? Keine Ahnung. Kerstin Albert kann es nicht sagen. Dieses Nichtwissen macht sie wütend. Denn die Versatzstücke der mütterlichen Erzählungen passen weder nahtlos aneinander, noch lassen sie sich richtig sortieren. Nach Kriegsende sei die Familie erst einmal im Osten geblieben. Musste sie das? Oder konnte sie das aus freien Stücken entscheiden? In ihren emotionalen Erinnerungen spreche Veronika Albert »nicht so richtig gut von den Polen«, formuliert die Tochter vorsichtig. Aber auch über konkrete Übergriffe, Schikanen, Gemeinheiten werde nicht geredet. Die dramatischen Vorwürfe blieben im Angedeuteten und Ungefähren. Kann es sein, dass der Vater seine Töchter erst 1947 oder 1948 von Pommern wieder zurück nach Berlin brachte? Passt das Geburtsjahr der Mutter zu dem, was sie an historischem Geschehen in einem ganz bestimmten Alter mitgemacht haben will? Fügt es sich in die historischen Fakten, dass die 1941 Geborene im Alter von sechs oder sieben Jahren, 1947 oder 1948 also, von Pommern, das damals längst nicht mehr deutsch war, nach Berlin und dann ins Badische gebracht wurde?

Kerstin Albert ist sich über nichts mehr sicher. Sie liest historische Bücher, als könnte sie darin auch im Leben ihrer Eltern lesen. Aber die Bücher liefern die Details nicht, die sie gerne in Erfahrung bringen würde. Die eigene Familie taucht darin nicht auf. Dreh- und Angelpunkt des Familienschicksals in Veronikas Variante scheint der Tod von Kerstins Großmutter mütterlicherseits zu sein. Der Großvater wusste sich danach keinen anderen Rat, als seine Jüngste zu Verwandten ins Badische zu schicken. Alleine für vier Töchter verantwortlich zu sein, traute er sich möglicherweise nicht zu. Vielleicht hat er aber auch gefürchtet, seine Kinder kämen bei eigener Überforderung ins Heim. Diese Interpretation scheint jedenfalls durch die Familiengeschichte zu flackern, vorsichtiger gesagt, Kerstin meint, sie herausgelesen zu haben.

Für das kleine Mädchen Veronika ist diese Verpflanzung in den Süden Deutschlands, weg vom wohl vergötterten Vater, die völlige Entwurzelung. Sie erlebt, was sie später der eigenen Tochter zumutet. Die Mutter hat sie durch den frühen Tod verloren, den Vater, die drei Geschwister und die vertraute Umgebung durch den Umzug – diese mehrfache Verlusterfahrung müsste verständnisvoll abgefedert werden. Aber Veronika kommt in einen Haushalt, in dem offenbar niemand versteht oder Zeit hat, darauf einzugehen, dass hier ein todtrauriges Kind scheu vor allem steht. Dass es nicht zu schnell in eine neue Hausordnung gepresst werden darf, sondern erst einmal getröstet werden sollte. Der Onkel nimmt Veronika zwar an wie eine eigene Tochter. Die Tante jedoch ist streng. Obwohl die Familie zur »besseren« Gesellschaft gehört und immer Hausmädchen hat, muss auch die kleine Veronika im Haushalt mit anpacken. Das Mädchen hofft, ohne die Schwierigkeiten in Pommern nach Ende des Nazireichs recht zu verstehen, dass der Vater bald in den Westen kommen möge. Die große Enttäuschung wird nicht die, dass Polen oder Russen den Vater lange zurückhielten, sondern eine ganz andere, viel unerwartetere. Der Vater schafft es in den Westen. Aber er holt Veronika nicht zu sich. Seine jüngste Tochter bleibt bei Onkel und Tante. Der Vater heiratet wieder, stirbt aber bald darauf. Die älteren Schwestern bleiben im Osten Berlins, auch nach der Teilung Deutschlands. Der Tod der Mutter erweist sich tatsächlich im Rückblick als der Moment, in dem der Familienverbund für alle Zeiten auseinandergesprengt wird.

Dass der Kontakt zu den Schwestern fast ganz abbricht, liegt nicht allein an der innerdeutschen Grenze. Auch über sie hinweg kann man kommunizieren. Aber die drei Großen neiden der Jüngsten, dass sie im Westen lebt, statt mit ihnen im Osten Deutschlands festzusitzen. Als hätte da jemand mit Plan, Vorsatz und böser Weitsicht gehandelt, eine ungerechte Bevorzugung erfahren. Die Unwägbarkeiten und Zumutungen der Geschichte scheint man in dieser Familie sehr persönlich zu nehmen. Oder ist auch die Missgunst der Schwestern eine falsche Interpretation des sporadischen Kontakts? Kerstin Albert lebt mit Interpretationen der Fakten durch die verschiedenen Protagonisten, aber ohne Gewissheiten. Sie kann sich an gerade einmal drei Besuche erinnern, die sie mit ihren Eltern in Ostberlin gemacht hat. Nach der Trennung ihrer Eltern schläft der Kontakt für lange Zeit ein.

Man lebt nur ein Leben – und das aus nur einer Perspektive, der eigenen. Sie bestimmt jede Erzählung, die damit vom Zuhörer Vertrauen, Glauben und letztlich Parteilichkeit fordert. Scheidungskinder lernen das, wenn ihre Eltern ihnen schroff kontrastierende Varianten derselben Sachverhalte präsentieren, und sie reagieren auf den Drang zur Parteinahme oft verschreckt. Kerstin Albert mag sich im Rückblick weniger denn je für eine Seite im Familienkrieg entscheiden, weil sie das als Kind oft genug hat tun müssen. Sie will nicht weiter aufgerieben werden zwischen kollidierenden Lebensgeschichten. Sie will einfach und bedingungslos da sein dürfen, ohne das Risiko, jemanden zu verprellen. Sie will Geschehenes nicht mehr moralisch werten müssen, will keine

Ein-Frau-Ratingagentur für erlittenes Leid sein müssen. Sie möchte selbst leben und in die Zukunft schauen. Aber sie hat auch eine Ahnung, warum das ihrer Mutter nicht gelingt.

Wo die Sprengung ihrer Familie ausgelöst worden, wo die Großmutter gestorben ist, weiß Kerstin Albert noch immer nicht. Sie kennt keine Instanz außer ihrer Mutter, der sie Fragen stellen könnte. Und Veronika mag darüber noch immer nicht sprechen. Sie will den Ort nicht einmal auf der Landkarte zeigen, geschweige denn seinen Namen aussprechen. Einmal standen die beiden zufällig gemeinsam in einer Bibliothek, und Kerstin schlug vor, man könne doch mal durch einen Atlas blättern. Veronika lehnte schroff ab. Ihr scheint es wohl eine Verhöhnung ihres Leids, könnte man es mit einem bunt bedruckten Stück Papier verknüpfen. Sie will Ort und Geschehen, die verschütteten, dem Auge entzogenen Ruinen im Ungefähren lassen. Für Kerstin Albert sind so nur Mythen, keine Orte verfügbar. Und so weiß sie auch nicht, woran ihre Großmutter – sie selbst spricht stets von der »Mutter meiner Mutter« – überhaupt gestorben ist. Es war für sie einmal Gewissheit, auch wenn sie die Quelle dieser Überzeugung heute nicht mehr ausmachen kann, dass die Frau, die sie nie kennengelernt hat, an Typhus, an völliger Erschöpfung, letztlich also an den Kriegsfolgen gestorben ist. Doch auch diese Gewissheit ist geschwunden. Denn Veronika Albert hat spät den Kontakt zu ihren Schwestern wiederaufgenommen. Ab und zu telefonieren sie nun miteinander. Nach einem dieser Gespräche hat Veronika sich aufgeregt bei ihrer Tochter gemeldet, mit der Botschaft, sie kenne nun »die Wahrheit«. »Ich wusste schon immer, dass noch etwas anderes dahintersteckt«, brachen Verzweiflung und Schmerz aus ihr heraus. Was sie schon immer geahnt habe, die Schwester hätte es nun endlich ausgesprochen: Ihre Mutter, Kerstins Großmutter, sei vergewaltigt worden. Sie soll sich für eine ihrer Töchter, die damals zwölf Jahre alt gewesen war, geopfert haben. Weil sie schon von Entbehrungen und Strapazen geschwächt gewesen sei, habe sie diese Gewalttat nicht überlebt.

Veronika Albert bezahlt ihr neues Wissen mit Schlaflosigkeit. Es martert sie. Ist das nun die Familienwunde, die Ursache aller psychischen Verwerfungen bis in die nächste und übernächste Generation? Kerstin Albert versteht, dass ihre Mutter mehr wissen will über das, was ihre Kindheit bestimmt hat. Vieles könnte sie nur durch das Gespräch mit ihren Schwestern erfahren. Die sind älter, ihre Erinnerungen setzen ein entscheidendes Stück früher ein. Sie könnten die blinden Flecken in Veronika Alberts Leben vielleicht auffüllen. Aber Kerstins Mutter hat eben auch Angst vor dem, was sie erfahren könnte. Anstatt Konkretes zu recherchieren, redet sie sich lieber immer wieder in das trostlose Verlassenheitsgefühl ihrer Kindheit hinein und hofft auf – ja auf was eigentlich? Auf Trost von ihrer Tochter? »Ich fühle mich da überfordert«, bekennt Kerstin Albert. Ihr Verstand sagt ihr: Die Mutter will etwas, das sie in ihrer Kindheit vor über sechzig Jahren nicht bekommen hat. Mitempfinden, einen aufmerksamen Zuhörer, ein Gegenüber, das die Trostlosigkeit endlich in Worte fasst und sagt: »Mein Gott, was hast du durchgemacht!« Aber Kerstins Gefühle lassen nicht zu, dass sie in die Rolle schlüpft wie eine Schauspielerin, die selbst ihr Wesensfremdes überzeugend vorführt. »Ich empfinde in dieser Situation Hilflosigkeit«, sagt sie. »Ich kann ihr nicht helfen, ich bin nicht der richtige Ansprechpartner. Ich kann sie verstehen, wenn sie sagt, du bist mein Fleisch und Blut, ich möchte, dass du das weißt.« Aber Kerstin Albert weiß auch, dass mehr als dieses Wissen gefordert ist. Und dieses etwas mehr, diese Chorfunktion des Betrauerns einer Dulderin, kann sie nicht leisten. Sie erstarrt vor den Erzählungswiederholungen der Mutter. Deren endlose Erzählschlaufen führen nirgends wirklich hin. Die Bruchstücke der Familiengeschichte ergeben kein Ganzes. Zu viel Nichtwissen und Nicht-aussprechen-Wollen trennen die Elemente.

Und dann ist da noch etwas, was das Geschichtsverständnis von Mutter und Tochter radikal unterscheidet. Für Kerstin gehört auch die Sicht ihres Vaters zu einem Gesamtbild des Gewesenen. Für Veronika hat Walter Alberts Meinung nichts mehr in der Gegenwart zu suchen. Walter soll es nur noch als die Figur geben, die sie mit ihren Erzählungen, Deutungen, Vorwürfen charakterisiert.

Bei unserem Gespräch ist Kerstin Albert seit ein paar Tagen in großer Sorge um den Vater. Seit etwa zwei Jahren hat sie wieder Kontakt zu ihm. Sie hat zu akzeptieren gelernt, dass er noch immer trinkt. Sie kommt damit zurecht, dass man ihn besser nicht zu Hause besucht, in seinem Elternhaus, in das er nach der Pensionierung wieder gezogen ist. Die Einkäufe, die sie nun wieder für ihn erledigt, stellt sie dort nur auf dem Treppenabsatz ab. Durch die Haustür tritt sie nie. Sie ahnt, wie es dahinter aussieht. Der Geruch, der schon vor der Tür in der Luft hängt, vermittelt ihr eine gute Vorstellung davon, was sie im Haus erwarten würde. Sie hat keinen Zweifel mehr, dass ihr Vater an einer mittlerweile vieldiskutierten Störung leidet, dass er ein Messie ist. Das deutete sich bereits an, als sie noch zu dritt beisammenwohnten, Mutter, Vater und Kind. Schon damals konnte er kaum etwas wegwerfen. Man musste Dinge hinter seinem Rücken aus dem Haus schaffen. Nun lebt er von anderen ungestört mit Altpapierbergen, Zettelbergen, Aluminiumpapierchen, übereinandergestapelten Eierkartons, unzähligen Kronkorken und allem, was je seinen Weg ins Haus fand, von kleinsten Schräubchen bis zu längst defekten Fernsehapparaten. Kerstin weiss, dass es in Walter Alberts Haus keinen Stuhl gibt, auf den man sich setzen könnte. Jede Oberfläche ist dort belegte Ablage geworden. Kerstin weiss, dass man kaum einen Pfad durch die Habseligkeitshalden im Haus findet und dass auch der normale Schlafplatz, das Bett, mit Zeitungen und Kartons überhäuft ist. Überall liegen Kleidungsstücke, unausgepackt. Zum regelmässigen Gebrauch begnügt Walter Albert sich mit einigen wenigen Teilen. Er riecht permanent ungewaschen. Die neuen Hemden etwa, die er sich von seiner Tochter kaufen lässt oder die sie unaufgefordert als Hinweis auf die dringend nötige Änderung seiner Aufmachung mitbringt, werden originalverpackt auf einen der Haufen geschichtet. »Als ich die ersten Male noch zusammen mit ihm zum Einkaufen fuhr, habe ich im Auto immer das Fenster heruntergekurbelt«, umschreibt sie das Hygieneproblem des Vaters. Sie bemüht sich um einen sachlichen Blick auf dieses aus den Fugen geratene Leben. Sie weiss, dass sie es nicht von aussen wieder richten kann. Das macht ihr den Umgang mit dem Vater aber nicht leichter, eher schwerer. Kerstin ist nüchterne Pragmatik nicht wirklich gegeben. Sie nagt an Problemen herum.

Mittlerweile ist sie überzeugt davon, dass auch in der Seele ihres Vaters der längst vergangene Krieg sein Unwesen treibt, dass das nicht nur ein wohlfeiles Argument im Verletzungswettbewerb mit Veronika war. »Er kann nichts wegwerfen, weil er erlebt hat, wie es war, als man im Krieg nichts hatte«, legt sie sich Walters beschwerliches Lückenfinden in der selbstverursachten Müllverklumpung zurecht. Für Walter, das weiss sie, ist nichts im Haus Müll. Alles könnte irgendwann doch noch einmal eine Verwendung haben, in allem schlummert ein mehr oder weniger ferner Zweck. In seiner eigenen abgeschlossenen Welt funktioniert Walter Albert.

Er ist der Meister des Unüberblickbaren. Bald, so beteuert er, werde er alles sortiert haben. Trotzdem ist es sein Bestreben, seine Welt des für andere Nutzlosen vor den Blicken dieser anderen zu schützen. Er will nicht hören, was sie davon halten. Auch Walter ist eher ein Schweiger. Er redet nicht über das, was ihn beschwert. Die Sprache seiner Seele ist seine Lebensweise. Die krasse Symbolik müsste ihm eigentlich selbst auffallen: Was er für seine Habseligkeiten reklamiert, das reklamiert er auch für sich und ungewollt für Veronika gleich mit, dass das scheinbar Kaputte, Verlorengegangene, am falschen Ort zur falschen Zeit Gelandete den Moment der Sinnfindung noch vor sich hat.

Vor kurzem jedoch hat Kerstins Tante Walter in seinem Blut liegend zwischen all seinem Kram entdeckt. Er war gestürzt und hatte sich an der Glasscheibe eines Bilderrahmens verletzt. Wahrscheinlich konnte er sich einer chronischen Malaise wegen nicht wieder aufrichten. Schon lange lebt er mit einer nie versorgten gebrochenen Kniescheibe. Er lag etliche Zeit, vielleicht schon mit Gedanken an den Tod, bis man ihn fand. Nun wird er auf der Intensivstation eines Krankenhauses versorgt. Durch das lange Liegen, durch die Austrocknung arbeiten seine Nieren nicht mehr richtig. Eine Maschine wäscht jetzt sein Blut. Über seine Schmerzen schweigt er. Als Kerstin Albert ihn im Krankenhaus besucht, mahnt er, als er ihren entsetzten Gesichtsausdruck sieht: »Du musst lächeln!« Kerstin Albert gehen dafür allmählich die Kräfte aus. Wenn sie die Dialyse-Maschine anschaut, wünscht sie sich, es gäbe einen Apparat, der Schmutz und Gift und Leiden aus den Seelen waschen kann. Aber sie weiß auch, zu ihren Lebzeiten wird so eine Maschine nicht mehr erfunden werden.

Angst

Wie Dagmar Hennings durch die Hölle geht, wenn ihr Sohn im Einsatz in Afghanistan ist. Und wie sie glaubt, dass dieser für viele so ferne Krieg noch lange bei uns sein wird, auch wenn er irgendwann ein Ende gefunden haben wird.

Dagmar Hennings ist gerade mit dem Auto unterwegs, als die Nachrichten eine nicht mehr ganz und gar ungewöhnliche Meldung bringen. Es hat einen deutschen Toten in Afghanistan gegeben. Dagmar Hennings beginnt zu zittern, Tränen laufen ihr über das Gesicht, ihre Atmung wird seltsam unruhig, sie sucht eine Stelle, um rechts herausfahren zu können. Sie merkt, dass sie »nicht mehr richtig funktioniert«, und versucht, sich zu beruhigen und ihren Verstand wieder einzuschalten. Tief durchatmen. Beschwör hier nichts herauf, was gar nicht geschehen ist, sagt sie sich. Es gelingt ihr nicht sofort, die immer wiederkehrende furchtbare Ahnung zu verdrängen. Die Ahnung, der Tote könne ihr Sohn sein.

Ihr Verstand beginnt damit, Barrieren gegen die Panik zu errichten. Das Befürchtete ist unmöglich, erklärt er ihr. Du hörst nicht zum ersten Mal die Nachricht im Radio, dass ein deutscher Soldat in Afghanistan gefallen ist, und wirst danach vom Tod deines Sohnes verständigt. Der Dienstweg für die ultimative Katastrophe ist ein ganz anderer, sagt sich Dagmar Hennings auch an diesem Abend immer wieder. Die Militärs kappen die Leitungen in Afghanistan, wenn es ein deutsches Opfer gibt, haben sie ihr und den anderen Verwandten der jungen Soldaten bei den Betreuungstagen erklärt. Damit niemand außer den offiziellen Dienststellen hinaustelefonieren kann aus dem Land am Hindukusch. Vor allen anderen sollen die Angehörigen die traurige Nachricht erhalten. So hat sie es gelernt im Familienbetreuungszentrum der Bundeswehr.

An diesem Tag hat niemand versucht, Dagmar Hennings zu erreichen. Sie bemüht sich, ruhig zu bleiben. Aber auch in diesem Moment, wie immer wieder einmal in den letzten Monaten, versagen ihre Abwehrkräfte. Vielleicht lag ja das Mobiltelefon so, dass ich es nicht hören konnte, begehrt da eine Unruhe gegen die Stimme der Vernunft auf. Vielleicht war das Handy aus Versehen auf leise gestellt. Vielleicht war ich abgelenkt, denkt sie.

Die Hände von Dagmar Hennings zittern so, dass sie im geparkten Auto viel länger als sonst braucht, um das Mobiltelefon aus der Handtasche zu kramen. Der Moment, bis der kleine Bildschirm aufleuchtet und seine Informationen preisgibt, ist geprägt von nackter Angst. Aber das Display zeigt keinen Anruf in Abwesenheit. Nur langsam fällt die Anspannung von Dagmar ab. Es braucht noch eine ganze Weile, bis sie die Fahrt nach Hause fortsetzen kann.

Dagmar Hennings ist eine Soldatenmutter. Der Ausdruck klingt antiquiert und fast ein wenig martialisch, aber er beschreibt doch genau eine Facette des Lebens, die den meisten Deutschen als rein historisch galt. Nach dem Zweiten Weltkrieg gab es lange Zeit keine Mütter mehr, die um das Leben ihrer Kinder fürchten mussten, die als Soldaten in einen Krieg zogen. Doch seit dem Jahr 2001 gibt es diese Angst in Deutschland wieder. Die Bundeswehr ist aufgrund eines Bundestagsbeschlusses vom Dezember 2001 im Einsatz in Afghanistan. Sie hat dort keinen Kampfauftrag. Ihr Mandat definiert einen Stabilisierungseinsatz. Die Bundeswehr soll friedensfördernde Maßnahmen unterstützen. Das klingt alles eher ungefährlich, hat mit der Realität aber längst kaum noch etwas zu tun. Die Bundeswehr wird von den Talibankämpfern als Besatzungsarmee definiert und attackiert. Immer wieder sterben dabei Soldaten – im Gefecht, bei Selbstmordanschlägen oder bei Unfällen, bei Hubschrauberabstürzen beispielsweise. Bis heute haben über fünfzig deutsche Soldaten im Afghanistan-Einsatz ihr Leben gelassen.

Rund 4500 deutsche Männer und Frauen verrichten im Rahmen eines NATO-Einsatzes ständig Dienst am Hindukusch. Der Tod im Krieg hat sich wieder in den Alltag der Nation geschlichen, auch wenn das viele nicht direkt betroffene Deutsche so wenig wahrhaben wollen, wie es die Politiker einzugestehen bereit sind. Aber Mütter, Väter, Ehepartner und Kinder haben nun wieder Kinder, Enkel, Eltern und Geschwister, die erfahren, welche Wucht, welche Grausamkeit, welche Überforderung der Seele hinter dem Begriff Krieg stecken.

Hierzulande mochte man sich erst nicht vorstellen, dass Deutschland wieder mit Krieg in Berührung kommen könnte. Dann wollte man glauben, es gäbe so etwas wie einen sauberen Krieg, den perfekt durchgeplanten Einsatz, bei dem die pro forma bewaffnete Friedensmission dank gezielter Schläge gegen ihre wenigen Opponenten geschützt würde. Doch der Einsatz läuft nicht nach Plan. Nun ist das Staunen groß und der Hang zum Wegschauen immer noch stark: Das Maß der militärischen Verwicklung geht weit über gefahrloses Patrouillefahren hinaus. Die deutschen Soldaten werden in Fallen gelockt und attackiert, nicht nur mit Bomben aus dem Hinterhalt. Sie geraten in Gefechtssituationen in unübersichtlichem Gelände, sie agieren auf einem Terrain, auf dem Freund, Feind und Unbeteiligte nicht immer leicht zu unterscheiden sind. Und so kommt es auch zu Gewalt gegen die einheimische Bevölkerung, zu Opfern unter der Zivilbevölkerung. Manche Reaktion in der deutschen Öffentlichkeit scheint in ihrer Fassungslosigkeit oder in ihrem professionellen Kleinreden unglaublich absurd. Man denkt manchmal, sie käme aus einem Land, in dem die letzten Erfahrungen mit Kriegen Jahrhunderte zurückliegen, in dem es keine Familienüberlieferungen zum wahren Gesicht des Krieges gibt. Wo es doch gerade in Deutschland kaum eine Familie gibt, die ohne Erfahrung von Gewalt, Not oder Verlust durch die Zeit des Zweiten Weltkriegs gekommen ist. Dieser unter Schmerzen und Grauen für die halbe Welt errungene Erfahrungsschatz scheint bereits verschüttet – oder wird jedenfalls nicht abgerufen, wenn es um die Betrachtung der Gegenwart geht.

Deutschland hat einen bemerkenswerten Spagat geschafft: sich einerseits im Bewusstsein von der Wirklichkeit des Krieges sehr weit zu distanzieren und gleichzeitig in einen hineinzugeraten. Es gehört inzwischen zu den erwähnenswerten Besonderheiten, wenn ein Verteidigungsminister ins Amt kommt, der seinen Wehrdienst absolviert hat. Und es wachsen Generationen von jungen Männern heran, für die es keine Wehrpflicht mehr gibt.

Wenn man gewisse Begriffe nicht ausspricht, bleibt einem auch das fern, was sie benennen. Diesem Irrglauben wollen einige noch immer anhängen. Sie vermeiden das Wort Krieg, sie halten an Ersatzbegriffen fest. Seit es Tote gibt, ist das ein schwieriges Unterfangen, denn um einen anderen Begriff lässt sich nun nicht länger herumreden – einen Begriff, den man längst der Welt der Großväter und Urgroßväter zugerechnet hatte: Es gibt wieder Gefallene. Die Trauerfeiern mit militärischen Ehren werden inzwischen live im öffentlich-rechtlichen Fernsehen übertragen. Der jeweils aktuelle Verteidigungsminister kondoliert, die Bundeskanzlerin spricht den Angehörigen in diesem Rahmen öffentlich ihr Mitgefühl aus. Misstrauische würden den Satz ein wenig umstellen und sagen, sie spreche in diesem Rahmen ihr öffentliches Mitgefühl aus. Es gibt wieder Veteranentreffen, aber zu denen kommen nun junge Männer, die kaum älter als zwanzig, dreißig Jahre sind. Es gibt wieder Soldatenwitwen und Kriegswaisen und Kriegsversehrte. Sie sind die direkt Betroffenen eines Krieges, den die Mehrheit ihrer Mitbürger inzwischen ablehnt. Nur noch 26 Prozent der Deutschen wollen den Einsatz fortgesetzt sehen. Für Mütter wie Dagmar Hennings macht es das noch ein bisschen schwerer, gehört zu werden.

Seit vier Jahren lebt sie mit der dauernden Angst und drohenden Vorstellung, ihr Sohn Stefan werde wieder nach Afghanistan abkommandiert. Das ist kein gelegentlicher Gedanke, das ist eine dunkle Wolke über jeder Stunde jedes Tages. Sie hängt nur manchmal tiefer oder weniger tief. Als Stefan das erste Mal nach Afghanistan kam, dachte sie noch, es werde die Mitmenschen interessieren, dass ihr Sohn zu denen gehört, die unter Gefahr für das eigene Leben einen Auftrag der gesamten Gesellschaft ausführen. Sie hat lernen müssen, dass das kaum jemanden interessierte. Manchmal sagten die Menschen, statt nur mit der Achsel zu zucken, auch Dinge wie: »Na, wenn er das will.«

Stefan Hennings will nicht. Er muss. Wobei dieses Muss nicht nur dem Einsatzbefehl geschuldet ist. Sein Selbstverständnis als Berufssoldat besagt: »Kneifen gilt nicht.« Sein Pflichtbewusstsein fasst er in einem einfachen Bild zusammen. Ein Bäcker könne ja auch nicht einfach sagen: »Ich backe nur Torten. Auf frühes Aufstehen und Brötchenbacken habe ich keine Lust.« Über den politischen Rahmen des Einsatzes mag Stefan nicht diskutieren. »Wir gehen, weil die

Politik es so entschieden hat«, sagt er. Über die Sinnhaftigkeit der Mission am Hindukusch sollen und müssen seiner Meinung nach andere urteilen.

Dagmar Hennings kann diese Haltung ihres Sohnes kaum jemandem vermitteln; nicht, weil man sie nicht nachvollziehen könnte, sondern weil es gar nicht erst so weit kommt. Kaum jemand will zuhören. Umso mehr freut es sie, dass die Kioskbetreiberin, bei der sie regelmäßig Zeitschriften kauft, manchmal nachfragt, wie es ihrem Sohn gehe. Daraus ergeben sich keine tiefgründigen Gespräche. Aber Dagmar Hennings tut es gut, wenn sie merkt, dass jemand hin und wieder an sie und ihren Sohn denkt. Verzweiflung macht empfänglich.

Vom ersten Einsatz ihres Sohnes hat Dagmar Hennings am Telefon erfahren, aber mit langer Vorlaufzeit. Der damals 27-Jährige erhielt im Sommer den Einsatzbefehl für Kabul. Am 4. Januar des Folgejahres sollte es losgehen. Da blieb viel Zeit, den Abschied zu leben. Seinen Eltern sagte Stefan, er wünsche sich ein »ganz normales Weihnachtsfest«, es könnte ja sein letztes sein. Das klingt nach Henkersmahlzeit unterm Christbaum. Über Angst sprach er nicht. Er redete überhaupt erst einmal wenig. Er war damals der Einzige seiner Einheit in Ostdeutschland, der eine Abordnung nach Afghanistan bekommen hat. »Er hat sich in seiner Gefühlswelt richtig abgekapselt«, beschreibt die Mutter, wie sie Stefan in dieser Phase wahrgenommen hat. Mit dem Schweigenden kann sie über ihre eigene Angst nicht sprechen. Das macht sie wütend.

Heute, nach vielen Gesprächen mit anderen Soldaten, begreift sie, dass ihr Sohn sich ganz auf seine Ausbildung konzentrierte, um so die Ängste aus seinem Leben auszusperren. Einem perfekten Soldaten kann nichts geschehen. Diese Konzentration auf das Handwerk war Stefans Methode, sein

Leben weiter zu beherrschen und sich nicht von fremden Mächten und Gewalten beherrscht zu fühlen.

Durch die Nachricht von diesem ersten Einsatzbefehl bekommt das Leben des Ehepaars Hennings eine neue Struktur. Es gibt nun die Zeit des Davor, es folgen die Monate des Einsatzes, dann kommt das Danach. Es ist eine Struktur aus sich wiederholenden Mustern. Denn Stefan war bereits zweimal »unten«, wie seine Eltern sagen. »Die Ruhe ist hin, wenn Sie erfahren, dass er wieder wegmuss«, erklärt sein Vater die neue Zeitrechnung der Familie. Gerade befinden sie sich wieder in der Phase des Davor. Sie wissen, dass ein weiterer, dritter Einsatz im Jahr 2013 folgen soll. Denn Stefan ist bei der Luftwaffe, ein Spezialist, der afghanische Soldaten ausbildet.

An der Kühlschranktür der Hennings hängen Grußkarten aus Afghanistan, wie bei anderen Leuten Ansichtskarten aus Florida oder Kitzbühel. Lebenszeichen aus einer anderen Welt, wobei man die Formulierung »Lebenszeichen« hier wohl wörtlich nehmen sollte. Kleine Magneten halten die Karten fest. »Frohe Ostern aus Afghanistan« steht da zu lesen, aber auch »In Afghanistan ist alles doof«. Es sind vorgedruckte Grußkarten, die ihr Sohn in die Eifel geschickt hat – zum Inlandstarif. Denn postalisch ist das Bundeswehrlager in Afghanistan ein Teil von Deutschland. Diese Gebührenordnung beschreibt auch die innere Landkarte Dagmar Hennings'. Auf ihr ist Afghanistan samt allem, was dort geschieht, ganz nah. »Der Krieg ist immer noch unter uns«, bilanziert sie.

Dabei sind sie und ihr Mann der Bundeswehr durchaus zugetan. Für das Ehepaar ist sie kein Fremdkörper, sondern eher so etwas wie Heimat. Dagmars Vater, der als 17-Jähriger in der letzten Phase des Zweiten Weltkriegs noch eingezogen worden war, hat sich später sehr bewusst für eine Laufbahn bei der neugegründeten Bundeswehr entschieden. Der Dienst in Uniform hätte ihn gelockt, doch der gelernte Kaufmann strebte in die Verwaltung. Der aus Danzig stammende Mann wollte seiner Familie in Westdeutschland eine neue, dauerhafte Heimat bieten. Das zum Soldatenleben gehörige ständige Versetztwerden vertrug sich nicht mit seinem Ideal von wiedergefundener Sesshaftigkeit. Unter seinen Cousins aber warb er für die frischgeschaffene Truppe. »Geht zur Bundeswehr«, riet er mehr als einmal. »Das ist eine echte Friedensarmee.« Dagmar Hennings' Vater glaubt an den neuen Staat und dessen pazifistische Grundausrichtung. Von seinen Erlebnissen im Krieg erzählt er wenig, nur, dass Norwegen ein wunderschönes Land sei. Zum vierzigsten Hochzeitstag fährt er mit seiner Frau an die Orte, an denen er als Soldat stationiert war. Der Krieg scheint für ihn eher eine geographische als eine emotionale Erfahrung gewesen zu sein.

Auch Stefans Stiefvater, der die Vaterrolle ganz und gar angenommen hat, war Zeitsoldat – in Friedenszeiten, wie er sagt, in den Jahren 1964 bis 1971. »Da war das ein Beruf wie jeder andere«, kommentiert der heute 67-Jährige. Was Krieg sein könnte, erleben die Soldaten nur als Ahnung bei Übungen und im Manöver. Aber das bleiben trotz der körperlichen Strapazen weitgehend abstrakte Veranstaltungen. Die Vorstellung, dass die beiden Machtblöcke, die sich im Kalten Krieg unversöhnlich gegenüberstehen, einmal zum heißen Gefecht auf deutschem und polnischem Territorium schreiten könnten, verdrängen die Männer. Stefans Stiefvater vertraut auf das Prinzip der Abschreckung, so wie das ganze Land. Echter Krieg ist ein Kapitel im Geschichtsbuch.

Auch Dagmar Hennings, die ihren zweiten Mann bei einer seiner Wehrübungen kennenlernt, wird nicht bis in den

Schlaf von dem Gedanken verfolgt, dass sie als zivile Angestellte des Bundesverteidigungsministeriums zu jenen 3000 Staatsbediensteten gehört, die sich im Falle eines Krieges im Regierungsbunker einfinden sollen – ohne ihre Familien. »Die Kriegsszenerie war immer um uns rum«, sagt sie und meint damit, die Allgegenwart des Bedrohungsszenarios habe es letztlich nur umso theoretischer wirken lassen. »Ich fühlte mich so sicher wie in Abrahams Schoß.« Die Bundeswehr war für sie ein Garant, dass die Bundeswehr nicht gebraucht würde. Was sie damit anspricht, ist das Zusammengehörigkeitsgefühl in einer Welt, die nach eigenen Gesetzen funktioniert, unter anderem nach dem Paradoxon, dass das Militär dadurch überflüssig bleibt, dass es das Militär gibt. Aufrüstung der Abschreckung wegen. »Wir haben einfach ein Gottvertrauen gehabt«, sagt Dagmar Hennings heute.

Dieses Vertrauen treibt nun spät groteske Blüten. Als die beiden Ehepartner anlässlich des Einsatzes ihres Sohnes zum ersten Termin der Familienbetreuung fahren und die Kontrollen hinter sich bringen, schauen sie einander an und gestehen sich fast erleichtert gegenseitig: »Wir sind wieder zu Hause.« Trotz des ernsten Anlasses empfinden sie für einen Augenblick ein Gefühl der Geborgenheit. Neben jenem Häuschen im Windschatten von Bahnstrecke und vierspuriger Bundesstraße, in dem sie seit Jahrzehnten wohnen, ist die Bundeswehr eben das – ihr Zuhause. Sie ist in den Assoziationen des Ehepaars fest verknüpft mit Verlässlichkeit und dem wirtschaftlichen Aufstieg nach dem Krieg. Alle in der Familie haben hier ihr Auskommen gefunden. Dagmar kann die Abzeichen an den Uniformen lesen und zuordnen. Der Ton, der hier herrscht, und die Regeln, die hier gelten, sind ihr vertraut. Ginge es nicht auch um das Leben ihres Sohnes, sie käme gern und oft in Kasernen und Verwaltungsgebäude der Bundeswehr. Aber diesmal hält das Gefühl der Heimkehr nicht lange an, nur ein paar Augenblicke, dann kehrt die Unruhe zurück. Die macht sich an vielem fest.

Ist es normal, fragt sich Dagmar Hennings, dass das Testament ihres Sohnes, seine Patientenverfügung und seine Vorsorgevollmacht bei ihr im Schrank liegen? Sollte es nicht anders herum sein? Bewahren nicht für gewöhnlich erwachsene Kinder diese Papiere für ihre Eltern auf, um im Notfall handeln zu können? »Es ist eine seltsame Erfahrung, dass sich das nun alles umdreht«, sagt sie. Denn mit einem Mal hat ihr der einzige Sohn vieles voraus, auch eine besondere Art Lebenserfahrung, eine, die mit der Nähe des Todes zu tun hat. Dagmar hält oft inne und denkt: »Das ist doch eine verkehrte Welt.«

Das »normale« Weihnachtsfest, das Stefan sich vor Antritt seiner ersten Mission gewünscht hat, konnte nicht normal und unbefangen verlaufen. Dagmar Hennings hat sich bemüht. Es wurde trotzdem ein Fest unter Tränen, eine Vorschau dessen, was auf Dagmar an emotionalen Ausnahmezuständen noch zukommen sollte. Die Sorgenattacke im Auto, auf dem Heimweg von der Arbeit, war kein Einzelfall. Einmal stand sie im Bad, machte sich fertig für den Tag – und dachte dabei an die Beerdigung ihres Sohnes. Ihr kam es plötzlich vor, als läge sie für einen letzten Gang an seinen Sarg Make-up auf und zöge sich die Lippen für die Stunde in der Friedhofskapelle nach. Wie würde ich diesen letzten Abschied eigentlich organisieren? Der Gedanke durchzuckte sie damals aus heiterem Himmel. Über sich selbst erschrocken, schob sie ihn sofort aus dem Reich der Tagträume ins Unterbewusstsein zurück. Aber einmal mehr ist ihr in diesem Moment klargeworden: Der Tod ihres Sohnes ist nun eine nicht mehr unwahrscheinliche Möglichkeit in ihrem Leben.

Wenn im Fernsehen die Trauerfeier für einen Soldaten übertragen wird, schaut Dagmar Hennings zu. Jedes Mal. Aus Respekt gegenüber den Gefallenen, sagt sie, das sei man ihnen schuldig. Sie weiß, dass da etwas in ihr irrationale Aufrechnungen betreibt, vor ihrem Wachverstand die Hoffnung versteckt, das schwerste Schicksal werde jene verschonen, die sich schon der Trauer der anderen gestellt haben.

Manche Dinge muss man jedoch selbst erleben, um sie zu verstehen, davon sind ihr Mann und sie überzeugt. Sie haben das Gefühl, auf einem Weg zu gehen, auf dem sie manchmal nicht einmal einander haben. »Wir leiden unterschiedlich«, sagt Dagmar Hennings. »Mein Mann leidet doppelt. Er hat Angst um seinen Sohn, und er hat Angst um mich.« Hans Hennings ist keiner, der sein Herz auf der Zunge trägt. Aber dass die Abwesenheit seines Sohnes auch diesen zurückhaltenden Mann beutelt, ist deutlich zu spüren. »Man kann nicht schlafen, man ist aggressiv, mal will man reden und mal nicht«, erklärt er. »Man lebt ja nur von Tag zu Tag. Das ist anstrengend. Man muss ständig gegen seine Angst ankämpfen.« Aber die Hennings wissen auch, dass es afghanistanfreie Zonen in ihrem Leben geben muss. »Sie werden ja verrückt, wenn Sie 24 Stunden am Tag daran denken, dass Ihr Sohn im Krieg ist. Das geht doch nicht!« Auch wenn in ihrem Kopf die Gedanken wilde Pirouetten drehen, bemühen sie sich, mit Freunden nicht nur von Afghanistan zu sprechen. »Sonst schalten die Menschen ab. Dann wird man ja einsam, weil man nicht mehr eingeladen wird.«

Grundsätzlich aber ist Hinschauen für Stefans Eltern die beste Therapie. Mit den Realitäten zu leben, begreifen sie, ist besser, als vom Nichtwissen beunruhigt zu werden. »Ich spürte, da ist sonst etwas in mir, was mich krank macht«, sagt Dagmar. Schon im letzten halben Jahr vor Stefans erster Abreise schaut sie sich alle Fernsehdokumentationen zum Thema an. Sie liest viel über Afghanistan und den Einsatz der NATO-Truppen dort. Sie will erfahren, wie es in dem fernen Land aussieht, wie die Menschen dort leben, wie die politischen Verhältnisse sind, welche Rolle die Stämme spielen, was die Menschen essen. »Ich bin auch fasziniert von alldem«, gibt sie zu. Es interessiert sie, wie es um die Frauenrechte steht und wie korrupt das System wirklich ist. Sie will wissen, was dieser Einsatz bezwecken soll und was er tatsächlich bewirkt.

Das erste Treffen im Familienbetreuungszentrum der Bundeswehr besucht sie einen Monat, bevor ihr Sohn ins Feldlager kommt. Üblich ist das eigentlich erst, wenn der Einsatz begonnen hat. Aber man heißt sie willkommen. Sie trifft dort auf Soldaten, die erst zwei Tage zuvor aus Afghanistan zurückgekehrt sind und ihr viel erzählen können. Sie saugt das Gehörte förmlich auf und bedankt sich bei den Männern für deren Offenheit. Die Antwort lässt sie stutzen. »Es hört uns ja sonst niemand zu«, sagen die Veteranen – und dass es wichtig sei, sich die Erlebnisse von der Seele reden zu können. »Es interessiert doch niemanden, was wir während dieses Einsatzes erleben.«

Dagmar Hennings ist das genaue Gegenteil der Desinteressierten. Sie will gewappnet sein. Aber nicht, weil sie sich in dieser Rolle der Soldatenmutter gefällt. »Ich will nicht in dieser Angst leben. Ich will eigentlich ein schönes Leben«, sagt sie. Doch dafür müsste sie verdrängen. Das passt nicht zu ihr. Die 53-Jährige sagt: »Mütter lassen sich nicht scheiden von ihren Kindern. Ich kann diese Beziehung nicht hinter mir lassen.« Sie will zu ihrem Sohn halten. Dafür aber muss sie das »Dahinter«, wie sie die Zusammenhänge nennt, verstehen. Das geht so weit, dass sie sich eine aus über tausend Einzelbildern bestehende Fotostrecke ansieht, die eine Patrouillenfahrt ihres Sohnes dokumentiert. Sie hat mit seinen Augen aus der Sichtluke die Straße und das Gelände auf mögliche Gefahren abgesucht. »Ich bin mit ihm diesen Weg abgefahren«, sagt sie. Dennoch weiß sie, dass sie nur in Ansätzen begreifen kann, was sich wirklich abspielt in Afghanistan.

Die beste Unterstützung für die Soldaten seien Menschen, die die Hoheit über ihr Leben behielten, hat ihr eine Ärztin in der psychiatrischen Klinik erklärt, in der Dagmar Hennings inzwischen arbeitet. Menschen, die handeln und sich nicht treiben lassen, strahlen Stärke aus. Um diese Stärke kämpft Dagmar Hennings und erlebt dabei Siege und Niederlagen. Sie sucht im Internet Foren betroffener Eltern und Soldaten auf. Die Nachrichten von Radio und Zeitungen erträgt sie, wenn ihr Sohn im Einsatz ist. Das Fernsehen meidet sie mittlerweile. »Mit Bildern habe ich meine Schwierigkeiten«, gesteht sie. Und dann fügt sie sehr mutig hinzu: »Vielleicht muss ich dem Ganzen irgendwann einen Sinn geben. Stefan soll ja nicht für nichts im Einsatz sein.« Aber natürlich hofft auch sie wie alle Mütter, dass ihr Sohn »immer zur richtigen Zeit am richtigen Ort ist«. Das ist der Leitspruch der Familie geworden. Mehr erhofft sie nicht vom Schicksal. In den stillen Gesprächen, die Dagmar in Gedanken mit ihrem Sohn führt, sagt dieser ihr auf ihre imaginäre Nachfrage: »Du glaubst gar nicht, wie wichtig das ist.«

Bisher hat er den Mindestabstand zum Unglück immer eingehalten. Wenn auch manchmal nur ganz knapp. Zwei kleine Schutzengelfigürchen, die seine Mutter und seine Tante ihm mitgegeben haben, trägt er abwechselnd bei sich. Er hat es versprochen. Einen in seinem Brustbeutel bei Nacht, den anderen tagsüber. Er begreift, dass der Gedanke, er sei behütet, den beiden Frauen hilft. Das wiederum hilft auch ihm. Für Soldaten sei es das Schlimmste, wenn sie sich Sorgen um ihre Angehörigen zu Hause machen müssten, lautet einer der Merksätze, die man Soldatenfamilien immer wieder ans Herz legt.

Aber nicht jeder Tag ist einer, an dem man tapfer sein kann. Manchmal schafft sich die Angst doch ihren Platz, nistet sich der Gedanke an die Katastrophe ein. Das geschieht auf Umwegen, in verqueren Fällen, in überraschenden Verknüpfungen. Sollen wir das Erdgeschoss renovieren, alle Sachen ausräumen und in Kisten verpacken, wenn Stefan im Kriegseinsatz ist, fragt sich Dagmar Hennings beispielsweise einmal unvermittelt. Und als Nächstes ist der Gedanke im Kopf wie ein Stein, der durch eine Scheibe geworfen wurde: »Wie soll ich eine Beerdigung organisieren, wenn hier alles in Unordnung ist?« Die Angst findet die ungeheuerlichsten Schlupflöcher. Dagmar Hennings versucht, sie immer wieder zu stopfen. Die Hennings beginnen nun erst recht über Ostern mit der Renovierung. Sie stecken mitten in der Arbeit, als ein Bekannter anruft, der gute Kontakte ins Verteidigungsministerium hat.

Er fragt: »Wisst ihr schon was? Es hat einen Toten gegeben. Es ging aber noch nicht über den Äther.«

Dagmar Hennings schreckt auf. Noch hat sich niemand bei ihr gemeldet. Aber sie ist nun nicht mehr in der Lage, weiter Gläser einzupacken. Die Stimmung kippt, plötzlich ist jede weitere Minute des Tages eine des Wartens. Eine des Wartens auf einen Anruf, in dem die Worte »Es tut uns sehr leid« fallen werden. Dagmar Hennings wartet und wartet. Ihr Mann wartet und wartet. Jede Sekunde ist quälend. Und doch ist jede Sekunde auch ein Gewinn, eine weniger innerhalb des erwartbaren Zeitfensters, eine Sekunde näher an dem noch fernen rettenden Ufer der Zuversicht: »Jetzt ist es schon zu lange her. Sie hätten längst angerufen. Stefan wird es wohl nicht gewesen sein.« Vorerst aber sitzen die Soldateneltern auf dem Boden und starren vor sich hin. »In einer solchen Situation kann man sich gegenseitig auch nicht stützen«, beschreibt Dagmar das Gefühl absoluter Trostlosigkeit. Für die Panik, als es einige Zeit nach dem Anruf des Bekannten an der Tür klingelt, hat sie keine passenden Worte. Sie ist sich in diesem Moment sicher, gleich einem Pfarrer, einem Psychologen und einem Dienststellenvorgesetzten gegenüberzustehen. Wie in Zeitlupe, so erinnert sie die folgenden Sekunden, erhebt sie sich. Ihr Mann rührt sich nicht. Vor der Haustür steht – nur eine Nachbarin, die etwas abgeben möchte, Dagmar Hennings weiß später nicht einmal mehr, was es war. Wie in Trance nimmt sie das Gebrachte entgegen, stammelt ein paar Floskeln und schließt mit letzter Kraft die Tür. Niemanden geht ihr Kummer in diesem Augenblick etwas an. Dann liegt das Ehepaar einander in den Armen, die beiden weinen, können ihr Glück nicht fassen, dass kein Todesbote vor der Tür stand, und registrieren doch schon wieder bang, dass noch immer ein wenig Zeit übrig wäre, in der einer kommen könnte. Einer, der erst noch sein Navigationsgerät im frisch eingeparkten Auto ausschalten, sich die Krawatte zurechtrücken, sich kräftig räuspern und dann die paar Schritte zur Tür machen könnte. »Es tut mir sehr leid, aber ...« Und so stellt sich Erleichterung erst ein, als das Handy surrt und eine SMS des Sohnes einläuft. »Ich hab euch lieb«, steht da. Das ist der Familiencode für die Meldung nach Hause: »Wir hatten einen Zwischenfall, aber mir ist nichts passiert.«

Es gibt viele Anlässe, an denen Stefan diese Nachricht schicken könnte. Einige davon schaffen es gar nicht erst in die deutschen Nachrichten. Aber das kann er nicht wissen, 5223 Kilometer fern der Heimat. Für seine Eltern bedeutet jede kurze SMS große Erleichterung. Auch wenn ihnen bewusst ist, dass ihr Sohn schon in dem Moment, in dem er die Sendetaste drückt, nicht mehr in einer Zeit nach überstandener Gefahr, sondern bereits wieder in der Zeit vor dem nächsten Anschlag lebt. Und dass nun gerade anderswo eine andere Familie die Nachricht erhält, dass ein Sohn, Ehemann oder Vater nie mehr durch die Tür treten wird. »Man empfindet keine richtige Freude, denn an einem anderen Ort geht gerade alles kaputt.«

Dagmar Hennings schreibt und bekommt lieber Briefe, als dass sie mit Stefan telefoniert. Briefe seien nicht so sehr für den Augenblick gedacht. »Und die Gespräche werden abgehört. Man muss aufpassen, darf keine Ortsnamen nennen«, erklärt sie ihre Ablehnung gegenüber Telefonaten. Briefe hingegen hätten über den Moment des Schreibens hinaus Bestand. Wenn die Situation zu unerträglich wird, kann sie die Zeilen noch einmal zur Hand nehmen und sich einreden, dass es ihrem Sohn noch immer gutgeht, als wäre zwischen ihrem Lesen und dem Schreiben des Briefes keine Zeit vergangen. Eine Hilfskrücke für das Seelenheil. Ihre verbleibende Sorge münzt Dagmar in Fürsorge um und packt Päckchen: Blut- und Leberwurst aus der Eifel, Tütensuppen, Nüsse, Thunfischkonserven und eine CD mit Fotos, die zeigen, wie schön es jetzt im Vorgarten blüht. Die Großmutter, die stolz ist auf das, was ihr Enkel tut, packt ebenfalls Päckchen, und auch sie schreibt Briefe. So eine kleine Warensendung, das wissen die beiden Frauen, wird immer aufgeteilt zwischen den Kameraden. Entsprechend großzügig will gepackt sein. Für die Zeit zwischen den Briefen und Päckchen und den Antworten darauf gilt die Maxime: Wenn man nichts hört, ist alles in Ordnung. Es gab Zeiten, da meldete sich Stefan drei Wochen nicht. Es waren die friedlicheren Phasen in Afghanistan.

Das zweite Weihnachtsfest im Schatten von Stefans Pflichten wird nicht weniger bedrückend als das erste. Diesmal ist der Einsatzbeginn auf ein Datum vor Heiligabend terminiert – auf den 22. Dezember. Geplant ist der Abflug vom Militärflughafen Köln-Wahn nach Usbekistan. Dort Umsteigen vom Airbus in eine Transall-Maschine, die Stefan Hennings und die anderen nach Masar-i-Scharif bringen soll. Von dort soll es weitergehen an den neuen Einsatzort. Aber der Plan funktioniert, wie so viele Pläne in Afghanistan, nicht ganz bis zum Ende. Es gibt keine Maschine ab Masar-i-Scharif. Der Neuankömmling verbringt Heiligabend mit Kameraden, die er gerade erst kennengelernt hat, gestrandet in der viertgrößten Stadt Afghanistans. Er und alle anderen, die für einen Moment Pause haben zwischen Krieg und Frieden, haben Päckchen im Handgepäck, die ihnen ihre Lieben noch zugesteckt haben. Mit diesem kleinen Proviant an Lebkuchen, Schokolade und Erinnerung versuchen sie nun, ein stilles Weihnachtsfest zu improvisieren, eines, das die Umgebung nicht provoziert. Die Gedämpftheit der Stimmung verbindet sie mit ihren Angehörigen zu Hause. Und die wie sie versuchen, das Beste aus der Lage zu machen. Dagmar Hennings hat dafür einen Leitspruch: »Ich versuche, aus Zitronen Limonade zu machen.«

Als Stefan zum ersten Mal nach Afghanistan geht, sieht seine Mutter der Heimkehr wie der reinen Erlösung entgegen. Sie stellt sich mit dem Ende der unmittelbaren Gefahr auch die Wiederkehr der Normalität vor. Inzwischen weiß sie, dass das so einfach nicht funktioniert. Als ihr Sohn nach achteinhalb Monaten in Afghanistan zurückkommt, ist er total verändert. Auch Phase drei der neuen Zeitrechnung, die Zeit danach, müssen die Eltern lernen, hat ihre eigenen Gesetze, Gefahren und Kümmernisse.

Der Sanitätsdienst der Bundeswehr gibt an, dass im Jahr 2009 466 Soldaten wegen posttraumatischer Belastungsstörungen (PTBS) behandelt wurden. Die Zahl der Betroffenen steigt seit Jahren kontinuierlich. Sieben Prozent eines befragten Kontingents, so die Zahlen einer Dissertation, leiden an PTBS. Sie kommen mit den Grausamkeiten nicht klar, die sie erleben mussten. Die Bundeswehr hat deshalb in Potsdam eine zentrale Anlauf- und Behandlungsstelle für die Betroffenen eingerichtet.

Nach seiner ersten Heimkehr schweigt Stefan viel. Nach der zweiten macht er sich Luft. Diesmal nimmt er den Rat einer Ärztin an, die er vor Ort getroffen hat, und entscheidet sich für eine Kur als präventive Maßnahme. Er geht in eine Privatklinik nach Thüringen und leitet seine Energien, die noch in ihm stecken, die aber in der Ruhe des Zuhauses nicht gebraucht werden, in Sport um. Es tut ihm gut, mit einer kleinen, gerade mal zwölfköpfigen Gruppe von Männern zusammen zu sein, die alle wie er im Kriegseinsatz gewesen waren. Sie wissen, wovon er redet, auch wenn er das mit wenigen Worten tut; sie brauchen keine plastischen Schilderungen zur Veranschaulichung. Sie wissen auch, wie es sich anfühlt, wenn er sagt, seine Beziehung habe seinen zweiten Einsatz nicht überstanden. Manche Veteranen kommen mit dem Kriegsalltag und seinen festen Abläufen irgendwann besser klar als mit dem Zivilleben, das ganz andere Entscheidungen von ihnen verlangt und ganz andere Stimmungen und Reaktionsmuster erwartet. Auf ihren Familien und Beziehungen lastet dann ein großer Druck. Es kommt zu Reibereien, etwa mit den Soldatenfrauen, denen in Abwesenheit ihrer Männer gar nichts anderes übrigblieb, als das Familienleben neu zu organisieren. Die Rückkehrer fühlen sich dann nicht nur übergangen. Sie beschleicht das paranoide Gefühl, das Leben sei bereits auf ihren Tod hin organisiert worden, sei so eingerichtet, dass sie nur noch als Zierat dabeisäßen. Für viele Heimkehrer bedeutet es bereits eine enorme Umstellung, nicht ständig im Adrenalinhoch zu sein. Diese Ruhephase nach dem Kampf kostet sie, so kommt es ihnen jedenfalls vor, mehr Kraft als die Zeit im Feldlager. Für die anderen Menschen bleibt zunächst wenig übrig. Manche Heimkehrer scheitern auf Dauer.

Man bekommt unterschiedliche Antworten, wenn man Stefan Hennings' Eltern nach dem Zustand des Sohns bei der ersten Heimkehr befragt. Als »leicht traumatisiert« beschreibt ihn Dagmar. Der Vater befindet: »Er kam total verändert zurück.« Stefan lässt damals niemanden an sich ran, auch nicht die Männer seiner alten Einheit in Mecklenburg-Vorpommern. Die haben nicht erlebt, was er erlebt hat. Er bleibt meist stumm. Sein Verhalten aber deutet auf einen massiven Nachhall der Zeit in Afghanistan hin. Stefan will zum Schlafen nicht mehr in geschlossene Räume gehen. »Ihr wisst nicht, wie gut ihr es habt – ohne Stacheldraht und Sicherungsmauern«, erklärt er immerhin, wenn man ihn darauf anspricht.

Nach der zweiten Heimkehr gibt er bereitwilliger Einblicke in seine Gefühlslage. »Ich weiß ja, wie schnell es vorbei sein kann«, sagt er jetzt oft. Stefan will nicht mehr in die Zukunft planen. In der Wahrnehmung seiner Eltern lebt er jeden Tag so, als wäre es der letzte. Die Frage, ob ihr Sohn an einer posttraumatischen Belastungsstörung leide, beantwortet Dagmar Hennings zurückhaltend. »Ich weiß es nicht. Im Moment würde ich sagen, nein. Aber ich weiß nicht, wie es in einem Jahr oder in drei Jahren ist.« Sie ist vorsichtig geworden mit Aussagen, die Gewissheiten festschreiben wollen. Sie weiß von einem Soldaten, den seine Erlebnisse erst nach fünf

Jahren einholen. Auch aus solchen Geschichten hat sie ihre Feststellung destilliert, der Krieg bleibe noch lange unter uns.

Wie lange er sich aus der Erinnerung bewusst und auch unbewusst abrufen lässt, zeigt das Weihnachtsfest 2010 im Hause Hennings. Stefan ist in Deutschland, und diesmal steht kein Einsatz kurz bevor. Er hat sich ein Fest ohne Geschenke gewünscht. Seine Mutter hat ein paar Geschichten und Texte zusammengestellt, die vom Fest und dem Weihnachtsfrieden handeln. Ein bisschen feierlich sollte es auch ohne Geschenke sein. Es wird ein denkwürdiges Fest. Denn plötzlich entspinnt sich ein Gesprächsfaden zwischen der achtzigjährigen Großmutter und ihrem Enkel. Beide erzählen einander von ihrem Krieg. Die alte Dame, die die Flucht von Masuren im Kriegswinter 1944/45 erlebt hat, erinnert sich an den schrecklichen Weg über das zugefrorene Haff. Sie erzählt von den Alten und den Frauen, die ihre toten Kinder am Wegrand zurücklassen mussten, weil weder Zeit blieb, sie in ein Grab zu legen, noch der hartgefrorene Boden eines angenommen hätte. Sie erzählt von Verzweifelten, die kein Zuhause mehr hatten und nicht wussten, wie es weitergehen sollte.

Stefan erzählt ebenfalls von Menschen, die in Angst leben und ihrer Lebensgrundlage beraubt sind. Er hat Kinder gesehen, die bei Minusgraden nur in luftigen Schlappen und ohne Socken unterwegs waren. Auch er hat Bilder von Flüchtlingen vor Augen, die nichts mehr haben und nicht wissen, wohin. Zwischen beiden Kriegen liegen 65 Jahre. Aber ihr Grauen haben Großmutter und Enkel ähnlich erfahren. Dagmar und Hans Hennings, die in den Friedensdekaden der Bundesrepublik aufgewachsenen Vertreter der Generation dazwischen, sitzen schweigend am Tisch. »Wir konnten nicht mitreden, wir konnten nur zuhören.« Die Geschichten der Großmutter allerdings sind mittlerweile historisch, so weit ihre Folgen in die Gegenwart hineinreichen mögen. Für die Geschichten von Stefan aber gilt: Nach dem Einsatz ist vor dem Einsatz.

Mein herzlicher Dank geht an die vielen Menschen, die mir ihre Geschichte anvertraut haben. Ob nun für dieses Buch oder in Gesprächen, die mir geholfen haben, zu verstehen.

Ihre Namen habe ich – außer in den Kapiteln »Verlust« und »Schuld« – geändert.

Dank auch an die geduldigen Drei: Bettina Eltner vom Ullstein Verlag, die mir immer wieder die nötige Zeit gegeben hat; Heike Gronemeier, die den Text behutsam betreut hat und an Barbara Wenner, meine Agentin, die es auch nicht immer leicht hatte.

Und Dank natürlich auch an den Geduldigsten von allen.

Hilke Lorenz
Heimat aus dem Koffer

Vom Leben nach Flucht und
Vertreibung
ISBN 978-3-548-61006-1

»Lügen wollte sie nicht. Aber die ganze Wahrheit sagen auch nicht. Niemand sollte erfahren, dass sie ein Flüchtlingsmädchen war. Zu groß war der Makel, der daran haftete.« Millionen Menschen mussten in Folge des Zweiten Weltkriegs ihre Heimat verlassen. Für die erfolgreiche Integration schwiegen die Betroffenen über das Trauma von Flucht und Vertreibung. In bewegenden Einzelschicksalen zeigt Hilke Lorenz die Folgen der großen nie gelebten Trauer.

»Ein detailreiches, spannendes Panorama deutscher Historie« *Die Zeit*

www.list-taschenbuch.de

Hilke Lorenz
KRIEGSKINDER
Das Schicksal einer Generation

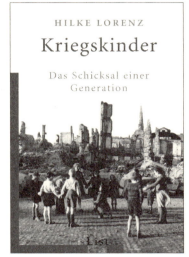

»Zutiefst berührende Schilderungen«

dpa

Sie waren noch Kinder und die Schrecken des Krieges waren ihr Alltag. Mit großem Einfühlungsvermögen schildert Hilke Lorenz, die zahlreiche Zeitzeugen befragt hat, das Aufwachsen inmitten von Flucht, Vertreibung, Bombennächten, Hunger und Tod.

»Ungeheuerliche und tieftraurige Geschichten glänzend zu Papier gebracht.« *Stuttgarter Zeitung*

»Dieses Buch vermag etwas ganz Besonderes: Es ermutigt zum Erzählen und zum Zuhören.« *Brigitte*

www.list-taschenbuch.de

Thomas Weber
Hitlers erster Krieg

Der Gefreite Hitler im
Weltkrieg – Mythos und
Wahrheit
ISBN 978-3-548-61110-5

So unterschiedlich Hitlers Biographen sein Leben deuten, in einem sind sich alle einig: Die Fronterlebnisse im Ersten Weltkrieg waren entscheidend für seinen späteren Aufstieg. Hitler selbst hatte sich zum tapferen Frontsoldaten stilisiert, dessen Freiwilligen-Regiment den Keim der späteren NS-Bewegung bildete. Diese Darstellung wurde von der nationalsozialistischen Propaganda verbreitet und von späteren Biographen weitgehend übernommen. In seinem aufsehenerregenden Buch zerstört der Historiker Thomas Weber diesen Mythos gründlich.

»Eine bedeutende und wegweisende Studie«

Der Tagesspiegel

»Mehr als beeindruckend«

Frankfurter Allgemeine Zeitung

List

www.list-taschenbuch.de

Michael Degen
Nicht alle waren Mörder

Eine Kindheit in Berlin.
www.list-taschenbuch.de
ISBN 978-3-548-60910-2

Elf Jahre war Michael Degen alt, als seine Mutter und er beobachteten, wie ihre jüdischen Nachbarn abtransportiert wurden. Seine Mutter handelte schnell, nahm nur das Nötigste mit, und dann ging sie, mit dem Jungen an der Hand, an den Uniformierten vorbei. Es folgte ein Leben im Untergrund mit der ständigen Angst, entdeckt und deportiert zu werden. Aber in dieser Welt, die aus den Angeln gehoben war, gab es Menschen, die nicht fragten, sondern wortlos halfen.

»Ein ebenso anrührendes wie spannendes Stück deutscher Geschichte, das man atemlos verschlingt.« *TZ*

»Es fällt schwer, das Buch aus der Hand zu legen.« *Der Tagesspiegel*

»Ein lebendiger und spannend gehaltener Erzählfluss, der furios vorangetrieben wird.« *Die Welt*

List Taschenbuch